HERMAEA
GERMANISTISCHE FORSCHUNGEN
NEUE FOLGE

HERAUSGEGEBEN VON HANS FROMM
UND HANS-JOACHIM MÄHL

BAND 50

BOY HINRICHS

Utopische Prosa
als Längeres Gedankenspiel

Untersuchungen zu Arno Schmidts
Theorie der Modernen Literatur und ihrer Konkretisierung
in »Schwarze Spiegel«, »Die Gelehrtenrepublik«
und »Kaff auch Mare Crisium«

MAX NIEMEYER VERLAG TÜBINGEN
1986

Gedruckt mit Unterstützung der Deutschen Forschungsgemeinschaft

CIP-Kurztitelaufnahme der Deutschen Bibliothek

Hinrichs, Boy:

Utopische Prosa als längeres Gedankenspiel : Unters. zu Arno Schmidts Theorie d. modernen Literatur u. ihrer Konkretisierung in »Schwarze Spiegel«, »Die Gelehrtenrepublik« u. »Kaff auch Mare Crisium« / Boy Hinrichs. – Tübingen : Niemeyer, 1986.
   (Hermaea ; N.F., Bd. 50)
NE: GT

ISBN 3-484-15050-5   ISSN 0440-7164

Druck: Allgäuer Zeitungsverlag, Kempten. Einband: Heinr. Koch, Tübingen

Vorwort

Die vorliegende Arbeit wurde im Frühjahr 1982 von der Philosophischen Fakultät der Christian-Albrechts-Universität Kiel unter dem Titel »Längeres Gedankenspiel und utopische Prosa. Untersuchungen zu Arno Schmidts Theorie der Modernen Literatur und ihrer paradigmatischen Konkretisierung in ›Schwarze Spiegel‹, ›Die Gelehrtenrepublik‹ und ›Kaff auch Mare Crisium‹« als Dissertation angenommen. Sie wurde für den Druck überarbeitet, d. h. vor allem: gekürzt. Seither erschienene Forschungsliteratur wurde, soweit sie die Thematik tangiert, berücksichtigt, gab aber keinen Anlaß zur Revision der Resultate.

Mein besonderer Dank gilt Herrn Prof. Dr. Hans-Joachim Mähl, der diese Arbeit angeregt, betreut und gefördert hat. Für Hinweise und Ermunterungen danke ich weiter Prof. Dr. Helmut Höfling, Uwe Kähding und Dr. Ludwig Stockinger. Der Studienstiftung des deutschen Volkes schließlich danke ich für ihre großzügige Unterstützung, der Deutschen Forschungsgemeinschaft für einen namhaften Druckkostenzuschuß.

Herbst 1985   Boy Hinrichs

Meiner Frau Renate

Inhaltsverzeichnis

Einleitung

Die Aufnahme des literarischen Werkes von Arno Schmidt seitens der Kritik und auch der Literaturwissenschaft ist im wesentlichen durch die apologetische oder polemische, selten sachlich auf das Werk konzentrierte Auseinandersetzung gekennzeichnet.[1]

Die Art der Rezeption reagiert auf ein Strukturmerkmal des Werkes. Seine dezidierte Subjektivität provoziert den Rezipienten zur Artikulation seiner eigenen Subjektivität. Die solcherart subjektiv beeinflußte Auseinandersetzung mit dem Werk enthält zumeist auch eine Auseinandersetzung mit der vermeintlichen Subjektivität des Autors Arno Schmidt. Sie wird unreflektiert mit der literarisch manifesten Subjektivität gleichgesetzt, wenn sie der Rezipient nicht gar zum Anlaß nimmt, primär sich selbst zu exponieren.[2]

Die Ursache liegt darin, daß die im Werk sichtbare Subjektivität nicht auf ihre strukturale Relevanz hin befragt wird. Dies ist um so erstaunlicher, als Schmidt in seinen breitgefächerten Arbeiten über Literatur, teils explizit auf sein eigenes Werk bezogen, diese Subjektivität theoretisch legitimiert und erläutert und darüberhinaus auch die literarischen Texte selbst deutliche Hinweise auf die Bedeutung ihrer Subjektivität enthalten. Die theoretischen und theoretisch relevanten Ausführungen Schmidts, die sein literarisches Werk betreffen, werden gar nicht oder nur unzureichend und unvollständig zur Kenntnis genommen.[3] Von wenigen Ausnahmen abgesehen, erfolgt

---

[1] Die thetische Skizzierung der kritischen und wissenschaftlichen Rezeption wird innerhalb der Arbeit an Einzelfällen belegt.

[2] Vgl. dazu Jürgen Manthey, Arno Schmidt und seine Kritiker. Bemerkungen zur Artistik in der Zeit. Frankfurter Hefte, 17, 1962, H. 6, S. 408–416, S. 408: »Sie [= die Kritik] hat ihre eigenen Eindrücke vergrößert, statt Deutungen Geschmackskundgebungen gegeben, statt Erhellung Entrüstung, anstelle von Kritik: Lesergefühle.«

[3] Noch 1972 konnte Alfred Andersch, Düsterhenns Dunkelstunde oder Ein Längeres Gedankenspiel. Merkur, 26, 1972, H. 2, S. 133–144, S. 133, schreiben: »Es gibt Rezensionen von Z e t t e l s T r a u m, aus denen einwandfrei hervorgeht, daß der ›Rezensent‹ die B e r e c h n u n g e n I u n d II nicht etwa bloß nicht verstanden, sondern sie überhaupt nicht gelesen, wahrscheinlich nie von ihnen gehört hat.«

Kursivdruck kennzeichnet, auch in Zitaten, eigene Hervorhebungen; Hervorhebungen der zitierten Autoren erscheinen grundsätzlich g e s p e r r t.

1

eine solche Kenntnisnahme als unzulängliche und antizipatorische Paraphrasierung, die ohne produktive Auswirkungen auf die begriffliche Einordnung des Werkes durch die Kritik und auf seine begriffliche Bestimmung durch die Wissenschaft bleibt.

Die Literaturwissenschaft hat die Eigentümlichkeiten des Werkes, die seine besondere Stellung innerhalb des literarischen Kontextes und die Schwierigkeiten seiner adäquaten Rezeption begründen, vor jeder Wertung als Faktoren der Strukturbildung zu untersuchen. Sie hat eine positive, d. h. an seinen ihm eigenen konstitutiven Dimensionen orientierte Bestimmung des Werkes zu leisten. Und weil das literarische Werk Hinweise auf seine eigene theoretische Grundlegung enthält, ist die adäquate Rezeption der literaturtheoretischen Konzeption Arno Schmidts Bestandteil dieser Aufgabe.

Arno Schmidt hat diese Konzeption nicht in Form einer systematisch durchgebildeten Theorie publiziert. Von den »Berechnungen I« an jedoch, die im Jahre 1955 erschienen,[4] bis hin zu »Zettels Traum« im Jahre 1970[5] wird seine literarische Produktion nahezu kontinuierlich von Arbeiten begleitet, in denen er sie theoretisch erläutert oder, zumeist knappe, Hinweise zu ihrer theoretischen Erläuterung gibt. Am deutlichsten geschieht dies in den beiden kurzen Aufsätzen »Berechnungen I und II«.[6] Hier formuliert er auch die Motivation für die sein literarisches Werk betreffenden Explikationen:

> Auch hätte ich selbst diese vorliegenden Erläuterungen niemals abgegeben, wenn mich nicht die befremdlichsten Urteile, sogar von »Fachleuten«, von der Notwendigkeit einer Darlegung meiner Arbeitsmethoden überzeugt hätten.[7]

Schmidt intendiert ausdrücklich eine Korrektur der inadäquaten Rezeption seines Werkes. Die zu diesem Zweck vorgeführten »Arbeitsmethoden« bestimmen die literarischen Texte als Konkretisierungen

---

Doppelte »Anführungszeichen« in Zitaten werden nicht in ›einfache‹ umgewandelt, da Schmidt beide verwendet.

[4] Ein Werkstattbericht. Texte und Zeichen, 1, 1955, H. 2, S. 266–269. Zit. wird nach: AS, Rosen & Porree, Karlsruhe 1959, S. 283–292. In der Buchpublikation fehlt das Titelsubskript.
– Abkürzungen und Kurzfassungen mehrfach zitierter Titel orientieren sich an den allgemeinen Gepflogenheiten. Sie sind grundsätzlich so gewählt, daß sie ohne Erläuterungen identifizierbar sind.

[5] Stuttgart 1970.

[6] Ein Werkstattbericht. Texte und Zeichen, 2, 1956, H. 1, S. 95–102. Zit. wird nach: AS, Rosen & Porree, S. 293–308. In der Buchpublikation fehlt das Titelsubskript.

[7] AS, Berechnungen I, S. 292.

theoretisch ›berechneter‹ Prosaformen. Die Verbindung der literarischen Texte mit ihrer theoretischen Fundierung ist so eng, daß Schmidt die Texte als »Exempel«,[8] »Paradigmata« oder »Muster«[9] bezeichnet.[10]

Die »Notwendigkeit« dieser Explikationen, d. i. zugleich die Ursache für die inadäquate Rezeption und die Eigentümlichkeit des literarischen Werkes, ergibt sich daraus, daß es sich hierbei um die theoretische und praktische Entwicklung von »*neuen* Prosaformen«[11] handelt.

Diese steht im Kontext einer komplexen Literaturtheorie, die neben dem Begriff der »Reinen« im Unterschied zu dem der »Angewandten Literatur« durch den Begriff der »Modernen« im Unterschied zu dem der »Älteren Literatur« konstituiert wird. Die von Schmidt dargelegten Formbegriffe sind Bestandteil einer Theorie der Modernen Literatur.

---

[8] A. a. O., S. 287.

[9] Beide a. a. O., S. 292.

[10] Marcel Reich-Ranicki, Arno Schmidts Werk oder Eine Selfmadeworld in Halbtrauer. In: M. R.-R., Literatur der kleinen Schritte. Deutsche Schriftsteller heute, Frankfurt a. M., Berlin, Wien o. J. (f. d. Tb.-ausg. v. Autor durchges. u. neu einger.), S. 214–234, verneint das Vorhandensein einer solchen Beziehung: »Arno Schmidts Prosatheorie ist nicht einmal eine Theorie der Schmidtschen Prosa und bietet kaum mehr als einige Gemeinplätze, die weder seine Eigentümlichkeiten erläutern noch gar seine Unzulänglichkeiten rechtfertigen können.« (S. 224)
Eine Diskussion dieser Behauptung erübrigt sich nach der Auseinandersetzung Wolfram Schüttes (Ärgernisse – und ein Harakiri. Frankfurter Rundschau, 18.10.67) mit diesem Aufsatz und der grundsätzlichen Kritik an Reich-Ranicki von Heinrich Vormweg, Der Fall Arno Schmidt. In: Dieter Lattmann (Hrsg.), Die Literatur der Bundesrepublik Deutschland, München, Zürich 1973 (= Kindlers Lit.-gesch. d. Gegenwart), S. 270–279, S. 271f.
Eine gänzlich andere Position vertritt F. Peter Ott, Tradition and Innovation: An Introduction to the Prose Theory and Practice of Arno Schmidt. The German Quarterly, 51, 1978, H. 1, S. 19–38: »All of Schmidt's belletristic work is intended to serve as a vehicle for his literary theory.« (S. 20) Ott formuliert seine Aussage als die erste von vier »premises« (a. a. O.), von denen er annimmt, daß sie Schmidts »Prose Theory and Practice« zugrundeliegen. Gerade als solche ist diese ›Prämisse‹ fragwürdig; denn Literatur, die a priori unter dem Aspekt der Vermittlung von Literaturtheorie betrachtet wird, wird in ihrer ästhetischen Eigenständigkeit nivelliert und auf ein sekundäres Dienlichkeitsverhältnis reduziert. – Ott relativiert diese Aussage jedoch in gewisser Weise durch seine zweite ›Prämisse‹: »Contrary to general opinion, Schmidt's work throughout shows great consistency; regardless of how different the work from ZT on may appear, Schmidt is always concerned with giving ›conformal‹ graphic representation to internal processes: structure has it all over fable.« (a. a. O.)

[11] AS, Berechnungen I, S. 285.

Sie setzt sich aus verschiedenen Aussagen zusammen, die über das Gesamtwerk Schmidts verstreut sind. Das bedeutet zugleich, daß die einzelnen Aussagen ihren Stellenwert im theoretischen Kontext haben, wobei ihre Bedeutung oftmals erst in der Zuordnung zu ihm hervortritt. Die Grundlage für die Systematisierung der Einzelelemente zur konsistenten Theorie bietet der 1966 publizierte Aufsatz »Sylvie & Bruno. Dem Kirchenvater der modernen Literatur ein Gruß!«,[12] der wesentliche Punkte des 1964 erschienenen Aufsatzes »Die moderne Literatur und das deutsche Publikum«[13] aufgreift und teilweise korrigiert.

Im ersten Teil der vorliegenden Arbeit geht es um die theoretische Grundlage einer Gruppe von literarischen Texten Arno Schmidts, die nicht nur Konkretisierungen einer von Schmidt entwickelten Form, sondern auch Glieder einer vorhandenen Formtradition sind. Der ihnen zugrundeliegende Begriff »Längeres Gedankenspiel« ist systematisch in seinem Kontext der Theorie der Modernen Literatur, die in ihren konstitutiven Momenten zu erarbeiten ist, zu bestimmen. Abgesichert durch das Verhältnis zwischen der literaturtheoretischen und -praktischen Arbeit Schmidts, entsteht auf diese Weise die Möglichkeit, die Werke »Schwarze Spiegel«,[14] »Die Gelehrtenrepublik«[15] und »Kaff auch Mare Crisium«[16] ihrerseits adäquat als Bestandteile dieser Formtradition zu bestimmen.

Die damit verbundene Akzentuierung des formalen Bereiches ist Schmidts theoretischer Konzeption der Modernen Literatur inhärent. »Moderne Literatur« ist ein strukturorientierter Begriff, der die Unterscheidung der »Reinen« von der »Angewandten Literatur« voraussetzt (I.). Die Unterscheidung erfolgt nach dem Kriterium der Erweiterung der sprachlichen und vor allem der formalen Möglichkeiten der Literatur bei gleichzeitiger Gültigkeit der vorhandenen Strukturen; denn maßgeblich für die Entwicklung neuer und für die Anwendung vorhandener Strukturen sind materiale Anforderungen, die der objektiv-reale Kontext stellt. Der Begriff der Reinen Literatur markiert so die besondere Stellung eines Werkes im literarischen Kontext und seine Beziehung zur außerliterarischen objektiven Realität.

---

[12] In: AS, Trommler beim Zaren, Karlsruhe 1966, S. 253–282.
[13] In: Gert Kalow (Hrsg.), Sind wir noch das Volk der Dichter und Denker? 14 Antworten, Reinbek 1964 (= rororo aktuell 681), S. 96–106.
[14] In: AS, Brand's Haide. Zwei Erzählungen, Hamburg 1951, S. 153–259.
[15] Kurzroman aus den Roßbreiten, Karlsruhe 1957. Zit. wird d. Ausg.: Frankfurt a. M. u. Hamburg 1965.
[16] Karlsruhe 1960.

4

Die Moderne Literatur wird als Reine Literatur in den drei das literarische Werk konstituierenden Dimensionen des Materialen, des Sprachlichen und des Formalen von der Älteren Literatur abgegrenzt und bestimmt (II.).

Die materiale Dimension der Modernen Literatur ist dadurch gekennzeichnet, daß sie allein die objektive Realität, die sie als die vom menschlichen Subjekt erfahrbare alltägliche Lebenswelt identifiziert, als Darzustellendes akzeptiert. Die Darstellung handlungsintensiver Vorgänge, die die materiale Dimension der Älteren Literatur in einem Ausmaß prägt, daß die an ihr orientierte Kategorie der Handlung kaum noch hinterfragt wird, wird durch die rhythmisch angemessene Wiedergabe der alltäglichen Lebenswelt, wie sie in ihrer Komplexität vom Subjekt erfahrbar ist, ersetzt.

Die Sprache der Modernen Literatur ist deshalb die Sprache des Subjekts, das seine Erfahrungen dieser Realität ausdrückt. Das psychische Faktum, daß sich mit der Wort-Sprache des Bewußtseins auch das Unbewußte – in phonetisch affinen »Etyms« – zur Sprache bringt, was in der Älteren Literatur die unkontrollierte Entstehung zusätzlicher Lesemöglichkeiten verursacht, wird von der Modernen Literatur genutzt, um die Wort-Sprache zu einer Wort-Etym-Sprache zu erweitern, in der wörtliche Bedeutungen gezielt mit etymaren besetzt sind. Die Komplexität dieser Sprache ist eine Konsequenz der Komplexität der subjektiv erfahrbaren Welt.

Ihre rhythmisch angemessene Wiedergabe ist durch die Form zu leisten, die demgemäß als Transformation mit dem Leistungsanspruch einer »konformen Abbildung der Welt« verstanden wird. Die formalen Möglichkeiten, die die Ältere Literatur zur Erfüllung dieses Leistungsanspruchs entwickelt hat, werden zusammenfassend als Nachbildung sozialer Vorgänge bestimmt. Das Erfordernis, sie zu erweitern, d. h. neue zu entwickeln oder vorhandene vollständig auszubilden, resultiert daraus, daß diese den materialen Anforderungen, die die zunehmend komplexer werdende Realität stellt, nicht gerecht werden. Die Moderne Literatur entwickelt daher Formen, die an den Bewußtseinsvorgängen, mit denen das Subjekt ›die‹ Welt in toto als seine alltägliche Lebenswelt erfährt und verarbeitet, orientiert sind. Hierzu gehören das »Tagebuch«, der »Innere Monolog« sowie das Gegenwartserleben oder »Musivische Dasein«, die »Erinnerung« und das »Längere Gedankenspiel«.

Die bewußtseinsentsprechenden Formen der Modernen Literatur können die vielschichtige objektive Realität ohne Reduktionen wiedergeben, weil sie die dieser Welt entstammenden materialen Elemente nach Mustern zusammenfügen, in denen das menschliche Subjekt per se die Realität, in die es inbegriffen ist, aufnimmt.

Das »Längere Gedankenspiel« – »LG« – (III.) erfüllt den Lei-. stungsanspruch einer konformen Abbildung der Welt in der Kombination zweier kategorial verschiedener Darstellungsebenen. Die subjektive Darstellung der objektiven Realität in der ›objektiven Realitätsebene‹ ist mit einer vom Subjekt produzierten ›subjektiven Realitätsebene‹ verbunden.

Der terminologisch vom »Tagtraum« abgegrenzte Bewußtseinsvorgang des LGs ist dadurch gekennzeichnet, daß das Subjekt innerhalb einer negativ erlebten Realität zu ihrer Bewältigung eine subjektive Realität aufbaut. Die beiden Realitätsebenen sind wechselseitig aufeinander bezogen. In der literarischen Nachbildung liegt das LG formal vollständig vor, wenn beide Realitätsebenen dargestellt sind, formal unvollständig, wenn ein Text nur eine Realitätsebene, zumeist die subjektive, wiedergibt. Die Nachvollziehbarkeit der subjektiven Strukturbildung ist grundsätzlich dadurch gewährleistet, daß das LG regulär abläuft. Die objektive Realität wird nach subjektiven, aber intersubjektivierbaren Spielregeln zu einer subjektiven Realität transformiert. Das jeweilige Verhältnis der subjektiven zur dargestellten oder implizierten objektiven Realität wird als »Kontrast«, »Parallele« und »Steigerung« bestimmt.

Das durch die Steigerung bestimmte LG steht in der utopischen Formtradition. Als Formbegriff der Modernen Literatur enthält das LG den Anspruch, die Grundlagen der tradierten Form erstmals vollständig theoretisch und praktisch in literarischen Texten zugänglich gemacht zu haben.

Hieraus ergibt sich die Spezifizierung der Aufgabenstellung: Der Begriff des LGs, der die theoretische Fundierung von »Schwarze Spiegel«, »Die Gelehrtenrepublik« und »Kaff auch Mare Crisium« expliziert und damit eine Möglichkeit ihrer positiven Bestimmung bietet, verlangt es, diese Werke als utopische Prosatexte zu untersuchen, die – wiewohl Reine Literatur – in einer vorhandenen Formtradition stehen.

Das impliziert die Auseinandersetzung mit Verstehensweisen der utopischen Prosa. Weil sie widersprüchlich und insgesamt problematisch sind, hat vor der Werkanalyse – im zweiten Teil der Arbeit – eine begriffliche Klärung im Zusammenhang mit dem Begriff des LGs zu erfolgen. Ihre Problematik ist dadurch mitbedingt, daß Vorstellungen und Begriffe der frühen nicht-literaturwissenschaftlichen Utopie-Forschung in die Begriffe für die utopische Prosa eingehen. Diese wird generell, veranlaßt durch den negativen Charakter der ›utopischen‹ Welt, negativ im Gegensatz zur traditionellen Utopie, deren ›utopische‹ Welt positiv gezeichnet ist, oder auch im Gegensatz zu nicht-literarischen Vorstellungen von Utopie bestimmt. Die Problematik der Begriffsbildungen konzentriert sich auf das Verhätlnis der ›utopischen‹ zur objektiven Realität einerseits und auf die spezifisch literarische Konstitution dieser ›utopischen‹ Realität andererseits.

Der Begriff des LGs kann diese Schwierigkeiten beheben, indem er die utopische Prosa positiv als literarische Struktur erklärt, die ebenso wie die der traditionellen Utopie durch die Steigerung der objektiven zur subjektiven Realität bestimmt ist und sich in der Steigerungsweise von ihr unterscheidet.

Die materialiter auf die objektive Realität bezogene Form ist als konforme Abbildung der Welt mit der ästhetischen Funktion der Aufklärung über diese Welt verbunden. Weil die utopische Prosa Schmidts unter dem Anspruch der Reinen Literatur steht und ihr demgemäß Begriffe und Erklärungsmodelle, die für Strukturen vor allem der Älteren Literatur entwickelt worden sind, unangemessen sind, muß sie, um die Aufklärungsfunktion erfüllen zu können, struktural transparent sein.

Die Momente der Aufklärung und der Aussagen des Textes – nicht nur – über seine eigene literarische Konstitution sind derart bezeichnend für die literarische Produktion Schmidts, daß er, durch die Figur des Daniel Pagenstecher, in »Zettels Traum« formuliert:

der Wunsch nach wolltätlicher Klarheit, ist 1 der herrschndn Züge Meines Lebms gewesn – (1 anderer d e r : aus der bloßn ›Literatur‹ in eine Meta=Litteratur zu gelangen [. . .]).[17]

Die angedeutete Beziehung zwischen »Klarheit« und »Meta=Litteratur« wird von der Sekundärliteratur ignoriert. Sie zitiert das Bekenntnis der Bemühung um eine Metaliteratur ohne den vorhergehenden Satz und gelangt daher um so leichter zu einer Fehldeutung des Begriffs.[18] Metaliteratur ist nicht, wie beispielhaft Otfried Boenik-

---

[17] AS, Zettels Traum, S. 510.
[18] Vgl. z. B. Jörg Drews, Arno Schmidt vor »Zettels Traum«. In: J. D. u. Hans-Michael Bock (Hrsgg.), Der Solipsist in der Heide. Materialien zum Werk Arno Schmidts, München 1974, S. 163–182, S. 181; Otfried Boenicke, Mythos und Psychoanalyse in »Abend mit Goldrand«, München 1980, S. 29, A. 12.

ke formuliert, die »Literatur, die nur noch durch Literatur und ältere Konversationslexika verständlich wird bzw. eventuell werden könnte«,[19] sondern im Gegenteil die Literatur, die nicht nur »Klarheit« über Realität vermittelt, sondern darüberhinaus auch - im ›Metabereich‹ - »Klarheit« über den literarischen Vermittlungsmodus verschafft, für die also konstitutiv ist, daß sie aus sich selbst heraus verständlich ist.[20]

Die theoretische Fundierung der Werke erfordert somit eine Untersuchung, die aus den Werken selbst - und in diesem Sinne ›werkimmanent‹ - zu einem adäquaten Verständnis zu gelangen sucht. Deshalb geht die Analyse von »Schwarze Spiegel«, »Die Gelehrtenrepublik« und »Kaff auch Mare Crisium«[21] im dritten Teil der Arbeit auf dem Hintergrund der theoretischen Konzeption des LGs von dem der Struktur inhärenten Anspruch der eigenen Transparenz aus und konzentriert sich auf die Struktur der Werke. Die Texte werden als konsistent strukturierte, positiv bestimmbare fiktionale Ganzheiten, die metaliterarischen Elemente als relevante und strukturintegrierte Bestandteile dieser fiktionalen Ganzheiten behandelt. Sie werden dabei an ihrem - ebenfalls metaliterarisch transparenten - Anspruch gemessen, ein aufklärendes Bild der objektiven Realität zu vermitteln.

»Schwarze Spiegel« (I.) besteht als formal unvollständiges LG nur aus subjektiver Realität, ist aber als Schlußteil der Trilogie »Nobodaddy's Kinder«[22] auf werkexterne Darstellungen der objektiven

---

[19] Boenicke, S. 4.

[20] Vgl. dazu auch Gerhard Schmidt-Henkel, Arno Schmidt und seine »Gelehrtenrepublik«. ZfdPh., 87, 1968, H. 4, S. 563–591, S. 590. Schmidt-Henkel stellt fest, daß »die Grundzüge von Schmidts Theorien auch den Romanen selber zu entnehmen« seien. - Zur Kritik des nicht nur hier und nicht nur von Schmidt-Henkel unreflektiert für das Werk Schmidts verwendeten Roman-Begriffs s. u., S. 88ff.

[21] Der frühe Text »Gadir oder Erkenne dich selbst« (In: AS, Leviathan, Hamburg, Stuttgart, Berlin, Baden-Baden 1949, S. 9–41) wird ausgeklammert. Schmidt bezeichnet ihn retrospektiv als ›historisches LG‹. Er kritisiert selbst, daß die beiden Darstellungsebenen »noch mit ungeübter Technik gehandhabt« (AS, Berechnungen II, S. 307) seien und fügt hinzu: »Jetzt, dix ans plus tard, würde ich im allgemeinen abraten, historische LG zu wagen« (a. a. O.). Neben Schmidts eigener Begründung, die auf die innere Konsistenz eines in die Vergangenheit verlegten LGs abhebt (vgl. a. a. O.), besteht die Problematik eines solchen LGs vor allem in der Identifizierbarkeit der objektiven in der subjektiven Realität. Obwohl das Kriterium der Steigerung die Verlegung der subjektiven Realität in eine vergangene Zeitstufe nicht grundsätzlich verbietet, ist sie per se problematisch. Denn anders als das ferne, unbekannte Land oder die Zukunft ist die historische Vergangenheit tendenziell ›topisch‹, d. h. drängt sie zu ihrer *eigenen* Identifizierung.

[22] Trilogie. Aus dem Leben eines Fauns. Brand's Haide. Schwarze Spiegel, o. O. [Reinbek] 1963.

Realität bezogen. Der Text ist folglich als eigenständiges literarisches Werk und zugleich als Teil der Trilogie zu untersuchen.

»Die Gelehrtenrepublik« (II.), wie »Schwarze Spiegel« ein formal unvollständiges LG, ist der einzige der drei utopischen Prosatexte, der weder werkintern eine objektive Realitätsebene enthält, noch werkextern mit einer Darstellung empirischer Realität gekoppelt ist. Zumal der Text, ebenfalls als einziger, in die ferne Zukunft projiziert ist und zwei durchaus exotische Sonderwelten konkretisiert, steht die Vermittlung, die diese Sonderwelten verbindlich auf die objektive Realität bezieht, im Vordergrund.

Mit »Kaff auch Mare Crisium« (III.) liegt ein formal vollständiges LG vor. Innerhalb der objektiven Realitätsebene einer ländlichen Welt wird die subjektive Realität einer lunarem Welt produziert, und zwar als Literatur. Mit dem Produkt werden der Produktionsvorgang, seine Voraussetzungen und Bedingungen, mithin der gesamte Kontext der subjektiven Realität, wiedergegeben und metaliterarisch expliziert. Es geht in diesem Fall darum, die beiden dargestellten Realitätsebenen in ihrem Verhältnis zueinander, die Strukturierung ihres Zusammenhangs und die Beschaffenheit des auf zwei Ebenen konkretisierten Bildes der objektiv-realen Welt als insgesamt metaliterarisch explizierte literarische Produktion zu analysieren.

Die Werkanalysen sollen den Nachweis erbringen, daß die theoretische Konzeption und ihre literarischen Konkretisierungen einander entsprechen; daß eine adäquate Rezeption durch die Texte selbst gewährleistet ist; daß diese Texte auch und gerade als Paradigmata der utopischen Prosa positiv bestimmbar sind und daß für diese Bestimmung das struktural konstitutive Verhältnis der subjektiven zur objektiven Realität maßgeblich ist.

ERSTER TEIL

Der Begriff des Längeren Gedankenspiels im Kontext von Arno Schmidts Theorie der Modernen Literatur

I. Der Begriff der Reinen Literatur

1. Reine und Angewandte Literatur

In einem 1953 erschienenen Aufsatz zitiert Martin Walser einen Brief Arno Schmidts, in dem dieser fordert,

> endlich auch in der Literatur die in der Wissenschaft schon längst vorgenommene Scheidung in ›angewandte‹ und ›reine‹ zu vollziehen.[1]

Schmidt rechnet sein eigenes Werk der Reinen Literatur zu: »Ich selbst bestrebe mich zu der Gruppe der ›Reinen‹ zu gehören«,[2] er versteht sich jedoch keineswegs als ihr Begründer oder Initiator.

Aus seiner Forderung, »endlich« die Unterscheidung zwischen Reiner und Angewandter Literatur zu treffen, geht hervor, daß mit der noch nicht vollzogenen Differenzierung auch der Begriff der Reinen Literatur noch nicht gegeben ist.[3] Schmidt konstatiert die Präsenz

---

[1] Martin Walser, Die Sprache Arno Schmidts. In: Jörg Drews u. Hans-Hichael Bock (Hrsgg.), Solipsist, S. 16–21, S. 20; die gesamte Stelle ist als Zitat kursiv gedruckt.

[2] A. a. O.

[3] Dies ist zu modifizieren: *Der* Begriff der Reinen Literatur ist noch nicht vorhanden, der in antithetischem Bezug zum Begriff der Angewandten Literatur steht. Denn ›Reine Literatur‹ ist ja ein in der literaturwissenschaftlichen Diskussion durchaus geläufiger Begriff. Er ist die Übersetzung des von Paul Valéry [Poésie pure (Notizen für einen Vortrag, 1927). A. d. Franz. v. Kurt Leonhard. In: Beda Allemann (Hrsg.), Ars poetica. Texte von Dichtern des 20. Jahrhunderts zur Poetik, 2., durchges., ber. u. erw. Aufl. Darmstadt 1971, S. 139–146] geprägten Begriffes der »poésie pure«. Der Begriff hat idealtypischen Charakter (vgl. S. 140 u. 146). Mit ihm kennzeichnet Valéry die »Konzeption [. . .] eines unerreichbaren Typus, eines idealen Grenzwertes der Wünsche, Bemühungen und Fähigkeiten des Dichters« (S. 146), eine Dichtung zu erschaffen, die »*rein* sei von nichtpoetischen Elementen« (S. 140). Diese sind ihm: »der praktische oder pragmatische Teil der Sprache, die Gewohnheiten und die logischen Formen und [. . .] die Unordnung und Irrationalität, die man im Wortschatz vorfindet.« (S. 146) Der Begriff »poésie pure« gilt für die Lyrik. Er steht in diametralem Gegensatz zur Prosa als pragmatischer Literatur (vgl. a. a. O.). Er rückt in die Nähe des »l'art pour l'art« und dient in der Folge auch und vor allem dazu, den Gegensatz zur »littérature engagée« zu kennzeichnen. Dieser Gegensatz wird in der unscharfen, die ursprünglichen Konturen verwischenden deutschsprachigen Terminologie mit ›reine‹ – ›engagierte Literatur‹ [vgl. z. B. Hans

eines literarischen Phänomens bei gleichzeitiger Absenz einer ihm korrespondierenden Begrifflichkeit.

Trotz der wiederholten Forderung nach dieser Differenzierung bestimmt Schmidt selbst die Begriffe nur indirekt, wie in seinem Brief an Walser. Die dort angedeutete Analogie formuliert er in einem zehn Jahre später (1963) erstmals publizierten Aufsatz ausführlicher, wobei »Wissenschaft« als »Mathematik«, also als ›exakte Wissenschaft‹ spezifiziert wird:

> Zuweilen hat man es nicht nur genehmigt, sondern sogar eingesehen, daß ein Unterschied besteht zwischen ›reiner‹ Mathematik und ›angewandter‹; aber die Bereitschaft, der Literatur das gleiche zuzubilligen, habe ich so gut wie nie angetroffen.[4]

Schmidt läßt die Analogie für sich sprechen. Aus ihrer Explikation ergibt sich:[5]

Der Reinen Literatur geht es um die Erforschung der von den konkreten Inhalten abstrahierten Beziehungsgefüge, um die reinen Strukturen. Sie betreibt ›Grundlagenforschung‹. Ihre Ergebnisse werden von der Angewandten Literatur benutzt. Die Angewandte Literatur fußt auf der Reinen. Von der Angewandten Literatur können Impulse zur Reinen ausgehen – dann, wenn sich herkömmliche literarische Strukturen für bestimmte, neu auftretende Problemstellungen als unzulänglich erweisen. Der Reinen Literatur ist damit die Aufgabe gestellt, neue, den konkreten Gegebenheiten angemessene Beziehungsgefüge zu erforschen, neue Darstellungsmodelle, neue Gestaltungsweisen zu entwickeln.

Reine und Angewandte Literatur machen gemeinsam das Ganze der Literatur aus. Die Begriffe bezeichnen konträre, aber komplementäre Phänomenbereiche, die in einem Begründungszusammen-

---

Mayer, Zur aktuellen literarischen Situation. In: Manfred Durzak (Hrsg.), Die deutsche Literatur der Gegenwart. Aspekte und Tendenzen, Stuttgart 1971, S. 63–65, S. 65] wiedergegeben; hierbei kann die ›reine‹ sogar zur »tendenzfreie[n] Dichtung« (Gero von Wilpert, Artikel: Poésie pure. In: G. v. W., Sachwörterbuch der Literatur, 4., verb. u. erw. Aufl. Stuttgart 1964, S. 516) werden.

[4] AS, (ohne Titel). In: Heinz Friedrich (Hrsg.), Schwierigkeiten heute die Wahrheit zu schreiben. Eine Frage und vierundzwanzig Autoren, München 1964, S. 142–153, S. 150.

[5] Die nachfolgende Skizzierung orientiert sich am allgemeinen Verständnis von Reiner und Angewandter Mathematik, wie es sich exemplarisch in Nachschlagewerken manifestiert. Vgl. z. B. Anonym, Artikel: Mathematik. In: Brockhaus Enzyklopädie in 20 Bänden, 17., völlig neubearb. Aufl. d. Gr. Brockhaus, 12. Bd., Wiesbaden 1971, S. 252–254.

hang stehen. Durch ihn und durch die Intention sind sie voneinander verschieden und zu scheiden. Die Reine Literatur ist auf sich selbst gerichtet, auf die ihr eigenen Strukturen und Möglichkeiten, die zu erforschen und in der Erforschung zu erweitern ihr wesentlich ist, mit dem notwendigen Zusatz, daß sie auf die konkreten Gegebenheiten, die sich ihr als problematische darbieten, bezogen bleibt.

Sie gibt der Angewandten Literatur die Grundlage, die sie zur Lösung spezieller Aufgaben benötigt; denn die Angewandte Literatur ist dadurch gekennzeichnet, daß sie ausschließlich auf außer ihr liegende Problemkonstellationen gerichtet ist, zu deren Bewältigung sie auf die von der Reinen Literatur bereitgestellten Möglichkeiten angewiesen ist. Gerade weil der Angewandten Literatur die Resultate der Reinen zur Verfügung stehen, kann sie sich auf anderes richten: vom durch die Reine Literatur gesicherten innersten, fundamentalen Bezirk der Literatur auf das außer ihm Liegende, von den Gestaltungsmöglichkeiten auf das zu Gestaltende.

Sobald die vorhandenen Gestaltungsmöglichkeiten selbst erweitert werden, handelt es sich per definitionem nicht mehr um Angewandte, sondern um Reine Literatur.[6]

Der Begriff der Reinen Literatur kennzeichnet literarische Werke, denen innerhalb eines literarischen Kontextes[7] fundamentale Bedeutung zukommt. Das sind solche, denen es um ihre eigene literarische Konstitution geht, um das Beziehungsgefüge der Elemente, aus dem sie bestehen. Dieses ist, in Analogie zur Reinen Mathematik, als ›Struktur‹ bzw. ›Form‹ definiert.[8] Der Begriff der Reinen Literatur

---

[6] Wenn Hans Mayer, Zur aktuellen literarischen Situation, schreibt: »Auch hier [= im »eigentlichen Bereich der Literatur« (S. 69)] hat seit langem eingesetzt, was die Naturwissenschaft als Grundlagenforschung zu bezeichnen pflegt« (S. 69), so bedeutet das durchaus nicht, daß er Ähnliches, wie Schmidt es mit dem Begriff der Reinen Literatur zu erfassen sucht, konstatiert oder gar analysiert. Mayer hat trotz der verbalen Parallelität gerade nicht die der Mathematik analoge Grundlagenforschung, die er anspricht, im Blick, sondern die Frage nach der ›Sinnhaftigkeit‹ von Literatur: »Heute wird kühl analysierend, gar nicht mehr todessüchtig wie beim jungen Hofmannsthal, vor Theaterspielen aller Art gefragt: »Was frommt uns alles dies . . .«« (a. a. O.)

[7] Der Begriff des *literarischen* Kontextes bezeichnet den literaturimmanenten Zusammenhang von Werken, die auf Grund bestimmter Kriterien - nationaler, sprachlicher, kultureller etc. - in Beziehung zueinander stehen.

[8] Vgl. Hans Heinz Holz, Leibniz, Stuttgart 1958. Holz definiert ›Struktur‹ »als Inbegriff aller möglichen wechselseitigen Bedingungen und Beziehungen, die die Glieder eines gegebenen Zusammenhangs miteinander verbinden und die eben diese Glieder ihrem Wesen nach bestimmen« (S. 24); er identifiziert diesen Struktur-Begriff als »Formbegriff« (a. a. O.).

identifiziert somit Werke, bei denen die literarische Struktur im Vordergrund steht.

Schmidt bestimmt ihre Relevanz und präzisiert den Begriff der Reinen Literatur in der Erläuterung seiner eigenen Arbeit. In seinem Brief an Martin Walser schreibt er, daß er sich bemühe, »experimentierend die formalen und sprachlichen Möglichkeiten der Dichtung zu erweitern«.[9] Im Vordergrund steht die Erweiterung der Form-Möglichkeiten.[10]

Sie kann einerseits durch die systematische Erforschung bereits bekannter, praktizierter literarischer Gestaltungsmöglichkeiten zustandekommen – dann, wenn die in ihnen angelegten Möglichkeiten noch nicht vollständig oder nur in Ansätzen erkannt und genutzt sind; andererseits aber auch durch die Erforschung gänzlich neuer Gestaltungsmöglichkeiten – dann, wenn tradierte literarische Strukturen sich bestimmten Problemstellungen gegenüber als unzulänglich erweisen.

Erweitert werden können nur vorhandene Möglichkeiten. Vorhanden aber sind zu je verschiedenen Zeiten je verschiedene Möglichkeiten. Damit überhaupt eine Erweiterung literarischer Strukturen (aus der Perspektive des Autors:) in Angriff genommen bzw. (aus der Perspektive des Rezipienten:) erkannt werden kann, muß das jeweilige Potential literarischer Strukturen bekannt sein. Die Erweiterung ist also auf den historischen Stand der vorhandenen Möglichkeiten bezogen.

Zur Bezeichnung der Erweiterungsmethode verwendet Schmidt *nicht* das geläufige ›experimentell‹, das Termini wie ›experimentelle Literatur‹ oder ›experimentelle Prosa‹ assoziieren läßt. Solche Termini sind, wie Beda Allemann zu Recht hinsichtlich des in ihnen gebrauchten Begriffs des Experiments erwähnt, »heute verschlissen und verbraucht«.[11] Sie sind unpräzise, aussageschwach und werden häu-

---

Vgl. dazu den ähnlich im tschechischen Strukturalismus von Jan Mukařovský gebrauchten Struktur-Begriff; z. B.: J. M., Der Strukturalismus in der Ästhetik und in der Literaturwissenschaft. A. d. Tschech. v. Walter Schamschula. In: J. M., Kapitel aus der Poetik, Frankfurt a. M. 1967, S. 7–33, z. B. S. 11 u. 13f.

Die Analogien des Begriffs der Reinen Literatur zu Vorstellungen, die an Leibniz orientiert sind, und zum tschechischen Strukturalismus resultieren aus der gemeinsamen Orientierung an mathematisch-naturwissenschaftlichen Denkweisen.

[9] Zit. nach Walser, S. 20.

[10] Vgl. auch AS, Sylvie & Bruno, S. 274, wo Schmidt von »dem einzigen Zweck, die Möglichkeiten [. . .] [der] Kunst zu erweitern«, spricht.

[11] Beda Allemann, Experiment und Erfahrung in der Gegenwartsliteratur. In: Walter Strolz (Hrsg.), Experiment und Erfahrung in Wissenschaft und Kunst, Freiburg u. München 1963, S. 266–296. S. 269.

13

fig zur pauschalen (De-) Klassifizierung jeweils ›neuer‹ Literatur verwendet und implizieren zumeist eine antizipatorisch-pejorative Bewertung. Dies geschieht etwa in der Weise, daß das Provisorische einer solchen Literatur behauptet wird[12] oder allgemein reduktive Tendenzen in der formalen Gestaltung unterstellt werden. Das kann so weit gehen, daß, so Bodo Heimann in seinem Aufsatz »Experimentelle Prosa«,[13] der »Zwang« zu einer »Punktualisierungstendenz«,[14] zu einem »a priori zusammenhanglosen Muster«[15] konstatiert wird, und zwar bezogen auf die gesamte »moderne Epik«,[16] die auch hier unkritisch mit ›experimenteller Prosa‹ identifiziert wird.[17]

Durch die in der literaturwissenschaftlichen Diskussion ungebräuchliche Partizipialbildung bewirkt Schmidt eine Verfremdung. Das Wort wird sichtbar in dem, was es unabhängig von der literaturwissenschaftlichen Verwendung bezeichnet: eine Verfahrensweise der exakten Wissenschaften, die zu gesicherten, d.h. nachprüfbaren Erkenntnissen führt.[18] In diesem Sinne grenzt Schmidt in dem

---

[12] Vgl. z. B. Gero von Wilpert, Artikel: Experiment. In: G. v. W., Sachwörterbuch, S. 198.

[13] In: Manfred Durzak (Hrsg.), Literatur, S. 230–256. Heimann behandelt in seinem Aufsatz Arbeiten von Handke (S. 233ff.), Wellershoff (S. 236ff.), Fichte (S. 241ff.), Wiener (S. 246ff.) u. a. und geht, wenig intensiv allerdings, auch auf Schmidt ein (S. 232, 240 u. 241). Die Arbeiten dieser Autoren gelten ihm »exemplarisch« (S. 233) für »die neue, experimentelle Prosa« (S. 232). Die »neue« Prosa ist ihm die »experimentelle«. Die Begriffe werden austauschbar, gehen ineinander auf. Solcherart kann nicht deutlich werden, was »experimentelle Prosa« heißt, was das Experimentelle dieser Prosa ist. Der Begriff, der immerhin dem Aufsatz das Thema gibt, wird nicht definiert. Es werden lediglich einzelne Charakteristika gegenwärtiger Literatur konstatiert, die offensichtlich zu summieren sind und insgesamt »experimentelle Prosa« ausmachen sollen. – Die in ihrer beanspruchten exemplarischen Gültigkeit durchaus kritisierbaren Einzelcharakteristika weisen zudem durchgängig eine antizipatorisch-pejorative Bewertung auf; so spricht Heimann von der »Reduktion auf Sprache« (S. 251), von der »schizoide[n] Bewußtseinsstruktur« und dem »gestörte[n] Verhältnis zur Wirklichkeit« (S. 233), von der »Schrumpfungstendenz« experimenteller Prosa (vgl. S. 241).

[14] A. a. O., S. 240.

[15] A. a. O., S. 245.

[16] A. a. O., S. 240.

[17] Vgl. a. a. O.

[18] Vgl. dazu Josef Kolb, Erfahrung im Experiment und in der Theorie der Physik. In: Walter Strolz (Hrsg.), Experiment, S. 9–39, S. 10. Ein solches Verständnis von Experiment scheint durchaus auch in der Literaturwissenschaft vorhanden zu sein. So gibt etwa Helmut Motekat, Experiment und Tradition. Vom Wesen der Dichtung im 20. Jahrhundert, Frankfurt a. M. u. Bonn 1962, S. 13, folgende Bestimmung: »Das Wort »Experiment« bezeichnet im heutigen Sprachgebrauch den planmäßig durchgeführten wissenschaftlichen Versuch im Unterschied zur bloßen Beobachtung von Naturvorgängen und zur gedanklich-begrifflichen Untersuchung. Ziel des Experiments ist die Erweiterung der bisherigen Grenzen der Erkenntnis im Bereiche des

1956 erschienenen Aufsatz »Dichter und ihre Gesellen«[19] ›experimentieren‹ gegen die verbreitete pejorative Bedeutung ab:

›experimentieren‹ (was Dichter, Leser und Rezensenten gern mit ›probieren‹ verwechseln: probieren ertappt's bestenfalls. Experimentieren, d.h. das Anstellen bewußter Versuchsreihen [. . .]).[20]

Im literarischen Experiment werden auf der Grundlage theoretischer Einsichten in literarische Strukturen und ihre Möglichkeiten literarische Texte erarbeitet, die die theoretischen Einsichten konkretisieren.[21]

Experimentiert wird in »Versuchsreihen«, in zusammengehörigen Folgen von Einzelversuchen. Das Verfahren, mit dem das einzelne Glied der Versuchsreihe produziert wird, ist die »Konstruktion«.[22]

---

bis dahin noch Unbekannten.«

Eine derartige – zutreffende – Anlehnung an die Begriffsbedeutung der Verfahrensweise der exakten Wissenschaften erübrigt sich, wenn sie im Begriffsgebrauch unbeachtet bleibt, so daß die Begriffsbestimmung gegenstandslos wird. Daß Motekat im Zusammenhang seiner Arbeit unter ›Experiment‹ nicht eine den exakten Wissenschaften analoge Verfahrensweise versteht, geht aus einem Satz wie dem folgenden hervor: »Gerade die unwägbaren Kräfte der Sprache geben selbst der bewußten Konstruktion des modernen Dichters den Charakter des Experiments.« (S. 85)

[19] In: Augenblick, 2, 1956, H. 2, S. 4–8.

[20] A. a. O., S. 7.

[21] Damit ist das Experiment, das Schmidt als Methode der Reinen Literatur deklariert, von demjenigen, das am Ende des 19. Jahrhunderts, ausgehend 1880 von Zolas »Le roman expérimental«, die naturwissenschaftliche Verankerung der Literaturproduktion im Naturalismus kennzeichnet, abgegrenzt. Dieses Verständnis von Experiment wird repräsentativ formuliert von Wilhelm Bölsche, Die naturwissenschaftlichen Grundlagen der Poesie. Prolegomena einer realistischen Ästhetik, Leipzig 1887. Zit. wird nach: E. Ruprecht (Hrsg.), Literarische Manifeste des Naturalismus 1880–1892, Stuttgart 1962 (= Epochen d. dt. Lit., Mat.-bd.), S. 85–102: »Jede poetische Schöpfung, die sich bemüht, die Linien des Natürlichen und Möglichen nicht zu überschreiten und die Dinge logisch sich entwickeln zu lassen, ist vom Standpuncte der Wissenschaft betrachtet nichts mehr und nichts minder als ein einfaches, in der Phantasie durchgeführtes Experiment, das Wort Experiment im buchstäblichen wissenschaftlichen Sinne genommen.« (Bölsche, S. 7; zit. nach Ruprecht, S. 87)

Als ›Experimentator‹ gilt folglich »der Dichter, der Menschen, deren Eigenschaften er sich möglichst genau ausmalt, durch die Macht der Umstände in alle möglichen Conflicte gerathen und unter Bethätigung jener Eigenschaften als Sieger oder Besiegte, umwandelnd oder umgewandelt, daraus hervorgehen oder darin untergehen läßt« (Bölsche, S. 8; zit. nach Ruprecht, S. 87).

Das Experiment des Naturalismus betrifft den materialen, das der Reinen Literatur den strukturalen Bereich von Literatur. Eines jedoch schließt nicht notwendig das andere aus: Das naturalistische Experiment kann zugleich eines der Reinen Literatur sein, wenn es die Gestaltungsmöglichkeiten der Literatur erweitert.

[22] AS, Der Dichter und die Mathematik. Die Zeit, 9.9.1960; vgl. auch AS, Dichter und ihre Gesellen, S. 6.

Die diesem Begriff inhärente Bedeutung ergibt sich aus einer Bemerkung Schmidts über Charles Dickens' »Bleakhouse«:

> Es [d.i. »Bleakhouse«] ist, allein was das ›Gerüst‹ der Fabel, die Konstruktion im Großen wie im Kleinsten, anbelangt, von mathematischer Perfektion. [...] Es gibt in der ganzen Weltliteratur nur noch 3 oder 4 weitere, ähnlich umfangreiche Stücke, die derart ›berechnet‹ wären, derart ›aufgebaut‹. [...] nie sind Zufall – oder, wenn Sie so wollen, Notwendigkeit! – als so eisernes Netz über Menschen und Dinge gespannt worden.[23]

›Mathematische Perfektion‹, ›Berechnung‹, ›Aufbau‹ und »Notwendigkeit« konstituieren das Bedeutungsfeld von »Konstruktion«. Die Konstruktion zielt auf die Konsistenz der Struktur ab, in der alle Einzelelemente für das Strukturganze relevant sind. Das Resultat ist, wie Schmidt metaphorisch verdeutlicht,

> ein klares, architektonisch=pointiertes Gerüst [...], schön vor lauter Folgerichtigkeit: das sollte nie sein dürfen, daß man selbst kleinere Absätze, innerhalb des Textgefüges umstellen könnte, ohne dadurch dem Ganzen nicht sogleich spürbar zu schaden.[24]

Die Reine Literatur hat Modellcharakter. Schmidt formuliert dies in dem Zusammenhang, in dem er auf die durch die Reine Literatur geleistete Grundlagenforschung hinweist. Er schreibt, daß Reine Literatur eine solche sei,

---

Ohne auf den ausdrücklich von Schmidt zur Kennzeichnung auch und gerade seiner eigenen literarischen Produktionsweise gebrauchten Begriff der Konstruktion einzugehen, verwendet Reimer Bull – Bauformen des Erzählens bei Arno Schmidt. Ein Beitrag zur Poetik der Erzählkunst, Bonn 1970 (= Literatur u. Wirklichkeit 7) – ihn in verschiedenen Kombinationen. Bull analysiert, eigenen Angaben zufolge, »die morphologische Struktur der Erzählungen DAS STEINERE HERZ und AUS DEM LEBEN EINES FAUNS von Arno Schmidt.« (S. 1)
Er erläutert und bringt die angesprochenen Begriffskombinationen ins Spiel: »Analyse der morphologischen Struktur meint die kategoriale Beschreibung des Konstruktionsprinzips und der Konstruktionsfaktoren, die die strukturelle Kontur des Erzählvorgangs bestimmen.« (a. a. O.)
Und weiter: »Konstruktionsprinzip nennen wir das strukturprägende Erzählverfahren; Konstruktionsfaktoren sind Strukturelemente des Erzählens, wir können dafür auch sagen: Bauformen des Erzählens« (a. a. O.).

[23] AS, Tom all alone's / Bericht vom Nicht-Mörder. In: AS, Der Triton mit dem Sonnenschirm. Großbritannische Gemütsergetzungen, Karlsruhe 1969, S. 100–152, S. 140.

[24] AS, Eines Hähers: »TUÉ!« und 1014 fallend. In: Uwe Schultz (Hrsg.), Das Tagebuch und der moderne Autor, München 1965 (= prosa viva 20), S. 110–126, S. 118. Vgl. auch AS, Ein unerledigter Fall / Zum 100. Geburtstage von Gustav Frenssen. In: AS, Die Ritter vom Geist. Von vergessenen Kollegen, Karlsruhe 1965, S. 90–165, S. 145: »Ein Buch, dessen einzelne Bestandteile man nach Belieben durcheinander umstellen kann, ohne dem Charakter des Ganzen dadurch nennenswert Eintrag zu tun, ein solches Buch ist doch kein Kunstwerk!«

die theoretisch Einsichten sich erarbeitet und anschließend mühsam einige wenige Modelle herstellt.[25]

Als Modell, d.h. als die literarische Konkretisierung theoretischer Forschung, erweitert das Werk der Reinen Literatur die literarischen Strukturmöglichkeiten.

Wenn das Modell die Möglichkeiten einer vorhandenen literarischen Struktur weiterentwickelt und nutzbar macht, ist es durch Gemeinsamkeiten oder explizite Gegensätzlichkeiten[26] mit dieser Struktur verbunden. Es steht in einer bestimmten literarischen Formtradition, die durch ein anderes Modell begründet worden ist. Ein Text kann eine eigene Formtradition begründen, wenn er eine grundsätzlich neue Strukturmöglichkeit konkretisiert.

Indem ein literarisches Werk als Modell Anwendung findet, wirkt es als strukturales Vorbild. Es wird zum Paradigma für nachfolgende Literatur.[27] Eine paradigmatische Wirkung vollzieht sich diachron und läßt sich nur aus der literaturhistorischen Retrospektive feststellen.[28] Vom synchronen Standort aus kann ihm lediglich paradigmatische Potenz attestiert werden.

---

[25] AS, Literatur, S. 106.

[26] Darauf, daß auch explizite Gegensätzlichkeiten auf gemeinsame Strukturmomente oder gar auf gemeinsame Grundstrukturen weisen, macht indirekt Viktor Šklovskij aufmerksam: »Lev Tolstojs »Krieg und Frieden«, Sternes »Tristram Shandy« [...] können nur deshalb als Romane bezeichnet werden, weil sie *speziell* die Regeln des Romans verletzen.« (Zit. bei Jurij Striedter, Zur formalistischen Theorie der Prosa und der literarischen Evolution. In: Russischer Formalismus. Texte zur allgemeinen Literaturtheorie und zur Theorie der Prosa, hrsg. u. eingel. v. J. S., München 1971 [= Sonderausg. d. einleit. Abhandlg. u. aller dt. Übersetzgg. samt Registern aus Bd. 1 »Texte z. allgem. Lit.-theorie u. z. Theorie d. Prosa« (München 1969) d. zweibändg. russ.-dt. Ausg. »Texte d. russ. Formalisten« (innerhalb d. Reihe »Theorie u. Gesch. d. Lit. u. d. Schönen Künste«).], S. IX-LXXXIII, S. XLI).

[27] Vgl. AS, Sylvie & Bruno, S. 281. Schmidt spricht dort, in terminologischer Korrespondenz zum methodischen Begriff der Konstruktion, von »nach Errichten dann leicht nach-kletterbare[n] Gerüste[n]«.
Die Reine Literatur wird in ihrer strukturorientierten Intention ignoriert, wenn ihr (bzw. ihrem Autor) der »Glauben« unterstellt wird, als diese »zugleich praktische Funktionen übernehmen zu können« (Horst Thomé, Natur und Geschichte im Frühwerk Arno Schmidts, München 1981, S. 67). Die von Thomé hypostasierte »schlichte Gleichsetzung von »reiner« und wirkungsorientierter Literatur« (S. 67, A. 92) im Sinne »der politisch engagierten Literatur« (a. a. O.), für die kein Beleg erbracht wird, trifft nicht zu. Das Problem ist differenzierter von Arno Schmidt gesehen worden als hier behauptet wird.

[28] Die Frage, welche Faktoren im einzelnen dafür verantwortlich sind, daß eine bestimmte literarische Struktur paradigmatisch wirkt, wäre von der Rezeptionsforschung zu behandeln. Eine solche Fragestellung könnte die Bedingungen klären, unter denen Traditionslinien bestimmter literarischer Strukturen entstehen.

Die Kennzeichnung eines literarischen Werkes als Modell markiert die (synchron-systematische) Differenz nicht nur zu Werken, die nicht Modell sind, sondern auch zu solchen Werken, die die zur Zeit ihrer Entstehung vorhandenen Strukturmöglichkeiten erweitert haben, die also auch Modell waren und als fortwirkende Paradigmata Bestandteile des je gegenwärtigen literarischen Kontextes sein können. Die Kennzeichnung eines literarischen Werkes als Paradigma markiert die (diachron-literaturhistorische) Differenz zu Werken, die seine Struktur anwenden. – Entspricht die durch den Begriff des Paradigmas evozierte Differenzierung unmittelbar der zwischen Reiner und Angewandter Literatur, so gerät mit der durch den Begriff des Modells evozierten zugleich auch das Verhältnis von verschiedenen Modellen bzw. Paradigmata zueinander in den Blick.

2. Die literaturhistorischen Implikationen

Angewandter Literatur kommt, obgleich sie den weitaus größten Raum innerhalb eines literarischen Kontextes einnimmt – Schmidt spricht von »99,9%«[29] – nur sekundäre Bedeutung zu; denn sie ist struktural nicht eigenständig, sondern auf andere Strukturen reduzierbar. Diese modellhaft konkretisierten Strukturen, Werke der Reinen Literatur, sind von primärer Bedeutung, weil sie das jeweilige Spektrum der vorhandenen Strukturmöglichkeiten repräsentieren.

Das Verhältnis eines neu in einen literarischen Kontext eintretenden Werkes der Reinen Literatur zu den vorhandenen Werken der Reinen Literatur ist durch das Moment der Erweiterung bestimmt. Die Erweiterung impliziert die Veränderung des literarischen Kontextes, die jedoch nicht die Gültigkeit bestehender Paradigmata negiert.

Obwohl Schmidt die historische Komponente seines literaturtheoretischen Ansatzes nicht expliziert, findet damit eine klare Abgrenzung von ähnlichen literaturhistorischen Vorstellungsmodellen statt. Durch die aus der Analogie zur Reinen Wissenschaft gewonnene Bestimmung des Begriffs der Reinen Literatur besteht per se eine enge Beziehung zu wissenschaftshistorischen Modellen. Ein solches – seinerseits exemplarisches – Modell liegt in »Die Struktur wissenschaftlicher Revolutionen«[30] von Thomas S. Kuhn vor.

---

[29] AS, Sylvie & Bruno, S. 281.
[30] A. d. Amerikan. v. Kurt Simon, Frankfurt a. M. 1967 (= Theorie 2).

18

Der zentrale Begriff Kuhns ist der des Paradigmas, dessen Bestimmung durchaus Affinitäten zu dem von Schmidt gebrauchten Begriff aufweist. Als Paradigma bezeichnet Kuhn ein allgemein akzeptiertes wissenschaftliches Modell, das Lösungsmöglichkeiten für die in ihm auftretenden Probleme bietet.[31] Das Exemplarische hinsichtlich der Problemlösung und die Offenheit hinsichtlich der Problemstellung gelten Kuhn als Kriterien für die paradigmatische Relevanz einer wissenschaftlichen Leistung.[32] Ein Paradigma bleibt so lange gültig, bis eine externe Anomalie auftaucht und als solche bewußt wird, d.h. so lange, bis erkannt wird, daß

die Natur in irgendeiner Weise die von einem Paradigma erzeugten [...] Erwartungen nicht erfüllt hat.[33]

Das bedeutet: Wenn

ein existierendes Paradigma aufgehört hat, bei der Erforschung eines Aspekts der Natur, zu welchem das Paradigma selbst den Weg gewiesen hatte, in adäquater Weise zu funktionieren,[34]

wenn derart eine Wissenschaft in eine ›Krise‹ geraten ist, sind die Voraussetzungen für eine wissenschaftliche »Revolution« gegeben. Unter »Revolution« versteht Kuhn

jene nichtkumulativen Entwicklungsepisoden [...], in denen ein älteres Paradigma ganz oder teilweise durch ein nicht mit ihm vereinbares neues ersetzt wird.[35]

Ein neues Paradigma kann ein älteres nicht ergänzen oder erweitern – Ergänzung und Erweiterung sind im Wissenschaftsbetrieb von der »normalen Wissenschaft« zu erbringende innerparadigmatische Leistungen[36] –, sondern löst es ab und ersetzt es.[37] Kuhns Einschränkung der partiellen Ersetzung widerspricht seiner Grundidee der wissenschaftlichen Revolution durch den Wechsel von Paradigmata. Eine teilweise Ersetzung eines Paradigmas durch ein anderes, nicht mit

---

[31] Vgl. a. a. O., z. B. S. 28 u. 49.

[32] Vgl. a. a. O., S. 28.

[33] A. a. O., S. 80.

[34] A. a. O., S. 128.

[35] A. a. O.

[36] Mit ›normaler Wissenschaft‹ bezeichnet Kuhn die allgemeine wissenschaftliche Arbeit; er führt an: »Bestimmung signifikanter Fakten, gegenseitige Anpassung von Fakten und Theorie, Präzisierung der Theorie« (S. 57).

[37] Als einleuchtendes und wohl berühmtestes Beispiel führt Kuhn »das Auftauchen der Kopernikanischen Astronomie« (S. 98) an, die die ptolemäische ersetzt.

ihm vereinbares, ist nicht denkbar; denn wird nur ein Teil eines Paradigmas ersetzt, muß dieses mit dem übrigen Teil des Paradigmas vereinbar sein; wenn nicht, wäre keine partielle Ersetzung möglich, sondern nur eine ganze. Ist aber ein neues mit einem alten Paradigma vereinbar, findet keine Revolution statt. Und als permanente Revolution versteht Kuhn die historische Entwicklung einer Wissenschaft:

> der fortlaufende Übergang von einem Paradigma zu einem anderen auf dem Wege der Revolution ist das übliche Entwicklungsschema einer reifen Wissenschaft.[38]

In seinem Aufsatz »Paradigmawechsel in der Literaturwissenschaft«,[39] der die zentrale These Kuhns im Titel aufnimmt, hat Hans Robert Jauß gezeigt, daß das Modell Kuhns auf historische Vorgänge der Literaturwissenschaft übertragbar ist. Er hat nachgewiesen, daß es mit gewissen Einschränkungen[40] nicht nur auf nomologische, sondern auch auf historisch-hermeneutische Wissenschaften anwendbar ist. Damit wird indirekt auch die Möglichkeit eröffnet, es auf literaturhistorische Verhältnisse als einem ihrer Gegenstandsbereiche zu beziehen.

Die Verbindung dieses wissenschaftshistorischen Modells zu literaturhistorischen Vorstellungen liegt im russischen Formalismus vor,[41] dessen Begrifflichkeit – so etwa die Bestimmung des literarischen Werkes als funktionales System[42] oder der Begriff der Konstruktion[43] – Affinitäten zu den exakten Wissenschaften und zum Begriff der Reinen Literatur signalisiert.

---

[38] A. a. O., S. 31. – Unter einer »reifen Wissenschaft« versteht Kuhn eine solche, die nicht mehr aus einer »Anzahl miteinander streitender Schulen und Zweigschulen« (S. 31) besteht, sondern sich ein allgemein akzeptiertes Paradigma erarbeitet hat (vgl. S. 30ff.).

[39] Linguistische Berichte, 3, 1969, S. 44–56.

[40] Vgl. a. a. O., S. 54f.: »In der Literaturwissenschaft kann die zum Paradigma-Wechsel führende Krise nicht einfach durch Anomalie, durch eine Störung erwartbarer Resultate hervorgerufen werden, aus dem schlichten Grunde, weil es hier kein der Naturwissenschaft vergleichbares Feld empirisch verifizierbarer Beobachtungen gibt. Im Bereich der Literaturwissenschaft muß ein Wechsel des Paradigmas durch einen anderen Impuls ausgelöst werden. Dieser Impuls ist dann gegeben, wenn ein Paradigma mit seiner methodischen Axiomatik das nicht mehr zu leisten vermag, was von der Literaturwissenschaft stets zu fordern ist. Diese spezifische Leistung [. . .] ist die Fähigkeit, Werke der Kunst durch immer neue Interpretation dem Vergangensein zu entreißen, sie in eine neue Gegenwart zu übersetzen«.

[41] Einen informativen Überblick über »Geschichte, Methode und Theorie dieser Schule« (S. IX) gibt Jurij Striedter, Theorie.

[42] Vgl. Jurij Tynjanov, Über die literarische Evolution. A. d. Russ. v. Helene Imendörffer. In: Jurij Striedter (Hrsg.), Russischer Formalismus, S. 433–461, S. 437f.

[43] Vgl. a. a. O. u. Jurij Tynjanov, Das literarische Faktum. A. d. Russ. v. Helene

Konstitutiv für die literaturhistorische Konzeption des russischen Formalismus ist der Begriff der literarischen Evolution. Jurij Tynjanov bestimmt ihn, indem er den durch ihn bezeichneten Vorgang beschreibt:

> 1) in dialektischer Beziehung zum automatisierten Konstruktionsprinzip kündigt sich ein entgegengesetztes Konstruktionsprinzip an; 2) es vollzieht sich seine Anwendung, das Konstruktionsprinzip sucht sich die leichteste Anwendungsmöglichkeit; 3) das Konstruktionsprinzip dehnt sich auf eine größtmögliche Zahl von Erscheinungen aus; 4) es wird automatisiert und ruft entgegengesetzte Konstruktionsprinzipien hervor.[44]

Das neue Konstruktionsprinzip bzw. die »neue Form«[45] entsteht hiernach in dialektischer Selbsterzeugung. Tynjanov versteht Literaturhistorie als ständige dialektische Bewegung zwischen dem Tradierten und Automatisierten, das die Innovation provoziert, und diesem Neuen, das in der Tradierung automatisiert wird und wiederum Neues provoziert etc. Ein Charakteristikum dieser Bewegung besteht darin, daß sie im wesentlichen linear und eindimensional gedacht wird – in dem Sinne, daß eine Form die jeweils vor ihr dominierende ablöst.[46] Die Dominanz und zuvor die Entstehung der neuen Form kommen durch »Kampf und Ablösung« zustande – eine Formel, in der Tynjanov das »Prinzip«[47] der literarischen Evolution zusammenfaßt. Die neue Form löst die alte aber erst dann ab, wenn sie, als automatisierte, wie Viktor Šklovskij schreibt, »ihren Charakter

---

Imendörfer. In: Jurij Striedter (Hrsg.), Russischer Formalismus, S. 393–431, S. 403ff.

[44] Tynjanov, Faktum, S. 413.

[45] Viktor Šklovskij, Der Zusammenhang zwischen den Verfahren der Sujetfügung und den allgemeinen Stilverfahren. A. d. Russ. v. Rolf Fieguth. In: Jurij Striedter (Hrsg.), Russischer Formalismus, S. 37–121, S. 51. Vgl. Tynjanov, Faktum: »Das Wesen der »neuen Form« liegt gerade im neuen Konstruktionsprinzip« (S. 411).

[46] Vgl. dazu die einschränkende Bemerkung Tynjanovs, daß es »keine vollständige Ablösung einer literarischen Strömung durch eine andere [gibt]. Diese Ablösung gibt es jedoch in dem Sinne, daß die führenden Strömungen und Genres sich ablösen.« (Faktum, S. 431)
Vgl. auch die bei Boris Eichenbaum, Die Theorie der formalen Methode. A. d. Russ. v. Alexander Kaempfe. In: B. E., Aufsätze zur Theorie und Geschichte der Literatur, Frankfurt a. M. 1965, S. 7–52, zitierte Aussage Šklovskijs: »Die besiegte ›Linie‹ wird nicht vernichtet, hört nicht zu bestehen auf. Sie wird nur vom Höhenkamm vertrieben, taucht unter und kann irgendwann wiederauferstehen« (S. 47).

[47] Tynjanov, Faktum, S. 401. Vgl. auch Tynjanov, Dostojevskij und Gogol' (Zur Theorie der Parodie). A. d. Russ. v. Helene Imendörffer. In: Jurij Striedter (Hrsg.), Russischer Formalismus, S. 301–371, S. 303: »Jede literarische Nachfolge ist doch primär ein Kampf, die Zerstörung eines alten Ganzen und der neue Aufbau aus alten Elementen.«

als künstlerische Form bereits verloren hat«.[48] Das künstlerisch Relevante setzt sich gegen das künstlerisch nicht mehr Relevante durch, wobei sich die künstlerische Relevanz nach dem Innovationscharakter bemißt.[49]

Um den Vorgang von »Kampf und Ablösung« zu kennzeichnen, verwendet Tynjanov auch den im Rahmen einer Vorstellung von Evolution im Grunde paradoxen Terminus der literarischen Revolution.[50]

Das genuin *literatur*historische Modell des russischen Formalismus steht in enger Beziehung zum genuin *wissenschafts*historischen Modell Kuhns. Die Beziehung manifestiert sich im bedeutungsäquivalent gebrauchten Terminus der Revolution, der als sich perpetuierender Vorgang verstanden wird. Für beide Modelle ist der Wechsel zwischen Bedeutendem und während seiner Wirkung unbedeutend Werdendem bezeichnend.[51]

Wenn Schmidt dagegen die Leistung eines Paradigmas durch die Erweiterung der literarischen Strukturmöglichkeiten bestimmt, spricht er statt eines Ablösungsvorgangs die produktive Ausdehnung eines Potentials vorhandener Strukturen an. Vorhandene Paradigmata werden nicht verdrängt oder ersetzt, sondern bleiben als gleichwertige Strukturmöglichkeiten prinzipiell gültig und präsent.

Dabei handelt es sich selbstverständlich um verschiedene Strukturmöglichkeiten, d.h. auch: um Möglichkeiten, Verschiedenes literarisch zu strukturieren. Jedes Paradigma repräsentiert eine spezifische Möglichkeit der literarischen Strukturierung, die einem spezifischen materialen bzw. thematischen Gebiet entspricht. Für die Konkretisierung, d.h. aus der produktionsästhetischen Perspektive: für die Anwendung oder Entwicklung[52] einer bestimmten literarischen

---

[48] Šklovskij, S. 51.

[49] Vgl. dazu Hans Robert Jauß, Literaturgeschichte als Provokation der Literaturwissenschaft. In: H. R. J., Literaturgeschichte als Provokation, 3. Aufl. Frankfurt a. M. 1973, S. 144–207, S. 190.

[50] Vgl. Tynjanov, Faktum, S. 399 u. 401. Vgl. Šklovskij, zit. bei Eichenbaum: »Jede neue Schule in der Literatur ist eine Art Revolution, so etwas wie das Auftreten einer neuen Klasse. Aber das ist selbstredend nur eine Analogie.« (S. 47)
– Vgl. dazu Striedter, Theorie, S. LXVI. Er weist darauf hin, daß »die Auffassungen aller Formalisten [hiermit] überein[stimmen]«.

[51] Vgl. jedoch Tynjanov, Faktum, S. 403, der auch die Möglichkeit in Betracht zieht, daß »alte[.] Verfahren« wieder dominant werden können.

[52] Im tschechischen Strukturalismus ist der Begriff ›Konkretisation‹ rezeptionsästhetisch fundiert und bezeichnet den Vorgang, in dem »das Kunstwerk als ästhetisches Zeichen [. . .] durch einen Rezipienten als ästhetisches Objekt konstituiert« [Jurij Striedter, Einleitung zu: Felix Vodička, Die Struktur der literarischen Entwicklung,

Struktur ist maßgebend, so Schmidt, ob sie für »die optimale Erledigung bestimmter Stoff- & Themenkreise«[53] geeignet ist. Diese Eignung entscheidet über die Qualität einer Struktur.[54]

Die Omnipräsenz und Äquivalenz der Paradigmata setzt ihre prinzipielle Verfügbarkeit, nicht aber ihre perennierende Anwendung voraus. Die materialen Anforderungen wirken als regulatives Prinzip für die Anwendung vorhandener und als initiatives Prinzip für die Entwicklung neuer Strukturen. Diese Korrelation zwischen materialen Anforderungen und literarischer Struktur ist ›kontextuell‹ bestimmt.

Felix Vodička versteht unter »Kontext« aus der rezeptionsästhetischen Perspektive

die Gesamtheit der Zusammenhänge, die es uns möglich machen, ein Werk ästhetisch zu betrachten und zu bewerten.[55]

Unmittelbar auf die Tätigkeit des Künstlers abhebend, bestimmt Vodička den Begriff aus der produktionsästhetischen Perspektive:

Das literarische und künstlerische Schaffen ist [. . .] eine aktive Tätigkeit von Menschen, die sich unter den gesellschaftlichen Bedingungen, in denen sie leben, und in den Darstellungsformen, welche dem Zustand der Gesellschaft und den Erfahrungen der Kunst adäquat sind, subjektiv mit der objektiven Wirklichkeit auseinandersetzen.[56]

---

hrsg. v. d. Forschungsgr. f. strukt. Methoden i. d. Sprach- u. Lit.wiss. a. d. Univ. Konstanz, m. e. einleit. Abhandlg. v. J. S., München 1976 (= Theorie u. Gesch. d. Lit. u. d. Schönen Künste 34), S. VII-CIII, S. XXIV] wird.

[53] AS, Sylvie & Bruno, S. 271; vgl. auch Berechnungen I, S. 283 u. Nachwort zu Coopers »Conanchet«. In: AS, Triton, S. 330-391, S. 344. Vgl. auch das Beispiel in AS, Sylvie & Bruno, S. 271: »wenn ich 2 verschiedene Personen, 2 Landschaften, 2 Erlebnisreihen am zwanglosesten und überzeugendsten miteinander in Verbindung setzen will, tja dann muß ich eben, als einwandfrei beste Form, noch-heut & für alle Zeit, den ›Briefroman‹ wählen; da gibt's überhaupt kein Debattieren.«
Vgl. auch die Kritik Schmidts an Cooper, die ausdrücklich in einem Nachsatz erweitert wird: »Er muß sich eingebildet haben, es stünde gänzlich in seinem Belieben und hinge gar nicht vom Themenkreis ab, ob er einen Roman nun als Klartext, Dialog oder Briefwechsel anlegen wolle - ein Irrtum, der noch heute so betrüblich häufig ist, und den er mit so bekannten Leuten wie Scott oder Goethe teilt« (Nachwort, S. 344).

[54] Wenn eine Struktur dem einen oder dem anderen Bereich gerecht wird, wenn also eine partielle Unangemessenheit vorliegt, bedeutet das keine notwendige Einschränkung der Qualität. Die partielle Unangemessenheit führt zu Effekten wie Ironie, Parodie, Komik etc.

[55] Felix Vodička, Die Konkretisation des literarischen Werkes. Zur Problematik der Rezeption von Nerudas Werk. A. d. Tschech. v. Frank Boldt. In: F. V., Struktur, S. 87-125, S. 107. - Der ›literarische Kontext‹ ist eine Komponente dieses umfassenden Kontext-Begriffes.

[56] Felix Vodička, Zum Streit um die Romantik, besonders Máchas Romantizität. A. d.

Der ›Kontext‹ besteht aus dem totum der historisch-politischen Realität und dem totum der literarischen Strukturen, die dieser Realität und dem historischen Stand der literarischen Möglichkeiten »adäquat« sind. In diesem ebenso allgemein- wie literaturhistorisch dimensionierten Kontext entsteht das literarische Werk, und in ihn wird es hineingestellt. Jedes literarische Werk ist in diesem Sinne kontextuell bestimmt.

Indem die Realität die Erweiterung der literarischen Strukturmöglichkeiten provoziert, reflektiert jedes Werk der Reinen Literatur den objektiv-realen und literarischen Kontext seiner Entstehung.

Ähnliches gilt für die Angewandte Literatur. Ein Paradigma wird bei seiner neuerlichen Anwendung kontextuell modifiziert. Schmidt charakterisiert diese Modifikation als Entwicklungsvorgang, dessen Resultat der ›Strukturtypus‹ ist. Er beschreibt ihn in seiner negativen Form in dem Aufsatz »Die aussterbende Erzählung«.[57] Schmidt geht von biogenetischen Vorgängen aus und überträgt sie auf die Literatur:

> Nicht anders ist es mit dem scheinbar Willkürlichen (weil theoretisch lediglich vom Belieben des Menschen Abhängenden), den literarischen Formen[:]
> hier sind Entwicklungsgesetze am Werke, die für eine ganz bestimmte Epoche den ihr gemäßen speziellen Typus schaffen.[58]

Schmidt exemplifiziert seine These durch die Erzählung, die er sehr allgemein nach ihrem »klassischen Umfang von, sagen wir, 50 Druckseiten«[59] ›bestimmt‹. Er beschreibt ihre Blütezeit und ihr ›Aussterben‹:

> In einer Zeit wo die Postkutsche den Verkehr bewältigte, waren Tageszeitungen sinnlos: sie wären veraltet gewesen, längst ehe sie an Ort und Stelle anlangten. Wir heutigen haben sie; also auch ihr »Feuilleton« von meist einer Seite, (die dazu noch zehn verschiedene Beiträge aufnehmen muß, nach der Devise »Für jeden Etwas«): also ist hier gar kein Raum mehr für Gebilde der oben beschriebenen idealen Länge. [. . .]
> Damals aber – in jener seligen Zeit von 1820 – gab es eine wichtigste Mittelstufe verlegerischer Produktion: die sogenannten »Almanache« und »Taschenbücher«, die jährlich ein-, höchstens zweimal erschienen, und auf

---

Tschech. v. Christian Tuschinsky. In: F. V., Struktur, S. 162–181, S. 171. Vgl. dazu Striedter, Einleitung, S. IXCf.

[57] Texte und Zeichen, 1, 1955, H. 2, S. 266–269.
[58] Beide Stellen a. a. O., S. 266.
[59] A. a. O., S. 267.

ihren 400 Seiten dann ein halbes Dutzend Erzählungen brachten, ein historisch-populäres Aufsätzchen etwa, und ein paar Dutzend Gedichte; also genau das uns fehlende Mittelding von Tageszeitung und Großbuch! (Denn unsere ängstlichen »Zeitschriften« bringen ja auch nur Gehacktes).[60]

Schmidt argumentiert mit verkehrstechnischen Entwicklungen des 19. Jahrhunderts, deren Auswirkungen – etwa über die Industrialisierung – die gesamte objektive Realität betreffen. Er betont ihren Einfluß auf den Bereich der Druckmedien und demonstriert, daß sich Literatur literaturexternen historischen Entwicklungen nicht entziehen kann. Trotz des sehr vage gehaltenen und nur quantitativ bestimmten Beispiels wird deutlich, daß ein »Typus« als historische Modifikation einer Struktur ›gesetzmäßig‹ unter den Bedingungen entsteht, unter denen auch die Entwicklung seines Kontextes erfolgt.

Die paradigmatischen Strukturen entwickeln sich nach Maßgabe der kontextuellen Bedingungen zu typischen Strukturen oder Strukturtypen.[61] Solche Strukturtypen, nicht aber die Paradigmata selbst, verlieren mit einer entsprechenden Veränderung des Kontextes ihre Gültigkeit. *Sie* ›sterben aus‹ und werden durch andere, den veränderten kontextuellen Bedingungen angemessene Strukturtypen ersetzt.

---

[60] A. a. O., S. 267f.

[61] Klaus W. Hempfer, Gattungstheorie, München 1973 (= Information und Synthese 1), verwendet den »Typusbegriff [. . .] zur Bezeichnung verschiedener, grundsätzlich möglicher, d. h. überzeitlicher Ausprägungen bestimmter Schreibweisen.« (S. 27) Dieser Begriffsgebrauch steht in Affinität zur Omnipräsenz und Äquivalenz der Paradigmata und widerspricht dem Schmidts.
Hempfer beruft sich u. a. auf Franz K. Stanzel (vgl. a. a. O.). Stanzel unterscheidet zwischen »typischen Erzählsituationen« und »typischen Formen« [Zur Konstituierung der typischen Erzählsituationen. In: Bruno Hillebrand (Hrsg.), Zur Struktur des Romans, Darmstadt 1978 (= Wege d. Forschg. CDLXXXVIII), S. 558–576, S. 558)]. Unter »typischen Erzählsituationen« versteht Stanzel »Idealtypen oder ahistorische Konstanten des Erzählens« (a. a. O.), unter »typischen Formen« ihre »historischen Entsprechungen (a. a. O.).
Diese doppelte Verwendung des Typus-Begriffs veranlaßt die mißverständliche Kontraktion zu seiner ersten, ahistorischen Bedeutung, gegen die sich Stanzel denn auch zur Wehr setzen muß (vgl. a. a. O.). – Der Typus-Begriff, der in ›typische Struktur‹ oder ›Strukturtypus‹ angewandt wird, entspricht so der zweiten von Stanzel gegebenen Bedeutung.

II. Der Begriff der Modernen Literatur

Die Kriterien der Begriffsbestimmung

Auf der Basis der Differenzierung zwischen Reiner und Angewandter Literatur nimmt Schmidt die zwischen Moderner und Älterer Literatur vor. Zwar intendiert er mit diesen Begriffsbildungen eine Explikation seines Selbstverständnisses und damit der theoretischen Fundierung seines eigenen Werkes; zugleich aber beansprucht er eine darüber hinausweisende allgemeine Gültigkeit seiner theoretischen Konzeption. Er hypostasiert ihre heuristische Notwendigkeit, wenn er es beklagt,

> daß fast nie der Unterschied zwischen›reiner‹ und ›angewandter‹ Literatur gemacht wird, was sich vor allem hinsichtlich der Modernen Literatur geradezu verheerend auswirkt.[62]

Der hier angedeutete Begründungszusammenhang der Differenzierungen signalisiert, daß der Begriff der Modernen Literatur nicht lediglich »das historische Jetzt«,[63] so Hans Robert Jauß, gegenwärtiger Literatur benennt, sondern daß er, dem Begriff der Reinen Literatur entsprechend, auf die Struktur des literarischen Werkes abzielt.

Schmidt bestimmt den Begriff der Modernen Literatur von seinem Gegensatz, dem der Älteren Literatur her.[64] Die wesentlichen Unterschiede zwischen beiden liegen dem kurzen Kriterienkatalog zur Bestimmung der Modernen Literatur zugrunde, den er in »Sylvie & Bruno« aufstellt:

> a) Man schreibt PROSA. Nur sie wird rhythmisch der Vielfalt der Weltabläufe annähernd gerecht; zumal wenn mit einer erfreulichen Tendenz zu größerer Genauigkeit & Offenheit gekoppelt.
> b) Man schreibt langsam PROSA: ein Romänche, binnen 1 Jahr (oder

---

[62] AS, Literatur, S. 98.

[63] Hans Robert Jauß, Literarische Tradition und gegenwärtiges Bewußtsein der Modernität. Wortgeschichtliche Betrachtungen. In: Hans Steffen (Hrsg.), Aspekte der Modernität, Göttingen 1965, S. 150–197, S. 154.

[64] Jauß, a. a. O., S. 155, betont, »daß die Bedeutung des Wortes modern immer erst von seinen Gegensätzen aus faßbar wird«. Den hier behaupteten Ausschließlichkeitsanspruch mildert Jauß im Neudruck seiner Arbeit (In: H. J. R., Literaturgeschichte als Provokation, S. 11–66; der Untertitel fehlt) dahingehend ab, daß er nunmehr statt »immer erst« »am ehesten« (S. 14) schreibt.
Der Begriff der Älteren Literatur dient der Explikation des Begriffs der Modernen Literatur und wird nicht differenziert bestimmt.

noch flinker) hingeschneuzt, m u ß unzulänglich sein. [. . .]
c) Die Moderne Literatur hat ein fundamental anderes Verhältnis zu Worten & deren Folgen im Leser, als die Jahre vor 1900. – Und schließlich
d) Was das Gerüst anbelangt, (die Struktur eines Buches sowie die Anordnung seiner Prosaelemente), so sind die Möglichkeiten konformer Abbildungen mit nichten durch die bis 1900 praktizierten Formen erschöpft.[65]

Die vier im Tenor apodiktischer Konstatierungen und Forderungen formulierten Punkte, von denen die beiden ersten zusammengehören, bestimmen die Moderne Literatur auf drei verschiedenen Ebenen: der materialen, der sprachlichen und der formalen. Sie konstituieren gemeinsam die drei Dimensionen des literarischen Textes. Ihre Reihenfolge entspricht ihrer umgekehrten Rangfolge. Schmidt nimmt diese Unterscheidung des Stellenwertes ausdrücklich vor, wenn er davon spricht, »daß der ›Inhalt‹ [. . .] eine drittrangige Frage ist, (die erste ist das Gerüst; die zweite die Oberflächenbehandlung, das ist ›die Sprache‹)«.[66] Der unterschiedliche Rang der Dimensionen wird durch die hier für sie stehenden Ausdrücke metaphorisch veranschaulicht. Der literarische Text präsentiert sich in seiner »Oberfläche«, der Sprache. Unter dieser Oberfläche enthält er den »Inhalt«. Die Oberfläche wird durch das »Gerüst« aufgespannt, das so zugleich die Behältnisse des Inhalts schafft. Das Gerüst ist maßgeblich für die Oberfläche, dessen Gestalt es begründet, und für den Inhalt, dessen Grenzen und Möglichkeiten es festsetzt.

Anders: Die formale Dimension ist prädominant. Sie prägt sowohl die sprachliche als auch die materiale Dimension des Textes. Die sprachliche Dimension wiederum prägt insofern auch die materiale, als sie unmittelbar die Präsentationsweise der materialen Elemente bedingt. Die textexternen materialen Elemente werden als sprachliche zu textinternen Elementen der Struktur. In der sprachlichen Seinsweise des literarischen Textes besteht somit eine enge Beziehung zwischen der primär und der tertiär relevanten Dimension: Das Ordnungsgefüge der materialen Elemente macht die Struktur des Textes aus.[67]

---

[65] AS, Sylvie & Bruno, S. 261f.
[66] AS, Schwierigkeiten, S. 152.
[67] Hieraus ergeben sich Konsequenzen für die Explikation der einzelnen Bestimmungskriterien der Modernen Literatur, für die Werkanalysen und indirekt auch für die Konzeption des Begriffs der utopischen Prosa: Im Vordergrund steht jeweils die literarische Struktur. Sie ist mit der materialen Dimension als ihrer ›Bausubstanz‹ gekoppelt. Die sprachliche Dimension bleibt sekundär, da sie nur »die Oberflächenbehandlung der einzelnen Prosaelemente« (AS, Literatur, S. 103) betrifft.

1. Die materiale Dimension der Modernen Literatur:
Die ›alltägliche Lebenswelt‹

Die beiden ersten Punkte des Kriterienkataloges betreffen die materiale Dimension der Modernen Literatur und das durch sie begründete Primat der Prosa.

> Man schreibt Prosa. Nur sie wird rhythmisch der Vielfalt der Weltabläufe annähernd gerecht; zumal wenn mit einer erfreulichen Tendenz zu größerer Genauigkeit & Offenheit gekoppelt.
> Man schreibt langsam Prosa: ein Romänche, binnen 1 Jahr (oder noch flinker) hingeschneuzt, muß unzulänglich sein.

In seinem zwei Jahre zuvor, 1964, publizierten Aufsatz »Die moderne Literatur und das deutsche Publikum« hat Schmidt die Formulierungen noch zu einer zusammengezogen:

> Man schreibt langsam Prosa. Nur sie wird rhythmisch der Vielfaltigkeit der zu verschränkenden Handlungsabläufe und sei es nur 1 einzigen Tages, annähernd gerecht; zumal wenn eben mit einer Genauigkeit und Offenheit gekoppelt, die den biologischen Gegebenheiten einigermaßen Rechnung trägt.[68]

Die Änderungen verdeutlichen die Aussageintentionen der Neuformulierung. Mit dem ›langsamen Schreiben‹ wird das »Primat der Prosa«[69] angenommen. Lyrische und dramatische, hier präziser: ›theatralische‹, für die Darstellung auf der Bühne konzipierte Strukturen sind demnach Gestaltungsmöglichkeiten, die den sich ihnen stellenden Anforderungen nicht gerecht werden.[70] Diese Anforderungen werden mit der ›rhythmischen Angemessenheit‹ angesprochen.

Was ›rhythmische Angemessenheit‹ heißt, geht aus Äußerungen von Albert Verwey[71] und Arno Holz[72] hervor. Verwey definiert »Rhythmus«:

---

[68] AS, Literatur, S. 99.
[69] AS, Literatur, S. 100 u. Sylvie & Bruno, S. 262.
[70] Vgl. dazu auch AS, Faun, S. 52f. (Zit. wird nach: AS, Nobodaddy's Kinder, S. 5–90). Schmidt führt »die Verzauberung der Lyrik, oder das gar noch optisch überredende Bühnenspiel« an, fährt aber bezeichnenderweise fort, indem er ihre Mängel, hier hinsichtlich ihrer beschränkten Aufnahmefähigkeit ›geistigem Gehalt‹ gegenüber, betont: »die aber, ihrer wetterleuchtend kurzen Wirkungszeit entsprechend, nicht fähig sind, umfangreichen und gewichtigen geistigen Gehalt aufzunehmen: das kann allein die Prosa!« (S. 53)
[71] Albert Verwey, Rhythmus und Metrum. In: Beda Allemann (Hrsg.), Ars poetica, S. 167–176.
[72] Arno Holz, Die befreite deutsche Wortkunst. In: A. H., Die befreite deutsche Wortkunst, Wien u. Leipzig 1921, S. 9–23; Idee und Gestaltung des Phantasus. In: A. H., Die befreite deutsche Wortkunst, S. 25–60.

Rhythmus ist Lebensbewegung. Jedoch nicht die natürliche Lebensbewegung ohne weiteres. Der Geist muß dazukommen.[73]

Indem Verwey »Rhythmus« mit »Lebensbewegung« gleichsetzt, bestimmt er den Terminus durch die Beziehung zur Totalität existentieller Vorgänge, zur Totalität der »Weltabläufe«. »Rhythmus« jedoch entsteht erst in der Berührung dieser Vorgänge mit dem »Geist«, wobei »Geist« in diesem Zusammenhang für das sich seiner selbst bewußte Subjekt steht. Dieser ist in die »Lebensbewegung« bzw. in die »Weltabläufe« inbegriffen. »Rhythmus« konstituiert sich in der Beziehung zwischen den existentiellen Vorgängen und dem Bewußtsein des Subjekts.

Eine solche Beziehung entsteht vor allem dann, wenn das Subjekt die Vorgänge, in die es inbegriffen ist, bewußt wahrnimmt und sie zu ergründen sucht, um sie wiederzugeben – in der Kunst.

Der Kunst bzw. der Literatur stellt sich das Problem des Rhythmus als Problem der Ordnung. Bezogen auf die literarische Produktion, schreibt Verwey:

> Es gibt keine größere geistige Anstrengung als rhythmisch schreiben, als das derartige Ordnen der Wörter nach Klang und Bedeutung [...]. Ein solches Ordnen versucht der Dichter in jedem Prosasatz.[74]

Die von Verwey angesprochene Ordnung betrifft phonetische und semantische Kriterien. Sie wird nicht von der Subjektivität des Autors, sondern von der Sprache und der Realität, die sie bezeichnet, begründet.

Sinnentsprechend formuliert Holz sein Verständnis von Rhythmus, dessen Entdeckung als Kunstmittel er als fundamentale eigene Leistung reklamiert:[75]

> Rhythmik, das heißt: permanente, sich immer wieder aus den Dingen neu gebärende, komplizierteste Form-Notwendigkeit.[76]

Er konturiert diese Bestimmung, indem er sie polemisch von »Metrik« als

> primitiver, mit den Dingen nie oder nur höchstens ab und zu, nachträglich und wie durch Zufall, koinzidierender Form-Willkür[77]

abgrenzt.

---

[73] Verwey, S. 167.
[74] Verwey, S. 168.
[75] Vgl. z. B. A. Holz, Idee, S. 28. Holz bezieht sich zwar nicht auf Prosa, seine Bestimmung jedoch betrifft die Grundlagen jeder Literatur.
[76] A. a. O.
[77] A. a. O.

Holz bestimmt Rhythmus von vornherein als Problem der Form. Es ist in »den Dingen«, in der dem literaturproduzierenden Subjekt gegebenen objektiven Realität begründet. Es stellt sich diesem Subjekt als das der »Form-Notwendigkeit« im Gegensatz zur »Form-Willkür«. Die »Form-Willkür« liegt dann vor, wenn der Autor die objektive Realität als das zu formende Material nach Maßgabe seiner Entscheidung einer vorgegebenen Form einpaßt. Holz versteht die »Form-Notwendigkeit« als das »genau diametrale[.] Gegenteil«[78] dieser »Form-Willkür«. Die literarischen Formen sind hiernach aus »den Dingen« selbst abzuleiten, sie haben ihnen in der Komplexität ihrer Beziehungen gerecht zu werden. Die Entsprechung zwischen objektiver Ding-Welt und aus ihr entwickelter Form ist »Rhythmus«.

Die ›rhythmische Angemessenheit‹ spezifiziert das Verhältnis von literarischer Struktur und materialen bzw. thematischen Anforderungen, wie es im Rahmen der Bestimmung der Reinen Literatur auftrat.

Anstelle des Bezugs auf den materialen Bereich der »Vielfalt der Weltabläufe« steht in der früheren Begründung für das Primat der Prosa der Bezug auf die »Vielfaltigkeit der zu verschränkenden Handlungsabläufe«. Die rhythmische Angemessenheit, die der »Vielfaltigkeit der zu verschränkenden Handlungsabläufe« gilt, bezieht sich auf ein in bestimmter Weise – in Handlungen – vorgeordnetes Material. Das Verhältnis zwischen literarischer Struktur und materialen Anforderungen trägt den Charakter des Tautologischen; denn selbstverständlich können weder lyrische noch dramatische bzw. ›theatralische‹ Strukturen komplexen ›Handlungsabläufen‹ gerecht werden.

In der Neuformulierung des Kriteriums bezieht sich die rhythmische Angemessenheit auf die objektive Realität. Die »Vielfalt der Weltabläufe« bildet den materialen Bereich und stellt die materialen Anforderungen, denen die literarische Struktur rhythmisch gerecht zu werden hat. Das Primat der Prosa wird literaturextern und in diesem Sinne ›objektiv‹ begründet.

Die Implikationen dieser ›Verobjektivierung‹ treten auf dem Hintergrund von Schmidts Verständnis von Handlung hervor.

Schmidt formuliert wiederholt, was er unter »Handlung« versteht und wie er sie bewertet,[79] und er thematisiert dies in seinem Aufsatz

---

[78] A. a. O., S. 27.
[79] Vgl. z. B. AS, Faun, S. 7; Nichts ist mir zu klein. In: AS, Ritter, S. 56–89, S. 57 u. 58; Berechnungen I, S. 290f.

»Die Handlungsreisenden« von 1956.[80] Der Titel signalisiert den polemischen Tenor der Ausführungen.

Schmidt rekurriert auf die Kontroverse zwischen Friedrich Hebbel und Adalbert Stifter, die sich in Hebbels Epigramm »Die alten Naturdichter und die neuen« von 1849 einerseits und in Stifters »Vorrede« zu »Bunte Steine« von 1853 andererseits konzentriert.[81] Hebbel und Stifter gelten Schmidt als die Repräsentanten »der beiden großen Schulen«,[82] zwischen denen er unter dem Aspekt der Handlung unterscheidet, ihre Kontroverse gilt ihm als repräsentative Auseinandersetzung um das Phänomen der Handlung.[83] Er formuliert seine Absicht:

Auf die Gefahr hin, einer ausgesprochenen oratio pro domo bezichtigt zu werden, möchte ich die beiden großen Schulen – von denen die eine gar viel, die andere weit weniger Mitglieder zählt – hier einmal endgültig definieren und einander abgrenzen.[84]

Genauer heißt es am Ende des Aufsatzes:

Seine [= Stifters] berühmte abwehrende Formulierung vom »sanften Gesetz« bedeutet auch mir die gültige Ablehnung artfremder klappernder Handlung; die Lüge der »Aktiven«, daß am Menschen und durch ihn stets planvoll-bedeutende Aktion vor sich geht, ist zu bekämpfen: sie entspricht nicht der Realität.[85]

---

[80] Texte und Zeichen, 2, 1956, H. 3, S. 296–299.

[81] Schmidt zitiert einleitend das Epigramm und einen Auszug aus der Vorrede (vgl. a. a. O., S. 296). Vgl. Friedrich Hebbel, Die alten Naturdichter und die neuen. In: Hebbels Werke. Erster Teil. Gedichte – Mutter und Kind, hrsg. u. m. e. Lebensbild vers. v. Theodor Poppe, Berlin u. Leipzig o.J., S. 182. Adalbert Stifter, Vorrede zu: Bunte Steine. In: A.S., Bunte Steine. Späte Erzählungen, hrsg. v. Max Stefl, Augsburg 1960 (= Werke, Bd. 9), S. 5–12.

[82] AS, Handlungsreisende, S. 296.

[83] Schmidt nimmt hiermit eine Reduktion der Problematik vor, die sich aus dem polemischen Ansatz seiner kurzen Arbeit erklärt. Die Kontroverse zwischen Hebbel und Stifter, in deren Mittelpunkt die Begriffe des ›Kleinen‹ und ›Großen‹ stehen, geht nicht im Begriff der Handlung auf. Daß es dennoch legitim ist, sie unter dem Aspekt von ›Handlung‹ zu betrachten, belegt etwa folgende Passage aus der »Vorrede«: »Ein ganzes Leben voll Gerechtigkeit Einfachheit Bezwingung seiner selbst Verstandesgemäßheit Wirksamkeit in seinem Kreise Bewunderung des Schönen verbunden mit einem heiteren gelassenen Streben halte ich für groß: mächtige Bewegungen des Gemüts furchtbar einherrollenden Zorn die Begier nach Rache den entzündeten Geist, der nach Thätigkeit strebt, umreißt, ändert, zerstört, und in der Erregung oft das eigene Leben hinwirft, halte ich nicht für größer, sondern für kleiner, da diese Dinge so gut nur Hervorbringungen einzelner und einseitiger Kräfte sind, wie Stürme feuerspeiende Berge Erdbeben.« (S. 8).

[84] AS, Handlungsreisende, S. 296.

[85] A. a. O., S. 299. Trotz der eingestandenermaßen ›ungerechten‹ (a. a. O.) Behand-

31

Es geht Schmidt also nicht um die, gar ›endgültige‹, Definition der von ihm so genannten »Schulen«, sondern um die polemische Klärung der eigenen Position und des eigenen Verständnisses von Literatur. Zu diesem Zweck greift er auf Stifters Ausdruck des ›sanften Gesetzes‹[86] zurück und reklamiert ihn als Begründung für seine eigene Zurückweisung von Handlung.

Seinem polemischen Ansatz entsprechend beschreibt Schmidt die Literatur, die er mit Stifter in der Position Hebbels repräsentiert sieht, in provokativer Reduktion durch das »Geschrei nach Handlungshandlung, nach Aktion und blitzartig hochgerissener Gebärdung«.[87] Er fährt fort:

> es gibt Schriftsteller (und sie sind, wie gesagt, bei weitem in der Überzahl), die das Heil nur in der »Handlung« sehen.[88]

Der Begriff der Handlung liegt in unterschiedlichen Bedeutungsakzentuierungen vor. Zum einen bezeichnet er auf der materialen Ebene die »Aktion«, die objektiv-reale, aber sensationell-ausnahmehafte Begebenheit. Er steht sodann, in Übereinstimmung mit dem in der älteren Kriterienformulierung gebrauchten Begriff der »Handlungsabläufe«, für das präfigurierte Material. Und er steht schließlich, die beiden materialen Bedeutungsaspekte vereinend, als literarische Beschreibungskategorie: Die materiale bzw. material präfigurierte Handlung prägt über die rhythmische Angemessenheit die literarische Struktur.

Von der durch Handlung bestimmten Literatur grenzt Schmidt die ab,

> bei der die Fabel nicht aus Taten und Handlungen, sondern aus Zuständen, Denkweisen, Funktionen und Befindlichkeiten besteht.[89]

Schmidt lokalisiert den Gegensatz im materialen und thematischen Bereich.

---

lung der an Handlung orientierten Literatur schreibt Schmidt: »Man kann die blendendsten Kunstwerke, die erschöpfendsten Weltbilder, auf diese Weise geben; die Reihe der Belege wäre endlos, von Homer bis zum Jüngsten, der die Neune erfolgreich anredete.« (S. 297)

[86] Vgl. dazu Eugen Thurnher, Stifters Sanftes Gesetz. In: Unterscheidung und Bewahrung, Festschrft. f. Hermann Kunisch z. 60. Geb., Berlin 1961, S. 381–397.
[87] AS, Handlungsreisende, S. 296.
[88] A. a. O., S. 296f.
[89] A. a. O., S. 297.

Handlung ist keineswegs das »allgemeinste«, »allzeitig die erzählende Dichtung als solche kennzeichnen[de] und definieren[de]«
»Aufbauprinzip«,[90] als das Eberhard Lämmert sie bestimmt. Mit dem
apodiktischen Anspruch auf absolute Geltung formuliert Lämmert
exemplarisch:[91]

> Ein Epos und allgemein ein Erzählwerk muß die epische Grundkraft des
> Fortschreitens von Begebenheiten besitzen.[92]

Es ist dem »Prinzip der Sukzession«[93] unterworfen, das mit dem
Begriff der Handlung zusammenfällt:

> Das Gerüst [...] muß beim Erzählwerk die fortschreitende und zwar
> energisch, d.h. von einer Strebekraft durchwirkte Handlung sein![94]

Die simple Feststellung, daß es neben der an Handlung orientierten
Literatur »eben auch eine zweite«,[95] nicht an ihr ausgerichtete gebe,
falsifiziert den hier vertretenen absoluten Geltungsanspruch der Kategorie der Handlung.[96] Sie ist nur dort gültig, wo »Handlung« die
materiale Basis bildet und so auf die literarische Struktur einwirkt.
Die Bestimmung der nicht an Handlung orientierten Literatur durch
die Kategorie der Handlung geht von einer a priori inadäquaten Relation aus. Weil die dem Begriff korrespondierenden Momente dieser

---

[90] Eberhard Lämmert, Bauformen des Erzählens, 5., unveränderte Aufl. Stuttgart
1972, S. 19 u. 9.
[91] Vgl. z. B. René Wellek u. Austin Warren, Theorie der Literatur. A.d. Amerikan. v.
Edgar u. Marlene Lohner, Frankfurt a. M. u. Berlin o.J., S. 193: »Die Erzähl-
struktur von Drama, Erzählung oder Roman wird traditionell als »Handlung« bezeichnet, und man sollte diesen Begriff auch wohl beibehalten.«
[92] Lämmert, S. 21.
[93] A. a. O., S. 19.
[94] A. a. O., S. 21.
[95] Vgl. AS, Handlungsreisende, S. 297.
[96] In seiner Dissertation »Bauformen des Erzählens bei Arno Schmidt«, die schon im
Titel ihren Bezug auf Lämmerts Werk verkündet, weist Reimer Bull die relative, an
bestimmte Strukturen gebundene Geltung der Kategorie der Handlung nach (vgl.
vor allem S. 113ff.).
Ausdrücklich gegen Bull gerichtet, dessen Untersuchung sie »Einseitigkeit« (o. S.)
vorwirft, verfolgt Brigitte Degener, Arno Schmidt: Die Wasserstraße, Bargfelder
Bote, Lfg. 10, Jan. 1975, o.S., das Ziel, »doch die bewährten zeitorientierten Kategorien Lämmerts« in ihrer Geltung auch bei Schmidt nachzuweisen. Indem sie nach
der »Deutung eines noch primär statischen Persönlichkeitsmodells als struktu-
rierendes Element der Erzählung« eine »Interpretation des Geschehnisablaufs an-
schließen [kann], der somit als psychischer Prozeß zu verstehen ist«, erreicht sie das
Gegenteil ihrer erklärten Absicht: Sie kann die Kategorie der Handlung nicht verwenden, sondern muß auf das Ich und den Bewußtseinsvorgang zurückgreifen, um
den Text Schmidts interpretieren zu können.

Literatur fehlen, ergibt sich eine ihren Gegenstand verfehlende Bestimmung.[97]

Das bedeutet nicht, daß ein den Begriff der Handlung negierender Begriff hypostasiert wäre. Ein solcher bezöge sich wiederum auf die Kategorie der Handlung, indem er sie negierte. Eine heuristisch effektive, strukturadäquate Bestimmung der nicht handlungsorientierten Literatur wäre so kaum möglich.[98] Diese ist nur mit einer Begrifflichkeit gewährleistet, die weder positiv noch negativ von Handlung ausgeht, die das Nicht-Vorhandene unberücksichtigt läßt und positiv das struktural Relevante benennt, die mithin ihrerseits kategoriale Funktion erfüllt.

Unter Berufung auf Stifter begründet Schmidt seine eigene Position:

Stifter behält stets diesen unanfechtbaren Satz vor Augen: daß »in Wirklichkeit« viel weniger »geschieht«, als die Liebhaber von Kriminalromanen

---

[97] Dies gilt beispielhaft für das Werk Schmidts. Vgl. dazu Bull, S. 35: »am Begriff der handlungsmäßigen Entfaltung von Erzählvorgängen orientierte[.] Vorstellungen gehen an der Erzählabsicht und der Aufbaustruktur seiner [= Schmidts] Texte vorbei.«
Eine von der Kategorie der Handlung ausgehende Bestimmung führte notwendig zu Aussagen, wie sie Schmidt in bezug auf Stifters »Nachsommer« referiert: »unreif, backfischhaft, provinziell, klischiert, weltfremd« (AS, Handlungsreisende, S. 297). Diese Aussagen haben den Charakter von Vorwürfen. Sie wurden Schmidt selbst in ähnlicher Form wiederholt von der Kritik gemacht, sie mußten ihm gemacht werden, weil unreflektiert eine unangemessene Kategorie vorausgesetzt wurde (vgl. etwa die Rezensionen der »Gelehrtenrepublik«: a, In Manier erstarrtes Experiment. National-Zeitung, 19.7.58; Paul Hühnerfeld, Deutsch als tote Sprache. Über einen Autor, der viel versprochen und wenig gehalten hat. Die Zeit, 22.8.58; Karl Korn, Literarisches Klebebild. Frankfurter Allgemeine Zeitung, 21.12.57). – Vgl. auch den von Günter Grass (Kleine Rede für Arno Schmidt. In: G. G., Über meinen Lehrer Döblin und andere Vorträge, Berlin 1968, S. 73-77) unternommenen Versuch einer Klassifizierung von Schmidts »Seelandschaft mit Pocahontas« (In: AS, Rosen & Porree, S. 7-69.) unter Zuhilfenahme des Begriffs der Handlung. Der Versuch mutet um so unverständlicher an, als Schmidt unter ausdrücklichem Hinweis auf diesen Text seine Ablehnung von Handlung exemplifiziert (vgl. dazu AS, Handlungsreisende, S. 299).

[98] Vgl. etwa Georg Lukács, Erzählen oder Beschreiben? Zur Diskussion über Naturalismus und Formalismus. In: Richard Brinkmann (Hrsg.), Begriffsbestimmung des literarischen Realismus, 2. Aufl. Darmstadt 1974 (= Wege d. Forschg. CCXII), S. 33-85. Lukács charakterisiert die »Gegenwärtigkeit des beobachtenden Beschreibens« (S. 56): »Es werden Zustände beschrieben. Statisches, Stillstehendes, Seelenzustände von Menschen oder das zuständliche Sein von Dingen.« (a. a. O.) Lukács rückt mit dem Ausdruck des Zustands die materiale Dimension der von ihm angesprochenen Literatur ins Blickfeld, wobei, bedingt durch seine thematische Fragestellung und die daraus folgende Abgrenzungsaufgabe, der statische Charakter des Materialen betont wird. Er setzt das Beschreiben dem ›echt epischen‹ (S. 35) Erzählen entgegen. Er bewertet es damit pejorativ und entwickelt keine positive Kategorie, die der nicht handlungsorientierten Literatur angemessen wäre.

uns glauben machen wollen; das Leben besteht, was »Handlung« anbelangt, aus den bekannten kleinen Einförmigkeiten. Und logischerweise
wird es sogleich zum vornehmsten Kennzeichen jener (»unserer«) Gruppe
extremster Realisten, daß man sich um der Wahrheit willen der Fiktion
pausenlos-aufgeregter Ereignisse verweigert.[99]

Die Basis der Argumentation liegt in dem Hinweis auf die objektive
Realität. Sie bildet den ›objektiven‹ Grund für die Ablehnung von
Handlung[100] zugunsten der alltäglichen Lebenswelt des Menschen.

Als die ›alltägliche Lebenswelt‹, d.h., mit einer Formulierung Edmund Husserls, als

> die einzig wirkliche, die wirklich wahrnehmungsmäßig gegebene, die je
> erfahrene und erfahrbare Welt[101]

bildet die objektive Realität die allein akzeptierte materiale Basis der
von Schmidt propagierten Literatur. Die Legitimation hierfür besteht
im unaufgeklärten Verhältnis des Subjekts zu ›seiner‹ Lebenswelt:

> Das ›Alltägliche‹ ist noch nicht halb so klar, wie man sich einzubilden
> pflegt; und das Außerordentliche eigentlich nur eine Erfindung der Jour-
> nalisten, die der Dichter verschmähen sollte.[102]

Das schließt den Anspruch und die Aufgabe dieser Literatur ein, die
fehlende Klarheit zu schaffen. Sie hat die ›Aufklärung‹ der alltäglichen Lebenswelt, die Vermittlung der ›Wahrheit‹ zu leisten.[103]
Der Autor wird in diesem Sinne zum ›extremsten Realisten‹.[104]

[99] AS, Handlungsreisende, S. 297.
[100] Vgl. auch Stifter, S. 11.
[101] Edmund Husserl, Die Krisis der europäischen Wissenschaften und die transzendentale Phänomenologie. Eine Einleitung in die phänomenologische Philosophie,
hrsg. v. Walter Biemel, 2. Aufl. Haag 1962 (= Husserliana VI), S. 49. – Vgl. dazu
Hans-Georg Pott, Alltäglichkeit als Kategorie der Ästhetik. Studie zur philosophischen Ästhetik im 20. Jahrhundert, Frankfurt a. M. 1974. Pott entwickelt den Begriff der Alltäglichkeit aus der Phänomenologie Husserls.
Die enge Beziehung der Prosa Arno Schmidts zur Phänomenologie – die hier in
ihrer theoretischen Fundierung hervortritt – hebt bereits Martin Walser hervor:
»Wer weiß, um was sich die Phänomenologie seit fünfzig Jahren bemüht, der wird
erkennen, wie sehr Arno Schmidt diesen Bemühungen in der dichterischen Prosa
gerecht wird.« (S. 19)
[102] AS, Die 10 Kammern des Blaubart. In: AS, Trommler, S. 243–252, S. 252; vgl. AS,
Die Großhauswelten. Robinson in New York [Rez.]. Text + Kritik 20, Arno
Schmidt, 2. [stark verändert u. erw.] Aufl. Mai 1971, S. 22–28, S. 23; Kaff, S. 123.
[103] Vgl. dazu u., S. 345ff. – Literaturtheoretisch relevante Probleme, die innerhalb der
literarischen Werke Schmidts zur Sprache gebracht werden, werden in der Regel im
Zusammenhang der Werkanalyse ausführlicher behandelt, weil sie Bestandteile der
literarischen Werke sind und als solche auch auf die grundsätzliche Funktionalität
jeder Literaturtheorie verweisen: Sie kann niemals Selbstzweck sein, sondern hat
der Bestimmung und dem Verständnis von Literatur zu dienen.

Ohne die hier angeschnittene Problematik des Realismus zu diskutieren, betont Schmidt die materialen Grundbedingungen dieser Literatur: die radikale Abkehr von jeglichem handlungsintensiven Geschehen und die kompromißlose Hinwendung zur alltäglichen Lebenswelt.

Die Negation von Handlung wird keineswegs durch eine nivellierende Totalität des Materials ersetzt,[105] wie sich aus der differenzierten Begründung für die Ablehnung eines beispielhaften handlungsintensiven Vorgangs ergibt:

Den Realisten macht nämlich nicht die noch so »realistische« Darstellung eines gelungensten Mordes, wie da Blut feistet, um dampfende Eingeweide [...]: sondern der wahre Realist lehnt im Allgemeinen dergleichen Schilderungen einfach ab. Nicht aus »sittlichen« Gründen; wohl aber, weil solche äußerst seltenen Ausnahmezustände ganz und gar nichts »Bezeichnendes« haben; weil sie nichts über die Wirklichkeit einer Zeit aussagen; weil sie in einen gewichtig-ehrwürdigen säkular-addierenden Prozeß [...] eine verzerrte Katastrofenfreudigkeit hineinlügen, die unersetzliche Daten des Menschengeschlechtes aufs Unverantwortlichste zu verfälschen vermögen![106]

---

[104] An anderer Stelle bezeichnet Schmidt auch Hebbel, dessen Position er hier implizit als ›unrealistisch‹ bewertet, als ›Realisten‹: »Hebbel nämlich ist Realist, düster und redlich« [AS, Das Klagelied von der aussterbenden Erzählung (Rez. von: Fritz Lockemann, Gestalt und Wandlungen der deutschen Novelle. Geschichte einer literarischen Gattung im 19. und 20. Jahrhundert, München 1957). Süddeutsche Zeitung, 25.1.1958].
Hierbei ist zweierlei zu berücksichtigen:
1. Die Äußerung entstammt einer Rezension, in der Schmidt u. a. moniert, daß der Verfasser die Novellen Hebbels mit der »Begründung«: »Keine Ordnung wölbt sich über dem Chaos des Daseins!« (zit. nach AS, a. a. O.) aus seiner Arbeit ausklammert. An die »Begründung« schließt die entlarvend-korrektive Bemerkung Schmidts, Hebbel sei »nämlich« Realist, an. Sie bezieht sich ausdrücklich auf die weithin diskreditierten Novellen Hebbels.
2. Im Zusammenhang der Explikation seines Verhältnisses zu ›Handlung‹ zitiert Schmidt in erklärter polemischer Absicht Hebbel als den Repräsentanten einer Position, der sich, seinerseits polemisch, gegen den Realismus eines Stifter wendet. – Vgl. dazu etwa Hebbel, An die Realisten. In: Hebbels Werke, S. 190.
[105] Damit würde sich ein dem Naturalismus angelasteter, also literarhistorisch bereits diskutierter Fehler wiederholen. Ein solcher Totalitätsanspruch hieße, die »chaotische Stofflichkeit der modernen äusseren Welt in ihrer ganzen und riesenhaften Geistlosigkeit einfangen zu wollen«. [Samuel Lublinski, Kritik meiner »Bilanz der Moderne«. In: Gotthart Wunberg (Hrsg.), Die literarische Moderne. Dokumente zum Selbstverständnis der Literatur um die Jahrhundertwende, Frankfurt a. M. 1971 (= Athenäum Paperbacks Germanistik 8), S. 230–236, S. 234].
[106] AS, Handlungsreisende, S. 297. Vgl. AS, Nichts ist mir zu klein, S. 57: »Nicht dies ist das Kennzeichen des literarischen Realisten, daß er – oft in betonter, provozierender Rücksichtslosigkeit – Vorgänge und Dinge beschreibt, die dem Bürger

Ex negativo nennt Schmidt Bedingungen, die Elemente der objektiven Realität erfüllen müssen, um zum Material für das literarische Werk zu werden. Sie müssen hiernach

- signifikant sein, das Konstitutive der jeweiligen Realität erfassen;
- informativ und historisch identifizierbar sein, die jeweilige historische Situation erfassen;
- frei von verfälschenden oder verzerrenden Tendenzen sein.

Auf die alltägliche Lebenswelt abzielend, betreffen diese Bedingungen die vom Subjekt erfahrbare Realität. Zugespitzt formuliert Schmidt:

> Ich, ein armer Pracher in wohlaufgerüsteten Zeitläuften, bin nicht für Ausblicke in die Ewigkeit & was damit zusammenhängt: die Oberflächen der Dinge sind noch so unzureichend beobachtet, (und dies Unzureichende meist so stümperhaft beschrieben), daß ich es ganz schlicht ablehne, mich mit ›Göttern‹ zu befassen.[107]

Die hier in der Art eines persönlichen Bekenntnisses ausgedrückte Hinwendung zur empirisch zugänglichen Erscheinungswelt[108] hebt

---

unangenehm oder, um es mit einem rechten Philisterwort herauszusagen: »peinlich« sind: dies Verfahren, bosheitsfroh geübt, führt letzten Endes nur gefährlich in die Nähe einer, aus dem Naturalismus bekannten »Apotheose des Misthaufens«.«

[107] AS, Sylvie & Bruno, S. 253; vgl. auch AS, Nebenmond und rosa Augen (Nr. 24 aus der Faust-Serie des Verfassers). In: AS, Trommler, S. 85–93, S. 90.
Die von Schmidt vorgetragene Forderung, sich der Oberfläche der Dinge zuzuwenden, diese zu ›beobachten‹ und zu ›beschreiben‹, weist Affinitäten zu programmatischen Formulierungen des »Nouveau Roman« auf. So spricht etwa Alain Robbe-Grillet verschiedentlich von der Oberfläche der Dinge, die es zu beschreiben gelte. Diese verbale Entsprechung darf nicht über gravierende Differenzen hinwegtäuschen. Sie äußern sich bereits in dem, was Robbe-Grillet unter ›Oberfläche‹ und unter ›Beschreiben‹ versteht: »Die Welt um uns herum wird wieder eine glatte Oberfläche ohne Bedeutung, ohne Seele, ohne Werte, der wir nie mehr beikommen können. Wie der Arbeiter, der den Hammer, den er nicht mehr braucht, niedergelegt hat, befinden wir uns wieder einmal den Dingen g e g e n ü b e r.« (A. R.-G., Natur, Humanismus, Tragödie. A. d. Franz. v. Elmar Tophoven. In: A. R.-G., Argumente für einen neuen Roman. Essays, München 1965, S. 51–80, S. 75)
›Beschreiben‹ heißt dann konsequent: »Diese Oberfläche beschreiben ist also nur: diese Äußerlichkeit und diese Unabhängigkeit dahinstellen.« (a. a. O.)
Gewährleistet erscheint Robbe-Grillet dies am ehesten durch die Wiedergabe visueller Wahrnehmung: »Die optische Beschreibung ist nämlich jene, die am leichtesten die Fixierung der Abstände [zwischen dem Ich und den Dingen; vgl. a. a. O., S. 76] zustande bringt: das Sehen läßt, solange es bloßes Sehen bleiben will, die Dinge an ihrem Platz.« (a. a. O., S. 77)
Anders Schmidt. Die Oberfläche der Dinge zeigt ihm keinen Mangel an, sondern *ist* das Bedeutende, das Wesentliche. Oberfläche meint dann: die Dinge bzw., in Bescheidung auf die menschlichen Erkenntnismöglichkeiten, das, was dem Menschen an ihnen erkennbar ist. Und ›Beschreiben‹ bedeutet Schmidt nicht die diskursiv-deskriptive Wiedergabe nur des Beobachteten, sondern geht in sehr komplexen Weisen formaler Gestaltung auf.
[108] »Oberflächen der Dinge« bezeichnet die Erscheinungswelt als die Welt der φαινό-

37

eine weitere Implikation der radikalen materialen Konzentration auf die objektive Realität hervor: Die Realität wird nicht in irrealen, irrationalen Perspektivierungen aufgehoben, sondern aus der Perspektive des in sie inbegriffenen Subjekts ›beobachtet‹ und ›beschrieben‹.

Schmidt trennt das ›Beobachten‹ vom ›Beschreiben‹ ab. Das ›Beobachten‹ umfaßt über die bloß registrierende Wahrnehmung hinaus die auf die Klärung des materialen Bereiches ausgerichtete Bewußtseinstätigkeit des Subjekts. Die objektive Realität wird nicht als Anhäufung von Elementen, sondern als der ›Kontext‹ des Subjekts ›beobachtet‹. Die Totalität des Wahrgenommenen wird auf der Grundlage der von Schmidt angeführten Bedingungen gesichtet. Diese Bedingungen fungieren als Selektionsvorschriften, die ›Sichtung‹[109] bedeutet die Reduktion bzw. Konzentration der Totalität auf das kontextuell Relevante. Damit wird das Aufheben der kontextuellen Bezüge in einen unverbindlichen Bereich des Privaten und Irrelevanten verhindert und das Sensationell-Ausnahmehafte handlungsintensiver Vorgänge ebenso wie das Belanglose-Unbedeutende pedantischer Vollständigkeitsvorstellungen[110] ausgeklammert. Es trifft mithin nicht zu, daß, so Josef Huerkamp,

> ein wie auch immer geartetes Muster für die Selektion der Beschreibungen nach Dignität, Funktion oder Priorität entfällt.[111]

Die objektive Realität wird vom Subjekt, aber nach der ›objektiven‹ Maßgabe ihrer eigenen Konstitution als materialer Bereich erschlos-

---

μενα, das im phänomenologischen Sinne Husserls ›wahrnehmungsmäßig Gegebene‹ der Dingwelt.

[109] Vgl. dazu Ludwig Pfau, Emile Zola. In: Eberhard Lämmert u. a. (Hrsgg.), Romantheorie. Dokumentation ihrer Geschichte in Deutschland seit 1880, Köln 1975 (= Neue Wiss. Bibl. 80), S. 5–11, S. 7; Pfau hält 1880 dem Naturalismus Zolas vor: »Zudem besteht alles künstlerische Schaffen nicht in der Häufung, sondern in der Sichtung des Materials, nicht in der Ausdehnung auf das Ueberflüssige, sondern in der Beschränkung auf das Nöthige.«

[110] Vgl. AS, Großhauswelten, S. 23. Schmidt hebt in der Beurteilung einer Zeichnung hervor: »mikrologisches Geläppsche ist selbstredend weggelassen; dafür Charakteristisches gebührend akzentuiert«.

[111] Josef Huerkamp, »Gekettet an Daten & Namen«. Drei Studien zum ›authentischen‹ Erzählen in der Prosa Arno Schmidts, München 1981, S. 128.
Ähnlich formuliert Horst Thomé: »Es geht [. . .] um die Darstellung der Realität als Totalität [. . .]. Der Erkenntniswert der Literatur ist denn auch nur dann gewährleistet, wenn sie keine Selektion trifft.« (S. 94f.)
Offensichtlich tradiert sich in diesen Äußerungen eine frühe Aussage von Hartwig Suhrbier, Zur Prosatheorie von Arno Schmidt, München 1980 (= M. A.-Arbeit Bonn 1969): »Da die Phänomene der Realität alle gleichermaßen wahr sind, ist eine Selektion aufgrund welcher Kategorien auch immer unzulässig« (S. 14).

sen. Das ›Beobachten‹ schafft die materiale Grundlage für das ›Beschreiben‹. Und das ›Beobachten‹ prägt auch insofern das ›Beschreiben‹, als die material erschlossene Realität die ihr rhythmisch angemessene Struktur verlangt.

Bereits vor jeder differenzierteren Angabe zu adäquaten Strukturmöglichkeiten verbietet die Konsistenz des materialen Bereiches, das ›Beschreiben‹ mit einem »Beharren auf dem Nachschreiben von Wahrnehmung«[112] zu identifizieren. – Mit dieser Formulierung klassifiziert Heinrich Vormweg eine für repräsentativ gehaltene Gruppe zeitgenössischer deutschsprachiger Literatur, der er u.a. auch die Schmidts zurechnet.[113] Ein solches »Nachschreiben von Wahrnehmung« ist gleichbedeutend mit der schon in den theoretischen Diskussionen um den Naturalismus diskreditierten »bloße[n] Reproduction der Wirklichkeit«.[114] Es setzt einen subjektiv nivellierten, vom willkürlich gewählten oder zufälligen Standort des Wahrnehmenden abhängigen materialen Bereich voraus. Wenn dieser schriftsprachlich reproduziert wird, geht er nicht nur als solcher ins literarische Werk ein, sondern bewirkt auch eine ihm entsprechende formale Nivellierung des Werkes.

In seiner Polemik gegen die handlungsorientierte Literatur stellt Schmidt sicher, daß der ›extremst‹ realistischen Literatur, die er im

---

[112] Heinrich Vormweg, Die Wörter und die Welt. In: H. V., Die Wörter und die Welt. Über neue Literatur, Neuwied u. Berlin 1968, S. 26–38, S. 34.

[113] In verschiedenen Aufsätzen (vgl. vor allem die in dem Band »Die Wörter und die Welt« zusammengefaßten Arbeiten) betont Vormweg, daß die unmittelbare Wiedergabe des Wahrgenommenen in der Weise des ›Nachschreibens‹ einen Grundzug ›neuer‹, wie offensichtlich in Anlehnung an den Terminus des »Nouveau Roman« formuliert, Literatur bilde (vgl. a. a. O., S. 36; Die Vernunft der Sprache. In: H. V., Die Wörter und die Welt, S. 39–58, S. 41). Vormweg geht so weit, daß er von einer »Poetik der Wahrnehmung« (Die Vernunft der Sprache, S. 41) bzw. – und darin kommt die untergelegte Bedeutung klarer zum Ausdruck – »Poetik der sensuellen Wahrnehmung« (Die Wörter und die Welt, S. 31) spricht. Dies mag für einen bestimmten Bereich ›neuer‹ Literatur zutreffen, etwa für Texte von Herburger, Brinkmann, Wellershoff, Becker, Heißenbüttel (vgl. Material und Form. In: H. V., Die Wörter und die Welt, S. 8–25, S. 20 u. ö.). Problematisch aber wird die Rede von der »Poetik der sensuellen Wahrnehmung« in dem von Vormweg unterstellten, wenig präzise gefaßten Sinn des »Beharren[s] auf dem Nachschreiben von Wahrnehmung« (Die Wörter und die Welt, S. 34) dann, wenn sie pauschal verabsolutiert wird, wenn ein Autor wie Schmidt stillschweigend oder gar ausdrücklich unter dieses Diktum subsumiert wird (vgl. Zur Vorbereitung einer kritischen Theorie der Literatur. In: H. V., Die Wörter und die Welt, S. 56–69, S. 60). Wenn Schmidt ein Rekurrieren auf die Wahrnehmung in bezug auf die formale Problematik der Modernen Literatur verlangt, erhebt er, anders als etwa Vormweg, eine exakt bestimmte Strukturmöglichkeit zum Kriterium der Modernen Literatur.

[114] Pfau, S. 7.

Blick hat, gerade kein derart nivellierter materialer Bereich zugrundeliegt.[115]

Die Selektionsvorschriften beziehen sich auf die vom Subjekt erfahr*bare* Realität. Ausgehend von der notwendig individuell begrenzten Erfahrung, haben sie die Bedeutung von Identifikationsanweisungen für die Komplettierung dieses begrenzten Erfahrungsbereiches.

Das bedeutet für die gegenwärtige Realität:

> so zahlreich sind die einzelnen Berufe geworden; so divergent die einzelnen gleichberechtigten Denkweisen; so viele Landschaften gibt es auf unserem Globus – von anderen Gestirnen, mit denen man uns nur zu bald belasten wird, noch ganz zu schweigen – daß 1 einzelnes Menschenleben längst nicht mehr ausreicht, auch nur den größeren Teil davon durch Autopsie kennen zu lernen: hier muß die Lektüre einspringen.[116]

Wissenschaftliche und technische Entwicklungen haben dazu geführt, daß immer neue Elemente entstehen, die die Realität bestimmen, und daß dem Subjekt immer mehr Gebiete zugänglich werden. Angesichts dieser Situation stellt sich ihm die notwendige Forderung, die nicht mehr ausreichende originäre Erfahrung durch die medial vermittelte zu ergänzen. Durch die – nicht auf Literatur beschränkte[117] – Lektüre werden die Zugangsmöglichkeiten zur Realität und die Einsichtsmöglichkeiten in sie erweitert. Sie bietet die unverzichtbare Möglichkeit, die individuellen Beschränkungen zu durchbrechen und sich des historischen Standes der jeweiligen Erkenntnismöglichkeiten zu bemächtigen. Reales, das außerhalb des Horizontes des Einzelnen liegt, rückt durch die Lektüre in seinen Gesichtskreis und wird auf seine kontextuelle bzw. materiale Relevanz hin befragbar.

Der so entstehende, trotz seiner Konzentration auf das Konstitutive überaus weite materiale Bereich wird einer neuerlichen Konzentration unterworfen. Er wird auf das Repräsentative komprimiert.

---

[115] Dem scheint die provokative Bemerkung Schmidts in Eberhard Schlotter, Das zweite Programm. Akzente, 14, 1967, H. 6, S. 110–134, zu widersprechen: »mein Material ist die Welt; und was sich zur Abbildung eignet, entscheide ich!« (S. 132) Schmidt propagiert keine Subjektivität in der Materialauswahl, sondern betont – durch die ›persona‹ des Künstlers hindurch – die künstlerische Autonomie manipulativen Instanzen gegenüber.

[116] AS, ›Funfzehn‹ / Vom Wunderkind der Sinnlosigkeit. In: AS, Ritter, S. 208–281, S. 217.

[117] Vgl. etwa AS, Dichter, S. 5: »der Dichter hat keine Einsicht in den Bau unserer Welt, wenn er nicht aufmerksam und mit Begierde die Arbeit des Technikers und Naturwissenschaftlers verfolgt!«

Dies zeigt exemplarisch Schmidts Skizzierung seiner materialen Vorarbeit für eine Figur:

> kein Mensch [ist] auch nur zu 1 Drittel, abbildens= & erhaltenswert
> [...]: Derjenige, der es zu 1% ist, schon Er ist 1 Erlesener unter 100!
> Meist wird von Jedem nur 1 Redensart brauchbar sein; 1 Grimasse; das 1
> oder andre Kleidungsstück & wie er=sie=es trug – weswegen es dann immer
> so wehmütig=komisch wirkt, wenn Jemand diese=seine 1 Redensart er-
> kennt; und sich sogleich bemüßigt fühlt, freudig (oder auch piquiert) auf-
> zuschreien: »Ach; der Beträffende, das bin ich?!« – Neenee, mein Lieber. :
> Hundert Deines Typs, sorgfältig durch 20 Jahre notiert, gesammelt &
> arrangiert, ergeben – vorausgesetzt, daß es sehr fleißig & geschickt ge-
> macht wird – 1 der Nebenpersonen. (Wenn man sich, Jahrzehnte hin-
> durch, geschult hat, derlei isoliertes Mikro=Detail zu beobachten; das Er-
> gebnis geduldig aufzubewahren, bis der betreffende Typ konzentriert bei-
> sammen ist – dann kann man, mit geübter Hand, einen Umriß drum-
> herumziehen. Auch Fehlendes möglichst klug ergänzen.)[118]

Die Vielzahl ›der‹ Menschen wird auf wenige »Sammel-Persönlich-
keiten«[119] konzentriert:

> die nichtsnutzige Pluralität des homo sum [...] [wird] in rund 30 Typen-
> kreise auseinandersortiert [...]: nicht Ein-falt, und nicht Unendlichkeits-
> fimmel, wohl aber Dreißig-falt.[120]

Wie die Pluralität des Menschen, so wird auch die seiner Realität auf
das Repräsentative konzentriert. Die Konzentration erfolgt als
quantitative Reduktion. Sie läßt die qualitative Konstitution unverändert, kristallisiert sie sogar aus der nivellierenden Totalität der Erscheinungen heraus.

Arno Schmidt »begründet« hier exemplarisch das, was Horst Thomé vermißt: »die allgemeine Repräsentanz des Erzählten«.[121] Auf der
Basis seines zentralen Vorwurfs gegen Schmidts Poetologie, den er in
der »Beschränkung der Erkenntnisleistung auf die sinnliche Evidenz«[122] zusammenfaßt, die auf die keinerlei Selektion unterworfene
»Totalität der Gegenstände«[123] ausgerichtet sei, deutet er den hypostasierten Mangel als »Destruktion des »Symbolischen««:[124]

---

[118] AS, Häher, S. 114f.
[119] AS, Großhauswelten, S. 26.
[120] A. a. O.; vgl. auch AS, »Der Titel aller Titel!« In: AS, Triton, S. 154–192, S. 189, wo
Schmidt davon spricht, daß es »für wissenschaftliche, aber auch für künstlerische,
Zwecke hinreichen [wird]: die Menschen in 20 Große Klassen einzusortieren...:
... [...] Nu schön: sagnWa 30.«
[121] Thomé, S. 135.
[122] A. a. O., S. 115.
[123] A. a. O., S. 135.

Die bloß wahrgenommenen und in die mimetische Sprache übersetzten Bilder verweisen nicht auf übergeordnete Strukturen der Realität.[125]

Thomé sieht nicht die – so eine der von Erich von Kahler festgestellten »charakteristischen Tendenzen der modernen Kunst«[126] – »Tendenz zum Typus«,[127] die, ob sie nun als die zum genuin Symbolischen aufzufassen ist oder nicht, jedenfalls die Repräsentanzfunktion des Materialen klarstellt.

Der durch »die Realität selbst«[128] gebildete materiale Bereich begründet über die rhythmische Angemessenheit – »zumal wenn mit einer erfreulichen Tendenz zu größerer Genauigkeit & Offenheit gekoppelt«[129] – das Primat der Prosa in der Modernen Literatur.

2. Die sprachliche Dimension der Modernen Literatur:
   Die etymare Erweiterung der Wort-Sprache

Das als dritter Punkt aufgeführte zweite Kriterium der Modernen Literatur betrifft ihre sprachliche Dimension:

---

[124] A. a. O.

[125] A. a. O., S. 136.

[126] Erich von Kahler, Untergang und Übergang der epischen Kunstform. In: E. v. K., Untergang und Übergang. Essays, München 1970, S. 7–51, S. 10.

[127] A. a. O., S. 12.

[128] Verbal ähnliche Aussagen meinen nicht selten anderes. So schreibt etwa Erich von Kahler, a. a. O., S. 38: »Nicht mehr ein Realitätssubstitut, wie es das Symbol ist, sondern die Realität selbst in ihren vollen, eigenen Lebensmaßen wird mehr und mehr Gegenstand der künstlerischen Darstellung.«
Kahler meint mit dieser Formulierung, die die Literatur »seit dem Ende des neunzehnten Jahrhunderts« (a. a. O.) betrifft, schwerlich die der Realität eigenen Wesensmerkmale und ihre angemessene Darstellung. Er hat eher das, wie er selbst schreibt, »notgedrungene Einbeziehen technischer, sozialer, wissenschaftlicher Prozesse in die Erzählung« (a. a. O., S. 39) im Blick.

[129] Vgl. AS, Nachwort, S. 364: »Beide, Cooper wie Stifter, eliminieren grundsätzlich unangenehme biologische Fakten, peinliche Menschlichkeiten, weltanschauliche Differenzen – eine vereinfachende Art, die Welt abzubilden, wodurch Bücher zwar entscheidend ›verkäuflicher‹ werden, die Verfasser sich jedoch von der Möglichkeit allerhöchste, all-umfassende Kunstleistungen hervorzubringen, selbst ausschließen.«
Vgl. auch AS, Schwierigkeiten, S. 152f.: »Wenn in meinen Büchern etwa ›Die Sexualität‹ 5 bis 10% einnimmt, dann ist das weniger, als bei den meisten Menschenferkeln, die sich gar nicht darüber beruhigen können, daß ich einen Spaten einen Spaten nenne: (es scheint fürchterlich schwer zu sein, hier Normalität ganz schlicht einzugestehen). Nicht minder lächerlich ist es, von mir zu verlangen, daß, wenn ich, sagen wir einen kommunistischen Fernlastfahrer auftreten lasse, der nun nichts schöneres kennen dürfe, als die ›Unbefleckte Empfängnis‹ zu demonstrieren und beim Namen ›Adenauer‹ jedesmal ehrerbietig sein Mützchen abzuziehen: Der tut das nicht! (Wunderlich, vielleicht; aber es ist so.)«

Die Moderne Literatur hat ein fundamental anderes Verhältnis zu Worten & deren Folgen im Leser, als die Jahre vor 1900.

Schmidt formuliert das Kriterium als thetische Konstatierung, die auf eine Explikation bezogen ist. Sie liegt in den Erläuterungen zur Kriterienformulierung vor und wird durch weitere sprachtheoretische Ausführungen ergänzt, die vor allem zwischen »Sitara und der Weg dorthin«[130] und »Zettels Traum« die Arbeiten Schmidts durchziehen und die insgesamt auf die Klärung der sprachlichen Dimension der Modernen Literatur abzielen.[131]

---

[130] Eine Studie über Wesen, Werk & Wirkung Karl Mays, Frankfurt a. M. u. Hamburg 1969. Neben Literatur, Sylvie & Bruno, Sitara und Zettels Traum nehmen eine zentrale Stellung ein: Der Triton mit dem Sonnenschirm / Überlegungen zu einer Lesbarmachung von »Finnegans Wake«. In: AS, Triton, S. 194-253; Das Buch Jedermann / James Joyce zum 25. Todestage. In: AS, Triton, S. 254-291; Kaleidoskopische Kollidier-Eskapaden. In: AS, Triton, S. 292-321; Der Mimus von Mir, Dir & den Mädies. In: AS, Triton, S. 322-329.
- Die vorgenannten Aufsätze betreffen alle James Joyce.

[131] Ein befriedigender Versuch einer Synopse und Analyse dieser Ausführungen im Hinblick auf die (literatur-) sprachtheoretische Konzeption und die Sprache im Werk Arno Schmidts liegt bislang nicht vor.
Der erstmals 1953 publizierte Aufsatz Martin Walsers: Arno Schmidts Sprache, der schon erstaunlich früh die Sprach-Problematik zu thematisieren scheint, behandelt bezeichnenderweise primär »die Ordnung dieser Prosa« (S. 19) und nicht die Sprache selbst. Außerdem handelt es sich um einen eher feuilletonistischen Beitrag, der keinen Anspruch auf wissenschaftliche Stringenz erhebt.
Einzelaspekte der Sprach-Problematik behandelt Suhrbier im zweiten Teil seiner M. A.-Arbeit (S. 21-42). Er führt einige auffällige Besonderheiten der Schmidtschen Sprache auf, z. B.: »Die - auch orthographische - Einbeziehung der Umgangssprache, die Rolle des Zitats, expressionistische Wortbildungen.« (S. 27) Suhrbier identifiziert Eigentümlichkeiten der Sprache Schmidts, bestimmt jedoch nicht ihre Funktion für das literarische Werk. Statt fundierter Analyse oder Kritik steht zudem nicht selten subjektiv wertende Metaphorik. So spricht er von der »Durchsäuerung der Prosa Schmidts mit Zitaten« (S. 31) oder davon, »daß Schmidt mit Satzzeichen geradezu um sich wirft« (S. 35).
Ähnliches gilt für Suhrbiers Darstellung der »Wort (-Spiel) -Theorie« (S. 37) und des »Wortspiel[s] im Werk von Arno Schmidt« (S. 36). Er referiert zwar zutreffend die wesentlichen Thesen Schmidts, es gelingt ihm aber nicht, das von Schmidt Proklamierte und Praktizierte in seinem Begründungszusammenhang zu erkennen. Den von Schmidt explizit benannten Stellenwert des Sprachlichen für die Bestimmung der Modernen Literatur gibt er gar unzureichend-verfälschend wieder. Aus »Literatur« und »Sylvie & Bruno«, die Suhrbier beide heranzieht, geht eindeutig hervor, daß Schmidt Sprache als *ein* Kriterium der Modernen Literatur anführt. Suhrbier referiert es als *das* Kriterium eines Schmidt damit unterstellten subjektivistischen Begriffs der Modernen Literatur (vgl. S. 40).
Ein verstärktes Interesse an der sprachtheoretischen Konzeption Schmidts setzt nach dem Erscheinen von »Zettels Traum« ein. Es signalisiert, daß die Kriterienformulierung postulierte Andersartigkeit der Sprache hier radikal ausgeprägt ist und zu ihrer adäquaten Bestimmung die eigene theoretische Explikation benötigt.
- Vgl. beispielsweise: Horst Denkler, Die Reise des Künstlers ins Innere. Rand-

a) Die sprachliche Dimension der Modernen Literatur basiert auf dem elementaren Bereich der ›Worte‹ und ihrer Wirkung auf die Psyche des Lesers.[132] Die Sprache der Modernen Literatur hat demgemäß ihren Ursprung in der Psychoanalyse:

bemerkungen über Arno Schmidt und einige seiner Bücher anläßlich der Lektüre von »Zettels Traum«. In: Wolfgang Paulsen (Hrsg.), Revolte und Experiment. Die Literatur der sechziger Jahre in Ost und West. Fünftes Amherster Kolloquium zur modernen deutschen Literatur, Heidelberg 1972, S. 144–164, bes. S. 152ff.; Alfred Andersch, bes. S. 138ff.; Gerhard Schmidt-Henkel, Arno Schmidt. In: Benno v. Wiese (Hrsg.), Deutsche Dichter der Gegenwart. Ihr Leben und Werk, Berlin 1973, S. 261–276, bes. S. 268ff.; Wolfram Schütte, Bargfelder Ich. Das Spätwerk und sein Vorgelände. In: Jörg Drews u. Hans-Michael Bock (Hrsgg.), Solipsist, S. 61–89, bes. S. 77ff.; Hugo J. Mueller, Arno Schmidts Etymtheorie. Wirkendes Wort, 1975, H. 1, S. 37–44.

Auch diese Versuche bleiben unbefriedigend. Sie isolieren die Sprach-Problematik aus dem begrifflichen System der Modernen (und Reinen) Literatur. Sie können die Explikation der sprachtheoretischen Konzeption damit nicht systematisch fundieren und legen sporadisch ausgewählte Äußerungen Schmidts zugrunde. Das Resultat besteht aus subjektivistisch an das Werk Schmidts gebundenen Vorstellungen von Sprache.

Ein produktiver Ansatz zur Behandlung der Sprachproblematik bei Arno Schmidt liegt in der literaturdidaktisch ausgerichteten Dissertation von Norbert Nicolaus vor: Die literarische Vermittlung des Leseprozesses im Werk Arno Schmidts, Frankfurt a. M., Bern u. Cirencester/U.K. 1980 (= Europ. Hochschulschriften, Reihe I, Deutsche Lit. u. Germ. 341). Obwohl auch Nicolaus auf eine Klärung des systematischen Ortes der sprachlichen Dimension verzichtet, gelingt es ihm, konstitutive Funktionsweisen vor allem der Orthographie zu analysieren. Das wichtigste Resultat seiner Untersuchungen besteht wohl in der Identifikation der ›syntagmatischen‹ und ›paradigmatischen‹ Verweisungsfunktion (S. 121), die letztlich die »simultane Präsentation zweier oder mehrerer Vorstellungen« (S. 172) plausibel macht.

Die Ausarbeitung der sprachlichen Dimension der Modernen Literatur kann sich hier, bedingt durch die zu behandelnde Themenstellung, auf eine Skizzierung ihrer Grundzüge beschränken.

[132] Heiko Postma, Aufarbeitung und Vermittlung literarischer Tradition. Arno Schmidt und seine Arbeiten zur Literatur, Diss. phil. (als Typoskript gedr.), Hannover 1975, stellt zu Recht fest, daß »eine grundsätzliche Kritik der »Etym«-Theorie [. . .] nur [. . .] von der Psychoanalyse selbst geleistet werden« (S. 121) kann.

Eine umfassende Klärung der sprachtheoretischen Konzeption Schmidts kann im Grunde nur interdisziplinär unter Einbeziehung psychoanalytischer, sprachpsychologischer und psycholinguistischer Fragestellungen erfolgen.

Die Psychoanalyse hätte die Beeinflussung sprachlicher Äußerungen oder Wahrnehmungen durch das Unbewußte – das Es und Über-Ich – und die Beeinflussung des Bewußtseins über das Unbewußte durch sprachliche Wahrnehmungen zu klären.

Aufgabe und Funktion der Psychoanalyse können nicht von der Sprachpsychologie oder Psycholinguistik übernommen werden. Diese haben jene zu ergänzen. Die Aufgaben der Sprachpsychologie und Psycholinguistik beständen zum einen darin, durch den Vergleich der von Schmidt theoretisch angesprochenen und in der poetischen Praxis realisierten Phänomene mit ähnlichen, von ihnen erforschten Phänomenen eine begriffliche Überprüfung zu leisten. Zum anderen beständen ihre Aufgaben darin, für spezielle Analyseprobleme Lösungsmodelle bereitzustellen oder zu entwickeln.

Seit ungefähr der Jahrhundertwende, und den Arbeiten von MAURY, ELLIS, hauptsächlich FREUD, über ›Träume‹, hat sich, wenn auch sehr zögernd & meist garnichtgern akzeptiert, doch die Erkenntnis kahmheutig ausgebreitet: daß ›Namen‹ mit nichten ›Schall & Rauch‹ seien, (wie nett so ein GOETHE-Zitätchen sich auch immer anhören möge); sondern daß ›Worte‹, Buchstabenfolgen überhaupt, uns weit nachhaltiger necessitiren, als Mann (& Frau sowieso) im Allgemeinen wahrhaben möchte.[133]

Schmidt benutzt das Goethe-Zitat in kontrastiver Absicht, um mit ihm die ›prä-psychoanalytische‹ Vorstellung des Verhältnisses von Sprache und Psyche zu charakterisieren: die der Autarkie der Psyche dem Bereich der Sprache gegenüber. Unter Berufung auf die Anfänge der psychoanalytischen Forschung betont Schmidt die grundsätzliche Andersartigkeit und Relevanz der Erkenntnis, daß kleinste sprachliche Elemente den (erwachsenen) Menschen[134] zwanghaft beeinflussen. Er bewertet dies als »recht ›natürlichen‹, psychischen Mechanismus«, der sich im Traum und »im Wachen« vollzieht und der von der »bloße[n] ›Lagerung der Worte beieinander‹«[135] gesteuert wird. Die Kriterien für diese »Lagerung« benennt Schmidt in »Sitara«:

Aus zahllosen Exempeln [...] ergibt sich mit Evidenz, daß im ›Wortzentrum‹ des Gehirns die Bilder & ihre Namen (& auch das daran-hängende Begriffsmaterial der ›Reinen Vernunft‹) viel weniger nach s a c h l i c h e n, sondern ballen- oder kolliweise nach f o n e t i s c h e n Kriterien gelagert sind.[136]

Die Art der Speicherung ist hiernach ein empirisch verifizierbares, gehirnphysiologisch bedingtes Faktum, das sich darin zeigt, daß eine bestimmte Lautfolge die Anschauungen bzw. deren »Namen« und die

---

[133] AS, Sylvie & Bruno, S. 263; vgl. Literatur, S. 100; vgl. auch Fall, S. 149.
Schmidt bezieht sich in seiner Berufung auf die psychoanalytische Forschung auf Sigmund Freud, Die Traumdeutung. In: S. F., Gesammelte Werke, chronolog. geordnet, hrsg. v. Anna Freud u. a., 2. u. 3. Bd., 3. Aufl. Frankfurt a. M. 1961, S. 1–642, und die dort im einleitenden Literaturbericht zitierten Arbeiten von A. Maury, Le sommeil et les rêves, Paris 1878 (S. 8f. u. ö.) und Havelock Ellis, The world of Dreams, London 1911 (S. 20 u. ö.).
[134] Vgl. AS, Sylvie & Bruno, S. 263. Das in Anlehnung an »Freud und dessen Vorgängern« (Literatur, S. 100) Vorgetragene beansprucht nur Geltung für das Ich, das neben der Macht des Es auch der des Über-Ich, allererst aus der Kindheitsperiode resultierenden Einflüssen, ausgesetzt ist.
[135] Alle Zitate AS, Sylvie & Bruno, S. 264.
[136] AS, Sitara, S. 146. Schmidt hält es, präzisierend, für »ziemlich unabweisbar: daß die Entscheidung zur ›Lagerung beieinander‹ anscheinend nur von dem Fonetismus der Konsonantengruppe zu Beginn eines Wortes abhängt; dann von dem ›ungefähren Valeur‹ des Mittel-Diftongs; und endlich dem Konsonantengemisch am Silbenende.« (a. a. O.)

ihnen korrespondierende Begrifflichkeit aktiviert, die ihr phonetisch entsprechen. Schmidt demonstriert das an dem Beispiel,

> daß einem Deutschen bei ›lauf‹, sowohl der Vorderfuß eines Rehes einfallen dürfe; als auch das graziose Bahnumkreisen von Damen bei 4-mal-Hundert-Meter-Staffel; das steiff-folgenreiche Gewehrröhrchen ebenso, wie das ›laufen‹ etwelchen Wasser-Hähnchens.[137]

Dieses Beispiel, das die von einer isolierten Lautfolge evozierten Bedeutungen beschreibt, ist mit linguistischen Termini wie Homonymie oder Polysemie[138] zu erfassen. Wenn eine solche Lautfolge jedoch, intentional und kontextuell fixiert, als Wort betrachtet wird, versagen diese Termini.

Mit dem ausdrücklichen Hinweis auf seine griechische Bedeutungsherkunft[139] führt Schmidt für sie den Begriff des Etyms[140] ein.

---

[137] AS, Jedermann, S. 279.

[138] »Homonymie« bezeichnet Wörter verschiedener Bedeutung, die über dieselbe Lautung verfügen (vgl. Johannes Erben, Deutsche Grammatik. Ein Leitfaden, 2. Aufl. Frankfurt a. M. 1969, S. 31; Hans-Martin Gauger, Die Wörter und ihr Kontext. Neue Rundschau, 83, 1972, S. 432–450, S. 433). Homonyme können bei übereinstimmender Schreibweise Homographe, bei verschiedener Schreibweise Homophone heißen. »Polysemie« bezeichnet das Vorliegen verschiedener Wortbedeutungen (auch: Lexem-, Syntagma-, Satzbedeutungen), die die gleiche Lautung aufweisen. Zur Unterscheidung zwischen Homonymie und Polysemie vgl. Werner Welte, Artikel: Polysemie (-Relation). In: W. W., moderne linguistik: terminologie / bibliographie. ein handbuch und nachschlagewerk auf der basis der generativ-transformationellen sprachtheorie, 2 Bde., München 1974, Bd. II, S. 506–508, S. 507: »Danach meint Polysemie die Verwendung des historisch gleichen Wortes für verschiedene Begriffe [. . .], Homonymie dagegen die Verwendung etymologisch verschiedener Wörter für verschiedene Begriffe.«

[139] Vgl. AS, Zettels Traum, S. 24. Schmidt spricht in Anlehnung an die Bedeutung des griechischen ἔτυμος von den Etyms als den »Echten«.
Die Wortbildung des Etyms weist von sich aus zum geläufigen ›Etymologie‹, das Schmidt konsequent als »die Lehre vom Echten« (Jedermann, S. 279) übersetzt. Er rückt damit den präfigurierten Terminus in Distanz zu seinem Begriffsverständnis bzw. formuliert die Grundbedeutung von ›Etymologie‹, die dann mit der von »Etym« in Zusammenhang steht.
Das, was Schmidt mit dem Begriff des Etyms kennzeichnet, berührt kaum den Bereich der traditionellen Etymologie. Den Begriff der Wurzel weist Schmidt so auch explizit als unangemessen zurück (vgl. a. a. O., S. 278f.; vgl. auch Zettels Traum, S. 25).

[140] Hugo J. Mueller weist darauf hin, daß in »Finnegans Wake« »zum erstenmal der Terminus »etym«« (S. 39) auftaucht. In seinem Radio-Essay »Das Buch Jedermann«, der 1966 gesendet wurde, stellte Schmidt den Begriff des Etyms erstmals einer, freilich sehr beschränkten, Öffentlichkeit in seinen Grundlagen vor. Der Radio-Essay wurde 1969 in Triton gedruckt; und erst damit wurde der Begriff des Etyms eigentlich veröffentlicht, d. h. jederzeit von jedermann überprüfbar. – Ausführlicher wurde er dann 1970 in Zettels Traum behandelt. Der Begriff des Etyms benennt sprachtheoretische Vorstellungen Schmidts, die bereits in Sitara, Literatur,

Er geht von der Sprechsituation aus, in der die Lautfolge als Wort gebraucht wird, und erläutert, daß

> jedwedes Wort, daß Wir äußern, mehrfach ›überdeterminiert‹ ist; Dreh- scheiben-, Weichen-Charakter hat; sodaß die Verzweigungen unserer Ge- dankenfolgen, die oftmals putzig wirkenden, allein schon unter diesem Aspekt betrachtet, gar nicht so willkürhaft-absurd sind.[141]

Ein Wort verfügt nicht nur über die intendierte und durch ihren sprachlichen und situativen Kontext identifizierbare ›wörtliche‹, son- dern zusätzlich über konnotative Bedeutungen, über »a u c h -Mög- lichkeiten«.[142] Sie können, wie das »lauf«-Beispiel zeigt, erheblich voneinander und von der intendierten Bedeutung abweichen. Diese Nebenbedeutungen stellen sich »sowohl über's Schriftbild, als über die metaphorische Bedeutung«[143] ein.

Schmidt unterscheidet zwischen einer Wort- und einer Etym- Sprache. Die Wort-Sprache ist dem Bewußtsein zugeordnet: »ganz ›oben‹, das Bewußtsein, bedient sich der Wo r t e«,[144] die mit der Wort-Sprache verhaftete Etym-Sprache dem Unbewußten:

> Der Persönlichkeitsanteil d a r u n t e r – zur Hälfte durchaus bewußtseins- f ä h i g; zur Hälfte im Unbewußten wuchernd – ›s p r i c h t E t y m s‹.[145]

Sylvie & Bruno u. a. vorhanden sind, ohne daß der Begriff des Etyms steht. Schmidt kennzeichnet dort das, was späterhin konsequent »Etym« heißt, als »CAR- ROLL'sche Syzygien« (Literatur, S. 102; Sylvie & Bruno, S. 266). Er erläutert: »Das nämlich ist die, historisch & sachlich exakteste, Bezeichnung jenes äußerst interessanten & folgenreichen Tatbestandes« (Sylvie & Bruno, S. 266; ähnlich Li- teratur, S. 102).
Vgl. dazu Günther Flemming, Elsie & Arno oder: Grüßt man so einen Vater? Barg- felder Bote, Lfg. 38–39, Juni 1979, S. 9–31, S. 14. Flemming identifiziert die Her- kunftsstelle des Begriffs der Syzygien bei Carroll.
Der Begriff »CARROLL'sche Syzygien« ist nach 1966 in keiner anderen Publi- kation Schmidts vorhanden. Daß er Vorstellungen benennt, die später unter den Begriff des Etyms fallen, geht mit Sicherheit aus zahlreichen einander entsprechen- den Argumentationsformeln und Hinweisen Schmidts in verschiedenen Arbeiten hervor. Vgl. z. B. das in Sylvie & Bruno, S. 263, entsprechend in Literatur, S. 101f., Jedermann, S. 276, und Sitara, S. 146, gleiche Ausgangsargument der nach phone- tischen Kriterien erfolgenden Wortspeicherung oder die Literatur, S. 101 u. 102, Sylvie & Bruno, S. 265, Sitara, S. 145 u. ö. gegebenen Beispiele von und Hinweise auf Joyce einerseits und die in Jedermann, S. 287, Zettels Traum, S. 205, 297, 508, 518 u. ö. gegebenen Hinweise auf Carroll andererseits. Die Belege für die »CAR- ROLL'schen Syzygien« und die für die Etyms sind austauschbar.
[141] AS, Jedermann, S. 279.
[142] A. a. O., S. 281.
[143] A. a. O., S. 279.
[144] A. a. O., S. 280; s. a. Zettels Traum, S. 25.
[145] AS, Jedermann, S. 280; s. a. Zettels Traum, S. 25.

Wort- und Etym-Sprache gehören zusammen. Während das Bewußtsein das Wort benutzt, bringt sich zugleich das Unbewußte[146] in Etyms zur Sprache. Das Etym äußert sich durch sein »›Wirtswort‹«[147] hindurch. Es ist ihm phonetisch ähnlich, eine phonetische Identität oder eine identische Schreibweise von Wort und Etym müssen jedoch nicht vorliegen.

Wie das Bewußtsein Worte spricht und aufnimmt, so spricht das Unbewußte Etyms und nimmt sie auf. Diese ›unterschwellig‹, unterhalb der »Zensur-Schwelle«[148] vonstattengehende Kommunikation bleibt so lange im Bereich des Unbewußten, bis sie – exakt: ihr bewußtseinsfähiger Teil – bewußt in Gang gesetzt oder aufgenommen wird. Hierbei können bewußt mitgesprochene Etyms beim Adressaten auch im Unbewußten verbleiben, unbewußt mitgesprochene Etyms auch bewußt aufgenommen werden.

b) Man müsse, so Schmidt,

prinzipiell unterscheiden zwischen allgemeinmenschlich=verbindlichen; und den subjektiv=erworbenen[149]

Etyms. Die Unterscheidung ist psychogenetisch begründet. Die Etyms der ersten Gruppe entstammen dem allgemeinen historischen Kontext des Subjekts, d.h. vor allem: der Kulturgeschichte, in deren Verlauf sich Verhaltensmuster, Mythen, Normen, Tabus etc. entwickelt haben, die für eine größere Gemeinschaft gelten. Die Etyms der zweiten Gruppe entstammen der individuellen Geschichte des Subjekts, d.h. vor allem: der Geschichte seiner Kindheit, in deren Verlauf sich Verhaltensmuster, Normen, Tabus etc. entwickelt haben, die nur für es selbst oder für eine fest umrissene soziale Gruppe gelten.

Beide Arten von Etyms können kombiniert auftreten, demselben Wort anhaften. Der Erschließung zugänglich sind nur die Eytms der ersten Gruppe – jedenfalls so lange, wie biographische bzw. ›psychographische‹ Informationen über die Urheber, die die Einsicht in seinen ›Etymschatz‹ ermöglichen, unbekannt sind.

---

[146] Die von Schmidt in ihrer Relevanz für die Literatur-Sprache berücksichtigten vier (!) psychischen Instanzen (vgl. Zettels Traum, S. 914ff.) werden in diesem Zusammenhang auf das Verhältnis zwischen Bewußtsein und Unbewußtem konzentriert.
[147] AS, Zettels Traum, S. 26.
[148] AS, Jedermann, S. 280.
[149] AS, Zettels Traum, S. 27.

Auch die bewußte Konzeption von Wort-Etym-Kombinationen wird subjektive Etyms ausschließen; denn diese rufen beim Unbewußten, das sie aufnimmt, unkontrollierbare Wirkungen hervor.

Dies ist bei der pragmatischen Etymverwendung zu beachten. Ihr geht es darum, daß das Bewußtsein die Etyms nicht unmittelbar als solche erkennt, sondern die Wort-Sprache wahrnimmt. Erst mittelbar, über sein Unbewußtes, das die Mitteilung der Etym-Sprache (möglichst fehlerfrei) aufgenommen hat, soll es zu bestimmten (Re-) Aktionen verleitet werden. Diese Art der bewußten Etymverwendung wird dort praktiziert, wo mehr oder weniger massive Manipulation beabsichtigt ist, so in der Werbung,[150] wobei in der Produktenwerbung Produktnamen sogar als reine Etymbildungen auftreten.[151]

Die vom Bewußtsein vollzogene Verschmelzung einer Wort- mit einer bestimmten Etym-Mitteilung ist prinzipiell auflösbar, so daß die Etym-Mitteilung ›lesbar‹ wird. Die Gewähr dafür, daß sie korrekt, ihrem Wirkungsauftag gemäß gelesen wird, liegt in der Gewißheit begründet, daß in der Abfassung einer solchen Etym-Mitteilung nur allgemein verbindliche Etyms verwendet werden.

c) Die Problematik der Lesbarmachung von Etyms stellt sich natürlich besonders dort, wo unbewußt mitgesprochene und damit auch subjektiv bedingte Etyms vorliegen. Dies ist in praktisch jedem Bereich des alltäglichen Lebens der Fall.

Nicht nur »die Träume; die ›Fehlleistungen‹; auch ›Assoziationen‹«[152] werden »von der ›Lagerung der Worte im Gehirn‹ dirigiert«.[153] »Viele Kalauer & alle Wortspiele«, »der (feinere) Witz«, das

---

[150] Vgl. AS, Sylvie & Bruno, S. 268f.; Literatur, S. 102f.; Sitara, S. 144. Schmidt verweist an diesen Stellen darauf, daß das, was er anführt, »längst schon in größtem Maßstab« (Sylvie & Bruno, S. 268) von der Werbung praktiziert werde. Das, was in werbungstheoretischen Arbeiten unscharf mit »Sprachüberformungen literarisch-poetischer Art« (Ingrid Hantsch, Zur semantischen Strategie der Werbung. Sprache im technischen Zeitalter, 42, 1972, S. 93–114, S. 106) bezeichnet wird, um damit die »hintergründig suggestive« »Information« (a. a. O., S. 95) eines Werbetextes zu erfassen, entspricht der Kombination von Wort und Etym. Das metaphorisch Umschriebene kann mit der Schmidtschen Begrifflichkeit präzise benannt und erfaßt werden.

[151] In Literatur, S. 102, nennt Schmidt den Markennamen für Margarine: »›RAMA‹«, den er in Sylvie & Bruno zu »›Ramie‹« ändert: »Der besser Beratene [d. i. der, der Etyms verwendet, statt offen seine Werbeabsicht zu proklamieren] macht's mit ›Ramie‹-butterwert – wodurch ja, man mag wollen oder nicht, sofort der Begriff des guten ›Rahm‹ sich einstellt – bei einem Groß-Brittn vielleicht noch das rammelnde ›ram‹: da wird ER überhaupt nich weich!« (S. 269)

[152] AS, Jedermann, S. 281.

[153] AS, Sitara, S. 145.

»LG, ja unser normales Schreiben, Sprechen Denken selbst«[154] werden von etymaren Bildungen beeinflußt.

Dasselbe gilt für das literarische Schreiben: »jedwedes Wort«,[155] »jeglicher Text«[156] ist mit Etyms besetzt. In allem, was das Bewußtsein in Worten zur Sprache bringt, spricht das Unbewußte in seiner Sprache der Etyms mit,[157] vernehmbar für das Unbewußte des Rezipienten.

Schmidt untersucht diese Zusammenhänge exemplarisch in »Sitara«:

> MAY aber ist einer der tollsten Belege für das UBW- [= unbewußt] durchgeführte Auswerten der Stapelung, der fonetischen Bündelung & Lagerung des Wortmaterials.[158]

In dieser »Studie über Wesen, Werk & Wirkung Karl Mays« so der Untertitel, geht es Schmidt darum, die eminente Wirkung Karl Mays zu untersuchen:

> das Allererstaunlichste dürfte immer sein, wenn ein gewaltiger Pfuscher wie KARL MAY, bei dessen Werk es sich (akademisch) einwandfrei um ein unerschöpfliches Chaos von Kitsch & Absurditäten handelt, seit nunmehr 3 Generationen Hunderte von Millionen deutscher Menschen mühelos zu Einwohnern seiner Welt wirbt.[159]

Schmidt führt die Wirkung Karl Mays auf sein »Wesen«, auf seine psychische Konstitution zurück, die sich etymar in seinem Werk niedergeschlagen habe. Und diese etymare Sprache, die vom Unbewußten des Rezipienten aufgenommen werde, begründe die anhaltende Wirkung des Werkes.

Präzise biographische Vorkenntnisse geben in diesem Analyseansatz die »Tranformationsgleichungen«[160] zu erkennen, die notwendig sind, um die Etym-Sprache adäquat zu lesen. Neben dem ›wörtli-

---

[154] Alle Stellen a. a. O.

[155] AS, Jedermann, S. 279.

[156] AS, Zettels Traum, S. 25.

[157] Dies gilt auch in erweitertem Sinne. Vgl. etwa AS, Zettels Traum, S. 27. Schmidt illustriert das, was er unter ›Etym‹ versteht, mit dem Hinweis auf die Malerei. Stelle ein Porträt etwa »das ›offizielle‹ Thema«, den »Text, die Hochhandlung« des Bewußtseins dar, so bringe sich im ›Beiwerk‹ und im ›Hintergrund‹ das Unbewußte zum Ausdruck: in Etyms.

[158] AS, Sitara, S. 147.

[159] A. a. O., S. 7.

[160] Schmidt gebraucht den Begriff »Transformationsgleichungen« im Zusammenhang der Etym-Entschlüsselung in Sitara, S. 21 u. Zettels Traum, S. 189 u. 543.

chen‹ »Lesemodell« der »›Reiseerzählung‹« identifiziert Schmidt so
drei etymare Lesemöglichkeiten: »MAY's S[exuelle]-Anliegen«, »die
›Autobiografie‹«, den »›Spiritismus‹«.[161] Schmidt beschränkt sich in
seiner Studie ausdrücklich auf die Untersuchung *einer* dieser vier
Lesemöglichkeiten: die der ›sexuellen Anliegen‹ Karl Mays.[162] Er
weist sie in einer Unzahl von Einzelheiten, vor allem aber in den
Landschaftsschilderungen nach, welche er als »Organ-Abbildun-
gen«[163] bestimmt. Eben hierin sieht Schmidt den eigentlichen Grund
für die Wirkung Karl Mays:

> MAY, selbst nachtmahrisch umschwärmt von Organ-Abbildungen, entbin-
> det unerhörte psychische Kraftbeträge in seinen Lesern, und bindet sie
> sexuell an sich: dadurch, daß er sein Werk UBW-halbvollkommen mit dem
> stärksten aller Triebe koppelte, wurde es unwiderstehlich für die Primiti-
> ven, sein Name unsterblich in den Bezirken der lebenslänglich Halb-Star-
> ken.[164]

Das sexuell konditionierte Lesemodell basiert auf Etyms, die jeder-
mann zugänglich sind, und ist deshalb adäquat vom rezipierenden
Unbewußten aufnehmbar. Demgemäß ist das Werk Karl Mays
Schmidt Beleg dafür,

> daß es bestimmten primitiven Autoren-Typen, ohne ihr Wissen & Wollen,
> möglich wird, Vorgänge in VBW [= Vorbewußtsein] und UBW anschau-
> lich darzustellen, und zwar derart detailliert, daß ein intuitives Verstehen
> dieses ›MAY-Code‹ im größt-deutschen Maßstab eingetreten ist.[165]

Das sexuelle Lesemodell tritt erst in der analytischen Isolierung hervor. Für die wörtliche und sämtliche mit ihr verbundenen Lesemöglichkeiten gilt, daß sie de facto

> nie gesondert auftreten; vielmehr im Geist des Lesenden unerkannt & sehr
> kompliziert durcheinander wölken.[166]

Auf der Seite des Textes kommen Inkonsistenz und Inkonsequenz der
Etym-Sprache vor allem dadurch zustande, daß die Etyms unbewußt

---

[161] Alle Stellen AS, Sitara, S. 16.
[162] Vgl. AS, Sitara, S. 207.
[163] A. a. O., S. 153, 233 i. ö. – Das Resultat hat für Schmidt exemplarischen Wert; vgl.
Zettels Traum, S. 1182: »daß der Ungeheure Mitt'lPunckt der Seele, sich als cu-
lüstijeS ›Ausland‹ präsenTiere? Schmeichle Ich=Mir, in Meiner KARL=MAY=Studie
angedäutet zu habm: daS ubw'Sde wimmBuhlt Ǝm Hȯriz'ont.«
[164] AS, Sitara, S. 153.
[165] A. a. O., S. 246.
[166] A. a. O., S. 154.

in den Text einfließen und daß von dorther in starkem Maße subjektiv bedingte Etyms auftreten. Sie entstammen verschiedenen Entwicklungsphasen des Autors und bringen zudem vordringlich jeweils das zur Sprache, womit sich der Autor während der Arbeit am Text unbewußt, möglicherweise auch (teil-) bewußt beschäftigt.[167]

Auf der Seite des Lesers ist die Unbestimmtheit der etymaren Lesemöglichkeiten vor allem dadurch bedingt, daß dieser über einen anderen subjektiven ›Etymschatz‹ als der Autor verfügt. Somit besteht wenig Wahrscheinlichkeit dafür, daß ein vom Autor unbewußt gesetztes subjektives Etym, das für sein Unbewußtes eine bestimmte Bedeutung oder auch mehrere Bedeutungen hat, dieselbe im Unbewußten des Lesers hervorruft. Hinzu kommt die aktuelle psychische Verfassung auch des Lesers, die unwillkürlich die ihr gemäße Lesemöglichkeit akzentuiert.

Das am Werk Karl Mays Nachgewiesene gilt, dem exemplarischen Anspruch der Untersuchungen Schmidts zufolge, prinzipiell für jeden literarischen (und nichtliterarischen) Text. Die Wort-Sprache ist hiernach immer mit verschiedenen etymaren Lesemöglichkeiten gekoppelt, von denen eine grundsätzlich sexuell bedingt ist:

> es ist anscheinend 1 der Bildungsgesetze aller Sprachen überhaupt, dies Parallelisieren von Körperteilen mit Landschaften & Dingen [...]: ein Teil der Sprache [...] entspricht einer Ab-Sonderung unserer Keim-Drüsen.[168]

d) Die Erkenntnis, daß mit dem Bewußtsein das Unbewußte spricht und angesprochen wird, daß mit dem Wort phonetisch affine Etyms verbunden sind, ist nicht nur in der Analyse, sondern auch produktiv in der ›Synthese‹ der Wort-Etym-Verbindung nutzbar – und zwar nicht nur pragmatisch zum Zweck der Manipulation. In der Literatur begründet diese produktive Nutzung das »fundamental andere Verhältnis zu Worten & deren Folgen im Leser«, das die sprachliche Dimension der Modernen von der der Älteren Literatur unterscheidet.[169]

---

[167] Vgl. AS, Jedermann, S. 280: »die Etym-Sprache [...] respondiert, von unterhalb derselben erwähnten Barriere [d. i. die »Zensur-Schwelle« (a. a. O.)] her, einiges von dem, was der Sänger, zumindest vorüberhuschend-mal, wirklich denkt.« – Daß ›Denken‹ hier keine Aktion des Bewußtseins meint, sondern das Unbewußte einschließt, versteht sich aus dem Kontext.

[168] AS, Sitara, S. 257.

[169] Eine detaillierte Untersuchung der sprachtheoretischen Konzeption Schmidts hätte

Das unkontrolliert-unbewußte Entstehen etymarer Lesarten wird zur bewußt konzipierten und gesteuerten Aktion,[170] zu einer neuen literarischen Sprachtechnik:

aus der bloßen FREUD'schen ›Fehlleistung‹ des Versprechens, [wird] eine elastisch=neuere Kunst. Eine durable Technik des unendlich=klein=Polyglotten.[171]

Aus der unbewußt unterlaufenen wörtlich-etymaren Zweisprachigkeit entsteht die bewußt konstruierbare Polyvalenz[172] des Zweisprachigen.

Die etymare Polyvalenz ist nicht artistischer Selbstzweck, sondern dient der »Anreicherung mit Doppel- & Mehrfach-Bedeutungen«[173] und der »Beförderung & lingualogischen Weiterschiebung der Nicht-Handlung«.[174] Sie hat die Funktion, das Bedeutungsspektrum eines Textes gezielt zu erweitern. Indem sie dabei psychische Gesetzmäßigkeiten ausnutzt und psychische Vorgänge im Leser provoziert, hat sie zugleich die Funktion, die Abfolge bestimmter Lesemöglichkeiten einsichtig zu regulieren. Sie ist in dieser Funktion auf die for-

---

in diesem Zusammenhang die Frage einzubeziehen, ob und inwieweit die interpretatorische Offenheit eines Textes, abgehoben auf die kontextuellen Bedingungen seiner Produktion und Rezeption, allein die Ebene der Wort-Sprache betrifft oder auch durch die von Schmidt beschriebenen Verhältnisse zwischen der wörtlichen und den etymaren Schichten bedingt ist.

[170] Dies wurde, so Schmidt, durch Schriftsteller wie Carroll vorweggenommen. Mit aus diesem Grunde apostrophiert ihn Schmidt als den » K i r c h e n v a t e r   a l l e r   m o d e r - n e n   L i t e r a t u r « (Sylvie & Bruno, S. 257). Außer »Sylvie and Bruno« von Carroll, auf das sich Schmidt bezieht, nennt er »Tristram Shandy« von Sterne, »Humphry Clinker« von Smollett und einen Reisebericht von »LEWIS & CLARKE« (vgl. Jedermann, S. 287; vgl. auch Zettels Traum, S. 915).
Die Einschränkung, daß nur ein Teil der etymaren Sprache bewußtseinsfähig sei, falle, so Schmidt in Zettels Traum, S. 914, mit der »Bildung der ›VIERTEN INSTANZ‹ eines fleißigen=Genialen« fort. Sie setze ein Mindestalter – etwa 45 Jahre (vgl. S. 915 u. 916) – und Klimakterium, also weitgehende Unabhängigkeit vom Sexualtrieb voraus (vgl. S. 914ff.). Die äußerst selten gebildete ›vierte Instanz‹ entspreche »dem ›Siege‹ des Ich über die, bisher aufs UnfairSde behindert habenden ubw & ÜI« (S. 914). Einem solchen Ich, einer durchaus singulären und säkularen Erscheinung, wird es möglich, die Etyms vollständig dem Einflußbereich des Unbewußten zu entziehen.
Die totale Etym-Beherrschung ist für die Wende im Verhältnis zur Sprache von der Älteren zur Modernen Literatur nicht ausschlaggebend. Für sie ist zwar ein Werk wie »Finnegans Wake« heuristisch bezeichnend, es ist aber ein Grenzfall.
[171] AS, Zettels Traum, S. 28.
[172] Schmidt spricht verschiedenenorts von der »Polyvalenz der Worte« (z. B. Literatur, S. 103).
[173] AS, Sylvie & Bruno, S. 265; vgl. Sitara, S. 144f., wo Schmidt von den »sinnreichsten & hübschesten Doppel- oder gar Mehrfach-Bedeutungen« spricht.
[174] AS, Sylvie & Bruno, S. 265.

male Dimension der Modernen Literatur bezogen, die hier von ihrer materialen Dimension her durch die »Nicht-Handlung« gekennzeichnet ist.

Das bewußte Rezipieren der etymaren Lesemöglichkeiten ist an bestimmte Voraussetzungen gebunden. Diese sind dann gegeben, wenn keine »zu große[.] subjektive[.] Verschlüsselung«[175] vorliegt, wenn die Sprache

> (im Gegensatz zu leider-JOYCE-oft) den Leser nicht mutwillig überfordert, sondern ihm das Nachvollziehen erlaubt – immer einigen guten-lok-keren Willen vorausgesetzt; und die Erkenntnis, daß Herr DUDEN [...] zwar im Büro schätzbar sein mag; ansonsten aber [...] [»keinen Blaffert«] bedeutet.[176]

Der Leser muß, so Schmidts Anweisungen, »Auge Ohr & Zunge üben«,[177] er muß

> die mühsam angelernte, sperrig-holzige Verleimung zwischen Aussprache & Rechtschreibung heilsam aufweichen,[178]

er muß einsehen:

> Daß das Aussagevermögen eines Wortes, bei Versteifung auf seine übliche ›Recht‹=Schreibung, nicht erschöpft, ja nur allzuoft direkt blockiert wird.[179]

Die auf die Erkennbarkeit ihrer Lesemöglichkeiten ausgerichtete Wort-Etym-Sprache offenbart sich durch eine von der Norm abweichende Schreibweise. In ihr wird die Differenz zwischen orthographischer und phonetischer Gestalt sichtbar. Die Änderung bewirkt ein Verfremden des Bekannten. Der Leser wird dazu angeleitet, nicht nur die mit der hypothetischen Rekonstruktion des gebräuchlichen Schriftbildes gesetzte Bedeutung wahrzunehmen, sondern auch die durch die Änderungen mitgesetzten etymaren Lesemöglichkeiten.

---

[175] A. a. O.
[176] A. a. O., S. 267. Die ›mutwillige‹ Überforderung des Lesers bei Joyce sieht Schmidt darin, daß »Finnegans Wake« in einem Maße subjektiv verschlüsselt ist, daß »schon das bloße »Erkennen« der Basis-Worte Schwierigkeiten macht« (Das Geheimnis von Finnegans Wake. Eine neue Interpretation des Alterswerkes von James Joyce. Die Zeit, 2.12.1960). Schmidt begründet: »dies Webmeisterstück ist eben nicht in Worten geschrieben: sondern in Etyms (Jedermann, S. 281).
[177] AS, Jedermann, S. 287.
[178] A. a. O.
[179] AS, Zettels Traum, S. 278.

Damit die durch orthographische Änderungen erzeugten Lesemöglichkeiten nachvollziehbar bleiben, muß das »Basis-Wort«[180] des Etyms erkennbar bleiben. In diesem Sinne weist Schmidt auf Ansatz, Praktikabilität und Produktivität einer Variierung der Schreibweise hin:

> Das Lettern-Plasma erlaubt ohne weiteres, (und zwar ohne das Wort hoffnungslos, dh ins Unerkennbare, zu desorganisieren), daß durch ganz=kleine Veränderungen, eine organische Anreicherung mit ›weiteren Bedeutungen‹ erfolgt.[181]

Nur dann, wenn das der Veränderung zugrundeliegende Wort identifizierbar bleibt, findet eine Erweiterung der wörtlichen Grundbedeutung um zusätzliche Bedeutungen statt, »so daß stets mehrere, obschon thematisch genau zu einander passende Bedeutungen«[182] entstehen und vom Leser wahrgenommen werden können.

Die Identifizierbarkeit des ›Basis-Wortes‹ vorausgesetzt, sind auch gravierendere Abweichungen von der normativen Orthographie möglich, sogar unter Verwendung verschiedener Sprachen:

> durch Benützung von mehreren Sprachen nimmt die Möglichkeit ›echter‹ – das heißt ›sinnvoll-legitimer‹ – Kombin- & Permutationen mächtig zu.[183]

Schmidt illustriert das, was er im Blick hat, mit einer in »Kaff« konstruierten Form:

> wenn ich Frau Siegfrieds Vornamen schalkisch als ›cream-hilled‹ schreibe, dann deckt sich das ja nicht nur fonetisch trefflich, sondern malt gleichzeitig eine der Hauptattraktionen jedweder Miß Germania![184]

Schmidt bezeichnet diese Möglichkeit der etymaren Bedeutungserweiterung als »fonetische[.] Schreibung«.[185]

Daß es sich hierbei nicht um die unmittelbare Wiedergabe der phonetischen Gestalt handelt, wird am »cream-hilled«-Beispiel deutlich.

---

[180] AS, Das Geheimnis von Finnegans Wake.
[181] AS, Zettels Traum, S. 278.
[182] AS, (ohne Titel; Rede zur Verleihung des Goethe-Preises). In: Verleihung des Goethepreises der Stadt Frankfurt am Main an Arno Schmidt am 28. August 1973 in der Paulskirche, hrsg. v. Kulturdezernat der Stadt Frankfurt a. M., 1973, S. 13.
[183] AS, Sitara, S. 145.
[184] A. a. O. – Schmidt hält die »Erlernung mehrerer Sprachen« für den »gute[n] Schriftsteller«, so in Dichtung ist kein Nebenberuf. Der Tagesspiegel, 2.4.1958, für notwendig. Ihre Funktion formuliert er allgemein: »das ermöglicht Assoziationen, Anklänge an Ähnliches: »harp« heißt im Norwegischen »Egge«: schon tastet die Hand zum [...] Block [...] und kritzelt: »Eine Egge harfte die Erde«.«
[185] AS, Sylvie & Bruno, S. 265.

Hier liegt keine »phonetische Transskription vor, die auf dem »Geschrieben-wie-Gesprochen-Prinzip« beruht«,[186] wie etwa Hartwig Suhrbier formuliert. Ein mythologisch-literarhistorisch fixierter Name wird durch die Verwendung des Englischen[187] mit einer zusätzlichen Lesemöglichkeit besetzt. Hierbei wird der Lautstand in geringem Maße geändert. Dies als »phonetische Transskription« zu bezeichnen, bedeutete eine simplifizierende terminologische Reduktion. Der ursprüngliche Name wird nicht phonetisch ›transskribiert‹, sondern – allgemeiner, aber auch genauer: – phonetisch geschrieben.

Die phonetische Transskription ist eine Weise der phonetischen Schreibung. Sie bietet die Möglichkeit, »konsequent-porträtgetreu die Uns umschallende Phonem-Welt«[188] wiederzugeben, ohne hierauf beschränkt zu sein. Dies geschieht vor allem durch die von Schmidt so genannten »U n t e r -Sprachen«: »Slang; [...] Fach- & Familien-Sprachen; auch [...] Dialektfärbungen«.[189] Diese gruppenspezifischen Idiome dienen dazu, Figuren durch ihre Sprechweise zu charakterisieren und voneinander abzugrenzen;[190] bei ihnen besteht aber auch, wie Schmidt eigens anführt, »die Gefahr a l l z u -subjektiver ›Vertonung‹«.[191]

Die Schreibung reicht hierbei von der minimalen Abweichung von der normativen Orthographie[192] bis hin zur totalen Andersartigkeit,

---

[186] Suhrbier, S. 33. Suhrbiers Formulierung zielt auf »Kaff«, das bezeichnenderweise von der sprachlichen Konzeption her die Aufmerksamkeit der Kritik erregte. Repräsentativ beklagte Hans Habe, Das ist Talmi, kein Humor. Welt am Sonntag, 23.4.1961, das Werk als »Sammlung grammatikalischer Ungeheuerlichkeiten«. Das auf der Basis der normativen Grammatik unumgängliche Miß-Verständnis wird nur sehr unvollständig durch die Annahme einer »phonetischen Transskription« in ein ›Verständnis‹ überführt. Diese Deutung hypostasiert einen »mimetische[n] Ansatz von Schmidts Prosatheorie« (Suhrbier, S. 32). Aus ihm wird lediglich die »orthographische Wiedergabe des Gedachten und Gehörten« (S. 33) gefolgert.

[187] In einem Interview (Gunar Ortlepp, AH!; PROE=POE. Der Spiegel, 20.4.1970, S. 225-233) äußert sich Schmidt über die Verbreitung des Englischen, einer Sprache, die speziell für ein adäquates Nachvollziehen etymarer Konstruktionen seines Werkes als bekannt vorausgesetzt wird (S. 226): »Ich habe mir sagen lassen, daß schon die Kinder in der Volksschule Englisch lernen.«

[188] AS, Titel, S. 189.

[189] A. a. O.

[190] Vgl. etwa die dialektgefärbten Sprechweisen TH's und Herthas in »Kaff« oder die wissenschaftliche Sprache des Direktors in der »Gelehrtenrepublik«.

[191] AS, Titel, S. 190.

[192] Vgl. z. B., AS, Sitara, S. 145: »Wie nett & selbstkritisch ist es nicht, wenn JOYCE, der nicht nur soff, (wie so viele Myriaden Mittel-Europäer auch, die aber keinen ODYSSEUS schreiben), sondern der wahrlich ›ingenious‹ war, diesem Wort 1 ganz lüttes orthographisches Schwänzchen dreht, und es »inn-genius« schreibt, ein ingeniösester Hafis!«

wie sie im »cream-hilled«-Beispiel vorliegt. Schmidt bezeichnet sie als »Schreibart von der ver-Schmidt-stesten Unbehülflichkeit«.[193] Die sich selbst veranschaulichende Charakterisierung verweist auf eine weitere Möglichkeit der etymaren Lesartenerweiterung durch die phonetische Schreibung. Schmidt erläutert sie an einem Beispiel:

> Ein bißchen schwieriger wird es natürlich noch, (zumal für den, vom ›Deutschen‹ her ungeübtn Deutschn), wenn CARROLL aus ›miserable‹ & ›flimsy‹, ›fliserable‹ (das fasertfusselt viel besser!) & ›mimsy' (das ist ›mikroskopischer‹!) gestaltet.[194]

Ähnlich verfährt Schmidt im Titel seiner Trilogie »Nobodaddy's Kinder«. »Nobodaddy« enthält die beiden englischen Wörter »nobody« und »daddy«. Diese beiden ›Basis-Wörter‹ werden kontaminiert, wodurch sie eine genauer umrissene Bedeutung erhalten. »Nobodaddy« ist so als »Niemandsvater«[195] oder als ›Vater, der ein Niemand ist‹ zu lesen. Hinzu tritt der »Zitatcharakter«:[196] »Nobodaddy« stammt nicht von Schmidt, sondern begegnet bereits bei James Joyce in seinem »Ulysses«, der wiederum »To Nobodaddy« von William Blake zitiert.[197]

Durch das zitierende Anspielen auf in der literarischen Tradition Vorgeformtes erfolgt eine bestimmte Sinnfüllung. Bei Joyce und bei Blake steht »Nobodaddy« für »Gott«. »Nobodaddy's Kinder« drückt somit ein negativ-polemisch perspektiviertes Schöpfer-Geschöpf-Verhältnis aus.

Zusätzlich zur wörtlichen und etymaren Bedeutungsebene kann die Wort-Etym-Kombination grundsätzlich Zitate enthalten. Die Technik des verborgenen Zitierens ist kein Spezifikum der Modernen Literatur. Herman Meyer spricht vom »kryptischen Zitat«:

> Beim kryptischen Zitat handelt es sich [...] um ein regelrechtes Versteckspiel. Der Sinn des Spieles besteht darin, daß das Zitat entdeckt wird, weil es nur dadurch zu seiner spezifischen Wirkung gelangt.[198]

Diese ›spezifische Wirkung‹ beschreibt Meyer:

---

193 AS, Sylvie & Bruno, S. 267.
194 A. a. O., S. 268.
195 Suhrbier, S. 25.
196 A. a. O.
197 Vgl. a. a. O.
198 Herman Meyer, Das Zitat in der Erzählkunst. Zur Geschichte und Poetik des europäischen Romans, 2., durchges. Aufl. Stuttgart 1967, S. 13.

Im allgemeinen dürfte gelten, daß der Reiz des Zitats in einer eigenartigen Spannung zwischen Assimilation und Dissimilation besteht: Es verbindet sich eng mit seiner neuen Umgebung, aber zugleich hebt es sich von ihr ab und läßt so eine andere Welt in die eigene Welt des Romans hineinscheinen.[199]

In seiner allgemeinen Form gilt dies auch für das innerhalb der etymaren Lesartenerweiterung gebrauchte Zitat. Von seiner genesis her ist es in der Regel ›kryptisch‹, da es sich der phonetischen Konstellation der Wort-Etym-Bildung angleicht, wie etwa das ›Zitat‹ des Namens Kriemhild in »cream-hilled« demonstriert. Das Zitieren erfolgt jedoch nicht um des ›Versteckspiels‹ willen, sondern ist funktionaler Bestandteil der etymaren Lesartenerweiterung und zielt auf die bewußte Identifikation ab.

Das bedeutet zugleich, daß es sich bei einem solchen Zitieren, das im Werk Schmidts häufig begegnet,[200] nicht, wie Joachim Kaiser schreibt, um

die unentwegt ressentimentgeladen verströmte »Bildung« [handelt], die zwar nichts bewirkt, wohl aber den Hochmut dessen, der alles besser weiß und genauer gelesen hat, absichert.[201]

Der unterstellten Selbstinszenierung eines arrogant-überlegenen Autor-Subjekts steht die Funktionalität entgegen: Das etymare Zitieren

---

[199] A. a. O., S. 12.

[200] Vgl. die Entschlüsselungsversuche von Zitaten, Anspielungen etc. in den Lieferungen des Bargfelder Boten, hrsg. v. Jörg Drews in Zusammenarbeit mit dem Arno-Schmidt-Dechiffriersyndikat, 1972ff. Der BB will keine Interpretationen und Analysen geben, sondern das Material dafür bereitstellen: »Der BARGFELDER BOTE soll nun, ähnlich dem »Wake Newslitter« in der Joyce-Forschung, das Schwarze Brett sein, an dem die eingehender mit dem Werk Arno Schmidts Befaßten ihre Funde anzeigen. Die Lieferungen haben nicht die Aufgabe, umfangreichere, kritisch-interpretatorische Arbeiten zu veröffentlichen, sie sollen nicht Essays und Deutungen publizieren, sondern nur die zur Deutung nötigen kleinen Bausteine bieten, ein Forum der literaturanalytischen Team-Arbeit an den Texten Arno Schmidts sein.« (Jörg Drews, Zum ersten Heft. BB, Lfg. 1, Sept. 1972, o. S.)
Seinem Selbstverständnis als ›Schwarzes Brett‹ entsprechend besteht der BB zu einem großen Teil aus nichtwissenschaftlichen Leserbeiträgen, zu deren Kennzeichen gehört, daß sie – offensichtlich im Vertrauen auf die mögliche Bedeutung eines subjektiv als Leistung bewerteten Fundes – auch allgemein zugängliche Informationen mitteilen, wesentliche, für einen Text relevante Problemstellungen dagegen nicht selten ignorieren.
Die Materialbereitstellung wird zunehmend durch interpretatorische Arbeiten erweitert.

[201] Joachim Kaiser, Des Sengers Phall. Assoziationen, Dissoziationen, Wortspiel, Spannung und Tendenz in Arno Schmidts Orpheus-Erzählung »Caliban über Setebos«. – Eine Nachprüfung –. BB, Lfg. 5-6, Nov. 1973, o. S.

hat nicht die (Ir-) Relevanz eines wie auch immer verstandenen ›Bildungserweises‹; es ist der auf Grund der Komplexität des materialen Bereiches der Modernen Literatur grundsätzlich notwendige Rückgriff auf bereits (literarisch) formulierte Einsichten.

Es schafft eine zusätzliche Aussagedimension, die durch die von Meyer beschriebene »Spannung« zwischen der neuen und der ursprünglichen Umgebung entsteht.

Das etymare Zitieren erfolgt auf vielfältige Weise: durch das Mit-Einfügen von Namen oder Begriffen, wie in »Nobodaddy's Kinder«, aber auch durch das Anspielen auf Motive und ganze Motiv-Komplexe, wie es etwa in »Caliban über Setebos«[202] der Fall ist. Der Titel spielt auf William Shakespeares »The Tempest« und auf Robert Brownings »Caliban upon Setebos or Natural Theology in the Island« an, dem Text insgesamt ist nicht nur der antike Orpheus-Mythos hinterblendet, er spielt auch durchgängig auf Rainer Maria Rilkes »Sonette an Orpheus« an und zitiert aus ihnen.[203]

e) Jede Wort-Etym-Kombination ist das dezidiert subjektive Produkt eines subjektiven Bewußtseins. Dies ist zum einen durch die genesis der etymaren Bedeutungserweiterung aus psychischen Vorgängen bedingt. Die produktive, auf die Nachvollziehbarkeit hin angelegte Nutzung dieser Vorgänge impliziert, daß das subjektive Bewußtsein, das die Wort-Etym-Kombination bildet, sich selbst expliziert. Zum anderen ist dies durch die materiale – und entsprechend durch die ihr rhythmisch angemessene formale – Dimension der Modernen Literatur bedingt. Die als die alltägliche Lebenswelt identifizierte »Vielfalt der Weltabläufe« ist die vom Subjekt erfahrbare Realität. Die Sprache der Modernen Literatur ist daher die Sprache des Subjekts, das in diese Realität inbegriffen ist. Die etymare Polyvalenz ist Ausdruck der Komplexität des Erfahrbaren sowie der Bedingungen der Erfahrung, der allgemeinen und individuellen Konstitution des Subjekts, der Kombination originärer und medienvermittelter Erfahrung.

Die »subjektive[.] Verschlüsselung« ist somit konstitutiv für die Wort-Etym-Kombination, die »zu große[.] subjektive[.] Verschlüs-

---

[202] In: AS, Orpheus. Fünf Erzählungen, Frankfurt a. M. 1970, S. 7–65.
[203] Vgl. dazu Suhrbier, S. 43ff. u. Robert Wohlleben, Götter und Helden in Niedersachsen. Über das mythologische Substrat des Personals in »Caliban über Setebos«. BB, Lfg. 3, Juni 1973, o. S.; ders., Übersicht: Rilkes »Sonette an Orpheus« im Zitat bei Arno Schmidt (Caliban über Setebos). BB, Lfg. 5-6, Nov. 1973, o. S.

selung«[204] eine latent vorhandene Gefahr, die die intendierte Erweiterung im Keim zu nivellieren droht.

Ihr wird durch die Transparenz der Konstitution des Subjekts, das seine Erfahrungen im literarischen Werk vermittelt, begegnet.

Das mediale Ich ist nicht mit dem Autor-Ich identisch, wenn dies auch immer wieder, beginnend mit der frühen Untersuchung Karlheinz Schauders,[205] mit erstaunlicher Konstanz von der Forschung behauptet worden ist. So schreibt Schauder, daß Schmidt »sich in jedem Buch mit dem Ich-Erzähler identifiziert«, daß

> jede Beschreibung des sogenannten Helden in seinen Romanen [. . .] sich als Selbstcharakterisierung Schmidts enthüllt;[206]

so sieht Werner Eggers den »Verdacht« »erhärtet«:

> hier gibt die Person des Autors dem Helden, der von seinen verschiedenen Masken kaum behindert oder verändert durch diese Erzählungen geht, in einem Maße Farbe und Gestalt, daß diese dem Betrachter als die kaum verkleideten, durch fiktionale Elemente wenig überarbeiteten Psychogramme der einen Existenz des Schriftstellers Arno Schmidt erscheinen müssen«;[207]

so formuliert schließlich Horst Thomé, daß

> das gesamte Frühwerk nur ein Thema hat, eben die Präsentation des autobiographischen Dichterbewußtseins.[208]

Das, was das absolut gesetzte autobiographische Lesemodell tatsächlich leistet, stellt in aller Schärfe Josef Huerkamp fest:

> Die Texte Schmidts selbst werden in dem biographisch-psychologisierenden Ansatz nicht erläutert, sondern nur ihr durch den Literaturbetrieb schon desavouiertes Surrogat: das Lebenszeugnis.[209]

Das mediale Ich steht in Affinität zum Autor-Ich. In diesem Sinne betont Schmidt,

---

[204] AS, Sylvie & Bruno, S. 265.
[205] Karlheinz Schauder, Arno Schmidts experimentelle Prosa. Neue Deutsche Hefte, 99, Mai/Juni 1964, S. 39–62.
[206] A. a. O., S. 56.
[207] Werner Eggers, Arno Schmidt. In: Dietrich Weber (Hrsg.), Deutsche Literatur seit 1945 in Einzeldarstellungen, 2. überarb. Aufl. Stuttgart 1970, S. 155–180, S. 165.
[208] Thomé, S. 89, Anm. 179.
[209] Josef Huerkamp, »Daten & Namen«, S. 126.

daß ein Autor selbstverständlich größere Teile seiner Persönlichkeit in seinen Büchern deponiert, (und sich ergo langsam in sie auflöst);[210]

er fügt jedoch hinzu: »a b e r n i e m a l s 1 0 0 = % i g !«[211]

Die autobiographischen Elemente haben funktionale Relevanz.[212] Im Bereich der sprachlichen Dimension der Modernen Literatur schaffen sie die Voraussetzungen, die Subjektivität der etymar erweiterten Wort-Sprache für das Bewußtsein des rezipierenden Subjekts zugänglich zu machen.[213] Daß dennoch subjektive Bildungen vorlie-

---

[210] AS, Häher, S. 114.

[211] A. a. O.

[212] Vgl. dazu Helmut Heißenbüttel, Annäherung an Arno Schmidt. In: H. H., Über Literatur. Aufsätze und Frankfurter Vorlesungen, München 1970, S. 51-65. Heißenbüttel beschreibt eine »Situation«, die er »wie in einem Grundriß« (S. 62) im Werk Schmidts sieht: »der Autor [muß] seine eigene Lebenserfahrung, die Unmittelbarkeit des ihm einmalig Begegnenden einsetzen, seine eigenen Eindrücke und Interpretationen, seien sie originell oder markiert durch Gruppenzugehörigkeit, unverblümt in die Geschichte einführen, den Zustand seiner Geistigkeit, seiner Intelligenz, seiner Bildung, seiner Vorurteile, seiner Animositäten als Basis benutzen, nicht nur als Basis, sondern als Baustoff, der unvermittelt durch formale Fiktionen, Mosaikstein für Mosaikstein, das literarische Gebilde ergibt, um das es ihm geht.« (S. 61f.)

[213] Die etymare Erweiterung der Lesemöglichkeiten und dementsprechend auch das Autobiographische nehmen erst im Spätwerk Schmidts von »Zettels Traum« an eine zentrale Stellung ein.
Bezogen auf die von ihm so genannte »Klasse der Gehirntiere« (Kollidier-Eskapaden, S. 297), stellt Schmidt hierzu generell fest: »Im Alter scheint nunmehr ihr Kismet zu sein, daß eine u n g e w o l l t e l e b e n s g e f ä h r l i c h e Dis-Soziierung ihrer Persönlichkeiten vor sich geht; was sich literarisch in »Spätwerken« emaniert, die zu dem Kuriosesten aller Literatur gehören. Sie sind z. B. sämtlich hysterisch-autobiographisch; und zwar tritt der Autor grundsätzlich m e h r f a c h in ihnen auf« (a. a. O., S. 298).
Diese unabhängig von der Modernen Literatur formulierte Beobachtung wird dann zu einem ihrer Merkmale, wenn die »Dis-Soziierung« bewußt und produktiv genutzt wird.
So erscheint Schmidt in Abend mit Goldrand. Eine MärchenPosse. 55 Bilder aus der Ländlichkeit für Gönner der Verschreibkunst, Frankfurt a. M. 1975, in den Figuren »Eugen Fohrbach (56), genannt der ›Major‹; unterschenkelamputiert«, »Egon Olmers (70), Bruder Grete's, pensionierter Bibliotheksrat«, »Alexander Ottokar Gläser (60), genannt ›A&O‹; herzkrank« (Abend mit Goldrand, S. 214; zit. wurde aus dem Personenverzeichnis).
›A&O‹ wird S. 159 in einer genealogischen Tafel, die die Schmidts ist, »Arno Otto Gläser« genannt, erhält also die Vornamen Schmidts. Daß die drei Personen partielle Emanationen des Autors sind, die je bestimmte Wesensmerkmale inkorporieren, ergibt sich unmittelbar und ausdrücklich aus dem Text. Biographische Einzelheiten, die die Personen kennzeichnen, sind die des Autors. So berichtet Olmers S. 104ff. von seiner Jugend in Schlesien, A&O S. 158ff. von seiner Kindheit in Hamburg, weist Eugen z. B. S. 133 u. 210 auf seine Militärzeit in Norwegen hin.
Die verstärkte Bedeutung des Autobiographischen und der Verwendung von Etyms ist vor allem formal bedingt. Schmidt entwickelt von Zettels Traum an Prosaformen,

gen können, die sich dem Zugriff des Rezipienten sperren, gesteht Schmidt in bezug auf Joyce auch für sein eigenes Werk nach dem Erscheinen von »Zettels Traum« ein:

> Ich habe natürlich aus ›Finnegans Wake‹ gelernt, was die Klippe ist, an der man im Besitz solcher Mittel [= der Etyms] leidenschaftlich scheitert. Das ist nämlich, daß man zu viel hineinstecken will und der subjektiven Verschlüsselung zu viel Spielraum gewährt. Ich hoffe, daß ich diese Klippe umschifft habe, natürlich nicht immer.[214]

Die derart komplex besetzte Sprache ist per se intrivial.[215] Obwohl die etymare Polyvalenz als Erweiterung der Wort-Sprache prinzipiell die Lesbarkeit ihrer Lesemöglichkeiten einschließt, versperrt sie sich ebenso prinzipiell dem unmittelbaren Zugriff. Eine Entschlüsselung des Verschlüsselten[216] ist nur in der Analyse möglich.

Die Wort-Etym-Sprache erfordert den »intelligenten Leser«,[217] der bereit und fähig ist, die geistige Anstrengung eines solchen analysierenden Lesens auf sich zu nehmen. Er muß diese Sprache mit allen sich daraus ergebenden Konsequenzen »an-studieren« und ist zugleich darauf beschränkt; »denn an ›aus‹-studieren ist nahezu immer nie zu denken«.[218] Das heißt positiv: Diese Sprache bildet die

> interessante, nicht=auszustudierende Oberfläche; durch Jahre hindurch poliert & genarbt: in allen Spalten Winkeln Ritzen muß, bei jeder neuen Lektüre, Immerneues sichtbar werden.[219]

---

die er zunehmend auch an ›unterschwelligen‹ psychischen Vorgängen orientiert. Sprache und Form gehen somit eine enge Verbindung ein.

[214] In: Ortlepp, S. 228.

[215] Vgl. dazu Literatur, S. 106: »Wohl ist Moderne Literatur ›anspruchsvoll‹, ist ›kompliziert‹ und ›schwer zu verstehen‹«.

[216] Schmidt charakterisiert die Relation zwischen Entschlüsselung und Verschlüsselung: »ver-schlüsseln ist um 50%, und fast unanständig, leichter, als das Wieder-Ent-schlüsseln! Denn wohl ist 2 mal 2 gleich 4; und ›ganz leicht & einfach‹. Wenn aber der Entzifferer die ›4‹ sieht; dann kann das ja 121 weniger 117 sein; oder 64 durch 16; oder Logarithmus 10000; unendlich verwirrende Möglichkeiten präsentieren sich zunächst einmal.« (Triton, S. 231)

[217] AS, Sitara, S. 144. Vgl. dazu Schmidts Äußerung bei Ortlepp, S. 226: »Das soll gar nicht snobistisch klingen, aber Leute mit Volksschulbildung können einfach keine Leser meiner Bücher sein.«

[218] AS, Sitara, S. 244. Vgl. allgemein Literatur, S. 97: »In Wirklichkeit handelt es sich bei der Philosophie ebenso wie bei der Hochliteratur um sehr komplizierte Spezialgebiete, die nicht nur große Begabung erfordern, sondern vor allem lebenslängliche Schulung, Fleiß & Selbstdisziplinierung«.

[219] AS, Häher, S. 118.

3. Die formale Dimension der Modernen Literatur: Die Orientierung an Bewußtseinsvorgängen

a) Das dritte Bestimmungskriterium der Modernen Literatur betrifft die formale Dimension:

> Was das Gerüst anbelangt, (die Struktur eines Buches sowie die Anordnung seiner Prosaelemente), so sind die Möglichkeiten konformer Abbildungen mit nichten durch die bis 1900 praktizierten Formen erschöpft.

Schmidt identifiziert die Problematik der als »Gerüst« bezeichneten Struktur[220] mit der der ›konformen Abbildung‹. Diese Formel entspricht der wiederholt von ihm formulierten »›Aufgabe des Schriftstellers‹«,[221] »die Welt nach Kräften präzise abzubilden«.[222]

Die konforme Abbildung der Welt ist die produktionsperspektivisch-subjektive Formulierung der Forderung der rhythmischen Angemessenheit. Die ›konforme‹ ist die ›präzise‹ Abbildung, d.h. die unverfälschte Wiedergabe der Realität in den ihr eigenen konstitutiven Elementen und Bezügen. Sie ist gleichbedeutend mit der Vermittlung von Wahrheit, mit der Aufklärung über diese Realität.

›Die‹ Welt ist ›unsere‹ Welt, ist das totum der Welt des Subjekts.[223] Sie ist die je aktuelle Erfahrungswirklichkeit,[224] die alltägliche Lebenswelt.

---

[220] Die Differenzierung zwischen der »Struktur eines Buches« und der »Anordnung seiner Prosaelemente« erfolgt aus der produktionsästhetischen Perspektive. Sie ist etwa mit der zwischen der Konstruktionsskizze und der Konstruktion vergleichbar. In Literatur, S. 100, erläutert Schmidt »Gerüst‹: »also einmal die Groß-Struktur, das Fachwerk; sowie die Anordnung der einzelnen Prosaelemente an diesem Gerüst«.
Elemente an ein bestimmtes »Fachwerk« ›anzuordnen‹ heißt, auf der Grundlage dieses Musters ein Beziehungsgefüge zwischen ihnen herzustellen. Die »Anordnung« der Elemente entspricht damit der »Struktur« des Textes. Und aus der rezeptionsästhetischen Perspektive stellt sich diese Struktur als die Ordnung ihrer Elemente dar, ist folglich »Gerüst« als »Struktur« zu verstehen. Vgl. dazu auch Berechnungen I, S. 284 u. Schwierigkeiten, S. 150.

[221] AS, Triton, S. 115.

[222] AS, Schwierigkeiten, S. 144; vgl. auch AS. Jedermann, S. 263; Großhauswelten, S. 23.

[223] Vgl. dazu Immanuel Kant, Kritik der reinen Vernunft, n. d. erst. u. zw. Orig.-Ausg. neu hrsg. v. Raymund Schmidt, Hamburg 1952 (= Unveränd. Nachdr. d. 2. Aufl. 1930 d. Ausg.); A 505 = B 533, wo davon die Rede ist, daß »die Welt gar nicht an sich (unabhängig von der regressiven Reihe meiner Vorstellungen) existiert« (vgl. auch a. a. O., A 506, A 482 u. ö.).
Im Anschluß an Kant formuliert Schopenhauer dieses Verhältnis radikal und apodiktisch: »Die Welt ist meine Vorstellung.« [Arthur Schopenhauer, Die Welt als Wille und Vorstellung, n. d. 1., v. Julius Frauenstädt bes. Ges.-ausg. neu bearb. u. hrsg. v. Arthur Hübscher, 2. Aufl. Wiesbaden 1949 (= Sämtl. Werke, Bd. 2), S. 3 u. ö.]

Für die konforme Abbildung ist die Welt nicht nur das vorgegebene Material, sondern auch das vorgegebene Bild, das ›Vor-Bild‹. Die rhythmische Angemessenheit wird zur verbindlichen produktionsperspektivischen Direktive: Das Material ist so zu strukturieren, daß die Konstitution dieses Vorbilds erhalten bleibt, damit sie in der Abbildung sichtbar werden kann.[225]

Die in der Aufgabe der konformen Abbildung enthaltene Problematik ist eine der ältesten, die die abendländische Ästhetik kennt.[226] Diese Aufgabe besteht keineswegs durchgängig von der Antike bis

---

Das Verhältnis Schmidts zu Schopenhauer behandeln Klaus Podak, Arno Schmidt: Weltanschauung und Sprache. Text + Kritik 20, Arno Schmidt, Mai 1968, S. 20-25, und Gerd Haffmans, Von A. Sch. zu A. Sch. Prolegomena zur Chronik einer Schopenhauer'schen Linken. In: Jörg Drews u. Hans-Michael Bock (Hrsgg.), Solipsist, S. 120-129. – Beide Arbeiten weisen feuilletonistischen Charakter auf, verfügen kaum über informative oder heuristische Relevanz. Statt Analyseergebnisse vorzulegen, werden Marginalien vorgetragen und Thesen hypostasiert.

[224] Vgl. AS, Jedermann, S. 288. Schmidt sagt von der »Reichenalltäglichkeit: daß sie [. . .] hoffnungslos generations-, wenn nicht gar dekaden-gebunden ist«, und führt aus, daß das »Unsre Welt-selbst [betrifft]: die ja [. . .] – ob Geräte Schlager Kostüme Verkehrsmittel; ja Städte Teiche & Wälder – ihr Gesicht von Gen- zu Gen- zu Generation ändert.« (a. a. O.)

[225] Vgl. AS, Eberhard Schlotter, S. 132. Vgl. auch AS, Was wird er damit machen? / Nachrichten aus dem Leben eines Lords. In: AS, Triton, S. 50-99. Schmidt charakterisiert dort die »optimale Position des Schriftstellers« (S. 63) in der gegenwärtigen Realität als die des ›Polyhistors‹ (vgl. 62f.) – »so recht auf der Grinzscheide zwischen isotopensortierenden FachHerrlein, und den, dumpf alles ernährenden-kleidenden Verbraucher-Heeren« (a. a. O., S. 62). Hieraus ergibt sich: »Die Gefahr des mentalen Zerreißens ist fürchterlich groß! Und das ›Los‹ des Künstler-Polyhistors eigntlich wénig-beneidenswert: aus sämtlichen schmalen SpezialSektoren her, in schon halben Fremdsprachen, ›flach‹ gescholten? – repräsentiert e r den einzig noch vorhand'nen ›Zusammenhang‹; sein Werk die Polyglotte des Großen Übergangs . . . wenn man so denkt? –: sogleich würden verwickeltster Bau & ungeheuerlicher Umfang unausweichlich . . .« (a. a. O., S. 63)
Vgl. dazu auch Hermann Broch, der von der fortschreitenden »Polyhistorisierung des Romans« [Brief an Willa Muir, 3. Aug. 1931. In: Eberhard Lämmert u. a. (Hrsgg.), Romantheorien, S. 166-167, S. 166] spricht.

[226] Kaum eine Ästhetik wird es versäumen, auf den Ursprung dieser an alle darstellende Kunst gerichteten Aufgabe bzw. des sie erklärenden theoretischen Modells in der Ideenlehre Platons hinzuweisen.
Auf die sich dort stellende Frage nach dem Verhältnis von Urbild, Erscheinungswirklichkeit als primärem und Kunst als sekundärem Abbild kann hier nicht eingegangen werden. Vgl. dazu Hans Blumenberg, Wirklichkeitsbegriff und Möglichkeit des Romans. In: Hans Robert Jauß (Hrsg.), Nachahmung und Illusion, München 1964 (= Poetik und Hermeneutik I), S. 9-27, bes. S. 14ff. Ebensowenig kann auf die nachhaltigen Konsequenzen eingegangen werden, die sich daraus ergeben, daß, so Blumenberg (a. a. O., S. 17) »bei Aristoteles die Ideen zu Formprinzipien der Natur selbst werden«, so daß »der Künstler nun seine Aufgabe darin finden konnte, aus der Erscheinung das, was sein soll und wie es sein soll, zu erheben.« (a. a. O.)

zur Gegenwart, wird jedoch immer wieder, in durchaus differierender Auffassung und Bewertung,[227] unter Titeln wie ›Mimesis‹, ›Nachahmung‹, ›Nachschaffung‹ u.a. oder eben ›Abbildung‹ neu gestellt oder als Bestimmung von Kunst und Literatur formuliert.[228]

Literatur, in der sich ein solches Verständnis ihrer Aufgabe oder ihres ›Wesens‹ ablesbar-nachweislich manifestiert, wird von der Literaturwissenschaft unter dem Begriff des Realismus behandelt.[229] Der Begriff, der die Gefahr der unreflektierten Klassifizierung in sich birgt, da er aus sich selbst heraus verständlich scheint,[230] ist durchaus problematisch. Richard Brinkmann charakterisiert die Problematik:

> Um die Sache auf eine Formel zu bringen: Es handelt sich beim Realismus-Problem um die Frage der ›objektiven‹ Wirklichkeit und der Möglichkeit und Art ihrer ›Objektivation‹. Zwei Hauptwege zeichneten sich – grob gesehen – bisher ab: Der eine kam von der sogenannten ›objektiven‹ Wirklichkeit her. Die meisten begingen ihn, wenn auch keineswegs immer konsequent. Sie wollten prüfen, was in der Dichtung von ihr zu finden sei und welche Mittel die Dichtung gebrauche, um sie darzustellen. [...] Der andere Weg nahm seinen Ausgang von der ›Objektivation‹ der Dichtung, um an ihr selbst Merkmale für seine Unterscheidung zu finden, die vielleicht für gewisse Dichtungen, ja für Epochen der Dichtungsgeschichte den Namen Realismus als passend erwiesen.[231]

---

[227] Die Auffassung dieser Formel hängt mit der Auffassung des je Abzubildenden, ihre Bewertung von der Verankerung der Kunst bzw. ihrer Stellung in religiösen, politischen, philosophischen etc. Systemen zusammen.
Die Faktoren, die de facto eine verschiedenartige Auffassung und Bewertung der Formulierung der Aufgabe bzw. des Wesens der Kunst und Literatur als Abbildung bewirken, wären in ihrer Vielfalt exakt zu analysieren.

[228] Vgl. Erich Auerbach, Mimesis. Dargestellte Wirklichkeit in der abendländischen Literatur, 5. Aufl. Bern u. München 1972, der in verschiedenen Epochen der abendländischen Literatur literarische Werke, die sich diesem Verständnis von Literatur verdanken, namhaft macht und untersucht.

[229] Zu den vielfältigen Bestimmungen des literarischen Realismus-Begriffs vgl. die bei Richard Brinkmann (Hrsg.), Begriffsbestimmung, versammelten Arbeiten, die von verschiedenen Forschungsansätzen aus eine Begriffsbestimmung unternehmen und folglich auch zu verschiedenen Resultaten gelangen.

[230] Zu welchen Verwirrungen die fraglose Verwendung dieses Begriffes führen kann, zeigt Reinhart Herzogs (im ganzen äußerst fragwürdiger) Aufsatz: Glaucus adest. Antike-Identifizierungen im Werk Arno Schmidts. BB, Lfg. 14, Dez. 1975, o. S. Herzog unterscheidet in bezug auf die »LG-Theorie« Schmidts kontrastiv das »Nebeneinander von Realismus [...] und Evasion«. Er dokumentiert damit in völlig unnötiger Weise – das, was er im Blick hat, aber falsch deutet, hat Schmidt selbst klar und unmißverständlich formuliert (vgl. AS, Berechnungen II, S. 294) –, daß grundlegende poetologische Aussagen Schmidts nicht wahrgenommen bzw. nicht verstanden wurden.

[231] Richard Brinkmann, Wirklichkeit und Illusion. Studien über Gehalt und Grenzen des Begriffs Realismus für die erzählende Dichtung des neunzehnten Jahrhunderts, 2. Aufl. Tübingen 1966, S. 58f.

Das Verhältnis von Wirklichkeit und Werk – ob und wie es von der Wirklichkeit aus oder vom Werk her zu erfassen gesucht wird – bestimmt sich nach Maßgabe der Art, in der Wirklichkeit ins Werk gesetzt ist. Brinkmann schneidet diese Frage an, indem er den Terminus der Objektivität ins Spiel bringt.[232] ›Objektive Darstellung der objektiven Wirklichkeit‹ – so oder ähnlich könnte die Problematik realistischer Literaturproduktion und -rezeption tituliert werden.[233] Angesprochen wäre damit die »unvoreingenommene, vorbehaltlose«, eben »»objektive« Aufnahme der tatsächlichen Wirklichkeit aller Bereiche der Welt [. . .] in die Dichtung«, wie Brinkmann feststellt.[234]

Die erklärtermaßen radikal realistische literaturtheoretische Konzeption Arno Schmidts steht im Traditionszusammenhang dieser Problematik und bietet eine auf die Moderne Literatur abzielende Lösung. Auf der Basis der Bestimmung der materialen Dimension, die den Begriff der Realität, der dieser Literatur zugrundeliegt, expliziert, findet mit der Problemformulierung der konformen Abbildung eine entscheidende Akzentuierung der Problemstellung statt.

Die Frage nach der Objektivität betont das Dargestellte, die materiale Dimension des literarischen Werkes. Die Frage gilt der ›Objektivität‹ der Darstellung von Welt im literarischen Werk.[235] Die Frage nach der konformen Abbildung akzentuiert die Form des Werkes. Sie gilt der Strukturierung der – materialen und vorbildhaften – Welt zum literarischen Werk. Sie schließt die nach der Darstellung von Welt im Werk ein, wobei das Problem der Objektivität als das der strukturalen Präzision bzw. Konformität spezifiziert wird.

Schmidt erläutert sein Verständnis der konformen Abbildung durch das Beispiel der Mercatorprojektion:

›Abbildung‹n der Welt sind Uns ja geläufig; nich nur ›Fotos‹; Ich mein' jetzt mehr in Richtung ›Landkarten‹. Und auch daran, daß die ›verzerrt‹ sein müssn, ha'm Wa Uns gewöhnt: am deutlichstn, wenn man ne ›Erd-

---

[232] Brinkmann setzt ihn in Anführungszeichen, um so seine Problematik zu kennzeichnen.

[233] Vgl. etwa die in zahlreichen Aufsätzen Friedrich Spielhagens – z. B. in: F. S., Beiträge zur Theorie und Technik des Romans. Faks.-dr. n. d. 1. Aufl. v. 1883, m. e. Nachw. v. Hellmuth Himmel, Göttingen 1967 (= Dt. Neudr., Reihe Texte d. 19. Jhdts.) – erhobene Forderung der objektiven Darstellung.

[234] Richard Brinkmann, Zum Begriff des Realismus für die erzählende Dichtung des neunzehnten Jahrhunderts. In: R. B. (Hrsg.), Begriffsbestimmung, S. 222–235, S. 222.

[235] In diesem Sinne spricht Brinkmann a. a. O. von der »Aufnahme« der Wirklichkeit »*in* die Dichtung«.

Karte‹ im Atlas aufschlägt; sonne MERCATOR=ähnliche, auf der freilich, in N wie in S, die letztn Umgebungn der Pole fehlen. Nun ist solche ›Verzerrung‹ insofern kein guter Ausdruck, als es sich (selbstrednd!) um kein willkürliches Grimassieren handlt; weswegn man derlei wissnschaftliche Verfratzung denn auch ›Transformation‹ heißt, eine ›Verformung nach Gesetzen‹; gemäß Gleichungn.[236]

Die Kartographie bestimmt eine in Mercatorprojektion verfertigte Karte als »winkeltreue zylindrische Abbildung«, die ein »starke[s] Anwachsen der Längen- und insbesondere der Flächenverzerrung«[237] mit sich bringt.

Auf der Grundlage dieses Beispiels erscheint die Abbildung als ein Vorgang (bzw. dessen Resultat), der axiomatisch fixierten Kriterien unterworfen ist und sich auf das totum der Welt bezieht, der also die unreflektiert-willkürliche Wiedergabe eines zufällig wahrgenommenen Ausschnitts der Realität ausschließt. Die notwendig auftretenden Veränderungen sind ›Gleichungen‹ unterworfen. Sie definieren die ›Verformung‹ als ›Transformation‹, d.h. als maßstabgetreue Übertragung einer vorgegebenen Form in ein anderes System. Diese Übertragung impliziert die Bildung einer eigengesetzlichen Form unter den Bedingungen und Möglichkeiten dieses Systems. Die Transformationsgleichungen sind somit zugleich Formgesetze, die eine konforme Abbildung der Welt leiten.

b) Im Rahmen dieser allgemeinen Bestimmung unterscheidet Schmidt zwei grundsätzlich verschiedene »Möglichkeiten konformer Abbildungen«, wie es in der Kriterienformulierung heißt, und begründet damit die Unterscheidung zwischen der Älteren und der Modernen Literatur in der formalen Dimension.

Er beschreibt die Struktureigentümlichkeit der Älteren Literatur:

Die ›ältere‹ – ! und ich möchte sofort nachdrücklichst betont haben, daß das nicht identisch mit ver-altet bedeuten soll! – hat zum strukturellen Kennzeichen, daß die von ihr entwickelten & benützten literarischen Formen zum größten Teil gesellschaftlichen Gepflogenheiten ent-

---

[236] AS, Zettels Traum, S. 1182. – Die Explikation des Begriffs der Abbildung steht im Zusammenhang der Diskussion der »Zeugung der Culisse« durch das »zentrifugaile Abströmen der S=Kraft horizontwärts« (a. a. O.). Ausgehend von einem speziellen, durch das Unbewußte gesteuerten Abbildungsvorgang, gibt Schmidt einen allgemeinen Begriff von Abbildung und führt sodann die grundsätzlichen Bedingungen von Abbildungen, die vom Bewußtsein abhängig sind, vor.
[237] Viktor Heissler, Kartographie. 2. Auf. Berlin 1966, S. 100.

sprechen, wie sie sich eben, organisch und historisch, im Lauf der Jahrtausende herausgebildet haben.[238]

Schmidt stützt seine These durch eine abbreviatorische Skizzierung der Entwicklung traditioneller literarischer Formen:

Anekdote, Novelle, Roman, sind genetisch nur durch ihren Umfang unterschieden, und ahmen den ›Erzähler im lauschenden Hörerkreis‹ nach. Das Gespräch, in Rede & Wider-Rede, ergab die Form des ›Dialogs‹; ideal, um 1 Frage oder einen Fragenkomplex von 2 Seiten her zu beleuchten; (wobei die ›technische Voraussetzung‹ jedoch die ist: daß beide Partner den gleichen Ort, dieselbe Stunde, das gleiche Thema, miteinander teilen). Als die Zivilisation vorschritt, und man ›die Post‹ erfand, wurde die hier nächstraffiniertere Technik möglich, der ›Briefroman‹; dessen Kennzeichen es ist, daß zwar auch noch 2 (oder meinethalben mehrere) Individualitäten mit- & gegeneinander spielen; daß sie aber den Ort gar nicht, die Zeit & die Erlebnisse nur noch bedingt, (meist als gemeinsame Vergangenheit) gemeinsam haben – immerhin ›korrespondieren‹ noch Geistesoder Körper-Verwandte (evtl. auch -Feinde); und das zeitliche Gefälle ist so unüberwindlich noch nicht, (obwohl der ›lag‹ hier besondere Kunst erfordert). Als man mehrere Charaktere, womöglich synchron, auftreten lassen wollte, bot sich die ›Bühne‹ als noch getreuere Kopie der Gesellschaft an – freilich wurde der ›Sprung‹ hier beträchtlich.[239]

Der übereinstimmende Erklärungsgrund aller Formen der Älteren Literatur ist hiernach die Orientierung an sozialen Vorgängen, die so eng ist, daß Schmidt sie als »Kopie« oder »Nachbildung«[240] bezeichnet. Mit dieser Entsprechung identifiziert Schmidt gleichsam den gemeinsamen Nenner der Vielfalt der Formen, die die Ältere Literatur als Reine Literatur entwickelt und als Angewandte Literatur benutzt hat. Sie ist das allgemeine und fundamentale Formgesetz der Älteren Literatur, auf dem ihre »Möglichkeiten konformer Abbildungen« basieren.

Schmidt datiert den Beginn dieser Literatur »von HOMER (oder GILGAMESCH) an«,[241] ihr Ende läßt er konsequenterweise offen.

Die sozialentsprechenden Formen[242] der Älteren Literatur sind *Möglichkeiten* der konformen Abbildung der Welt. Diese Möglich-

---

[238] AS, Sylvie & Bruno, S. 270; vgl. AS, Literatur, S. 100 u. Berechnungen I, S. 283f.

[239] AS, Sylvie & Bruno, S. 270.

[240] AS, Berechnungen I, S. 283.

[241] AS, Sylvie & Bruno, S. 269.

[242] In seiner Laudatio anläßlich der Verleihung des Goethe-Preises am 28.8.1973 an Arno Schmidt (Rede auf Arno Schmidt. Frankfurter Hefte, 28, 1973, H. 10, S. 736–747) spricht Lars Clausen von »sozialentsprechender Großform[. .]« im Unterschied zu »personentsprechenden Kleinformen« (S. 743). Clausens terminologi-

keiten werden dann genutzt und konstituieren ›realistische‹ Literatur, wenn die zugehörige materiale Dimension durch die jeweilige kontextuelle Realität gebildet wird.

Die Feststellung in der Kriterienformulierung, daß diese Möglichkeiten »mit nichten durch die bis 1900 praktizierten Formen erschöpft« seien, begründet Schmidt in »Berechnungen I«:

> Es wäre aber für die Beschreibung und Durchleuchtung der Welt durch das Wort (die erste Voraussetzung zu jeder Art von Beherrschung!) ein verhängnisvoller Fehler, wollte man bei diesen »klassischen« Bauweisen stehen bleiben![243]

Das ›Stehenbleiben‹ bei den sozialentsprechenden Formen der Älteren Literatur bedeutet das Ignorieren der Entwicklungen, die die objektive Realität verändern, in der Literatur. Das Resultat wäre eine Relation der rhythmischen Unangemessenheit zwischen materialen Anforderungen und literarischen Formen.

Die sozialentsprechenden Formen sind der Komplexität der Realität, die im ausgehenden 19. Jahrhundert entsteht, nicht oder nur unvollkommen gewachsen. Sie können partiellen Thematisierungen gerecht werden und bleiben deshalb gültige Strukturierungsmöglichkeiten,[244] sie sind jedoch nicht imstande, die »Vielfalt der Weltabläufe« zu erfassen.

Der ›verhängnisvolle Fehler‹, der im Festhalten an ihnen läge, bestände eben darin, daß mit der inadäquaten ›Beschreibung‹ die Transparenz der objektiven Realität verhindert wäre. Die Welt bliebe, wie Schmidt metaphorisch veranschaulicht, in der Komplexität ihrer Konstitution ›verhängt‹ und damit dem Zugriff des Subjekts verschlossen.[245]

---

sche Differenzierung wirkt irritierend. Nachdem er von der »formal eindeutige[n] Beziehung sozialstrukturierter Stoffe auf Prosa-Großformen« (a. a. O.) spricht, fährt er fort: »Ich erinnere hier einfach nur an seine [= AS's] ›Berechnungen‹, zwei theoretische Aufsätze, deren erster bereits vier neue Modelle und deren soziale Entsprechung nennt« (a. a. O.).

Daß die von Schmidt in den »Berechnungen« dargelegten Formen gerade keine ›sozialentsprechenden‹ sind, hat Clausen übersehen. Als ›sozialentsprechende‹ sind eindeutig und ausschließlich die Formen der Älteren Literatur benannt, folglich sollte der Terminus einer eindeutigen Benennung halber auch für sie reserviert bleiben.

[243] AS, Berechnungen I, S. 284.

[244] Vgl. etwa die Integration der beiden Epen in die Struktur von »Kaff«; s. u., S. 398ff.

[245] Durch das hier offengelegte Bedeutungsmoment von Abbildung wird deutlich, daß die von Schmidt vertretene Auffassung der Aufgabe der Literatur, eine konforme Abbildung der Welt zu leisten, dem ernstzunehmenden Einwand Adornos gegen das

Der Modernen Literatur stellt sich die Aufgabe:

> Besonders nötig nun war und ist es, endlich einmal zu gewissen, immer wieder vorkommenden verschiedenen Bewußtseinsvorgängen oder Erlebnisweisen die genau entsprechenden Prosaformen zu entwickeln.[246]

Die Konzentration auf die Bewußtseinsvorgänge oder Erlebnisweisen[247] bedeutet nicht etwa eine Spezifizierung der materialen, sondern betrifft die formale Dimension. In diesem Sinne hebt Schmidt eigens hervor,

> daß das Problem der heutigen und künftigen Prosa nicht der »feinsinnige« Inhalt ist – der psychologischen Pünktchenmuster und anderen intim-kleinen textilen Varianten werden wir immer genug besitzen – sondern die längst fällige systematische Entwicklung der äußeren Form.[248]

Hieraus ergibt sich das fundamentale strukturale Kennzeichen der Modernen im Unterschied zur Älteren Literatur:

> Da ich [. . .] die ›ältere Gruppe‹ als die Nachbildung gesellschaftlicher Gepflogenheiten definiert hatte, mag das am einfachsten zu merkende Hauptkennzeichen der ›jüngeren‹ sein: die möglichst getreue Abbildung innerer Vorgänge unter der Einwirkung einer Außenwelt, durch die jeweils gemäßeste Anordnung der Prosaelemente.[249]

Verständnis von Kunst als Abbildung nicht widerspricht. Adorno formuliert diesen Einwand 1958 in seiner Auseinandersetzung mit Lukács: Erpreßte Versöhnung. Zu Georg Lukács, ›Wider den mißverstandenen Realismus‹. In: Th. W. A., Noten zur Literatur II, Frankfurt a. M. 1961, S. 152–187, S. 168: »Kunst erkennt nicht dadurch die Wirklichkeit, daß sie sie, photographisch oder »perspektivisch«, abbildet, sondern dadurch, daß sie vermöge ihrer autonomen Konstitution ausspricht, was von der empirischen Gestalt der Wirklichkeit verschleiert wird.« Der Gegensatz der Positionen ist lediglich terminologischer Art und daher vermittelbar. Beide sind unvereinbar mit der Vorstellung von Abbildung als ›Widerspiegelung‹, beide sind sich darin einig, daß es Kunst um die Konstitutiva der Wirklichkeit bzw. Welt zu gehen hat, um die ›Durchleuchtung‹ des ›Verschleierten‹.

[246] AS, Berechnungen I, S. 284. Schmidt fügt hinzu: »Ich betone noch einmal ganz ausdrücklich, daß ich im Folgenden lediglich von der äußeren Form [dem »Gerüst] spreche; von meinen subjektiven Versuchen einer konformen Abbildung von Gehirnvorgängen durch besondere Anordnung von Prosaelementen. Nicht aber vom sprachlichen und rhythmischen Feinbau dieser Elemente selbst.« (Die Setzung der eckigen Klammern stammt von AS.)

[247] Schmidt redet von »Bewußtseinsvorgängen oder Erlebnisweisen«: die Begriffe sind austauchbar. Jeder Bewußtseinsvorgang ist zugleich eine Erlebnisweise und umgekehrt.

[248] AS, Berechnungen I, S. 290.

[249] AS, Sylvie & Bruno, S. 272.

Die sozialentsprechenden Formen der Älteren Literatur werden durch die bewußtseinsentsprechenden der Modernen Literatur erweitert.

Die über die sozialentsprechenden hinausgehende Leistungsfähigkeit der bewußtseinsentsprechenden Formen ist verbunden mit dem Verständnis von Welt als der alltäglichen Lebenswelt des Subjekts. Die konforme Abbildung der Welt ist insofern eine »getreue Abbildung innerer Vorgänge unter der Einwirkung einer Außenwelt«, als die bewußtseinsentsprechenden Formen die Welt genau so wiederzugeben vermögen, wie sie von dem in sie inbegriffenen Subjekt erlebt wird, wie sie seinem Bewußtsein aufgeht. – Die behauptete Überfälligkeit der Entwicklung solcher Formen erklärt sich daraus, daß dieses Verständnis von Welt sich bereits sehr früh angebahnt hat, im Grunde schon mit der sog. kopernikanischen Wende.[250]

Für die Moderne Literatur wird die konforme Abbildung der Welt zur konformen Abbildung von Bewußtseinsvorgängen; denn das Bewußtsein, in dem sich die Welt spiegelt, ist durch die Forschungen der Psychoanalyse zugänglich geworden.

So bestimmt Schmidt Bewußtseinsvorgänge als die vorgängigen konformen Abbildungen und deren Umkehrungen:

Besonders schicke AbbildungsMöglichkeitn ergebm sich, wenn man bei soichn Funktionen [= Transformationsgleichungen] ›complexe Variable‹ zuläßt; und unter diesn=wiederum, eignet sich jene ›conforme Abbildung‹, die man als ›reciproke Radien‹ kennzeichnet, hervorragend für Unsern augnblicklichn Zweck –: stellt Euch n gewöhnliches KoordinatnSystem vor; um den Mittelpunkt den ›EinheitsKreis‹ – (? –: weil der Radius ›1‹ sein soll; (der reciproke Wert von x iss ja $\frac{1}{x}$, gelt?)) – um ihn herum also, unendlich nach alln Seitn hin, erstreckt sich das WeltAll. Nun ist's möglich, die gesamte (unendliche!) Außnwelt, völlig korrekt ›im engstn Kreise‹ unterzubring'n – bzw, (da die Welt ja unstreitig, bis zu ei'm gewissn Grade, Unsere Vorstellung ist): durch Externalisation des KreisInhaltes, die

---

[250] Vgl. dazu Hans Blumenberg, Die kopernikanische Wende, Frankfurt a. M. 1965. Blumenberg sieht die »geschichtliche Ausstrahlung« (S. 122) der kopernikanischen »Änderung des Weltsystems« (S. 126) darin, daß sie als »absolute Metapher« (S. 127) die »Wandlung des menschlichen Selbstverständnisses« (S. 126f.), der menschlichen »Stellung in der Welt« (S. 127) ausdrücke. Die Negation des geozentrischen Weltbildes und die teleologische Orientierung des Menschen implizieren positiv die Subjektivierung des Menschen. Der Mensch wird zum Welt erkennenden Subjekt, und er steht als dieses Subjekt im Zentrum ›seiner‹ Welt. Blumenberg charakterisiert diese »positive Implikation der kopernikanischen Leistung« (S. 128) als Versuch, »den Menschen als den durch sein theoretisches Vermögen im *Bezugs*zentrum der Intelligibilität der Natur Stehenden auszuweisen« (S. 128).

Umwelt bis an den ›Rand‹ mit den Possn Unsrer Innerei'n projektiv zu erfülln. (?)–: ›punktweises konstruieren‹, wird Euch sofort dartun, was Ich meine: wenn ein Punkt 2 cm von der, ihn ›spiegelndn‹ PeriferieHaut entfernt ist, liegt er id Inneren Welt nur $\frac{1}{2}$ = 0,5 cm vom Mittlpunkt. Ist er 10 cm weit?: nähert er sich dem Zentrum auf $\frac{1}{10}$ = 0,1 cm. Dsheißd: je=weiter er hinaus rückt?;: desto mehr=nähert sich sein Abbild dem Mittelpunkt; (›und wäre dieses‹ der Vorgang, den Ihr als ›Wahrnehmung der Außnwelt‹, als Speicherung von deren Eindrückn, bezeichnen könntet [. . .]. Daß dieser Vorgang jedoch einer glattn Umkehrung fee'ich sei, weiß der dümmsde Töffl aus seinen Träumen!; wozu auch, cum grano salis, das Halluzinieren aller Sortn gehören soll; (ja: bis zur Paranoia hinauf; meinthalbm); also auch die LG's; also auch die Kunstwerke der Menschn . . .?[251]

Zum »›EinheitsKreis‹« merkt Schmidt an:

(Wir nehm' Uns die Freiheit, diesn engn Kreis als Symbol des Menschn zu declarir'n; (mit variabler Ich=Weite): die Periferie sei seine Haut, samt SinnesApparatur'n; das ubw sein innerster Kern, um den Mittlpunkt herum, (ja, dieser=selbst) . . .).[252]

Schmidt erläutert die konforme Abbildung als mathematische Operation. Als Beispiel dient die konforme Abbildung mit komplexen Variablen, und zwar mit reziproken Radien.

Die Welt wird in einen Kreis, dessen Radius 1 ist, in den ›Einheitskreis‹ hinein abgebildet. Bezogen auf ihn, der in die Welt inbegriffen ist, ist die Welt ›Außenwelt‹. Sie wird zur ›Innenwelt‹ im Kreis, wenn sie, an der Kreisperipherie sich spiegelnd, in ihn hinein abgebildet wird. Die Kreisperipherie spiegelt die Außenwelt dabei nicht reflektierend, sondern ›inflektierend‹. An der Peripherie bricht sich die Außenwelt und wird gemäß den je spezifischen Transformationsglei-

---

[251] AS, Zettels Traum, S. 1182. Bert Blumenthal, Der Weg Arno Schmidts. Vom Prosaprotest zur Privatprosa, München 1980 (= Diss. Bremen 1976), ist darüber »erstaunt, daß der Verfasser [= Schmidt] die »klassischen« Bauweisen der Epik »ausnahmslos als Nachbildungen soziologischer Gepflogenheiten« umreißt, seine »Neuformen« dagegen aus dem Nichts, bzw. seinem (autonomen) Gehirn entstehen läßt, und dazu so tut, als ob die psychologische Forschung nichts hierzu beigetragen hätte« (S. 63).
Daß es sich nicht so verhält, wie Blumenthal meint, dürfte nicht erst aus »Zettels Traum« hervorgehen. Dieses Werk freilich hat Blumenthal wohl gar nicht gelesen, wie er freimütig bekennt: »auch der gutwilligste weltaufgeschlossene Schmidt-Leser [. . .] mußte [. . .] die Lektüre von »Zettels Traum« verweigern, um nicht zeitlich und geistig hinter aktuelle Ereignisse und Forschungsergebnisse zurückzufallen.« (S. 249)
Die borniete Proklamation eigener Ignoranz spricht für sich.
[252] As, Zettels Traum, S. 1182.

chungen zur Innenwelt. – Die Möglichkeit, »die gesamte (unendliche!) Außnwelt, völlig korrekt« in diesem Kreis einzufangen, wird durch die Beispiele des ›punktweisen Konstruierens‹ einsichtig.

Der Kreis, in den hinein die Welt abgebildet wird, wird ausdrücklich »als Symbol des Menschn« bezeichnet. Schmidt fächert die Symbolisierung auf: Der Kreismittelpunkt, d.i. der Koordinatenschnittpunkt, um den herum der Kreis geschlagen ist, steht für den psychischen Apparat des Unbewußten, die Peripherie des Kreises für die Haut des Menschen und sein Sensorium, der Radius des Kreises für die »Ich=Weite« des Bewußtseins.

Diese »Ich=Weite«, den konstitutionell und kontextuell-individuell dimensionierten ›Horizont‹,[253] gibt Schmidt als ›variabel‹ an. Der Grad der Komplexität des Bewußtseins bestimmt also den Grad der Komplexität der Abbildung; denn wenn der Radius 1 des Einheitskreises durch andere Größen ersetzt wird, so ändert sich entsprechend der reziproke Radius, und statt $\frac{1}{x}$ ergibt sich $\frac{r}{x}$, wobei r die ›variable Ich=Weite‹ bezeichnet.

Der auf diese Weise als mathematische Operation erläuterte Vorgang der konformen Abbildung symbolisiert wiederum den Vorgang der »›Wahrnehmung der Außnwelt‹«, wobei ›Wahrnehmung‹ jede Art des dem Bewußtsein möglichen Zugangs zur Welt meint. Es ist der Vorgang, durch den die Außenwelt zur Innenwelt, ›die‹ Welt zu ›unserer‹ Welt wird.

Er steht in Beziehung zur projektiven Erfüllung der Umwelt »mit den Possn Unsrer Innerei'n«, zur »Externalisation des KreisInhaltes«. Zwei verschiedene, in entgegengesetzte Richtungen verlaufende Vorgänge sind aneinandergekoppelt.

Das Unbewußte projiziert seine Triebe, Wünsche etc. unbewußt in seine Umwelt, die zugleich wahrgenommen wird. Das ist nicht die bloße Rückspiegelung des Projizierten in seinen Ausgang, sondern in gewissem Sinne eine Subjektivierung der objektiv-realen Welt. Die Welt wird durch die Externalisationsvorgänge im wörtlichen Sinne ›prä-figuriert‹. Und diese präfigurierte Welt wird abgebildet bzw. wahrgenommen.

Jede Wahrnehmung, jede Transformation von Außenwelt zu Innenwelt ist präfigurierenden Einflüssen durch Externalisation von Vorstellungen unterworfen, seien diese psychisch-unbewußter, welt-

---

[253] Vgl. dazu Hans-Georg Gadamer, Wahrheit und Methode. Grundzüge einer philosophischen Hermeneutik, 3., erw. Aufl. Tübingen 1972, S. 286ff.

anschaulicher, religiöser etc. Art oder auch in naturwissenschaftlichen Fragestellungen und Entwürfen begründet:[254] Das, was als Welt und an Welt wahrgenommen wird, richtet sich immer auch, wenn nicht gar in erster Linie, nach den Vorstellungen, die der Mensch von der Welt hat und die sie »unstreitig, bis zu ei'm gewissn Grade, [. . .] ist«.

Der Bewußtseinsvorgang der Wahrnehmung bildet die Basis für alle anderen Bewußtseinsvorgänge und Verhaltungen des Subjekts in der Welt. Er ist, so die weiterführende These Schmidts, umkehrbar: in weiteren Bewußtseinsvorgängen und in der Kunst.

Wie der Wahrnehmungsvorgang sind auch seine Umkehrungsformen Bewußtseinsvorgänge, die »der dümmsde Töffl« kennt. Es sind psychische Mechanismen, die in der Regel im alltäglichen Leben unbeobachtet bleiben. Sie werden, ähnlich wie der psychische Mechanismus, der bei der etymaren Polyvalenz der Sprache virulent ist, durch ihre systematische Erforschung für die Literatur nutzbar: zur Erweiterung ihrer formalen Möglichkeiten.

Selbstverständlich ist die Wahrnehmung auch die natürliche Basis jeder Kunst, jeder Literatur. Sie hat die Funktion, das Material bereitzustellen, das in seiner rhythmisch adäquaten Wiedergabe zur konformen Abbildung der Welt wird. Die Literatur kann dem gerecht werden, wenn sie die primäre konforme Abbildung mit Hilfe von Transformationsgleichungen bzw. Formgesetzen neuerlich abbildet.[255]

Dies gilt grundsätzlich auch für die Ältere Literatur. Auch ihre Möglichkeiten der konformen Abbildung basieren selbstverständlich auf dem Vorgang der Wahrnehmung, dieser selbst jedoch ist unproblematisches Medium. Sie bildet das Wahrgenommene durch sozialentsprechende Formen ab.

---

[254] Die Präfiguration der wahrgenommenen bez. wahrzunehmenden Welt auch durch wissenschaftliche Entwürfe ist ein geläufiger Umstand, der etwa in der Rede von den verschiedenen Weltbildern verschiedener Wissenschaften oder auch innerhalb einer Wissenschaft zum Vorschein kommt. Solche Weltbilder beeinflussen als Weltvorstellungen die Wahrnehmung von Welt. Sie bestimmen die Fragen, die an die Welt gestellt werden können und ermöglichen damit überhaupt erst Naturwissenschaft. Vgl. dazu grundsätzlich Kurt Hübner, Kritik der wissenschaftlichen Vernunft, 2., unveränd. Aufl. Freiburg u. München 1979, S. 85ff.

[255] Die Formel der konformen Abbildung der Welt steht im folgenden nicht nur für den basalen Bewußtseinsvorgang der Wahrnehmung, sondern auch und vor allem für die Umkehrungsweisen, die nach dem strukturalen Muster des jeweiligen - möglicherweise auch auf der Ebene der Bewußtseinstätigkeit bereits den Wahrnehmungsvorgang umkehrenden - Bewußtseinsvorgangs erfolgen und das literarische Werk der Modernen Literatur ergeben.

74

Die Moderne Literatur braucht keine quasi artfremden Transformationsgleichungen zu verwenden, sondern kann sich an den Bewußtseinsvorgängen selbst orientieren und eine formal stringente, konforme Abbildung der Welt als der alltäglichen Lebenswelt des Subjekts vollziehen.

Keineswegs »unmittelbar und konsequent theoriefeindlich auf die bloße Wahrnehmung« gestützt, wie Horst Thomé meint,[256] expliziert Arno Schmidt hier im Gegenteil – mit einer Formulierung Kurt Hübners aus seiner Diskussion der Relativistischen Kosmologie – »die theoretischen Voraussetzungen für die Deutung und Beschreibung der Wirklichkeit«:[257] in diesem Falle durch die Moderne Literatur.

c) Einen »ersten Versuch zur Bewältigung innerer, subjektiver Vorgänge«[258] noch innerhalb der Älteren Literatur sieht Schmidt im Tagebuch:[259]

> 1 einziges Mal, dies sei gern bescheinigt, wurde auch innerhalb der ›älteren Gruppe‹ ein Schrittchen getan, diesen Circulus der gesellschaftlichen Gepflogenheiten zu verlassen: einzelne denkende Geister probierten das ›Tagebuch‹.[260]

In seinem 1965 erschienenen Beitrag zu dem von Uwe Schultz herausgegebenen Sammelband »Das Tagebuch und der moderne Autor«[261] polemisiert Schmidt gegen das Tagebuch als Möglichkeit der literarischen Formung. Er schreibt,

> daß es sich beim TB [= Tagebuch] um eine inferiore, puerile Bemühung handelt, der Welt durch das Wort habhaft zu werden.[262]

---

[256] Thomé, S. 161. Thomé bezieht seine Aussage auf das Frühwerk. Der mögliche Einwand gegen die Generalisierung der zitierten Passage aus »Zettels Traum« wird dadurch entkräftet, daß eine ähnliche, nur weniger ausführliche Stelle bereits in »Schwarze Spiegel« zu finden ist; s. u., S. 212f.

[257] Hübner, S. 216.

[258] AS, Sylvie & Bruno, S. 271; vgl. auch AS, Berechnungen I, S. 283 u. Literatur, S. 104.

[259] Die Ausführungen über das Tagebuch und den Inneren Monolog wollen keine Formbestimmung leisten, sondern fungieren lediglich als Belege für die These der Entwicklung bewußtseinsentsprechender Formen.

[260] AS, Sylvie & Bruno, S. 271.

[261] Beim Titel »Eines Hähers »Tuɛ!« und 1014 fallend« handelt es sich um eine abbreviatorische private Tagebucheintragung, wobei das Tagebuch nicht als literarische Formmöglichkeit verstanden wird, sondern als private »Daten=Chronik kargster Art« (S. 124).

[262] A. a. O., S. 120.

Und schärfer noch:

> der Verfasser, der sich als mögliches Fachwerk für sein Buch das TB wähl-
> te, kapitulierte damit vor dem Form=Problem. Das TB ist das Alibi der
> Wirrköpfe, ist einer der Abörter der Literatur![263]

Als Weiterentwicklung dieses formal unzulänglichen Ansatzes entsteht, so Schmidt, der ›Innere Monolog‹:

> Die organische Fortsetzung hier lautet, um ein Firmenschild zu gebrau-
> chen (das ich allerdings gar nicht schätze): ›Innerer Monolog‹. Also, wohl
> weit richtiger ausgedrückt: die möglichst exakte Wiedergabe des Gemi-
> sches aus subjektivem Gedanken-Stromgeschnelle plus Dauerberieselung
> durch eine Realität.[264]

Die Kritik Schmidts gilt nicht der literarischen Strukturmöglichkeit,
sondern dem Terminus des Inneren Monologs, den er als begrifflich
unscharfe Etikettierung ablehnt. Die an seine Stelle gesetzte Umschreibung verdeutlicht, daß er die literarische Form für eine legitime
Möglichkeit der konformen Abbildung der Welt durch die Orientierung an Bewußtseinsvorgängen, also für die erste Form der Modernen Literatur hält.

Diese grundsätzlich neue, modellhaft-paradigmatisch in James
Joyces »Ulysses« konkretisierte Prosaform[265] bildet die Grundlage für
eine Form, die Schmidt als die »Löcherige Gegenwart« oder das
»Musivische Dasein«[266] theoretisch erläutert und praktisch konkretisiert. Daß die so bezeichnete Form auf derjenigen basiert, deren terminologische Etikettierung Schmidt korrigiert, zeigt das Verhältnis

---

[263] A. a. O., S. 116.
[264] AS, Sylvie & Bruno, S. 272; vgl. AS, Literatur, S. 104. Vgl. dazu auch Virginia
Woolf, zit. nach Wolfgang Kayser, Entstehung und Krise des modernen Romans, 3.
Aufl. Stuttgart 1960, S. 29: »Das Leben ist keine fortlaufende Reihe strahlender
Bogenlampen, die systematisch angeordnet sind, sondern diffuser Lichtschein, eine
durchscheinende Hülle, die uns vom Beginn unserer Bewußtheit bis zu ihrem Ende
umgibt. Ist es nicht die Aufgabe des Romanschreibers, dieses sich Wandelnde, Unbekannte, Unumschreibbare wiederzugeben, wie komplex es auch sei?«
Virginia Woolf stellt eine ähnliche Forderung, wie sie Schmidt mit der nach der
Abbildung der Welt formuliert. Und sie fordert, ähnlich wie Schmidt, eine Wiedergabe der Art, wie die Welt dem Menschen erscheint: in der Nachzeichnung des
»stream of consciousness« – ein Terminus, der gewöhnlich bedeutungsgleich mit
dem des Inneren Monologs oder auch monologue intérieur gebraucht wird [vgl.
z. B. Jochen Vogt, Bauelemente erzählender Texte. In: Heinz Ludwig Arnold u.
Volker Sinemus (Hrsgg.), Grundzüge der Literatur- und Sprachwissenschaft,
Bd. 1: Literaturwissenschaft, München 1973, S. 227–242, S. 241f.].
[265] Vgl. AS, Sylvie & Bruno, S. 272.
[266] AS, Berechnungen I, S. 292 u. 293.

der korrigierenden Formulierung zur Charakterisierung des ›Musivischen Daseins‹ als dem »Gedankengequirle in dem, durch die Realität hingetragenen Kopf«.[267] Ob der Begriff des Musivischen Daseins primär auf die theoretische Fundierung sowie die formale und terminologische Präzisierung einer bereits vorhandenen Form abzielt, oder ob er ihre Erweiterung zu einer neuen paradigmatischen Form impliziert, ist in diesem Zusammenhang irrelevant. Zwischen ihnen besteht jedenfalls eine enge Affinität, die sie von anderen bewußtseinsentsprechenden Formen unterscheidet.

Die Unterschiede werden, obwohl sie eindeutig aus den theoretischen Ausführungen und den literarischen Texten Schmidts hervorgehen, von einem Teil der Sekundärliteratur nivelliert.

So ordnet Karlheinz Schauder 1966, also immerhin ein Jahrzehnt nach den »Berechungen«, die Prosa Schmidts unreflektiert einem »monologue intérieur« zu:

Schmidts bisherige Bücher sind im wesentlichen monologisch. Der monologue intérieur stellt bekanntlich in der Literatur die Aufzeichnung eines unablässigen Selbstgesprächs des Ich-Erzählers, seiner Reaktionen, Überlegungen und Gefühle dar. Auch Schmidts Erzähler notiert lediglich seine eigenen Erinnerungen und Erlebnisse, Träume und Vorstellungen, Gedanken und Meinungen.[268]

Schauder subsumiert pauschal Verschiedenes und zu Unterscheidendes unter einen kaum über begriffliche Valenz verfügenden Ausdruck, der statt der Formstrenge, die der Begriff der Modernen Literatur beansprucht, eher Formlosigkeit, das bloße Nebeneinander verschiedener Elemente beinhaltet.[269] Er ignoriert damit nicht nur die

---

[267] AS, Sylvie & Bruno, S. 273.
[268] Schauder, S. 55. – Der im Titel des Aufsatzes verwendete Begriff des Experimentellen wird nicht definiert.
[269] Solche tendenziell verfälschende, da allzu vage Terminologie ist zu vermeiden. – So ist nicht mit Sicherheit zu entscheiden, ob Schauder dem formal Neuen Schmidts gerecht zu werden sucht oder ob er einen Mangel konstatiert, wenn er schreibt: »Ohne sich um den allmählichen Übergang zu kümmern, reiht er [= AS] Redewendungen des Alltags und der Schriftsprache aneinander, Gassenjargon und Hochdeutsch, Slang und Slogans, Kalauer und Platitüden, Dialektausdrücke und neue Wortschöpfungen.« (S. 53)
Eine ähnliche Unsicherheit begegnet bei Jürgen Manthey, wenn er von »Schmidts Prosa des Nebeneinander« (S. 414) spricht. – Vgl. dazu die Abgrenzung des LGs vom »Roman des Nebeneinanders« (Gutzkow) u., S. 123ff. – Auch hier ist nicht auszumachen, wie der Terminus zu verstehen ist. Zu dem, was mit dem Aneinanderreihen oder dem Nebeneinander angesprochen wird, vgl. Reimer Bull, der aus der Analyse eines Passus des ›Steinernen Herzens‹ das Konstruktionsprinzip des »Verzicht[s] auf erzählerische Formen des Anschlusses (S. 31) ableitet.

theoretischen Explikationen Schmidts, sondern auch etwa das 1960 erschienene Werk »Kaff auch Mare Crisium«, dessen formale Etikettierung als »monologue intérieur« sich bereits im ersten voranalytischen Zugang, offenkundig im Zweispaltendruck, verbietet.

Aber auch 1976 noch, also wiederum ein Jahrzehnt später, werden Schmidts theoretische Ansätze in bezug auf sein eigenes literarisches Werk ignoriert – dies freilich in einem im ganzen dilettantischen Aufsatz –,[270] um die Prosa Schmidts mit dem Terminus des Inneren Monologs zu etikettieren. Der Autor dieses Aufsatzes verfolgt dabei offensichtlich das Ziel, eine Basis zum Vergleich der Prosa Schmidts mit der Prousts (verglichen werden tatsächlich in erster Linie motivische Elemente) zu schaffen. Die Reduktion der formal sehr differenzierten Prosa Schmidts auf diese eine Form disqualifiziert sich bereits von dieser Zweckgebundenheit her.[271] Um so erstaunlicher mutet der Rekurs auf den Terminus des Inneren Monologs an, als die Stelle aus »Sylvie & Bruno«, in der Schmidt ihn korrigiert, zitiert wird. Bedenklich wird dieses Vorgehen dann, wenn die Autorität Schmidts in Anspruch genommen wird, um eine bloße Behauptung zur Aussage zu erhärten: »Zum »inneren Monolog« gehört der »Prozeß des Sich-Erinnerns« (Berechnungen, R&P 285)«.[272] Der Verweis auf die »Berechnungen« liest sich als Beleg für die Zugehörigkeit des Erinnerungsvorgangs, den Schmidt eben dort als eigenständige literarische Form erläutert, zum Inneren Monolog. Dies aber geht weder aus der angegebenen Stelle hervor, noch könnte eine andere namhaft gemacht werden, in der dies der Fall wäre.

Schmidt behandelt in den »Berechnungen« die Formen des Musivischen Daseins, der Erinnerung und des Längeren Gedankenspiels und erwähnt den Traum. Er betont jedoch, daß diese vier bewußtseinsentsprechenden Formen, deren »theoretische Durchforschung und praktische Wiedergabe«[273] er sich 1955 zur Aufgabe stellt, nicht die einzigen seien, die die Moderne Literatur nach dem Inneren Monolog entwickelt habe.[274] Welche weiteren Formen insbesondere

---

[270] Reinhard Finke, Marcel Proust bei Arno Schmidt. BB, Lfg. 15, Feb. 1976, o. S.

[271] Immerhin empfiehlt es sich, seine Prosa, und sei es nur im hypothetischen Ansatz, durch die von ihm selbst explizierte Begrifflichkeit zu befragen – nicht aber von vornherein auf Differenzierungsmöglichkeiten zu verzichten und so die formalen Eigentümlichkeiten a priori zu nivellieren.

[272] Finke, o. S.

[273] AS, Berechnungen I, S. 284.

[274] Vgl. a. a. O. Völlig mißverstanden hat Wolfgang Proß Aussage und Intention der »Berechnungen« in seinem Buch: Arno Schmidt, München 1980, S. 61ff. Er siedelt »den theoretischen Ansatz der ›Berechnungen I und II‹« (S. 61) im »Übergang von

Schmidt erarbeitet hat: ob die in »Abend mit Goldrand« vorgenommene Unterscheidung zwischen »3 (4?) Schichten« des Unbewußten, anläßlich derer Schmidt auch die der jeweiligen Schicht gemäße »LiteraturForm« und Sprache benennt,[275] den Umkreis der weiteren Formmöglichkeiten abdeckt, ob solche neuen Formen in den Werken, die nach »Zettels Traum« entstanden sind, in paradigmatischer Konkretion vorliegen – diese Fragen werden erst für die Bestimmung der jeweiligen Form im Rahmen der Werkanalyse relevant.[276]

Das Musivische Dasein und die Erinnerung – sowie vor allem das LG (das im Zusammenhang der vorliegenden Arbeit eine eigene Explikation erfordert) – stehen exemplarisch für die Strukturen der Modernen Literatur, die Schmidt theoretisch konzipiert und in seinen Werken konkretisiert hat.

Die Grundlage der literarischen Form des Musivischen Daseins bildet die Erkenntnis der musivischen Struktur des Gegenwartserlebens, präzise: des rekapitulierenden Erlebens der »»jüngste[n] Vergangenheit« (die auch getrost noch als »älteste Gegenwart« definiert werden könnte).«[277]

Zu Beginn seines Prosatextes »Aus dem Leben eines Fauns« schreibt Schmidt:

> Mein Leben?!: ist kein Kontinuum! (nicht bloß durch Tag und Nacht in weiß und schwarze Stücke zerbrochen! Denn auch am Tage ist bei mir der ein Anderer, der zur Bahn geht; im Amt sitzt; büchert; durch Haine

---

der Darstellung »einfacher Handlungen« zur Zerlegung in »doppelte Vorgänge«« (a. a. O.) an. Er führt ›Löchrige Gegenwart‹, »Fotoalben« und »Erinnerung« an (a. a. O.) und sieht in »Kaff« »die Rückübersetzung« der theoretischen Konzeptionen »in die eigene literarische Praxis« (a. a. O.). Diese Rezeption der »Berechnungen« ist in mehrfacher Hinsicht falsch. 1. Die »Berechnungen« gelten nur zum Teil – in den Ausführungen zum LG (und den Andeutungen über den Traum) – ›doppelten Vorgängen‹, und diese entstehen mitnichten aus der »Zerlegung« von ›einfachen Handlungen‹. 2. Die angeführten Formen sind gerade *keine*, die eine Verdoppelung der Darstellungsebenen aufweisen; »Fotoalbum« und »Erinnerung« bezeichnen außerdem *dieselbe* Form. 3. »Kaff« ist Paradigma für das LG, das Proß in diesem Zusammenhang nicht einmal erwähnt.

[275] AS, Abend mit Goldrand, S. 40.

[276] Diese erfordert angesichts der Komplexität der Formen je eigene Untersuchungen. Um eine adäquate Bestimmung zu gewährleisten, dürfen solche Untersuchungen die jeweilige Form nicht aus ihrem theoretischen Kontext isolieren, sondern müssen sie als Formmöglichkeiten der Modernen Literatur behandeln, deren komplementäre Dimensionen ebenso zu berücksichtigen sind wie ihr Selbstverständnis als Reine Literatur.

[277] AS, Berechnungen I, S. 290.

stelzt; begattet; schwatzt; schreibt; Tausendsdenker; auseinanderfallender
Fächer; der rennt; raucht; kotet; radiohört; »Herr Landrat« sagt: that's
me!): ein Tablett voll glitzernder snapshots.
Kein Kontinuum, kein Kontinuum!: so rennt mein Leben, so die
Erinnerungen (wie ein Zuckender ein Nachtgewitter sieht) [...]
Aber als majestätisch fließendes Band kann ich mein Leben nicht fühlen;
nicht ich!«[278]

Das figurale Ich Heinrich Düring negiert dezidiert die Vorstellung
von Leben als eines kontinuierlichen Vorgangs. Damit weist es die
durch das Prinzip der Sukzession gekennzeichnete Handlung als inadäquate Möglichkeit literarischer Formgebung zurück und begründet zugleich die Form des Textes. Das Begründungskriterium ist die
Diskontinuität, in der das Ich seine Gegenwart erlebt: »also kein
Kontinuum: ein Haufen bunter Bilderkacheln; zerblitztes Mu-
seum.«[279]
Diese Äußerungen sind Bestandteile eines poetischen Textes, der
sich schon in seinem Druckbild von herkömmlichen Texten unterscheidet. Dem Fluß der Sätze, der vereinzelt durch Absätze unterbrochen wird, steht hier ein Druckbild gegenüber, in dem relativ kurze Absätze jeweils dadurch gekennzeichnet sind, daß ihr Beginn über
den Rand hinausragt und zusätzlich drucktechnisch hervorgehoben
ist. Statt längerer und komplexer Perioden stehen zumeist kurze,
stakkatohaft nebeneinanderstehende Sätze oder Teilsätze. Der Beginn
eines neuen Absatzes schließt nicht kontinuierlich an das im vorhergehenden Gesagte an, sondern beginnt, zumeist völlig abrupt, mit
Neuem.
Die Aussagen über die Diskontinuität des Lebens bzw. Erlebens
gerade am Anfang des Textes haben die Funktion, die sich im Druckbild niederschlagende Eigentümlichkeit transparent zu machen. Es
handelt sich um metafiktionale bzw. fiktionstranszendentale Aussagen, die *als* Bestandteile des Textes die Gesetzmäßigkeiten seiner
Struktur verdeutlichen.[280]
Die (spätere) theoretische Explikation der Form bestätigt und fundiert nurmehr das, was der literarische Text als ihr Paradigma[281] über
sich selbst aussagt. Hier wie dort begründet Schmidt die Form durch

---

[278] AS, Faun, S. 7.
[279] A. a. O., S. 18.
[280] Zur Transparenz der Struktur als Prinzip der bewußtseinsentsprechenden Formen
der Modernen Literatur s. vor allem die Untersuchung von »Kaff«.
[281] Vgl. AS, Berechnungen I, S. 291.

die empirische Faktizität des Gegenwartserlebens und legitimiert sie zugleich gegenüber der inadäquaten Handlung. In »Berechnungen I« schreibt Schmidt:

> Es gibt diesen epischen Fluß, auch der Gegenwart, gar nicht. [. . .]
> Die Ereignisse unseres Lebens springen vielmehr. Auf dem Bindfaden der Bedeutungslosigkeit, der allgegenwärtigen langen Weile, ist die Perlenkette kleiner Erlebniseinheiten, innerer und äußerer, aufgereiht. [. . .]
> Aus dieser porösen Struktur auch unserer Gegenwartsempfindung ergibt sich ein löcheriges Dasein [. . .]. Der Sinn dieser [. . .] Form ist also, an die Stelle der früher beliebten Fiktion der »fortlaufenden Handlung«, ein der menschlichen Erlebnisweise gerechter werdendes, zwar magereres aber trainierteres, Prosagefüge zu setzen.[282]

Schmidt verweist auf die Gefahr des Mißverstehens einer solchen radikal bewußtseinsorientierten Form:

> Ich warne besonders vor der Überheblichkeit, die hier vielleicht das dem Bürger naheliegende schnelle Wort von einem »Zerfall« sprechen möchte; ich stelle vielmehr meiner Ansicht nach durch meine präzisen, »erbarmungslosen«, Techniken unseren mangelhaften Sinnesapparat wieder an die richtige ihm gebührende biologische Stelle.[283]

Die Entwicklung einer solchen Form impliziert nicht die Destruktion der etablierten literarischen Formmöglichkeiten, sondern ihre konstruktive Erweiterung.

Reimer Bull analysiert sie in seiner Dissertation »Bauformen des Erzählens bei Arno Schmidt«. Gegenstand seiner sehr gründlichen Untersuchungen sind »Aus dem Leben eines Fauns« und »Das steinerne Herz«,[284] die Schmidt beide als Paradigmata des Musivischen Daseins versteht.[285] Bull erfaßt in gültiger Weise die ›Konstruktionsprinzipien‹ dieser Form.

Er beschreibt sie als die »Aufsplitterung des Erzählvorgangs in kleine und kleinste Abschnitte«, wobei ein solcher Abschnitt eine »momenthaft fixierte Einzelsituation« darstelle. Eine Gruppe von Einzelsituationen bilde einen »Situationszusammenhang.[286] Bull unterscheidet sodann

---

[282] A. a. O., S. 290f.
[283] A. a. O.
[284] Historischer Roman aus dem Jahre 1954, Karlsruhe 1956.
[285] Vgl. AS, Berechnungen I, S. 291; Berechnungen II, S. 307.
[286] Alle Zitate Bull, S. 39.

situationsinterne und situationsexterne Aufbaustrukturen des Erzählvorgangs. Die ersten betreffen Aufbauformen der Einzelsituation, die letzten das Konstruktionsprinzip der Kombination von Einzelsituationen.[287]

Der innere Bau einer Situation sei bestimmt durch »Partikularisierung und Diskontinuität«,[288]

> durch die stenogrammartige Notierung von Geschehnis-, Eindrucks- und Gedankenpartikeln des Ich-Erzählers. Diese situationsbestimmenden Informationspartikel nennen wir Situationsindikatoren. Der Verzicht auf alle redundanten Informationen zur Situationsdarstellung zugunsten bloßer Induzierung von Lageverhältnissen führt zu einer punktuellen, interruptiven [. . .] Struktur des Erzählvorgangs. [. . .] Solchermaßen [. . .] bleibt auch die dargestellte Einzelsituation Fragment oder Abbreviatur. Wir nennen deshalb auch die situationsinterne Erzählstruktur abbreviatorisch.[289]

Als die spezifische Leistung der von ihm so genannten »Erzähltechnik der abbreviatorischen Verkürzung qua Situationsindikatoren«[290] identifiziert Bull die Konzentration auf die Konstitutiva der Realität:

> Mit Hilfe dieses Erzählverfahrens der indizierenden Verkürzung werden Wirklichkeitsbereiche typogrammatisch registriert, d. h. es werden nur solche Indikatoren erfaßt, die die typizitäre Struktur eines bestimmten Wirklichkeitsbereiches erhellen.[291]

Den Analyseergebnissen Bulls steht eine irreführende Klassifizierung der Form des Musivischen Daseins gegenüber, die auch Bull selbst kritisiert und zurückweist.[292] Häufig ist, wenn die (frühe) Prosa Schmidts behandelt wird, von einer »Technik des Rasters« die Rede. So schreibt bereits Karlheinz Schauder:

> Schmidts Stil ähnelt dieser Technik des Rasters. Auch er zerlegt die Wirklichkeit oder seine Eindrücke von der Wirklichkeit in Teilstücke und fügt diese zu einem sprachlichen Mosaik zusammen. Er möchte mit seinen Romanen kein vollkommenes Bild der Wirklichkeit mit all ihren Haupt- und Nebensächlichkeiten liefern; seine Sprachgitter sollen vielmehr – gleich einem groben Raster – die wesentliche Wirklichkeit festhalten. Das eigentümliche ist nun dabei, daß der Betrachter eines gerasterten Bildes keineswegs eine punktuelle Fotografie sieht, sondern die Zwischenräume mit seiner Vorstellungskraft ausfüllt.[293]

---

[287] A. a. O., S. 39f.
[288] A. a. O., S. 21.
[289] A. a. O., S. 40.
[290] A. a. O., S. 48.
[291] A. a. O.
[292] A. a. O., S. 103.

82

Gerade hierin liegt die Gefahr des Mißverstehens. Deutlicher noch wird dies, wenn Wolfgang Grözinger in einer Rezension von »Faun« schreibt:

> Der Leser muß ständig kleine Abschnitte, die als eine Art Gedankenstenogramm an ein in Kursiv gedrucktes Leitwort angehängt sind, zu einer fortschreitenden Erzählung verweben.[294]

Schauder wie auch Grözinger registrieren zwar, daß sich die Prosa Schmidts von der herkömmlichen unterscheidet, sie werden diesem Unterschied jedoch nicht gerecht. Sie nivellieren ihn, indem sie Nicht-Vorhandenes, ein vollständiges, lückenloses Bild oder einen kontinuierlichen Erzählverlauf, zu rekonstruieren versuchen.[295]

Die Analyseergebnisse Bulls demonstrieren, daß die Form, die diesen Vorstellungen von Kontinuität entgegensteht, nicht nur keine Mängel aufweist, die zu einer Vervollständigung von Unvollständigem Anlaß geben, sondern positiv die konstitutiven Elemente der Realität erfaßt. Sie leistet eine Abbildung der Welt des wahrnehmenden Subjekts, in der die Beschaffenheit des subjektiven Bewußtseins ebenso berücksichtigt und ins Werk gesetzt ist wie die Beschaffenheit der wahrgenommenen Realität.

Entsprechendes gilt für die am Bewußtseinsvorgang der Erinnerung orientierte literarische Form. Ihr strukturbestimmendes Kennzeichen ist ihre Zweigliedrigkeit. Ausgehend von Beispielen, beschreibt Schmidt den Bewußtseinsvorgang und die an ihm orientierte Form:

> man erinnere sich eines beliebigen kleineren Erlebniskomplexes, sei es »Volksschule«, »alte Sommerreise« – immer erscheinen zunächst, zeitraf-

---

[293] Schauder, S. 44; Vgl. auch z. B. Thomé, S. 109.
[294] Wolfgang Grözinger, Der Roman der Gegenwart. Kriegs- und Friedenswelt. Hochland, 47, 1954/55, S. 576–584, S. 581.
Vgl. auch Schmidt-Henkel, Arno Schmidt, der davon spricht, daß die einzelnen Prosaelemente »sehr ordentlich einem geordnetem Handlungsschema aufgereiht« (S. 271) seien. Die Äußerung Schmidt-Henkels belegt die Tendenz der Schmidt-Literatur, die literaturtheoretische Konzeption Schmidts zu ignorieren und seine Erweiterungen der literarischen Strukturmöglichkeiten durch die oberflächliche Reduktion auf tradierte Muster und Begriffe zu nivellieren.
[295] Vgl. dazu die Kritik Bulls am Terminus der Rastertechnik S. 103f.
– Das ›Raster‹-Modell als Erklärungsversuch, das Eigentümliche der Prosaformen Schmidts zu erfassen, erstreckt sich nicht nur auf die Form des Musivischen Daseins, sondern wird generell gebraucht. Es ist – wie die Darlegung auch der anderen beiden bewußtseinsentsprechenden Formen zeigen wird – der Modernen Literatur grundsätzlich unangemessen.

ferisch, einzelne sehr helle Bilder (meine Kurzbezeichnung: »Fotos«), um die herum sich dann im weiteren Verlauf der »Erinnerung« ergänzend erläuternde Kleinbruchstücke (»Texte«) stellen: ein solches Gemisch von »Foto-Text-Einheiten« ist schließlich das Endergebnis jedes bewußten Erinnerungsversuches.[296]

Die »Fotos« machen präzise, ausschnitthaft umgrenzte Aspekte aus einem vergangenen Gegenwartserleben in der Gegenwart des Erinnerungsvorgangs präsent, die »Texte«, »reflektierend gewonnene Kleinkommentare«,[297] komplettieren sie innerhalb dieser Gegenwart. Schmidt konkretisiert diese Form in »Die Umsiedler« und »Seelandschaft mit Pocahontas«.[298]

Für die jeweilige Erinnerung, so Schmidt, sei »das Entscheidende«

Bewegungskurve und Tempo
der Handelnden im Raum![299]

---

[296] AS, Berechnungen I, S. 285.

[297] AS, Berechnungen II, S. 293.

[298] 1. In: AS, die umsiedler. 2 prosastudien (kurzformen zur wiedergabe mehrfacher räumlicher verschiebung der handelnden bei festgehaltener einheit der zeit), Frankfurt a. M. 1953, S. 11–39. – 2.: Texte und Zeichen, 1, 1955, H. 1, S. 9–53.

[299] AS, Berechnungen I, S. 286. Wolfgang Proß hat sich das Verdienst erworben, einige der Kurven zeichnerisch darzustellen (S. 64), um Schmidt sodann zu kritisieren: »Während in der mathematischen Definition keinerlei Verbindung zwischen Zykloidenform und irgendeiner Rotationsgeschwindigkeit besteht, [...] stellt Schmidt durch die Metaphorik der Interpretation künstlich einen Zusammenhang zwischen der mathematischen Form und dem dynamischen Gehalt seiner Typenreihe her.« (S. 63/65)
Obwohl er die Stelle selbst auf der vorhergehenden Seite zitiert, verkennt Proß, daß Schmidt von »Bewegungskurve *und* Tempo« spricht, daß er also von vornherein *zwei distinkte* Momente anführt.
Schwerer wiegt der u. a. auch in diesem Zusammenhang von Proß erhobene Vorwurf des ›Pseudo-Cartesianismus‹ (S. 65). Die Formel enthält eine explizit pejorative Negation von ›Cartesianismus‹, mit dem Proß wahrscheinlich so etwas wie mathematische, in Gesetzen formulierbare Präzision meint. Das ›Pseudo‹ betrifft die Übertragbarkeit auf »den Bereich kultureller Produktion« (S. 157, Anm. 45), speziell auch die »angestrebte Präzision der Darstellungsweise« (S. 48) durch ein solches Verfahren. Gerade diese Stelle, an der Proß seine Formel zum ersten Mal gebraucht, ist symptomatisch für ihren Aussagegehalt und darüberhinaus auch für die gesamte Methodik der Arbeit von Proß. Nach einem immensen Aufgebot von Namen – neben einer Auflistung von Autoren, denen Arbeiten Arno Schmidts gewidmet sind, stehen auf S. 46f.: Freud, Jensen, Melville, Bergson, Kraus, Döblin, Sternheim, Fleißer, Benjamin, Schad, Zemlinsky, Canetti! – faßt Proß Schmidts »»Realismus«-Begriff« als einen ›romantisch-expressionistischen‹ (S. 47); mit der Erläuterung: »nicht als Glaube an die Möglichkeit perfekter Realitätsabbildung, sondern als Zugriff, als magischer Anspruch« (S. 47f.). Wäre es so, wäre der Vorwurf des Pseudo-Cartesianismus sogar berechtigt.
– Ein solcher Vorwurf sagt nichts über das literaturtheoretische und -praktische Vorgehen Schmidts aus, dessen theoretische Konzeption der Modernen Literatur

Er fügt exemplifizierend hinzu:

es ist ja ein fundamentaler Unterschied, ob ich etwa einen Ort
rasch
durchfahren
muß
oder ihn
langsam
umkreisen
kann.[300]

Und er erläutert:

Im letzteren Falle sieht man ihn nämlich von allen Seiten, unter vielen,
länger anhaltenden Beleuchtungen; man »hat« jedesmal automatisch eine
ganz andere »Zeit«, ein anderes Verhältnis zu den Begegnenden, und dem
Schicksal [. . .].
Es ergibt sich beispielsweise sofort, daß im ersteren Falle (der gradlinigen,
zwangsmäßig raschen Bewegung der »Umsiedler«) eine wesentlich größere
Anzahl von Fotos zur Bewältigung des vielfältigeren durchmessenen Raumes nötig sein wird; sowie auch daß diese kürzer, die Sätze selbst hastiger
sein müssen, als im zweiten der erwähnten Fälle, der hobbema'schen »Pocahontas«.[301]

Diese Konsequenzen, die sich für den speziellen Verlauf des Bewußtseinsvorgangs und der an ihm orientierten Strukturbildung aus der
räumlichen Bewegung des Subjekts in der erinnerten Zeit ergeben,
gelten ähnlich auch für das Musivische Dasein. Hier betreffen sie
unmittelbar den Wahrnehmungsvorgang und beeinflussen seine Mo-
dalitäten.

Das Musivische Dasein und die Erinnerung sind als einfache Umkehrungsformen des basalen Wahrnehmungsvorgangs eng miteinander verwandt. Schmidt deutet diese Beziehung in »Faun« an, indem er
mit der Kontinuität des Gegenwartserlebens auch die der Erinnerung
negiert: »Kein Kontinuum, kein Kontinuum!: so rennt mein
Leben, so die Erinnerungen«.

Die von Bull für das Musivische Dasein erarbeiteten Strukturmerk-
male der »Diskontinuität und Partikularität« gelten auch für die Er-

---

zumindest insofern ›cartesianisch‹ zu nennen ist, als sie dem »clare et distincte«
gerecht zu werden sucht; er charakterisiert vielmehr die Arbeitsweise des Rezipienten.
[300] AS, Berechnungen I, S. 286.
[301] A. a. O., S. 287; vgl. a. a. O., S. 288.

innerung. Dennoch ist die eine Form nicht lediglich »eine Variante«[302] der anderen, wie Bull bemerkt. Die strukturale Eigentümlichkeit der Erinnerung gegenüber dem Gegenwartserleben ist im Zusammenhang ihrer beiden verschiedenen Komponenten der »Fotos« und »Texte« begründet.

Wenn Schmidt davon spricht, daß die den Erinnerungsvorgang einleitenden »Fotos« »zeitrafferisch« erscheinen, so unterstellt er keineswegs eine durch sie bewirkte Suggestion einer kontinuierlichen, handlungsähnlichen Abfolge der Einzelbilder, deren Lücken etwa durch die »Texte« ausgefüllt würden. Dem Vorstellungsmodell der Rastertechnik ähnlich, entstände ein am Film ausgerichtetes Vorstellungsmodell fortlaufender, durch die »Texte« zu Handlung verbundener Bilder. Die Abfolge der »Foto-Text-Einheiten« ist eine Abfolge einzelner, zusammenhängender Bewußtseinsaktivitäten, die durch die vergangene räumliche Bewegung des Subjekts determiniert ist. Diese Bewegung selbst ist kein Handlungsverlauf, sondern regelt auf der materialen Ebene die Art, in der das Subjekt Realität wahrgenommen hat – bzw. im Musivischen Dasein: wahrnimmt – und sich seinen Erinnerungsfundus geschaffen hat. Sie beeinflußt so den jeweils bestimmten Erinnerungsvorgang und die an ihm orientierte Form, sie tangiert jedoch nicht die Konstitution dieser Form selbst.

Die Bewegung wird dabei nicht eigens geschildert. Das, was Martin Walser über »Arno Schmidts Sprache« sagt, gilt eher für die formale Dimension seiner Prosa und prinzipiell für die bewußtseinsentsprechenden Formen der Modernen Literatur:

> Es wird niemals *über* etwas gesprochen. Es fehlen die sekundären, schildernden, wiedergebenden, reproduktiven Redensarten, die sonst zur Füllung und Aufrechterhaltung eines Erzählverlaufs nötig sind.
> Arno Schmidt bringt immer die Sachen selbst, die Gegenstände in ihrem Wesen zum Ausdruck.[303]

Weil »die Sachen selbst« dem Menschen in seinem Bewußtsein gegeben sind, ist ihr Zur-Sprache-Bringen durch die bewußtseinsentsprechenden Formen möglich.

d) In der formalen Dimension erweist sich der Begriff der Modernen Literatur, seiner Fundierung in der materialen Dimension entsprechend, als Strukturbegriff. Erst die gesetzmäßig nach Maßgabe

---

[302] Bull, S. 21.
[303] Walser, S. 19.

86

von Bewußtseinsvorgängen erfolgende Strukturierung des Materials der objektiven Realität – in der etymar erweiterten Wort-Sprache – zur konformen Abbildung der Welt konstituiert Moderne Literatur.

Sie entsteht, wie die Kriterienformulierung andeutet, mit dem ausgehenden 19. Jahrhundert. Dies gilt sowohl für das Phänomen als auch für den Begriff, wobei die Entstehung die Wendung gegen die Ältere Literatur einschließt.

Symptomatisch für diese Entwicklung ist die von Arno Holz der »Form-Willkür« der Metrik entgegengesetzte »Form-Notwendigkeit«, die von der Dingwelt selbst ausgeht, ist die von Wilhelm Bölsche thematisierte Suche nach »naturwissenschaftlichen Grundlagen der Poesie«, die die Willkür des Autors durch die gesetzmäßige Notwendigkeit der Darstellung ersetzen will.

Hugo von Hofmannsthal charakterisiert diese Ansätze der Modernen Literatur, indem er beschreibt, was 1893 »modern zu sein« scheint:

Gering ist die Freude an Handlung, am Zusammenspiel der äusseren und inneren Lebensmächte, am Wilhelm-Meisterlichen Lebenlernen und am Shakespeareschen Weltlauf. Man treibt Anatomie des eigenen Seelenlebens, oder man träumt. Reflexion oder Phantasie, Spiegelbild oder Traumbild.[304]

Bereits von ihrem Ansatz her richtet sich die Moderne Literatur von der Handlung auf das subjektive Bewußtsein, wenn auch noch nicht mit den radikalen formalen Konsequenzen, wie sie Schmidt intendiert. Bereits von ihrem Ansatz her ist die Moderne Literatur somit auch potentielle Reine Literatur.

Eben diesen Zusammenhang zwischen Reiner und Moderner Literatur betrifft die Aussage Schmidts,

daß fast nie der Unterschied zwischen ›reiner‹ und ›angewandter‹ Literatur gemacht wird, was sich vor allem hinsichtlich der Modernen Literatur geradezu verheerend auswirkt.

Das bedeutet aus der rezeptionsästhetischen Perspektive, daß die beiden begrifflichen Differenzierungen in ihrem Zusammenhang heuristisch notwendig sind.

Die Formen, die die Moderne Literatur neu oder aus vorhandenen heraus entwickelt, erfordern die Entwicklung neuer, ihnen adäquater

---

[304] Zit. nach: Gotthart Wunberg, Nachwort zu: G. W. (Hrsg.), Die literarische Moderne, S. 245–251, S. 248.

Formbegriffe, Beschreibungskategorien. Daß anders die von Schmidt beklagten ›verheerenden‹ Auswirkungen virulent werden, demonstrieren die Versuche, die Prosa Schmidts mit handlungsorientierten Vorstellungen und Begriffen zu erfassen. Weil diese in bezug auf die sozialentsprechenden Formen der Älteren Literatur entwickelt worden sind, *müssen* sie den bewußtseinsentsprechenden Formen der Modernen Literatur gegenüber zwangsläufig versagen und zu verfälschenden, die Struktureigentümlichkeiten dieser Literatur nivellierenden Klassifizierungen führen.

Die innerhalb der literaturtheoretischen Konzeption Arno Schmidts als Formbegriffe der Modernen Literatur explizierten Begriffe des Musivischen Daseins und der Erinnerung sind solche neuen Beschreibungskategorien. Dort, wo sie versagen, sind sie um andere, den anderen Strukturen angemessene zu erweitern – so, wie es Schmidt mit dem Begriff des LGs unternimmt.[305]

EXKURS: Die Implikationen der Formbestimmung der Modernen Literatur für den Begriff des Romans

Auf diesem Hintergrund erhält das durch die objektive Realität als Material der Modernen Literatur begründete Primat der Prosa eine zusätzliche Bedeutung. Es impliziert die Abgrenzung vom traditionellen Roman-Begriff.

Wenn Schmidt schreibt: »Der Erzähler im lauschenden Hörerkreis war das Vorbild für Roman und Novelle«,[306] so weist er den Roman den sozialentsprechenden Formen der Älteren Literatur zu. Das Konstitutivum dieses sozial-metaphorisch erläuterten Roman-Begriffs ist der Erzähler, der seine Erzählsituation abbildet und damit die literarische Struktur des Romans konstituiert.

Dieses Verständnis des Roman-Begriffs deckt sich weitgehend mit den Grundzügen des in der traditionellen Literaturtheorie vorhandenen – mit dem gravierenden Unterschied jedoch, daß es hier nicht historisch relativiert wird, sondern im Grunde für jeden Prosatext gilt, der eine gewisse Minimallänge aufweist.[307]

Sein Konstitutivum ist auch hier der Erzähler. Die Bedeutung des Erzählers für den Roman ist so selbstverständlich, daß sie teils gar nicht reflektiert, teils aber auch verabsolutiert wird. So setzt Theodor W. Adorno in seinem

---

[305] Fehlen solche theoretischen Explikationen, die sich in der Werkanalyse zu bewähren haben, können diese Begriffe nur aus der antizipationsfreien, für die Falsifizierung zugrundegelegter Arbeitshypothesen offenen Analyse von paradigmatischen Texten gewonnen werden.

[306] AS, Berechnungen I, S. 283.

[307] Vgl. u., S. 118ff., die Bestimmung Maatjes.

Aufsatz »Der Standort des Erzählers im zeitgenössischen Roman«[308] den Erzähler als Konstitutivum des Romans voraus,[309] und so identifiziert Wolfgang Kayser in seiner Arbeit »Entstehung und Krise des modernen Romans«[310] ex negativo den Erzähler mit dem Roman: »Der Tod des Erzählers ist der Tod des Romans.«[311]

Der Erzähler ist der Vermittler des Romans, aber auch der Autor selbst. Radikal formuliert dies Käte Hamburger. Als eine fiktive Gestalt des Romans akzeptiert sie den Erzähler nur in einem Fall:

> nur dann, wenn der erzählende Dichter wirklich einen Erzähler ›schafft‹, nämlich den Ich-Erzähler der Ich-Erzählung, kann man von diesem als einem (fiktiven) Erzähler sprechen.[312]

Grundsätzlich gilt ihr: »Es gibt nur den erzählenden Dichter und sein Erzählen.«[313]

Weniger radikal in der Formulierung, doch in Übereinstimmung mit der Aussage, setzt beispielsweise auch Franz K. Stanzel letztlich den Erzähler mit dem Autor gleich. Das geht etwa daraus hervor, daß er bei dem ausdrücklich als ›erzählerlosen Roman‹ bezeichneten »personalen Roman«[314] den Erzähler annimmt, der »auf seine Einmengungen in die Erzählung«[315] verzichte.

Hamburger wiederum zieht hieraus die Konsequenz und stellt den Begriff des Erzählers »den Begriffen Dramatiker, Lyriker, ja weiterhin Maler, Bildhauer, Komponist«[316] gleich. Daraus ergibt sich für sie:

> Die Rede von der »Rolle des Erzählers« ist denn auch in der Tat ebensowenig sinnvoll wie es die von der Rolle des Dramatikers oder Malers wäre.[317]

Dieser Begriff des Romans basiert mithin auf dem als Autor identifizierten Erzähler. Die nach gemeinsamen Merkmalen in der Erzählsituation herauskristallisierbaren ›typischen Formen des Romans‹ - so nach dem Titel der Arbeit Stanzels[318] - differenzieren den Roman-Begriff auf der Ebene seiner fundamentalen Bestimmung durch den Erzähler. Dieser Begriff des Romans

---

[308] In: Th. W. A., Noten zur Literatur I, Frankfurt a. M. 1958, S. 61–72.

[309] Dies kommt nicht nur in der Titelgebung zum Ausdruck, sondern auch in der Arbeit selbst (vgl. z. B. S. 62 u. 63).

[310] Der Titel formuliert exemplarisch die Einschätzung des ›modernen‹ Romans durch die traditionelle Literaturtheorie.

[311] Kayser, S. 34.

[312] Käte Hamburger, Die Logik der Dichtung, 2., stark verändt. Aufl. Stuttgart 1968, S. 115.

[313] A. a. O.

[314] Franz K. Stanzel, Typische Formen des Romans, 3. Aufl. Göttingen 1967, S. 40.

[315] A. a. O., S. 17.

[316] Hamburger, S. 116.

[317] A. a. O.

[318] Zum doppelt bestimmten Typus-Begriff s. o., S. 25.

verliert für die Moderne Literatur seine kategoriale Valenz, er kann ihre grundsätzlich andere Struktur nicht erfassen.

Gegen eine generelle Verabschiedung des Roman-Begriffs für die Moderne Literatur sprechen pragmatische Gründe. So begegnen nicht nur solche Fälle, wo, wie bei Stanzels Begriff des »modernen Bewußtseinsromans«,[319] neue Strukturen unter einen in seinen Grundzügen unverändert belassenen Begriff subsumiert werden, sondern auch solche, in denen sich eine Neubestimmung auf der Basis der neuen Formen abzeichnet.

Dementsprechend beispielsweise gibt der Kritiker Kurt Batt seiner Untersuchung »Die Exekution des Erzählers« den Untertitel »Westdeutsche Romane zwischen 1968 bis 1972«;[320] dementsprechend auch referiert Reinhold Grimm in seinem Aufsatz »Romane des Phänotyp« J. W. Beach:

> Je mehr der Roman [. . .] in seiner Entwicklung sich der Gegenwart nähert, desto mehr tritt der Erzähler zurück.[321]

Die Feststellung Alain Robbe-Grillets, daß »der Roman, seit er existiert, immer ein »neuer« gewesen ist«,[322] schließt ein, daß sich der Begriff des Romans dem jeweils neuen Phänomen anpaßt oder anpassen sollte.

Der Begriff des Romans muß, um der Modernen Literatur gerecht zu werden, aus seiner konstitutiven Fixierung auf den Erzähler gelöst und neu bestimmt werden.

In diesem Sinne verwendet auch Arno Schmidt den Begriff des Romans für eigene literarische Texte. »Faun« trägt das Titelsubskript »Kurzroman«, »Das steinere Herz« »Historischer Roman aus dem Jahre 1954«, »Die Gelehrtenrepublik« »Kurzroman aus den Roßbreiten«.

In allen drei Fällen wird der Roman-Begriff verfremdet. Dies geschieht in »Faun« allein durch die ungebräuchliche Bildung »*Kurz*roman«, in den beiden anderen Fällen durch den Zusammenhang, in dem die Roman-Begriffe stehen. Indem der Begriff des historischen Romans für einen Text in Anspruch genommen wird, der erst zwei Jahre vor seinem Erscheinen entstanden und in der Gegenwart des Entstehens angesiedelt ist, entsteht eine Diskrepanz zwischen dem präfigurierten Begriff und seinem aktuellen Gebrauch. In ähnlicher Weise verfremdet bei der »Gelehrtenrepublik« die exotische geographische Angabe, die dem materialen Bereich entstammt, den selbst schon ungewöhnlichen Begriff »Kurzroman«.

Der traditionelle, der Älteren Literatur zugeordnete Begriff des Romans wird auf diese Weise problematisiert. Die Problematisierung provoziert die Neubestimmung des Begriffs aus der Struktur des jeweiligen Textes.

---

[319] Stanzel, Typische Formen, S. 48.
[320] Frankfurt a. M. 1974.
[321] A. a. O., S. 16.
[322] A. R.-G., Was Theorien nützen. A. d. Franz. v. Helmut Scheffel. In: A. R.-G., Argumente, S. 5-14, S. 9.

III. Das Längere Gedankenspiel als Strukturbegriff der Modernen Literatur

Die Duplizität der Realitätsebenen

Der Begriff des Längeren Gedankenspiels bezeichnet eine dem Musivischen Dasein und der Erinnerung gegenüber grundsätzlich andere literarische Struktur. Gemeinsam mit dem Traum bildet sie eine ›neue Gruppe‹ bewußtseinsentsprechender Formen. Sie ist allgemein durch die Duplizität der Realitätsebenen bestimmt:

> Das wichtigste Bestimmungsmerkmal dieser neuen Gruppe ist, daß in beiden Fällen eine »doppelte Handlung« vorliegt, Oberwelt und Unterwelt.[323]

Die Ausdrücke »Oberwelt« und »Unterwelt« stehen für zwei kategorial verschiedene Ebenen der Realität. Die zweite ist die der objektiven Realität, in die das – gedankenspielende oder träumende – Subjekt inbegriffen ist und die für jedermann empirisch erfahrbar ist, die erste ist die der subjektiven Realität, die allein das – gedankenspielende oder träumende – Subjekt erlebt.[324]
Schmidt charakterisiert die beiden Ebenen des Längeren – und auch ›Kürzeren‹[325] – Gedankenspiels im Unterschied zum Traum:

> Der Unterschied zwischen Traum und Gedankenspiel liegt bekanntlich darin, daß zwar die objektive Realität (eben die »Unterwelt« [...]) bei beiden annähernd die gleiche ist; die subjektive Realität (Oberwelt [...]) beim Traum jedoch in ausschlaggebendem Maße passiv erlitten wird (wir erfahren darin oft unerwünscht-empörendste Rücksichtslosigkeiten, Alpträume, mythisches Grauen); während beim Gedankenspiel das Individuum wesentlich souveräner, aktiv-auswählend, schaltet (natürlich ebenfalls »konstitutionell beschränkt«).[326]

---

[323] AS, Berechnungen II, S. 294.
[324] Für ›Realität‹ bzw. ›Realitätsebene‹ steht im folgenden auch ›Erlebnisebene‹ und, anstelle des irreführenden Terminus der Handlung, ›Darstellungsebene‹. Die Bezeichnungen werden äquivalent gebraucht, sie sind lediglich unterschiedlich akzentuiert: ›Realität‹ ist dem Subjekt im bewußtseinsmäßigen ›Erleben‹ zugänglich, und die erlebte bzw. erlebbare Realität gelangt zur Darstellung, macht die ›Darstellungsebene‹ aus.
[325] Schmidt spricht in Berechnungen II, S. 295, von »kürzeren« Gedankenspielen, in Zettels Traum, S. 160, von »KG's«.
[326] AS, Berechnungen II, S. 294.

Diese prophylaktische Abgrenzung des Gedankenspiels vom Traum ist mit Irreführungen des Sprachgebrauchs begründet:

> Diese Definition mußte vorausgeschickt werden, da unser Sprachgebrauch hier wieder einmal völlig unscharf verfährt: was man nämlich im allgemeinen einen »Träumer« schilt, ist in Wahrheit weiter nichts, als ein süchtig-fauler Gedankenspieler; die »Traumspiele« der Weltliteratur sind Gedankenspiele.[327]

1. Die Abgrenzung des Gedankenspiels vom Tagtraum

Die Abgrenzung vom Traum schließt die vom sog. Tagtraum ein; ebenso wie als Traum wird das Gedankenspiel »auch unscharf als ›Tagtraum‹ o. ä. bezeichnet«,[328] ist »seine geläufige Bezeichnung als ›Tagtraum‹ schief, ja unhaltbar«.[329]

Das Erfordernis einer Abgrenzung für die terminologisch eindeutige Identifizierung des Phänomenbereichs demonstriert der Gebrauch von ›Tagtraum‹ in Psychologie bzw. auch Psychoanalyse und Sozialphilosophie.

Exemplarisch stehen die 1969 erschienene Dissertation Hedwig Katzenbergers »Der Tagtraum. Eine phänomenologische und experimentelle Studie«[330] und Ernst Blochs 1959 erschienenes Werk »Das Prinzip Hoffnung«,[331] hieraus vor allem der erste Teil, den Bloch »Kleine Tagträume«[332] überschreibt, und das 14. Kapitel, in dem er eine »Grundsätzliche Unterscheidung der Tagträume von den Nachtträumen«[333] vornimmt.

a) »Das Wort Traum kommt vom Nächtlichen her, der Träumer setzt den Schläfer voraus«.[334] An diese Bestimmung lehnt Ernst Bloch die des Tagtraums an:

---

[327] A. a. O. – Ähnliche Erläuterungen finden sich in AS, Angria & Gondal / Der Traum der taubengrauen Schwestern. In: AS, Triton, S. 6–48, S. 17; Literatur, S. 104; Sylvie & Bruno, S. 273. Die Häufigkeit, mit der Schmidt das LG darlegt, verweist auf die Bedeutung, die er dieser literarischen Form beimißt. Vgl. auch die zahlreichen vereinzelten Bemerkungen über das LG, die sich in den Arbeiten Schmidts bis hin zu »Abend mit Goldrand« finden.

[328] AS, Sylvie & Bruno, S. 273; vgl. AS, Literatur, S. 104.

[329] AS, Schwierigkeiten, S. 151.

[330] München u. Basel 1969 (= Erziehg. u. Psycholog. 52).

[331] Frankfurt a. M. 1959.

[332] A. a. O., S. 19–45.

[333] A. a. O., S. 86–128.

[334] A. a. O., S. 87.

die Menschen träumen nicht nur nachts, durchaus nicht. Auch der Tag hat dämmernde Ränder, auch dort sättigen sich Wünsche.[335]

Bloch unterscheidet vier ›Charaktere‹ des Tagtraums. Die ersten beiden bezeichnet er als »freie Fahrt, erhaltenes Ego«.[336] Er kennzeichnet auf diese Weise die Souveräntität des tagträumenden Ich: »das Ich startet eine Fahrt ins Blaue, stellt sie ein, wann es will«,[337] sowie den Umstand, daß sich das tagträumende Ich seiner selbst bewußt bleibt: »Also findet sich das Ich im wachen Traum recht lebhaft, auch strebend vor«.[338] Der dritte ›Charakter‹ des Tagtraums ist Bloch die »Weltverbesserung«[339] oder auch »Welterweiterung«,[340] die Tendenz des sich in bedrohlichen Situationen befindenden Subjekts, sich aus diesen hinauszusehen und eine »bessere Welt«[341] zu imaginieren.

Diesen weltverbessernden oder -erweiternden Tagtraum sieht Bloch als notwendige Vorstufe des Kunstwerks:

So ist überall Wachtraum mit Welterweiterung, als tunlichst exaktes Phantasieexperiment der Vollkommenheit dem ausgeführten Kunstwerk vorausgesetzt.[342]

Wenn im Tagtraum bzw. »Wachtraum« ein »exaktes Phantasieexperiment« durchgeführt, d. h. ein unter kontrollierten Bedingungen nach strengen methodischen Maßstäben verlaufender Vorgang vollzogen werden kann, so ist dazu die uneingeschränkte Potenz des sich seiner selbst bewußten Ich erforderlich. Der so verstandene Tagtraum hat nichts mit dem Nachttraum, aber auch nichts mit jenen ›dämmernden Rändern‹ des Tages gemein, die ja ein gewisses, wenn auch möglicherweise minimales Maß an unbewußter Passivität implizieren.

Daß Bloch den Tagtraum als einen total vom bewußten Ich dirigierten Vorgang versteht, bestätigt sich im vierten ›Charakter‹ des Tagtraums, den er »Fahrt ans Ende«[343] nennt. Er fügt seiner Bestimmung eine weitere Komponente hinzu: die des intentionalen Strebens nach Erfüllung.

---

[335] A. a. O., S. 96.
[336] A. a. O., S. 98.
[337] A. a. O.
[338] A. a. O., S. 101.
[339] A. a. O., S. 102.
[340] A. a. O., S. 106.
[341] A. a. O.
[342] A. a. O.
[343] A. a. O., S. 107.

Die Tagphantasie startet wie der Nachttraum mit Wünschen, aber führt sie radikal zu Ende, will an den Erfüllungsort.[344]

Die Erfüllung des Wunsches im Bereich des Imaginativen ist durchaus nicht pejorativ als Realitätsflucht zu bewerten. Sie ist, wie bereits in der Bestimmung des Tagtraums als Voraussetzung des Kunstwerks, Vorstufe für mögliches Handeln. Dementsprechend schreibt Bloch, daß es

> dem Tagtraum, besonders in der Fahrt ans Ende, wesentlich ist: Ernst eines Vor-Scheins von möglich Wirklichem.[345]

Der Tagtraum ist, wenn er in der Imagination Bilder einer besseren Welt entwirft, implizit oder explizit auf eine negative Realität bezogen. Die Bilder einer besseren Welt sind, ihrer methodisch stringenten Genese im »Phantasieexperiment« entsprechend, konsistent. Und sie sind zudem potentiell realisierbar. Der »Vor-Schein von möglich Wirklichem«, den der Tagtraum entwickelt, weist den Weg, der zu beschreiten ist, um das bessere ›möglich Wirkliche‹ in ein faktisch Wirkliches zu überführen.

Der Tagtraum kann diese intentional-teleologische Relevanz nicht nur deshalb beanspruchen, weil er auf seinen Ausgang bezogen bleibt, sondern auch deshalb, weil, so Bloch, das in ihm entwickelte subjektiv Mögliche mit dem ›objektiv Möglichen vermittelbar‹ ist:

> der Tagtraum projiziert seine Bilder in Künftiges, durchaus nicht wahllos, sondern noch bei ungestümster Einbildungskraft dirigierbar, mit objektiv Möglichem vermittelbar.[346]

Zwischen diesem Begriff des Tagtraums und Schmidts Bestimmung des Gedankenspiels bestehen gemeinsame Grundvorstellungen. Sowohl der Tagtraum Blochs als auch das Gedankenspiel Schmidts setzen in Abgrenzung vom (Nacht-) Traum das souveräne, sich seiner selbst bewußte Ich voraus, das von der objektiven Realität ausgeht und in Verbindung zu ihr eine subjektive Realität in der Imagination erschafft.

Diesen Gemeinsamkeiten stehen Unterschiede gegenüber. Sie sind nicht zuletzt dadurch bedingt, daß es dem Philosophen Bloch im Grunde um einen sozialphilosophischen Vor-Begriff geht, dem Schriftsteller Schmidt hingegen um einen Formbegriff mit der Valenz einer literarischen Beschreibungskategorie.

---

[344] A. a. O.
[345] A. a. O., S. 109.
[346] A. a. O., S. 111.

Die Unterschiede kündigen sich in der Blochschen Bestimmung des Tagtraums als methodischer Vorstufe des Kunstwerks an; sie brechen vollends auf, wenn der Tagtraum als Wegweiser zu einer möglichen besseren Welt, damit als Wegbereiter sozialen Handelns gefaßt wird. Als Tagtraum gilt hier somit jede Art exakter, projektiver Planung, die in dieser Allgemeinheit kaum von exakten Planungsvorhaben wissenschaftlicher Provenienz unterschieden werden kann. Das Gedankenspiel dagegen bezeichnet den ohne planerische Realisierungsintentionen auf das Bewußtsein des Subjekts beschränkten, dem Traum verwandten, aber von ihm unterschiedenen Vorgang.

Wenn Schmidt für diesen Bewußtseinsvorgang den Begriff des Gedankenspiels gebraucht,[347] so schließt er die bei Bloch vorhandene Gefahr terminologischer Mißverständlichkeiten aus. Diese Gefahr zeigt sich etwa darin, daß Bloch, auch in seinem Sinne unpräzise, von »Fichtes *Traum* von einem geschlossenen Handelsstaat«[348] spricht. Der Begriff des Gedankenspiels gewährleistet die Trennung des durch ihn bezeichneten Vorgangs auch vom Traum, indem er das ›spielende‹, seiner ›Gedanken‹ mächtige Subjekt voraussetzt.

b) Im Gegensatz zu Bloch versteht Hedwig Katzenberger den Tagtraum als einen Bewußtseinsvorgang, der

in vielen Fällen seines Auftretens zu der Gruppe der psychischen Vorgänge [gehört], die vom Bewußtsein unkontrolliert dahinfließen.[349]

Sie räumt ein, daß der Tagtraum bewußt in Gang gesetzt und abgebrochen werden kann, insistiert jedoch darauf, daß sich »der Tagtraum selbst [...], seine Gestalt, die Form seines Ablaufs [...] steuernder Einflußnahme« »entzieht«.[350] Hier stellt sich der Tagtraum insofern als ein dem Traum nahestehender Vorgang dar, als beide unabhängig von bewußten Steuerungen verlaufen.[351] Dennoch sieht Katzenberger im Tagtraum einen zweckorientierten Bezug zur Realität:

---

[347] In dem Artikel »Meine Bibliothek«. Die Zeit, 4.6.1965, weist Schmidt ausdrücklich darauf hin, daß die Wortbildung »Gedankenspiel« nicht von ihm stammt.
[348] Bloch, Prinzip Hoffnung, S. 552.
[349] Katzenberger, S. 7.
[350] A. a. O., S. 11.
[351] Vgl. dagegen a. a. O., S. 33, wo Katzenberger immerhin die Forderung aufstellt, den Tagtraum u. a. vom ›Schlaftraum‹ abzugrenzen.

Es besteht jedoch kein Zweifel, daß getagträumt wird, um einen Ausgleich für die Frustrationen in der Realität herzustellen und zu genießen.[352]

Sie schreibt dem Tagtraum eine psychische Funktion zu, die über die

Wunscherfüllung in der Phantasie, d. h. die Befriedigung von Bedürfnissen, die in der Realität nicht zu verwirklichen sind,[353]

bis hin zur »»lebenserhaltenden Funktion« [...] in Notzuständen«[354] reicht.

Neben diesen »Funktionen des Tagtraums«, so die entsprechende Kapitelüberschrift,[355] nennt Katzenberger, die psychoanalytische Forschungsliteratur zu diesem Thema referierend und auswertend: »Frustrations- und Spannungsausgleich[.]«;[356] »Vorbereitung auf die Realität« durch das »probeweise[.] Durchlaufen verschiedener Erlebnisbereiche« »auch in der Form planenden Ausphantasierens«;[357] »kathartische« »Funktion« im Sinne der »Kanalisierung gefährlicher Impulse«; »Konflikt- und Angstbewältigung«[358] u. a.

Der Tagtraum erhält die generelle Bedeutung einer eigenpsychotherapeutischen Vermittlungsinstanz zwischen dem Subjekt und der Realität, mit der es in einem kontroversen Verhältnis steht. Dabei bleibt allerdings offen, ob die Ursache in der negativen Beschaffenheit der Realität oder in der psychopathologischen Konstitution des Subjekts liegt. So ist es nur konsequent, wenn Katzenberger feststellt,

daß exzessives Tagträumen eine Flucht vor der Realität darstellt [...], daß es die Gefahr der Abkapselung von der Realität in sich birgt und den Kontakt zur Umwelt stört.[359]

Und sie verallgemeinert dies: »das gilt in weniger ausgeprägtem Maß auch für normales Wachträumen«.[360] Zumindest die Tendenz der Realitätsflucht ist hiernach konstitutiv für den Tagtraum.

---

[352] A. a. O., S. 14.
[353] A. a. O., S. 17.
[354] A. a. O., S. 19. Katzenberger zitiert hier H.-R. Lückert, Konflikt-Psychologie, München u. Basel 1957 (ohne Seitenangabe).
[355] Katzenberger, S. 17.
[356] A. a. O.
[357] Alle Stellen a. a. O., S. 18.
[358] Alle Stellen a. a. O., S. 19.
[359] A. a. O., S. 30.
[360] A. a. O.

Neben der Charakterisierung dieser primär funktionalen Aspekte des Tagtraums unternimmt Katzenberger eine ausdrückliche »Begriffsbestimmung«,[361] in der sie zu folgendem Resultat gelangt:

> Zusammenfassend läßt sich der Tagtraum als psychisches Gebilde charakterisieren, das weder an ein bestimmtes Lebensalter noch an eine spezifische Persönlichkeitsstruktur gebunden ist und in Situationen nicht gerichteter Aufmerksamkeit des Wachzustandes auftritt. In seinem Ablauf ist er von willentlicher Steuerung unabhängig. Er erreicht unterschiedliche Bewußtheitsgrade, bricht jedoch ab im Augenblick der Selbstbeobachtung. Kennzeichnende Momente sind die thematische und strukturelle Geschlossenheit, die zentrale Rolle des Tagträumers, die erlebnismäßige Präsenz der imaginierten Situation und die inhaltliche Bestimmung des Tagtraums durch intimes psychisches Material.[362]

Nach dieser zusammenfassenden Bestimmung ist der Tagtraum ein allgemeiner, von jedermann vollziehbarer und vollzogener psychischer Vorgang, der nicht von dem sich seiner selbst bewußten Ich dirigiert wird, in dem jedoch das Subjekt die zentrale Rolle einnimmt und sich eine Realität erschafft, die es als subjektiv-reale erlebt.

Zusätzlich zu diesen Merkmalen erwähnt Katzenberger ein anderes:

> Eine bemerkenswerte Eigentümlichkeit des Tagtraums ist seine Fähigkeit, eine Form herzustellen, die literarischen Produktionen nahe kommt.[363]

In diesem Zusammenhang weist sie darauf hin, daß in der Forschung auf

> die Bedeutung des Tagtraums als Vorstufe und Voraussetzung dichterischer Schöpfungen hingewiesen[364]

worden sei.

Bei diesen von Katzenberger vorgetragenen Momenten handelt es sich um völlig Verschiedenes: Zum einen geht es um die als Qualität bewertete formale Konsistenz des Tagtraums, zum anderen um die projektive Vorwegnahme des Kunstwerks, die, weil sie zweifellos bewußtes Planen impliziert, dem Bestimmungsmerkmal der Unabhängigkeit des Tagtraums von bewußter Einflußnahme zuwiderläuft. Trotz dieses Widerspruchs spricht die psychoanalytische Forschung,

---

[361] A. a. O., S. 33ff.
[362] A. a. O., S. 35.
[363] A. a. O., S. 26.
[364] A. a. O.

an die sich Katzenberger eng anlehnt,[365] dem Tagtraum beide Merkmale zu.

Ein gerade im Hinblick auf die Konzeption des Begriffs des Gedanken*spiels* interessantes Merkmal des Tagtraums konstatiert Katzenberger lediglich parenthetisch:

> Ein weiteres für die Funktionsweise des Tagtraums charakteristisches Mo-
> ment liegt in seiner N ä h e z u m S p i e l, das [...] dem realitätsorientierten
> Zweckdenken entrückt, jeglichen Zwanges und jeglicher Beschränkheit
> enthoben ist.[366]

Dem von Schmidt wie auch von Bloch vorausgesetzten souveränen
Subjekt steht in der Bestimmung Katzenbergers das sich seiner selbst
nicht bewußte Subjekt gegenüber.

Die Beziehung des Tagtraums zur Realität geht in kompensato-
rischen Funktionsbestimmungen auf, die unterstrichene » N ä h e z u m
S p i e l «, die wiederum die Abkehr von der durchaus »reali-
tätsorientierten« Zweckgebundenheit der Funktionen des Tagtraums
proklamiert, bleibt absolut folgenlos für die Begriffsbildung, ja widerspricht ihr wiederum insofern, als das Spiel das bewußte Subjekt
erfordert.

»Tagtraum« bezeichnet hier einen von Grund auf anderen Bewußtseinsvorgang als den, den Schmidt im Blick hat. Ein psychischer Prozeß, der vom Bewußtsein gesteuert wird, verläuft grundsätzlich anders als der, der solchen Einflüssen des Bewußtseins entzogen ist.

Die von Schmidt intendierte Abgrenzung des Gedankenspiels vom
Tagtraum verhindert, daß verschiedenartige Vorstellungen eines Bewußtseinsvorgangs oder auch Vorstellungen verschiedenartiger Bewußtseinsvorgänge unreflektiert vermischt werden. Sie schafft die
Offenheit, die für eine Begriffsbestimmung erforderlich ist.

2. Der Bewußtseinsvorgang des Längeren Gedankenspiels

a) Schmidt konzentriert seine theoretischen Explikationen »auf die
Diskussion des längeren, oft durch Wochen hindurch fortgeführten,
Gedankenspiels«.[367]

---

[365] Ein Großteil ihrer Arbeit ist ausdrücklich dem »Stand der Forschung« (S. 8–33)
gewidmet.
[366] Katzenberger, S. 26f.
[367] AS, Berechnungen II, S. 294.

Der Begriff des *Längeren* Gedankenspiels kennzeichnet nicht nur die quantitative zeitliche Ausdehnung in Relation zum weniger langen Gedankenspiel, sondern deutet auch eine mit der Quantität zusammenhängende qualitative Konsequenz an. Das LG ist

> infolge sowohl der Art seiner langsamen Formung & seines zäh-probierenden Ausbaues, wie auch der besonders interessanten Spannung zwischen Individuum und der es frustrierend-umgebenden Außenwelt nach, par excellence ›literaturfähig‹; (ja zuweilen selbst schon ›halbe Literatur‹. [. . .]).[368]

Das *Längere* Gedankenspiel ist kein mechanisch ablaufender Bewußtseinsvorgang wie das Gegenwartserleben bzw. das Musisivische Dasein, die Erinnerung oder auch der Traum, sondern vollzieht sich per se als Formungsprozeß, der eben deshalb prädestiniert ist, literarisch genutzt zu werden. In den einfachen Ausprägungen dieses Bewußtseinsvorgangs impliziert das die Trivialität des in ihm Geformten.

Ausgehend von solchen einfachen Ausprägungen, charakterisiert Schmidt das LG:

> es handelt sich bei ihm um einen allgeläufigen, von Jedermann hundertfach praktizierten Vorgang: ob sich die Kaufhaus-Verkäuferin als ›berühmte Tänzerin‹ denkt, und daraus abends, vorm Allein-Schlafengehen, Trost & Stärkung zieht; ob der Beamte sich als seinen eigenen Vorgesetzten imaginiert, (und nun aber mal gehässigen ›Zug‹ in seine ganze Behörde bringt!); ob der Bergmann über Tage sich den schönfarbigen Prospekt einer Bau-Gemeinschaft vornimmt, und monatelang im Geist um's schmucke ›Eigenheim‹ herum lustwandelt, den Keller randvoller Eichhorn-Vorräte, um die breiten Schultern den Mantel mit atomsicherer Kapuze – immer ist das LG ein überhaupt nicht zu überschätzender, dabei völlig legitimer, Bewußtseinsvorgang.[369]

Schmidt konturiert das Verständnis dieses Bewußtseinsvorgangs durch Beispiele. Ihnen ist die Tendenz gemeinsam, eine Realität zu imaginieren, in der das Ich in positivem Gegensatz zur negativ erlebten Umwelt steht.[370]

---

[368] AS, Sylvie & Bruno, S. 273f.
[369] A. a. O., S. 273.
[370] Auf die hier und auch späterhin noch begegnenden Entsprechungen einzelner Bestimmungsmerkmale des LGs zu solchen der verschiedenen Tagtraum-Konzeptionen wird nicht eigens verwiesen.

Diese Tendenz kennzeichnet eine grundsätzliche Voraussetzung des LGs: die negative Einstellung des Subjekts zu seiner Welt. Im LG schafft es sich imaginative Auswege aus einer de facto ausweglosen objektiven Realität. Diese psychische Funktion des LGs geht nicht in Realitätsflucht auf. Auf diesen genetisch bedingten Funktionsaspekt wird das LG vor allem dann reduziert, wenn es von einer Position betrachtet wird, die außerhalb der objektiven Realität des gedankenspielenden Subjekts liegt. Für das Subjekt, das das LG produziert und sich in seiner subjektiven Realität ansiedelt, gilt zwar die Maxime: »›Mein LG ist Meine Burg!‹«, aber mit dem Zusatz: »: kann ein Trost für's ganze Lebm werdn«.[371]

Wenn Schmidt das LG in Anspielung auf das angelsächsische ›My home is my castle‹ als Burg bezeichnet, so hat er damit nicht den pejorativen Nebensinn im Blick, der die Abkapselung von der objektiven Realität impliziert, sondern die positive Kraft des LGs, das Subjekt instand zu setzen, die negative Realität zu bewältigen. Dies kann so weit gehen, daß das LG in existenzbedrohenden Situationen existenzbewahrend wirkt, daß es zur »letzte[n] große[n] Rettung des, in extremer Situation befindlichen«[372] Subjekts wird. Anders als die reduktive Funktionsbestimmung der Realitätsflucht hebt die der Realitätsbewältigung auf den bewußten Bezug zur objektiven Realität ab.[373]

b) Die Beziehung zwischen subjektiver und objektiver Realität ist konstitutiv für das LG. Es transformiert die objektiv-reale in eine subjetiv-reale Welt.[374] Die subjektive ist materialiter von der objektiven Realität abhängig, ihre Konstitution jedoch und das Verhältnis der Realitätsebenen zueinander werden durch das LG des Sub-

---

[371] AS, Zettels Traum, S. 716.

[372] AS, Angria & Gondal, S. 17.

[373] Dazu Horst Thomé: »Da die Funktion des Gedankenspiels von Arno Schmidt als Wunschbefriedigung und psychische Entlastung gedeutet wird, geht die Poetologie vollends in eine Psychologie auf eigene Faust über.« (S. 117)
Der Begriff des LGs ist keineswegs durch die Bestimmung der psychischen Funktion abgedeckt. Er ist – durchaus methodisch stringent und transparent – poetologisch expliziert und explizierbar und wird erst damit zu einer literarischen Beschreibungskategorie.

[374] Vgl. AS, Berechnungen II, S. 296: »Selbst die Grammatik erkennt die Existenz des Gedankenspiels so bedingungslos an, daß sie das ganze Riesengebäude eines besonderen Modus dafür erfunden hat: den Konjunktiv! Jeder Gebrauch eines ›hätte, wäre, könnte‹ gesteht das Liebäugeln mit einer ›veränderten‹ Realität und leitet so recht das LG ein.«

jekts bestimmt. Das LG strukturiert nicht nur die subjektive Realität, sondern beeinflußt auch den Ursprung seiner selbst, das Erleben der objektiven Realität.

In den »Berechnungen II« charakterisiert Schmidt diesen Einfluß:

> ohne der Wahrheit Gewalt anzutun läßt sich behaupten, daß bei jedem Menschen die objektive Realität ständig von Gedankenspielen [. . .] überlagert wird.[375]

Denselben Sachverhalt drückt er in »Zettels Traum« aus: »Das LG überbaut die gesamte vita des SpielenDän!«[376]

Was das für das Subjekt und sein Verhältnis zur Realität bedeutet, ist an anderer Stelle in »Zettels Traum« expliziert:

> Muß Ich's also d o c h wieder weidlich=ausführen: wie die ›Längeren Gedankenspiele‹, die ›LG‹s eines Menschen, je reicher komplizierter ausgebauter affekt=besetzter sie sind, sich zwischen ihn & seine Wahrnehmung des Realen zu schiebmflegn, wie eine schlecht=passende & dazu noch scheckig-farbije Brille: jeglichen, verwendbare Anregungen aussendenden Gegenstand, wird er zwar durchaus ›gewahren‹; aber ebm nur sub specie seines LG.[377]

Das so zustandekommende Bild der Welt weicht um so stärker von der faktischen Realität ab, je komplizierter diese Brille strukturiert ist.

Die optische Metaphorik charakterisiert die Abweichungen als perspektivische Verzerrungen. Die objektive Realität wird aus der Perspektive wahrgenommen, aus der heraus die subjektive strukturiert wird. Der Wahrnehmungsvorgang wird umgekehrt, er untersteht der perspektivisch externalisierenden Leitung des LGs und wird in dieser Form zu einer Komponente *dieses* Bewußtseinsvorgangs. Die konforme Abbildung der Welt, die der Bewußtseinsvorgang des LGs leistet, besteht aus dem Zusammenhang beider Ebenen.

c) Der Bewußtseinsvorgang trägt den Namen des Spiels.[378] »Spiel« ist keineswegs mit Unverbindlichkeit und Willkür verbunden. Ein Spiel kommt nur dann zustande, wenn sich Spieler nach verbindlichen Spielregeln richten. Es setzt Regeln voraus, die bekannt und durchsichtig sein müssen, damit sie befolgt werden können, damit

---

[375] A. a. O., S. 295.
[376] AS, Zettels Traum, S. 718.
[377] A. a. O., S. 160.
[378] Bezeichnenderweise spricht Raymond Ruyer, L'Utopie et les utopies, Paris 1950, vom ›utopischen Spiel‹; s. u., S. 167.

jemand zum Mitspieler werden kann. In den Spielregeln werden Verlauf und Ziel festgelegt, auf das hin gespielt wird und das es im Spiel zu erreichen gilt. Das Ziel, das Spielergebnis, kann darin bestehen, daß ein Spieler den oder die anderen Spieler besiegt;[379] darin, daß das Spiel sich selbst in Gang hält;[380] darin, daß ein Vorhaben im Spiel spielerisch realisiert wird.[381] Die Spielregeln bestimmen aber nicht nur das, was als Spielergebnis gilt, sondern ebenfalls das Spielmaterial und das Spielfeld. Sie legen die gesamte Spielstruktur fest.

Durch die Spielregeln wird ein Spiel wiederholbar.[382] Wiederholbarkeit besagt, daß in allen einzelnen Fällen des Spielens die Spielregeln ihre Gültigkeit behalten. Hierbei ist zwischen verschiedenen Wiederholungsformen zu unterscheiden, und zwar zwischen Spielen, in denen die Spielregeln das Spielmaterial und das Spielfeld invariabel fixieren, und Spielen, in denen die Spielregeln es erfordern, ein variables Spielmaterial variabel einzusetzen.[383]

Um ein variables Spiel handelt es sich beim LG. Spielmaterial, Spielverlauf und Spielresultat hängen vom Spieler und von der Realität ab, in die er inbegriffen ist; das LG wird durch die negativ erlebte

---

[379] Ziele dieser Art verfolgen die meisten der gemeinhin unter den Terminus des Spiels subsumierten Tätigkeiten; hierunter fallen sowohl die sog. Gesellschaftsspiele als auch die im Rahmen des Sports auftretenden Spielformen.

[380] Ein Spiel, das ein solches Ziel verfolgt, wird von Kant als ästhetischer Begriff vorgeführt. Kant spricht vom »harmonische[n] Spiel der beiden Erkenntnisvermögen der Urteilskraft, Einbildungskraft und Verstand, im Subjekte« (Erste Einleitung in die Kritik der Urteilskraft, n. d. Hs. hrsg. v. Gerhard Lehmann, 2., durchges. u. erw. Aufl. Hamburg 1970, S. 31), einem Spiel, das von »der Betrachtung des Schönen« [Kritik der Urteilskraft, hrsg. v. Karl Vorländer, Hamburg 1968 (= unveränd. Nachdr. d. 6. Aufl. Hamburg 1924), S. 61] in Gang gesetzt und erhalten wird und das eben darin sein Resultat zeigt, wenn es gelingt, »die Beschäftigung der Erkenntniskräfte ohne weitere Absicht zu erhalten« (a. a. O.).
– Der Begriff des Spiels wird in Erweiterung des Kantischen von Friedrich Schiller, Über die ästhetische Erziehung des Menschen in einer Reihe von Briefen. In: F. Sch., Theoretische Schriften. Dritter Teil, hrsg. v. Gerhard Fricke, München 1966, S. 5–95) zu einem anthropologischen, wenn er schreibt: »der Mensch spielt nur, wo er in voller Bedeutung des Wortes Mensch ist, und er ist nur da ganz Mensch, wo er spielt.« (S. 48f.)

[381] Das Ziel der Realisierung von Vorhaben, Wünschen etc. liegt etwa in den sog. Planspielen vor, ganz allgemein dort, wo bestimmte Konzeptionen nicht realisiert werden können oder vor einer faktischen Realisierung hypothetisch durchgespielt werden sollen, um so zu optimalen Realisierungsmöglichkeiten zu gelangen.

[382] Vgl. Theodor W. Adorno, Ästhetische Theorie, hrsg. v. Gretel Adorno u. Rolf Tiedemann, Frankfurt a. M. 1973, S. 469: »Spielformen sind ausnahmslos solche von Wiederholung.« Das stimmt nicht ganz. Es gibt auch Fälle, in denen jemand buchstäblich sein Leben aufs Spiel setzt, mithin Spiele mit letalem Ausgang.

[383] Ersteres ist der Fall in den Gewinnspielen, die einen Sieger als Spielresultat erfordern, letzteres im Spiel der Erkenntniskräfte sowie auch im Planspiel und LG.

Realität ausgelöst und bleibt auf sie bezogen, indem er sie zur subjektiven Realität transformiert und indem er die objektive Realität perspektivisch verzerrt wahrnimmt.

Die Spielregeln des LGs bestimmen als Spielfeld das Bewußtsein des Subjekts, als Spielmaterial die objektive Realität, die spielspezifisch verändert wird, als Spielresultat den Zusammenhang der subjektiven mit der objektiven Realitätsebene, der die konforme Abbildung der Welt ausmacht.

In dieser allgemeinen Form gelten die Spielregeln grundsätzlich für jedes LG. Jedes LG aber unterscheidet sich von dem anderen. Die allgemeinen Spielregeln werden jeweils spezifiziert. Die Spezifizierung der Spielregeln ist in der Spielstruktur selbst begründet, darin, daß der Spieler, damit zugleich das Spielfeld sowie das Spielmaterial zwar in ihrer allgemeinen Bestimmung – als Subjekt bzw. dessen Bewußtsein und objektive Realität – gleich bleiben, daß sie sich jedoch im konkreten Fall unterscheiden, so daß eine Individualisierung der Spielregeln erfolgt.

Das nach den *allgemeinen* Regeln des Bewußtseinsvorgangs *individuell* verlaufende LG schließt einerseits das willkürliche Abändern des Spielverlaufs aus, andererseits aber auch seine apriorische Fixierung.

Im Kontext seiner Lebenswelt setzt das Subjekt die Anfangsbedingungen für den Ablauf des LGs fest, das in diesem Sinne ›gesetz-mäßig‹ fundiert ist. Sie betreffen die Struktur der subjektiven Realität und haben axiomatische Relevanz. Auf der Basis der Axiome werden die allgemeinen Regeln spezifiziert. Ihnen folgt das LG. Ihre willkürliche Verletzung durch das Subjekt käme einem ›Falschspiel‹ gleich, das die Spielstruktur aufhöbe. Das Gegenteil der subjektiven Willkür, die strikte Einhaltung eines von vornherein feststehenden Verlaufes, führte ebenso zu einer Aufhebung der Spielstruktur. Ein solches Vorgehen ist inflexibel und invariabel. Ihm ist im wörtlichen Sinne kein Spielraum belassen.

Zwischen diesen beiden Polen nimmt das LG einen eigenen Bereich ein. Es bildet, so Schmidt, »ein sehr merkwürdiges Sondergebiet für sich«.[384]

---

[384] AS, Schwierigkeiten, S. 151.

3. Die Transparenz der Subjektivität als Problem der literarischen Form

Das Verhältnis zwischen der objektiven Realität des gedankenspielenden Subjekts und seinem LG bezeichnet Schmidt als »Zusammen- und Durcheinanderspiel«.[385]

Die literarische Nutzung des LGs als formales Vorbild bedeutet dann, dieses

> Zusammen- und Durcheinanderspiel des Alltags eines Menschen mit seinem Längeren Gedankenspiel getreulich abzubilden. Genau und rücksichtslos – also, mit anderen Worten: WAHR! – vorzuführen, was aus der Realität in die betreffende Seifenblasenwelt übernommen, beziehungsweise fantastisch ›berichtigt‹ wird à la ›corriger la fortune‹. Auch, wie dann, von einem gewissen Entwicklungsstadium des Längeren Gedankenspiels an, der Prozeß sich dahingehend erweitert, daß mutuelle Beeinflussung der beiden Erlebnisbereiche stattfindet.[386]

Der ›Alltag‹, d. h. im Sinne der Bestimmung der materialen Dimension der Modernen Literatur: die alltägliche Lebenswelt, und das LG eines Subjekts sind nicht, wie es die etwas mißverständliche Eingangsformulierung nahezulegen scheint, divergente Bereiche. So klar voneinander geschieden sind sie lediglich im Anfangsstadium des LGs sowie für ein Subjekt, das an der objektiven Realität des gedankenspielenden Subjekts teilhat, jedoch nicht an seiner subjektiv im Spiel produzierten Welt.[387] Für das gedankenspielende Subjekt sind objektive Realität und subjektive »Seifenblasenwelt« zusammengehörende Komponenten des LGs. Das LG besteht aus diesen prozessual sich bildenden Beziehungen der beiden Realitätsebenen zueinander.

Das zentrale Problem der literarischen Form des LGs resultiert aus der dem Bewußtseinsvorgang eigenen Subjektivität. Es besteht darin, daß die Bindung des LGs an das Subjekt als Konstitutivum der Form zu bewahren ist, zugleich aber in gewisser Weise aufgehoben werden muß; denn die Literarisierung erfordert die Mit-teilbarkeit des Spiels.

Wie die etymaren Verschlüsselungen nachvollziehbar sein müssen, muß auch das LG transparent sein; denn Literatur ist auf Lesbarkeit angelegt: »sein Buch absichtlich unverständlich macht nur der Narr oder der Scharlatan!«[388]

---

[385] A. a. O.; vgl. auch AS, Sylvie & Bruno, S. 275.
[386] AS, Schwierigkeiten, S. 151.
[387] Dies ist der Fall bei TH in »Kaff«.

Die Nachvollziehbarkeit bildet die unabdingbare Voraussetzung dafür, daß das LG über die individuelle psychisch-funktionale Relevanz hinaus allgemeine Verbindlichkeit als eine literarische Möglichkeit der konformen Abbildung der Welt beanspruchen kann.

Dies gilt für das LG, das als »ein formal vollständiges Kunstwerk«[389] die subjektive und die objektive Realitätsebene in ihrem wechselseitigen Zusammenhang wiedergibt, und dies gilt in verstärktem Maße für das formal unvollständige LG. Schmidt vergleicht es mit »einer Schachpartie [. . .], von der nur die schwarzen Züge (oder weißen, wie man will) notiert wurden.«[390] Die formale Unvollständigkeit bedeutet keine qualitative Abwertung, sondern kompliziert ›lediglich‹ die Einsicht in die spezifische Konzeption des Spiels.

a) Den Zugang zu einem bestimmten LG muß das Ich verschaffen, das in der Mitteilung seines LGs – sei dieses nun vollständig oder nicht – den literarischen Text konkretisiert; sein Bewußtsein ist das strukturbildende Zentrum des Textes, in seiner Konstitution liegt der Schlüssel für die spezifische Individualisierung der Spielregeln.

Daraus ergeben sich bestimmte Konsequenzen für das Verhältnis zwischen dem figuralen Ich des literarischen Textes und dem Autor-Ich. Schmidt geht in »Sylvie & Bruno« auf sie ein:

abgesehen von dem Fleiß & der Kunst, die hier erforderlich werden, setzt eine leidlich überzeugende Arbeit der beschriebenen Art [= LG], große Opfer an Stücken der eigenen Persönlichkeit voraus – nur so gerät das Ergebnis ›wahr‹ genug; ein Akt der Selbstlosigkeit, der eine nicht geringe Anstrengung des Mutes erfordert [. . .]. Der Poncho unbeteiligter Anonymität, wie ihn ängstliche Verfasser, die prinzipiell jedwede Ähnlichkeit ihrer Helden & der umliegenden Ortschaften mit sich-selbst oder gar der Wirklichkeit abstreiten, zu tragen pflegen, m u ß – immer vorausgesetzt, das geschilderte Zusammenspiel von Realität und LG solle dem Leser einigermaßen logisch & glaubwürdig wirken – besagter Poncho also dürfte ziemlich löcherig werden müssen.[391]

---

[388] AS, Schwierigkeiten, S. 152.
[389] AS, Berechnungen II, S. 297.
[390] A. a. O. Schmidt führt auch die – sehr seltene – Gruppe »»halbierter LG's««
(a. a. O.) an, in der nur die objektive Realitätsebene verzeichnet ist. Hierbei handelt es sich um die Wiedergabe der von einer subjektiven Realität her perspektivisch verzerrten Wahrnehmung der objektiven Realität, die folglich anders strukturiert ist als das Musivische Dasein.
[391] AS, Sylvie & Bruno, S. 274f.; vgl. dazu AS, Literatur, S. 105f.; vgl. auch AS, Gelehrtenrepublik, S. 88, A. 55.

Schmidt führt aus, daß das figurale Ich aus Elementen des Autor-Ich und seine Welt aus Elementen der Welt des Autor-Ich besteht. Die Affinitäten sind in der individuell spezifizierten Subjektivität des LGs begründet. Die formale Nachbildung dieses Bewußtseinsvorgangs, d. h. auch: die *Fiktion* eines solchen Bewußtseinsvorgangs,[392] verlangt eine stringente Konstruktion, weil nur so ein Resultat erreicht werden kann, das »glaubwürdig wirken« und für den Leser Verbindlichkeit beanspruchen kann.[393] Diese Stringenz wird durch die (Quasi-) Authentizität des im Text konkretisierten Bewußtseinsvorgangs erreicht.

Das bedeutet keineswegs, daß sich der Autor im figuralen Ich selbst porträtiert, daß eine Identität zwischen figuralem und Autor-Ich besteht. Schmidt erwähnt eigens: »Die Selbstbiographie eines Autors ist nebenbei kein Ersatz«[394] für die Darstellung der objektiven Realitätsebene. Es handelt sich um die Darstellung der objektiven Voraussetzungen und Bedingungen des LGs, speziell der subjektiven Realität. Diese Darstellung liegt beim formal vollständigen LG in der objektiven Realitätsebene vor.

Die Identifizierbarkeit der objektiven Voraussetzungen und Bedingungen des LGs muß auch und gerade beim formal unvollständigen LG, in dem nur die subjektive Realitätsebene wiedergegeben wird, gewährleistet sein. In diesem Fall erscheint die objektive *allein* als die ins Subjektive transformierte Realität. Das Verhältnis der dargestellten subjektiven zur nicht dargestellten objektiven Realität ist im Sinne der Schmidtschen Schachspiel-Analogie hypothetisch zu rekonstruieren.

Auch dort, wo Schmidt unter Anspielung auf persönliche Erfahrungen[395] die Ansprüche, die die exakte formale Nachbildung des LGs

---

[392] Lenz Prütting (Arno Schmidt. Art. in: Kritisches Lexikon zur deutschsprachigen Gegenwartsliteratur, hrsg. v. Heinz Ludwig Arnold, München 1978ff.) unterscheidet zwischen »einer realen und einer fiktiven« (S. 12 d. Art.) Darstellungsebene. Die sehr oberflächliche Differenzierung verwischt die Tatsache, daß selbstverständlich beide Ebenen Fiktion sind.

[393] Vgl. hierzu ausführlicher u., S. 238ff.

[394] AS, Berechnungen II, S. 298.

[395] Schmidt bezieht sich wohl weniger auf die objektive Realitätsebene als Teil des LGs, als vielmehr allgemein auf die Darstellung objektiver Realität. Die Anspielung gilt dem Prozeß wegen Gotteslästerung und Pornographie, dem sich Schmidt wegen »Seelandschaft mit Pocahontas« ausgesetzt sah (vgl. dazu z. B. die Notiz von Hans-Michael Bock in BB, Lfg. 34, Sept. 1978, S. 19).
Schmidt formuliert seine Reaktion hierauf deutlicher in Eberhard Schlotter, S. 132: »›Mehr Licht‹ will Niemand! Nich mal die eigne Umgebung woll'n se deutlich sehen: Wer ausspricht, daß die Welt zur Hälfte Geschtank & Schock & Irrsinn ist, kriegt eins mit'm Notstandsgesetz. Und wenn Einer redlich & künstlerisch schildert, wie'n Mensch gemacht wird, bestrafen se'hn wegen ›Obszönität‹.«

an den Autor stellt, für allzu groß hält, räumt er indirekt die Notwendigkeit der prinzipiellen Identifizierbarkeit der objektiven Realität ein. In den »Berechnungen II« führt Schmidt an, daß

> die ehrliche Angabe von E I [= objektive Realitätsebene] nicht nur ein Akt der Unklugheit (vor allem gegenüber der eben wieder entstehenden Inquisition) [wäre], sondern auch der aufreibendsten und wahnwitzigsten Selbstverleugnung, den das zeitgenössische Publikum nicht wert ist (und höchstens in Geheimschrift beizugeben. [...]).[396]

Neben die polemisch hypertrophierte, gegen staatliche Institutionen bzw. kirchliche Machtansprüche und den Leser gerichtete Verzichterklärung stellt Schmidt die Möglichkeit, die objektive Realitätsebene »in Geheimschrift« mitdarzustellen. Er spielt auf die etymare Verschlüsselung an und offeriert sie als legitime und praktikable Art der Mitteilung, die allerdings grundsätzlich entschlüsselbar sein muß. Anders würde sich der Text seiner strukturadäquaten Lesbarkeit selbst entziehen. Die subjektive Realität ist, anders als die nicht ins Subjektive transformierten Darstellungen objektiver Realität, nicht durch die stillschweigende Voraussetzung der prinzipiellen Erfahrungsmöglichkeit zugänglich, sondern muß diesen Zugang von sich aus schaffen.

Demgegenüber verfügt das formal vollständige LG über einen entscheidenden Vorzug: Es erlaubt dem Autor, den gesamten Vorgang des LGs in der literarischen Formung vorzuführen, seinen Ursprung und seine Bedingungen sowie seinen Ablauf, seine sukzessive Strukturierung; und es erlaubt dem Leser das entsprechende Nachvollziehen.

b) Das Erfordernis der Nachvollziehbarkeit des LGs hat produktionstechnische Auswirkungen. Sie betreffen die Gestaltung des Verhältnisses der Realitätsebenen bis hin zum Druckbild.

Die erste Voraussetzung für ein strukturadäquates Verständnis des LGs, die Identifizierung der objektiven Bedingungen des Spiels, prägt den Beginn des Textes:

> Zu Anfang ist eine längere Darlegung des E I unerläßlich, aus der sich langsam-konsequent dann das E II [= subjektive Realitätsebene] entwickelt.[397]

---

[396] AS, Berechnungen II, S. 298.
[397] A. a. O., S. 306.

Die einleitende Darstellung der objektiven Realität gibt die Erlebnisweise dieser Realität wieder, um den Ursprung des LGs transparent zu machen. Mit der ›Entwicklung‹ der subjektiven aus der objektiven Realitätsebene, d. h. mit dem eigentlichen Beginn des LGs, wird die objektive Realität aus der Perspektive der subjektiven erlebt:

> Assimilierbares wird aus E I nach der biologischen Regel von trial and error aufgenommen, und nach »persönlichen Gleichungen« transformiert.[398]

Was auf Grund seiner materialen Beschaffenheit zum möglichen Bauelement der subjektiven Realität werden kann, entscheidet sich von der Konzeption des LGs her. Die ›assimilierbaren‹ Elemente werden nicht irgend willkürlich ins Spiel gebracht. Ihre Aufnahme erfolgt explizit regulär. Sie werden nach den individuell spezifizierten Regeln des Spiels zur subjektiven Realität »transformiert«.

Neben der Transformation steht »gleichwertig auch die »Selbstvermehrung« von E II durch Sprossung, Teilung usw.«[399] In einem fortgeschrittenen Stadium des LGs ist der Ausbau der subjektiven Realität nicht mehr allein auf Materialien angewiesen, die unmittelbar aus der objektiven Realität transformiert worden sind. Die subjektive Realität kann sich ebenso aus sich selbst heraus weiterentwickeln. Die Bezeichnung dieses Vorgangs als »Selbstvermehrung« und seine Illustration durch »Sprossung, Teilung usw.« verdeutlichen, daß auch hier eine Verfälschung des Spiels durch die Willkür des Spielers ausgeschlossen ist. Die Art des Ausbauens aus sich selbst heraus läßt die Substanz der subjektiven Realität und ihr je bestimmtes Verhältnis zur objektiven Realität unverändert, so daß die Nachvollziehbarkeit des LGs auch in diesem Fall gewahrt bleibt.

c) Das Verhältnis der Realitätsebenen spiegelt sich – idealiter – im Druckbild, d. h. das Druckbild zeigt im quantitativen auch das qualitative Verhältnis der Realitätsebenen an. Zuerst jedoch gibt es das fundamentale Strukturmerkmal des LGs, die Duplizität der Realitätsebenen wieder.

Die Frage, welche Druckanordnung diesem Tatbestand zweier einander im allgemeinen ablösender, selten durchdringender, Erlebnisbereiche am gerechtesten wird, erledigt sich sehr einfach: die Buchseite muß, um dem

---

[398] A. a. O.
[399] A. a. O.

Fachmann die Erkenntnis der Struktur, dem Leser (Nachspieler) Unterscheidung und Übergang aus einem Bereich in den anderen zu erleichtern, in eine linke (E I) und eine rechte (E II) Hälfte geteilt werden.[400]

Schmidt schreibt weiter: »Selbstverständlich muß, sobald E II einsetzt, E I abgeschaltet werden, d. h. leer bleiben.«[401] Er modifiziert und erläutert:

Allenfalls dürften in dem freien Raum Kleinstwiederholungen das Fading einer mechanischen Tätigkeit andeuten – z. B. wenn ich einen kaufmännischen Lehrling, während seiner Abwesenheit in E II, verstatte, in E I automatenhaft die Hände zu rühren; also, etwa bei der Erledigung der Firmenpost, einzudrucken:

Falten,
Einschieben,
Falten,
Einschieben,
Falten,
Einschieben ...[402]

Die Bewußtseinstätigkeit verlagert sich von der objektiven auf die subjektive Realitätsebene und umgekehrt. Die Konsequenz, die sich hieraus für das literarische Werk ergibt, besteht eben darin, daß die Erlebnisebenen, der Verlaufsform des Bewußtseinsvorgangs folgend, im Nacheinander wiedergegeben werden.

Die Gliederung der Buchseite spiegelt optisch den Modus und das ›objektive‹ Verhältnis der Ebenen zueinander. Die linke Buchseite

---

[400] A. a. O., S. 303. Diese Entsprechung zwischen Druckbild und Struktur ist nicht immer vorhanden. So schreibt Schmidt in bezug auf »Gadir«: »jedoch war bei dem 1948 erschienenen Stück, in jener papierarmen Zeit, an eine raumverschwendende Druckanordnung gar nicht zu denken; so ließ ich denn E I und E II, beide überhaupt noch mit ungenügender Technik gehandhabt, nach alter Art zusammendrukken.« (a. a. O., S. 307) (Die Widersprüchlichkeit der Ersterscheinungsdaten ist wohl auf einen Irrtum Schmidts zurückzuführen: die Publikation selbst verzeichnet das Jahr 1949.)
[401] AS, Berechnungen II, S. 303. – Diese Forderung gilt jedenfalls für das LG, sicherlich auch für den Traum. Auch im dreispaltig konzipierten und im Typoskript wiedergegebenen Werk »Zettels Traum« weicht Schmidt in der Regel nicht von ihr ab, gilt es, daß eine Erlebnisebene die andere ablöst. Die jeweiligen Randspalten sind durch Erläuterungen, Zitate, Abbildungen, Hinzufügungen der beschriebenen Art etc. ausgefüllt. Anders in »Abend mit Goldrand«. Hier gibt Schmidt auch verschiedene Ebenen nebeneinander wieder. So erscheinen beispielsweise S. 87ff. drei Spalten, die drei verschiedenen Personengruppen gewidmet sind: die linke Spalte ist Ann'Ev' und Martina, die sich auf dem Dach des Hauses aufhalten, vorbehalten, die mittlere stellt die Ankunft der Gruppe dar, die rechte gilt Grete, Asta und den drei männlichen Hausbewohnern.
[402] AS, Berechnungen II, S. 303.

gibt die Erlebnis- bzw. Darstellungsebene der objektiven Realität wieder. Sie ist insofern die primäre Ebene, als sie die objektive Grundlage und den objektiven Bezug der subjektiven Realitätsebene bildet. Diese nimmt die rechte Buchseite ein und ist insofern die sekundäre Darstellungsebene, als sie aus der objektiven Realität heraus entsteht und auf sie bezogen bleibt.

Die optische Trennung der Ebenen erlaubt dem Leser die unmittelbare Orientierung im Wechsel der Darstellungsebenen, die kategoriale Beschaffenheit der jeweiligen Ebene ist keine Frage der Deutung.

Der Zusammenhang der Ebenen wird im Druckbild durch die Überlappung der beiden Textspalten ausgedrückt.[403]

4. Die Typen des Längeren Gedankenspiels

Die LG lassen auf Grund gemeinsamer Merkmale eine Typisierung zu.[404] Schmidt formuliert die Kriterien:

> Die Grobeinteilung für das LG muß, der doppelten Handlung wegen, von denen dazu die eine entscheidend vom Individuum abhängt, [. . .] ausgehen [. . .] von der Bedeutung, die das LG für seinen Spieler hat (wodurch sich dann gleichzeitig das quantitative Verhältnis E I : E II überzeugend regelt).[405]

Die subjektive Bedeutung des LGs spiegelt sich unmittelbar im qualitativen Verhältnis der Realitätsebenen, das wiederum mit dem quantitativen Verhältnis einhergeht.

Auf diese Weise »lassen sich [. . .] 4 recht scharf getrennte Typen unterscheiden«.[406] In bezug auf die literarische Struktur des LGs jedoch sind nur drei von ihnen von Belang. Der vierte Typus entzieht sich der literarischen Nutzung. Aus diesem Grunde bezeichnet Schmidt ihn »ausdrücklich [. . .] als Typ 0«.[407]

---

[403] Vgl. AS, Sylvie & Bruno, S. 276.

[404] Die von Schmidt unterschiedenen Typen des LGs fallen nicht unter den Begriff des Strukturtypus. Dieser betrifft die sich unter dem Einfluß außerliterarischer Faktoren vollziehende Angleichung der literarischen Struktur an eine bestimmte historische Situation, die aktuelle, historisch kontingente Prägung bereits vorhandener literarischer Strukturen.
Die hier vorgenommene Typisierung dagegen ist eine strukturinterne Differenzierung und Klassifizierung. Sie betrifft die ahistorischen Ausprägungen einer bestimmten Grundstruktur.

[405] AS, Berechnungen II, S. 300.

[406] A. a. O.

Er kennzeichnet das Gedankenspiel[408] des Kindes: »das Kind ist [. . .] ein berufener Gedankenspieler!«[409] Es ist aber nicht in der Lage, sein Gedankenspiel adäquat mitzuteilen, und eine adäquate Rekonstruktion ist kaum möglich:

> Der künstlerischen Wiedergabe durch Worte ist sein [= des Kindes] LG jedoch äußerst schwer zugängig, da die werkgerechte Handhabung des erforderlichen umfassenden Wortschatzes beim Kind einfach nicht gegeben ist: wo aber kein Bewußtwerden stattfindet, da gibt es auch keine objektive Mitteilbarkeit, zumindest nicht durch Worte. Was im allgemeinen an kindlichen LG serviert wird, ist entscheidend verfälscht durch mühsamspätere Reflexion, die den urzeitlich-primitiven, unberechenbaren Assoziationen kaum gerecht wird.[410]

Das LG des Kindes mithin entzieht sich den »Berechnungen«, dem strengen formalen Kalkül.

Mit den übrigen drei Typen erfaßt Schmidt die literarisch gestaltbaren LG, in sie gliedert er ihre potentielle Vielfalt. Er benennt sie nach den Spieler-Typen als »Typ 1: Bel Ami«, »Typ 2: Querulant« und »Typ 3: Gefesselter«.[411] Die Reihenfolge entspricht der qualitativen Rangfolge der Gedankenspieler und der ihnen zugeordneten LG.

a) Schmidt charakterisiert den ersten Typus:

> 1. Typ, »Bel Ami«: Das E II besteht hier aus den normalsten Flitteridealen; Illustrierten, Filmen, Schlagersuggestionen, entlehnt. Als Gegengewicht zu einem ehrbar-einförmigen Alltag übernimmt der Spieler grundsätzlich die egoistische Heldenrolle, ist immer der verwaschen-allmächtige Supermann; der Staffage fällt meist nur die Rolle bewundernd gaffender Augen und Ohren zu. Nichtswürdige, menjoubärtige Eleganz; das Leben als Modenschau; dabei bemerkenswert, daß keine Ahnung von erstrebtem Hochberuf vorhanden: eine Tänzerin ist eben nur ein auf- und abschwebender, blau angestrahlter Glanzwisch. Charakteristisch für diesen, meist nur kürzerer Gedankenspiele fähigen, Typ, daß grundsätzlich Kontrast zu E I gewählt wird.[412]

---

407 A. a. O., S. 302.
408 Die Unsicherheit über den Verlauf des Bewußtseinsvorgangs impliziert die Unsicherheit darüber, ob das Kind überhaupt imstande ist, ein *Längeres* Gedankenspiel durchzuführen.
409 AS, Berechnungen II, S. 302.
410 A. a. O.
411 Alle Stellen AS, Berechnungen II, S. 304.
412 A. a. O., S. 300f.

Der Spieler dieses Typs erschafft, sofern er überhaupt dazu in der Lage ist, ein Längeres Gedankenspiel konsequent durchzuführen, eine subjektive Realität, in der es ihm vorrangig um sich selbst geht. In der Imagination konkretisiert er sich selbst als ideal-wünschenswerte Figur. Diese wird unkritisch ohne mögliche negative Implikationen lediglich in ihrer idealen Erscheinungsform konzipiert. Positives wird in den Vordergrund gerückt und überzeichnet; Negatives, wohl allgemein: die der objektiven Realität gemäßen Dimensionen, werden ignoriert oder in den Hintergrund gedrängt.

Die subjektive Realität weist ausschließlich positive Züge auf,[413] wird durchgängig »optimistisch« aus einer ›unscharf-subjektiven‹ »Einstellung«[414] heraus gesehen. Der »Kontrast« zwischen objektiver und subjektiver Realitätsebene reicht »bis zur Lächerlichkeit=Hohlheit«.[415]

Dem qualitativen Verhältnis der Erlebnisebenen entspricht die konkrete psychische Bedeutung des LGs für den Spieler. Es wird »als beglückender Spaziergang«[416] empfunden. Die subjektive Relevanz des Bewußtseinsvorgangs schlägt sich im quantitativen und qualitativen Verhältnis der Erlebnisebenen nieder:

> Der »Bel Ami« verweist, philiströs völlig konsequent, das LG auf den ihm im bürgerlichen Daseinsbereich gebührenden Stehplatz: Mengenverhältnis also etwa 3:1.[417]

Der Gedankenspieler konstruiert eine der objektiven Realität entgegengesetzte Realität, die unkritisch-optimistisch, positiv überzeichnet auf ihn selbst zugeschnitten ist. Beide sind scharf voneinander getrennt. Die objektive Realität bleibt für den »Bel Ami« fraglos als diese gültig und akzeptabel. Sie wird zwar negativ erlebt, eine mögliche existentielle Bedrohung aber wird nicht wahrgenommen bzw. verdrängt. Die objektive Realität behauptet ihre Vorrangstellung.

b) Eine Änderung dieses Verhältnisses bahnt sich im LG des zweiten Typs an. Schmidt charakterisiert den Typus und seinen Spieler:

---

[413] Vgl. a. a. O., S. 304, wo Schmidt die »Färbung« und »Konsistenz« des LGs als »rosa/semig« beschreibt.
[414] Alle Stellen a. a. O.
[415] A. a. O.
[416] A. a. O.
[417] A. a. O., S. 306.

2. Typ, »Querulant«: Hang zur Rhetorik, mit dem Angstzwang zur endlosen Zukunftsdiskussion. Der schon bei der entferntesten Andeutung von Verwicklungen (fast immer beschränkt-persönlicher Art) sogleich lange Rededuelle mit verfälschten Gegnern ersinnt, auch er schneidend überlegen, mit Staatsanwaltsgebärden. Selbstgesprächler; weitgehend auf Worte angewiesen. Unsicherheit; Gefühl ständiger Exponiertheit. [. . .] Meist Parallele zu ihrem E I; oder doch nur beamtenhafte »Entwicklung«: etwa Vorwegnahme von Beförderungen; impotente »Auseinandersetzungen« mit Vorgesetzten, usw.[418]

Auch der Spieler dieses Typs stellt sich selbst in den Mittelpunkt der subjektiven Realität, auch er als überlegene Person. Ihm aber geht es nicht mehr nur allein um sich selbst. Aus dem Erleben der objektiven Realität als einer ihn ständig bedrängenden – aber noch nicht existentiell bedrohenden oder gefährdenden – resultiert eine Bauweise der subjektiven Realität, in der er sich mit ins Subjektive transponierten Elementen der objektiven Realität auseinandersetzt, und zwar in der Diskussion. Der Gegenstand der Auseinandersetzung, d. i. auf der Ebene der objektiven Realität das, was jenes »Gefühl ständiger Exponiertheit« auslöst, wird dabei personifiziert.

Damit entsteht eine subjektive Realität, die nicht mehr, verbunden mit einer ›unscharf-subjektiven‹ Einstellung, positiv überzeichnet und optimistisch verklärt erscheint, sondern »mißtrauisch« aus einer ›scharf-subjektiven‹[419] Perspektive das das Subjekt Bedrängende ins Spiel bringt. Die subjektive Realität steht der objektiven Realität nicht mehr kontrastiv gegenüber; sie übernimmt vielmehr Elemente aus ihr, und zwar derart, daß die mit ihnen erbaute subjektive Realität der objektiven entspricht. Schmidt räumt – im Hinblick auf den dritten Typ des LGs – ein, daß Ansätze einer Weiterentwicklung vorhanden sein können; diese aber bestehen, da es auch dem ›Querulanten‹ in erster Linie eben doch um sich selbst geht, lediglich in der »Fortsetzung«,[420] in der graduellen Verlängerung bestimmter Momente.

Das Spiel des ›Querulanten‹ wird nicht mehr als »beglückender Spaziergang« erlebt, sondern hat die Funktion der »Debatte als Vehikel zu heilsamer Ermüdung«.[421]

Der Ausdruck der Debatte impliziert eine Transformationsweise, die durchaus kritisch intendiert ist, wenn sie auch auf das spielende Subjekt ausgerichtet ist.

---

[418] A. a. O., S. 301.
[419] A. a. O., S. 304.
[420] A. a. O.
[421] A. a. O.

Das qualitative Verhältnis der Realitätsebenen gestaltet sich solcherart als »Parallele« oder eben »Fortsetzung«. Die objektive Realität behält auch hier noch das Übergewicht: Der Spieler steht unter »Angstzwang«, er sieht sich gezwungen, sich immer wieder mit ihr auseinanderzusetzen. Das aber bedeutet zugleich positiv: dadurch, daß er sich mit ihr auseinandersetzt, verliert sie ihre vom Spieler-Typus des »Bel Ami« fraglos akzeptierte Vorrangstellung vor der subjektiven Realität. Schmidt kann folglich das quantitative Verhältnis mit »2:1«[422] angeben.

c) Sowohl das quantitative als auch das qualitative Verhältnis der Realitätsebenen ändern sich entscheidend im dritten Typus des LGs.

3. Typ, »Der Gefesselte«: dem in tödlichen Situationen ein E II das Überleben bzw. Sterben erleichtert, manchmal sogar erst ermöglicht. Gekennzeichnet dadurch, daß das Subjekt höchstens noch als verdüsterte Hauptperson auftritt; oft sogar ist seine Anwesenheit nur noch nötig, wie die eines verläßlichen Reporters, der dem Leser die beunruhigende Gewißheit der Autopsie verschafft. Hier, bei einem auf eine finstere Null geschalteten E I, tritt das E II als pessimistische Steigerung auf; ins bedeutend Allgemeine gewandt, tiefsinnig, utopienverdächtig.[423]

Das LG, das der »Gefesselte« spielt, entsteht aus einer existentiellen Gefährdung heraus. Das Subjekt, das ihr ausgesetzt ist, erlebt sie bewußt, es sieht in aller Schärfe die Bedrohung seiner Existenz. Als Folge daraus ergibt sich eine »»Entrückung« des wertvolleren Subjektteils nach E II; rettende Schmerzverlagerung«.[424] Das impliziert keineswegs den Bau einer subjektiven Realität, in der das Subjekt die existentielle Bedrohung umkehrte in eine wie auch immer geartete ›heile Welt‹, in der es sich ungefährdet und in einer womöglich hervorragend-zentralen Stellung ansiedelte. Im Gegenteil. In der subjektiven Realität dieses LG-Typs ordnet sich das Subjekt bzw. der Teil, der sich den körperlich-existentiellen Bedrohungen durch Bewußtseinstätigkeit ›entrücken‹ kann, in die von ihm geschaffene Welt »höchstens noch als verdüsterte Hauptperson« ein, ja tritt hinter die Realität zurück, beschränkt sich auf die vermittelnde Funktion des »Reporters«, dem es primär um die korrekte, unverfälschte Wiedergabe des von ihm Erlebten geht.

---

[422] A. a. O.
[423] A. a. O.
[424] A. a. O.

Daß es sich hierbei um die Wiedergabe der vom Subjekt 'selbst geschaffenen Realität handelt, ändert nichts an der Relevanz dieser Rolle. Die »Einstellung«, die Perspektive, aus der heraus das Subjekt seine Realität gestaltet, ist nicht mehr die der ›unscharf-subjektiven‹ Kontrastierung und auch nicht die der ›scharf-subjektiven‹ Parallelisierung, die zudem beide auf das Subjekt bezogen und um es zentriert sind; sie ist nunmehr die der ›scharf-objektiven‹ *Steigerung.*

Das setzt die Erkenntnis des zu Steigernden, die Erkenntnis der objektiven Realität voraus. Diese Erkenntnis und die Steigerung des Erkannten zur subjektiven Realität sind eo ipso ›pessimistisch‹; die Negativität der erlebten Realität wird nicht in einer kontrastiven Welt ignoriert oder in einer parallelen Welt diskutiert, sondern verstärkt. Somit ergibt sich für die Darstellungsebene der objektiven Realität:

> stumpf-schrecklich, aus »erblindeten Fenstern« gesehen [. . .]. Vom Ge
> quälten her zwar mit Gallenfarben tingiert, aber im wesentlichen korrekt
> [. . .] Rücksichtslos, da »vor die Kanone gebunden«.[425]

Die Steigerung ist durchaus als Prolongierung zu verstehen. Sie unterscheidet sich jedoch von der Art, wie sie der zweite Typ des LGs aufweist; sie ist keine bloß graduelle, führt objektiv Gegebenes (aber nach der zentralen Stellung des Subjekts durch es Bemessenes) nicht lediglich fort; sie intensiviert vielmehr die betreffenden Elemente der Realität – so, daß sie in der ihnen eigenen Bedeutung hervortreten.

Dies wird dadurch unterstrichen, daß die Steigerung eigens als »pessimistische« charakterisiert wird: Negatives, dem das Subjekt realiter in existentieller Bedrohung ausgesetzt ist, wird als das Negative, das es ist, hervorgehoben.[426]

Bei den Elementen, die durch Steigerung zu Elementen der subjektiven Realität werden, handelt es sich um Konstitutiva der objektiven Realität. Sie bleiben in der Transformierung nicht nur erhalten, sondern können dadurch allererst als diese sichtbar werden. Die Steigerung hebt die möglicherweise von Irrelevantem oder durch Manipulation überdeckten Konstitutiva aus dem unübersichtlichen Ganzen der objektiven Realität heraus. Sie führt sie in einen neuen Zusammenhang, der für sich in Anspruch nehmen kann, »bedeutend« zu sein: »ins bedeutend Allgemeine gewandt«.

---

[425] A. a. O., S. 305.
[426] Das schließt nicht die konsequente Negierung des Negativen aus – ein Vorgang, der sich gravierend von der optimistischen Positivierung des »Bel Ami« unterscheidet.

Die Relevanz dieser subjektiven Realität betrifft nicht mehr nur den speziellen Einzelfall, sondern das Allgemeine, das Grundsätzliche. Sie ist in diesem Sinne »oft ins Allgemeingültige«[427] gerichtet. Sie bietet die Möglichkeit, eine allgemein gültige Darstellung der objektiven Realität zu leisten, in der diese in ihrer ›wahren‹, unverhüllten Bedeutung erkannt werden kann. Die objektive Realität wird mit Hilfe der literarischen Struktur ›durchleuchtet‹.[428] Ihr tragendes Gerüst wird freigelegt und in der literarischen Konkretion zur Anschauung gebracht, indem es zur Axiomatik der vom Subjekt erbauten Welt wird. Die subjektive Realität des ›Gefesselten‹ bleibt nicht dem Bild, das sich ihm als objektive Realität darbietet, verhaftet und nimmt es ebensowenig als das fraglos zu akzeptierende und wiederzugebende an. Er gibt sich nicht mit der Oberfläche der Erscheinungen zufrieden, sondern geht gleichsam – dem metaphorisch verwendeten »tiefsinnig« gemäß – in die Tiefe, um ihre Bedingungen, ihre ›Wurzeln‹ aufzudecken.[429]

In diesem dritten Typ des LGs nimmt die subjektive Realitätsebene die Vorrangstellung vor der objektiven ein. Dem entspricht ihr quantitatives Verhältnis:

> Beim letzten Typ, ludus remedium, tritt die eigene, auf ein Unwürdigstes erniedrigte, Existenz in E I zurück, vor der in E II apokalyptisch-grandios erlittenen Sorge um das Ganze: Mengenverhältnis 1:2.[430]

d) Das quantitative Verhältnis der Realitätsebenen, das von 3:1 im ersten über 2:1 im zweiten bis 1:2 im dritten Typ des LGs reicht, signalisiert die qualitative Rangfolge der LG-Typen. Schmidt spricht von der »Entwicklung« des Gedankenspielers und ordnet die verschiedenen Typen verschiedenen Lebensaltern zu, was selbstverständlich nicht besagt, daß jedermann fähig sei, ein LG des dritten Typs, den Schmidt andernorts als »Hochtyp«[431] bezeichnet, durchzuführen. Die beiden ersten Typen sind Vorstufen des dritten:

[427] AS, Berechnungen II, S. 304.
[428] Vgl. AS, Berechnungen I, S. 284.
[429] Das widerspricht nicht der im Rahmen der materialen Dimension der Modernen Literatur aufgestellten Forderung, die Oberfläche der Dinge adäquat wiederzugeben. Dort steht ›Oberfläche‹ für die dem Menschen zugängliche Erscheinungswelt. – Bei politischen, sozialen etc. Konstellationen ist die Oberfläche, das Erscheinende, derart manipulierbar, daß ein von ihrer Konstitution völlig verschiedenes Bild vermittelt werden kann. Die Wiedergabe der Oberfläche würde in diesem Fall die Oberflächlichkeit einschließen.
[430] AS, Berechnungen II, S. 306.
[431] AS, Herrn Schnabels Spur. Vom Gesetz der Tristaniten. In: AS, Nachrichten von

Wahrscheinlich muß jeder Gedankenspieler des einen Typs im Lauf seines Lebens die vor ihm liegenden ebenfalls durchmachen: Typ 0 als Kind. Für Typ 1 sind selbst hochbegabte, zur weiteren Entwicklung verdammte junge Menschen anfällig. Schon zur bloßen »Übung« erscheint eine solche Entwicklung unerläßlich: während bei Typ 1 durchaus die unreifen, wenig geformten Embryonen dominieren, nehmen die E II gegen Typ 3 hin an Länge wie an Gewichtigkeit zu. Anmerkenswert vielleicht noch (als »Rückschlagerscheinung«), daß Typ 3 in normalen Situationen durchaus in Richtung 2 konvergiert; erst bei extremer Gefährdung gewinnt er im allgemeinen die letzte Höhe-Tiefe.[432]

Daß das LG des dritten Typs eine – für den Leser verbindliche – konforme Abbildung der Welt leisten kann, geht aus der Bestimmung seiner subjektiven Realitätsebene hervor. Ähnliches gilt auch für die beiden einfacheren, »die künstlerisch unergiebigen Mikrotypen«.[433]

Auch bei ihnen handelt es sich per definitionem um exakt erfaßbare und beschreibbare, folglich nachbildbare Typen desselben Bewußtseinsvorgangs. Sie verfügen über eine prinzipiell ähnliche Leistungsmöglichkeit wie der »Hochtyp«. Gerade für sie ist es relevant, daß das LG aus zwei Realitätsebenen besteht. Das, was der subjektiven Realität an Aussagevalenz hinsichtlich der objektiven Realität abgeht, kommt der objektiven Realitätsebene zu, wobei allerdings in Rechnung zu stellen ist, daß auch diese von dem betreffenden Subjekt erlebt wird, daß folglich die Wiedergabe der objektiven Realität denselben konstitutionellen Beschränkungen unterworfen ist wie die der subjektiven. Weil jedoch ›die‹ Welt als die Welt des Subjekts bestimmt ist, offenbart sich auch in diesen LG-Typen ein Weltverhältnis, das vielleicht kein Weltverständnis einschließt, wohl aber ein Weltbild repräsentiert. Es kann immerhin für die Majorität – Schmidt ordnet dem ersten Typ 65%, dem zweiten 30% der Bevölkerung zu[434] – Gültigkeit beanspruchen.

Die beiden ersten Typen sind »die künstlerisch unergiebigen Mikrotypen«, weil ihre Spielmöglichkeiten, bedingt durch die Konstitution der Spieler-Typen, beschränkt sind. Die hieraus resultierende Simplizität des Spielablaufs läßt nur subjektiv reduzierte Weltdarstellungen zu, im ersten Typ sogar kaum mehr als einen kontrastiven Schematismus.

Büchern und Menschen. Bd. 1. Zur Literatur des 18. Jahrhunderts, Frankfurt a. M. u. Hamburg 1971, S. 28–55, S. 52.
[432] AS, Berechnungen II, S. 302.
[433] A. a. O., S. 299.
[434] A. a. O., S. 304.

Die »Mikrotypen« sind in erster Linie *partielle* Strukturmöglichkeiten der Modernen Literatur. Sie werden vor allem als Bestandteile einer umfassenden literarischen Struktur relevant. Sie sind »Gedanknschpielereien«,[435] wie es Schmidt in »Kaff« formuliert, die etwa, so in »Kaff«, in ein LG des dritten Typs integriert sind und bestimmte textimmanente Funktionen erfüllen.[436] Dort, wo einer der beiden »Mikrotypen« die Struktur eines Textes bestimmt, besteht die Tendenz zur Trivialität.

Das LG, das Schmidt als Strukturbegriff der Modernen Literatur bestimmt, ist das des dritten Typs,[437] das allerdings, wie vermerkt, nach Maßgabe der existentiellen Bedingungen des Spielers in die Nähe des LGs vom zweiten Typ rückt.

5. Die Abgrenzung des Längeren Gedankenspiels von duplizitären Formbegriffen der Älteren Literatur

a) Die Duplizität der Darstellungsebenen veranlaßt Hartwig Suhrbier, das LG unter den Begriff »Doppelroman« zu subsumieren:

> das, was Schmidt als »LG« bezeichnet, ist nichts anderes als eine formal freilich besonders streng durchgeführte Variante des Doppelromans.[438]

Suhrbier stellt das LG unter einen präfigurierten Formbegriff der Literaturtheorie, ohne im Zusammenhang seiner theoretischen Ausführungen seine Herkunft zu kennzeichnen.[439] Er führt den Begriff

---

[435] AS, Kaff, S. 258; vgl. u., S. 332ff.

[436] Eine solche Funktion kann darin bestehen, die subjektive Konstitution einer Figur zu veranschaulichen. »Für den Schriftsteller bedeutet das also praktisch: daß eine zusätzlich-vollere, deutlichere Beschreibung seines Helden, eine bessere Beleuchtung seiner Gedanken-Gänge, dadurch möglich würde, indem man dem nicht zu trennenden Gemisch seiner Umwelten & seiner ›Inneren Monologe‹, nun auch noch seine, ja nicht minder découvrierenden LG's hinzufügte.« (AS, Sylvie & Bruno, S. 274)
Schmidt fügt hinzu: »Zu einem g a n z kompletten Menschenbilde fehlten dann freilich immer noch die eigentlichen Träume« (a. a. O.). Schmidt deutet hier an, daß die einzelnen bewußtseinsentsprechenden Formen zu einer strukturalen Einheit verschmolzen werden können. Eine solche, sehr komplexe literarische Struktur würde den Zusammenhang aller Bewußtseinsvorgänge eines Subjekts nachbilden.

[437] Sofern nicht ausdrücklich anders gekennzeichnet, steht ›LG‹ für das LG dieses dritten Typs.

[438] Suhrbier, S. 17.

[439] Erst in der Behandlung von »Kaff« bezieht sich Suhrbier »auf die von Maatje entwickelten Kategorien« (S. 19).

des Doppelromans als einen selbst-verständlichen Begriff ein, dessen präfigurierter Aussagegehalt somit verschwommen bleibt. Er hypostasiert lediglich als »das Grundproblem des Doppelromans« »die organische Verknüpfung von zwei selbständigen Handlungssträngen«[440] und gesteht Schmidt zu, daß es bei ihm »eine besonders strenge Lösung«[441] erfahre. Diese erblickt er darin, daß »beide Stränge in der Person des Helden engstens aufeinander bezogen«[442] werden.

Hiermit ordnet Suhrbier das LG der Älteren Literatur zu. Er nivelliert die kategoriale Differenz der beiden Darstellungsebenen, er reduziert ihren Beziehungszusammenhang, der in der Steigerung die Ebenen insgesamt betrifft, auf ein personales Moment, und er ignoriert, daß der Bezug durch das Bewußtsein des Subjekts, das sein LG mitteilt, hergestellt wird.

Die Ursache für die Subsumierung des LGs unter den nicht hinterfragten Begriff des Doppelromans liegt zweifellos in der terminologisch fixierten Duplizität. – Die Fragwürdigkeit eines solchen Vorgehens wird durch die Konzeption des Begriffes offenkundig.

Der Begriff wird von Frank C. Maatje in seiner Untersuchung »Der Doppelroman. Eine literatursystematische Studie über duplikate Erzählstrukturen«[443] expliziert. Maatje faßt seine Begriffsbestimmung in einem fünf Punkte umfassenden Merkmalskatalog zusammen. An erster Stelle steht die Komponente des Romans:

1. Der Doppelroman ist ein Roman, d. h. ein mindestens 50.000 Worte enthaltendes episches Gebilde in Prosaform, das das Leben einer oder mehrerer Hauptpersonen oder eine wichtige Episode dieses Lebens erzählt.[444]

Als erstes Bestimmungskriterium des Romans führt Maatje – unter Berufung auf Friedrich Sengle, der den ›Umfang als Problem der Dichtungswissenschaft‹ untersucht hat[445] – seinen Umfang an. Ausgehend davon, daß, so Maatje mit Sengle,

»die Quantität erst die Voraussetzung für bestimmte qualitative Möglichkeiten der Dichtung« schafft,[446]

---

[440] Suhrbier, S. 18.
[441] A. a. O.
[442] A. a. O.
[443] M.e. Nachw. z. 2. Aufl. Groningen 1968 (= Studia Litteraria Traiectina VII).
[444] A. a. O., S. 5.
[445] Der genaue Titel lautet: Der Umfang als ein Problem der Dichtungswissenschaft. In: Richard Alewyn u. a. (Hrsgg.), Gestaltprobleme der Dichtung. Günther Müller zum 65. Geburtstag, Bonn 1957, S. 299ff.; vgl. Maatje, S. 5.
[446] Zit. nach Maatje, S. 5.

will er darauf hinweisen,

> daß sich die Doppelromane nur unter jenen Großformen finden, die allgemein als »Roman« bezeichnet werden.[447]

Maatje bestimmt den Roman jedoch nicht nur nach seinem Umfang. Im Zentrum des Romans steht seiner Definition zufolge die Hauptperson, die Darstellung gilt ihrem Leben, das umfassend in seiner Totalität oder in einem relevanten Ausschnitt zu ›erzählen‹ sei, wobei das Erzählen nicht näher erläutert wird.

Diese eingestandenermaßen »globale« Definition[448] greift auf traditionelle literaturtheoretische Vorstellungen zurück. Die Bestimmung des Romans als relativ ausführliches Erzählen von Leben verweist auf die von Günther Müller als eine grundlegende Möglichkeit des Erzählens bestimmte Kategorie der »Form der einsinnigen Lebenskurve«;[449] schließlich klingt das von Lämmert, nicht zuletzt in bezug auch auf Müller, als Grundsatz allen Erzählens deklarierte Prinzip der Sukzession[450] an, das sich auch und gerade in ›Leben‹ spiegelt. Deutlich wird diese Beziehung, wenn es bei Lämmert etwa heißt:

> Grundsätzlich besitzt die erzählerische Fiktion ebenso eine eigene Raum-Zeit-Konstellation wie sie überhaupt einen Lebenszusammenhang darbietet, der von der realen Wirklichkeit schon durch seine Abrundung kategorial verschieden ist.[451]

Die hier anklingende Verankerung der Begriffskonzeption des Doppelromans in der traditionellen Literaturtheorie wird in den restlichen vier von Maatje aufgeführten Merkmalen, die die Komponente der Duplizität betreffen, manifest. Maatje formuliert das zweite Merkmal:

> 2. Der Doppelroman umfaßt zwei Haupterzählstränge, von denen in jedem eine oder mehrere Personen als zentrale Gestalt erscheinen. In dieser Weise stehen sich immer mindestens zwei Haupthelden gegenüber.[452]

---

[447] Maatje, S. 5.
[448] Vgl. etwa a. a. O.
[449] Günther Müller, Aubauformen des Romans, dargelegt an den Entwicklungsromanen G. Kellers und A. Stifters. In: G. M., Morphologische Poetik. Gesammelte Aufsätze, i. Verbdg. m. Helga Egner hrsg. v. Elena Müller, Darmstadt 1968, S. 556–569, S. 561 u. ö.
[450] Vgl. Lämmert, S. 20.
[451] A. a. O., S. 26.
[452] Maatje, S. 5.

Den Terminus des Erzählstrangs setzt Maatje ausdrücklich mit dem des Handlungsstrangs gleich.[453] Maatje gibt so den Bezug auf die Erzähltheorie Lämmerts zu erkennen. Er fährt fort, indem er, nun teils explizit, auf Lämmert rekurriert:

3. Obwohl die Zwie- oder Mehrsträngigkeit im Doppelroman häufig konsekutive Verknüpfung aufweist (z. B. in als Doppelroman zu bezeichnenden Rahmenerzählungen, in denen die Rahmenhandlung den einen, die Binnenerzählung den anderen Erzählstrang bildet), ist das Verhältnis der beiden Haupthandlungen zueinander doch stets zugleich auch korrelativer Natur, d. h. also, daß sich die Vorgänge in gleichstimmiger oder in kontrastierender Art ineinander spiegeln.
[. . .]
4. Die einzelnen Haupterzählstränge sind in hohem Maße selbständig. Die Korrelation erwächst also nicht aus der von Lämmert unterstellten gemeinsamen inhaltlichen und thematischen Abstimmung auf einen Gesamtvorgang, sondern aus der gleichstimmigen oder kontrastierenden Spiegelung der Motive schlechthin, welche übrigens wohl eine Abstimmung auf eine gemeinsame Idee zum Ausdruck bringen kann. [. . .]
5. Das Verhältnis der beiden Haupthelden zueinander und damit die Verbindung der Stränge wird durch eine personale Abhängigkeit gekennzeichnet. Damit ist gemeint, daß – trotz der Selbständigkeit der Stränge – die eine Handlungseinheit dennoch aus der Perspektive der anderen heraus erzählt wird, oder wenn dies ausnahmsweise nicht der Fall ist, die Gesamtstruktur des Romans dennoch zu einem ständigen Vergleichen der beiden Hauptgestalten zwingt.[454]

Abstrahiert von der Fundierung in der traditionellen Literaturtheorie und unter einem gewissen – allerdings de facto unzulässigen – Allgemeinheitsgrad der Kategorien der Handlung und des Erzählens, scheinen die Merkmale durchaus auf das LG beziehbar zu sein. So »umfaßt« auch das LG »zwei Haupterzählstränge«, in denen »sich immer mindestens zwei Haupthelden gegenüber[stehen], »ist das Verhältnis der beiden Haupthandlungen zueinander« zweifellos »korrelativer Natur«, sind diese Hauptstränge zugleich »in hohem Maße selbständig«, liegt, wenigstens in den LG der ersten Typen, eine ›gleichstimmige oder kontrastierende Spiegelung der Motive‹ vor, ist »die Verbindung der Stränge [. . .] durch eine personale Abhängigkeit gekennzeichnet« und wird somit »die eine Handlungseinheit [. . .] aus der Perspektive der anderen heraus erzählt«.

---

453 Vgl. a. a. O., S. 1.
454 A. a. O., S. 5f.

Der Begriff des Doppelromans wird durch die Gesamtheit der fünf Merkmale bestimmt. Obwohl Maatje diese Bestimmung, wie auch der Untertitel seiner Arbeit andeutet, als die der »Grundstruktur eines systematischen Typus«[455] ausgibt, hat sie nur beschränkte Geltung für den Bereich der Älteren Literatur. Sie erfaßt weder die kategoriale Unterschiedlichkeit noch das spezifische Verhältnis der Ebenen des LGs. Eine Orientierung am Begriff des Doppelromans nivelliert von vornherein die Eigentümlichkeit und Eigenständigkeit der literarischen Struktur des LGs: Ein Begriff, dem die Kategorie der Handlung, in welchen terminologischen Erscheinungen auch immer, als grundlegendes Prinzip des Epischen immanent ist, kann einer literarischen Struktur, die ihre Baugesetze von einem Bewußtseinsvorgang herleitet, nicht gerecht werden. Wird ein Begriff wie der des Doppelromans dennoch auf eine solche literarische Struktur angewandt, wird die Möglichkeit, sie adäquat zu erfassen, eingeschränkt, wenn nicht gar völlig ausgeschlossen – es sei denn, die Widersprüche zwischen der präfigurierten Begrifflichkeit und der konkreten literarischen Struktur würden registriert und geklärt. Auf diese Weise könnte – ähnlich wie bei dem im Rahmen der Modernen Literatur gebrauchten Roman-Begriff – eine angemessene Begrifflichkeit entstehen.

Das aber geschieht bei Suhrbier nicht. Indem er das LG fraglos unter den Begriff des Doppelromans subsumiert, erliegt er der dem Begriff immanenten Gefahr, das mit ihm vage Bezeichnete für sicher bestimmt zu halten, so daß das, was das LG vom Doppelroman unterscheidet, verdeckt wird.

Solcherart erscheint es kaum noch verwunderlich, daß Suhrbier die Struktur des LGs nicht erfaßt: daß er die allein schon durch die terminologische Differenzierung zwischen (sozialentsprechendem) Handlungs- oder Erzählstrang und (bewußtseinentsprechender) Realitäts- oder Erlebnisebene nahegelegte strukturale Differenz nicht sieht; daß er die kategoriale Unterscheidung zwischen subjektiver und objektiver Erlebnis- oder Realitätsebene dadurch nivelliert, daß er sie lediglich als »fingierte[s] psychologische[s] Abhängigkeitsverhältnis«[456] deutet, das »feinste Verknüpfungen der beiden Handlungsebenen möglich«[457] mache; daß er das LG generell unter dem leiten-

---

[455] A. a. O., S. 5.
[456] Suhrbier, S. 18; vgl. auch a. a. O.: »Beide Handlungsstränge stehen kategorial auf der gleichen Ebene.«
[457] A. a. O.

122

den Aspekt der Handlung betrachtet (bei der Behandlung von »Kaff«
ist gar vom »Gang der Handlung«, der »vorangetrieben« werde, die
Rede[458]) – dies, obgleich er an anderer Stelle ausdrücklich auf »die
geringe Bedeutung, die der Handlung in den Werken Schmidts zukommt«,[459] hinweist.

b) Ähnlich wie der Begriff des Doppelromans ist auch (um einer
weiteren, ebenso irreführenden begrifflichen Fixierung des LGs
gleichsam prophylaktisch entgegenzuwirken: so spricht Jürgen Manthey, den Begriff des Romans freilich bedachtsam vermeidend, von
»Schmidts Prosa des Nebeneinander«)[460] der Begriff »Roman des
Nebeneinanders« dem LG unangemessen.

Der Begriff stammt von Karl Gutzkow, der ihn im Vorwort zu
»Die Ritter vom Geiste«[461] entwickelt. Gutzkow geht es darum, seinen
»Roman des Nebeneinanders« als ›neuen Roman‹ vom ›alten Roman‹
des »Nacheinanders« abzugrenzen.[462] Gutzkow charakterisiert den
›alten Roman‹ mit seinen Mängeln:

> Er konnte nichts von Dem brauchen, was zwischen seinen willkürlichen
> Motiven in der Mitte liegt. Und doch liegt das Leben dazwischen, die ganze
> Zeit, die ganze Wahrheit, die ganze Wirklichkeit, die Widerspiegelung, die
> Reflexion aller Lichtstrahlen des Lebens.[463]

Dagegen hält er den »Roman des Nebeneinanders« mit seinen Vor-
zügen:

> Der neue Roman ist der Roman des Nebeneinanders. Da liegt die
> ganze Welt! Da ist die Zeit wie ein aufgespanntes Tuch! [. . .] Kein Ab-
> schnitt des Lebens mehr, der ganze runde, volle Kreis liegt vor uns; der
> Dichter [. . .] sieht aus der Perspective des in den Lüften schwebenden
> Adlers herab.[464]

Gutzkows Wendung gegen den ›alten Roman‹ ist ähnlich realistisch
intendiert wie Schmidts Wendung gegen die Ältere Literatur. Das
Nacheinander, das Gutzkow ablehnt, entspricht, wie in Lämmerts
Begriff der Sukzession deutlich wird, der Handlung, die Schmidt ab-

---

[458] A. a. O., S. 20.
[459] A. a. O., S. 17.
[460] Manthey, S. 414.
[461] Roman in neun Büchern, 2. Aufl. Leipzig 1852.
[462] A. a. O., 1. Bd., S. 7.
[463] A. a. O.
[464] A. a. O., S. 7f.

lehnt. In beiden Fällen wird diese Ablehnung dadurch begründet, daß die ›alten‹ Formen der neuen Realität nicht gerecht werden. Auch Gutzkow also geht es im Grunde um ›rhythmische Angemessenheit‹. Er will die Totalität dessen, was Leben ausmacht, darstellen. Und dies ist ihm nicht durch das »Nacheinander kunstvoll verschlungener Begebenheiten«[465] zu erreichen, die zudem nach Maßgabe der Willkür des Autors »erfunden« würden,[466] sondern allein durch das ›Nebeneinander‹ der umfassenden Vielfalt der Elemente, aus denen »das Leben« besteht.

Schmidt behandelt Gutzkow in seinem Radio-Essay »Der Ritter vom Geist«.[467] Er weist nachdrücklich auch auf den von Gutzkow geprägten Begriff hin[468] und betont, daß mit der Konzeption des ›Romans des Nebeneinanders‹ – von Gutzkow gelöste – formale Probleme aufgeworfen würden: die der »›Verzahnung‹«[469] der einzelnen Teile.

Mit dem »Roman des Nebeneinanders« werden die Bauweisen des von Gutzkow so genannten ›alten Romans‹ nicht grundsätzlich abgelöst oder in Frage gestellt. Der Autor, der aus der Vogelperspektive – mit Gutzkow: »aus der Perspective des in den Lüften schwebenden Adlers« – distanziert und zugleich in aller Schärfe einen umfassenden und umfangreichen materialen Bereich überschaut, wird andere, seinem Darstellungsvorhaben angemessenere Gestaltungsmittel heranziehen als der Autor, der einen Ausschnitt, in den er sich womöglich als ›Ich-Erzähler‹[470] einbegreift, darstellt. Zwar mögen hierbei be-

---

[465] A. a. O., S. 6.

[466] Vgl. a. a. O., S. 8.

[467] In: AS, Ritter, S. 6–54.

[468] A. a. O., S. 43f.

[469] A. a. O., S. 44. – Zu untersuchen wäre, mit welchen Mitteln Gutzkow eine solche »›Verzahnung‹« bewerkstelligt. Einer Überprüfung bedarf auch die der Schmidtschen konträre Aussage über das Verhältnis der Einzelteile: daß es sich bei dem von Gutzkow proklamierten ›neuen Roman‹ nicht um einen des »Neben-«, sondern um einen des »Durcheinanders« handele (vgl. a. a. O.). Schmidt charakterisiert diese von ihm referierte Formulierung als »den schlechtesten aller Kalauer« (a. a. O.). Vom ›Durcheinander‹ aber, wenn auch kaum pejorativ, spricht ebenfalls Maatje in seiner Skizzierung des Gutzkowschen »Romans des Nebeneinanders«, wobei seine Formulierung durchaus so gehalten ist, daß sie nicht notwendig dem Schmidtschen Urteil widerspricht: »Der Erzähler kann allenfalls ein buntes Durcheinander, ein Ineinandergreifen der Handlungen bewerkstelligen, das im Nacheinander ein Nebeneinander vortäuscht.« (Maatje, S. 56) – Gültig geklärt werden kann die Frage nach dem Verhältnis der Teile zueinander, nach der Art ihrer »›Verzahnung‹« nur in der Analyse eines konkreten Textes: »Die Ritter vom Geiste« z. B. oder »Der Zauberer von Rom«.

[470] Vgl. Franz K. Stanzel. Typische Formen, S. 16f. sowie S. 18ff. u. S. 25ff.

schreibende Darstellungsweisen überwiegen und erfordert das Darstellen verschiedener Einzelteile auf verschiedenen Ebenen im Nebeneinander der ›erzählten Zeit‹,[471] damit ein Ganzes zustandekomme, eben jene von Schmidt angesprochene ›Verzahnung‹. Die Darstellungsweisen aber sind auch bereits dem ›alten Roman‹ geläufig; und ›verzahnt‹ werden Elemente zum Ganzen eines *Lebens*zusammenhangs. Die einzelnen Teile, aus denen sich der »Roman des Nebeneinanders« zusammensetzt, stehen grundsätzlich auf der gleichen kategorialen Stufe und damit auch auf der gleichen kategorialen Stufe mit dem, was der »Roman des Nacheinanders« darstellt. Beiden Romanarten geht es um die Darstellung von Leben: um die eines Ausschnitts oder um die der Totalität. Und die auf die Darstellung von Leben abhebende Vorstellung von Literatur impliziert Handlung oder Sukzession als fundamentales Gestaltungsprinzip.

Dementsprechend kann Günther Müller, dem es in seinen Arbeiten durchgängig um die Begründung einer ›Morphologischen Poetik‹ geht, die er am Lebensvorgang der Metamorphose orientiert,[472] den »Roman des Nebeneinanders« durchaus zu Recht in Zusammenhang mit dem Entwicklungsroman bringen;[473] dementsprechend auch kann Maatje auf der Basis seines an der traditionellen Erzähltheorie formulierten Roman-Begriffs ebenso rechtmäßig den »Roman des Nebeneinanders« zu den »Übergangsformen des Doppelromans«[474] zählen.

Das LG dagegen ist eine eigenständige Struktur der Modernen Literatur, die zugleich unter dem Anspruch der Reinen Literatur steht, das Spektrum der vorhandenen Strukturen zu erweitern. Es ist also eine neu- bzw. weiterentwickelte Struktur, die nicht in Begriffen und Kategorien der traditionellen Literaturtheorie aufgeht. Der Begriff, der diese Struktur theoretisch expliziert und terminologisch eindeutig bezeichnet, hat die Funktion und Valenz einer literarischen Beschreibungskategorie. Als diese erfüllt er die heuristisch unverzichtbare Aufgabe, eine von irreführenden Implikationen freie, strukturadäquate Werkanalyse zu ermöglichen – wobei sich umgekehrt erst in der

---

[471] Zu dem von Günther Müller geprägten Kategorienpaar ›Erzählzeit – erzählte Zeit‹, das der Beschreibung von Erzählformen dient, vgl. etwa G. M., Über das Zeitgerüst des Erzählens (Am Beispiel des Jürg Jenatsch). In: G. M., Morphologische Poetik, S. 388–418; vgl. dazu auch kritisch Bull, S. 67ff.

[472] Vgl. etwa Günther Müller, Die Gestaltfrage in der Literaturwissenschaft und Goethes Morphologie. In: G. M., Morphologische Poetik, S. 146–224, S. 187.

[473] Vgl. Günther Müller, Aufbauformen des Romans, S. 562.

[474] Maatje, S. 37; vgl. a. a. O., S. 54ff.

Werkanalyse erweisen kann, ob der Begriff des LGs heuristisch produktiv ist, ob er die Erwartung, eine positive Bestimmung und eine schlüssige Interpretation zu ermöglichen, erfüllt.

6. Das Längere Gedankenspiel in der utopischen Formtradition

Die Struktur des LGs knüpft an einen bestimmten Traditionszusammenhang an. Schmidt deutet dies an, wenn er in der Charakterisierung des dritten LG-Typs die subjektive Realitätsebene als »ins bedeutend Allgemeine gewandt, tiefsinnig, utopienverdächtigt« beschreibt. Er präzisiert dies durch den Hinweis auf ein literarisches Paradigma:

> Das bedeutendste, obwohl formal ebenfalls durchaus »unreine« Beispiel der Weltliteratur ist Johann Gottfried Schnabels »Insel Felsenburg«. Der Biographiensymphonie, vermittels deren hier E I bewältigt wird, steht das E II der »Inseln im Südmeer« gegenüber. In völliger Übereinstimmung mit der [. . .] Klassifizierung [d. i. der Typen-Bestimmung] ist E II bei Schnabel nicht mehr bejammertes Exil (wie bei dem im Vergleich damit arg zusammenschrumpfenden »Vorbild« des Robinson Crusoe), sondern utopisches, heilig-nüchternes Asyl.[475]

Schmidt stellt das LG in den Zusammenhang einer Formtradition, deren Kennzeichen eine mit der objektiven vorliegende subjektive Realitätsebene ist, die er als ›utopisch‹ bezeichnet. Die »Insel Felsenburg« wird als das »bedeutendste«, nicht aber als das traditionsbegründende Werk angeführt. Dies ist die »Insula Utopia« des Thomas Morus,[476] von der sich das von Schmidt gebrauchte ›utopisch‹ herleitet.

---

[475] AS, Berechnungen II, S. 299. Vgl. AS, Schnabel, S. 44: »Die einsame Insel im Südmeer ist [. . .] nicht mehr - wie im weitweit flacheren ›Robinson Crusoe‹ - bewinseltes Exil; sondern das ersehnte Asyl«.
Thomés Ansicht: »Schnabels großangelegte Sozialutopie wird nämlich nur als ästhetisch eigenwertiges Phantasiegebilde zum Zweck der psychischen Entlastung verstanden« (S. 54), greift zu eng.

[476] In: Der utopische Staat. Morus, Utopia. Campanella, Sonnenstaat. Bacon, Neu-Atlantis, übers. u. m. e. Essay ›Zum Verständnis der Werke‹, Bibl. u. Kommentar hrsg. v. Klaus J. Heinisch, 41.–45. Tsd. Reinbek b. Hamburg 1970 (= Rowohlts Klassiker 68/69), S. 7–110. Hiermit wird vorausgesetzt:
1. daß erst mit dem 1516 erstmals erschienenen Werk des Morus eine Tradition bestimmter Texte, die nach diesem Werk ›utopische‹ heißen, entsteht, daß mithin zuvor entstandene literarische und nicht-literarische (philosophische und religiöse) Texte, die motivische, intentionale oder auch ›instrumentale‹ Parallelitäten und Affinitäten zu utopischen Strukturen aufweisen, nicht als ›utopisch‹ gelten;
2. daß ausschließlich literarische Texte erfaßt sind [zum Literarischen der »Insula

Der Name der subjektiven Realität, die Morus literarisch konkretisiert hat, wird bei Schmidt zu einer Bezeichnung für die qualitative Beschaffenheit der subjektiven Realität, die die Struktur des LGs (vom dritten »Hochtyp«) prägt. Hierdurch geschieht zweierlei: die subjektive Realität des LGs wird in der Formtradition der »Insula Utopia« verankert, und die Formtradition der »Insula Utopia« wird durch die subjektive Realität des LGs gedeutet, und das heißt auch: durch den Begriff des LGs bestimmt.

Der Hinweis auf die »Insel Felsenburg« exemplifiziert die von Schmidt hergestellte Beziehung. In der »Vorrede« spricht Schnabel in bezug auf sein Werk vom »L u s u s   i n g e n i i«,[477] das er zwischen »pur lautere[n] F i c t i o n e s« auf der einen und »pur lautere[r] Wahrheit« auf der anderen Seite ansiedelt.[478] Das Spielen der Phantasie läßt eine fiktive Welt entstehen, die eine Verbindlichkeit beansprucht, die Schnabel als die Wahrheit des Exemplarischen versteht.[479]

Die Prädizierung dieser fiktiven Phantasie-Welt als Asyl im Gegensatz zum Exil geht auf Fritz Brüggemann zurück, der sie bereits 1914 in seiner Arbeit »Utopie und Robinsonade. Untersuchungen zu Schnabels Insel Felsenburg«[480] getroffen hat. In der parenthetisch hergestellten - durchaus fragwürdigen, durch die Anführungszeichen aber auch in ihrer Fragwürdigkeit gekennzeichneten - Beziehung der »Insel Felsenburg« zum »Robinson Crusoe«, dem Paradigma der ›robinsonadischen‹ Literatur, folgt Schmidt der mit der Konzipierung dieses Begriffspaares verbundenen Intention.[481] Unabhängig von

---

Utopia« vgl. die auf Elliot und Seeber rekurrierenden Ausführungen von Ludwig Stockinger, Ficta Respublica. Gattungsgeschichtliche Untersuchungen zur utopischen Erzählung in der deutschen Literatur des frühen 18. Jahrhunderts, Tübingen 1981 (= Hermaea, N. F. 45), S. 8.]

[477] Johann Gottfried Schnabel, Insel Felsenburg, hrsg. v. Wilhelm Voßkamp, Reinbek b. Hamburg 1969 (= Rowohlts Klassiker 522/523), S. 10.

[478] A. a. O.

[479] Vgl. a. a. O. - Wilhelm Voßkamp, Theorie und Praxis der literarischen Fiktion in Johann Gottfried Schnabels Roman ›Die Insel Felsenburg‹. GRM, 49, NF 18, 1968, S. 131-152, ignoriert den mit dem »Lusus ingenii« verbundenen Wahrheitsanspruch, wenn er einseitig die »Abkehr vom Wahrheitsanspruch und Hinwendung zum freien, bewußten literarischen Spiel« (S. 138) betont und daraus »die Abwendung vom Lehrhaft-Beispielhaften der erzählten Geschichte zugunsten des reinen Ergötzens« (S. 140f.) folgert.

[480] Weimar 1914 (= Forschungen zur neueren Lit.-gesch. 14).

[481] Schmidts Übernahme der begrifflichen Differenzierung zwischen Exil und Asyl impliziert nicht die Übernahme der Brüggemannschen Bestimmung von Asyl. Der kritische Vorbehalt betrifft vor allem den Vorwurf der Realitätsflucht im angesprochenen Sinne. Er ist in Arbeiten über die »Insel Felsenburg« mehr oder weniger ausdrücklich im Begriff des Asyls mitenthalten. So spricht Brüggemann von »Welt-

Brüggemann jedoch wird der Begriff des Asyls durch seinen Kontext als die subjektive Realität des LGs bestimmt. Asyl, rettender Zufluchtsort, ist diese subjektive Realität für das existentiell bedrohte Subjekt. Auch dann, wenn dieser psychische Zufluchtsort wie bei Schnabel und zuvor schon bei Morus positive Züge trägt, die einer negativ tingierten objektiven Realitätsebene entgegenstehen, impliziert er keineswegs Realitätsflucht als die unkritische Aufhebung objektiv-realer Konflikte in eine bloß kontrastive Scheinwelt, wie es beim ersten Typus des LGs der Fall ist. Im LG des dritten Typs, als das Schmidt das exemplarische »Lusus ingenii« Schnabels versteht,[482] wird die negative objektive Realität nicht ignoriert, sondern gesteigert. – Die Steigerung muß also nicht notwendig in der intensivierenden Prolongierung der negativ erlebten objektiven Realität bestehen, sondern kann ebensowohl dadurch erfolgen, daß das Negative seinerseits negiert wird.[483] Die Verbindlichkeit exemplarischer Wahrheit, die

---

flucht« (S. 133), und Horst Brunner, Die poetische Insel. Inseln und Inselvorstellungen in der deutschen Literatur, Stuttgart 1967 (= Germanist. Abhandlungen 21), bezeichnet die »Insel Felsenburg« als »Fluchtutopie« (S. 112, 113 u. ö.), womit er das Moment der Flucht terminologisch fixiert.

Die hiermit verbundene pejorative Bewertung manifestiert sich darin, daß der Begriff der Fluchtutopie mit dem positiv gewerteten der Sozialutopie kontrastiert wird (vgl. z. B. S. 67f. und 72f.) – wobei sich die Kontrastierung unausgesprochen von dem von Lewis Mumford (The Story of Utopias. Ideal Commonwealths and Social Myths, London 1923) gebildeten Begriffspaar »utopias of escape and [. . .] utopias of reconstruction« (S. 15) herleitet.

Brunner bringt in seinen Begriff der Fluchtutopie den des Asyls ein. Er versteht unter Fluchtutopien solche literarischen Werke, »die der bestehenden Wirklichkeit ein bloßes, oft phantastisches Wunschbild gegenüberstellen [. . .]. In ihnen drückt sich vielfach Resignation aus: die Umstände der Zeitwirklichkeit sind nicht zu ändern, man kann nur davon träumen, aus ihr zu fliehen und sich eine ›neue Welt‹ irgendwo zu schaffen. In dieser allein sind die mißliebigen Umstände der Epoche, in der man ›in Wirklichkeit‹ lebt, aufgehoben. Man sehnt sich nach einem Asyl, in das man fliehen kann.« (S. 67)

[482] Vgl. AS, Schnabel, S. 52: »»Längeres Gedankenspiel Hochtyp III‹; vgl. meine ›Berechnungen II‹«. Die theoretisch explizierte Beziehung zwischen LG und Utopie wird von M. R. Minden, Arno Schmidt. A critical study of his prose, Cambridge University Press 1982, nicht gesehen: »For far from being of general application, these thought-games are by their very nature e s c a p i s t, they represent a flight from reality, and as such, cannot even have the measure of objectivity of true utopias, which set up some model for discussion or contrast to the present reality.« (S. 91) Minden geht noch weiter, indem er Schmidt generell Tendenzen der Realitätsflucht unterstellt: »Schmidt's concern with consciousness tends to deal with a certain kind of consciousness, one which is introspective and word-oriented, one which is exhibited by minds who tend to flee the real world for the world of the mind.« (S. 101)

[483] Vgl. Arnhelm Neusüss, Schwierigkeiten einer Soziologie des utopischen Denkens. Einführung in: A. N. (Hrsg.), Utopie. Begriff und Phänomen des Utopischen, 2. Aufl. Neuwied u. Berlin 1972 (= Soziolog. Texte 44), S. 13–112, S. 33. Neusüss

Schnabel dem »Lusus ingenii« zuspricht, ist die Verbindlichkeit der subjektiven Realität des LGs: Die Steigerung bringt die Konstitutiva der objektiven Realität zur Anschauung und verschafft ›Klarheit‹ über sie. Die subjektive Realität erfüllt somit auch in ihrer positiven Gestalt die Funktion der Wahrheitsvermittlung.

Die Inanspruchnahme der »Insel Felsenburg« als »Beispiel« für das LG macht deutlich, daß die positiv gezeichnete subjektive Realität eines solchen Werkes und die negativ gezeichnete subjektive Realität etwa von George Orwells »Nineteen Eighty-Four« grundsätzlich übereinstimmende strukturale Voraussetzungen aufweisen. Beide sind ›utopisch‹, stehen in derselben ›utopischen‹ Formtradition.[484]

Die Bezeichnung der »Insel Felsenburg« als »formal durchaus »unreine[s]« Beispiel« dieser Struktur signalisiert den Stellenwert, den Schmidt seiner theoretischen Konzeption des LGs im Zusammenhang dieser Formtradition zumißt.

Die ›formale Unreinheit‹ sämtlicher »Versuche zur formalen Bewältigung«[485] des LGs wird, so Schmidt, dadurch verursacht, daß sie »meist unbewußt, und immer ohne zureichende theoretische Überlegungen«[486] vorgenommen werden. Solange der psychische Vorgang, der der Entstehung einer subjektiven Realität, die die objektive Realität steigert, zugrundeliegt, unreflektiert bleibt, bleibt die Struktur notwendig ›unrein‹, da sie ihre Entstehung und Seinsweise im subjektiven Bewußtsein und ihr Verhältnis zur ihr inhärenten, literarisch explizierten oder implizierten objektiven Realität nicht adäquat wiedergeben kann.

Der Begriff des LGs beansprucht, die Grundlage der tradierten Struktur aufgedeckt zu haben, so daß die in ihr angelegten Möglichkeiten vollständig und literarisch produktiv genutzt werden können.

---

bestimmt die utopische Intention als »Negation der Negation«. Vgl. dazu genauer u., S. 141f.

[484] Heiko Postma reduziert Schmidts theoretische Konzeption des LGs auf den rein biographischen Aspekt im Rahmen einer psychologischen Werkanalyse (vgl. S. 195). Er sieht eine »Nähe dieses Ansatzes zur Theorie Ernst Blochs« (a. a. O.), spricht ihm jedoch explizit einen »Utopiecharakter«, verstanden als »die gleichermaßen soziale Dimension beider Gestaltungsebenen und deren Berücksichtigung für eine Interpretation« (a. a. O.) ab. Postma ignoriert, daß die theoretische Explikation des LGs die Verbindung zu utopischer Literatur herstellt und ein – wenn auch nicht expliziertes, so doch durch den Kontext explizierbares – Verständnis von ›utopisch‹ enthält, das diese allzu vage und pauschal formulierte Kritik hinfällig macht.

[485] AS, Berechnungen II, S. 298.

[486] A. a. O., S. 298f.

129

Auf diese Weise kann eine adäquate, eine ›formal reine‹ literarische Konkretisierung der ›utopischen‹ Struktur erfolgen. – ›Utopisch‹ heißt in diesem Sinne nicht allein die subjektive Realitätsebene, sondern, dem strukturprägenden Verhältnis dieser zur objektiven entsprechend, der Zusammenhang beider, also die ganze literarische Struktur, die von der »Insula Utopia« begründet worden ist.

Im Hinblick auf diese Formtradition fungiert der Begriff des LGs als Erklärungsmodell bzw. literarische Beschreibungskategorie. Seiner Konzeption gemäß auf die literarische Struktur abzielend, leistet er auf der literaturkonstituierenden Ebene der Strukturbildung eine Erklärung und Bestimmung der Literatur, die, bedingt durch einen inflationären Begriffsgebrauch, nur noch sehr unscharf ›utopisch‹ genannt wird. Dabei schafft er allererst die Basis, ein Werk wie »Schwarze Spiegel« als genuin ›utopischen‹ Text, der in einer einheitlichen Formtradition mit einem Werk wie der »Insel Felsenburg« steht, zu behandeln.

Der dem Begriff des LGs immanente Leistungsanspruch, der sich auf den Phänomenbereich der als ›utopisch‹ bezeichneten Literatur bezieht, erstreckt sich auf der begrifflichen Ebene auch auf die Verstehensweisen dieser Literatur.

ZWEITER TEIL

Die durch den Begriff des Längeren Gedankenspiels bestimmte utopische Prosa im Kontext präfigurierter Begriffsbildungen

Das Problemfeld

Die Aktualität des Erfordernisses, den Begriff des LGs mit Verstehensweisen von ›Utopie‹ zu konfrontieren, ergibt sich nicht nur theorieimmanent aus der Beziehung des LGs zur utopischen Formtradition, sie zeigt sich auch in der Rezeption der literarischen Texte, die Schmidt als LG strukturiert hat: »Schwarze Spiegel«, »Die Gelehrtenrepublik« und »Kaff auch Mare Crisium«[1].

Die Werke werden in der Regel von der Kritik[2] und auch, zumeist am Rande, von den wenigen weiterreichenden Arbeiten[3] als ›Utopien‹ bezeichnet.

Die Art, in der dies geschieht, spiegelt symptomatisch den zu Recht von Ludwig Stockinger festgestellten »heute in der Literaturwissenschaft üblichen, umfassenden und zugleich diffusen Sinn«,[4] in dem von ›Utopie‹ oder ›literarischer Utopie‹ die Rede ist. Das gilt entsprechend auch für die in bezug auf literarische Werke vor allem des

---

[1] Reimer Bull rechnet sowohl »Schwarze Spiegel« als auch »Die Gelehrtenrepublik« der Form des Musivischen Daseins zu (vgl. Bull, S. 21, A. 26). Die ausdrückliche Kennzeichnung von »Schwarze Spiegel« als LG seitens Schmidt kann er jedoch nicht ignorieren. Wenig überzeugend schreibt er so, daß »Schwarze Spiegel« »zu [!] Grunde genommen zu dieser Reihe« (S. 22, A. 29), zur ›Versuchsreihe‹ des LGs, zähle. Die unzutreffende Klassifizierung Bulls beruht auf seiner fehlerhaften Annahme, die Erlebnisebenen des LGs seien »in sich« (S. 22) nach dem Muster des Musivischen Daseins oder der Erinnerung strukturiert.
Die völlig unreflektierte Äußerung von Karl Schumann, Dichtung oder Bluff. Arno Schmidt in der deutschen Gegenwartsliteratur. In: Jörg Drews u. Hans-Michael Bock (Hrsgg.), Solipsist, S. 28–42, »unter den Vorgang Traum wäre »Die Gelehrtenrepublik« zu rechnen« (S. 35), dagegen: »als Gedankenspiel darf das Bändchen »Kosmas« angesehen werden« (a. a. O.) disqualifiziert sich selbst.
[2] Vgl. die bei Hans-Michael Bock, Bibliografie Arno Schmidt 1949–1978, 2., verb. u. erg. Aufl. München 1979 angeführten Rezensionen S. 130f., 146ff., 164ff., 172ff. Die Mehrzahl charakterisiert die Werke in irgendeiner Weise als ›utopische‹.
[3] Vgl. Gerhard Schmidt-Henkel, Arno Schmidt und seine »Gelehrtenrepublik«; M.-R. Minden, Arno Schmidt; Hiltrud Gnüg, Warnutopie und Idylle in den Fünfziger Jahren. Am Beispiel Arno Schmidts. In: H. G. (Hrsg.), Literarische Utopie-Entwürfe, Frankfurt a. M. 1982, S. 277–290.
[4] Stockinger, S. 12.

20. Jahrhunderts gebildeten Negativ-Begriffe von ›Utopie‹, die in erster Linie für die »Gelehrtenrepublik« in Anspruch genommen werden.[5] Weder über die Merkmale, die eine Bezeichnung der Werke als »Utopien‹ bzw. ›Anti-Utopien‹ o. ä. begründen, noch folglich über die zugrundegelegten Vorstellungen von ›Utopie‹ bzw. ›Anti-Utopie‹ besteht Einigkeit. Dasselbe Merkmal kann sogar herangezogen werden, um die Prädizierung eines Werkes als eines ›utopischen‹ zu rechtfertigen oder abzulehnen.[6]

Diese Verhältnisse signalisieren einerseits die Unbestimmtheit gängiger Utopie-Begriffe, und sie dokumentieren andererseits die damit zusammenhängende Schwierigkeit, die Werke adäquat zu bestimmen. Das wird dadurch unterstrichen, daß sich die Struktureigentümlichkeit der Werke offensichtlich – was durchaus auch registriert wird – den Kategorien der traditionellen Literaturtheorie entzieht,[7] was sich auch in der Verwendung des Begriffs des Inneren Monologs niederschlägt.[8]

Die Bezeichnung der drei Werke Schmidts als ›Utopien‹ oder ›Anti-Utopien‹ ist so kaum mehr als eine Etikettierung. Sie leistet keine Bestimmung, sondern bedarf selbst der begrifflichen Klärung.

[5] K. H. K. (= Karl Heinz Kramberg) ordnet das Werk in seiner Rezension: Utopia – Gefährliches Neuland. Das Schönste, März 1958, den von ihm so genannten »Utopien des Grauens« zu; H. M. spricht in der Rezension: Arno Schmidts atomare Sozialutopie. Die Rheinpfalz, 30.12.1958, von der »Kontrast-Utopie«. Vgl. auch Schmidt-Henkel, Gelehrtenrepublik, der die »Gelehrtenrepublik« als »negative [.] Utopie« (S. 566) apostrophiert.

[6] Kurt Marti, Arno Schmidt: Die Gelehrtenrepublik (Rez.). Kirchenblatt für die reformierte Schweiz, 6.3.1958, und Heinrich Dittmar, Zu Oma [!] Schmidts »Gelehrtenrepublik«. Die Zentaurin mit der Sonnenbrille. Utopischer Roman – skurril und ausgeglüht wie Schlacke (Rez.). Neue Ruhr-Zeitung, 11.1.1958, lehnen eine Bezeichnung der »Gelehrtenrepublik« als ›Utopie‹ auf Grund ihres offenkundigen Gegenwartsbezuges ab. Wilhelm Waldstein, Arno Schmidt: Die Gelehrtenrepublik. Neue Volksbildung, Sept. 1958, hingegen klassifiziert das Werk im Anschluß an eine Charakterisierung der Art dieses Bezugs als ›Utopie‹.

[7] Vgl. Rolf Michaelis, Schprachschprudl. Der Wort-Metz Arno Schmidt und sein neues Buch (Rez.). Stuttgarter Zeitung, 10.1.61, der den »eigenartigen Mischcharakter des Werkes« anführt. Schmidt-Henkel, Gelehrtenrepublik, spricht von »strukturprägenden (nicht -zerstörenden) Abschweifungen« (S. 566), von der »Zettelkastenmanie«, die »sich zu einem Stilprinzip erhebt« (S. 567). Vgl. auch die Rezension zur »Gelehrtenrepublik« von John Michalski, Arno Schmidt: Die Gelehrtenrepublik. Books Abroad, Summer 1958; und zu »Kaff« von Barbara Klie, Die Vivisektion der Sprache. Christ und Welt, 2.6.1961.

[8] Beeinflußt wohl nicht zuletzt durch den Klappentext, in dem vom »Erzähler, [der] *zwei* innere Monologe säuberlich vor dem Leser ausbreitet«, die Rede ist, wird die Form von »Kaff« in vielen Fällen als ›Innerer Monolog‹ bezeichnet. Vgl. z. B. Ludwin Langenfeld, Verspielt (Rez. »Kaff«). Bücherei und Bildung, 13, 1961, H. A 5, S. 213–214; Hans Heinz Hahnl, Arno Schmidt: Kaff oder [!] Mare Crisium (Rez.). Wort in der Zeit, 8, 1962, H. 5; Rolf Michaelis, Rez. »Kaff«.

Utopische Texte haben im Verlauf der über ein Jahrhundert zurückreichenden Tradition der wissenschaftlichen Auseinandersetzung mit ihnen[9] vielfältige und verschiedenartige Bestimmungen erfahren.[10] In ihnen differieren nicht nur die Verstehensweisen von ›Utopie‹, sondern auch die Auffassungen vom Gegenstandsbereich[11] und die terminologischen Bildungen.[12] Hinzu treten auch ohne unmittelbaren Textbezug geprägte Utopie-Begriffe.[13]

---

[9] Die literarische Utopie wird erstmals in den Arbeiten des Staatswissenschaftlers Robert von Mohl zum Gegenstand wissenschaftlicher Bemühung: Die Staatsromane. Ein Beitrag zur Literaturgeschichte der Staatswissenschaften. Zeitschrift f. d. ges. Staatswiss., 2, 1845, S. 24-74; Die Geschichte und Literatur der Staatswissenschaften, 3 Bde, Erlangen 1855-58.
Mohl behandelt die unter den von ihm geprägten Begriff des Staatsromans subsumierten Utopien als Manifestationen politischen Denkens, in denen allein »der Inhalt von Wert« (Die Staatsromane, S. 26) sei.
Im Anschluß an Mohl entwickelt sich eine Utopie-Forschung in den verschiedensten wissenschaftlichen Disziplinen. Einen Überblick gibt Karl Reichert, Utopie und Staatsroman. Ein Forschungsbericht, DVJS, 39, 1965, S. 259-287.

[10] Vgl. dazu Reichert, Neusüss und Rudolf Lautenthaler, Begriff und Geschichte des utopischen Denkens. Soz. Zschrft. f. Kunst u. Ges., 18/19, 1973, S. 15-59.

[11] Ganz abgesehen davon, daß mittlerweile kaum noch ein Bereich denkbar ist, dem das Adjektiv ›utopisch‹ nicht zugefügt werden könnte, sind auch die Gegenstände *literarischer* Utopie kaum je präzise eingegrenzt worden. Auf der einen Seite werden philosophische Abhandlungen, politische Programmschriften, pädagogische Pläne, Mythen und religiöse Paradies- und Endzeitvorstellungen etc. der literarischen Utopie zugerechnet, auf der anderen Seite antike Komödien, Bildungs- und Reiseromane etc.
Nahezu sämtliche der angeführten Auffassungsmöglichkeiten des Gegenstandsbereiches der literarischen Utopie - und zusätzlich andere - finden sich bei Wolfgang Biesterfeld, Die literarische Utopie, Stuttgart 1974 (= Sammlg. Metzler 127). Dies ist ein für die relativ junge Arbeit eines Literaturwissenschaftlers äußerst bedenklicher Umstand: Obwohl der Autor die *literarische* Utopie thematisch behandelt, gelingt es ihm nicht einmal, ihren Gegenstandsbereich zu erfassen oder zumindest in seinen verschiedenen Auffassungen kritisch zu diskutieren. Das hat sich auch in der 2., *neubearbeiteten* Aufl. 1982 nicht geändert.

[12] Der Begriff der Utopie steht nur selten allein, kann es auch kaum noch, da er völlig aussagearm geworden ist (auf diesen geradezu zum Topos der Utopie-Forschung gewordenen Umstand weisen nahezu alle jüngeren Arbeiten hin). Er wird durch Präfixe oder Attribute erweitert oder selbst attributiv verwendet. Die Tendenz der Bildung von Begriffszusammensetzungen geht einher mit derjenigen, diesen Bildungen komplementäre und/oder konträre zuzugesellen - und zwar nicht nur, um das jeweilige Utopische von Ähnlichem abzugrenzen, sondern auch, um konzeptionsimmanent zu differenzieren.

[13] Je nachdem, wie die Grenzen zwischen Sozialwissenschaft und Sozialphilosophie gezogen werden, wären hier neben den Konzeptionen Blochs (vor allem »Das Prinzip Hoffnung«) sowie Horkheimers (Anfänge der bürgerlichen Geschichtsphilosophie. In: M. H., Anfänge der bürgerlichen Geschichtsphilosophie, Hegel und das Problem der Metaphysik, Montaigne und die Funktion der Skepsis, m. e. Einleitg. v. Alfred Schmidt, Frankfurt a. M. 1971, S. 9-83) und Karl Poppers [Utopie und Gewalt. A. d. Engl. v. Arnhelm Neusüss i. Zus.-arb. m. R. F. Schorling. In:

Dieser Hintergrund prägt das Verhältnis der Literaturwissenschaft zur utopischen Literatur bis in die Gegenwart hinein. Ein spezifisch literaturwissenschaftliches Utopie-Verständnis, das auf die spezifisch literarische Konstitution eines präzise eingegrenzten Gegenstandsbereiches literarischer Texte abzielt, konnte sich erst spät und auch nur in Ansätzen entwickeln.[14] So liegt ein Feld heterogener, teils in sich widersprüchlicher Verstehensweisen vor, die die verschiedensten terminologischen Bildungen aufweisen.[15] Ihr Spektrum wird noch erweitert durch Unterschiede innerhalb des (unterschiedlich eingegrenzten) Gegenstandsbereiches, die ihrerseits den Anlaß für Differenzierungen und Spezifizierungen der Utopie-Begriffe geben.[16]

Arnhelm Neusüss (Hrsg.), Utopie, S. 313–326] Ansätze des Marxismus (vgl. dazu Lautenthaler), aber auch die Utopie-Bestimmung Karl Mannheims [Ideologie und Utopie, 4. Aufl. Frankfurt a. M. 1965; Utopie. In: Arnhelm Neusüss (Hrsg.), Utopie, S. 113–119] und Verstehensweisen der sozialphilosophisch orientierten Theologie [vgl. vor allem Paul Tillich, Kairos und Utopie. In: P. T., Der Widerstreit von Raum und Zeit. Schriften zur Geschichtsphilosophie, Stuttgart 1963 (= Ges. Werke, Bd. VI), S. 149–156; Politische Bedeutung der Utopie im Leben der Völker. In: P. T., Der Widerstreit von Raum und Zeit, S. 157–210] anzuführen.

[14] Arbeiten, die sich um eine Bestimmung der literarischen Konstitution der Utopie bemühen, liegen im Grunde erst mit dem Aufsatz von Peter Uwe Hohendahl, Zum Erzählproblem des utopischen Romans im 18. Jahrhundert. In: Helmut Kreuzer u. Käte Hamburger (Hrsgg.), Gestaltungsgeschichte und Gesellschaftsgeschichte. Literatur- Kunst- und Musikwissenschaftliche Studien, Stuttgart 1969, S. 79–114; weiter der Dissertation von Hans Ulrich Seeber, Wandlungen der Form in der literarischen Utopie. Studien zur Entfaltung des utopischen Romans in England, Göppingen 1970 (= Göppinger Akad. Beitr. 13), und, beide wiederum kritisch reflektierend, der Dissertation von Ludwig Stockinger vor. Bezeichnenderweise umgrenzen Hohendahl und Stockinger ihren Gegenstandsbereich sehr eng, um das gestellte Problem erarbeiten zu können. Vgl. auch Ludwig Stockinger, Aspekte und Probleme der neueren Utopiediskussion in der deutschen Literaturwissenschaft. In: Wilhelm Voßkamp (Hrsg.), Utopieforschung. Interdisziplinäre Studien zur neuzeitlichen Utopie, 3 Bde, Stuttgart 1982, Bd. 1, S. 229–248.

[15] Zu den Arbeiten, die den Begriff der Utopie primär zusatzlos verwenden [vgl. Brüggemann; Georg H. Huntemann, Utopisches Menschenbild und utopistisches Bewußtsein im 19. und 20. Jahrhundert. Geschichte der Utopien von Etienne Cabet bis George Orwell als Geschichte utopistischen Selbstverständnisses, Diss. Erlangen 1953; Hubertus Schulte-Herbrüggen, Utopie und Anti-Utopie. Von der Strukturanalyse zur Strukturtypologie, Bochum-Langendreer 1960 (= Beitrag z. engl. Philol. 43)], um etwa eine Globalbestimmung zu versuchen, treten vermehrt solche, die bereits in der Begriffsbildung eine bestimmte Auffassungsweise zu erkennen geben.

[16] Welche verwirrende Vielfalt terminologischer ›Differenzierungen‹ auf diese Weise zustande kommen kann, belegt die Dissertation Seebers. Folgende Bildungen treten allein auf den ersten 40 Seiten auf: »utopische Satire« (S. 11), »dystopische Satire« (S. 12), »utopische Idylle« (S. 12), »konstruktive Utopie« (S. 12), »Anti-Utopie« (S. 13); hinzu kommt eine Umschreibung wie »die utopische Idylle oder die satirisch kontrollierte ›Gothic Romance‹ mit »utopischem« Inhalt« (S. 27) und schließlich die Unterscheidung zwischen der »nicht-satirischen oder satirischen Utopie« (S. 38).

134

Die Werke Schmidts werden dem engeren Phänomenbereich utopischer Literatur des späten 19. und vor allem des 20. Jahrhunderts zugeordnet.[17]

Als ein zentrales Kennzeichen dieser Texte gilt gemeinhin der negative Charakter der in ihnen dargestellten ›utopischen‹ Welt. In erster Linie auf Grund dieses Kennzeichens werden sie üblicherweise von den utopischen Texten, deren Welt positiv gezeichnet ist, abgegrenzt und neu bestimmt. – Um diese Eingrenzung des Gegenstandsbereiches und die Akzentuierung des Problemfeldes terminologisch kenntlich zu machen, werden diese Texte als *utopische Prosa* bezeichnet, die von Morus' »Insula Utopia« an entstandenen Texte mit positiv gezeichneten ›utopischen‹ Welten als *traditionelle Utopien*.

Die Differenzierung hypostasiert, daß es sich bei der utopischen Prosa um eine Literatur handelt, die nicht a priori grundsätzlich anders als die traditionelle Utopie zu bestimmen ist, sondern – als genuin utopische Literatur – in der Formtradition der traditionellen Utopie steht. Zu berücksichtigen ist (und insofern ist die vorgenommene Differenzierung durchaus nicht unproblematisch), daß selbstverständlich auch die traditionelle Utopie Prosa ist. Die Abgrenzungskriterien werden innerhalb der utopischen Formtradition angenommen.

›Utopische Prosa‹ steht zugleich aus kritischen Vorbehalten gegen präfigurierte terminologische Bildungen, die in der Forschungsliteratur gebräuchlich sind. ›Utopische Prosa‹ distanziert sich von Begriffsbildungen wie ›utopischer Roman‹, ›utopische Satire‹ bzw. ›satirische Utopie‹ etc., ›utopische Erzählung‹ und vor allem solchen wie ›Anti-Utopie‹:[18]

---

[17] Vgl. z. B. die Rez. der »Gelehrtenrepublik«: Jürgen Beckelmann, Von Thomas Morus bis Arno Schmidt. Oder auch: Das Ende der Utopie. Panorama, April 1958.

[18] Der Begriff der utopischen Prosa läßt den der »Science Fiction« unberührt. ›Science Fiction‹ bezeichnet einen anderen Bereich literarischer Texte als ›utopische Prosa‹. Der strukturalen Beziehung der Science Fiction zur utopischen Formtradition wäre in einer eigenen Untersuchung nachzugehen. [Einen Eindruck über die Schwierigkeiten, diese Beziehung zu klären und ›Science Fiction‹ einzugrenzen und zu bestimmen, vermitteln die bei Eike Barmeyer (Hrsg.), Science Fiction. Theorie und Geschichte, München 1972, versammelten Arbeiten.] Ansätze hierfür finden sich bei Jörg Hienger, Literarische Zukunftsphantastik. Eine Studie über Science Fiction, Göttingen 1972, der den »Gedankenspiel«-Charakter der Science Fiction ins Zentrum seiner Untersuchungen stellt (vgl. die beiden »Gedankenspiele« und »Spielregeln« überschriebenen Teile seiner Arbeit S. 23ff. u. S. 182ff.), wobei es ihm allerdings primär um »eine möglichst genaue Explikation [. . .] [des] verspielten [. . .] Denkens« (S. 21) der Science Fiction geht. Eine Strukturbestimmung hätte vor allem die Konsequenzen zu klären, die sich daraus ergeben, daß eine *subjektive* Rea-

- vom Begriff ›utopischer Roman‹ einerseits wegen der Unbestimmtheit des Roman-Begriffs, weil er in dieser Form allzu kritik- und vorbehaltlos generell für utopische Texte angewandt wird, in denen irgendwelche erzählerischen Elemente aufzufinden sind oder auch nur angenommen werden, weil er somit keine bezeichnende Valenz hat;[19] andererseits wegen der (traditionellen) Bestimmtheit des Roman-Begriffs, weil er in dieser Form, fixiert auf einen bestimmten Formenkanon, die utopische Prosa nicht erfaßt;
- von Begriffen wie ›utopische Satire‹ oder ›satirische Utopie‹, weil diese die Problematik der utopischen Prosa apriorisch mit der Problematik der Satire verbinden, möglicherweise vorhandene kategoriale Differenzen zwischen beiden nivellieren und tendenziell Schwierigkeiten in der Erklärung der Gestaltungsweise utopischer Prosa durch den Rückgriff auf Satire-Begriffe verlagern, statt sie zu lösen;[20]
- vom Begriff ›utopische Erzählung‹, weil er, konzipiert für utopische Texte des frühen 18. Jahrhunderts, zwar gerade keinen Roman-Begriff induziert, aber auf *Erzähl*strukturen abhebt, die anzuwenden auf die utopische Prosa zu verfälschenden Resultaten führen kann;[21] zudem weil er, basierend auf einem dezidiert in-

---

lität (deren grundsätzliches, möglicherweise strukturprägendes Verhältnis zur objektiven Realität zu untersuchen wäre) »keine anderen Formen der Erzählprosa« (Hienger, S. 182) aufweist als Texte, »die ein mit unserem Realitätsbegriff übereinstimmendes Geschehen fingieren« (a. a. O.). Hiltrud Gnüg, Der utopische Roman, Eine Einführung, München 1983, spricht im Einleitungskapitel, in dem es ihr expressis verbis um den »Begriff der Utopie und des utopischen Romans« (S. 7) geht, die Science Fiction an, verzichtet aber auf eine präzise begriffliche Differenzierung (vgl. S. 13f.).

[19] In diesem Sinne ist etwa bei Robert von Mohl von ›Roman‹ - in seinem Begriff »Staatsroman« - die Rede: ›Roman‹ bezeichnet dann undifferenziert, zudem pejorativ bewertet, alles Literarische, ja sogar das, was nicht in den Bereich des Literarischen, sondern in den der diskursiv-argumentativen Texte gehört.

[20] Zum Begriff »utopische Satire« vgl. Seeber, Wandlungen. Der in der angelsächsischen Utopie-Forschung gebildete Begriff »satirical utopia« (Seeber verweist S. 11, A. 21 auf K. Amis, New Maps of Hell, London 1961, S. 87) wird von Seeber durch den der »dystopischen Satire« ersetzt und an seine Terminologie angeglichen (vgl. S. 11f.). Seeber gebraucht den Begriff der »utopischen Satire« für traditionelle utopische Texte, den der »dystopischen Satire«, mit ihm also den der »satirischen Utopie«, für die utopische Prosa.
Zu beachten ist, daß diese Begriffszuordnung nicht in allen Fällen mit dem in der angelsächsischen Utopie-Forschung üblichen Begriffsgebrauch übereinstimmt. So setzt Northrop Frye (Varieties in Literary Utopias. Daedalus, 94, 1965, S. 323–347) »utopian satire« (vgl. S. 326f. u. S. 337), Mark R. Hillegas (The Future as Nightmare. H. G. Wells and the Anti-utopians, New York 1967) »satiric utopia« (vgl. S. 8f.) für die utopische Prosa.

[21] Gemeint ist der Begriff »utopische Erzählung«, wie ihn Stockinger als Gattungs-

tentionalen Literaturbegriff,[22] unter dem zentralen Aspekt des wirklichkeitskritischen Überredungswillens wiederum den »satirischen Gattungen« zugeordnet wird;[23]

– von einem speziell für die utopische Prosa gebildeten Begriff wie ›Anti-Utopie‹, weil er die utopische Prosa auf ein gegensätzliches Verhältnis zu ›Utopie‹ festlegt und damit offen läßt, wie sie – und ob überhaupt – als utopischer Text zu verstehen sei.

Der sehr allgemeine Begriff der utopischen Prosa vermeidet die terminologische Fixierung von Affinitäten zu Formbegriffen der Älteren Literatur und die des expliziten Gegensatzes zur traditionellen Utopie bzw. ganz allgemein zu ›Utopie‹. Er ist die Bezeichnung eines vielfältig benannten und gedeuteten Gegenstandsbereiches, der für eine Bestimmung durch die theoretische Konzeption des LGs offen ist.

Ihr Stellenwert für ein positives und angemessenes Verständnis der utopischen Prosa, der die drei zu analysierenden Texte Schmidts angehören, zeigt sich in den von der Forschung entwickelten Begriffsbestimmungen.[24]

1. Die funktionale Bestimmung der utopischen Prosa

a) Die Diskussion um die utopische Prosa wird unter dem leitmotivischen Thema der ›Anti‹– oder ›Gegen-Utopie‹ geführt. Die Bezeichnungen treten, unterschieden oder nicht, zusammen auf oder stehen allein. Sie werden ersetzt oder ergänzt durch Bildungen wie »Dystopie«, »Mätopie«, »apotropäische Utopie«, »devolutionistische Utopie«, »negative Utopie«, »Schreckutopie«, »Utopie des Grauens« u. v. a. m.[25]

In all diesen Bildungen kommt der grundlegende Aspekt, unter dem die utopische Prosa betrachtet wird, zum Ausdruck: der des gegensätzlichen oder negativen Verhältnisses zu ›Utopie‹. Die Verstehens-

---

begriff (vgl. Stockinger, S. 12) für utopische Texte des frühen 18. Jahrhunderts erarbeitet.

[22] Vgl. Stockinger, S. 9.

[23] Vgl. a. a. O., S. 76f.

[24] Es geht im folgenden nicht darum, einen Forschungsbericht zu erstellen, sondern Grundzüge der Verstehensweisen des Phänomens der *utopischen Prosa*, damit die grundlegenden Kriterien der dominierenden Begriffskonzeptionen zu skizzieren.

[25] Die Bildungen leisten selten mehr als eine metaphorisch-variierende Umschreibung dessen, was in der Mehrzahl unter den Bezeichnungen »Anti-« oder »Gegen-Utopie« abgehandelt wird.

weisen utopischer Prosa schließen also, explizit oder implizit, Verstehensweisen von ›Utopie‹ ein.[26] In ersteren tradieren sich somit auch die in der frühen nicht-literaturwissenschaftlichen Utopie-Forschung entstandenen Behandlungen utopischer Texte als literarisch irrelevanter Zeugnisse politischen Denkens,[27] die bereits die Bildung von Utopie-Begriffen durch die Literaturwissenschaft maßgeblich beeinflußt, ja in weiten Bereichen bis heute ein adäquates Verständnis traditioneller utopischer Texte als literarischer Werke behindert haben. Hierzu gehört die generelle Tendenz, die Duplizität der Realitätsebenen, die die »Insula Utopia« paradigmatisch für die traditionelle Utopie aufweist, in den Begriffsbildungen zu ignorieren und diese allein auf die ›utopische‹ Ebene auszurichten.

Die Spaltung der literarischen Struktur in die – als relevant bewertete – Komponente einer rationalen ›utopischen‹ Aussage und die – als irrelevant bewertete – des Literarischen erwies sich als äußerst folgenreich. Sie stabilisierte sich derart im Verlauf der Utopie-Forschung, daß sie offenbar nur sehr schwer rückgängig zu machen ist. Sie liegt selbst jüngeren literaturwissenschaftlichen Arbeiten zugrunde, denen es ausdrücklich um die *literarische* Utopie oder um den utopischen *Roman* geht, und sie bildet die gemeinsame Basis der verschiedenen Bemühungen um ein Verständnis der traditionellen Utopie.

Wolfgang Biesterfeld etwa schreibt noch 1974:

> Es scheint in der Tat angebracht, die Typologie der Utopien in ihren verschiedenen Erscheinungsformen von einem Blickpunkt *außerhalb des Literarischen* anzugehen, denn mag auch die Gestaltung der jeweiligen Rahmenhandlung und Kontexte noch so poetischen Charakter haben: es wird immer die politische Verfassung des beschriebenen Gemeinwesens sein, die Kriterien für einen Vergleich mit anderen Entwürfen an die Hand gibt.[28]

---

[26] Zu den Verstehensweisen von Utopie, ihren Gruppierungen und Interdependenzen im Hinblick auf das Phänomen des literarisch konkreten utopischen Textes vgl. die Ausführungen Stockingers im 1. Kap. seiner »Ficta Respublica«: »Schwierigkeiten einer Literaturgeschichte der utopischen Erzählung«, S. 15ff. (Diese Arbeit Stockingers wird auch weiterhin nur mit Autor-Namen zitiert.)

[27] Vgl. Mohl, der, nachdem er den »häufig sehr geringe[n] poetische[n] Werth [. . .] der Staatsromane« (Geschichte, 1. Bd., S. 169) festgestellt hat, hinzufügt: »politisch kann der Werth ein ganz anderer sein« (a. a. O., S. 170). Diesen sieht er darin, daß sie »die bezeichnende und oppositionelle Richtung« »haben« und »zur Prüfung der Wirklichkeit« »veranlassen« (a. a. O.). Mohl spricht also bereits am Beginn der Utopie-Forschung von wirklichkeitskritischer Relevanz, von utopischer Intentionalität, ohne zu fragen, wie sich diese textlich konkretisiert.

[28] Biesterfeld, S. 5.

Dem entspricht die zwanzig Jahre ältere Aussage Georg H. Hunte-
manns: »Die Utopie kann also nur [. . .] vom Inhaltlichen bestimmt
werden.«[29]

Beide Autoren verbinden mit der Übernahme der Aufspaltung der
literarischen Struktur die pejorative Bewertung der literarischen
Komponente. Biesterfeld ›begründet‹ den Verzicht auf eine genuin
literarische Betrachtungsweise damit, daß »hier gerade mehr ›gestiftet‹ [wird] als *nur* poetische Realität«,[30] Huntemann führt vorsichti-
ger an, daß die traditionelle Utopie »rein künstlerischen Anforderungen oft nicht genügt«.[31] Die Konsequenz, die sich aus der
Vernachlässigung der poetischen Seinsweise der traditionellen Utopie
ergibt, formuliert rigoros Helmut Brunner, dem »die Sozialutopie«,
zu der er immerhin die »Insula Utopia« rechnet,[32] »keine dichterische
Gattung«[33] ist:

> Alle poetischen, erzählenden Elemente in ihr sind sekundäre Zutat und
> nötigenfalls entbehrlich.[34]

Auch in Peter Uwe Hohendahls Untersuchung »Zum Erzählproblem
des utopischen Romans«[35] liegt die frühe Betrachtungsweise der Fragestellung zugrunde. Hohendahl formuliert seine Leitfrage:

> Wie lassen sich statische Beschreibungen mit starken theoretischen Ein-
> schlägen, die von Haus aus nicht episch geartet sind, in ein episches Kunst-
> werk wie den Roman integrieren?[36]

Über die traditionelle Utopie urteilt er:

> Die Utopie wird hier nicht eigentlich in das epische Geschehen integriert,
> sondern bloß technisch mit ihm verknüpft.[37]

---

[29] Huntemann, S. 5; vgl. auch Hans Georg Rötzer, Utopie und Gegenutopie. Stimmen
der Zeit, 174, 1964, S. 356–365, S. 356: »Der utopische Roman lebt als Gattung von
seinem Inhalt.«

[30] Biesterfeld, S. 5

[31] Huntemann, S. 10; vgl. Schulte-Herbrüggen, S. 12: »Nur selten gehört die Utopie
zur littérature pure, viele ihrer bekanntesten Werke zählen hingegen zu den
Musterbeispielen einer »littérature engagée, bei ihnen liegt das Schwergewicht
nicht auf der ästhetischen Funktion, sondern mehr auf der Aussage.«

[32] Vgl. Brunner, S. 66ff.

[33] Brunner, S. 72.

[34] A. a. O., S. 72f.

[35] Zum vollständigen Titel vgl. S. 134, A. 14.

[36] Hohendahl, S. 80.

[37] A. a. O., S. 81.

Die hierin begründete Problematik entlarvt Stockinger mit der kritischen Frage:

> Welche Art von Text ist bei Hohendahl überhaupt eine »Utopie« vor ihrer Verbindung mit dem Roman?[38]

Mit der gar nicht mehr hinterfragten Auflösung der literarischen Struktur, in deren Eigenart sich allererst eine ›utopische‹ Aussage konstituiert, sind die Weichen für die Verstehensweisen nicht nur der traditionellen Utopie, sondern auch der utopischen Prosa gestellt.[39] Die Bestimmung von Utopie-Begriffen erfolgt in der Regel auf der Basis von inhaltlichen oder motivischen Merkmalen und orientiert sich primär an dem, was als die ›utopische Aussage‹ aus dem Text herausgelöst wird.

Dieses Vorgehen der Literaturwissenschaft wird durch Utopie-Begriffe bestärkt, die sich von den 1920er Jahren an in den Sozialwissenschaften gebildet und sich teilweise sogar völlig vom literarischen Gegenstand gelöst haben.

So übt vor allem Karl Mannheim mit seinem 1929 erstmals publizierten Werk »Ideologie und Utopie«[40] einen nachhaltigen Einfluß aus. Mannheim bestimmt ›Utopie‹ im Zusammenhang mit und in Abgrenzung von ›Ideologie‹. Sowohl ›Ideologie‹ als auch ›Utopie‹ versteht er als »seinstranszendente« Bewußtseinsformen,[41] erstere als wirklichkeitsstabilisierende, letztere als wirklichkeitstransformierende.[42] ›Utopie‹ bemißt sich nicht allein nach ihrer Intention, so Mannheim in einer Formulierung von 1935,

> kollektive Aktivität hervor[zu]rufen, die die Wirklichkeit so zu ändern sucht, daß sie mit ihren die Realität übersteigenden Zielen übereinstimmt,[43]

sondern letztlich erst im nachhinein nach der Verwirklichung dieser Intention in der Realität.[44]

---

[38] Stockinger, S. 69.

[39] Wie sehr sich diese Scheidung verselbständigt hat und auch in die Verstehensweisen utopischer Prosa eingeht, wird bei Schmidt-Henkel, Gelehrtenrepublik, deutlich: »Er [= AS] befindet sich [. . .] in eben der Schwierigkeit, der sich utopische Autoren noch immer ausgesetzt sahen: plausibel zu erzählen *oder* in die utopische Deklaration auszuweichen« (S. 570).

[40] Zit. wird nach Neusüss (Hrsg.), Utopie, S. 265–285.

[41] A. a. O., S. 267.

[42] Vgl. Mannheim, Utopie, S. 115 u. Mannheim, Ideologie, S. 269.

[43] Mannheim, Utopie, S. 115f.

[44] Vgl. Mannheim, Ideologie, S. 279: »Für uns gelten als Utopien alle jene seinstranszendenten Vorstellungen [. . .], die irgendwann transformierend auf das historisch-gesellschaftliche Sein wirkten.«

Trotz Ungenauigkeiten und Widersprüchlichkeiten in der Konzeption[45] beziehen sich alle darauffolgenden Bestimmungen von Utopie, die maßgeblich auf ihre Intention abheben, mehr oder weniger deutlich auf die Mannheimsche Bestimmung. Sie klingt sogar an in Ernst Blochs später Schrift »Antizipierte Realität – Wie geschieht und was leistet utopisches Denken«,[46] in der Bloch »das Utopische« als »das Charakteristikum des Menschen«[47] bestimmt, als »docta spes«,[48]

> als ein Wollen, das mehr ist als Wünschen, ein tätiges Wollen, um das so Vorgestellte auch befriedigend zu erreichen.[49]

Im Gegensatz zu Mannheim versteht Bloch ›Utopie‹ nicht mehr vom Realisierten her, sondern auf Grund ihres Intendierens, ja ihres Vorwegnehmens eines »Noch-Nicht«,[50] wobei er die literarische Konkretion als eine Manifestierungsmöglichkeit des Utopischen in seine Bestimmung einbezieht:

> Das sind die schöpferischen Wachträume, emergierend in großen politischen, ökonomischen Konzeptionen, in künstlerischen, philosophischen und wissenschaftlichen Schöpfungen, sich ausgestaltend in einer mehr oder minder aurorisch-antizipierenden Aufdämmerung.[51]

Kompromißloser als Mannheim und Bloch versteht Paul Tillich Utopie ausschließlich von ihrer Intention her:

> Das Prinzip aller Utopien ist die Negation des Negativen, die Vorstellung eines Zustandes, in dem das Negative der Existenz negiert wird.[52]

An diese Formulierung knüpft Arnhelm Neusüss an, indem er sein Utopie-Verständnis unter der Voraussetzung, daß »die bestehende Wirklichkeit die Negation einer möglichen besseren«[53] sei, als »die Negation der Negation«[54] faßt; weniger formelhaft: als die

---

[45] Zur Kritik an Mannheim in der jüngeren sozial-wissenschaftlichen Utopie-Forschung vgl. Neusüss, Schwierigkeiten, S. 24ff.; Ossip K. Flechtheim, Ideologie, Utopie und Futurologie. In: O. K. F., Futurologie. Der Kampf um die Zukunft, Frankfurt a. M. 1972, S. 154-192, S. 155ff.
[46] In: Rudolf Villgradter u. Friedrich Krey (Hrsgg.), Der utopische Roman, Darmstadt 1973, S. 18-29.
[47] A. a. O., S. 22.
[48] A. a. O.
[49] A. a. O., S. 19.
[50] A. a. O., S. 23.
[51] A. a. O., S. 24. Vgl. auch den Tagtraum-Begriff Blochs, der maßgeblich in seinen Utopie-Begriff eingeht.
[52] Tillich, Politische Bedeutung, S. 37; zum Kontext der Konzeption Tillichs vgl. Stokkinger, S. 102ff.
[53] Neusüss, S. 33.

kritische[.] Negation der bestehenden Gegenwart im Namen einer glücklicheren Zukunft, die noch so verschieden ausgemalt sein mag.[55]

Das – kritisch – von der Mannheimschen Konzeption von »Ideologie und Utopie« ausgehende, die Position von Neusüss einbeziehende und Bloch am Rande berücksichtigende Utopie-Verständnis Ossip K. Flechtheims unterscheidet sich, wiewohl terminologisch weniger durchgebildet und eindeutig, kaum von dem Neusüss':

> Das utopische Verhalten und Denken mag im einzelnen sehr unterschiedliche Formen annehmen; entscheidend bleibt stets die radikale Revolte gegen eine allzu rasche Versöhnung mit der schlechten Welt – der unzulänglichen Gegenwart wird eine ideale Zukunft entgegengestellt.[56]

Das, worin sich jenes »utopische Verhalten und Denken« konkretisiert, ist auch für Flechtheim irrelevant. Bestimmungsgrundlage ist ihm die von Grund auf kritische Gegen-Position zur negativen Realität – letztlich also auch die »Negation des Negativen«.

Losgelöst von der literarischen Konkretion bestimmen diese Autoren insgesamt Utopie als eine wirklichkeitskritisch intendierte Denkweise. Ist bei Mannheim noch die Realisierung Kriterium für Utopie im nachhinein, bewahrt Bloch noch ein eminent voluntaristisches Moment, so konzentrieren Tillich, Neusüss und Flechtheim ihre Bestimmungen auf das Moment der Kritik auf dem Wege der Negation. Die zunehmende Konzentration der Bestimmungen auf die kritische Intention geht einher mit einer perspektivischen Änderung: Das bessere Zukünftige bleibt zwar als Bestimmungsmoment erhalten, der Akzent liegt jedoch nicht mehr auf diesem als dem zu Realisierenden bzw. Vorwegzunehmenden, sondern auf dem Negativen der je gegenwärtigen Realität. Das Verständnis der utopischen Intention bemißt sich nicht mehr primär nach ihrer Kritik voraussetzenden Richtung *auf* das bessere Zukünftige, sondern nach ihrer den Blick auf die bessere Zukunft implizierenden Richtung *gegen* das negative Gegenwärtige.

Diese intentionalen Verstehensweisen von Utopie bilden die Ausgangsbasis für Grundzüge der Bestimmungen von ›Anti-Utopie‹ oder ›Gegen-Utopie‹, wobei Neusüss und Flechtheim eigene negative Utopie-Begriffe explizieren.

---

[54] A. a. O.
[55] A. a. O., S. 32.
[56] Flechtheim, Ideologie, S. 161.

142

b) Konsequent an seinem Ansatz festhaltend, eliminiert Neusüss auch aus seinem Begriff von Anti-Utopie die literarische Konkretion. Das Präfix »Anti-« drückt für ihn die aggressive Wendung gegen die utopische Intention aus. In diesem Sinne stellt er seine Ausführungen zur Anti-Utopie unter das Motto der »Utopie-Denunziation«.[57] Sein Begriff von Anti-Utopie setzt voraus, daß ›die bestehende Wirklichkeit die Negation einer möglichen schlechteren‹ sei. Die Anti-Utopie verneine die Möglichkeit einer besseren Wirklichkeit. Sie akzeptiere nur die einer schlechteren und verteidige darum die bestehende gegen die ›utopische‹ Kritik. Demgemäß charakterisiert Neusüss sie nicht durch Intentionalität, sondern durch ihre »apologetische Funktion«.[58] ›Anti-Utopie‹ wird bedeutungsgleich mit ›Ideologie‹: »Gegenutopisches Denken [. . .] ist stets ideologisch.«[59] Auf diesem Hintergrund wagt Neusüss die die Konturen der Begriffsbildungen verwischende Verallgemeinerung:

> Die Polarität von »utopisch« und »anti-utopisch« ist tatsächlich nahezu identisch mit der von »progressiv« und »konservativ«.[60]

Hier wird ›Utopie‹ unversehens ex negativo von ihrer – implizit als totalitaristisch identifizierten – Zielprojektion gefaßt:

> In jeder konservativen Invektive gegen Utopie schwingt die Furcht vor ihrer Verwirklichung mit, und diese Furcht wird begründet mit terroristischen Folgen; jede Utopie gilt als potentieller »Totalitarismus«.[61]

›Anti-utopisch‹ ist hiernach jedes Denken, das als konservativ-regressive Apologie des objektiv-realen status quo gegen utopische Intention und Vorstellung fungiert.

Obwohl Neusüss mit seinem Begriff der Anti-Utopie keineswegs einen literarischen Gattungsbegriff konzipiert, ist er für die Bestimmungen der utopischen Prosa als Anti-Utopie wichtig. Die von Neusüss explizit aufgeführten Bestimmungsmerkmale kehren in zahlreichen Verstehensweisen der utopischen Prosa offen oder verdeckt wieder. Sie implizieren dann, ohne wiederum die literarische Struktur zu berücksichtigen, eine pejorative Bewertung[62] oder fixieren die utopische Prosa auf das Moment der Wirklichkeitsapologie.[63]

---

[57] Vgl. die Titelformulierung des III. Kapitels: »Pfade der Utopie-Denunziation«, Neusüss, S. 33.

[58] A. a. O., S. 36.

[59] A. a. O.

[60] A. a. O., S. 34.

[61] A. a. O., S. 41. Vgl. hierzu das Utopie-Verständnis Poppers, dem das hier vorliegende weitgehend entspricht.

[62] Vgl. Michael Pehlke und Norbert Lingenfeld, Roboter und Gartenlaube. Ideologie

Ohne einen Unterschied zwischen der Vielzahl gebräuchlicher Negativ-Termini von Utopie anzunehmen, wählt Flechtheim aus pragmatischen Gründen den der Gegenutopie, um das Phänomen, daß »gegen die klassische Utopie eine Gegenbewegung erwachsen«[64] sei, terminologisch zu erfassen. Trotz seines primär intentionalen, *nicht* auf das literarische Werk bezogenen Utopie-Begriffs formuliert er seinen Begriff der Gegenutopie ausschließlich auf der Basis literarischer Texte. Zwar umfaßt der Gegenstandsbereich mehr als die utopische Prosa, der »Prototyp der Gegenutopie«[65] ist ihm jedoch George Orwells »1984«, eines der gemeinhin mit Jewgenij Samjatins »Wir« und Aldous Huxleys »Brave New World«[66] als Paradigmata der utopischen Prosa geltenden Werke.

Mit der Explikation des im Terminus ausgedrückten gegensätzlichen Verhältnisses wandelt sich der intentionale Utopie-Begriff Flechtheims vorübergehend zu einem solchen, der mit Neusüss als ›idealistischer‹ zu bezeichnen wäre:

> Die Utopie hat prognostische Aufgaben, die sie jedoch nicht wertfrei wahrnimmt, sondern in humaner Absicht.[67]

In diesem Sinne nennt Flechtheim die traditionelle Utopie die »»klassische« U.[topie] der Menschlichkeit, die im wesentlichen optimistisch war.«[68] Er gewinnt auf diese Weise eine positive Folie, in Kontrast zu der sich die »ausgesprochen pessimistisch-antihumanistische[.] Gegenutopie der Macht«[69] demonstrativ abhebt. Der Begriff der Gegenutopie formuliert hier nicht den Gegensatz zur utopischen Intention. Das »Gegen-« bekommt eine andere Aussagequalität. Sie kommt dadurch zustande, daß Flechtheim nicht starr an seinem intentionalen Utopie-Begriff festhält, sondern auf Charakteristika konkreter, frei-

---

und Unterhaltung in der Science-Fiction-Literatur, München 1970. Sie stufen Jewgenij Samjatin, Wir. A. d. Russ. v. Gisela Drohla, 2. Aufl. München 1972, und George Orwells »1984« als »antibolschewistisches Machwerk« bzw. »antistalinistische[.][n] Bestseller« (S. 128) ein.

[63] Vgl. Rötzer, S. 560, der vom »bewahrende[n] Charakter der Gegenutopie, die das bisher Gewordene retten will«, spricht.

[64] Flechtheim, Ideologie, S. 163.

[65] Vgl. a. a. O., S. 163f.; S. 164.

[66] Schöne neue Welt. A. d. Engl. von Herberth E. Herlitschka, Frankfurt a. M. 1953.

[67] Neusüss, S. 102. Neusüss referiert das Utopie-Verständnis von Fred L. Polak, The Image of the Future, 2 Bde, Leyden u. New York 1961; vgl. auch Flechtheim, Ideologie, S. 162f., der Polak im Verständnis von Neusüss anführt.

[68] Ossip K. Flechtheim, Artikel: Utopie und Gegenutopie. In: W. Bernsdorff (Hrsg.), Wörterbuch der Soziologie, 2. Aufl. Stuttgart 1969, S. 1216–1219, S. 1217.

[69] Flechtheim, Ideologie, S. 163.

lich nicht nur literarischer Texte zurückgreift. ›Gegenutopie‹ bezieht sich, so Flechtheim, auf »positive Utopie«,[70] indem sie deren Elemente ins Gegenteil kehrt:

An die Stelle der die positive Utopie durchziehenden Momente des Glaubens, der Hoffnung und der Liebe – des Glaubens an den Fortschritt, der Hoffnung auf die Zukunft, der Liebe zum Menschen –, die eine neue, reiche Welt des Schönen, Guten und Wahren begründen sollen, treten in der Gegenutopie die Elemente der Vernichtung und der Verzweiflung, der Angst und der Furcht, der Lüge und des Hasses.[71]

Das Differenzierungskriterium zwischen ›Utopie‹ und ›Gegenutopie‹, deren Verhältnis Flechtheim hier unter allzu intensivem Gebrauch von Gemeinplätzen beschreibt, ist ihm jedoch die unterschiedliche Beziehung zur (unterschiedlichen) objektiven Realität:

Während die U.[topie] in kritischer Auseinandersetzung mit den grundlegenden Übeln des bestehenden sozio-kulturellen Systems die rationalen und produktiven Möglichkeiten des Menschen betont und überbetont, malt die G.[egenutopie] das Bild einer Gesellschaft und Kultur, in der die irrationalen und destruktiven Tendenzen ihre idealtypische Vollendung gefunden haben.[72]

Während ›Utopie‹ hiernach latente positive Möglichkeiten des Menschen akzentuiert, prolongiert und perfektioniert die ›Gegenutopie‹ aktuelle negative Tendenzen der Gesellschaft. Ist ›Utopie‹ mit wirklichkeitskritischer Intention verbunden, so ›Gegenutopie‹ mit der »Warnung vor den Gefahren extremer Machtpolitik«.[73] Beide hängen gleichermaßen von der je gegenwärtigen »gesellschaftlichen Realität ab, zu der sie als Spiegelbilder gehören«,[74] beide also haben denselben Ursprung, aber eine unterschiedliche genesis. Die Verschiedenartigkeit ist Flechtheim zufolge auf eine gewandelte Konstitution der Realität und der Stellung des Menschen in ihr zurückzuführen. Abgehoben von ›Utopie‹, bestehen hiernach Entstehungsgrund und Aussage von ›Gegenutopie‹ darin, daß der Mensch seine Geschichtsmächtigkeit verloren hat, daß ihm keine Möglichkeiten, das Bestehende positiv zu beeinflussen, geblieben sind, daß darüberhinaus seine Menschlichkeit in »einer Kultur der totalen Machtmaximierung und der radikalen Entmenschlichung«[75] aufzugehen droht.

---

[70] A. a. O., S. 164.
[71] A. a. O.; vgl. Flechtheim, Utopie, S. 1218.
[72] Flechtheim, Utopie, S. 1217.
[73] Flechtheim, Ideologie, S. 166.
[74] A. a. O.

Das Beharren auf dem Terminus der Gegenutopie zwingt Flechtheim in diesem Zusammenhang zu einer eigenartigen Modifizierung
seines Utopie-Verständnisses. Die Realität des stalinistischen Rußland
wird als Resultat der – fehlgeschlagenen – »Marxschen utopischen
Vision«[76] deklariert, die ›Gegenutopie‹, mit der ›Utopie‹ »Spiegelbild«
der Realität, ist Gegen*utopie*, weil sie »vor allem durch die Vermittlung der Utopie«[77] »mit der Realität zusammen[hängt]«.[78] Diese
Realität – im Blick steht eben die des Stalinismus – ist, so Flechtheim
weiter, »vor allem auch als ein Zerrbild der Utopie entstanden«.[79] *Sie*
soll die Gegenutopie »entlarven«:

> die Gegenutopie wird damit zum Warnruf gegen das Versagen der pseu-
> doutopischen Form der Zukunftsbewältigung.[80]

Mit dieser ungenauen und widersprüchlichen Wendung, die die Gegenutopie plötzlich in Gegensatz zu einer »*pseudo*utopischen Form
der Zukunftsbewältigung« setzt – dabei offen läßt, wie das zu verstehen sei[81] – und ihr *dieser* gegenüber eine Warnfunktion zuspricht,
bezweckt Flechtheim zweifellos, den Vorwurf konservativ-ideologi-
scher »Utopie-Denunziation« von der Gegenutopie fernzuhalten.
Wovor allerdings die Gegenutopie warnen soll, bleibt unverständlich –
ob vor verwirklichten oder verwirklichungsmöglichen ›utopischen‹
Konzeptionen, ob vor »pseudoutopischen« Vorstellungen oder lediglich vor deren Versagen.

Auf einer im Unterschied zu Flechtheim ›entpolitisierten‹ Ebene
siedelt Martin Schwonke seine Bestimmung von ›Gegenutopie‹ an.
Den Ursprung der Gegenutopie sieht er in der ›konservativen‹ Absicht, den status quo zu verteidigen:

> Die Gegenutopie ist einem Gefühl der Bedrohung entsprungen, und das
> Bedrohte ist ein gefährdeter oder schon verlorener Besitz. Sie sucht ihr

---

[75] Flechtheim, Utopie, S. 1218.
[76] Flechtheim, Ideologie, S. 167.
[77] A. a. O.
[78] Vgl. auch die wenig präzise Formulierung a. a. O., S. 165: »An die Stelle des utopischen Traumes von Kants »Ewigem Frieden« tritt also die gegenutopische Wirklichkeit des »ewigen (wenn auch lokalisierten und geregelten) Krieges«.«
[79] A. a. O., S. 167.
[80] A. a. O.
[81] Die Fragen: was eine »pseudoutopische Form der Zukunftsbewältigung« im Unterschied zu einer »utopischen« sei, inwiefern »Utopie« überhaupt »Zukunfts*bewältigung*« sein könne und inwiefern »Gegenutopie« zum »Warnruf gegen das *Versagen*
der pseudoutopischen Form der Zukunftsbewältigung« werde, bleiben unbeantwor-
tet.

Wertvolles und Wesentliches im Bestehenden und Gewesenen, sie ist konservativ-rückwärtsgewandt.[82]

Diese Bedrohung oder gar Gefährdung geht nach Schwonke von Projektionen bestimmter Utopien aus, die er, andeutungsweise instrumental,[83] auf der Basis literarischer Texte nach ihrer »Intention auf andere Möglichkeiten«[84] versteht. Darum bestimmt er seinen Begriff der Gegenutopie:

Schriften, die sich gegen Ziele und Tendenzen der naturwissenschaftlich-technischen Utopie wenden und dies selbst in utopischer Form tun, nennen wir Gegenutopien.[85]

Utopische Prosa ist demzufolge *Gegen*utopie, weil sie sich gegen die Aussagen und gegen den Einfluß von naturwissenschaftlich-technischen Projektionen, die hier das Konstitutive von ›Utopie‹ ausmachen, wendet, um das Bestehende vor ihnen, also vor wissenschaftlichen und technischen Neuerungen mit ihren Implikationen, zu schützen. Und sie ist Gegen*utopie*, weil sie in dieser Gegenwendung selbst die ›utopische Form‹ verwendet, d. h. mit Schwonke, indem sie eine ›andere Möglichkeit‹ ausmalt.

Deutlicher noch als Schwonke konzentriert Christoph Hönig sein Verständnis der utopischen Prosa auf den – mit der Funktion der Apologie des status quo bzw. der Warnung vor der Zukunft verbundenen – Gegensatz zu naturwissenschaftlich-technischen Projektionen, die mit ›Utopie‹ gleichgesetzt werden. Hönig bezieht sich auf die geläufigen Paradigmata der utopischen Prosa[86] und führt für sie den Begriff der ›apotropäischen Utopie‹ ein:

der moderne utopische Roman [. . .] richtet sich warnend gegen die Zukunftsziele der aus naturwissenschaftlich-technischem Denken abgeleiteten Utopie, kurz: gegen die Diktatur der ratio. [. . .] Die Utopien unseres Jahrhunderts [sind] ein verzweifeltes Zuendedenken dessen, was ist und noch auf uns kommen wird. Den modernen utopischen Roman könnte man darum auch als apotropäische Utopie bezeichnen.[87]

---

[82] Martin Schwonke, Vom Staatsroman zur Science Fiction. Eine Untersuchung über Geschichte und Funktion der naturwissenschaftlich-technischen Utopie, Stuttgart 1957 (= Göttinger Abhandlungen z. Soziolog. 2), S. 68.

[83] Zu den sog. instrumentalen Verstehensweisen von ›Utopie‹ s. u., S. 155ff.

[84] Schwonke, S. 2 u. ö.

[85] A. a. O., S. 57.

[86] Christoph Hönig, Die Dialektik von Ironie und Utopie und ihre Entwicklung in Robert Musils Reflexionen. Ein Beitrag zur Deutung des Romans ›Der Mann ohne Eigenschaften‹, Diss. Berlin 1970, S. 77.

[87] A. a. O.

Das Bestimmungskriterium der utopischen Prosa ist die Wendung gegen ›Utopie‹ als dem verabsolutierten Rationalismus naturwissenschaftlich-technischer Provenienz. Sie erfüllt die Funktion der Warnung vor einer tendenziell in der Gegenwart angelegten Zukunft, die durch die Vermittlung von ›Utopie‹ gedacht wird. Die utopische Prosa wird letztlich – mit einer Formulierung von Bernhard Kytzler, dem der Begriff Hönigs »besonders treffend erscheint« – als Wendung »gegen die inneren Spannungen einer *Verwirklichung* Utopias«[88] verstanden.

Eine Einengung der bei Schwonke und Hönig vorliegenden Bestimmungen utopischer Prosa liegt bei Rudolf Sühnel vor. Das für die utopische Prosa gewählte ›Anti-Utopie‹ setzt er mit »antitechnische Utopie« gleich: »Ihr Thema ist die Kehrseite der Rationalisierung.«[89] In der Charakterisierung »der drei namhaftesten Anti-Utopien der ersten Hälfte des 20. Jh.«[90] – das sind auch hier die Texte von Samjatin, Huxley und Orwell – wird das Moment der Technik-Gegnerschaft metaphorisch virulent. Er sieht in ihnen »die Bedrohung des Menschen durch die perfektionierte Staats*maschine*«[91] thematisiert.

Sühnels Verständnis der utopischen Prosa unterscheidet sich von dem Schwonkes und Hönigs nicht nur in der Einengung der Gegnerschaft zu Naturwissenschaft und Technik auf die zur Technik, sondern auch darin, daß Sühnel den Gegensatz zwischen utopischer Prosa und ›Utopie‹ in der Thematik ansiedelt und ihn unmittelbar auf die Realität bezieht, in seiner Konzeption also auf ›Utopie‹ als Vermittlungsinstanz verzichtet. Die utopische Prosa wird nicht totaliter in konträrer Beziehung zur traditionellen Utopie gesehen. Die damit entstehende Möglichkeit, neben Gegensätzlichkeiten auch Gemeinsamkeiten zwischen utopischer Prosa und traditioneller Utopie zu behandeln, wird von Sühnel nicht wahrgenommen. Die Rückführung beider auf eine auch noch so vage gefaßte ›utopische Form‹, wie sie der Soziologe Schwonke andeutet, macht immerhin auf eine gemeinsame Grundlage aufmerksam, die der Literaturwissenschaftler Sühnel nicht einmal anspricht – was um so bedenklicher ist, als Süh-

---

[88] Bernhard Kytzler, Utopisches Denken und Handeln in der klassischen Antike. In: Rudolf Villgradter u. Friedrich Krey (Hrsgg.), Der utopische Roman, S. 45–68, S. 57 u. 58.

[89] Rudolf Sühnel, Artikel: Utopie. In: Wolf-Hartmut Friedrich u. Walther Killy (Hrsgg.), Literatur II. Zweiter Teil, Frankfurt a. M. 1965 (Fischer Lexikon 35/2), S. 587–601, S. 599.

[90] A. a. O., S. 600.

[91] A. a. O.

148

nels Begriff der Anti-Utopie im Rahmen des Artikels »Utopie« in einem, zudem weitverbreiteten literarischen Lexikon vorgeführt wird. Die berechtigte Erwartung, wenigstens lexikalisch-abbreviatorische Hinweise auf das Verhältnis der Gestaltungsweisen zu erhalten, wird enttäuscht.

Wie Schwonke und Hönig bestimmt J. C. Garrett in seinem Begriff »Antiutopie« die utopische Prosa durch den Gegensatz zu Naturwissenschaft und Technik, wie Sühnel jedoch verzichtet er auf eine Vermittlung des Gegensatzes durch ›Utopie‹. Garrett diskutiert »Dilemmata in Utopien des 20. Jahrhunderts«.[92] Er konzentriert die Diskussion auf die Frage, »wie die Phantasie auf wissenschaftliche Forschung und Technologie reagiert hat«.[93] Garrett beschränkt seinen zugrundegelegten Begriff von Utopie nicht auf das literarische Werk – dies ist ihm nur *eine* »Form des utopischen Schrifttums«[94] –, sondern faßt in ihm all jene Projektionen zusammen, die auf eine »für den Menschen mögliche [. . .] Perfektion«[95] abzielen. Die »utopische Phantasie«,[96] die dies leistet, hat ihren Grund im »Wunsch nach einem besseren Leben«.[97] Das »utopische Schrifttum«, das die »utopische Phantasie« hervorbringt, kann Propagandaliteratur, politisches Programm nach dem Muster Karl Marx' und auch fiktionale Literatur sein.[98]

Unter Einbeziehung der Leitfrage ergibt sich eine simple Scheidung von ›Utopie‹ und ›Antiutopie‹. ›Utopie‹ sind Garrett all jene Projektionen, die positive Möglichkeiten aus »wissenschaftliche[r] Forschung und Technologie« ableiten, die »Naturwissenschaften, Technik und Forschung im Dienste der Gesellschaft«[99] sehen. ›Antiutopie‹ sind ihm die Projektionen, die aus »der Besorgnis, die Naturwissenschaft und Technik auslösen«,[100] resultieren. Hinzu treten die »vielen antiutopischen Proteste[.] gegen den sozialistischen Aspekt«[101] der Indienstnahme von Naturwissenschaft und Technik, die Garrett mit der ›Begründung‹, daß sie »Teil einer umfangreichen politischen Debatte der Gegenwart«[102] seien, nicht behandelt.

---

[92] In: Rudolf Villgradter u. Friedrich Krey (Hrsgg.), Der utopische Roman, S. 241-258.
[93] A. a. O., S. 247.
[94] A. a. O., S. 257.
[95] A. a. O., S. 244.
[96] A. a. O., S. 258.
[97] A. a. O.
[98] A. a. O., S. 255.
[99] Alle Stellen a. a. O., S. 247.
[100] A. a. O., S. 251.
[101] A. a. O.

Die utopische Prosa wird als eine neben anderen Möglichkeiten verstanden, die negativen Implikationen von Naturwissenschaft und Technik durch Phantasietätigkeit – in »antiutopischen Phantasien«[103] – auszugestalten. ›Utopien‹ *können* den »Anlaß für [. . .] antiutopische[.] Reaktionen«[104] abgeben, das Angriffsziel der utopischen Prosa jedoch wird in Naturwissenschaft und Technik selbst sowie in deren Beziehungen zu sozialen Vorstellungen gesehen.

Ob die utopische Prosa im Rahmen der Garrettschen Überlegungen dem ›utopischen Schrifttum‹ zuzurechnen ist, ist nicht sicher auszumachen. Sie müßte, dem Tenor der Ausführungen entsprechend, einer eigenen Gruppe ›antiutopischer‹ Schriften angehören. Dagegen spricht die Äußerung Garretts zu Orwells »1984«:

> Das Schreckgespenst ist für ihn [= Orwell] in erster Linie der totalitäre Staat, der seinerseits eine vollkommen logische Weiterentwicklung des Utopientyps von Wells oder von Marx ist.[105]

Obwohl Garrett literarische Darstellung und politisch-soziale Theoriebildung nicht voneinander trennt und lediglich auf der Ebene der Aussage Beziehungen berücksichtigt, scheint er der als ›Antiutopie‹ verstandenen utopischen Prosa eine Traditionszugehörigkeit zu ›Utopie‹ nicht völlig abzusprechen.

Helmut Swoboda sieht in der Triade der Paradigmata der utopischen Prosa, der er noch von Walter Jens »Nein. Die Welt der Angeklagten«[106] zufügt,[107] »die modernste Form der Utopie« und kritisiert an Bildungen wie ›Kakotopie‹, ›Dystopie‹ oder ›Gegenutopie‹, daß sie »Aussageform und Inhalt« »verwechseln«.[108] Swoboda ist bestrebt, die utopische Prosa als ›Utopie‹ zu bestimmen. Die Unterschiede zwischen der utopischen Prosa und der (traditionellen) Utopie beurteilt er als Unterschiede in der »Aussageform«, die auf einen gemeinsamen Inhalt hindeuten:

> Auch die vermeintliche Gegenutopie oder Dystopie ist durchaus Utopie und Eutopie – sie ist gleichsam ein Photonegativ davon: Der »Gegenutopist« will das genaue Gegenteil dessen, was er vorhersagt.[109]

---

[102] A. a. O.
[103] A. a. O., S. 243.
[104] A. a. O., S. 248.
[105] A. a. O., S. 255.
[106] München 1977.
[107] Helmut Swoboda, Utopia. Geschichte der Sehnsucht nach einer besseren Welt, Wien 1972, S. 125.
[108] A. a. O., S. 124.
[109] A. a. O.

Die Drohung mit dem totalitären Staat der absoluten Unterdrückung soll das Wunschbild nach dem freiheitlichen Staat der größten Entfaltungsmöglichkeit heraufbeschwören und den Leser für diesen gewinnen, ihn also zum Kämpfer gegen das drohende Böse machen.[110]

Swoboda greift nicht etwa auf formale Kriterien zurück, sondern nähert die in der utopischen Prosa gesehene negative Prognose durch eine umkehrende Deutung der Aussage dem positiven Charakter der ›utopischen‹ »Zukunftsbilder« an und parallelisiert die agitative Intention, durch die er die utopische Prosa chrakterisiert, mit der, die er auch der ›Utopie‹ zuspricht.[111]

Dem Rettungsversuch der utopischen Prosa für die Utopie fehlt das tragfähige Fundament, das durch die tatsächliche Berücksichtigung der Form gewonnen werden könnte.[112] Im Rahmen seiner Bestimmung kann Swoboda das Faktum, daß die Werke der von ihm angeführten Autoren ›schwarzgemalte‹ »Zukunftsbilder« darbieten, nicht als sekundäres Phänomen behandeln. Er hält deshalb an der Bezeichnung der Gegenutopie fest und verteidigt das mit ihr Bezeichnete gegen den Vorwurf der konservativ-ideologischen »Utopiefeindlichkeit«, indem er »das Wort »Antiutopie« reservieren [. . .] [will] für utopiefeindliche Schriften«,[113] die er also ausdrücklich nicht mit der utopischen Prosa in Zusammenhang bringt.

Eine partielle Annäherung der utopischen Prosa an die traditionelle Utopie und damit eine Differenzierung innerhalb des Bereiches der utopischen Prosa nehmen Michael Pehlke und Norbert Lingenfeld vor. Umfassender Begriff ist ihnen »negative Utopie«:

Negative Utopie malt die Scheußlichkeiten der Gegenwart als Menetekel an die Wand der Zukunft, um den Leser desillusionierend zu zwingen, sich für die wahre Utopie zu entscheiden. [. . .] Sie appelliert an den Leser, das Rad der Geschichte, dessen unmenschlichen Weg sie beschreibt, aufzuhalten.[114]

»Negative Utopie« wird in der intentional-appellativen Ausrichtung auf den Leser bestimmt. – So akzeptabel diese allgemeine Vorstellung

---

[110] A. a. O., S. 14.
[111] Vgl. a. a. O., S. 14 u. 124.
[112] Ansätze einer Berücksichtigung formaler Merkmale finden sich a. a. O., S. 37, 55 u. 89. – Wenn Swoboda allerdings schreibt: »Die Utopie ist ein soziologisch-politologisches Experiment« (S. 109), so läßt er wiederum die Möglichkeit einer wenigstens allgemeinen instrumentalen Bestimmung außer acht.
[113] A. a. O., S. 124 u. 14.
[114] Pehlke u. Lingenfeld, S. 128.

ist, so wenig ist es die, daß die ›negative Utopie‹ den Leser zu einer ›Entscheidung‹ für die »wahre Utopie« »zwingen« könne oder gar dazu, das »Rad der Geschichte [. . .] aufzuhalten«.

Die »wahre« Utopie ist offensichtlich die »positive«, die »Sozial-utopie«, die allerdings an keiner Stelle weder als Gegenstandsbereich eingegrenzt noch als Begriff bestimmt wird.[115] Diese »wahre Utopie« ist nach Pehlke/Lingenfeld nicht der deutenden Umkehrung des dar-gestellten Negativen zu entnehmen, sondern Bestandteil der ›negati-ven Utopie‹:

> wenn sie nicht nur im larmoyanten Wehklagen über den schlimmen Zu-stand der Welt verharren will, ist sie gezwungen, Momente positiver Utopie einfließen zu lassen.[116]

Auf dieser Grundlage unterscheiden die Autoren »zwei Modelle nega-tiver Utopie«:[117]

> Die eine, [. . .] der Widerpart der klassischen Sozialutopie, entwirft pa-thetisch-drohende Karikaturen gegenwärtiger Gesellschaft, die andere nimmt utopieverheißende Gesellschaftstheorie beim Wort, um sie ihrer Denkfehler – und damit des Volksbetrugs – zu überführen.[118]

Das erste Modell, dem sie Ray Bradburys »Fahrenheit 451«[119] und Huxleys »Brave New World« zuordnen, bezeichnen sie als die »ei-gentliche[.] negative Utopie«; in ihm erblicken sie Momente »aufblitz-ender Hoffnung«.[120] Das zweite, repräsentiert durch Samjatins »Wir« und Orwells »1984«, bezeichnen sie disqualifizierend als »An-ti-Utopie«; sie werfen Samjatin und Orwell vor, sie blieben »in der abstrakten Kritik ihres Gegenstandes stecken[. . .]«.[121]

---

[115] Vgl. a. a. O., S. 15, wo sie »Utopien« als Entwürfe »befriedeter Welten« bezeichnen, von »verwirklichte[r] Utopie« sprechen, jedoch nicht sagen, was sie darunter ver-stehen. Als »paradigmatische Utopie« ziehen sie »Swifts Reich der Houyhnms« heran, die »Sozialutopie« apostrophieren sie als »Negation des Negierten« (a. a. O.). Und wenn sie schreiben: »So verhältnismäßig einfach sich die Grenzen der literarischen Utopie umreißen lassen, so schwer fällt das bei der Gattung Utopie« (a. a. O.), dann haben sie mitnichten jene Grenzen umrissen, sondern stellen es der Deutung des Lesers anheim, herauszufinden, was ›literarische Utopien‹ und was die »Gattung Utopie« im Unterschied dazu sei.
[116] Pehlke u. Lingenfeld, S. 128.
[117] A. a. O.
[118] A. a. O.
[119] A. d. Amerik. v. Fritz Güttinger, 2. Aufl. München 1971.
[120] Vgl. Pehlke u. Lingenfeld, S. 128.
[121] A. a. O.

152

Die Autoren verstehen ›negative Utopie‹ als Gegenreaktion nicht auf Wirklichkeit und im Grunde auch nicht auf ›positive Utopie‹, sondern auf theoretische Konzepte. Und nach dem Kriterium theoretischer Stringenz treffen sie letztlich auch ihre Unterscheidung, die sie auf Grund desselben Kriteriums mit einer ›qualitativen‹ Wertung verbinden. Pehlke/Lingenfeld gehen davon aus, daß

> negative Utopie ein annähernd stringentes theoretisches Programm [»vertritt«], an dessen Ansprüchen sie zu messen ist;[122] daß die Qualität negativer Utopie an der Logik ihrer Gegenentwürfe zum Negativen zu messen ist.[123]

Ein literarisches Werk derart an einem artfremden Kriterium (sozial-) theoretischer Provenienz »zu messen«, bedeutet, die poetische mit einer diskursiv-argumentativen Textstruktur zu verwechseln.[124] Ein solches Verfahren, das die frühe Behandlung traditioneller utopischer Texte noch auf die Spitze treibt, kann der utopischen Prosa nicht gerecht werden. – Aber auch argumentationsimmanent tauchen nicht geklärte Widersprüchlichkeiten auf: Wie etwa hängt theoretische Stringenz mit inhaltlichen Momenten der ›positiven‹ in der ›negativen‹ Utopie zusammen? In welchem Sinne sind ›negative Utopien‹ zugleich Reaktionen auf theoretische Konzepte und »*Gegen*entwürfe zum Negativen«? Und wie schließlich ist der gegen Samjatin und Orwell erhobene Vorwurf zu verstehen: Wovon ›abstrahieren‹ sie in ihrer »Kritik«? Ist ihr »Gegenstand« tatsächlich »utopieverheißende Gesellschaftstheorie«?

Obwohl Pehlke/Lingenfeld sich auf konkret identifizierte Paradigmata der utopischen Prosa beziehen, gehen sie in ihrer Begriffsbildung nicht von ihnen aus, sondern von unklar ausgedrückten, sozialistisch orientierten sozialtheoretischen Vorstellungen, die sie den Texten oktroyieren. Das Resultat ist ein unpräziser Begriff ›negative Utopie‹ und eine gewaltsame Differenzierung. In beiden wird von der genuin literarischen Bauweise utopischer Prosa abgesehen, und selbst Momente der Aussage werden nur unzureichend berücksichtigt.

Das, was sich hier als Verstehensweise utopischer Prosa ausgibt, ist kaum mehr als ein schwer entwirrbares Konglomerat ungeprüft übernommener verfestigter Forschungsmeinungen, das die Autoren ohne Rücksicht auf konzeptionsimmanente Widersprüche zusammengebracht haben.

---

[122] A. a. O., S. 127.
[123] A. a. O., S. 128.
[124] Vgl. auch a. a. O., S. 175ff.

c) Die vorgeführten Bestimmungsversuche, die sich auf die utopische Prosa beziehen, lassen das Faktum, daß ihr Gegenstand *Prosa* ist, außer acht. Sie ignorieren den Bedingungszusammenhang von Struktur und Aussage. Die überkommene Behandlungsweise traditioneller utopischer Texte übernehmend, isolieren sie eine Aussage, die dadurch überbetont und zur Grundlage der Bestimmung wird. Bezeichnenderweise bleiben Beobachtungen, die sich ansatzweise auf die literarische Form richten, ohne Einfluß auf die Bestimmung. Die utopische Prosa wird darum geradezu zwangsläufig in Gegensatz zu ›Utopie‹ gesetzt und als ›Anti-‹ oder ›Gegen-Utopie‹ bzw. durch sinnentsprechende attributive Bildungen gekennzeichnet.

Den verschiedenen Bestimmungen liegt so durchgängig eine nicht mehr problematisierte Vorstellung von Gegensätzlichkeit zugrunde, die terminologisch fixiert wird.

Neben die rein motivischen Polarisierungen treten Gegensätze, die zugleich als engagierte Gegnerschaft verstanden werden. Sie sind zum Teil auf der Ebene der unmittelbaren Aussage angesiedelt – in dem Sinne, daß sich die utopische Prosa gegen politisch-soziale, wissenschaftliche, technische etc.[125] Vorstellungen der traditionellen Utopie wende; zum Teil auf einer aus Textaussage und Realität kombinierten Ebene – in dem Sinne, daß sich die utopische Prosa gegen reale, aber durch ›Utopie‹ vermittelte Vorstellungen derselben Art wende; zum Teil aber auch auf der Ebene der Realität – in dem Sinne, daß sich die utopische Prosa gegen politische, wissenschaftliche, technische etc. Tendenzen der Realität selbst wende. Der Gegensatz verlagert sich zunehmend von ›Utopie‹ auf die Realität.

Als ›Anti-Utopie‹ wird der utopischen Prosa eine wirklichkeitskritische Intention ab- und eine wirklichkeitsapologetische Funktion zugesprochen. Nicht zu ignorierende kritische Elemente der utopischen Prosa werden als Warnung vor realen oder durch ›Utopie‹ vermittelten Gefahren der wirklichkeitsapologetischen Funktion untergeordnet oder dadurch neutralisiert, daß sie als Wendung gegen eine ›Pseudo-Utopie‹ gedeutet werden. Daß eine wirklichkeitskritische Intention nicht a priori zu verneinen ist, wird anerkannt, wenn von der Entstehungsweise der utopischen Prosa als eines ›idealtypischen Vollendens‹ real gegenwärtiger Tendenzen oder eines Zuendedenkens des Existenten die Rede ist; denn wenn auf Grund eines

---

[125] Hier können sämtliche Momente, die in der dargestellten Welt der traditionellen Utopie vorkommen, herangezogen werden.

154

solchen Verfahrens negativ Dargestelltes entsteht, impliziert das Kritik seines Ausgangs.

In keiner dieser Verstehensweisen liegt ein dem literarischen Gegenstand angemessener Begriff der utopischen Prosa vor. Sie weisen jedoch dort, wo die für die Begriffsbestimmung herangezogenen Merkmale auf konkrete Texte zurückgeführt werden oder zurückzuführen sind, auf Bedeutungsaspekte und Probleme hin, die für die Strukturbestimmung der utopischen Prosa relevant sind.

Hieraus ergeben sich zwei aufeinander bezogene und einander überschneidende Problembereiche: der des Verhältnisses der utopischen Prosa zur traditionellen Utopie und der des Verhältnisses der utopischen Prosa zur Realität, aus der heraus sie entsteht und in die hinein sie in der literarischen Konkretion gestellt ist.

Die präfigurierte Auffassung der Verhältnisse als Gegensätze ist eo ipso frag-würdig. Ebenso fragwürdig ist damit die den jeweils akzentuierten Merkmalen in den einzelnen Bestimmungen zugemessene Relevanz als Konstitutiva der utopischen Prosa. Indem diese Bestimmungen die literarische Struktur der utopischen Prosa unberücksichtigt lassen, verzichten sie auf Erkenntnisse über die Prinzipien, nach denen die Einzelelemente zusammengefügt sind und die allererst die utopische Prosa und ihre spezifischen Aussagemöglichkeiten konstituieren. Eine sachgerechte Klärung der Probleme, und d. h. ein adäquates Verständnis der utopischen Prosa, ist erst dann zu erwarten, wenn die traditionelle Isolierung der Aussage von der Struktur aufgegeben wird, so daß der Blick nicht mehr a priori auf das polarisierende Verstehensmuster des Gegensatzes fixiert ist, sondern frei wird, um auch die Gemeinsamkeiten von utopischer Prosa und traditioneller Utopie zu erkennen, die die utopische Prosa als Glied der utopischen Formtradition ausweisen.

2. Die instrumentale Bestimmung der utopischen Prosa

a) Die Verstehensweisen der utopischen Prosa, die auf die Bestimmung ihres ›utopischen‹ Charakters, ihrer Gemeinsamkeiten mit der traditionellen Utopie abzielen, werden durch die auf der Ebene der Aussage zweifelsfrei festzustellenden Gegensätzlichkeiten gezwungen, sich formalen Kriterien zuzuwenden. Diese Verstehensweisen gehen zurück auf Hans Freyers Unterfangen, »einige Wesenszüge des utopistischen Denkens und einige formale Eigenschaften, die allen Utopien gemeinsam sind, zusammenzustellen und sie in ihrer Notwendigkeit zu begreifen«.[126]

Freyer versteht unter ›Utopie‹, die er zunächst als nicht-literarisches Phänomen bestimmt, »eine zweite Welt [. . .], die den Wert und Rang einer Wirklichkeit hat«,[127] eine Welt, in der »das Bild desjenigen Lebens heraus[tritt], das zwar nicht wirklich, aber gültig ist«.[128] ›Utopie‹ sei »der Wille zur Verwirklichung«[129] immanent, den Freyer im Aufruf zur Revolution, im Aufruf zur faktischen Realisierung, im leitbildhaften Wirken auf Geeignete oder in sich langsam einer Realisierung annähernder Vorbildlichkeit sieht.[130] ›Utopie‹ will, so Freyer,

> eine geschloßne, in sich stimmige, überzeugende und sozusagen lebensfähige Welt sein, eine Ordnung, die ihren Bau und ihr Gleichgewicht hat, eine Gebilde, das, wenn es schon nicht wirklich ist, doch wirklich sein könnte.[131]

Die so verstandene Utopie hat bestimmte Grundbedingungen zu erfüllen: Sie

> muß räumlich ein geschlossenes Gebilde, dynamisch ein Gleichgewicht der sie konstituierenden Kräfte und gegen alle Störungen absolut geschützt sein.[132]

Denn:

> Nur in einem ganz geschloßnen System, in das keine unberechenbare Kraft hereinreicht und aus dem keine abfließt, kann ich Ursache und Wirkung so berechnen, daß die Formel des Gleichgewichts oder der Bewegung für alle Dauer gilt. [. . .] Dasselbe gilt für die Utopie.[133]

Freyer bestimmt ›Utopie‹ genetisch als Resultat und Darstellung einer bestimmten Denkoperation, die Verfahrensweisen der Naturwissenschaften entspricht. Er beschreibt die Voraussetzungen einer experimentellen Situation, in der es möglich ist, gewisse Elemente in ihren

---

[126] Hans Freyer, Die politische Insel. Eine Geschichte der Utopien von Platon bis zur Gegenwart, Leipzig 1936, S. 22.
[127] A. a. O., S. 14.
[128] A. a. O., S. 15.
[129] A. a. O., S. 18.
[130] Vgl. a. a. O.
[131] A. a. O., S. 22f.
[132] Hans Freyer, Das Problem der Utopie. Deutsche Rundschau, 183, 1920, S. 321–345, S. 332.
[133] Freyer, Insel, S. 24.

kausalen Beziehungen stringent und gültig zu untersuchen. Die Elemente des Experiments entsprechen denen der Realität; anders wäre die Konstruktion einer verwirklichungsmöglichen ›zweiten Welt‹ nicht möglich. Das experimentelle Verfahren, dessen Resultat die Utopie ist, bezeichnet Freyer als »utopistisches Denken«.[134]

Stockinger weist darauf hin, daß diese Vorstellung auf Ernst Machs Begriff des Gedankenexperiments zurückzuführen sei,[135] wobei er die Differenz zwischen dem Gedankenexperiment der exakten Wissenschaften und dem der Utopie hervorhebt. Während das Gedankenexperiment als Vorstufe des wissenschaftlichen Experiments auf Erkenntnisse der – im weitesten Sinne – physikalischen Realität abziele und an ihr zu überprüfen sei, werde

> die These des Gedankenexperiments eines Utopisten [. . .] nicht an der Realität überprüft, sondern in einer fiktiven Realität demonstriert, die so beschaffen ist, daß die Demonstration auch gelingt.[136]

Die Grundlagen jedoch seien dieselben: Elemente der Realität würden in einer Weise ›in Gedanken‹ kombiniert, die in der faktischen Realität nicht anzutreffen sei, um die Auswirkungen dieser neuen Konstellation zu bedenken.

Der Nachsatz in der Charakterisierung des utopischen Gedankenexperiments durch Stockinger schließt die Möglichkeit manipulativer Eingriffe durch den Experimentator nicht aus.[137] Diese Möglichkeit zieht Freyer nicht in Betracht, wenn er die Utopie als »experimentell herstellbare[.] Ordnung«[138] auffaßt:

> die Utopie [ist] rational aufgebaut, konstruktiv aus Elementen zusammengesetzt und als geschloßnes System von Ursachen und Wirkungen zwischen diesen Elementen durchgerechnet.[139]

Freyer verbindet diese formale Gemeinsamkeit der Utopien mit dem voluntativen Moment des »Wille[ns] zur politischen Wirkung«,[140] ver-

---

[134] Vgl. a. a. O., S. 22ff., wo »Die Gesetze des utopistischen Denkens« behandelt werden.

[135] Vgl. Stockinger, S. 49ff.

[136] A. a. O., S. 51.

[137] Stockinger berücksichtigt hier sicherlich das Zugeständnis, das Ruyer dem utopischen Experimentieren im Unterschied zur »méthode hypothético-déductive« (S. 11) macht: »Le procédé utopique [. . .] peu tres bien continuer à travailler sur une hypothèse connue comme fausse, ou sur un postulat visiblement illégitime.« (S. 14.)

[138] Freyer, Insel, S. 30.

[139] A. a. O., S. 28.

[140] A. a. O., S. 120.

standen als »Wille zur Verwirklichung«. Die formale Stringenz im Bau der utopischen Welt ist im Sinne Freyers notwendige Vorbedingung der Verwirklichungsabsicht. Nur dann, wenn ›Utopie‹ eine hypothetisch lebensfähige Welt darbietet, kann ihr die Chance einer Verwirklichung zugesprochen werden.

Das voluntative Moment wird zum intentionalen und damit zum zentralen Bestimmungskriterium von ›Utopie‹, wenn Freyer auf die literarische Konkretion des ›utopistischen Denkens‹ zu sprechen kommt, die ihm, pejorativ, die ›romanhafte‹[141] im Unterschied zur zuvor besprochenen »hochwertigen«[142] ist. Die in der Epoche der Aufklärung lokalisierte »Wendung zum Roman«[143] bedeutet für ihn somit »natürlich einen argen Niedergang des politischen Willens der Utopie«.[144] An die Stelle des Verwirklichungswillens nämlich trete die Absicht,

> das utopische Bild [. . .] der Zeit als Gegenbild, als Richtmaß oder Vorbild vor Augen zu stellen und sie dadurch zur Besserung aufzurufen.[145]

Zwar gesteht Freyer auch der ›hochwertigen‹ Utopie eine wirklichkeitskritische Intention zu, er sieht aber in der romanhaften Utopie diese Intention verabsolutiert und zum Motor der Darstellung erhoben: »Jetzt [. . .] wird die Zeitkritik zur vorwiegenden oder sogar zur ausschließlichen Absicht«,[146] und er beurteilt die Utopie als

> eine unter den literarischen Formen, deren sich die Zeitkritik bedient. [. . .] Sie ist Zeitkritik auf dem Wege des Gegenbildes.[147]

Das heißt:

> Es wird nicht mehr in erster Linie eine in sich geschloßne und dauerhafte Ordnung konstruiert, sondern die Wirklichkeit wird Zug um Zug mit den umgekehrten Vorzeichen versehen.[148]

Aus dem rationalen, experimentellen Konstrukt wird das Gegenbild. Inwiefern aber eine Welt, deren Konstitutiva »Zug um Zug« denen der faktischen Realität in Negation entsprechen, weniger konsistent

---

[141] A. a. O., S. 122.
[142] A. a. O., S. 120 u. ö.
[143] A. a. O., S. 123.
[144] A. a. O.
[145] A. a. O., S. 120.
[146] A. a. O.
[147] A. a. O.
[148] A. a. O., S. 122.

sein soll als die der nicht-romanhaften Utopie, bleibt ebenso ungeklärt wie die Frage, weshalb der ›zweiten Welt‹, die nicht als Gegenbild bestimmt ist, keine wirklichkeits- oder zeitkritische Intention zugrundeliegt. Die je gegenwärtige Welt bildet doch auch im Rahmen dieses Verständnisses den Anlaß und das Ziel der Konstruktion der ›utopischen‹ Welt; und wenn die reale nicht zu kritisieren wäre, wäre es müßig, einer imaginären Welt eine Verwirklichungsabsicht zu unterstellen.

Die mit einer qualitativen Abstufung verbundene Unterscheidung zwischen der Bestimmung der Utopie als voluntativem Konstrukt und als intentionalem Gegenbild ist nicht tragfähig und wird auch von Freyer selbst nicht konsequent durchgeführt. Trotz dieser konzeptionsimmanenten Widersprüchlichkeiten hat Freyer die Grundlage dafür geschaffen, die Unterschiede einzelner utopischer Texte als Modifikationen eines gemeinsamen Grundmusters zu verstehen. Auch hier jedoch bleibt die unerläßliche Frage nach der literarischen Konstitution der utopischen Prosa offen.

Der Ansatz Freyers wurde von der Utopie-Forschung aufgegriffen und weitergeführt. Im Hinblick auf die utopische Prosa sind nicht nur die Arbeiten von Raymond Ruyer[149] und Hans-Jürgen Krysmanski[150] von Bedeutung, die mit der Bestimmung der ›utopischen Methode‹ die Gedankengänge Freyers fortführen und sogenannte instrumentale Utopie-Begriffe formulieren, sondern auch die Arbeiten von Georg H. Huntemann und Hubertus Schulte-Herbrüggen, die anderes akzentuieren und zu anderen Verstehensweisen utopischer Prosa gelangen als Ruyer sie nahelegt und Krysmanski sie vorführt.

b) Sowohl Huntemann als auch Schulte-Herbrüggen bemühen sich, die gemeinsame Grundlage von traditioneller Utopie und utopischer Prosa in den Griff zu bekommen, und beide gehen expressis verbis von literarischen Texten aus.

Diese Eingrenzung des Phänomenbereichs hat allerdings bei Huntemann keinen Aussagewert, weil das, was er unter »literarischer Gestalt«[151] versteht, unterschiedslos für fiktionale und diskursiv-argumentative Texte gilt.[152] Aus dieser Auffassung des Gegenstandsberei-

---

[149] S. o., S. 101, Anm. 378.
[150] Die utopische Methode. Eine literatur- und wissenssoziologische Untersuchung deutscher utopischer Romane des 20. Jahrhunderts, Köln u. Opladen 1963 (= Dortmunder Schriften z. Soz.-forschg. 21).
[151] Huntemann, S. 4.
[152] Vgl. a. a. O., S. 4f.: »Utopien erscheinen in mancherlei Gestalt, nämlich als philo-

ches zieht Huntemann den Schluß, daß nur das Inhaltliche eine Bestimmung von ›Utopie‹ gewährleiste.[153] Er muß im Grunde auch, trotz des nachweislichen Bezugs auf die Utopie-Konzeption Freyers (und auch Ruyers),[154] auf Inhaltliches zurückgreifen, da er von einer Vorstellung von Kunst ausgeht, die verschwommen ›Intuition‹ für ihr wesentliches Kennzeichen hält. Das »künstlerische, intuitive Moment des Utopischen« identifiziert Huntemann in der »Bildhaftigkeit«,[155] und diese wiederum ist ihm »Ausdruck dafür, daß die Utopien keine rationale Konstruktion« sind, sondern eben »intuitiv Erschautes und Erlebtes darstellen«.[156]

Durch das radikale Ausklammern rationaler Elemente gelangt Huntemann zu einer diffusen, in sich widersprüchlichen Bestimmung von ›Utopie‹.

Ihren Ursprung siedelt er im »utopistischen Bewußtsein«[157] an. Er spricht zwar vom Kombinieren von Elementen der Realität in einer gedanklich experimentellen Situation, das dem Freyerschen »utopistischen Denken« entspricht, deutet es jedoch als »Verkürzung oder Verfälschung der empirischen Wirklichkeit«.[158] Diese ist dem »Utopisten« freilich »Wesensschau«, da ihm »das Utopische [...] das verborgene aber wahre Sein« sei.[159] Das »utopistische Bewußtsein« wird hier ontologisch gedeutet, die Deutung wird aber nicht konsequent durchgehalten; denn Huntemann charakterisiert es zugleich als das Bewußt-Sein des ›Utopischen‹, das er durch vage Analogisierungen umschreibt:

> Das Utopische ist eine tief im Menschen liegende, durch emotionale Kräfte bestimmte Schicht, es ist Ausdruck emotionaler Seelenkräfte, wie Wunsch, Furcht, Sehnsucht, Hoffnung, Angst usw.[160]

›Utopie‹ ist sodann

> ein Bild, das als Wirkung dieser elementaren Seelenkräfte Ausdruck eines sich über die Gegebenheiten der empirischen Welt hinwegsetzenden Selbstverständnisses ist.[161]

---

sophischer Traktat, als Erziehungsroman, Reiseroman, Abenteuerroman und sogar als Drama.«
[153] Vgl. a. a. O., S. 5.
[154] Vgl. z. B. a. a. O., S. 7.
[155] A. a. O., S. 6.
[156] A. a. O. S. 15.
[157] A. a. O., S. 25 u. ö.
[158] A. a. O., S. 13.
[159] A. a. O.
[160] A. a. O., S. 25.

Ein Konstitutivum der »klassischen«, bis zum ausgehenden 19. Jahrhundert entstandenen Utopie sieht Huntemann außerdem im ›Voluntativen‹, im »Aufruf zur politischen Tat«.[162] Diese ›klassische Utopie‹ ist, so Huntemann, nicht nur »Wunschbild«, sondern »zugleich Leitbild[.], indem sie »ein Ziel hinstellt, das sich zu verwirklichen lohnt«.[163]

Obwohl also Huntemann die rationale Konstruktion ausdrücklich ablehnt, nimmt er hier für die ›klassische Utopie‹ politischen Wirkungs-, ja Realisierungswillen in Anspruch. Ihr wird damit eine Fähigkeit zugesprochen, die ihre Basis wohl doch nur im rational gesteuerten Konstrukt haben kann. Das Voluntative läuft zudem der Aussage zuwider, daß »die vorgestellte Welt« der Utopie »nicht wirklich, nicht Spiegel einer vorhandenen Wirklichkeit, [. . .] sondern [. . .] eine erträumte Welt« sei, wobei ›Welt‹, hierin wiederum Freyer (und Ruyer) ähnlich, als »eine kleine in sich abgeschlossene Welt«, »eine kleine Welt für sich«[164] näher charakterisiert wird.

Die Inkonsequenzen und Widersprüchlichkeiten sind offenkundig. Sie setzen sich in der Bestimmung der utopischen Prosa fort. Für sie prägt Huntemann den Terminus der »Mätopie« im Unterschied zu dem der »Eutopie«, der für die ›klassische Utopie‹ steht.[165] »Utopie« wird zum »Oberbegriff«, »Eutopie« und »Mätopie« zu »Unterbegriffen«, die die »Wandlung und Differenzierung innerhalb der Gesamtstruktur, die wir als Utopie bezeichnen«,[166] erfassen sollen.

Die Begründung für die terminologische Differenzierung erscheint sinnvoll. Eine »Gesamtstruktur« wird angenommen, in deren Grenzen sich eine Veränderung von der traditionellen Utopie zur utopischen Prosa vollzogen hat. Die Mängel liegen in der Konzeption von ›Utopie‹ und in der Differenzierung selbst. In der Zusammenfassung seiner Arbeitsergebnisse schreibt Huntemann:

> Die Utopie [. . .] erfährt einen Wandel von der neuzeitlich-fortschrittlichen Eutopie zur pessimistischen Mätopie, d. h. sie wandelt sich vom Wunschtraum, von der Idylle, zum Alpdruck, zum Schreckbild.[167]

---

[161] A. a. O.
[162] A. a. O., S. 38f. u. 176.
[163] A. a. O., S. 176f.
[164] A. a. O., S. 6f.
[165] Vgl. a. a. O., S. 152f.
[166] A. a. O., S. 153.
[167] A. a. O., S. 207.

Huntemann begründet diesen Wandel mit dem des »utopistischen Selbstverständnisses« bzw. »Bewußtseins«. Er bestimmt die utopische Prosa in ihrem Verhältnis zur traditionellen Utopie nach Merkmalen des Dargestellten als Gegensatz, wobei er die traditionelle Utopie nicht nur, wie üblich, als »Wunschbild«, sondern auch als »Idylle« charakterisiert. Huntemann verwendet den Terminus vage und unbestimmt, um den positiven Charakter des Dargestellten im Gegensatz zum negativen der utopischen Prosa zu betonen. »Idylle« assoziiert Erträumtes, intuitiv Erschautes, Gewünschtes. Gerade in dieser für Assoziationen offenen Verwendung impliziert der Terminus ein Verständnis von Utopie, das schwerlich mit dem Anspruch des Voluntativen und auch mit dem Moment des Intentionalen zu vereinen ist.[168]

Der utopischen Prosa spricht Huntemann eine Warnfunktion zu.[169] Was aber die Warnung qua »Alpdruck« oder »Schreckbild« bezwecken soll, bleibt unklar; denn Huntemann sieht in der utopischen Prosa keine konservativ-apologetische, sondern eine destruktive Zielsetzung, die er als »Abbau des Überkommenen«[170] versteht.

Es gelingt Huntemann nicht, die utopische Prosa von der traditionellen Utopie innerhalb der Grenzen einer »Gesamtstruktur« ›Utopie‹ zu unterscheiden. Seine Konzeption bleibt trotz der anderslautenden Absicht in den Bahnen der üblichen Bestimmung nach dem Muster der Gegensätzlichkeit.

Obwohl auch Schulte-Herbrüggen mit »Anti-Utopie« einen Begriff für die utopische Prosa verwendet, der die Gegensätzlichkeit terminologisch fixiert, gelingt es ihm überzeugender, gemeinsame Merkmale namhaft zu machen.

Schulte-Herbrüggen formuliert sein grundlegendes Utopie-Verständnis in der Form einer »Arbeitshypothese«: »eine Utopie ist das literarische Idealbild einer imaginären Staatsordnung«.[171] »Utopie« steht für traditionelle utopische Texte, und zwar ausdrücklich in ihrer literarischen Erscheinungsform, was freilich nicht ausschließt, daß Schulte-Herbrüggen eine »zweieinhalbtausendjährige Geschichte der Utopie«[172] annimmt, daß er den Beginn der utopischen Formtradition

---

[168] In ähnlichem Sinne nähert Brunner die von ihm so genannte »Fluchtutopie« (s. o., S. 127, A. 481) der Idylle an (vgl. S. 67). – Zum Verhältnis von Utopie und Idylle vgl. u., S. 332ff.
[169] Vgl. Huntemann, S. 177.
[170] A. a. O., S. 198.
[171] Schulte-Herbrüggen, S. 198.
[172] A. a. O., S. 37.

also nicht in der »Insula Utopia« ansiedelt, sondern offensichtlich in einem Text wie Platons »Politeia«. Die Schlüsselfrage für die Präzisierung der allgemeinen Bestimmung betrifft die ›formalen Mittel‹[173] der Gestaltung des ›Idealbilds‹. Ihre Beantwortung führt, der Utopie-Konzeption Freyers entsprechend, zum »Forschungsprinzip aller Naturwissenschaft«:[174] Die Utopie

> schafft experimentelle Bedingungen, unter denen, isoliert von allen störenden Fremdeinwirkungen, wohlberechnete Kräfte ein bestimmtes und bestimmbares Ergebnis zeitigen.[175]

Die ›experimentellen Bedingungen‹ benennt Schulte-Herbrüggen mit
– der totalen »Isolation« der dargestellten Welt,[176]
– der »Selektion der Kräfte«, die diese Welt konstituieren,[177]
– der »Idealität«.[178]
›Utopie‹ ist hiernach als Darstellung eines auf »Idealität« ausgerichteten gedanklichen Experiments zu verstehen. Die eigentlichen Bedingungen des Experiments sind in den ersten beiden Momenten benannt. Das erste gibt die Voraussetzungen einer experimentellen Situation an, das zweite betrifft die Elemente des Experiments. Experimentiert wird mit ausgewählten Elementen der Realität. Die Frage, nach welchen Gesichtspunkten die Selektion erfolgt, stellt Schulte-Herbrüggen nicht. – Mit dem Moment der Idealität ist das Ziel des Experiments angesprochen. Dies wird dadurch unterstrichen, daß der Autor von ›Utopie‹ als »Idealbild« spricht, welches er als »Idealnorm des Sollens«[179] erläutert. Die Utopie erhält eine normativ-vorbildhafte Funktion: das »Idealbild« ist »Vorbild und Richtmaß, an dem sich das menschliche Handeln und Urteilen orientiert«.[180]

Schulte-Herbrüggen bestimmt die Utopie aber auch als »Gegenbild«.[181] Das »Ethos der Utopie« ist ihm an einer Stelle ausdrücklich »nicht [...] die Vorbildlichkeit des imaginären Ideals [...] als vielmehr die Gegenbildlichkeit des utopischen Staatswesens, um daran wie in einem Spiegel die Schwächen dieser Welt zu erkennen.«[182]

---

[173] Vgl. a. a. O., S. 207.
[174] A. a. O., S. 9.
[175] A. a. O.
[176] A. a. O., S. 35.
[177] A. a. O., S. 202; vgl. S. 35.
[178] A. a. O., S. 35.
[179] A. a. O., S. 8.
[180] A. a. O., S. 110.
[181] Vgl. a. a. O., S. 32, 37 u. 110.

Das Problem, wie ein Ideal- oder Vorbild zugleich ein spiegelbildliches Gegenbild sein kann, wird nicht behandelt. Wenn die Utopie nicht allein Vorbild ist, sondern auch die Mängel der Realität aufdekken soll, muß sie in einer exakt zu identifizierenden Beziehung zu eben dieser Realität stehen, wie sie beispielhaft Freyer mit der konsequenten Vorzeichenumkehrung benennt. Zwar stellt Schulte-Herbrüggen fest, daß das utopische »Idealbild« »erst durch das Gegenüber zur Realität« seinen »Sinn« erhalte, er nivelliert diese Aussage aber dadurch, daß er sie als »prinzipielle Abgrenzung«[183] der Realität gegenüber erläutert.

Obwohl Schulte-Herbrüggen den Terminus der Anti-Utopie gebraucht, setzt er die utopische Prosa nicht totaliter in Gegensatz zur traditionellen Utopie. Er spricht von der »Konstanz der übereinstimmenden Formprinzipien«.[184] Die ›experimentellen Bedingungen‹ der traditionellen Utopie gelten ihm, mit einer Einschränkung, auch für die utopische Prosa. Für beide treffe gleichermaßen zu, daß sie die Voraussetzung der »Isolation« und »Selektion« erfüllten.[185] Die utopische Prosa wird somit wie die traditionelle Utopie als Darstellung eines Gedankenexperiments verstanden. Das Ziel freilich kann nicht mit »Idealität« angegeben werden. An ihre Stelle tritt die »negative Idealität«,[186] die formal der positiven der traditionellen Utopie entspricht.[187] Der utopischen Prosa kommt keine vorbildhafte, sondern ausschließlich gegenbildhafte Funktion zu.[188]

Gerade diese Gegenbildlichkeit macht das ›Utopische‹ auch der Anti-Utopie aus:

> Die spezifisch utopische Haltung begegnet uns wiederum in der Gegenbildlichkeit der dargestellten zur wirklichen Welt.[189]

Der Unterscheidung von »Idealität« und »negativer Idealität« entsprechend unterscheidet Schulte-Herbrüggen die Gegenbildlichkeit von ›Utopie‹ und ›Anti-Utopie‹, vereint sie aber in ihrer kritisch-deiktischen Intentionalität:

---

[182] A. a. O., S. 32.
[183] A. a. O., S. 37.
[184] A. a. O., S. 207.
[185] A. a. O., S. 183 f.
[186] A. a. O., S. 184.
[187] Vgl. a. a. O., S. 119.
[188] Vgl. a. a. O., S. 135.
[189] A. a. O., S. 182.

Bestand die Gegenbildlichkeit der Utopia in der Vorstellung staatlicher Idealnormen als Postulat, so ist an deren Stelle hier eine Art photographisches Negativ getreten, doch zeigen beide, Utopie und Anti-Utopie, durch ihre Gegenbildlichkeit der Welt, was ihr am Ideale mangelt.[190]

Die Deutung der Gegenbildlichkeit durch die Methaper des photographischen Negativs ist unbefriedigend, da sie unterstellt, daß auch die dargestellte Welt etwa eines Orwell letztlich ein »Idealbild« sei, das sich in diesem Negativ verberge[191] und das, in der Sprache der Photographie, durch simple ›Umkehrentwicklung‹ hervortrete und somit das eigentliche Darstellungsziel bilde.

Schulte-Herbrüggen aber macht deutlich, daß die der traditionellen Utopie zugestandene kritische Intention in der utopischen Prosa nicht notwendig in eine apologetische Funktion umschlägt.

Durch die Angleichung der utopischen Prosa an die traditionelle Utopie im Bereich dieser Gegenbildlichkeit gerät Schulte-Herbrüggen in ein bezeichnendes Dilemma: Die in unverkennbarer Affinität zur realen Welt in der utopischen Prosa dargestellte Welt wird als *nicht-utopischer* Teil der Anti-Utopie deklariert, obgleich durch das Kriterium der »Selektion« die Herkunft der Elemente des ›utopischen‹ wie auch des ›antiutopischen‹ Gedankenexperiments aus der Realität angegeben wird:

Der dargestellte Staat ist nur zur Hälfte »utopisch«, das heißt empirisch nicht nachvollziehbar, die andere, schrecklichere Hälfte dagegen enthält bereits Elemente unserer politischen Gegenwart.[192]

Zweifellos entzieht sich die ›utopische‹ Welt der Empirie. Die Formulierung Schulte-Herbrüggens jedoch impliziert, daß das ›Utopische‹ keine Beziehung zur Realität hat, daß die Elemente, die diese Beziehung offenkundig aufweisen, folglich gerade keine ›utopischen‹ sind.

Die auch für die utopische Prosa relevante Frage nach dem Verhältnis der dargestellten ›utopischen‹ zur - zumeist nicht mit-dargestellten - objektiv-realen Welt findet keine schlüssige Antwort. - Trotz dieser Unstimmigkeiten macht Schulte-Herbrüggen klar, daß

---

[190] A. a. O.
[191] Vgl. a. a. O., S. 184f., wo vom »»photographischen Negativ« eines Idealstaates« die Rede ist. Vgl. auch den zweifellos von Schulte-Herbrüggen beeinflußten Anti-Utopie-Begriff Swobodas. Ähnlich versteht Hans Gerd Rötzer die als »Gegen-utopie« bezeichnete utopische Prosa: »Das Wunschbild der Gesellschaft verbirgt sich hinter dem effektvollen Zerrbild.« (S. 360)
[192] Schulte-Herbrüggen, S. 185.

die Welt, die die utopische Prosa darstellt, in formalen Grundzügen derjenigen entspricht, die die traditionelle Utopie darstellt.[193]

c) Anders als Huntemann und Schulte-Herbrüggen und konsequenter als Freyer klammern Ruyer und Krysmanski Momente, die sich auf die Aussage beziehen oder aus ihr abgeleitet werden, radikal aus ihren Utopie-Bestimmungen aus. Es geht ihnen um das den utopischen Texten bei allen Unterschieden Gemeinsame. Sie finden es in der ›utopischen Methode‹. Die von ihnen vorgetragenen Verstehensweisen von ›Utopie‹ gelten für die traditionelle Utopie und für die utopische Prosa.

Ruyer trennt die utopische Methode (mode utopique) scharf von der »eigentlichen Utopie«,[194] womit er nicht nur literarische Texte anspricht. Er definiert die utopische Methode als »exercice mental sur les possibles latéraux«, als »exercice ou jeu sur les possibles latéraux à la réalité«.[195]
Das bedeutet:

> »Le procédé utopique est donc très proche de tous les procédés ordinaires d'invention scientifique: méthode hypothético-déductive, et experience mentale.[196]

Die Verfahrensweisen gleichen sich darin, daß sie »les possibles latéraux« zu den realen Gegebenheiten erkunden.[197] Dies geschieht durch »le rejet d'un postulat, le changement de l'axiomatique«.[198] Die Verfahrensweisen sind übereinstimmend dadurch gekennzeichnet, daß sie bestimmte bekannte Prinzipien, nach denen Elemente der Realität geordnet sind oder nach denen diese Ordnung vorgestellt wird, verändern, oder dadurch, daß sie solche Elemente selbst, die für die Realität konstitutive – »axiomatische« – Relevanz haben, umformen,[199] so daß eine hypothetische Welt entsteht.

---

[193] Die Relevanz der Frage nach der literarischen Konstitution von traditioneller Utopie und utopischer Prosa ist Schulte-Herbrüggen bewußt. Er beantwortet sie mit dem Hinweis auf den ›Raumroman‹ einerseits (vgl. S. 8, vor allem S. 111 u. 117) und auf die Satire andererseits (vgl. S. 33, 66, 76 u. ö.).
[194] Ruyer, S. 23.
[195] A. a. O., S. 9.
[196] A. a. O., S. 11.
[197] Vgl. a. a. O., S. 9.
[198] A. a. O., S. 11.
[199] Vgl. a. a. O., S. 17: »L'exercice utopique, comme l'invention, implique une rupture des combinaisons habituelles.«

Die ›utopische‹ unterscheidet sich darin von der naturwissen-schaftlichen Methode, daß erstere, anders als letztere,

peut très bien continuer à travailler sur une hypothèse connue comme fausse, ou sur un postulat visiblement illégitime.[200]

Diese »certaine tricherie«[201] sieht Ruyer durch die unterschiedlichen Zielsetzungen der Verfahrensweisen gerechtfertigt: Die Utopie strebe im Unterschied zur Wissenschaft »m o i n s   l a   v é r i t é   q u ' u n e   a u g -m e n t a t i o n   d e   c o n s c i e n c e «[202] an, wobei Wahrheit in diesem Zu-sammenhang die methodisch gesicherte physikalische Erkenntnis meint.

Ruyer charakterisiert die utopische Methode als Spiel (das in der oben skizzierten Grundbedeutung zu verstehen ist). In diesem Sinne betont er die Notwendigkeit der Einhaltung der Spielregeln,[203] d. h. des Festhaltens an den zu Beginn des Spiels gewählten Hypothesen und Axiomen als Spielvoraussetzungen – auch dann, wenn diese einer wissenschaftlichen Überprüfung nicht standhalten. Nur dann, wenn die Spielregeln eingehalten werden, kann das Spiel gespielt werden und kann ein Spielergebnis zustandekommen. Dies bestimmt Ruyer prinzipiell als »création d'un univers fermé«.[204] Das utopische Spiel – »l e   j e u   u t o p i q u e «[205] – hat sein Resultat in der Utopie:

On passe du procédé, de l'exercice utopique à l'utopie proprement dite, quand l'exercice sur les possibles crée tout un monde. L'utopie doit au moins créer un monde en miniature, mais complet. [. . .] L'utopie porte sur un caractère de structure fondamental du monde, ou du moins de tout un monde humain et social.[206]

Die Unstimmigkeit, die darin besteht, daß Ruyer nicht nur das uto-pische Verfahren, sondern auch die Utopie selbst als dessen Resultat durch das ›Entstehenlassen‹ einer Total-Welt charakterisiert,[207] klärt sich in seiner vielzitierten Utopie-Definition zu Beginn seiner Arbeit:

[200] A. a. O., S. 14.
[201] A. a. O., S. 13.
[202] A. a. O., S. 14.
[203] A. a. O., S. 25.
[204] A. a. O.
[205] A. a. O., S. 24.
[206] A. a. O., S. 23.
[207] Vgl. auch a. a. O., S. 26, wo er »Utopie« und »Spiel« gleichsetzt. – Auch Stockinger kritisiert die Gleichsetzung. Er will sie ersetzt wissen durch eine Formulierung wie: »Die utopische Methode gleicht den gedanklichen Operationen, die Voraussetzun-gen eines Spiels sind.« (S. 54) Die Formulierung ist als die Alternative für die Ab-lehnung der Gleichsetzung von »Utopie« und »Spiel« mißverständlich; denn wenn die »utopische Methode« den »Voraussetzungen eines Spiels« »gleicht«, heißt das

Une utopie est la description d'un monde imaginaire, en dehors de notre espace ou de notre temps, ou en tout cas, de l'espace et du temps historiques et géographiques. C'est la description d'un monde constitué sur des principes différents de ceux qui sont à l'œvre dans le monde réel.[208]

Für den auf der Grundlage der utopischen Methode bestimmten instrumentalen Utopie-Begriff Ruyers ergeben sich somit folgende Kriterien:
– die Utopie ist eine Darstellung;
– sie ist die Darstellung einer imaginären, doch vollständigen und hypothetisch möglichen Welt;
– sie ist die Darstellung einer Welt, die außerhalb des erfahrbaren Raumes und der geschichtlichen Zeit im Bereich des Bewußtseins existiert;
– sie ist die Darstellung einer Welt, die, basierend auf veränderten Prinzipien und Axiomen der realen Welt, ihre Entstehung eben jener utopischen Methode verdankt.

Diese instrumentale Verstehensweise schließt keineswegs eine intentionale Bedeutungsdimension aus. Ruyer nimmt sie ausdrücklich in seine Bestimmung auf, wenn er von der ›Bewußtseinserweiterung‹ spricht, die die Utopie anstrebe. Außerdem bezieht sich die ›utopische‹ Welt in ihren Konstitutiva kritisch auf die objektive Realität.

Ruyers instrumentaler Utopie-Begriff schließt in bezug auf die utopische Prosa unreflektierte Vorstellungen der Gegensätzlichkeit aus. Die fundamentale strukturale Adäquatheit von utopischer Prosa und traditioneller Utopie tritt hervor. Und es gelingt ihm, die Intention so zu erfassen, daß ihre Basis in der Struktur sichtbar wird.

Ähnlich wie Ruyer, auf dessen Arbeit er sich ausdrücklich bezieht,[209] erblickt Krysmanski »das verbindende Gemeinsame aller Utopien« in der »utopischen Methode«,[210] bleibt aber in wesentlichen Punkten ihrer Bestimmung weniger präzise und insgesamt weniger stringent als Ruyer.

Den Gegenstandsbereich der Untersuchungen Krysmanskis bildet die utopische Prosa.[211] Es geht ihm darum, sie für die Verifizierung seiner unter dem Blickwinkel der Literatur- und Wissenssoziolo-

---

für den nächstfolgenden Gedankenschritt, daß »Utopie« und »Spiel« wieder gleichgesetzt werden.
[208] Ruyer, S. 3.
[209] Vgl. Krysmanski, S. 7, 12, 15f. u. ö.
[210] A. a. O., S. 121.
[211] Vgl. den Untertitel der Arbeit Krysmanskis.

gie[212] vorgenommenen Bestimmung der »utopischen Methode« als »eine instrumentale Denkform«[213] auszuwerten. Das bedeutet im Verständnis Krysmanskis *zugleich* eine Bestimmung der »konkreten Utopie« bzw. des »utopischen Romans«[214] – die Termini werden bedeutungsgleich gebraucht und stehen für ›alle Utopien‹, d. h. sowohl für die traditionelle Utopie wie auch für die utopische Prosa –, da »zur ›utopischen Methode‹ [...] die literarische Konkretisierung gehört«.[215]

Krysmanski definiert mit der »eigentlichen Denkmethode« die »konkrete Utopie«: Sie

> ist die literarische Erscheinungsform der spielerischen Zusammenschau von Mensch, Gesellschaft und Geschichte in einem variablen, bildhaften Denkmodell von raum-zeitlicher Autonomie, das die Erkundung von Möglichkeiten losgelöst von der sozialen Wirklichkeit, jedoch mit Bezug auf sie, erlaubt.[216]

Krysmanski betont den Spielcharakter der utopischen Methode, ohne ihn freilich, wie Ruyer, mit der Notwendigkeit des Einhaltens bestimmter Spielregeln zu verbinden und ohne auch die Art der Spielregeln selbst, wie sie Ruyer mit der Änderung von Prinzipien oder Axiomen der Realität andeutet, in seine Definition aufzunehmen. Er benennt aber das Material des Spiels: mit »Mensch, Gesellschaft und Geschichte« im Grunde die Totalität der sozialen Realität; sowie den Ort, an dem das Spiel stattfindet und den das Spiel schafft:[217] das ›autonome‹ »bildhafte« – d. h. im Unterschied zum abstrakten der Wissenschaft: das anschauliche – »Denkmodell« im menschlichen Bewußtsein.

Aus seiner Deutung literarischer Texte ergibt sich, daß auch Krysmanski die utopische Methode als ein Regeln unterworfenes Verfahren versteht. So schreibt er über Bernhard Kellermanns »Der Tunnel«

---

[212] Vgl. Krysmanski, Vorwort, o. S.; vgl. auch S. 14, wo er von einer Annäherung »von sozialphilosophischer bzw. wissenssoziologischer Seite« spricht.

[213] A. a. O., S. 13.

[214] Vgl. a. a. O., S. 3.

[215] A. a. O., S. 13; ges. Stelle im Original Kursiv. Vgl. dagegen S. 3, wo er den »utopische[n] Roman« lediglich als den »wichtigste[.][n] Träger« der utopischen Methode bezeichnet. – ›Literarisch‹ wird von Krysmanski, so er selbst, »relativ weit gefaßt« (S. 13).

[216] A. a. O., S. 19.

[217] Dieser zweite Aspekt, der sehr klar von Ruyer formuliert wird, tritt bei Krysmanski nur undeutlich hervor. Es ist hier nicht sicher auszumachen, wie er das autonome Denkmodell in seine Bestimmung der utopischen Methode einordnet.

(freilich kein der utopischen Prosa, sondern dem Abenteuerroman unter der Voraussetzung eines ungebrochenen Fortschrittsoptimismus zuzurechnender Text):

> Es ist das perfekte Modell einer zweiten Wirklichkeit, das Elemente der Umweltwirklichkeit des Autors gemischt, verlängert und planvoll verzerrt in sich bewahrt.[218]

Und Alfred Döblins »Giganten« versteht er als

> Parallel-Realität, in der Elemente der sozialen Wirklichkeit analysierend und ›weiterdenkend‹ verformt werden.[219]

Die »konkrete Utopie« ist hiernach das »Modell« einer Realität neben der empirischen. Sie steht in Affinität zur objektiven Realität, da sie aus Elementen besteht, die dieser entstammen. Sie sind aber in bestimmter Weise geändert und neu zusammengesetzt. Die für die utopische Methode und die Konstitution ihrer Konkretion zentralen Fragen nach den Gesichtspunkten dieser Änderung und Neukombination beantwortet Krysmanski mit Mischen, Verlängern, planvollem Verzerren, analysierendem und extrapolierendem Verformen.[220] Er führt Momente an, die für ein adäquates Verständnis der ›utopischen‹ Welt relevant sind. Sie verlieren dadurch an Aussagekraft, daß sie ohne definitorisch-klärende Absicht lediglich im Einzelfall konstatiert werden.

Gravierender noch als der Verzicht auf die eindeutige Angabe der Spielregeln des utopischen Verfahrens wirkt sich für die vorliegende Utopie-Konzeption aus, daß sie nicht nur offen läßt, ob das utopische Modell die von Ruyer hervorgehobene Totalität aufweisen müsse, sondern diese an einer Stelle sogar ausdrücklich ablehnt.[221] Wenn Krysmanski vom »Modell einer zweiten Wirklichkeit« oder einer »Parallel-Realität« spricht, so heißt das also nicht, daß er hiermit die Darstellung einer ›ganzen‹ Welt, die allein funktionsfähig und daher ›möglich‹ ist, meint. Der damit verbundenen Unsicherheit über die

---

[218] Krysmanski, S. 36. Krysmanski kann einen Text wie diesen unter den Begriff der »konkreten Utopie« subsumieren, weil sein ›Modell‹-Verständnis auch solche Elemente der objektiven Realität einbezieht, die lediglich neu kombiniert werden, die also *nicht* ins Subjektive transformiert werden.

[219] A. a. O., S. 50.

[220] Vgl. a. a. a. O., S. 19, wo Krysmanski das Manipulieren, Erweitern und Bewahren von Elementen der Realität durch die utopische Methode anführt.

[221] Vgl. a. a. O., S. 88: »Das utopische Denken ist nicht an ein ›Totalbild‹ gebunden; es ist [. . .] auch auf relativ unwichtige Einzelthemen anwendbar.«

Art des Bezugs der ›utopischen‹ zur objektiven Realität entspricht es, daß Krysmanski das Moment der kritischen Intentionalität aus seinem Begriff der konkreten Utopie eliminiert und ihn ausschließlich »als Erscheinungsform einer instrumentalen Denkform« verstanden wissen will: »Die konkrete Utopie ist [...] instrumental und daher zunächst ›wertfrei‹«.[222]

Bestimmungsgrund der »konkreten Utopie« ist mithin eine nur unpräzise faßbare ›spielerische‹ Denkmethode, die in einem funktionalen Zusammenhang mit der Realität gesehen wird. Auch ihn aber umschreibt Krysmanski nur vage als die »Erkundung von Möglichkeiten« »mit Bezug« auf die »soziale[.] Wirklichkeit« oder auch »zum sozialen Handeln«.[223] Welcherart dieser »Bezug« ist und auf welche Weise durch ihn die im utopischen ›Modell‹ erkundeten Möglichkeiten in welchem Sinne sozial relevant werden können, bleibt offen. Es gelingt Krysmanski nicht, die (positive) Funktion, die er der »konkreten Utopie« zuspricht, einsichtig zu machen.

Die ältere Utopie-Bestimmung Ruyers ist schlüssiger und heuristisch effektiver. Einerseits hält sie sich offen auch für die Intentionalität der instrumental bestimmten utopischen Texte, andererseits bietet sie in ihrer präzise erfaßbaren Instrumentalität einen Erklärungsgrund für wiederkehrende Struktureigentümlichkeiten sowohl der utopischen Prosa als auch der traditionellen Utopie. Sie rückt damit die unabhängig von den individuellen und ›typischen‹ Unterschieden gleichbleibenden Merkmale in den Blick.[224]

d) Solange ›Utopie‹ allein oder maßgeblich intentional bestimmt wird, wird die utopische Prosa nahezu zwangsläufig, stets im Gegensatz zur ›utopischen Intention‹, funktional bestimmt. ›Funktionalität‹ bezeichnet selbstverständlich nicht jenes ›wertfreie‹ Erkunden von Möglichkeiten, wie es Krysmanski beschreibt, sondern die ideologische, konservative, apologetische, allenfalls die warnende Funktion, die in der utopischen Prosa erblickt und für ihr konstitutives Bestimmungsmerkmal gehalten wird. Diese Funktionalität wird zwar

---

[222] A. a. O., S. 20.
[223] a. a. O., S. 115.
[224] Diese Erklärungsmöglichkeit utopischer Texte als eine bestimmte Manifestation der ›utopischen Methode‹ durch Ruyer ist im folgenden gemeint, wenn von der instrumentalen Bestimmung utopischer Texte die Rede ist. Vgl. auch die sehr produktive Definition von Hans-Joachim Mähl, Der poetische Staat. Utopie und Utopiereflexion bei den Frühromantikern. In: Wilhelm Voßkamp (Hrsg.), Utopieforschung, Bd. 3, S. 273-302, S. 274.

unterschiedlich artikuliert und auch in unterschiedlich akzentuierten Bezügen angesiedelt; Einigkeit jedoch besteht darin, daß die utopische Prosa primär wirklichkeitsstabilisierende Absichten verfolge – und zwar im Gegensatz zu ›Utopie‹ einerseits und gegen ›Utopie‹ andererseits.

Die doppeldeutige Wendung gegen die Utopie erklärt sich daraus, daß die utopische Intention nicht allein als Kritik am Bestehenden gedacht, sondern auch mit dem Voluntativen, der Aufforderung zur Veränderung des Bestehenden verknüpft wird. Dieses Verständnis der utopischen Prosa manifestiert sich in den für sie gebildeten oder in Anspruch genommenen Begriffen von ›Anti-Utopie‹ etc.

Die instrumentale hebt die funktionale Bestimmung der utopischen Prosa und ihre Fixierung auf den Gegensatz zu ›Utopie‹ auf. Indem sie den Text von seiner genesis her erklärt, identifiziert sie einen gemeinsamen strukturalen Ursprung von traditioneller Utopie und utopischer Prosa. Sie macht damit deutlich, daß die utopische Prosa nicht ›gegen-utopisch‹, sondern genuin ›utopisch‹ ist, so daß auch die terminologische Fixierung der Gegensätzlichkeit unzulässig ist. Die (subjektive) Welt der traditionellen Utopie wird ebenso wie die der utopischen Prosa als eine regulär im Bewußtsein gebildete hypothetische Welt bestimmt. Der Gegensatz zwischen einer zu wünschenden Verwirklichung der einen und der zu fürchtenden der anderen erweist sich als irrelevant. Beide werden nicht als verwirklichungs-, sondern als denkmöglich verstanden (wobei die Denkmöglichkeit eine Verwirklichungsmöglichkeit natürlich nicht grundsätzlich ausschließt).

Damit entfällt auch das Moment der Vorbildlichkeit als Bestimmungsmerkmal der traditionellen Utopie. Jeder utopische Text hingegen kann als ›Spiegelbild‹, ›Abbild«, ›Gegenbild‹ oder auch ›Zerrbild‹[225] der Welt, aus der heraus er entsteht, charakterisiert werden. Bedingung hierfür ist in allen Fällen die auf ein totum abzielende reguläre Bildung. Die Regeln erschöpfen sich nicht in einfachen Umkehrungsformeln, sondern umfassen auch andere und komplexe Verfahrensweisen.

In ihrer instrumentalen Bestimmung erweist sich die utopische Prosa als grundsätzlich ebenso wirklichkeitskritisch intendiert wie die traditionelle Utopie. Die gemeinsame Intentionalität ist im gemeinsamen Ursprung der Strukturen begründet. Die Darstellung einer möglichen Welt, deren axiomatische Grundlagen sich aus einer (konse-

---

[225] Vgl. z. B. Rötzer, S. 360.

quent-regulären) Änderung der konstitutiven Elemente der objektiven Realität ergeben, ist von ihrer Struktur her kritisch auf die objektive Realität bezogen.

Die literaturwissenschaftliche Utopie-Forschung hat den instrumentalen Utopie-Begriff nicht aufgegriffen, um ihn produktiv für die Bildung einer literarischen Beschreibungskategorie auszuwerten, die eine adäquate Bestimmung der utopischen Prosa in ihrer literarischen Konstitution erlaubte. Sie hat die Frage nach der literarischen Konstitution durch den Rückgriff auf allgemeine Kategorien zu beantworten gesucht. Die Antworten konzentrieren sich im wesentlichen auf zwei Positionen (die auch, obgleich sie kaum miteinander vereinbar sind, gemeinsam auftreten):

- Die zuständliche, bildhafte Schilderung, die die traditonelle Utopie kennzeichnet, hat sich mit der utopischen Prosa endgültig zum handlungsorientierten Roman entwickelt.
- Die utopische Prosa ist eine spezifische Ausprägung der Satire.

3. Die Bestimmung der utopischen Prosa als ›fiktionalisierte Utopie‹

Die Problematik des Ansatzes, die utopische Prosa als das Resultat einer Entwicklung zum Roman hin zu verstehen, ist darin begründet, daß der angenommene Entwicklungsvorgang mit »Literarisierung« oder »Fiktionalisierung« gleichgesetzt wird.[226] Die Vorstellungsbereiche ›Handlung‹, ›Roman‹ oder ›Fiktion‹[227] und ›Literatur‹ bzw. ›Epik‹ gehen hier eine Verbindung ein, in der das, was ganz offenkundig nicht unter einen Begriff wie ›Handlung‹ fällt, allzu leichtfertig als nicht-literarisch abqualifiziert wird. Die Folge ist, daß zwischen einer nicht-literarischen und einer sich hieraus entwickelnden literarischen Utopie unterschieden wird. Diese Unterscheidung traf bereits Hans Freyer, der die Wendung von der ›hochwertigen‹ zur ›romanhaften‹ Utopie beklagte, sie begegnet aber auch in literaturwissenschaftlichen Arbeiten jüngeren Datums, die sich der Frage nach der literarischen Konstitution der traditionellen Utopie und der utopischen Prosa zuwenden.

Auf der Suche nach ›Handlung‹ in der traditionellen Utopie stellt beispielsweise Huntemann fest, daß sie »schleppend lang, ermü-

---

[226] Vgl. Seeber, Wandlungen, S. 243.
[227] Vgl. a. a. O.

dend«[228] sei, führt Hans Ulrich Seeber als ein Merkmal dieser Texte ihre »Handlungsarmut«[229] an, begründet Brunner seine These, daß die traditionelle Utopie »keine dichterische Gattung«[230] sei, damit: »es gibt keine Handlung«.[231] ›Literarisch‹ ist hiernach der utopische Text erst dann, wenn es ihm gelingt, so Hohendahl, »die statische Beschreibung in Handlung«[232] umzubilden.

Die Unterscheidung zwischen einer nicht-literarischen und einer literarischen Utopie an Hand des Kriteriums der Handlung wird teils als historisches Faktum gedeutet, teils aber auch als literarisches Strukturierungsproblem, wobei nicht immer klar ist, welche der beiden Möglichkeiten im Einzelfall gemeint ist. Im einen Fall wird eine zunehmende Überlagerung des Bildhaft-Statischen durch die Handlung angenommen,[233] im anderen Fall eine ›utopische Konstruktion‹ oder »Thematik«,[234] die gleichsam ›hinter‹ dem literarischen Text steht und durch Handlung ›literarisiert‹ wird.

Beide Aspekte dieser Unterscheidung treten bei Seeber auf, der die »Wandlungen der Form in der literarischen Utopie«[235] untersucht. Die »Wandlungen« versteht er als zunehmende »Fiktionalisierung der Utopie«, als »ihre Wandlung zum Roman«:[236]

> Der Grad der Fiktionalisierung der literarischen Utopie hängt [. . .] davon ab, in welchem Maße der Begegnungsvorgang von Protagonist und fremder Gesellschaft in konkreten Handlungen ›dramatisiert‹ [. . .] wird.[237]

Weshalb Seeber in diesem Zusammenhang von der »*literarischen* Utopie« spricht, ist nicht einsichtig; denn er trennt ganz offensichtlich ein ›Utopisches‹ von einem ›fiktionalisierten‹ Utopischen, und dieses erst wäre in seinem Sinne ›literarische‹ Utopie. Daß Seeber diese Trennung tatsächlich vollzieht, wird deutlich, wenn er den »Grad[. .] der Verschmelzung von literarischer Fiktion und utopischer

---

[228] Huntemann, S. 10.
[229] Seeber, Wandlungen, S. 5.
[230] Brunner, S. 72; dies gilt Brunner für die »Sozialutopie«.
[231] A. a. O. Vgl. dagegen a. a. O., S. 68. Er formuliert dort das genaue Gegenteil: daß die von ihm so genannte Sozialutopie zwar »eine Ausdrucksform philosophischen Denkens« sei, aber »zugleich eine literarische Gattung«. Der Widerspruch bleibt ungeklärt.
[232] Hohendahl, S. 81.
[233] Vgl. Huntemann, S. 117.
[234] Seeber, Wandlungen, S. 244.
[235] So die Titelformulierung Seebers.
[236] Seeber, Wandlungen, S. 6.
[237] A. a. O., S. 243.

Konstruktion«[238] anführt. ›Utopie‹ wird als etwas von Literatur zu Unterscheidendem vorgestellt.

Seeber begreift die ›Literarisierung‹ der Utopie als prozessualen Vorgang, der sich in verschiedenen historischen Abstufungen vollzogen habe. Während einige Autoren, so etwa Hohendahl und Brunner, den Beginn eines solches Prozesses mit Freyer im 18. Jahrhundert ansetzen, die utopische Prosa demzufolge als die gleichsam ›romanhafteste‹, handlungsintensivste Form utopischer Texte zu bewerten wäre,[239] so ist nicht eindeutig feststellbar, wo Seeber ihn annimmt. Er konstatiert zwar, daß

es dem klassischen Utopisten nicht um mimetische Reproduktion, sondern um das gedankliche Experiment, die Konstruktion einer besseren politisch-sozialen Welt[240]

gehe, ist aber zugleich der Meinung, daß bereits Morus, einer jener von ihm angesprochenen »klassischen Utopisten«,[241] »die utopische Thematik radikal literarisiert«[242] habe. Von dieser These wiederum rückt er in seinem Aufsatz »Gegenutopie und Roman: Bulwer-Lyttons ›The Coming Race‹ (1871)«[243] ab. Er reiht die »Insula Utopia« dort in die »vornehmlich philosophisch und staatstheoretisch bestimmten Fiktionen der klassischen Utopie«[244] ein und gesteht erst der utopischen Prosa genuin literarische (romanhafte) Qualität zu:

Die spezifisch literarische Entfaltung der Utopie ist zu einem gewichtigen Teil gleichbedeutend mit der Entfaltung des gegenutopischen Romans.[245]

Seeber bezeichnet die utopische Prosa als ›Gegenutopie‹. Er versteht sie als »Utopie-Kritik«,[246] als »Kritik[..] [...] am utopischen Denken«,[247] und erklärt sie »als Reaktion auf sozialistische Propaganda,

---

[238] A. a. O., S. 244.

[239] Vgl. dazu Schulte-Herbrüggen, S. 117 u. 207.

[240] Seeber, Wandlungen, S. 242.

[241] Vgl. Hans Ulrich Seeber, Gegenutopie und Roman: Bulwer-Lyttons ›The Coming Race‹ (1871). DVJS, 45, 1971, S. 150–180, S. 150.

[242] Seeber, Wandlungen, S. 244.

[243] Das zum Werk Bulwer-Lyttons Angeführte gilt generell für die utopische Prosa. Vgl. Seebers Einordnung des Werkes in den literarischen Kontext »Gegenutopie«, S. 150 u. S. 150f., A. 3.

[244] Seeber, Gegenutopie, S. 150. »Fiktion« bezeichnet hier nicht *literarisch* Gestaltetes, sondern offensichtlich so etwas wie textlich fixierte Erfindung.

[245] A. a. O. Die Berechtigung der Einschränkungsformel ist nur indirekt daraus ersichtlich, daß Seeber auch »Satire« in den Literarisierungsprozeß einbezieht und so etwa auf die »utopischen Satiren von More und Swift« (a. a. O., S. 163) verweist.

[246] A. a. O., S. 152.

[247] A. a. O., S. 150f., A. 3.

Darwinismus und technologische Entwicklung«.[248] ›Utopie‹ hat hier nichts mehr mit Literatur oder Literaturähnlichem gemein, und ›utopisches Denken‹ ist hier keineswegs jene instrumentale Erklärungsmöglichkeit utopischer Texte. ›Utopie‹ sind Seeber beispielhaft die angeführten Tendenzen und Elemente einer bestimmten historischkonkreten Situation, ›Utopie‹ ist ihm eine ernst zu nehmende Drohung,[249] die aus diesen erwächst. Folglich versteht er ›Gegenutopie‹, dem Tenor der gängigen Anti-Utopie-Begriffe entsprechend, als Warnung[250] vor den Gefahren des »Utopismus«, »der verwirklichten Utopie«.[251] Wenn er dennoch die utopische Prosa als »populären *utopischen* Roman«[252] bezeichnet, so erklärtermaßen deshalb, weil er ›Utopie‹ von der Wortbedeutung her als »Nirgendwo« faßt[253] und, wie er allerdings nur nebenher erwähnt, als ›gedankliches Möglichkeitsmodell‹,[254] was beides auch für ›Gegenutopie‹ zutreffe.

Seeber zufolge bietet die utopische Prosa ihr gegen ›Utopie‹ gerichtetes ›gedankliches Möglichkeitsmodell‹ im »Status einer Romanfiktion«[255] dar, indem sie eine »konkret-fiktionale[.] Ebene der Handlung«[256] aufbaut. Ursache und Möglichkeit der romanhaften Ausgestaltung der utopischen Prosa im Gegensatz zum »konstruktiven Ansatz der klassischen Utopie«[257] siedelt Seeber in der von ihm angenommenen wirklichkeitsapologetischen Wendung gegen ›Utopie‹ an. Denn diese gestatte es, »eine charakteristische Konfliktsituation zu konstruieren«,[258] die den Ausbau »einer geschlossenen Handlung«[259] zulasse und solcherart das Romanhafte der utopischen Prosa begründe. Diese durch Handlung bestimmte Romanform vor allem hat Seeber im Blick, wenn er die die Funktionalität der utopischen Prosa untermauernde Bedeutung der literarischen Gestaltungsweise hervorhebt:

---

[248] A. a. O., S. 150, A. 1.
[249] Vgl. a. a. O., S. 179.
[250] Vgl. a. a. O., S. 166.
[251] A. a. O., S. 180.
[252] A. a. O., S. 152; vgl. S. 151.
[253] Vgl. a. a. O., S. 151.
[254] A. a. O., S. 152. ›Möglichkeit‹ meint hier nicht Hypothetisches, sondern ist auf Realisierbarkeit bezogen; vgl. a. a. O., S. 160: »Die Utopie rückt als Folge der Evolutionslehre und des stürmischen Fortschritts der Naturwissenschaften [...] in den Bereich der Möglichkeiten.«
[255] A. a. O., S. 167.
[256] A. a. O., S. 173.
[257] A. a. O., S. 174.
[258] A. a. O.
[259] A. a. O.

nichts eignet sich besser zur Warnung vor dem Utopismus als die schrek-kenerregende Ausmalung der verwirklichten Utopie.[260]

Die Erklärung der literarischen Konstitution der utopischen Prosa aus der Annahme einer Wandlung von der ›konstruktiven‹, nicht-literarischen Utopie zur romanhaft-literarischen ist irreführend und sachlich falsch.

Die ersten Mängel betreffen gar nicht die utopische Prosa, sondern den – für die Einsichtigkeit von ›Gegenutopie‹ wichtigen – Umstand, daß im Rahmen dieses Erklärungsversuches unklar bleibt, was prä-zise ›Utopie‹ heißt, ob ›Utopie‹ überhaupt als literarischer Text ge-wertet wird. Die Möglichkeit einer adäquaten Erschließung der tra-ditionellen Utopie wird damit von vornherein verhindert. Nicht die hypostasierten Kriterien des Literarischen werden einer Prüfung un-terzogen, sondern konkrete Texte an ihnen gemessen und disqualifi-ziert: daß in einem Text wie der »Insula Utopia« keine Handlung nachzuweisen ist, ergibt sich aus der oberflächlichsten Betrachtung; es wäre allerdings ein Fehlschluß, dies für ein Indiz des Nicht-Literarischen zu nehmen. Ebensowenig kann etwa Schnabels »Insel Felsenburg«, die zweifelsohne in der Tradition der »Insula Utopia« steht, erfaßt werden. Hier sind, jedenfalls in den Biographien, unter eine Kategorie wie ›Handlung‹ fallende Elemente vorhanden, sie stellt aber auch eine positiv gezeichnete Welt dar. – Ist nun die »Insel Felsenburg« im Rahmen der Literarisierungsthese als ›konstruktive Utopie‹, als ›utopischer Roman‹, damit als Vorform der ›Gegenuto-pie‹, oder auch, verschwommen, als Mischform dieser Möglichkeiten zu bestimmen? Die Frage läßt sich mit dem bereitgestellten Erklä-rungsmodell nicht beantworten. Es ist generell unmöglich, einen uto-pischen Text in seinem Verhältnis zu anderen zu lokalisieren, da die Vorstellung von einem Traditionszusammenhang utopischer Texte aufgegeben wird.

Auch und gerade die utopische Prosa wird hierdurch einem adä-quaten Verständnis· eher entzogen als nähergebracht. Das kündigt sich darin an, daß die produktive instrumentale Bestimmung kaum mit der romanhaften zu vereinen ist. Indem Seeber die utopische Pro-sa mit Begriffen wie »Geschehen«, »Erzähler«, »Geschehensablauf«, »Handlung« etc.[261] belegt, verdeckt er ihr instrumental beschreibbares Grundmuster.

---

[260] A. a. O., S. 180.
[261] Alle Stellen a. a. O., S. 169.

Zweifellos nun trifft es zu, daß die utopische Prosa der traditionellen Utopie eines Morus gegenüber eine stärkere literarische Intensität aufweist, d. h. daß in ihr komplexere literarische Gestaltungsweisen literarisch effektiver eingesetzt sind, die zu etwas führen, was mit Seeber, unter gewissen Vorbehalten, als höherer »Grad der Fiktionalisierung«[262] bezeichnet werden kann. Fernzuhalten allerdings ist hierbei die Vorstellung, daß Nicht-Literarisches im Laufe einer Geschichte utopischer Texte zunehmend ›literarischer‹ werde. ›Fiktionalisierung‹ ist (instrumental) im Sinne der Konkretisierung der ›utopischen Methode‹ zu verstehen, und der ›Grad‹ der Fiktionalisierung meint dann die graduelle Ausbildung oder Perfektionierung – nicht die grundsätzliche Änderung – der im traditionsbegründenden Werk des Morus angelegten Gestaltungsmöglichkeiten, in der die als ›utopisch‹ bezeichnete Struktur gewahrt und weiterentwickelt wird. Zwar sind in der utopischen Prosa literarische Elemente vorhanden, die auch für den handlungsorientierten Roman charakteristisch sind. So treten in vielen Texten Konflikte zwischen den im Zentrum der Darstellung stehenden utopischen Welten bzw. ihren figuralen Repräsentanten und den in die Darstellung einbezogenen Relikt-Welten (›Reservaten‹) bzw. deren figuralen Repräsentanten auf, die in Katastrophen einmünden; z. B.: In Samjatins »Wir« unterliegt D–503 dem Einzigen Staat, in Huxleys »Brave New World« wird Mr. Savage zum Selbstmord getrieben, in Orwells »1984« wird Winston Smith Big Brother gefügig gemacht. Solche ›dramatischen‹, für Handlung prädisponierten Elemente jedoch sind nicht identisch mit einem *strukturprägenden* Handlungsablauf. Sie werden in die utopische Struktur integriert.

4. Die Bestimmung der utopischen Prosa als Spezifizierung
   der Satire

Die Ansicht, daß die utopische Prosa durch Handlung geprägt und als Roman zu bestimmen sei, findet Widerspruch in der Forschung. Adorno etwa spricht in bezug auf Huxleys »Brave New World« von »rudimentärer Handlung«,[263] Irving Howe schreibt allgemein: »Streng genommen sind die anti-utopischen Romane überhaupt keine

---

[262] Seeber, Wandlungen, S. 243.
[263] Theodor W. Adorno, Aldous Huxley und die Utopie. In: Rudolf Villgradter u. Friedrich Krey (Hrsgg.), Der utopische Roman, S. 298–320, S. 299.

Romane«.[264] Howe begründet seine Aussage, wobei er aus pragmatischen Gründen[265] am Roman-Begriff festhält:

> Der anti-utopische Roman entbehrt nahezu alle Vorteile sonstiger erzählender Dichtung: er muß sich auf rudimentäre Charakterzeichnung beschränken, er kann im Psychologischen nur wenig nüancieren und kaum den Anspruch erheben, übermäßig viel Spannung zu erzeugen.[266]

Die »Spannung«, die er dennoch hervorruft, so Howe weiter, beruht dann

> weniger auf einer gut durchgeführten Handlung als auf einer übermächtigen geistigen Konzeption.[267]

a) In der »übermächtigen geistigen Konzeption«, die er ausdrücklich der Handlung gegenüber hervorhebt, sieht Howe, wobei er die utopische Prosa unausgesprochen in der Formtradition der traditionellen Utopie ansiedelt, die Eigentümlichkeit der literarischen Konstitution der utopischen Prosa begründet. Er bezeichnet sie mit Northrop Fryes Begriff der ›mennipeischen Satire‹. Für die ›mennipeische Satire‹ ist es charakteristisch, so Frye (wie ihn Howe zitiert), daß sie »abstrakte Ideen und Theorien behandeln kann« und daß sie

> die Figuren als Sprachrohr für die von ihnen repräsentierten Ideen verwendet [. . .] Dort, wo die mennipeische Satire besonders konzentriert erscheint, konfrontiert sie uns mit einer Weltsicht in Form eines reinen Denkmodells.[268]

Der letzte Satz der Bestimmung, wo für Howes Ausdruck der »übermächtigen geistigen Konzeption« der des »reinen Denkmodells« steht, zeigt, daß der Begriff der mennipeischen Satire die literarische

---

[264] Irving Howe, Der anti-utopische Roman. A. d. Amerikan. v. Klaus Peter Steiger. In: Rudolf Villgradter u. Friedrich Krey (Hrsgg.), Der utopische Roman, S. 344–354, S. 351.

[265] Vgl. a. a. O., S. 350.

[266] A. a. O., S. 352.

[267] A. a. O.

[268] Zit. nach Howe, S. 351; Auslassungen von Howe. Jürgen Brummack bemerkt in seinem Forschungsreferat: Zu Begriff und Theorie der Satire. DVJS, 45, 1971, Sonderheft Forschungsreferate, S. 275–377: »Mit dem Terminus ›mennipeische Satire‹ könnte man z. B. Züge [. . .] bei Arno Schmidt fassen« (S. 350). – Die Bemerkung signalisiert im Grunde nur die Unzulänglichkeit traditionell verstandener, handlungsorientierter Roman-Begriffe dem Werk Schmidts gegenüber. Der Begriff der ›mennipeischen Satire‹ erscheint Brummack wohl deshalb als partiell adäquate Kategorie, weil Handlung in ihm irrelevant ist.

Konstitution der utopischen Prosa nicht erklärt, sondern lediglich mit einem Namen belegt, der ebenso erklärungsbedürftig ist wie sie. Die ›geistige Konzeption‹ bzw. das ›Denkmodell‹ wird als Ausprägung der Satire bezeichnet und damit als Literatur *deklariert*. Eine Differenzierung zwischen dem genuin instrumentalen Verständnis der utopischen Prosa und ihrer spezifisch literarischen Konkretion findet nicht statt, die literarische Vermittlung des ›Denkmodells‹ wird nicht erfaßt.

Außerdem läßt Howe offen, ob erst die utopische Prosa oder auch bereits die traditionelle Utopie ›mennipeische Satire‹ sei; immerhin steht der Begriff bei Frye ausdrücklich für ›Utopie‹.[269] Beide Ansichten werden von der Forschung, die die utopische Prosa allgemein als Satire auffaßt, vertreten.

Schulte-Herbrüggen beispielsweise sieht eine In-Dienst-Nahme der Satire durch die traditionelle Utopie,[270] identifiziert aber erst die utopische Prosa mit der Satire: »Die Anti-Utopie ist selbst zur S a t i r e geworden.[271] Ähnlich verfährt Frye. Verursacht durch den »contrast in value« zwischen der dargestellten und der realen »society«, erblickt er in der traditionellen Utopie eine Satire: »the typical utopia contains, if only by implication, a satire on the a n a r c h y inherent in the writer's own society«.[272] Er trennt aber scharf diese »typical« oder »straight *utopia*« von der utopischen Prosa, die er als »utopian *satire* or parody«[273] bezeichnet.

Wenn bereits die traditionelle Utopie als Satire verstanden wird, wie es in jüngerer Zeit zunehmend geschieht, ist die Vorstellung eines Bruches zwischen ›Utopie‹ und ›Satire‹ aufgehoben. Die Gesamtheit der utopischen Texte wird als – in sich wiederum differenzierte – »Ausprägung der Satire«[274] behandelt. Mit der traditionellen Utopie wird die utopische Prosa in den Traditionszusammenhang der Satire eingeordnet, und zwar so radikal, daß sie nurmehr als eine ihrer Spezifizierungen gilt. Wenn es mit und seit der »Insula Utopia« eine

---

[269] Northrop Frye, Analyse der Literaturkritik. A. d. Amerikan. v. Edgar Lohner u. Henning Clewing, Stuttgart 1964, S. 311.

[270] Vgl. Schulte-Herbrüggen, S. 33.

[271] A. a. O., S. 199.

[272] Frye, Varieties, S. 325.

[273] A. a. O., S. 326. Wenn Mark Hillegas die utopische Prosa nicht als »utopian satire« sondern als »satiric utopia« (vgl. Hillegas, S. 8f.) bezeichnet, so hat das kaum anderen Aussagewert; denn er charakterisiert diese: »usually it is a *vehicle* for social criticism and satire« (S. 8).

[274] Seeber, Wandlungen, S. 9.

bestimmte, als ›utopische‹ zu bezeichnende literarische Gestaltungsweise gibt, so ist sie hiernach Derivat der Satire.

b) Was in diesem Zusammenhang unter dem »von irritierender
Vieldeutigkeit«[275] gekennzeichneten Begriff der Satire zu verstehen
ist, führt Ludwig Stockinger aus, der den wohl fundiertesten Ansatz
zur Erklärung utopischer Texte durch die Satire vertritt. In seinen
grundsätzlichen Überlegungen geht es ihm um den Begriff der »utopischen Erzählung«, den er als »Gattungsbegriff«[276] verstanden wissen will. Er nimmt ihn für solche Texte in Anspruch, »die sich als
Weiterverarbeitungen der U t o p i a zu erkennen geben«.[277] Daß seine
Ausführungen, wiewohl auf Texte des frühen 18. Jahrhunderts abzielend, indirekt auch für die utopische Prosa Geltung beanspruchen,
geht eben daraus hervor, daß er die ›utopische Erzählung‹ generell
durch den Bezug auf das traditions- bzw. gattungsbildende Werk
Morus' charakterisiert.

Indem Stockinger die »Gattung« der ›utopischen Erzählung‹ in die
»satirischen Gattungen« einordnet, greift er auf angelsächsische Forschungsansätze zurück und führt diese weiter.[278] Er bestimmt den
Begriff der Satire als eine die literarische Struktur prägende wirklichkeitskritisch intendierte Überredungsstrategie:

> Satirisch werden hier alle poetischen Textstrukturen genannt, die die in
> tendierte Funktion haben, im Bewußtsein des Lesers die Wirklichkeitsvor
> stellung dahingehend zu ändern, daß er die gesamte Wirklichkeit oder ein
> zelne ihrer Teile negativ beurteilt. [. . .] Als satirische Gattungen werden
> alle Texte bezeichnet, in denen die satirisch intendierten Strukturen domi
> nant sind. Die Darstellungsweisen und Aufbauprinzipien satirischer Texte
> leiten sich aus der Überredungsintention ab.[279]

Stockinger faßt den Begriff der Satire sehr weit. Er bezeichnet eine
von zwei grundsätzlich nach ihren Wirkabsichten unterschiedenen
Strukturierungsmöglichkeiten literarischer Texte: die, welche eine negative Beurteilung – das impliziert: eine kritische Sicht, aber auch die
Tendenz zur Manipulation – der Wirklichkeit durch den Leser zu
erreichen sucht. Die Textstrukturen werden zur Funktion der satirischen Intention und an ihrem Funktionswert gemessen.[280] Die ›sa

---

[275] Brummack, S. 275.
[276] Stockinger, S. 12.
[277] A. a. O.
[278] Vgl. a. a. O., S. 62ff.
[279] A. a. O., S. 77.
[280] Vgl. a. a. O., S. 79.

tirischen Gattungen‹ werden näher bestimmt als »die historischen Ausformungen, in denen die satirische Intention die gesamte Textstruktur bestimmt.[281]

Zentrales Kennzeichen der ›utopischen Erzählung‹ als einer der ›satirischen Gattungen‹ ist Stockinger die »Methode der Konfrontation von Norm und Wirklichkeit«.[282] Die ›Norm‹ gelangt im Text in der »Normfigur« oder den »Normfiguren« zur Darstellung. – Der von Jörg Schönert geprägte Begriff[283] meint zunächst die fiktiven Figuren, die als »Träger der satirischen Normen«[284] fungieren, sodann aber auch die fiktive utopische Welt[285] in derselben Funktion. Die »Normfigur« bildet die Basis der satirischen ›Überredungsintention‹: sie hat die Aufgabe, in der »konkreten Ausgestaltung« einen »Konsens« »über die Norm beim Publikum« herzustellen.[286] Ebenso wichtig wie die Normfigur ist der Gegenstand der ›Überredungsintention‹, die »Erfahrungswelt selbst«: sie wird »dem Leser so präsentiert [. . .], daß er von ihrer Negativität überzeugt wird«.[287] Die Konfrontation von Norm und Wirklichkeit als Strukturkennzeichen der utopischen Erzählung erfaßt die Duplizität ihrer Struktur.

Das für die traditionelle Utopie konzipierte Erklärungsmodell wird der utopischen Prosa nicht gerecht. Zwar fiele sie als wirklichkeitskritisch intendierte Literatur in die Gruppe der ›satirischen Gattungen‹, so daß auch der Traditionszusammenhang mit der traditionellen Utopie Berücksichtigung fände; der speziell für die traditionelle Utopie entwickelte Satire-Begriff müßte geändert oder erweitert werden, um auch die utopische Prosa zu erfassen. Das zentrale Problem hierbei wäre, ob eine Modifikation hinreiche oder ob eine neue ›satirische Gattung‹ zu bestimmen wäre, d. h. ob eine konstitutive Zugehörigkeit zur utopischen Formtradition in die Bestimmung einginge oder aber lediglich eine Affinität – die wiederum auf Gegensätzlichkeiten rekurrieren könnte – nominell konstatiert würde.

Die Schwierigkeit, einen Satire-Begriff, wie ihn Stockinger expliziert, zu einem solchen zu modifizieren, der der utopischen Prosa angemessen ist, zeigt sich darin, daß die »Konfrontation von Wirk-

---

[281] A. a. O., S. 82.
[282] A. a. O., S. 83 u. ö.
[283] Jörg Schönert, Roman und Satire im 18. Jahrhundert. Ein Beitrag zur Poetik, m. e. Gel.-wort v. Walter Müller-Seidel, Stuttgart 1969 (= Germ. Abhandlgg. 27), S. 31.
[284] A. a. O.; Stockinger S. 83.
[285] Vgl. Stockinger, S. 83ff.
[286] A. a. O., S. 82f.
[287] A. a. O., S. 83.

lichkeit und Norm« nicht in entsprechender Weise als strukturbestimmendes Kriterium der utopischen Prosa identifizierbar ist.

Die – wie in der geläufigen Paradigma-Triade zumeist allein dargestellte – ›utopische‹ Welt ist jedenfalls nicht als ›Normfigur‹ zu werten. Ebensowenig aber ist sie eine »Kombination ausschließlich negativer Elemente der Erfahrungswelt«, in der eine ›Außenseiter‹-
Figur »als Medium der satirischen Weltbetrachtung«[288] fungiert.

Die ›utopische‹ Welt der utopischen Prosa steht auf derselben kategorialen Stufe wie die der traditionellen Utopie. Beide sind in derselben Weise ›anders‹ und stehen prinzipiell in derselben Beziehung
zur – literarisch explizierten oder implizierten – objektiven Realität;
denn beide beziehen ihre Axiomatik, wie das instrumentale Utopie-
Verständnis deutlich macht, aus einer regulären Änderung der Konstitutiva der objektiven Realität. Sie unterscheiden sich durch die Regeln, die der Änderung zugrundeliegen.[289]

Die innerhalb der ›utopischen‹ Welt der utopischen Prosa als ›Außenseiter‹ zu bezeichnenden Figuren, also in der Paradigma-Triade
D-503, Mr. Savage und Winston Smith, sind insofern »Normfiguren«, als ihre Außenseiterposition auf Vorstellungen basiert, die für
sie normative Geltung haben. Diese Vorstellungen, die bei allen Unterschieden übereinstimmend in denen eines natürlichen Lebens bestehen,[290] sind innerweltlich regressiv. In ihnen ist der Konflikt der Figuren mit ihrer Welt begründet. Dieser Konflikt schließt ein kritisches
Verhältnis zu der von den Figuren erlebten Welt ein, deren axiomatische Bedingungen auf diese Weise hervorgehoben werden.

Die ›Außenseiter‹-Figur fungiert somit in gewisser Weise doch »als
Medium der satirischen Weltbetrachtung« (wenn man die kritische
Haltung als satirische bezeichnen will). Diese Weltsicht jedoch betrifft
die ›utopische‹ Welt. Die »Konfrontation von Wirklichkeit und
Norm« findet *innerhalb* ihres Bereiches statt. Sie ist funktionaler Bestandteil der Darstellung dieser Welt, die ihre Axiomatik veranschaulicht, aber nicht begründet.

---

[288] A. a. O., S. 77.

[289] Ob diese Transformationsregeln mit festen Normvorstellungen verbunden sind, ist
in diesem allein auf die Struktur der utopischen Prosa abzielenden Erklärungsversuch von peripherer Bedeutung. Die Frage ist für eine historische Erklärung der
utopischen Prosa, die ihre Entstehung aus der traditionellen Utopie und damit den
Wandel dieser Regeln zu begründen sucht, relevant.

[290] Eine historische Untersuchung der utopischen Prosa hätte zu klären, inwieweit eine
Verbindung zur Kulturkritik Rousseauscher Prägung besteht, inwieweit eine solche
Verbindung die Wende von der traditionellen Utopie zur utopischen Prosa beein-
flußt.

Ein Satire-Begriff, in dem die normativ fundierte Intentionalität Bestimmungskriterium der literarischen Struktur ist, ist einer literarischen Struktur, für die die Kategorie der Norm keine konstitutive Bedeutung hat, prinzipiell unangemessen. Er kann deshalb auch nicht für die utopische Prosa modifiziert werden, sondern wäre neu zu bestimmen. Es ist jedoch fraglich, ob es sinnvoll und möglich ist, einen solchen Begriff als Satire-Begriff zu entwickeln.

Helmut Arntzen unternimmt einen solchen Versuch, der an Strukturen des 20. Jahrhunders orientiert ist und in dem der Begriff der Norm ausdrücklich ausgeklammert wird:

> Da aber die Satire auf die Norm verzichtete, kann sie nur im Satirisierten selbst seine Kritik erscheinen lassen und damit implizite das jeweilige Gegenbild einer Ordnung geben.[291]

Arntzen beschreibt die Satire phänomenologisch; er rekurriert auf die materiale Ebene des Textes und interpretiert sie intentional. – Wenn Arntzen den ›Verzicht‹ »auf die Norm« feststellt, so meint er im Grunde den Verzicht auf die explizite *Darstellung* einer Norm. Seine Deutung der satirischen Kritik als dem »implizite« gegebenen »Gegenbild einer Ordnung« setzt die Wirksamkeit normativer Vorstellungen »im Satirisierten« voraus. Satire bleibt letztlich – mit einer Formulierung Jürgen Brummacks – die »ästhetische Darstellung und Kritik des Falschen (Normwidrigen)«,[292] d. h. der Bezug auf Normvorstellungen behält seine Bedeutung als Bestimmungskriterium der Satire.

Der Begriff der Satire erscheint somit in toto als ungeeignetes Erklärungsmodell für die utopische Prosa. Dies wird durch Versuche, sie auf diese Weise zu verstehen, bestätigt.

c) Exemplarisch steht Seebers ausführliche Bestimmung der utopischen Prosa, die unter dem Begriff »dystopische Satire«[293] erfolgt. Seeber verschafft sich seine Basis durch einen sehr allgemeinen Satire-Begriff. Ihm ist ›Satire‹

> nach heutigem Verständnis keine eigenständige, isolier- und beschreibbare Form wie Dialog oder Essay, vielmehr eine charakteristische Haltung gegenüber der Wirklichkeit, eine bestimmte Tonlage [. . .] aus moralischer

---

[291] Helmut Arntzen, Satirischer Stil. Zur Satire Robert Musils im »Mann ohne Eigenschaften«, Bonn 1960 (= Abhandlgg. z. Kunst-, Musik- u. Lit.-wiss. 9), S. 93.
[292] Brummack, S. 276.
[293] Seeber, Wandlungen, S. 11f.; S. 135ff.

Entrüstung, Verachtung und Furcht, die sich vorgegebener Stoffe und Darstellungsweisen bemächtigt und sie umgestaltet.[294]

Die Kriterien einer solchen ›Umgestaltung‹ – bei der nicht auszumachen ist, ob sie literarisch oder auch auf andere Art Gestaltetes betrifft, ob sie damit in die Nähe der Parodie rückt[295] oder allgemein als Transformation verstanden wird – können in einer derartig vagen ›Definition‹ ungenannt bleiben. Ihr Charakter klingt immerhin an, wenn Seeber, wiederum sehr vage, in Anlehnung an die klassische Satire-Bestimmung Friedrich Schillers[296] schreibt:

Soll eine Satire entstehen, dann muß [...] zur Erkenntnis des Widerspruchs [»zwischen Idee und Wirklichkeit«] eine literarisch produktive »Empfindungsweise« (Schiller), die moralische Entrüstung, hinzutreten.[297]

Als zentrales Bestimmungsmerkmal führt Seeber hier den rationalen Akt der »Erkenntnis« der Diskrepanz »zwischen Idee und Wirklichkeit« an. Die Frage, wie der Text diesen Akt vermittelt, wird wiederum nur indirekt durch den Hinweis auf die »moralische Entrüstung« beantwortet. Was Seeber darunter versteht und wie sie »literarisch produktiv[.]« sein kann, klärt er in diesem Zusammenhang nicht. Vermutlich entspricht diesem Begriff der der »Gefühlsdarstellung«, mit dem »vor allem«[298] Seeber ein »ästhetisch wirksame[s] Element[.] einer literarischen Fiktion«[299] bezeichnet. So, wie ihn Seeber für seine Arbeit in Anspruch nimmt,

meint er die auf das seelische Leben einer Figur bezogene Darstellung, die in konkreten Situationen realisierte Vergegenwärtigung jenes Bündels von Trieben, Stimmungen, Wünschen, Ängsten auf der einen und moralisch-rationalen Fähigkeiten auf der anderen Seite, aus dem der Stoff des Lebens besteht.[300]

Er meint aber auch »Figurendarstellung, Handlung, Perspektive«[301] etc.

---

[294] A. a. O., S. 183; ähnlich S. 10.
[295] Vgl. dazu auch u., S. 235ff.
[296] Vgl. Friedrich Schiller, Über naive und sentimentalische Dichtung. In: F. Sch., Theoretische Schriften. Dritter Teil, S. 118–196, S. 143.
[297] Seeber, Wandlungen, S. 11.
[298] A. a. O., S. 16.
[299] A. a. O., S. 15.
[300] A. a. O., S. 16f.
[301] A. a. O., S. 16.

Der Begriff der Gefühlsdarstellung dient Seeber dazu, den literarischen Text von der argumentativen Abhandlung abzugrenzen und so die Literarizität der Satire zu erfassen.

Der Tenor seines Satire-Verständnisses läßt sich damit wie folgt umreißen: ›Satire‹ entsteht aus der ›Umgestaltung‹ von bereits Gestaltetem. Sie beabsichtigt damit die »Erkenntnis« der (mangelhaften) Wirklichkeit einer (normativen) »Idee« gegenüber. Zur Satire gehört ihre literarische Konkretion. Die ›Umgestaltung‹ erfolgt potentiell mit der Gesamtheit möglicher Darstellungsweisen, die die »ästhetische Wirkung« von Literatur »begründen«.[302]

In diesem Rahmen führt Seeber ein spezielles Formmerkmal an, um mit ihm generell eine bestimmte »Ausprägung der Satire«[303] zu charakterisieren: die wechselweise als ›satirisch‹ oder ›utopisch‹ bezeichnete »Gegenbildtechnik«,[304] die die »utopische Satire«[305] prägt.

Gerade dieses Moment aber gibt er auf, wenn er die utopische Prosa als ›dystopische Satire‹[306], als »fiktionales Instrument der Utopie-Kritik«[307] versteht. Bezogen auf Bulwer-Lyttons »The Coming Race« schreibt er, daß »das utopische Gegenbild [. . .] keinerlei satirische Kontrastwirkung mehr entfaltet«,[308] daß »nicht einmal das satirische Gegenbild qua Gegenbild akzeptiert«[309] wird. Die Gegenbildlichkeit aber bedingt offensichtlich die nicht näher erläuterte »utopische Methode der Kritik«, die folglich in der utopischen Prosa »zu Grabe getragen«[310] wird.

Die utopische Prosa kann demnach kaum noch der Utopie zugeordnet werden, und Seeber nennt sie ja auch »Gegenutopie«. Diese hat mit dem Satirischen der traditionellen Utopie nur noch wenig gemein. Aus dem Gegenbild als Kennzeichen des Utopischen bzw. Satirischen der traditionellen Utopie wird das »Spiegelbild«[311] oder »Schreckbild«,[312] das »zum Zwecke der Warnung und Abschreckung vorgeführt wird«.[313] Wenn es der utopischen Prosa als ›dystopischer

---

[302] Vgl. a. a. O., S. 16.
[303] A. a. O., S. 9.
[304] Vgl. z. B. a. a. O., S. 11; Seeber, Gegenutopie, S. 163.
[305] Vgl. Seeber, Wandlungen, S. 11.
[306] Vgl. a. a. O., S. 11f.
[307] A. a. O., S. 13.
[308] Seeber, Gegenutopie, S. 163.
[309] A. a. O.
[310] A. a. O.
[311] Seeber, Wandlungen, S. 139.
[312] A. a. O., S. 145.
[313] A. a. O., S. 147.

Satire‹ noch um die für die Satire konstitutive Darstellung und Vermittlung der »Erkenntnis« eines »Widerspruchs« geht, dann kann es
sich der Seeberschen Konzeption gemäß nur um einen in ›Utopie‹
(wobei zu bedenken bleibt, daß Seeber so auch Tendenzen und Elemente der objektiven Realität bezeichnet) selbst begründeten handeln.
Seeber nennt die utopische Prosa deshalb ›dystopische Satire‹, weil sie
durch das literarische Konkretisieren »wertfreier utopisch-funktiona-
listischer Bestrebungen«[314] im »Schreckbild« auf den immanenten
Widerspruch zwischen der Idealität ihres Anspruchs und der Negativität einer Verwirklichung hinweise.

Die »spezifisch satirische Formgebung«[315] besteht nunmehr im »ro-
manhaft gestaltete[.][n] Schreckbild«.[316] Mit der utopischen Prosa, so
Seeber, »vollendet sich die [. . .] Aufsaugung und Assimilierung des
utopischen Stoffes durch den Roman«.[317]

Trotz eklatanter Widersprüche, die durch die doppelte Bestimmung
der utopischen Prosa als Satire und Roman entstehen, hält Seeber an
beiden fest und kombiniert sie in Wendungen wie »romanhafte Gestaltung der Satire«.[318] Dies wäre im Rahmen seiner Konzeption
durch den Allgemeinheitsgrad seiner Ausgangsbestimmung der Satire
sogar vertretbar, wenn er nicht andererseits über »Brave New
World«, auch für Seeber ein Paradigma der utopischen Prosa,[319]
schriebe:

> Natürlich [!] steckt die Handlung voller »krasser Unwahrschein-
> lichkeiten«, sind die Figuren flach und konstruiert. Wie jede Satire ist auch
> Brave New World von der Idee her gestaltet, Handlung und Figu-
> rendarstellung sind der satirischen Grundkonzeption untergeordnet.[320]

Seebers Versuch erweist sich schon durch die konzeptionsimmanent
auftretenden Unstimmigkeiten als unzulänglich. Statt unverwechsel-
bare Eigentümlichkeiten zu identifizieren, zu benennen und zu erklären, verdeckt er sie und entzieht sie einer begrifflich eindeutigen
Bestimmung. Im Begriff der ›dystopischen Satire‹ stabilisiert Seeber
den Gegensatz der utopischen Prosa zur traditionellen Utopie, den er
auch im Begriff der ›Gegenutopie‹ terminologisch fixiert. Die auf der

---

[314] A. a. O., S. 148.
[315] A. a. O., S. 127.
[316] A. a. O., S. 145.
[317] A. a. O.
[318] A. a. O., S. 150.
[319] Vgl. a. a. O., S. 145ff.
[320] A. a. O., S. 149.

Grundlage des instrumentalen Utopie-Verständnisses hervortretenden Gemeinsamkeiten in der Strukturbildung von utopischer Prosa und traditioneller Utopie werden ignoriert, und ein entsprechender Bezug im Rahmen der Satire wird nicht hergestellt. Die stattdessen auch zwischen der ›utopischen‹ und ›dystopischen Satire‹ angenommene Gegensätzlichkeit geht so weit, daß sich die Frage stellt, weshalb Seeber die utopische Prosa nicht – analog zu ›Gegenutopie – als ›Gegensatire‹ o. ä. bezeichnet. Er macht zwar vereinzelte satirische Redefiguren aus,[321] muß aber die konstitutiven Merkmale seines zugrundegelegten Satire-Begriffes für die utopische Prosa abändern, ja teils entgegengesetzte bilden.[322]

5. Die Bestimmung der utopischen Prosa als Längeres Gedankenspiel

a) Seinem Leistungsanspruch entsprechend bietet der Begriff des LGs die Möglichkeit, das definitorische Dilemma zu klären und zu einer strukturadäquaten Verstehensweise der utopischen Prosa zu gelangen. Er erklärt die utopische Prosa als literarische Struktur, die in der Formtradition der traditionellen Utopie steht. Die von der intentionalen Utopie-Forschung entwickelten Erklärungsversuche der utopischen Prosa erweisen sich als unzulänglich. Die utopische Prosa ist nicht durch den Gegensatz zu (intentional verstandener) ›Utopie‹ bestimmbar, sie geht nicht in einer ›utopiekritischen‹ oder wirklichkeitsapologetischen Funktion auf.

Das instrumentale Utopie-Verständnis wird im Begriff des LGs literarisch präzisiert. Es weist zwar fundamentale strukturale Gemeinsamkeiten und somit die gemeinsame Formtradition von utopischer Prosa und traditioneller Utopie nach, es gelingt ihm aber nicht, die spezifisch literarische Konstitution der utopischen Prosa zu erfassen. Dies kann so lange nicht gelingen, wie ›Utopisches‹ und ›Literarisches‹ getrennt und zur Bestimmung des Literarischen Begriffe wie ›Roman‹ oder ›Satire‹ herangezogen werden.

Der Begriff des LGs stimmt von seinem Ansatz her mit dem instrumentalen Utopie-Verständnis überein. Beide führen ›Utopie‹ auf einen bestimmten Bewußtseinsvorgang zurück.

---

[321] Vgl. z. B. das der Inversion, auf das Seeber, Gegenutopie, S. 167, hinweist.
[322] Vgl. etwa die der utopischen Prosa zugesprochene apologetische Funktion, die *gegen* ›Utopie‹ gerichtet sei, also auch gegen »die soziale und sittenkritische Funktion« (Seeber, Gegenutopie, S. 166) der »utopischen Satire«.

Der Begriff der utopischen Methode betont den experimentellen Charakter des Bewußtseinsvorgangs und der durch ihn entstandenen Welt. Obwohl als Spiel prädiziert, bezeichnet der Begriff primär eine methodisch strenge Denkoperation, deren Resultat ein rationales Konstrukt ist. Der Begriff des LGs hingegen betont den subjektiven Spielcharakter des Bewußtseinsvorgangs und erklärt die utopische Prosa als literarische Struktur, die in der Nachbildung dieses Bewußtseinsvorgangs entsteht. Der im Begriff der utopischen Methode akzentuierte experimentelle Charakter wird als Steigerung, die methodische Stringenz als Regularität des Spiels, das rationale als spielerisch-reguläres Konstrukt spezifiziert. Im Begriff des LGs wird somit die Erklärung der ›utopischen‹ Welt aus ihrem Entstehungsvorgang zur Erklärung der literarischen Konstitution der utopischen Prosa.

Das heißt, daß die Darstellung der ›utopischen‹ Welt niemals allein, sondern immer als Bestandteil der umfassenden Struktur des LGs betrachtet wird, der sich in seiner materialen und formalen Dimension auf die objektive Realität bezieht. Auch dann, wenn die objektive Realität im formal unvollständigen LG nicht dargestellt ist, ist die Beziehung zu ihr strukturprägend.

Indem der Begriff des LGs den Spielcharakter und die Subjektivität des Bewußtseinsvorgangs betont, macht er einsichtig, daß die Änderung der Konstitutiva der objektiven zu den Axiomen der subjektiven Realität zwar regulär vollzogen wird, daß die Regeln jedoch ›persönliche‹, vom individuellen Subjekt gebildete Transformationsgleichungen sind. Ihre Prädizierung als ›Steigerung‹ verdeutlicht, daß die Konstruktion der ›utopischen‹ Welt der utopischen Prosa nicht im Hinblick auf einen zu verhindernden schlechteren Staat (ebensowenig wie die der traditionellen Utopie im Hinblick auf einen zu realisierenden besseren Staat) erfolgt, sondern auf die Realität, aus der heraus sie entsteht, auch intentional bezogen bleibt. Der Begriff des LGs bestimmt mithin die ›utopische‹ Welt der utopischen Prosa als die ins Subjektive gesteigerte Darstellung der objektiven Realität, die auf Grund ihrer Struktur kritisch-deiktisch auf die objektive Realität ausgerichtet ist.

Das als Steigerung verstandene Verhältnis der subjektiven zur literarisch explizierten oder implizierten objektiven Realität begründet die spezielle Verbindlichkeit der utopischen Prosa. Die utopische Prosa erfüllt die fundamentale ästhetische Funktion der Wahrheitsvermittlung als Aufklärung der alltäglichen Lebenswelt, indem sie in der

Axiomatik der subjektiven Realität die Konstitutiva der objektiv-realen Welt zur Anschauung bringt, allgemein: indem sie in der subjektiven die Lebensbedingungen der objektiven Realität aufdeckt. Die Aufklärung, die die utopische Prosa leistet, geht von der negativ erfahrenen Wirklichkeit aus, die im subjektiven Bewußtseinsakt des LGs transformiert wird, und konkretisiert sich in der Relation zwischen subjektiver und objektiver Realität. Die Regularität dieses Bewußtseinsakts gewährleistet prinzipiell die Intersubjektivierbarkeit des Subjektiven, damit die Transparenz der Struktur und die – nachprüfbare – Einsicht in die der Struktur inhärenten Wirklichkeitskritik.

b) Dadurch, daß der Begriff des LGs – wie Schmidt mit der Verbindung zur »Insel Felsenburg« exemplifiziert – die utopische Prosa in die Formtradition der traditionellen Utopie stellt und sie als genuin utopische Struktur bestimmt, gilt er in ähnlicher Weise auch für die traditionelle Utopie als Erklärungsmodell.[323] Die Differenzierung zwischen traditioneller Utopie und utopischer Prosa findet innerhalb der begrifflichen Konzeption des LGs statt. Das zentrale Differenzierungskriterium liegt in der Art der Steigerung: sie kann – wie wiederum die »Insel Felsenburg« exemplifiziert – in der Negation der negativ erlebten Realität bestehen, so daß die positive Welt der traditionellen Utopie entsteht; und sie kann in ihrer intensivierenden Prolongierung bestehen, so daß die – oftmals extrem – negative Welt der utopischen Prosa entsteht. Die utopische Prosa ist ein ›Strukturtyp‹ der von der »Insula Utopia« begründeten literarischen Struktur.

Die Bedingungen für die Tradierung der Steigerungsart, die das strukturbegründende Werk Morus' aufweist, und die für die Herausbildung der Steigerungsart, die für die utopische Prosa typisch ist, liegen maßgeblich in außerliterarischen, allgemein: historischen, Faktoren, vor allem solchen der Bewußtseinsgeschichte, oder im Verständnis von historischen Zusammenhängen und Abläufen.

---

[323] Es geht in diesem Zusammenhang nicht um eine Bestimmung der traditionellen Utopie und ebensowenig um die Überprüfung der heuristischen Effektivität des LGs als Beschreibungskategorie für die traditionelle Utopie etwa im Vergleich bzw. in Konkurrenz zu ihrer Bestimmung als ›satirische Gattung‹. Von Bedeutung ist hier lediglich die durch den Begriff des LGs ermöglichte Identifikation einer gemeinsamen Grundstruktur von utopischer Prosa und traditioneller Utopie.
Eine Bestimmung der utopischen Prosa, die von dem Verständnis der traditionellen Utopie als Satire ausgeht, hätte die übereinstimmende Struktur von traditioneller Utopie und utopischer Prosa ebenfalls zu erklären.

Tendenziell angelegt ist die Steigerungsweise des Prolongierens oder auch Extrapolierens bereits innerhalb der traditionellen Utopie in der zeitlichen Projektion der subjektiven Realität. Paradigma hierfür ist Louis-Sébastian Merciers: »L'an deux mille quatre cent quarante, rêve s'il en fut jamais«.[324] Die zeitliche Vordatierung hypostasiert einen geschichtlichen Zusammenhang der imaginierten mit der objektiven Realität. Das Vertrauen auf einen vernunftgegründeten Fortschritt der Menschheit, das die geistige Situation im ausgehenden 18. Jahrhundert kennzeichnet, bedingt und rechtfertigt den Bau einer subjektiven Realität, die nicht mehr in räumlicher, sondern in zeitlicher Distanz zur objektiven Realität steht und die durch die Negation der negativ erlebten Realität, durchaus aber auch durch das Prolongieren positiver Fortschrittstendenzen aus der objektiven Realität abgeleitet und auf sie bezogen ist. Die angenommene Wendung zum Besseren im Rahmen einer angenommenen historischen Entwicklung ist in dieser Vorstellung von Fortschritt enthalten.

Die im Schlagwort des ›naturwissenschaftlich-technischen Fortschritts‹ zusammengefaßten Momente, die etwa von der Mitte des 19. Jahrhunderts an die gesamte Lebenswelt des Menschen prägen, lassen Transformationsweisen, die eine historische Entwicklung zum Positiven, also einen qualitativen Wandel als Möglichkeit voraussetzen, grundsätzlich nicht mehr zu. ›Fortschritt‹, so Hans Freyer in seiner »Theorie des gegenwärtigen Zeitalters«,[325] wird als »ein Modus des wirklichen Geschehens«[326] aufgefaßt, der den Charakter »der unaufhaltsamen Kettenreaktion«[327] hat. ›Fortschritt‹ ist nicht mehr Ausdruck einer Hoffnung oder Denkweise, sondern Begriff für vom Menschen in Gang gesetzte, sich zunehmend verselbständigende Prozesse, so Herbert Marcuse, ›wissenschaftlicher und technologischer Rationalität‹[328]. Ihre qualitative Änderung kommt einer ›katastro-

---

[324] Das Vorurteil, daß die vollständige Entdeckung der Erde die zeitliche Projektion notwendig mache, scheint unausrottbar. Vgl. z. B. Hiltrud Gnüg, Warnutopie und Idylle, S. 278, oder Reinhard Koselleck, Die Verzeitlichung der Utopie. In: Wilhelm Voßkamp (Hrsg.), Utopieforschung, Bd. 3, S. 1-14, S. 3. Hans-Joachim Mähl, Die Republik des Diogenes. Utopische Fiktion und Fiktionsironie am Beispiel Wielands. In: Wilhelm Voßkamp (Hrsg.), Utopieforschung, Bd. 3, S. 50-85, weist sehr ungehalten darauf hin, daß dieses immer noch – und eben auch bei Koselleck – auftauchende »Argument« »endlich verabschiedet werden« sollte (S. 71, A. 3).
[325] Stuttgart 1955.
[326] A. a. O., S. 77.
[327] A. a. O., S. 78.
[328] Herbert Marcuse, Der eindimensionale Mensch. A. d. Amerikan. v. Alfred Schmidt, 49.-59. Tsd. Berlin 1972, S. 239.

phischen Umwandlung‹ der gesamten Gesellschaft gleich.[329] Diese ist denkbar, liegt aber, wie Freyers kernphysikalische Metapher veranschaulicht, nicht im Bereich des Wahrscheinlichen. Das Verständnis des ›gegenwärtigen Zeitalters‹ von ›Fortschritt‹ ist das von konsequent, nach dem In-Gang-Setzen eigendynamisch und eigengesetzlich ablaufenden Prozessen, die folglich extrapolierbar, freilich in ihren Auswirkungen nicht immer kalkulierbar sind.

Dem entspricht es, daß die utopische Prosa das erlebte Negative der objektiven Realität nicht mehr qua Negation ins Subjektive transformiert, sondern durch Weisen der linearen Steigerung, die die temporale Projektion und damit die historische Kontinuität implizieren.

Die Änderung der Transformation bei der prinzipiell gleichbleibenden Strukturierung des Materials sichert die Verbindlichkeit der utopischen Prosa unter den geänderten historischen Bedingungen und der geänderten Bewußtseinslage des Lesers. Sie sichert ebenfalls das Fortbestehen der utopischen Formtradition. Werke wie »Wir«, »Brave New World«, »1984« oder eben auch die Texte Arno Schmidts belegen, daß nach wie vor literarische Strukturen vorliegen, die mit ihrer subjektiven Realität die objektive darstellen und sie dem Leser in ihrer negativen Konstitution vor Augen führen.

Ein weiteres, sehr allgemein und offen belassenes Differenzierungskriterium bilden die ›formale Unreinheit‹ und die ›formale Unvollständigkeit‹, die sowohl den Bereich der traditionellen Utopie als auch den der utopischen Prosa betreffen.

Die Berücksichtigung der ›formalen Unreinheit‹ und der ›formalen Unvollständigkeit‹ macht den Begriff des LGs im Grunde erst praktikabel. Er wird als Beschreibungskategorie für den konkreten Text der gesamten utopischen Formtradition verwendbar, in der das LG zwar oft insofern formal vollständig vorliegt, als ein Text beide Realitätsebenen wiedergibt, in der es jedoch, gemessen an seiner Begriffsbestimmung, zumeist formal unrein vorliegt. Auf diese Weise wird es möglich, die unterschiedlichen literarischen Techniken, die im Einzelfall eingesetzt werden, und die durch sie bewirkte unterschiedliche imaginative Präsenz der dargestellten Realität bzw. der dargestellten Realitäten als mehr oder weniger adäquate Konkretisierungen der in allen Fällen einheitlich zugrundeliegenden Struktur des LGs zu bewerten. Diese literarischen Techniken reichen von rhetorischen und satirischen Figuren und Deskriptionsformen über die ganze Skala

---

[329] Vgl. a. a. O., S. 328f.

192

ironischer und ironieverwandter Ausdrucksformen wie Humor, Witz, Paradoxon, Parodie etc. bis zur handlungsorientierten Konfliktsituationen, retardierenden Momenten etc. Das LG kann die divergentesten Darstellungsweisen als Strukturelemente in sich vereinen. Es verfügt – als die Nachbildung eines Bewußtseinsvorgangs, der sich den verschiedensten Gegenständen zuwenden und aus den verschiedensten Einzelelementen bestehen kann – über eine sehr hohe integrative Potenz. ›Formal unrein‹ ist ein Text der utopischen Formtradition dann, wenn einzelne dieser Techniken die Struktureigentümlichkeit des LGs, zumal des ›formal unvollständigen‹, überdecken, wenn der Produktionsvorgang der subjektiven Realität formal inadäquat wiedergegeben wird.

›Formal rein‹ – in »Schwarze Spiegel« und »Die Gelehrtenrepublik« allerdings ›formal unvollständig‹ – liegt das LG seinem eigenen Anspruch zufolge erst in der utopischen Prosa Schmidts vor – ein Anspruch, der im Begriff der Reinen Literatur begründet ist.

›Reine Literatur‹ jedoch ist per se auch die »Insula Utopia«, die die utopische Formtradition begründet. Sie erweitert die Strukturmöglichkeiten der Literatur durch eine neue literarische Struktur, deren paradigmatische Wirkung bis in die Gegenwart reicht.

Die utopische Prosa Schmidts, die in eben dieser Formtradition steht, *kann* eine entsprechende Erweiterung nur dadurch leisten und beanspruchen, daß sie die tradierte – und ›typisch‹ modifizierte – Struktur ›rein‹ konkretisiert.

Das bedeutet: Die utopische Prosa Schmidts beansprucht, die literarische Struktur, die seit der »Insula Utopia« besteht, im literarisch konkreten Modell vollständig erschlossen zu haben. Sie beansprucht, im Bewußtseinsvorgang des LGs den Ursprung der utopischen Struktur aufgedeckt und durch die formale Orientierung an diesem Bewußtseinsvorgang die Möglichkeiten der Struktur, die bislang durch die ›formal unreine‹ Konkretisierung im Bereich der Latenz geblieben waren, genutzt und nutzbar gemacht zu haben.[330]

Die utopische Prosa wird als ›formal reines‹ und ›formal vollständiges‹ LG konkretisiert, indem – wie in »Kaff auch Mare Crisium« – der Bewußtseinsakt, der ihrer Entstehung zugrundeliegt, konsequent in seinem Ablauf wiedergegeben wird, so daß die beiden

---

[330] Die Texte der utopischen Formtradition sind demzufolge *potentielle* Moderne Literatur im Sinne der an Bewußtseinsvorgängen orientierten Strukturbildung. Erst die ›formal reine‹ utopische Prosa erfüllt die Kriterien des Begriffs der Modernen Literatur auch de facto.

Realitätsebenen so dargestellt werden, wie sie sich im Prozeß des Bewußtseinsvorgangs auseinander ergeben und aufeinander beziehen.[331] Der Beziehungszusammenhang der beiden Realitätsebenen macht die strukturspezifische ›konforme Abbildung der Welt‹ durch die utopische Prosa aus.

---

[331] Ein früher Ansatz, die subjektive Realität in ihrem Entstehungsvorgang innerhalb der objektiven Realität darzustellen, liegt vor in: Friedrich Leopold Graf zu Stolberg, Die Insel. Faks.-dr. n. d. Ausg. v. 1788, m. e. Nachw. v. Siegfried Sudhof, Heidelberg 1966 (= Dt. Neudrucke. Reihe Goethezeit).

»Schwarze Spiegel«, »Die Gelehrtenrepublik« und »Kaff auch Mare Crisium« als struktural transparente Paradigmata der utopischen Prosa

I. »Schwarze Spiegel«: Die dezidiert subjektive Realität

»Schwarze Spiegel« im Kontext der Triologie »Nobodaddy's Kinder«

»Schwarze Spiegel« wurde erstmals 1951 in einem Band mit »Brand's Haide« unter dem Titel dieses Textes publiziert. 1953 erschien »Aus dem Leben eines Fauns«, dem die Bemerkung vorangestellt war:

> Der Kurzroman ›Aus dem Leben eines Fauns‹ ist der erste Teil einer Trilogie, deren ergänzende Stücke als ›Brand's Haide‹ und ›Schwarze Spiegel‹ bereits erschienen sind.[1]

1963 wurde »Schwarze Spiegel« erneut, nunmehr als Teil dieser Trilogie, die den Titel »Nobodaddy's Kinder« erhielt, veröffentlicht.[2] In der Neuveröffentlichung fehlen die allen Texten zugeordneten Widmungsgedichte: an Schmidts Frau Alice (»Brand's Haide«), an seinen gefallenen Schwager Werner Murawski (»Schwarze Spiegel«) und an Alfred Andersch (»Faun«). Ebenso sind die Titelsubskripte »Zwei Erzählungen« zum Band »Brand's Haide« und »Kurzroman« zu »Faun« fortgefallen. Die Fortlassungen betonen die Geschlossenheit der Trilogie und die Gleichrangigkeit ihrer Teile. ›Erzählung‹ und ›Kurzroman‹ fungieren als allgemeine Bezeichnungen, die signalisieren, daß es sich bei den Texten um kürzere Prosa handelt. Sie haben keine begriffliche Relevanz. Um sie zu erhalten, müßten sie im Sinne der Schmidtschen Konzeption der Modernen Literatur präzise bestimmt werden; denn keiner der Texte geht in traditionell bestimmten Kategorien auf.

Für »Faun« hat Reimer Bull diesen Nachweis in der Auseinandersetzung mit Günther Müller und Eberhard Lämmert überzeugend geführt.[3]

---

[1] Hamburg 1953, S. 3.
[2] Die Texte werden nach dieser Ausgabe zitiert.
[3] Vgl. die Zusammenfassung Bull, S. 113ff.

Bull konstatiert zutreffend, daß das Musivische Dasein wie auch die Erinnerung und das LG »im wesentlichen [durch] Partikularität und Diskontinuität«[4] gekennzeichnet seien. Auf der Grundlage dieser Beobachtung gelingt es ihm, die Unvereinbarkeit der von der traditionellen Literaturwissenschaft mit dem Anspruch auf normative Geltung entwickelten Begriffe und Kategorien mit der Prosa Schmidts darzulegen. In diesem Bezugsrahmen kann Bull zu Recht behaupten, daß die Resultate seiner Untersuchungen ›exemplarische‹ Bedeutung hätten und »für alle Erzählungen der drei Prosaversuchsreihen«[5] zuträfen. Partikularität und Diskontinuität sind ähnlich charakteristisch für diese Formen wie das Prinzip der Sukzession oder die Handlung für die Ältere Literatur.

Das reicht aber nicht aus, um die Texte adäquat zu erfassen. Bulls Untersuchungen zielen auf das

Konstruktionsprinzip der musivischen Kombination von Situationsindikatoren zu Einzelsituationen, jener zu Situationszusammenhängen und dieser wiederum zu Komplexen von Situationszusammenhängen gleicher Grundsituation.[6]

Bull richtet sein Augenmerk auf die rein situative Ebene des Textes. Er trifft damit zwar gültig die elementare Konstruktionsweise aus kleinsten Partikeln zu Situationen und Situationszusammenhängen[7]. In der Beschränkung auf das Situative und seine unmittelbare Wiedergabe aber bleiben konstitutive Merkmale des Textes unberücksichtigt.

Notwendig zu berücksichtigen sind zunächst die über ihren situativen Stellenwert hinausgehende Funktion und Relevanz einzelner Textpartikel oder auch komplexer Zusammenhänge; hiermit wird allererst sichtbar, daß sie auf vielfältige Weise miteinander verknüpft sind und Beziehungszusammenhänge bilden, die über den situativen Bereich hinausgehen. Erst in diesen Beziehungszusammenhängen konstituiert sich der Text als das ›textum‹, das vielfältige und vielschichtige Gewebe, dessen Zusammenhang das Ganze ausmacht.[8]

Ebenso notwendig zu berücksichtigen ist der materiale Bereich, den Bull im wesentlichen wiederum auf seine situative Kontingenz be-

---

[4] A. a. O., S. 22 u. ö.; s. o., S. 81ff.
[5] Bull, S. 113.
[6] A. a. o., S. 86.
[7] Die von Bull definierten Termini werden übernommen.
[8] Vgl. AS, Zettels Traum, S. 26. Schmidt spricht vom »Textgewebe«.

196

schränkt. Erst die Berücksichtigung der materialen Dimension des Textes läßt die Unterscheidung zwischen einer subjektiven und objektiven Realitätsebene zu, da sie die Strukturierung als Transformierung verstehen läßt. Damit wird zum einen der Anspruch der Texte, eine konforme Abbildung der Welt zu leisten, in die Untersuchung einbeziehbar. Und damit wird zum anderen die der Arbeit Bulls immanente Tendenz, die strukturalen Differenzen zwischen den an Bewußtseinsvorgängen orientierten Formen zu nivellieren, beseitigt.

Denn es trifft nicht zu, daß Partikularität und Diskontinuität die »*strukturbestimmenden* Merkmale« »aller drei Versuchsreihen«[9] sind. Bull bewertet das LG – durchaus im Sinne der ›Doppelroman‹-These Suhrbiers – als duplikative Prosaform. Auf diese Weise wird der durch die Steigerung bestimmte Beziehungszusammenhang zwischen den kategorial unterschiedlichen Ebenen der objektiven und der subjektiven Realität nicht einmal in der Form einer Arbeitshypothese formulierbar. Damit wird »Schwarze Spiegel« einer adäquaten Deutung entzogen. Erst die Unterscheidung zwischen objektiver und subjektiver Realitätsebene und das Verhältnis dieser zueinander, wie sie im Begriff des LGs expliziert werden, gewährleisten, daß die fiktive Realität des Textes als eine nach subjektiver Maßgabe ins Subjektive transformierte Darstellung der objektiven Realität erkannt wird.

Als Teil der Triologie »Nobodaddy's Kinder« ist »Schwarze Spiegel« ihrem Thema unter- und ihren beiden anderen Teilen nebengeordnet. Der Text ist folglich im Kontext der Trilogie zu sehen.

»Schwarze Spiegel« beginnt mit einer exakten Datierung: »1. 5. 1960«,[10] mit der präzisen Angabe eines Tages, der, bezogen auf das Ersterscheinungsdatum des Textes, 1951, in der nahen Zukunft liegt und als gegenwärtiger imaginiert wird. Der Leser erhält einen ersten Hinweis darauf, daß er eine andere Realitätsdarstellung zu erwarten hat als in den voraufgehenden Texten, die in vergangenen Zeitstufen angesiedelt sind. Sie sind ebenfalls vorab datiert: »Faun« beginnt mit »FEBRUAR 1939«,[11] »Brand's Haide« mit »21. 3. 1946«.[12] Alle Texte umfassen eine bestimmte Zeitspanne, deren Dauer durch weitere Datierungen innerhalb der Texte auszumachen ist. »Faun« reicht bis zum 8.9.1944,[13] »Brand's Haide« bis zum 2.11.1946,[14] »Schwarze Spiegel« bis Ende August 1961.[15]

---

[9] Bull, S. 22.
[10] AS, Schwarze Spiegel, S. 171.
[11] AS, Faun, S. 7.
[12] AS, Brand's Haide, S. 93.
[13] Vgl. AS, Faun, S. 74.

Das Datum, das »Schwarze Spiegel« einleitet, weist zurück auf die Datierungen der vorhergehenden Texte und signalisiert eine bestimmte Beziehung zwischen ihnen. Sie weist sich zunächst als die zwischen einer imaginativen und historischen Realität im Zusammenhang mit dem Zweiten Weltkrieg aus. »Brand's Haide« ist in der Zeit unmittelbar nach dem Zweiten Weltkrieg angesiedelt, »Faun« in der Zeit unmittelbar vor (Teil I und II) und während (Teil III) des Krieges, »Schwarze Spiegel« schließlich nach einem fiktionsimmanent vergangenen weiteren Weltkrieg.

In den drei Texten sind nicht die großen Zentren der historischen Ereignisse Schauplatz der Darstellung, sind die Personen der Darstellung keine historischen Persönlichkeiten, sondern übereinstimmend provinzielle Randbezirke in der Lüneburger Heide und – außer in »Schwarze Spiegel« – ihre dörfliche und kleinstädtische Bevölkerung. Diese Realität wird durch ein in sie inbegriffenes Ich vermittelt. Ihm kommt – der Konzeption der Modernen Literatur als Nachbildung von Bewußteinsvorgängen entsprechend – die Schlüsselrolle zu, es bestimmt die Konditionen der Realitätsvermittlung.

Der im Ich, im materialen Bereich und dessen zeitlicher Relation signalisierte Zusammenhang zwischen den Texten wird durch die Zusammenordnung zur Trilogie gefestigt und erhält durch den Titel eine zusätzliche Bedeutungsdimension.

1. Die Vermittlung der subjektiven Realität

Das Datum, das »Schwarze Spiegel« vorangestellt ist, ist von der Entstehung des Textes als zukünftiges konzipiert und gilt auch mit seinem Erscheinen noch als solches, es wird jedoch schon mit der Publikation als Teil der Trilogie zu einem vergangenen. Daß der Text keine empirische Realität darstellt, geht jedoch bereits aus seinen einleitenden Elementen hervor.

Das Subjekt, das die Realität von »Schwarze Spiegel« vermittelt, entspricht, wiewohl fiktional gebrochen,[16] in seiner Anlage dem Ich in

---

[14] Vgl. AS, Brand's Haide, S. 156 u. 160.

[15] Vgl. AS, Schwarze Spiegel, S. 219, den Hinweis auf den Geburtstag Lisas: 22.8.; wie viele Tage zwischen dem Geburtstag (S. 219-223) und der Abfahrt Lisas (S. 225f.) liegen, ist nicht angegeben.

[16] Vgl. AS, Schwarze Spiegel, S. 187, wo von Schmidt als dem »beinernen Poeten« die Rede ist.

»Faun« und »Brand's Haide« und nimmt, ebenso wie diese, eine figurale und mediale Funktion ein. In beiden Funktionsbereichen aber ändert sich sein Stellenwert. Ist das Ich in »Faun« und »Brand's Haide« die zentrale Figur, die die von ihr wahrgenommene objektive Realität wiedergibt, so ist das Ich in »Schwarze Spiegel« im Grunde die *einzige* Figur, lediglich vorübergehend wird ihr ein weibliches Pendant zugeordnet. Die figurale Dimension reduziert sich auf ein Minimum, das Ich fungiert vorwiegend als Medium, das figural in ›seiner‹ Realität präsent sein muß, um sie als konkrete zu übermitteln.

Daß diese Realität nicht von vornherein als – im pejorativen Sinne – ›phantastische‹ erscheint, wird dadurch erreicht, daß dieselben Orte den Schauplatz der Darstellung bilden, die bereits aus »Faun« und »Brand's Haide« geläufig sind. Die geographische Übereinstimmung sichert vorab den Bezug der subjektiven zur objektiven Realität, die in den vorangegangenen Texten dargestellt ist, und signalisiert, daß erstere sich einer Um-formung letzterer verdankt.

a) Die einleitenden Textsegmente lauten:

Lichter? (Ich erhob mich auf den Pedalen) – : – Nirgends. (Also wie immer seit den fünf Jahren).
Aber: der lakonische Mond längs der zerbröckelten Straße (von den Rändern her haben Gras und Quecken die Teerdecke aufgebrochen, so daß nur in der Mitte noch zwei Meter Fahrbahn bleiben: das genügt ja für mich!)
Weiter treten: starrt die spitze Silberlarve aus m Wacholder – also weiter – (S. 171).

Die Darstellung beginnt damit, daß das Ich sich selbst, sein Verhalten und seine Beobachtungen in einer gewöhnlichen Situation schildert: der einer spätabendlichen Radfahrt. Das Außergewöhnliche, d. h. die Andersartigkeit gegenüber der objektiven Realität, wird in den kurzen Kommentierungen des beiläufig – derart seine fiktionsimmanente Normalität anzeigend – Beobachteten sichtbar.

Die Feststellung, daß ›nirgends‹ »Lichter« zu erblicken seien (der Rundblick wird durch die Zeichenkombination »– : –« wiedergegeben), erhält ihr Gewicht durch die beigefügte Anmerkung. Der bestimmte Artikel vor der Angabe der Zeitspanne ist doppeldeutig. Er zeigt zum einen an, daß das Ich seit eben dieser Zeit mit dem Fahrrad unterwegs ist, daß es die Darstellung folglich mit der Mitteilung eines Moments innerhalb einer ihm seit langem gewohnten Situation beginnt. Er zeigt aber auch an, daß diese fünf Jahre eine ganz bestimmte Zeitspanne bilden, daß sie von einem bestimmten Ereignis an gerechnet sind und daß dieses Ereignis ursächlich mit dem Reisen des Ich, mit dem Fortbewegungsmittel des Fahrrads und mit der wiederkehrend gleichen Beobachtung zusammenhängt.

»Lichter« steht für künstliche, vom Menschen herrührende Beleuchtung. Nur so erhält das »Aber«, das das nachfolgende Textsegment einleitet, seinen Sinn. Statt der gesuchten, jedoch nicht erwarteten »Lichter« sieht das Ich den ›lakonischen Mond längs der zerbröckelten Straße‹. Das Ich gibt den Blick auf seinen Weg wieder: eine Szenerie des Zerfalls, die in der angeschlossenen Bemerkung das im ersten Textsegment Angedeutete bestätigt und ausführt. Die durch Pflanzenwuchs sukzessiv – im Laufe der »fünf Jahre« – zerstörte, also unbenutzte Straße signalisiert dasselbe wie das ständige Ausbleiben der Lichter: das Fehlen von Menschen. Das Ich ist der alleinige Benutzer der Straße.

Die Situation wird als beliebig, zugleich typisch für die vergangene Zeitspanne der fünf Jahre vorgestellt. Die Realität, in die das Ich einführt, ist eine imaginative, die als erlebte dargestellt wird. Diese andersartige Realität hängt zusammen mit der empirisch-objektiven, als deren Insignien hier Fahrrad, Straße, Mond, Pflanzen auftreten; sie ist von der objektiven Realität durch eine zeitliche Distanz von lediglich fünf Jahren, an deren Beginn offensichtlich eine Katastrophe stand, getrennt. Dies wird wenig später – wie bisher auf der Ebene des gegenständlich Erscheinenden – unterstrichen. Das Ich befindet sich noch in derselben Situation und führt sie in weiteren Einzelheiten vor.

> Rücktritt: (und es quietschte beim Halten; morgen muß ich mal Alles durchölen). Ich richtete den Karabinermund vorsichtshalber gegen das schmierige Wrack: die Fenster dick verstaubt; erst als ich mit dem Kolben darauf schlug, ging die Wagentür ein wenig auf. Hinten leer; eine Skelettdame am Steuerrad (also wie immer seit den fünf Jahren!); nun: wünsche Glückseligkeiten! Aber es wurde auch gleich dunkel, und ich traute dem Kreatorium immer noch nicht: ob Farnhinterhalt, ob Vogelspötterei: ich war bereit mit zehn Schuß im Vollautomatischen: also weiter trampeln.
> (S. 171)

Das Ich unterbricht seine Fahrt, um ein Autowrack zu inspizieren, in dem es ein Skelett auffindet, den Überrest eines plötzlich von der Katastrophe Getroffenen. Es schildert den makabren Anblick als etwas Geläufiges. Ebenso selbstverständlich und gewohnt wie das Beobachtete ist auch die ständige Suche nach anderen Menschen. Sie entspringt aber nicht dem Bedürfnis nach einer Begegnung, sondern der Befürchtung vor ihr. Ausdruck des »immer noch«, also trotz der bislang nicht stattgefundenen Begegnung bestehenden Mißtrauens, ist seine Bereitschaft zu schießen.

In dieser weiteren Konturierung der Szenerie des Zerfalls repräsentieren das Autowrack und das Skelett die zerstörte Technik und den vernichteten Menschen. Die ehemals vom Menschen ›zivilisierte‹ und technisierte Welt ist im Begriff, sich zu renaturieren. Das ironisch-zynische »nun: wünsche Glückseligkeiten« deutet darauf hin, daß dem Menschen die Fähigkeit abgesprochen wird, in harmonischem Miteinander zusammenzuleben, daß diese Fähigkeit weder in der fiktionsimmanent vergangenen Realität vorhanden war[17] noch in der als gegenwärtig dargestellten Realität vorhanden wäre. Der neuerliche »reine[.] Naturzustand«[18] wäre nicht der der »Glückseligkeiten« – eine Anspielung auf Titelformulierungen utopischer Texte des 18. Jahrhunderts,[19] die ›glückselige‹ Lebensgemeinschaften beschreiben, aber damit durchaus anderes meinen –,[20] sondern der des von Thomas Hobbes angenommenen »Zustand[s] des Krieges eines jeden mit allen«.[21] Das Ich ist das (wahrscheinlich) letzte Relikt in einem menschenleeren »Kreatorium«. – Der etymare Ausdruck steht für die von einem Schöpfer geschaffene Welt, läßt aber auch das phonetisch affine ›Krematorium‹ assoziieren. Er deutet somit die Welt als das Produkt eines Schöpfers, das von seiner Konzeption her eine Verbrennungs- bzw. Vernichtungsanlage vor allem für den Menschen ist.

Das Ich ist eine Ausnahme. Seine Überlebensumstände werden an keiner Stelle benannt. Seine Existenz ist allein dadurch gerechtfertigt und notwendig, daß diese Realität mitgeteilt werden muß.

---

[17] Vgl. dazu das ausgelassene Textsegment, das, in Anlehnung an Ps. 90, 10, eben dies anspricht: »Des Menschen Leben: das heißt vierzig Jahre Haken schlagen. Und wenn es hoch kommt (oft kommt es einem hoch!!) sind es fünfundvierzig; und wenn es köstlich gewesen ist, dann war nur fünfzehn Jahre Krieg und bloß dreimal Inflation.« (S. 171)

[18] Thomas Hobbes, Leviathan oder Wesen, Form und Gewalt des kirchlichen und bürgerlichen Staates, i. d. Übersetzg. v. Dorothee Tidow m. e. Essay ›Zum Verständnis des Werkes‹, e. biogr. Grundriß u. e. Bibl. hrsg. v. Peter Cornelius Mayer-Tasch, 14.-18. Tsd. o. O. [Reinbek] 1969, S. 108.

[19] Vgl. z. B. Ludwig Ernst von Faramund [d. i. Philipp Balthasar Sinold, gen. von Schütz], Die glückseeligste Insul auf der gantzen Welt, oder Das Land der Zufriedenheit . . ., Franckfurt u. Leipzig 1728.

[20] Zu dem der utopischen Prosa äquivalenten kritischen Bezug der traditionellen Utopie auf die objektive Realität s. o., S. 126ff. u. 190ff.

[21] Hobbes, S. 108.

Das Ich muß seine Realität so gestalten und vorführen, daß ein Leben unter (objektiv-) ›realistischen‹ Bedingungen als möglich erscheint. Das bedeutet zum einen, daß die axiomatischen Voraussetzungen dieser Realität so beschaffen sein müssen, daß sie menschliches Leben zulassen, wenn auch, wie hier, als Ausnahme. Das bedeutet zum anderen, daß die subjektive Realität mit dem in sie inbegriffenen Subjekt widerspruchsfrei, in sich stimmig gebaut sein muß. Diese Bedingungen der subjektiven Realität als einer vom Subjekt erlebten und als real-gegenwärtig vorgeführten bilden zugleich die Bedingungen für ihre Akzeptabilität und damit für eine über das unmittelbar Veranschaulichte hinausweisende Verbindlichkeit des Dargestellten.[22]

Das Ich ist, anders als in »Faun« und »Brand's Haide«, namenlos. Es ordnet sich der Realität ein, unterwirft sich ihren Bedingungen. Das kommt auch in einer so banalen Einzelheit wie dem Fahrrad zum Ausdruck, das das einzige funktionstüchtig zu erhaltende Gebilde von relativ einfacher Technik ist.

Die ersten Informationen über die Beschaffenheit der Realität werden aus der Situation des Vagabundierens heraus gegeben. An einem »Straßenkreuz« (S. 171) angelangt, entscheidet ein Münzwurf das nächste Ziel: Cordingen.

Das Vagabundieren dient dem Ich dazu, sich einen Überblick über die Lage zu verschaffen. Seine Beobachtungen erhalten dadurch zusätzliches Gewicht. Der in diesem Sinne ›Erfahrene‹ kann sich nicht nur auf die fünfjährige Dauer der Beobachtungen stützen, sondern auch auf den in dieser Zeit durchmessenen Raum.

Die Einführung in die subjektive Realität erfolgt als Hinführung zu einem bestimmten, überschaubaren Realitätsbereich, dessen nachfolgende Darstellung eben durch die beim Vagabundieren gesammelte Erfahrung innerfiktional exemplarische Relevanz bekommt.

Das Ende der Tagesfahrt ist zugleich das Ende des Vagabundierens. Dieser nur in ihrem letzten Stadium in äußerster Abkürzung angerissenen Phase folgt die der Orientierung.

b) Das Ich beschreibt zunächst seine Ankunft und das Bereiten einer Übernachtungsmöglichkeit am Ortseingang. Der Eintritt in das aufgebrochene Haus wird mit dem bekannten »Wie immer« (S. 172) eingeleitet. Der Eindruck, den die Ansiedlung erweckt,

---

[22] Vgl. u., S. 238ff.

nimmt das Bild des Autowracks wieder auf: »die leeren Schalen der Häuser« enthalten nurmehr »Gerippe« (a. a. O.).

Erstmals spricht das Ich ausdrücklich die Ursache der Änderung von der objektiven zur subjektiven Realität an: »Atombomben und Bakterien hatten ganze Arbeit geleistet« (a. a. O.), und bestätigt so das zuvor Angedeutete: daß ein totaler und globaler Krieg die Menschheit vernichtet und die Renaturierung der Welt eingeleitet hat, daß sich die Menschheit mithin selbst zugrundegerichtet hat. Und erstmals formuliert das Ich ausdrücklich seine Einstellung zu dieser Änderung: »Bloß gut, daß Alles zu Ende war« (a. a. O.). Wenig später verbindet es diese Bewertung mit der Menschenlosigkeit seiner Realität:

> Seit fünf Jahren hatte ich keinen Menschen mehr gesehen, und war nicht böse darüber; das heißt. (S. 173)

Die eigentliche Orientierung beginnt am nächsten Tag. Das Ich macht einen »Dorfbummel« (S. 174). Es hält Umschau und läßt den Leser an ihr teilhaben. Beim Rundgang bzw. bei der »Rundfahrt« (S. 175) durch das Dorf entfaltet es ein repräsentatives - »es ist ja immer derselbe Quark« (S. 174) - Panorama seiner Realität. Denn die atomare und bakterielle Katastrophe hat, wie das hinter dem Steuerrad des Autowracks sitzende Skelett anzeigt, das menschliche Leben *plötzlich* vernichtet. Die subjektive Realität enthält derart in sich das Bild der objektiven, das wie in einer - allmählich verblassenden - Momentaufnahme ihre Merkmale fixiert hat.

Nach einer Vororientierung wendet sich das Ich einzelnen Objekten zu. Zunächst beschreibt es das Innere eines kleinen Kolonialwarenladens, dessen Betreten durch die Nahrungsmittelsuche motiviert ist. Indem das Ich das in seiner Situation lebensnotwendige Problem anschneidet, komplettiert es diese Situation durch ein weiteres Moment und stützt so die Konsistenz der subjektiven Realität:

> Kaffee war längst verduftet, die Konservenbüchsen aufgetrieben und zerplatzt [. . .] aha: Flaschen! Essig, Essig, Öl (das kann ich ja mitnehmen!) [. . .]; endlich eine Buddel Münsterländer, 32 Prozent, und ich wiegte abschätzig den Kopf: na, rin in' Sack! (Mehl und Brot ist die Schwierigkeit! Aber das ist fast nicht zu machen!) (S. 174)

Als nächstes werden Insignien der Beschränkung auf das Banale angeführt, die das alltägliche Leben der Vergangenheit kennzeichnen: Sport, Schlager, Illustrierte (vgl. S. 175). Den Bereich des Sports reißt das Ich durch das Begehen eines ›zugewachsenen‹ Sportplatzes an, den des Schlagers durch »Grammophonspielen«, den der Illustrierten durch die Betrachtung eines Exemplars. Hierbei wird der letzte Bereich durch seine allgemeine Charakterisierung »Illustrierte: die Pest *unserer* Zeit!« (S. 175) auch unmittelbar auf die objektive Realität bezogen. Die Wertung aller dieser Momente tritt in der Bemerkung nach dem Abhören der Schlager zu Tage:

> Mann inne Tünn, was kann man Alles in der meilleur des mondes possibles erleben, bzw. veranstalten! (a. a. O.)

Dem niederdeutsch-umgangssprachlichen Ausdruck des Erstaunens, der zugleich eine Anspielung auf Diogenes von Sinope enthält, folgt die Anspielung auf Voltaires »Candide« sowie auch den »Leviathan« Schmidts, dessen vollständiger Titel »Leviathan oder Die Beste der Welten«[23] lautet. Das Ich übernimmt die ironische Polemik Voltaires bzw. den sarkastischen Angriff des Schmidtschen »Leviathan« gegen die Leibnizische These einer harmonisch-wohlgeordneten Welt.[24] Die im Mißtrauen dem »Kreatorium« gegenüber manifeste Negation eines harmonischen Naturzustands, die in der totalen Selbstvernichtung der Menschheit konkretisierte Unfähigkeit zum harmonischen Zusammenleben werden unmittelbar auf die Insignien des Banalen bezogen. Das menschliche Leben, das im Banalen aufgeht, erscheint als absurdes Vertun der eng begrenzten Lebensmöglichkeiten.

Führt das Ich mit den Momenten des Sports, des Schlagers und der Illustrierten allgemeine, gleichsam öffentliche Zeugnisse des vergangenen Alltagslebens vor, so mit Karten und Briefen, die es einem Briefkasten entnimmt, primär persönliche Zeugnisse des privaten Lebens. Neben einer Zahlungsverweigerung und (lediglich erwähnten) Lotterieanzeigen (vgl. S. 176f.), die wiederum die Beschränkung auf das Banale signalisieren, zitiert das Ich aus zwei Briefen. Aus der Situation des letzten Krieges heraus abgefaßt, gehen beide auf seine Schlußphase ein. In einem Brief schreibt eine Frau einer anderen: »»[...] Und Ihr Mann muß immer noch auf Wache gehen. Nun, einmal muß es ja besser werden ...«« (S. 176f.) Der andere ist der Liebesbrief eines jungen Mannes:

---

[23] In: AS, Leviathan, S. 43–81.
[24] Vgl. a. a. O., S. 29, die Polemik gegen Leibniz; vgl. auch das »wünsche Glückseligkeiten« in den einleitenden Elementen von »Schwarze Spiegel« (S. 171).

».. . Morgen lasse ich ›das hier‹ im Stich, und fahre zu Dir! Lange kann es ohnehin nicht mehr dauern, und wir wollen wenigstens noch eine Stunde zusammen . .« (S. 177)

Die optimistische Fehleinschätzung der Situation im ersten und ihre pessimistisch-realistische Beurteilung im zweiten Brief – den Maßstab a posteriori bildet die dargestellte Realität – verdeutlicht das Ich im einen Fall durch die Anmerkung:

(das »muß« unterstrichen; hier zwängte ich den Kopf ins Genick und feixte durch alle Öffnungen) (a. a. O.),

im anderen Fall durch ein eigenes Textsegment:

Ich faltete schamhaft den Bogen wieder, und grüßte mit Haupt und Hand den Kollegen Schattenreisenden (a. a. O.).

Die Orientierung im Dorf führt das Ich über ein Hinweisschild zu einem abgelegenen ›englischen Verpflegungslager‹ (S. 176). Damit wird die Möglichkeit des Sich-Einrichtens aktuell:

Wenn da noch Einiges vorhanden wäre, bedeutete das längeren Aufenthalt in dieser Gegend für mich (a. a. O.).

Das Ich dehnt seine Erkundungen über das Dorf hinaus auf die nähere Umgebung aus, zunächst zielgerichtet auf das Verpflegungslager hin. Es erfüllt die genannte Bedingung: »das Lager war tadellos: davon kann man jahrelang leben!« (S. 179)

Nach der Rückkehr in sein Quartier führt ein weiterer Gang das Ich in das »Fabrikgelände« der örtlichen »Holzindustrie« (S. 180); der Weg schließlich, den das Ich »in die letzte noch unerforschte Richtung« »auf den Schwellen« (S. 183) einer Bahnlinie geht, läßt es den Platz finden, an dem es sich häuslich einrichten wird:

am Waldrand [. . .], nur hundert Meter vom Schienenstrang, auf einem kleinen freien Stellchen. Wacholder bildeten zwei feine Halbkreise: das mußten sehr alte Pflanzen sein, der Größe nach zu urteilen [. . .]. Auch war der Boden so fest und sauber, daß ich mich seufzend hingoß. Wunderbar! (a. a. O.)

An Hand einer Karte taxiert das Ich die Lage dieses Ortes in bezug auf die weitere Umgebung, wobei es feststellt, »gleich weit nach Hamburg, Hannover und Bremen« (S. 184), und rekapituliert:

Das englische Verpflegungslager gleich bei der Hand: da lag Vorrat für 10 Jahre! Unten in der Fabrik Holz genug für einen ganzen

Clan, der siedeln wollte. [. . .]

Wasser: war hinten der Bach-Graben; und Regen hats in Norddeutschland überflüssig genug. Auch die Arbeit beim Bau, Sägen und Hacken, Schleppen und Transport, würde mir gut tun (a. a. O.).

Die für eine Ansiedlung notwendigen Voraussetzungen sind gegeben, das Ich beschließt: »ich werde hier [. . .] ein Haus bauen« (a. a. O.). Die Absicht impliziert das Aufgeben des Vagabundierens und das Etablieren in der menschenleeren, sich renaturierenden Welt inmitten einer natürlichen Umgebung. Hieraus erklärt sich das Vorhaben des Bauens statt des Beziehens eines der zahllosen leerstehenden Häuser. Diese sind nur noch »leere[.] Schalen« (S. 177), »Menschenhöhlen« (S. 181) ohne Inhalt.

Indem das Ich die immense Arbeit des Bauens auf sich nimmt, distanziert es sich augenfällig von der vergangenen Welt der Menschheit, deren mögliche Überreste ihm ja ständig gegenwärtige Bedrohung sind. Es akzeptiert die vorhandene Realität, ordnet sich in sie ein, schafft sich aber in ihr einen Raum nach eigenen Vorstellungen, eine Nische, in der es sich gemäß seiner eigenen Konstitution einrichten kann.

c) Der Absichtserklärung folgt die sorgfältige Vorbereitung auf die Ausführung: das Klären der »Transportmöglichkeiten« (S. 185), »das Studium der Holzverbände« (a. a. O.), die Berechnung des Bauplans (S. 186), das Beschaffen von »Werkzeug, Nägel, Schrauben« (S. 185). Das nebenher auftretende Heizungsproblem löst sich durch die Vorräte eines nahen ›Kohlenhändlers‹, die »jedenfalls sorgloses Heizen für manches Jahr« (S. 186) garantieren.

Den eigentlichen Bau spart das Ich in der Darstellung aus. Eine Zeitspanne von zwei Monaten wird lediglich in einem kurzen Textsegment angedeutet, das die Arbeit am Bau betrifft.[25]

Ein weiteres Datum, der 5.9., dessen korrekte Angabe durch eine »totale Mondfinsternis« bestätigt wird (vgl. S. 187), zeigt an, daß auch die nächsten zwei Monate bis zu diesem Datum nur in wenigen Momenten skizziert werden. Das Ich spricht von den letzten Arbeiten an Haus und »Schuppenkomplex« (S. 188), teilt mit, wie es »Öfen« und »Fenster« benötigt (S. 187), wie es, in einer ironischen

---

[25] Vgl. a. a. O.: »(4 Wochen später)« und S. 187: »22. Juli 1960: Richtfest!« – Die Zeitspanne ergibt sich aus dem Bezug auf das Datum des zuletzt beschriebenen vierten Tages nach dem Anfangsdatum des 4.5.1960.

Reminiszenz an die ›wohlgeordnete‹, von Menschen bevölkerte Welt »die Hausnummer suchen ging« (a. a. O.), um dann einen Überblick über das zu geben, was es für *sein* Leben benötigt und das es noch zu beschaffen, zu verrichten und herzurichten gilt:

(Bücher zusammensuchen; Spaten, Hacken, Harke; der Sägebock war noch gut). Am 6. wollte ich nach Hamburg starten, die »Glanzlichter« zur Einrichtung besorgen; auch rare Schmöker einkassieren etc. Etwa am 10. zurück. Dann erhob sich schon die Heizungsfrage; also 4 Wochen für Kohle holen; Holz sägen und hacken; Lebensmittel vom Düshorner Lager (und die Wasserentgiftungs-Tabletten nicht vergessen!) Darüber würde es bestimmt Oktober/November werden; und dann kam die herrliche einsame Zeit, viele Jahre lang: morgen hol ich die Dachrinnen und drei weitere Bütten zum Auffangen des grauen Regens. Töpfe, Wannen, Pfannen [. . .]! Vielleicht kann ich fürs kommende Frühjahr sogar eine Art von Kartoffelfeld herrichten (obgleich Landarbeit mir so ziemlich das Widerlichste von Allem ist; [. . .]). (S. 189)

Zunächst benennt das Ich die restlichen materiellen Voraussetzungen: Gerätschaften, Lebensmittel und Heizungsmaterial, die es aus den Beständen der vergangenen Realität zu requirieren gedenkt. Es kalkuliert die begrenzte Kapazität der, zudem durch die Renaturierung sich beständig verkleinernden, Bestände ein, indem es das Anlegen einer »Art von Kartoffelfeld« erwägt. Es kalkuliert damit die Notwendigkeit ein, sich in absehbarer Zeit selbst versorgen zu müssen. Es wird in dieser Hinsicht dem Renaturierungsprozeß unterworfen und muß auf Urformen des Überlebens zurückgreifen.

Seine individuelle Situation beurteilt das Ich uneingeschränkt positiv, hier ausgedrückt in der Vorfreude auf die »einsame Zeit, viele Jahre lang«. Die körperlich-organische Existenz, deren notwendige langfristige Sicherung das Moment des Ackerbaus signalisiert, bildet lediglich die Basis für seine intellektuelle, die in der zweifach erklärten Absicht der Büchersuche angerissen ist.

Schließlich macht das Ich in diesem Überblick auf die Situation des Schreibens aufmerksam. Nach der Formulierung der Vorfreude auf die kommende Zeit der Einsamkeit wechselt die Zeitform vom Imperfekt ins Präsens, in die Gegenwart des Darstellens. Es gibt dem Dargestellten die Authentizität nicht nur des gegenwärtig Erlebten, sondern auch der annähernd synchronen Wiedergabe des Erlebten. Dies ist konsequent nur beim Schreiben möglich, bei dem der Vorgang und seine Wiedergabe zusammenfallen. Die empirische Realitätsbewältigung wird folglich in Vergangenheitsformen wiedergegeben. Damit wird eine mehr oder weniger große zeitliche Distanz zwischen dem Erleben und seiner Nachbildung vorausgesetzt, so daß die Wiedergabe von gegenwärtig Erlebtem stets in der Form des soeben Vergangenen erfolgt (weshalb auch Schmidt die Form des Musivischen Daseins mit dem Hinweis auf die »»jüngste Vergangenheit« (die auch getrost noch als »älteste Gegenwart« definiert werden könnte)«[26] erläutert).

Mit dem Überblick kündigt sich das bevorstehende Ende der Einrichtungsphase an. Das Ich hat sich definitiv vom Vagabundieren gelöst und wird seßhaft. Das zuvor Formulierte: »wenn Alles gut ging (?) konnte ich noch lange über die menschenleere Erde schweifen« (S. 180), wird in der Sicherung der Bedingungen für ein Leben im selbstgebauten Haus endgültig revidiert.

Im weiteren Verlauf seiner Darstellung beschreibt das Ich die Ausführung seiner Vorhaben. An erster Stelle steht die Fahrt nach Hamburg, deren Schwergewicht auf der Beschaffung von Büchern aus der Universitätsbibliothek (vgl. S. 193f.) sowie von Bildern aus der Kunsthalle (vgl. S. 194f.) liegt.

Nach seiner Rückkehr schildert das Ich seine Vorbereitungen auf den Winter, das Herbeischaffen von Heizungsmaterial (S. 196).

In vier aufeinanderfolgenden Textsegmenten spricht es sodann verschiedene archaische Überlebenstechniken an: die Jagd, das Sammeln, das Domestizieren, den Ackerbau (vgl. a. a. O.).

Bezeichnenderweise behandelt es das Domestizieren, das aus der geschilderten Realität heraus ein Redomestizieren meint, nicht als Möglichkeit der Nahrungsmittelversorgung, sondern erwägt lediglich, einen der üblichen animalischen Hausgenossen, Hund oder Katze, ›zurückzudomestizieren‹ (a. a. O.). Der Ackerbau, das Anlegen eines Kartoffelfeldes, wird zwar begonnen, doch drückt das Ich unmißverständlich Abscheu vor dieser Tätigkeit aus (vgl. a. a. O.).

Als selbstverständliche Möglichkeiten der Nahrungsmittelbeschaffung werden dagegen Jagd und Sammeln akzeptiert, ja das Ich bereitet sich durch das Herstellen primitiver Waffen mit der Begründung »die 300 Schuß würden ja nicht ewig reichen« (a. a. O), auf Urformen der Jagd vor. Es unterwirft sich der Notwendigkeit, seine körperliche Existenz zu sichern, paßt die Sicherungsweise aber der

---

[26] AS, Berechnungen I, S. 290. Die Begründung für das Präteritum als der vorherrschenden Zeitform gilt grundsätzlich auch für »Faun« und »Brand's Haide« und ebenfalls für die »Gelehrtenrepublik« und »Kaff«, bei denen die subjektive Realität wie in »Schwarze Spiegel« im Modus des subjektiven Erlebens vermittelt wird.

Konstitution seiner Welt an. Es will sie nicht bearbeiten, d. h. verändern und sie sich anpassen, sondern lediglich das in ihr Vorhandene nutzen.

In beiden Bereichen deutet das Ich wiederum an, daß die Sicherung der materiellen Existenz die Basis für die intellektuelle bildet. Nach dem Sammeln von Pilzen vermerkt es: »Abends lange im Dickens gelesen« (a. a. O.). Fügt sich die Lektüre hier als abschließender Bestandteil in den Tagesablauf ein, so tritt sie beim Ackerbau in positiven Gegensatz zu diesem:

> Nach einer mürrischen halben Stunde stank mich die Hantierung derart an! Ich stieß den Spaten daneben in die Erde (um die Stelle wiederfinden zu können), und ging mir ein Stück lesen. (S. 196f.)

Damit ist die Phase des Sich-Einrichtens in der subjektiven Welt abgeschlossen.

Hat sich das Ich zuvor jahrelang durch Autopsie von der totalen Vernichtung der Menschheit überzeugen können, versucht es die Bestätigung dafür nunmehr mit Hilfe eines Radioapparats zu erhalten:

> Ob außer mir überhaupt noch jemand übrig war? Wohl kaum; vielleicht irgendwo auf den Südzipfeln der Kontinente, die vermutlich noch am wenigsten abgekriegt hatten (S. 190).

Das Ich benutzt eine einfache Form des Radiogeräts als technische Erweiterung seines Sensoriums, die jedoch nicht ausreicht, um die erhoffte globale Bestätigung zu erhalten. Es ist nicht imstande, den komplizierten »Röhrenapparat« zu betreiben (S. 197), so daß die Vermutung bleibt:

> Vielleicht saßen so in Südaustralien, Perth, doch noch ein paar Menschengruppen, und ich hätte sie wohl faseln hören mögen. (a. a. O.)

Von dieser entfernten Möglichkeit abgesehen, findet sich das Ich allein in seiner Welt. Die Vergangenheit wird ihm zur letzten historischen Stufe der »Menschenzeit« (S. 198), deren Ende es, wie es noch einmal zum Schluß des ersten Textteils hervorhebt, positiv bewertet: »wie gut, daß es so gekommen ist!« (S. 199)

d) Das Leben des Ich wird mit seiner Etablierung in der menschenleeren Welt zunehmend gleichförmiger. Das schlägt sich in der Anzahl der wiedergegebenen Einzelheiten nieder.

Der nur in ihren letzten Momenten skizzierten Phase des Vagabundierens folgt die ausführlich in drei Tagesabläufen wiedergegebene Phase der Orientierung, innerhalb derer der Plan des Sich-Einrichtens entsteht. In dieser Phase, die den Hausbau, das Beschaffen von Gegenständen und Gerätschaften, das Sichern der materiellen Lebensbedingungen und das Beschaffen der Materialien für die intellektuellen Tätigkeiten umfaßt, werden schon längere Zeitspannen ausgespart oder zusammengefaßt. Dies signalisiert auch dort den gleichförmigen Charakter bestimmter Tätigkeiten.

Gegen Ende der Einrichtungsphase sind die einzelnen Textpartikel nicht mehr explizit datierten oder durch einfache Interpolation datierbaren Tagen zuzuordnen. In Wendungen wie ›jeden Abend‹ (S. 196), »mit der fortschreitenden Jahreszeit« (a. a. O.), »R e g e n tagelang« (S. 198) deutet das Ich den Fortgang der Jahreszeit an, die es nurmehr registriert, und zwar im Zusammenhang mit jahreszeitlich bedingten natürlichen Erscheinungen; im einen Fall beobachtet das Ich die Verfärbung von Pilz-»Kappen« (S. 196), im anderen herbstlichen Regen und »Gramwind, Gramwind« (S. 198). Das hier einzig gesetzte Datum wird, anders als die anderen Angaben, ausgeschrieben, es erscheint in personifizierter Form und wird jahreszeitlich identifiziert: »D e r z w e i t e N o v e m b e r b r a c h d i e B l ä t t e r a b« (S. 199). Der Jahreswechsel wird in demselben Segment, wiederum orientiert an der Jahreszeit, angedeutet:

dann verschwand ich im frühen und harten Winter [. . .] Im Januar fror der Bach und ich mußte viel Eis schmelzen; der Ofen donnerte und strahlte breithüftig am weißblauen Tag und der zebranen Nacht. (a. a. O.)

›Die‹ Tage werden allgemein zu ›dem‹ Tag. Sie gehen im Zyklus der Jahreszeiten auf. In diesem Rahmen konzentriert sich das Ich auf seine geistige Existenz.

Es schildert seine Auseinandersetzung mit dem »P r o b l e m d e s F e r m a t« (a. a. O.), führt seine Lektüre an (S. 200) und berührt ein erkenntnistheoretisches Problem (a. a. O.).

Die immer weniger das konkrete Einzelne anführende Darstellung der subjektiven Erfahrungswirklichkeit mündet ein in die Skizzierung der intellektuellen Tätigkeitsgebiete der Mathematik, der Literatur, der Philosophie. Das Ende der Darstellung ist die Konsequenz aus der Lebensweise des Ich.

Daß die Darstellung nur vorläufig aufhört, daß sie nach mehr als einem Jahr – mit exakter Datierung – wieder aufgenommen wird, bedeutet folglich, daß das gleichförmige Leben des Ich durchbrochen wird, daß neue und andere Komponenten auftreten, die seine Welt erneut mitteilens- bzw. darstellenswert machen.

210

2. Der Kontext der Trilogie

a) Daß die dargestellte Welt ihren Ursprung im Subjekt hat, wird vom Beginn der Darstellung an so, wie es die einführenden Partikel andeuten und wie es die weitere Darstellung komplettierend verdeutlicht, ständig präsent erhalten. Das geschieht derart, daß in dem Moment, das die Eigentümlichkeit der dargestellten Welt betont, zumeist jeweils auch implizit oder explizit ihr Verhältnis zur objektiven Realität hervortritt. So heißt es etwa im Zusammenhang der Fahrt nach Hamburg:

> Dicht hinter Sprötze (wo die große Bremer Straße einmündet): und die Fahrt durch Haide und Wiesenwuchs war prachtvoll gewesen; nur bei der langen Brücke mußte man ganz vorsichtig sein – was heißt »man«?: Ich! Das Wort »man« kann ich eigentlich aus der Sprache streichen! – erstens klappert der Bohlenbelag gefährlich, und dann fehlt schon jede Vierte. (S. 190)

Die Reflexion auf die Sprache betont das Alleinsein des Ich, die Beschaffenheit der Brücke die Renaturierung der Welt.

Das Verhältnis der subjektiven zur objektiven Realität ist fiktionsimmanent durch das Verhältnis zwischen Gegenwart und Vergangenheit gekennzeichnet. Seine hervorragenden Merkmale sind die Selbstvernichtung der Menschheit, die Renaturierung und der geringe zeitliche Abstand zwischen der vergangenen Katastrophe und der gegenwärtigen Realität.

Diese Voraus-Setzungen ermöglichen das Hineinziehen der objektiven in die subjektive Realität. Die Elemente, die innerhalb der subjektiven das Bild der objektiven Realität konstituieren, sind zugleich Konstruktionselemente der subjektiven Realität selbst: die subjektive Realität ist insgesamt aus Elementen der objektiven zusammengesetzt.

Dies wird beispielhaft in der metafiktional deutbaren Einrichtungs- und der ihr vorausgehenden Orientierungsphase deutlich. Die Orientierung bedeutet die Bestandsaufnahme, das Sichten des Vorhandenen. Das Vorhandene besteht – *noch* in der imaginierten Gegenwart – großenteils aus Überresten der vergangenen objektiven Realität. Der erste Anlaß – das Verpflegungslager – und sämtliche nicht-natürlichen Bedingungen für die Ansiedlung entstammen dieser Realität. *Sie* stellt das Material für den Bau des Hauses zur Verfügung, und auf das Haus konzentriert sich letztlich die Welt des Ich. Das Ich macht sich die für den Aufbau seiner Welt erforderlichen und geeigneten Materialien zu eigen. Nach einem exakt kalkulierten Plan, der das Studium vohandener Verbindungstechniken einschließt, ordnet das Ich diese Materialien, die es teils – nach Maßgabe des Plans – zubereiten muß, zu einer konsistenten neuen Welt. Es fügt das planvoll vorselektierte Material zu einem geordneten und überschaubaren Gebilde zusammen. Die subjektive Realität ist aus der objektiven gebildet, sie gibt ihr Bild wieder. Anders als in den ›Momentaufnahmen‹ der objektiven Realität in der subjektiven, sind hier die Proportionen geändert, so daß ein verkleinertes ›Zerrbild‹ entsteht. Die ›Verzerrung‹ jedoch erfolgt planmäßig im Rahmen bekannter Voraussetzungen. Sie ist subjektiv, jedoch maßstabsgetreu, damit prinzipiell re-duzierbar auf den objektiven materialen Bereich. Dieses Bild hat per se kritisch-deiktische Valenz. Selektion und Planmäßigkeit setzen ein kritisches Sichten des Materials voraus, die Konzentration dieses Materials zum einsichtigen und übersichtlichen Gebilde impliziert das deiktische Hervorheben der konstitutiven Momente der objektiven Realität.

Daß auch und gerade ein solch subjektives Bild-Konzentrat die objektive Realität in ihren konstitutiven Momenten wiedergeben kann, macht das Ich eigens deutlich:

> Reziproke Radien (und der Einfall faszinierte mich für 5 Minuten). – Denken Sie an graphische Darstellung von Funktionen mit komplexen Variablen, und zwar eben an den erwähnten Spezialfall: ein schicklichstes Symbol von Mensch im All (denn der ist der Einheitskreis, in dem sich Alles spiegelt und dreht und verkürzt! Die Unendlichkeit wird zum tiefsten inneren Mittelpunkt, und wir haben durch den unsere Koordinanten gekreuzt, unser Bezugssystem und Maß der Dinge. Nur die Peripheriehaut ist sich selber gleich; die Grenzscheide zwischen Makro und Mikro. (S. 182)

In dieser Darlegung, die in erweiterter Form in »Zettels Traum« wiederkehrt,[27] spricht das Ich den Leser an, um seine Aufmerksamkeit auf eine für die Textstruktur zentrale Stelle zu lenken. Ähnlich wie in »Zettels Traum« wird hier die Maßgeblichkeit der sensorischen und intellektuellen Konstitution des Menschen für seine Zugangsmöglichkeiten zur Totalität der Welt und die konforme Darstellung bzw. Abbildung dieser Totalität im menschlichen Bewußtsein exemplifiziert. Das Ich macht deutlich, daß ›die‹ Welt notwendig die Welt des in sie inbegriffenen Subjekts ist bzw. daß das Bild, das das Subjekt von

---

[27] S. o., S. 71ff.

›der‹ Welt hat, die Welt in den ihm konstitutionell zugänglichen Dimensionen wiedergibt. Dies setzt die Fähigkeit des Subjekts voraus, die Momente der Realität, die es affizieren, nicht beliebig zu akzentuieren oder zu negieren, sondern sie adäquat wahrzunehmen, so daß eine rhythmisch angemessene Wiedergabe, eine konforme Abbildung der Welt entstehen kann.

Die Ausführungen werden in einer abschließenden Bemerkung auf die Struktur des vorliegenden Textes bezogen: »Hübsch und eine kluge Gedankenspielerei, für 5 Minuten.« (S. 182)

Der Text gibt aus sich selbst heraus zu erkennen, daß seine strukturspezifische Subjektivität darauf beruht, daß das Subjekt sein Verhältnis zur Welt nicht mehr nur, wie in »Faun« und »Brand's Haide«, reproduziert, sondern sein Bewußtsein als das »Bezugssystem und Maß der Dinge« produktiv einsetzt, um eine eigene, subjektiv-reale Welt zu produzieren.

Die Strukturierung der subjektiven Realität des LGs steht hierbei unter den Bedingungen der Rezeption der objektiven. In Analogie zum Hausbau bildet das, was das Subjekt als objektive Realität wahrnimmt, das Material, das es nach seiner subjektiven Maßgabe zur subjektiven Realität transformiert.

Es liegt in der Macht des Subjekts, die Transformation nach Regeln und Maßstäben vorzunehmen, die eine Konzentration bewirken. Es kann die Momente der objektiven Realität, die es als konstitutiv und signifikant beurteilt, so bearbeiten und zusammenfügen, daß dieses Gefüge sie verstärkt zur Anschauung bringt, daß eine ›Steigerung‹ stattfindet.

Die Struktur der subjektiven Realität, auf die das Ich in seiner »Gedankenspielerei« hinweist, erschließt sich in der Regularität der Transformation. Sie ist in der fiktional konkreten Ursache für den Wandel von der objektiven zur subjektiven Realität, der nur wenige Jahre vordatierten Katastrophe, und der positiven Einstellung des Subjekts zu ihr fixiert. Auf diese Weise ist mit der Renaturierung, dem noch in der dargestellten Gegenwart enthaltenen Bild der Vergangenheit und dem Sich-Einfügen des Ich die Transformation bzw. die Strukturierung sämtlicher Elemente zur subjektiven Realität reguliert.

Die Darstellung erfolgt als Wiedergabe des imaginierten Gegenwartserlebens. Hierauf macht das Ich, allerdings mißverständlich, aufmerksam, wenn es schreibt: »Ich möchte wissen, warum ich überhaupt noch diariiere« (S. 197).

Damit gibt das Ich keinen Hinweis auf das Vorliegen einer »Tage-
buchform«,[28] sondern auf die approximativ synchrone Niederschrift
dessen, was es als fiktional konkrete Figur erlebt. Das Ich charakterisiert seine Darstellung als private Aufzeichnung, die nach den
Voraussetzungen der dargestellten Realität nur für es selbst bestimmt
ist. Dieser private Charakter wird dann ausdrücklich durchbrochen,
wenn das Ich, wie zu Beginn seiner »Gedankenspielerei«, den Leser
unmittelbar anspricht. In diesen Momenten, die in Abständen wiederkehren,[29] transzendiert das Ich die Immanenz der subjektiven Realität, um sie an den Leser zu adressieren.[30] Der Leser wird daran gehindert, sich im Nachvollziehen der konsistenten subjektiven Realität
illusionistisch in sie hineinzuversetzen. Ihm wird deutlich gemacht,
daß die Fiktion der persönlich-privaten Aufzeichnungen eines Gegenwartserlebens als diese Fiktion auf ihn ausgerichtet ist und ihm seine
Realität zeigen will.

b) Der Faktor, der den Umschlag von der objektiven in die subjektive Realität auslöst, erscheint nicht als willkürliche Annahme, sondern als logische Konsequenz objektiv-realer Konstellationen. Die
sich renaturierende Welt gibt sich den Status eines letzten post-
historischen Stadiums der objektiven Realität.
   Zunächst stellt das Ich die Katastrophe in Beziehung zur deutschen
Geschichte. Anläßlich der Betrachtung eines ›Unteroffizierbildes‹ aus
der Zeit des Ersten Weltkrieges heißt es:

> der Dank des Vaterlandes: das hieß in jenen guten Zeiten nach dem ersten
> Weltkriege: einen Leierkasten, und das Halsschild »keine Rente«. (Aber
> die Deutschen schrieen ja noch zweimal nach Männchen machen, und »Es
> ist so schön Soldat zu sein«: they asked for it, and they got it!) (S. 182).

Der imaginierte Krieg wird in die beiden Weltkriege eingereiht. Indem
das Ich vom Ersten Weltkrieg ausgeht und den Zweiten und letzten
zusammenfaßt, spricht es dem letzten eine ähnliche historische Ausgangslage zu wie dem Zweiten.
   Mit dieser »die Deutschen« als Provokateure der Katastrophe an-
führenden Bemerkung setzt das Ich »Schwarze Spiegel« in Beziehung

---

[28] Helmut M. Braem, Das Experiment Mensch. Arno Schmidt und die Freiheit (Rez.
»Brand's Haide«). Stuttgarter Zeitung, 8.3.1952; vgl. auch die anonyme Rez. von
»Leviathan« und »Brand's Haide«: Mensch nach der Katastrophe. Der Spiegel,
6.2.1952, die den Obertitel »Tagebuch-Bericht« trägt.
[29] Vgl. S. 178, 187, 195.
[30] Vgl. dagegen S. 224.

zu den beiden vorangehenden Texten der Trilogie. Das dort Dargestellte: die Kriegsvorbereitungen und die Endphase des Krieges im
einen und die Nachkriegszeit im anderen, gilt, wiewohl ausdrücklich
den Zweiten Weltkrieg betreffend, prinzipiell auch für die nicht dargestellten Kriegsvorbereitungen und den nicht dargestellten letzten
Krieg.

Die in den Datierungen und der im wesentlichen übereinstimmenden Konstitution des jeweiligen Ich und seiner geographischen Umwelt angezeigte Beziehung aller Texte zueinander als Darstellungen
derselben Realität wird in dieser beiläufigen Bemerkung bestätigt. Die
untereinander historisch-temporal differenzierten Darstellungen der
objektiven Realität werden durch die Darstellung einer subjektiven
Realität erweitert bzw. ergänzt.

Das Verhalten der Deutschen, das »Faun« in seinen historisch-fak-
tizitären Implikationen und »Brand's Haide« in seinen Auswirkungen
und seiner fortbestehenden Präsenz darstellt, wird von »Schwarze
Spiegel« in seiner buchstäblich katastrophalen Konsequenz vorgeführt.

Die von ›den Deutschen‹ herbeigeführte Katastrophe wird hier wie
dort auf die Situation des Menschen zurückgeführt, die durch seine
konstitutionellen Grenzen und Möglichkeiten einerseits und durch
sein Verhalten auf dieser Basis andererseits bestimmt ist. Diese Situation bildet das Thema der dargestellten Realität, das nicht nur der
Titel der Trilogie,[31] sondern auch der des Textes formuliert.

Im Rahmen des Hamburg-Aufenthalts weist das Ich geradezu auf
die Thematik hin:

> In den Unterführungen des Dammtorbahnhofes saßen sie noch aufrecht,
> hart oder betend, auf Koffern und Hutschachteln, in dumpfen und karier-
> ten Kleidern; ein Mumienkind drückte's Gesicht in den dürren Schoß der
> grauseidenen Mutter: und ich schlenderte hallend, den Karabiner auf der
> Patronentasche, den Finger am Hahn, durch die Reihen der lederbezoge-
> nen Totenhäupter: und siehe, hatte der gesagt (und sich den behaarten
> Bauch gestreichelt), siehe: es war Alles gut! Vor der Sperre, wo ein
> Leichenberg haufte, drehte ich um, und ging den Korso wieder zurück:
> dazu also hatte der Mensch die Vernunft erhalten. (S. 192)

Eindringlich schildert das Ich die Anhäufung mumifizierter Leichen.
Es setzt die neuerlich vergegenwärtigte Vernichtung der Menschheit
in Beziehung zum christlichen Schöpfungsmythos. Es nimmt ihn

---

[31] S. o., S. 57.

ernst, wobei es den christlichen Schöpfer-Gott nur andeutungsweise und verächtlich als »der« apostrophiert, als den zynischen ›Nobodaddy‹, den Leviathan identifiziert und personifiziert. Dementsprechend nimmt die Ohnmacht des Ich seinen konstitutionellen Lebensbedingungen gegenüber in der Aggression gegen den Leviathan Gestalt an:

> Ich war so haß-voll, daß ich die Flinte ansetzte, in den Himmel hielt: und klaffte sein Leviathansmaul über zehntausend Spiralnebel: ich spränge den Hund an! (a. a. O.)

Durch die Verbindung mit dem Schöpfungsmythos erscheint die dargestellte Realität, wie in der Bildung »Kreatorium« angedeutet, als das Resultat des menschlichen Vernunftgebrauchs, das in der ›schöpfungsmäßigen‹ ›Gabe‹ der Vernunft angelegt ist, so daß der personifizierte Ursprung des Menschen notwendig als das Böse – kurz zuvor ist vom ›Teufel‹ die Rede (a. a. O.) – hervortritt. Der Begriff der Vernunft schließt aber auch die Eigenverantwortlichkeit des Menschen ein: Mit der Vernunft hat er die Möglichkeit erhalten, innerhalb der gesetzten Grenzen sein Leben und seine Lebenswelt in eigener Verantwortung zu gestalten.

In diesem Zusammenhang reflektiert das Ich eine Beobachtung:

> Ein Rechtsanwaltsbüro daneben? Auch das noch! – Daß dies feile Pack: für Geld sogleich komödiantisch wortreich; gegen Bezahlung voller Gebärden des Rechts; aus Berufsinteresse Schürer und Anstifter aller Händel: auch Mörder, Ilse Koch, Generale, Diebe, geizige alte Weiber, finden ja stets noch ihre »Rechts«anwälte! Das muß man sich einmal vorhalten, um die Entbehrlichkeit dieses Standes zu erkennen: im Altertum war der Sykophant das verächtlichste Wesen: also daß dies Pack weg ist, versöhnt mich wieder mit der großen Katastrophe. Die kamen noch unter den Preisboxern, die sich vor Gaffern für Geld die Fressen einschlugen: es ist doch gut, daß mit all dem aufgeräumt wurde! (Und wenn ich erst weg bin, wird der letzte Schandfleck verschwunden sein: das Experiment Mensch, das stinkige, hat aufgehört!) Solche Betrachtungen stimmten mich wieder fröhlich. (S. 192f.)

Bei diesem gründlichen Abqualifizieren von Rechtsanwälten, das mit der dezidiert positiven Bewertung der »großen Katastrophe« verbunden ist, handelt es sich nicht um die zufällige Auseinandersetzung mit dem Berufsstand, sondern um die kritische Skizzierung eines wesentlichen Moments der objektiven Realität. Die geradezu exzessiv gesteigerte Geringschätzung steht für die Bewertung des Rechts-Begriffs bzw. -Gebrauchs der objektiven Realität.[32] ›Recht‹ erscheint als sein Gegenteil, als prostituiertes Recht, das »für Geld« zu haben ist. Die Rolle des Materiellen wird durch die rangmäßige Einstufung der Rechtsanwälte unter die ›Preisboxer‹ betont, die das Ich umgangssprachlich-kraß als die, »die sich für Geld die Fressen einschlugen«, charakterisiert.

Es sind also zwei Momente, die hier verurteilt werden: die Dominanz des Materiellen und die Prostitution des Rechts. Die beiden Momente komplettieren die Grundzüge des durch die Beschränkung auf das Banale gekennzeichneten Bildes der in der subjektiven vorhandenen objektiven Realität.

Die Merkmale der objektiven Realität sind insgesamt Depravationsformen des menschlichen Vernunftgebrauchs. Sie veranlassen die positive Bewertung der Katastrophe, die identisch ist mit der positiven Bewertung der Beendigung des ›Experiments Mensch‹.

Experimentator ist das personifizierte Unbegreifliche, Experimentierfeld die Welt, die zu überprüfende Variable das Verhalten des Menschen als eines vernunftbegabten Wesens. Vorgestellt ist ein umfassendes existentielles Experiment, das die Totalität der Menschheit und der menschlichen Welt in zeitlicher und räumlicher Extension betrifft. In ihm sind die Anfangsbedingungen festgesetzt, den Verlauf und Ausgang des Experiments bestimmt der Mensch selbst. Der Mensch hat das vom Unbegreiflichen veranstaltete Experiment selbsttätig beendet. Er hat seine Vernunft in der Konzentration auf Banales degeneriert, er hat sie mißachtet und prostituiert, indem er das Recht, das menschliches Zusammenleben regeln sollte, Materiellem untergeordnet, er hat sie nicht genutzt, indem er aus eklatanten historischen Beispielen des Mißbrauchs der Vernunft keine Konsequenzen gezogen hat. Er hat die Bedeutung der Vernunft als Grundlage seiner Existenz verkannt und diese damit – durch den Gebrauch der Vernunft – vernichtet.

»Experiment Mensch« steht für den Umgang des Menschen mit den ihm von seinem Ursprung gegebenen und begrenzten Existenzmöglichkeiten. Die Formel verklammert die Darstellung der subjektiven Realität mit denen der objektiven in »Faun« und »Brand's

---

[32] Der desolate Zustand des Rechts ist ein traditionelles Motiv utopischer Texte. Seine Bedeutung beschreibt Morus in der »Insula Utopia«: »Wo sich die beiden Untugenden: Parteilichkeit und Habgier in der Rechtsprechung einnisten, da zersetzen sie alle Gerechtigkeit, den Lebensnerv eines Staatswesens.« (Morus, S. 86; vgl. auch S. 23f.)

Haide«, bei denen es somit um zwei eng benachbarte Stadien aus der Endphase dieses Experiments in der historischen Wirklichkeit geht. »Schwarze Spiegel« vergegenwärtigt das imaginiert-posthistorische Resultat: »das war nun das Ergebnis! Jahrtausendelang hatten sie sich gemüht: aber ohne Vernunft!« (S. 179)

Der Text konkretisiert das »Ergebnis« des vernunftlosen ›Mühens‹, indem er die objektive Realität ins Subjektive steigert. Als die Darstellung dieses Ergebnisses, d. h. als der abschließende Teil der Trilogie »Nobodaddy's Kinder«, hat »Schwarze Spiegel« apokalyptischen Charakter. Die ästhetische Funktion der Wahrheitsvermittlung betrifft mit der Aufklärung der alltäglichen Lebenswelt in der historisch identifizierbaren objektiven Realität die ›Offenbarung‹ der existentiellen Bedingungen des Menschen, die von seinem rational unerfaßbaren Ursprung her festgesetzt sind. »Schwarze Spiegel« identifiziert in der Vernunft die dem Menschen gegebene Grundlage und Möglichkeit, in eigener Verantwortung eine lebensfähige und -werte Welt zu gestalten. Der Text führt sodann vor, daß das Nichtnutzen und der Mißbrauch der Vernunft die faktischen Lebensbedingungen des Menschen in der historischen Wirklichkeit kennzeichnen und daß der Mensch hierdurch die Grundlage seiner Lebensmöglichkeiten zerstört. Und schließlich legt er dar, daß die Tendenz zu dieser selbstverschuldeten Zerstörung a priori in der Vernunft angelegt ist.

3. »Schwarze Spiegel« in Abgrenzung von der Robinsonade als utopische Prosa

In seinem Titel artikuliert der Text die Intention, dem Leser seine Situation vor Augen zu führen. »Schwarze Spiegel« spielt auf Wielands »Der goldne Spiegel«[33] an und drückt zugleich die Distanz zu diesem aus.

Beide Titel enthalten den Anspruch, mit den Werken ›Spiegel‹ aufzustellen, um dem Hineinschauenden eine Anschauung seiner selbst und seiner Situation zu geben. »Der goldne Spiegel« verbindet die in

---

[33] Christoph Martin Wieland, Der goldne Spiegel oder die Könige von Scheschian. Eine wahre Geschichte aus dem Scheschianischen übersetzt, 2 Bde. Leipzig 1853 u. 1854 (= C. M. Wieland's sämmtliche Werke, 7. u. 8. Bd.). Vgl. auch AS, Schwarze Spiegel, S. 212f., wo Schmidt auf Wielands »Geschichte des weisen Danischmend«, Leipzig 1854 (= C. M. Wieland's sämmtliche Werke, 9. Bd.), zurückgreift. Wieland korrigiert hier die Diktion des ›goldnen Spiegels‹, er läßt ihm im Grunde ›schwarze‹ folgen.

die Märchenwelt des Orients verlagerte, ›aufklärerisch‹ intendierte Darstellung der objektiven Realität des 18. Jahrhunderts mit pädagogischen Absichten, die an die herrschenden Fürsten adressiert sind.[34] Ihm liegt die Vorstellung zugrunde, daß eine Besserung der menschlichen Lebensbedingungen möglich sei und daß er sie durch die positive Beeinflussung der politisch Verantwortlichen herbeiführen könne.

Der zukunftsverheißende »goldne Spiegel« wird durch »Schwarze Spiegel« ersetzt. Sie gestatten dem Hineinschauenden nurmehr, so Schmidt an anderer Stelle, »sich selbst die letale Diagnose«[35] zu stellen. Der Text bezweckt mit der von ihm vermittelten Anschauung die des Lesers, aber auch nur sie. Er bietet keine eschatologische Prognose, sondern ist »Spiegel«, der ein Bild derjenigen Realität wiedergibt, die »Faun« und »Brand's Haide« vermitteln, und der dieses Bild – sichtbar nur für den Betrachter, der in diesen »Spiegel« hineinsieht – in seinen Ursprung zurückwirft. Das extrapolierte Resultat dieser Realität weist sich somit als ›Spiegelung‹ aus, als eine Ab-bildung dieser Realität, deren Struktur durch die Beschaffenheit des Spiegels geprägt ist: durch das Bewußtsein des Ich.

Der Titel signalisiert, daß der Text seine Wirkungsmöglichkeiten nicht überschätzt. Er beläßt es beim Veranschaulichen. Er stellt eine Möglichkeit der Eigendiagnose zur Verfügung, deren Effizienz auch von der Bereitschaft des Lesers abhängt, sie wahrzunehmen (was wiederum auch die Transparenz der Textstruktur voraussetzt).

Die Struktur der subjektiven Realität, in der sich diese aufklärende Intention konkretisiert, weist »Schwarze Spiegel« als utopische Prosa aus.

Hervorragende Merkmale der dargestellten Welt scheinen dem zu widersprechen:
- das Alleinsein des Ich in einer menschenleeren Welt;
- die Bereitschaft, sich mit Waffengewalt gegen mögliche andere, a priori als feindlich eingestufte Menschen zu behaupten;
- das Sich-Einrichten in dieser Welt;
- der (angedeutete) Rückgriff auf Urformen des Überlebens.
Diese Merkmale stehen der utopischen Formtradition entgegen, in der sich von der »Insula Utopia« an die Darstellung der subjektiven Welt

---

[34] Ob und inwieweit eine subjektive Realität im Sinne der utopischen Formtradition vorliegt bzw. welche Relevanz die pädagogische Intention für die Struktur des Textes hat, wäre in einer gesonderten Untersuchung zu klären.
[35] AS, Der Fall Ascher. In: AS, Trition, S. 410–426, S. 426.

auf die Prinzipien einer kompletten menschlichen Gesellschaft konzentriert.[36] Sie scheinen »Schwarze Spiegel« eher in die Nähe der Ronbinsonade zu rücken, was durch eine Selbstcharakterisierung des Ich im zweiten Teil des Textes – »Wie Robinson« (S. 206)[37] – verstärkt wird. Entsprechend wird der Text zumeist wie selbstverständlich als »Robinsonade« klassifiziert.[38]

Gegen diese Zuordnung spricht das Verhältnis des Subjekts zu seiner Welt in der Robinsonade einerseits und in »Schwarze Spiegel« andererseits. Im »Robinson Crusoe«,[39] dem Paradigma der Robinsonade, ist das Verhältnis des Robinson zu seiner Welt, die – der sich renaturierenden Welt in »Schwarze Spiegel« ähnlich – ursprüngliche Natur ist, durch Ausbeutung gekennzeichnet;[40] in »Schwarze Spiegel« dagegen fügt sich das Ich in Gegebenheiten der wiederentstehenden Natur ein. Robinson bearbeitet die Natur,[41] das

---

[36] Vgl. dazu Ruyer, S. 23, der die gesellschaftliche Totalität zu einem Bestimmungskriterium von ›Utopie‹ macht.

[37] Ein robinsonadischer, dem Freitag-Komplex entsprechender Zug könnte auch in der Gemeinsamkeit des Ich mit der Fremden erblickt werden, die in eben dem Zusammenhang auftaucht, wo das Ich sich mit Robinson vergleicht. Eine Parallelisierung jedoch verbietet sich durch gravierende Unterschiede in der Beziehung der sekundären Figuren zum jeweiligen Ich. Sie lassen sich darin zusammenfassen, daß Freitag ›zivilisiert‹, vom robinsonadischen Ich den Normen der objektiven Realität angepaßt wird und das Alleinsein des Ich definitiv beendet. Lisa dagegen ist eine dem Ich gleichgestellte Figur, die seine Aussagen über den Zustand seiner Realität komplettiert und verifiziert, die sodann *nicht* das Alleinsein des Ich aufhebt, sondern seine Eindringlichkeit durch ihr Weiterziehen noch verstärkt.
Der ähnlichen Ausgangslage entsprechend bestehen zwischen zahlreichen Einzelmomenten Affinitäten wie die zwischen den Sekundärfiguren. Es handelt sich aber um rein motivische Affinitäten, die in den Kontext der utopischen Prosa eingearbeitet sind und damit ihren robinsonadischen Charakter verlieren.

[38] Huerkamp, »Daten & Namen«, bezeichnet »Schwarze Spiegel« als »Robinsonade« (S. 241); Thomé spricht insistierend vom »Schema der Robinsonade« (S. 138, 140, 142 u. 144), das er zudem auch auf »Faun« und »Brand's Haide« bezieht. Was »Robinsonade« heißt und was die Etikettierung von »Schwarze Spiegel« bzw. auch der anderen Texte von »Nobodaddy's Kinder« als Robinsonade aussagen soll, bleibt offen. Hiltrud Gnüg, Warnutopie und Idylle, vermischt unreflektiert »Wunschutopie«, »Idylle«, »utopisches Gegenbild«, »Warnutopie« (S. 282f.) und spricht außerdem vom »Eskapistische[n] dieser Robinson-Existenz« (S. 282).

[39] Daniel Defoe, Robinson Crusoe. Erster und zweiter Teil. A. d. Engl. v. Hannelore Novak. In: D. D., Robinson Crusoe. Erster und zweiter Teil, Kapitän Singleton, Die Pest in London. Romane, 1. Bd., hrsg. v. Norbert Miller, München 1968, S. 33–501.

[40] Vgl. Ian Watt, Der bürgerliche Roman. Aufstieg einer Gattung. Defoe – Richardson – Fielding. A. d. Engl. v. Kurt Wölfel, Frankfurt a. M. 1974, darin d. 3. Kap.: »Robinson Crusoe«, Individualismus und der Roman, S. 67–105, S. 79: »Die Naturszenerie auf der Insel spricht [. . .] das ausbeutende Subjekt an.«

[41] Vgl. Stockinger, S. 384: »Natur ist im R o b i n s o n C r u s o e Gegenstand der Bearbeitung.«

Ich in »Schwarze Spiegel« entnimmt ihr nur das Lebensnotwendige: selbst der Ackerbau ist ihm bezeichnenderweise zuwider. Im Gegensatz zu Robinson ist die körperliche Arbeit nur die Voraussetzung für ein Leben, das sich auf Tätigkeiten der Muße konzentriert.[42]

Im »Robinson Crusoe« setzen sich die Verhaltensnormen der objektiven in der subjektiven Realität fort. Die subjektive bezieht sich auf eine intakte objektive Realität, deren konstitutive Momente nicht in Frage gestellt werden. Diese subjektive Realität ist – im Sinne der Typen des LGs – eine Parallel-Welt. Dagegen ist die Welt von »Schwarze Spiegel« geradezu eine Konkretion der katastrophalen Tendenzen der objektiven Realität. Im Unterschied zum »Robinson Crusoe« ist die subjektive Realität so strukturiert, daß sie die Grundlagen der objektiven Realität in ihrer Fragwürdigkeit aufdeckt.

Daß »Schwarze Spiegel« trotz der Merkmale, die in die Nähe der vom »Robinson Crusoe« begründeten robinsonadischen Formtradition verweisen, der utopischen Formtradition angehört, artikuliert sich in der positiven Einstellung des Ich zu seiner Welt. In Wendungen wie »bloß gut, daß Alles zu Ende war« (S. 172), die in Variationen ständig wiederkehren, wird diese Einstellung präsent erhalten. Entscheidend für die Zugehörigkeit zur utopischen Formtradition ist jedoch nicht die Einstellung zur *subjektiven* Realität – die zumeist in der utopischen Prosa entweder negativ oder doch kritisch-distanziert ist[43] –, sondern das in ihr ausgedrückte Verhältnis zur *objektiven* Realität.

Gerade weil »Schwarze Spiegel« robinsonadische Merkmale aufweist, gerade weil der Text keine komplette menschliche Gesellschaftsordnung vergegenwärtigt, kommt ihm eine besondere Bedeutung innerhalb des Kontextes der utopischen Prosa zu. »Schwarze Spiegel« stellt die Realität eines Subjekts und damit eine genuin subjektive Realität dar, deren strukturspezifische Beziehung zur objektiven Realität der Hausbau metafiktional exemplifiziert. In der radikalen Reduktion auf das Subjekt und die subjektive Realität veranschaulicht der Text den Bestimmungsgrund der utopischen Prosa. Er

---

[42] Vgl. dazu Watt, S. 78f., der darauf hinweist, daß »die Beschäftigungen der Muße« Robinson »unangenehm« seien.

[43] Gegenüber der durchgängig positiven Einstellung zur subjektiven Realität in der traditionellen Utopie ist dies darin begründet, daß die subjektive Realität der utopischen Prosa durch die extrapolierend-prolongierende Steigerung entsteht, daß sie – und hier nimmt »Schwarze Spiegel« eine Ausnahmestellung ein – die Totalität einer Gesellschaftsordnung betrifft, aus deren Perspektive heraus sie in der Regel vergegenwärtigt wird.

ist so strukturiert, daß die Subjektivität, die seit der Begründung der utopischen Formtradition durch die »Insula Utopia« der ›anderen‹ Welt zugrundeliegt,[44] geradezu explizit als Konstitutivum dieser ›anderen‹ Welt auch in der Beziehung zur objektiven Realität hervortritt.

Das formal unvollständige LG »Schwarze Spiegel« wird in diesem Sinne dem Anspruch der Reinen Literatur gerecht.

4. Die Intensivierung und Komplettierung der subjektiven Realität

Dem Ausklang des ersten entsprechend wird der zweite Teil durch die Wiedergabe einer intellektuellen Tätigkeit, die ausführliche Auseinandersetzung mit der Art, »wie man in den US Menschheitsgeschichte lehrt« (S. 204), eingeleitet. Im Rahmen dieser Auseinandersetzung skizziert das Ich innerhalb der vom Mißbrauch der Vernunft geprägten objektiven Realität einen Zusammenhang der »Kulturwerte« (S. 198), der ›geistige[n] Existenz‹ (S. 204), der nicht nur die Möglichkeit, sondern die historische Faktizität adäquaten Vernunftgebrauchs demonstriert.

---

[44] Die »Insula Utopia« – präzise: der Teil des Werkes, der die Insel darstellt – gibt sich bereits mit dem (Unter-) Titel, einer originären Bildung Morus', deren Eigenart ihre bewußte Wahrnehmung durch den Rezipienten fördert, als subjektive Realität zu erkennen. Sie stellt sich als Realität vor, die ihren Ort nicht in der erfahrbaren objektiven Realität, sondern im Bewußtsein ihres Produzenten und Rezipienten hat. Ihre planmäßige Strukturierung aus dem Material der objektiven Realität mit der Implikation, diese zu kritisieren, ergibt sich aus dem Verhältnis der beiden Bücher – der Darstellung objektiver und subjektiver Realität – zueinander.
Auf unterschiedliche Weise und mit unterschiedlichen Akzentuierungen machen andere utopische Texte in der Nachfolge der »Insula Utopia« auf diese Verhältnisse aufmerksam.
So schreibt Johann Valentin Andreae, Christianopolis. A. d. Latein. übers., komm. u. m. e. Nachwort hrsg. v. Wolfgang Biesterfeld, Stuttgart 1975, daß er sich »entschlossen [habe], noch einmal die Fahrt auf das Akademische Meer hinaus zu wagen« (S. 19), das »Schiff der Phantasie« (a. a. O.) zu besteigen. Seine Darstellung fordert zum Vergleich mit anderen, objektiv-realen Staaten auf (vgl. S. 141) und verfolgt das Ziel, »wenigstens in uns selbst [. . .] die Laster auszureißen, die Tugend zu pflegen« (S. 12).
– Zu dem von Schnabel in seiner Vorrede zur »Insel Felsenburg« verwendeten Begriff des »Lusus ingenii« vgl. o., S. 127ff.
Franz Werfel schließlich weist im ersten Kapitel seines »Stern der Ungeborenen« (Ein Reiseroman, 20.–22. Tsd. Frankfurt a. M. 1967) darauf hin, daß das Ich »den Mittelpunkt der hier geschilderten Begebenheiten« (S. 11) bilde und spricht von »den sinnvollen Spielen, die unsere Seele hinter unserem Rücken aufführt« (S. 13), weist von vornherein aber auch auf die Verbindlichkeit der Subjektivität hin: »So ist also das Ich in dieser Geschichte ebensowenig ein trügerisches, romanhaftes, angenommenes, fiktives Ich wie diese Geschichte selbst eine bloße Ausgeburt spekulierender Einbildungskraft ist.« (S. 11)

Die nachfolgenden Schilderungen vergegenwärtigen das mit der Einrichtung des Ich in seiner Welt erreichte Stadium des gleichförmigen Lebens, das ihm die Muße für seine »geistige Existenz« gibt. Diese Situation wird abrupt durch den Einbruch der Fremden unterbrochen (S. 206).

Ihr Überleben verdankt sich ebenso dem nicht erklärten Zufall wie das des Ich. Sie, die, anders als das Ich, namentlich - als Lisa - identifiziert ist (S. 208), schafft die Möglichkeit, die Erfahrungen des Ich mit ihren Erfahrungen zu vergleichen, das Bild, das sich das Ich gemacht und das es vermittelt hat, zu überprüfen.

Resümieren: »Wir wissen also durch Autopsie, daß ganz Mitteleuropa menschenleer ist –« Sie nickte. »Auch in den angrenzenden Gebieten können keine nennenswerten Gruppen mehr sitzen, sonst wären sie in den verflossenen Jahren ja längst wieder eingesickert.« Auch das schien logisch. [...] »Rußland und die USA haben sich gegenseitig vollständig fertig gemacht: also wird auch da nicht mehr viel los sein.« [...]
[...] »Meiner Ansicht nach«, erklärte ich kalt, »wird die Lage folgende sein: Asien, Europa (Asiopa besser) –; ebenso Nordamerika –« ich wischte mit der Hand über die blaue und gelbe Nordhalbkugel, und sie kniff zustimmend die Lippen ein. »Südafrika hats auch erwischt; ebenso die Industriezentren Australiens und Südamerikas.«. »Meine Theorie ist: daß, getrennt durch sehr große Räume, hier und da noch ein paar Einzelindividuen nomadisieren. – Vielleicht sind auf den Südzipfeln der Kontinente [...] noch kleine Gemeinden übrig. – Die Einzelnen werden, des rauhen Lebens und der Wildkrankheiten ungewohnt, wahrscheinlich rasch aussterben. [...] Von den erwähnten Kleinstgruppen aus kann sich ja eventuell eine Wiederbevölkerung der Erde anbahnen; aber das dauert – na – hoffentlich tausend Jahre.« (S. 211)

Das Ich gibt einen Überblick über die globale Situation. Es verleiht ihm dadurch Authentizität und Glaubwürdigkeit, daß es ihn aus – durch die Figur Lisas ergänzter und bestätigter – »Autopsie«, Faktenübermittlung und logisch konsistenter Interpolation aufbaut. Es beendet ihn, indem es die ständig präsente positive Bewertung der subjektiven Realität auf ihre Ausweitung ins Globale überträgt. Es bezieht sie auf die Zukunftsperspektive einer wenigstens millenar andauernden Menschenlosigkeit: »»Und es ist gut so!« schloß ich herausfordernd.« (a. a. O.)

In einem langen Monolog, der sich in weiten Teilen an Wielands »Geschichte des weisen Danischmend«[45] anlehnt oder auch wortge-

---

[45] In »hob ich wieder die Rede des alten Kalender an« (S. 212) weist das Ich auf

treu daraus zitiert, führt das Ich eine grundsätzliche und umfassende »Begründung« (S. 211) seiner Wertung und damit der subjektiven Realität vor. Diese verfestigt innerhalb der imaginierten Realität das, was ihr zugrundeliegt, durch die argumentative Explikation.

Die »Rede« des Ich zeichnet ein »Bild der Menschheit« (S. 211). Sie weist unmittelbar auf die die objektive Realität bestimmenden Depravationsformen der Vernunft. Ausgehend von der Konzentration auf das Banale, die es charakterisiert: »Boxen, Fußball, Toto: da rannten die Beine!« (a. a. O.), spricht das Ich die faktische Wertlosigkeit der »menschliche[n] Gattung« (S. 212)[46] an, die mit ihrer potentiellen Qualifikation kontrastiert. Urteilskriterium ist der Vernunftgebrauch:

> Nicht nur sind gewöhnlicher Weise Begier und Abscheu, Furcht und Hoffnung – von Sinnlichkeit und Einbildung in Bewegung gesetzt – die Triebräder aller der täglichen Handlungen, die nicht das Werk einer bloß instinktmäßigen Gewohnheit sind: sondern in den meisten und angelegensten Fällen – gerade da, wo es um Glück oder Unglück des ganzen Lebens, Wohlstand oder Elend ganzer Völker: und am allermeisten, wo es um das Beste des ganzen menschlichen Geschlechts zu tun ist – sind es fremde Leidenschaften oder Vorurteile, ist es der Druck oder Stoß weniger einzelner Hände, die geläufige Zunge eines einzigen Schwätzers, das wilde Feuer eines einzigen Schwärmers, der geheuchelte Eifer eines einzigen falschen Propheten, der Zuruf eines einzigen Verwegenen, der sich an die Spitze stellt – was Tausende und Hunderttausende in Bewegung setzt, wovon sie weder die Richtigkeit noch die Folgen sehen (S. 213).[47]

Das Ich beschreibt die Menschheit mit Wieland als eine »unvernünftige Gattung von Geschöpfen« (S. 213).[48] Die subjektive Realität erscheint wiederum als das extrapolierte Resultat der kontinuierlich die Menschheit leitenden Unvernunft.

Wielands »Danischmend« als Quelle hin. Die entsprechenden Stellen finden sich bei Wieland, S. 58ff.

[46] Vgl. Wieland, Danischmend, S. 60f.

[47] Vgl. a. a. O., S. 63f. – Schmidt zitiert nahezu wörtlich; neben minimalen orthographischen Abweichungen ändert er lediglich zwei Wörter: Schmidt schreibt »Handlungen, die nicht das Werk einer bloß instinktmäßigen Gewohnheit sind«, Wieland hat statt »instinktmäßigen« »maschinenmäßigen«; und am Schluß der zitierten Passage hat Schmidt das Wielandsche »Richtung« in »Richtigkeit« geändert. Die fast wörtliche Übernahme – die Änderungen sind lediglich Präzisierungen, die dem geänderten Sprachgebrauch Rechnung tragen – einer solch allgemeinen Aussage eines Textes der Aufklärung unterstreicht die Gültigkeit dieser Aussage für die Realität, auf die sich die subjektive von »Schwarze Spiegel« bezieht.

[48] Vgl. Wieland, Danischmend, S. 64.

Zum Abschluß seiner Ausführungen beantwortet das Ich die (implizierte) Frage nach der »Schuld« dieser totalen Misere:

»S c h u l d   d a r a n ?« – »Ist freilich der Primo Motore des Ganzen, der Schöpfer, den ich den Leviathan genannt, und langweilig bewiesen habe.« (S. 214)

Der Begriff der Schuld deutet an, daß es sich hier um eine andere Dimension handelt, als sie im Begriff des Grundes oder der Begründung enthalten ist. »Schuld« bezeichnet die nicht hinterfragbare Beziehung »des Ganzen«, des in sich Begründbaren, dessen interne Veränderungen auf Ursachen zurückzuführen sind, zum Unbegreiflichen, dem Ursprung dieses »Ganzen«, das sich der Begründung entzieht.

Das Ich konturiert sein Verständnis des Unbegreiflichen, des Schöpfers, Leviathans oder auch ›Nobodaddys‹. Sein Anspruch, daß es »den Leviathan [. . .] langweilig bewiesen« habe, verweist – deutlicher als im zuvor gegebenen Hinweis durch das Zitieren des von Voltaire (bzw. Leibniz[49] in der Voltaireschen Prägung) übernommenen Untertitels – auf den »Leviathan« Schmidts.[50] Dieser Text führt, dem Trilogie-Thema ähnlich, in der Darstellung objektiver Realität »echte Kinder des Leviathan«[51] vor. Ausgehend von Schopenhauers Bestimmung der Welt als »Wille und Vorstellung«, »beweist« er unter Berufung auf zahlreiche ›historische Quellen‹ den Leviathan als ein »Wesen furchtbarer Macht und Intelligenz«, als einen »Dämon«, der »bald er selbst [ist]; bald [. . .] in universaler Zerteilung« »west«, der derzeit »als Universum« »existiert«, so daß der Mensch, Bestandteil des Universums, Teil des Dämons ist und als Individuum mit seinem Tod in diesen eingeht, um seine Einheit zu restituieren.[52] Die in »Schwarze Spiegel« vorausgesetzte Selbstvernichtung der Menschheit bedeutet hiernach den Vollzug eines Stadiums in diesem Restituierungsprozeß, dem auf der Ebene der subjektiven Realität die Renaturierung entspricht.

Diesen grundsätzlichen Ausführungen, die im Zusammenhang der Ankunftsituation stehen, folgt eine Phase des (nunmehr ›zweisam‹)

---

[49] Vgl. AS, Leviathan, S. 69.

[50] Vgl. AS, Schwarze Spiegel, S. 220ff. u. 223f. die Annäherung des Ich an das Autor-Ich, die das Ich als Autor des »Leviathan« ausweist.

[51] AS, Leviathan, S. 67.

[52] Alle Stellen a. a. O., S. 67f. Zu den angeführten Quellen vgl. a. a. O., S. 75f. die von den Gnostikern und Kabbalisten über Giordano Bruno, Spinoza, Goethe bis zu den »neuen Mathematiker[n] und Astronomen« (S. 75) reichende Auflistung.

gleichförmigen Lebens, aus der das Ich lediglich Verrichtungen des Alltags und kurze Gespräche wiedergibt. Die Grenze zwischen dem nachdatierbaren Tag, der der Wiedergabe der beiden großen Zusammenhänge der globalen Lageschilderung und der begründenden Ausführung des Ich folgt, verschwimmt. Eine neuerliche Datierung erfolgt erst nach einer Zeitspanne von etwa zwei Monaten. Sie wird durch den Geburtstag Lisas motiviert.

Wie die vorhergehenden Datierungen dieses Teils, fixiert auch diese eine längere Ausführung des Ich zu einem bestimmten Themenbereich. Im Vordergrund steht hier das Ich selbst, das einen Teil seiner »Erinnerungen« (S. 220ff.) zitiert.

Auf der Ebene der dargestellten Realität leitet die neuerliche Konzentration des Ich auf sich selbst die Wiederherstellung seines anfänglichen Status des Alleinseins in der menschenleeren Welt ein. Lisa zieht weiter, läßt das Ich in seiner Welt zurück. Die auf dem Hintergrund der objektiven Realität und im Hinblick auf sie positiv bewertete subjektive Realität mündet *nicht* in die Darstellung eines Lebens zu zweit ein, das – durch die vorhandenen und vom Ich geschaffenen Voraussetzungen – durchaus idyllischen Charakter einnehmen könnte.[53] Zumal diese Realität ebenfalls positiv bewertet würde,[54] könnte sie allzu leicht ein Umschlagen der aufklärenden Valenz des utopischen Prosatextes ins Unverbindliche bewirken. So aber repräsentiert das Ich abschließend seine Situation in völliger Übereinstimmung mit der am Ende des ersten Textteiles dargestellten:

Gegen Morgen kam Gewölk auf (und Regenschauer). Frischer gelber Rauch wehte mich an: mein Ofen! So verließ ich den Wald und schob mich ins Haus: der letzte Mensch.
Noch einmal den Kopf hoch: da stand er grün in hellroten Morgenwolken. Auch Wind kam auf. Wind. (S. 226)

---

[53] Vgl. dazu u., S. 332ff.
[54] Vgl. die an Lisa gerichteten Aufforderungen zu bleiben S. 224 u. 225.

II. »Die Gelehrtenrepublik«:
Die Konkretisierung der subjektiven Realität durch
die in der Übersetzungsfiktion vermittelte Darstellung
zweier Sonderwelten

Die editorische Übersetzungsfiktion

Die »Gelehrtenrepublik« besteht aus der Darstellung des Reporters
Charles Henry Winer, die als die Wiedergabe seines Gegenwartserlebens vorliegt, und Anmerkungen des Übersetzers Chr. H. Stadion.
Eine editorische Notiz, eine vergleichende Tabelle der ›Daten‹ Winers
und Stadions und ein Vorwort des Übersetzers gehen dem Darstel-
lungs-Anmerkungen-Komplex voraus, hinzugefügt ist eine Karte der
IRAS, der »eigentliche[n] ›Gelehrtenrepublik‹« (S. 7). *Alle* diese Momente sind Komponenten des literarischen Werkes.

Vor dem Beginn der Darstellung konstituieren die editorische Notiz, die Datentabelle und das Übersetzer-Vorwort eine Realität, deren
erste Merkmale sie als subjektive Realität ausweisen.

Sie fingieren den Text als Edition innerhalb dieser Realität, als
kommentierte Übersetzung aus dem Amerikanischen ins – tote –
Deutsche. Datierungen machen deutlich, daß diese Realität in die Zukunft des Jahres 2008 projiziert ist, die Angaben über die sprachlichen Verhältnisse, daß sie durch eine imaginativ-projektive historische Entwicklung mit der objektiven Realität verbunden ist.

Daß die deutsche Sprache in dieser Welt tot ist, deutet auf die vorausgesetzten Ursachen der subjektiven Realität hin. Das Übersetzer-Vorwort präzisiert die in der editorischen Notiz enthaltene
Andeutung. Es ist die Rede vom »zerstrahlten Europa einer-, sowie
[. . .] [vom] amerikanischen Korridor andererseits« und, direkt das
Aussterben des Deutschen ansprechend, von »der so früh erfolgten
Zerstrahlung des Mutterlandes« (a. a. O.).

Auslösende Faktoren der subjektiven Realität, die wie in »Schwarze
Spiegel« nicht dargestellt werden, sind globale nukleare Kriege, die
ganz Europa und einen großen Teil Nordamerikas radioaktiv ver-
seucht haben. Die Strahlenwirkungen haben menschliches Leben vernichtet, aber neue »biologische[.] Entwicklungen« (a. a. O.) men-
schenähnlicher Wesen – Hominiden – eingeleitet, die auf diese ver-
seuchten Gebiete begrenzt sind.

Neben diesen Gebieten besteht die subjektive Realität aus einer
durchaus intakten Welt. Der die editorische Notiz einleitende und im

Übersetzer-Vorwort wiederkehrende Bezug auf ein »Interworld=Gesetz« (S. 6 u. 7) zeigt an, daß diese Welt in Staaten organisiert ist, die gewisse gemeinsame Interessen in global geltenden Gesetzen zusammengefaßt haben.

Der Bezug der subjektiven zur objektiven Realität wird hergestellt, indem der Übersetzer von »der technischen oder sozialen Entwicklung« (S. 7) spricht. Ein hervorragendes Kennzeichen dieser nicht näher bezeichneten Entwicklungen ergibt sich aus der Diktion aller drei einleitenden Textelemente. Sie konzentrieren sich in unterschiedlicher Form auf die Wiedergabe von Daten. Die editorische Notiz führt pedantisch genau das »Interworld=Gesetz Nr. 187, vom 4.4.1996, [...] § 11 a« an, die Persönlichkeiten von (fingiertem) Verfasser und (ebenso fingiertem) Übersetzer werden in der Tabelle statistischer »Daten« nahezu vollständig auf Zahlenangaben reduziert, der Übersetzer bemißt die Darstellung Winers nach dem »Material« bzw. den »Daten«, die sie vermittelt (S. 6f.). Die Betonung von Daten signalisiert ein extrem positivistisches Wirklichkeitsverständnis: Wirklichkeit erscheint als statistische Größe.

Die einleitenden Elemente konstituieren die subjektive Realität, indem sie sie als gegeben voraussetzen, und sie vermitteln sie, indem sie den Leser stillschweigend in sie einbeziehen. Der Leser wird hier gleichsam als Mitglied der subjektiven Realität mitfingiert. Der Übersetzer stellt den Leser mit dem »wir« auf eine Stufe mit sich und bestimmt das »wir« als die Öffentlichkeit, die nur »selektiv unterrichtet« (S. 7) ist und der durch die Darstellung bislang unbekannte »Daten« ihrer eigenen Realität vermittelt werden. Der fingierte Leser hat so einen ähnlichen Informationsstand wie der ›reale‹, das Dargestellte ist für beide neu.

Die Übersetzungsfiktion insgesamt festigt diese Verbindung zwischen der subjektiven Realität und dem Leser auf einer ganz elementaren Ebene. Was das heißt, spricht Stadion aus der Perspektive des Übersetzers an:

> Eine persönliche Schwierigkeit bitte ich nicht zu unterschätzen: die Übertragung erfolgte aus dem Amerikanischen in eine tote Sprache. Seit der so früh erfolgten Zerstrahlung des Mutterlandes hat Deutsch nicht mehr lebendigen Schritt halten können mit der technischen oder sozialen Entwicklung – demzufolge konnten gewisse Geräte, Apparaturen, Handgriffe, auch Absichten und Gedankengänge, nur umschrieben wiedergegeben werden. [...] Fußnoten werden vorkommendenfalls solche Lücken auszufüllen suchen. (S. 7f.)

Die Sprache des Textes spiegelt den sprachlichen Entwicklungsstand des realen Lesers, seinen Erfahrungs- und Vorstellungsbereich. Die außerhalb der Erfahrungswirklichkeit des Lesers angesiedelte Welt wird durch die Übersetzung seinem Erfahrungs- und Vorstellungspotential angeglichen.

Die Übersetzungsfiktion deklariert sich auf diese Weise ausdrücklich als Transformierung von einem Medium in ein im Grunde inadäquates anderes. Sie bildet eine zweite Fiktionsebene, die überhaupt erst die erste zugänglich macht.

Die Übersetzung tritt nicht hinter das übersetzte Original zurück, sondern bleibt als diese gegenwärtig. Der Übersetzer bringt seine eigene Individualität ins Spiel. Er ist figural präsent und erhält diese Präsenz in den zumeist dezidiert subjektiven Anmerkungen aufrecht.

Der Text wird durch zwei Subjekte vermittelt. Ihr zentraler Unterschied besteht in der figuralen Präsenz des einen und der darüber hinausgehenden figuralen Konkretheit des anderen. Winer teilt mit, wie er die subjektive Realität in fiktional konkreten Personen- und Sachbezügen erlebt, Stadion teilt mit, wie er die von diesem Ich geleistete Darstellung aufnimmt. Im einen Fall steht das Ich in wechselseitigen Bezügen inmitten seiner Welt, im anderen in einseitig-rezeptiver Beziehung zum gegebenen Text. Beide vermitteln Subjektiv-Reales: das figural konkrete Ich die fiktional konkrete Welt, das figural präsente Ich den fiktional konkreten Text. Beide geben einen Bewußtseinsvorgang wieder: Winer den des Gegenwartserlebens der subjektiven Realität, Stadion den des transformierenden Rezipierens der dargestellten Realität.

Mit den einleitenden Textelementen haben beide ihren Ursprung im Bewußtseinsvorgang des LGs, dessen eine Hälfte den Gesamttext ausmacht und ihn als utopische Prosa konstituiert. Da *beide* figuralen Vermittler der subjektiven Realität die vom Autor produzierte Realität vermitteln, sind sie *beide* durch Affinitäten zum Autor-Ich mitbestimmt.

Winer und Stadion sind völlig unterschiedliche Charaktere. Die Unterschiede verzeichnet die Datentabelle. Im Namen des Übersetzers und in der Genealogie des Reporters wird greifbar, daß dennoch beide mit dem Autor-Ich in Beziehung stehen. Winer führt seine Abstammung auf die Schwester Arno Schmidts zurück (vgl. S. 75), sein Verhältnis zum Autor ist durch genealogische Projektion bestimmt. Chr. M. Stadion ist ein auch andernorts[55] von Schmidt ge-

---

[55] Vgl. z. B. AS, Schwänze, In: AS, Schwänze, Frankfurt a. M. 1976, S. 67–92; S. 92 wird Chr. M. Stadion als »der Verfasser einer »Gelehrtenrepublik«« apostrophiert.

brauchtes Anagramm seines Namens. Die geänderte Kombination seiner Bestandteile im Übersetzer-Namen signalisiert eine Verzerrung. In den Äußerungen des Übersetzers bringt sich dementsprechend verzerrt der Autor zur Sprache.

Die Darstellung liegt nur in der Übersetzung dieses Ich vor, bleibt aber, so weit möglich, dem Original treu. Übersetzung und Rezeptionsäußerungen sind streng voneinander getrennt. Der Übersetzer betont, daß er sich auch dort, wo er sich in seinen »persönlichen Gefühlen als Restdeutscher« (S. 49, A 25) getroffen fühle, »einer korrekten Übertragung befleißigt« (S. 8) habe. Er verlegt seine mit Vorurteilen behafteten Anmerkungen und Kommentare in die »Fußnoten«, eigenmächtige Entscheidungen, die das Original verändern und für den Text bedeutsam sind, kennzeichnet er (vgl. z. B. S. 65, A 35).

1. Das ironische Spannungsfeld zwischen Übersetzungs- und Darstellungsfiktion

Das Spektrum der Äußerungen Stadions reicht vom marginalen »?« (S. 73, A 44) oder »sic!« (S. 79, A 49) über Transformierungen angelsächsischer, russischer u. a. Maßeinheiten ins »metrische System« (S. 76, A 48),[56] Übersetzungen von in wörtlicher Rede gebrauchten nicht-amerikanischen Wörtern,[57] terminologischen Identifizierungen normalsprachlicher Beschreibungen oder Wendungen,[58] Verifizierungen literarischer Anspielungen und Zitate[59] und Kennzeichnungen nicht identifizierter Stellen,[60] Erläuterungen zu bestimmten Textstellen,[61] Verteidigungen deutscher Kultur und Aggressionen gegen amerikanische Kulturlosigkeit,[62] philiströs moralisierenden Kommentierungen verschiedenster Art[63] bis hin zur Mitteilung von Randnotizen des Autors aus dem Manuskript, von zusätzlich eingeholten Auskünf-

---

[56] Vgl. S. 69, A. 42; S. 15, A. 2; S. 18, A. 4; S. 116, A. 77.
[57] Vgl. S. 129, A. 83; S. 130, A. 84 u. ö.; vgl. dazu auch die Übersetzung eines Amerikanismus ins Deutsche S. 123, A. 80.
[58] Vgl. S. 15, A. 2 u. ö.; vgl. dazu auch die Umkehrung S. 55, A. 29.
[59] Vgl. S. 40, A. 21 u. ö.
[60] Vgl. S. 65, A. 37 u. ö.; vgl. zu A. 37 Schmidt-Henkel, Gelehrtenrepublik, S. 574, der den zitierten Titel ausfindig macht, es aber beim Ausfindig-Machen und seiner Mitteilung beläßt und damit in diesem Punkt genau den Leser-Typus repräsentiert, den Schmidt hier karikiert.
[61] Vgl. S. 55, A. 28; S. 63, A. 36 u. ö.
[62] Vgl. S. 68, A. 41; S. 73, A. 43 u. ö.
[63] Vgl. S. 87, A. 53; S. 88, A. 54; S. 100, A. 64 u. 65 u. ö.

ten beim Verfasser Winer[64] sowie deren Verweigerung und zu Hinweisen auf den »Urgroßonkel« des Verfassers, Arno Schmidt.[65] In fast allen Anmerkungen spricht der Übersetzer als Individuum. Wenn dies nicht unmittelbar durch die Setzung des ›Ich‹ oder durch extrem starke Überzeichnung der subjektiven Ansicht erkennbar ist, zeigt es sich in attributiven Erweiterungen oder im Kontext, im Verhältnis zur Darstellung Winers und auch zu anderen Anmerkungen.

In ihnen demonstriert Stadion, der seinen Beruf mit »Studiendirektor (emerit.)« (S. 6) angibt, nahezu durchgängig seine eigene ›humanistische‹ Bildung.[66] Sie akzentuieren die Stellen der Darstellung, die bestimmte Segmente des Bildungshorizonts von Stadion aktivieren – sei es, daß sie vorhandenes Wissen ansprechen, das freigesetzt und assoziativ dem Text hinzugefügt wird, sei es, daß sie bestimmte Normenkomplexe berühren, die zu wertenden Stellungnahmen führen.

Eine Rezeption der Darstellung findet auf diese Weise gar nicht statt.[67] Der Erfahrungshorizont des Rezipienten ist derart normativ verfestigt, daß er in der Begegnung mit der Darstellung nicht durchbrochen und geändert wird.

Stadion ignoriert die Relevanz der Darstellung, die, wie die editorische Notiz belegt, geradezu administrativ objektiviert ist. Unter Berufung auf das »Interworld=Gesetz« heißt es dort, daß

die Möglichkeit der Veröffentlichung politisch oder sonst irgend anstößiger Broschüren durch die Übertragung in eine tote Sprache, als vereinbar sowohl mit der Staatsraison, als auch etwelchen Belangen der Literatur (S. 6)

angesehen werde. Das globale Interesse, die Darstellung Winers durch das Übersetzungsgebot in eine tote Sprache der Öffentlichkeit vorzuenthalten, dokumentiert ihre politische Brisanz, die Wahrhaftigkeit und Bedeutung des Mitgeteilten. Die Darstellung erhält den Wert exklusiver kritischer Informationsvermittlung, die manipulativ Verborgenes aufdeckt.

---

[64] Vgl. S. 74, A. 45; S. 88, A. 55.

[65] Vgl. S. 96, A. 60; S. 99, A. 61; S. 111, A. 72.

[66] Vgl. Schmidt-Henkel, Gelehrtenrepublik, S. 569, der den Übersetzer in der »Rolle eines humanistischen Fossils« sieht.

[67] Der Rezeptionsvorgang impliziert die ›ästhetische Erfahrung‹. Zu ihr gehört, so Hans Robert Jauß, Racines und Goethes Iphigenie. Mit einem Nachwort über die Partialität der rezeptionsästhetischen Methode. Neue Hefte für Philosophie, H. 4, Theorie literarischer Texte, Göttingen 1974, S. 1–46, S. 44: »daß habitualisierte oder zu Normen verfestigte Erwartungen [. . .] eingelöst oder überschritten, dadurch thematisiert, bestätigt oder problematisiert werden können.«

Stadion selbst unterstreicht die Relevanz der Darstellung, indem er ihren materialen Aussagegehalt hervorhebt, und er ist sich auch bewußt, daß sie nur dem Anschein nach ein Zugänglichmachen von Verborgenem ist; denn das Übersetzungsgebot in eine tote Sprache kommt einem wirkungslosen Konservieren gleich. So spricht er nicht von einer ›Publikation‹ der Darstellung, sondern von ihrer »Fixierung und Aufbewahrung durch den Druck« (S. 7).

Der offiziell geplanten Wirkungslosigkeit der Darstellung entspricht die Haltung Stadions zu ihr. Hier verhindert freilich nicht die sprachliche Barriere das Wahrnehmen der kritischen Aussagen, sondern die Borniertheit Stadions.

Das Verhältnis Stadions zur Darstellung hat metafiktionale Bedeutung für das Verhältnis des Lesers zum Text. In pointierter Form macht es die trotz der Angleichung an das Sprachpotential des Lesers erwartete Wirkungslosigkeit zum Bestandteil des Textes.

Dem Verhältnis der Namen von Übersetzer und Autor entsprechend ist Stadion nicht, wie Gerhard Schmidt-Henkel meint,

in Wahrheit [. . .] der heutige Mensch [. . .], wie er in der Vorstellung Schmidts die Erlebnisse Winers kommentieren könnte,[68]

sondern seine Karikatur.

Dadurch besteht zwischen den beiden Fiktionsebenen ein ironisches Spannungsverhältnis, das, in den Anmerkungen präsent, als ironisches Spannungsfeld den gesamten Text durchzieht.[69] Es begreift den realen Leser in sich ein, der mit dem Übersetzer in der subjektiven Realität der Darstellung Winers gegenübersteht. Die karikativen Überzeichnungen der Übersetzer-Äußerungen verhindern eine Übernahme der Übersetzer-Perspektivik. Dennoch beeinflussen sie maßgeblich das Verhältnis des Lesers zum Text. Wie sie eine Identifikation mit Stadion verhindern, so auch eine mit Winer. Sie rufen ihm ständig und unmißverständlich seine Rolle als Rezipient ins Bewußtsein.

---

[68] Schmidt-Henkel, Gelehrtenrepublik, S. 569.

[69] Das hier zugrundegelegte Verständnis von Ironie orientiert sich an Ingrid Strohschneider-Kohrs, Die romantische Ironie in Theorie und Gestaltung, Tübingen 1960 (= Hermaea, N. F. 6). Sie bestimmt »Ironie als künstlerische Gestaltungsweise« (S. 422), für die sie zweierlei anführt: »Die Fiktion [.] wird bewußt hervorgehoben und in eigens unterstrichenen Reflexionen verdeutlicht. Zugleich ist eine solche Demonstration, ein solches Zeigen und Benennen der Grundbedingungen und Prinzipien der dichterischen Gattung [. . .] zu einer eigenen fiktiven [. . .] Welt durchkomponiert.« (a. a. O.)

Das ironische Spannungsfeld bricht den Text auf. Es bewirkt eine Verfremdung: Es schafft eine kritische Distanz zwischen Leser und Text.

In diesem ironischen Spannungsfeld erhalten die Anmerkungen die Verbindung zwischen der subjektiven Realität und dem Leser aufrecht.[70] Sie geben gezielte, wiewohl ironisch verfremdete Rezeptionshinweise.

Hierauf macht Schmidt selbst in seinem Aufsatz »Dichter & ihre Gesellen: Jules Verne«,[71] in dem er am Beispiel der »Gelehrtenrepublik« sein Verhältnis zu Verne darlegt, aufmerksam. Schmidt geht auf eine bestimmte Textstelle ein. Winer berichtet über ein Bildnis, das Jules Verne zeigt, kann den Namen aber nicht historisch verifizieren. Schmidt schreibt:

> Hierzu, unten auf der Seite, die gravitätisch-narrende – und trotz ihrer Steifhosigkeit doch auch wieder idiotisch-weiterfördernde ›Fußnote‹ des fingierten Übersetzers: »Natürlich der seinerzeit recht bekannte welsche Populärschriftsteller; nach dessen ›Reise zum Mittelpunkt der Erde‹ unser großer deutscher Storm möglicherweise seine unvergleichliche ›Regentrude‹ entwarf. Vergleiche mein Gymnasialprogramm, Bonn 1966.«[72]

Die von Schmidt charakterisierte Anmerkung karikiert den Übersetzer in der marginalen philologischen Akribie, der possesiven Vereinnahmung Storms als eines Deutschen, der gegen den ›welschen‹ Verne ausgespielt wird, und dem eitlen Zitieren einer eigenen Publikation. Die Anmerkung identifiziert nicht den tatsächlichen Bezug des Textes zu Verne, lenkt jedoch die Aufmerksamkeit des Lesers in die relevante Richtung. Sie präzisiert den Bezug als einen solchen, der in der literarischen Auswertung eines bestimmten Werkes besteht. Dazu Schmidt:

> dies ist 1 der mehreren Hinweise, wo ich meine große Anregung für ebendiesen zweiten Teil meines Buches andeute; nämlich Jules Verne's ›L'île à hélice‹ [. . .]: ›Die Propellerinsel‹.[73]

---

[70] Vgl. Schmidt-Henkel, Gelehrtenrepublik, S. 569. Schmidt-Henkel sieht im Übersetzer »die [. . .] entscheidende Brücke von der Zukunftsvision zum Verständnis des Gegenwartslesers«.

[71] In: Uwe Schultz (Hrsg.), Fünfzehn Autoren suchen sich selbst. Modell und Provokation, München 1967, S. 48–65. – Dieser Text hat nichts mit dem von 1956 gemein, der denselben Titel – Dichter und ihre Gesellen – trägt.

[72] A. a. O., S. 59; vgl. AS, Gelehrtenrepublik, S. 80, A. 50. Vgl. dazu auch AS, Begegnungen mit Fouqué. In: AS, Trommler, S. 348–359, S. 349, wo Schmidt auf die angesprochene Beziehung Storms zu Verne hinweist.

[73] AS, Dichter & ihre Gesellen, S. 59.

Schmidt vermerkt ergänzend, daß er von Verne lediglich die »technischen Daten [. . .], ohne nachzurechnen, abgeschrieben«, im übrigen »kaum noch etwas«[74] übernommen habe. Wenn auch der in dieser Anmerkung gegebene Hinweis nur die Herkunft eines bestimmten Motivkomplexes transparent macht, so geben andere Anmerkungen Hinweise, die als Bestandteile der Textstruktur für ihr adäquates Verständnis unerläßlich sind.

Eine solche Anmerkung von zentraler Bedeutung steht in Verbindung mit dem Titel. In der Darstellung ist erstmals von der »Gelehrtenrepublik« die Rede. Stadion merkt an:

> Für das ›IRAS‹ (= International Republic for Artists and Scientists) des Originals. Ich wählte das deutsche Wort, zum ehrenden Gedenken an das uns – zumindest einstens – geläufige Stück des großen Klopstock. (S. 61, A 35)

Diese Anmerkung ist deshalb für den ganzen Text und sein adäquates Verständnis relevant, weil sie eine Bedeutungsebene der Titelformulierung expliziert, die durch das implizite Zitieren der »Gelehrtenrepublik« Klopstocks gekennzeichnet ist.

»Gelehrtenrepublik« steht vor dieser Stelle innerhalb des Textes lediglich im Vorwort Stadions. Dort wird der Terminus als Bezeichnung eines realen Gebildes, von dem ein manipuliert-unvollständiges Bild in der Öffentlichkeit besteht, gebraucht, und es wird angesprochen, daß diesem »die zweite Hälfte der vorliegenden Beschreibung« (S. 7) gewidmet ist. Die Titelformulierung enthält folglich die thematische Akzentuierung eines Teils der Darstellung. Vor diesem Teil präzisiert die Anmerkung die im Titel angedeutete Beziehung zur »Gelehrtenrepublik« Klopstocks.

Zunächst verifiziert sie den Zitatcharakter. Der Übersetzer deklariert den Rückgriff auf »das deutsche Wort« jedoch als eigene Entscheidung. In der Begründung bekundet er literaturhistorisch-lexikalisches Wissen, patriotische Gesinnung und das Bemühen, die Erinnerung an ein literarisches Werk als die Erinnerung an deutsches Kulturgut wachzuhalten. Daß das »Stück des großen Klopstock« »uns« – also mit dem deutschen Übersetzer dem (fingierten und realen) deutschen Leser – nicht ›geläufig‹ ist und auch »einstens« nur einer sehr elitären Gruppe vor allem selbst wieder Literatur Produzierender ›geläufig‹ war,[75] daß »uns« lediglich das »Wort« präsent ist,

---

[74] A. a. O., S. 60f.
[75] Vgl. Siegfried Sudhof, Zur Druckgeschichte von Klopstocks »Deutscher Gelehrten-

234

belegt Stadion selbst. Für einen feststehenden und zur Abkürzung komprimierten Namen einer Institution setzt er einen anderweitig präfigurierten Begriff. Er zitiert den Begriff nur als Wort, das er überdies aus dem vollständigen Werktitel – »Die deutsche Gelehrtenrepublik, ihre Einrichtung, ihre Gesetze, Geschichte des letzten Landtags«[76] – isoliert hat. Seine Entscheidung ist kein *Über*setzen, sondern das *Er*setzen eines Begriffes durch einen anderen.

Über die Titelformulierung prägt seine Entscheidung den gesamten Text. Die Anmerkung verdeutlicht, daß hierfür nicht der Bezug zur »Gelehrtenrepublik« Klopstocks maßgeblich ist, sondern die Inadäquatheit des vom Übersetzer hergestellten Bezugs.

Der Übersetzer verlegt das ironische Spannungsverhältnis zwischen Darstellungs- und Übersetzungsebene bereits in den Titel, er stellt es dem gesamten Text voran.

Schmidt-Henkel identifiziert dieses Spannungsverhältnis als das zwischen der »Gelehrtenrepublik« Schmidts und der Klopstocks. Er prädiziert es in unausgesprochener Anlehnung an Schmidt als ›nur‹ parodistisches,[77] wobei er offen läßt, was das einschränkende ›nur‹ und was ›Parodie‹ meint. Auch Schmidt gebraucht den Begriff der Parodie, ohne ihn zu klären. Er wendet ihn auf den zweiten Teil des Textes an, wobei er die zweitrangige Bedeutung dieses parodistischen Verhältnisses kennzeichnet.[78]

Theodor Verweyen führt in seiner »Theorie der Parodie«[79] folgende »Definitionsmerkmale« an:

> ›Parodieren‹ bezieht sich auf einen vorgegebenen »Gegenstand« [. . .], einen vorausliegenden Moment der Aktualisierung von Kunst [. . .], auf

---

republik« (1774). Philobiblion, 12, 1968, S. 182–187, S. 182. Unter Berufung auf Goethe führt Sudhof an, daß »das Buch [. . .] seit seinem Erscheinen mehr einen Gegenstand des Anschauens als der Lektüre abgegeben hat«. Rezipiert – und derart wirksam – wurde das Werk primär von der jungen Generation des »Sturm und Drang«, u. a. eben auch von Goethe.

[76] F[riedrich] G[ottlieb] Klopstock, Die Deutsche Gelehrten=Republik, ihre Einrichtung, ihre Gesetze, Geschichte des letzten Landtags, Carlsruhe 1821 (= F. G. Klopstocks sämmtliche Werke. Zwölfter Theil).

[77] Vgl. Schmidt-Henkel, Gelehrtenrepublik, S. 565; vgl. dazu AS, Dichter & ihre Gesellen, S. 59. – Es ist nicht mit Sicherheit auszumachen, ob Schmidt-Henkel tatsächlich ein solches parodistisches Verhältnis annimmt oder ob er nur Schmidt ›zitiert‹; denn an anderer Stelle schreibt er, daß es wie bei weiteren Hinweisen Schmidts auf den literarischen Kontext »bei der Nennung des Namens« (S. 573) bleibt.

[78] Vgl. AS, Dichter & ihre Gesellen, S. 59. Dies geschieht durch die Einklammerung seines Hinweises.

[79] Theodor Verweyen, Eine Theorie der Parodie. Am Beispiel Peter Rühmkorfs, München 1973 (= Kritische Information 6).

etablierte Normvorstellungen [. . .]; ferner bezieht sich ›parodieren‹ in kritischer Absicht [. . .]; und schließlich bezieht sich ›parodieren‹ auf der Grundlage eines innovativen Wirklichkeitsbegriffs.[80]

Für den Begriff der Parodie ist hiernach das dezidiert aggressive Verhältnis des parodierenden Textes zum parodierten Gegenstand konstitutiv[81]. Die Aggression bezieht ihre Legitimation aus der Fragwürdigkeit der im Gegenstand repräsentierten oder gebildeten Normen[82] auf der Basis jenes »innovativen Wirklichkeitsbegriffs«.

Die Konsequenzen für die Struktur des parodierenden Textes formuliert Jurij M. Lotman:

> Die Parodie zerstört eine Strukturschablone, ohne ihr eine Struktur anderer Art gegenüberzustellen. Diese [. . .] Struktur wird impliziert, aber sie erhält einen rein negativen Ausdruck.[83]

Lotman macht das Verhältnis der Strukturen zum Bestimmungsgrund. Dabei tritt ein bei Verweyen untergehendes Kriterium als zentral hervor: Der parodierende Text entwickelt keine »»positive[.]« Struktur«, sondern bezieht sich auf »eine echte innovatorische Struktur [, die] sich außerhalb des Textes befindet«[84] und die er für die Destruktion anwendet.

Der parodierende Text ist so radikal durch die Aggression gegen seinen Gegenstand bestimmt, daß er seine eigene Struktur dieser aggressiven Zielrichtung unterordnet. Lotman folgert daraus, »daß die Parodie niemals als zentrales künstlerisches Genre hervortreten kann«, daß sie »in der Geschichte der Literatur immer eine unterstützende und keine zentrale Rolle«[85] spielt. Anders: Die Parodie ist niemals Reine, sondern immer Angewandte Literatur, die sich eines Paradigmas bedient, um es anzugreifen.

Eine Bestimmung der »Gelehrtenrepublik« als Parodie würde die Aggression gegen die »Gelehrtenrepublik« Klopstocks zum strukturbestimmenden Kriterium erheben. Sie würde dem Text a priori strukturale Eigenständigkeit absprechen.

---

[80] A. a. O., S. 68; vgl. S. 64ff.

[81] »Gegenstand der Parodie ist eine Textbildung (T): ein Werk, ein Individualstil, ein Epochenstil, ein Genre.« (a. a. O., S. 64)

[82] Verweyen entscheidet sich nicht für eines der S. 67 u. 68 angegebenen Kriterien.

[83] Jurij M. Lotman, Die Struktur des künstlerischen Textes, hrsg. m. e. Nachw. u. e. Reg. v. Rainer Grübel. A. d. Russ. v. R. G., Walter Kroll u. Hans-Eberhard Seidel, Frankfurt a. M. 1973, S. 438.

[84] A. a. O., S. 438 u. 439. Lotman weist ausdrücklich auf seine Differenz zum Parodie-Verständnis russischer Formalisten hin, die der Parodie die Entwicklung eigener Strukturen zugestehen (vgl. S. 439).

[85] A. a. O., S. 439.

Dem widerspricht der Text selbst. Seine komplexe fiktionale Konstitution bewirkt das Gegenteil, nämlich die Konzentration auf die *eigene* Struktur.

Der Bezug auf die »Gelehrtenrepublik« Klopstocks hat seinen Ort in der Fiktionsebene der Übersetzung[86] und ist durch die Unangemessenheit dem Dargestellten gegenüber gekennzeichnet. In diesem Sinne ›parodiert‹ vor allem der Normenkodex des Übersetzers die »Gelehrtenrepublik« Klopstocks. Stadion bezieht seine Normen aus einem hypertrophierten deutsch-patriotischen Kulturbegriff, der, parodistisch verzerrend, auf die »deutsche Gelehrtenrepublik« zurückweist. Dies gilt entsprechend für die Artikulation seines Selbstverständnisses als »Restdeutscher«; er konturiert sich als Relikt der von ihm für real genommenen und darin parodierten ›deutschen Gelehrtenrepublik‹. Lediglich auf einer Ebene des Textes findet ein ›Parodieren‹ auch nur einzelner Momente statt. Anstelle einer Aggression oder gar Destruktion der Struktur der »Gelehrtenrepublik« Klopstocks sind eher grundsätzliche Affinitäten festzustellen: beide Texte konkretisieren eine subjektive Realität, die auf die objektive des Lesers bezogen ist; die Unterschiede sind Erweiterungen und Präzisierungen eines Paradigmas, nicht seine Zerstörung.

Die parodierenden Elemente sind integrale Bestandteile der Textstruktur. Der Übersetzungsebene angehörig, kommen sie, außer im Titel und im Vorwort, in den Anmerkungen zur Sprache. Innerhalb der Textstruktur erfüllen sie prinzipiell dieselbe Funktion wie alle anderen Anmerkungen, die mit der Titelformulierung und dem Vorwort das ironische Spannungsfeld konstituieren.

In einem Essay über Cooper, in dem Schmidt u. a. dessen »Kunst [...] der Fußnoten« behandelt und ausdrücklich auch seine eigene »Gelehrtenrepublik« anspricht,[87] bestimmt er allgemein und grundsätzlich die Leistungsmöglichkeit solcher Anmerkungen. Er sieht sie darin, »Beziehungen zur Lese-Gegenwart«[88] zu knüpfen. In sinnent-

---

[86] Schmidt-Henkel wirft *Schmidt* vor, daß er das ›Vorbild‹ der »Gelehrtenrepublik« Klopstocks, »Saàvedra Fajardos »República literaria« von 1665 [...] bei aller lexikalischen Akribie nicht erwähnt.« (S. 565; vgl. dazu auch Dittmar, Rez. »Gelehrtenrepublik«)
Obgleich er die fiktionale Struktur der »Gelehrtenrepublik« registriert (vgl. S. 569), berücksichtigt Schmidt-Henkel sie hier nicht. Er identifiziert das Übersetzer-Ich unreflektiert mit dem Autor-Ich. Der Vorwurf ist ebenso absurd wie es der wäre, dem Autor in der Jules-Verne-Anmerkung vorzuhalten, daß er nicht den ›richtigen‹ Hinweis auf die »Propellerinsel« gegeben habe.
[87] AS, Amerika, du hast es besser . . . In: AS, Triton, S. 392–409, S. 402.
[88] A. a. O., S. 405.

sprechender Abwandlung der auf historische Romane Coopers bezogenen Äußerung präzisiert er diese Leistungsmöglichkeit der Anmerkungen seiner »Gelehrtenrepublik« dahingehend, daß sie

> den Leser, der sich vielleicht sonst zu sehr einbilden möchte, er läse ja nur [. . .] [imaginiert Zukünftiges], immer wieder mit der Nase auf das et tua fabula narratur [. . .] stucken.[89]

Die subjektive Realität, die die Anmerkungen und die den Text einleitenden Elemente implizieren, wird in der Darstellung Winers als der primären Fiktionsebene literarisch expliziert, d. h. in figuralen und dinglichen Bezügen anschaulich konkretisiert. Das zwischen den Fiktionsebenen bestehende ironische Spannungsfeld ist, wie seine Konstitution durch die von der Darstellung Winers ausgelösten Anmerkungen zeigt, auf diese Darstellung hin ausgerichtet, es umfaßt jedoch die subjektive Realität, die der *gesamte* Text vergegenwärtigt, und macht so *mit* der Darstellung die gesamte Struktur der subjektiven Realität transparent.

Im ironischen Spannungsfeld werden die Voraussetzungen dafür geschaffen, daß die der Struktur der subjektiven Realität inhärenten Bezüge zur objektiven Realität aktualisiert werden können.

2. Die Verbindlichkeit der subjektiven Realität

a) In beiden Fiktionsebenen gibt der fingierte Verfasser Winer wichtige Hinweise auf die strukturbestimmende Subjektivität der Darstellung.

Zu Beginn seiner Durchquerung des Hominiden-Streifens schreibt Winer:

> Aber hochanständig, daß man mich so allein, völlig unbeeinflußt, ganz ohne Aufseher, in den Streifen läßt: da kann man sich ne subjektiv=objektive Meinung bilden. (Und wenn man die ›Persönliche Gleichung‹ kennt, ist sie sogar rein objektiv: das hatten die Filologen ja allmählich gelernt, wie man die Individualität eines Schriftstellers vom Text subtrahieren kann.) (S. 17f.)

In einer Anmerkung, die innerhalb des zweiten Teils der Darstellung steht, zitiert Stadion eine von Winer eingeholte Auskunft:

---

[89] A. a. O., S. 404.

»Abgesehen davon, daß die Atmosfärilien, das ›Milieu‹, im Leben das wichtigste sind: ebenso wird jeder verantwortungsbewußte Autor seine eigene Individualität - sie sei nun gut oder schlecht - mitgeben: damit der Leser wisse, welche Farbe das Glas habe, durch das er schauen muß.« (S. 88, A 55)

Die der Darstellung hinzugefügte Äußerung Winers ergänzt die in ihr stehende. Beide setzen voraus, daß mit dem Original ein literarischer Text vorliegt - es ist vom ›Schriftsteller‹ und »Autor« die Rede - und daß für ihn die Subjektivität des Verfassers entscheidend ist. Innerhalb der Darstellung verdeutlicht Winer, daß die Subjektivität Objektivität impliziert: Sie ist dann dem Text selbst zu entnehmen, wenn die »›Persönliche Gleichung‹« der Textbildung bekannt ist. Die Bedingung der Objektivierbarkeit ist die Regularität.

Die in der Anmerkung Stadions hinzugefügte Mitteilung Winers präzisiert die Voraussetzungen und nennt die Zielsetzung einer solchen Objektivierbarkeit: Die Subjektivität des Verfassers muß ›mitgegeben‹ sein, damit der Leser die Perspektive, die ihm der Text auferlegt, durchschauen kann.

Wenn Winer innerhalb der von ihm dargestellten Realität von der Subjektivität seiner »Meinung« und ihrer Objektivierbarkeit spricht, so charakterisiert er zunächst den Status seiner Darstellung innerhalb der subjektiven Realität. Sie wird als dezidiert subjektive, aber objektivierbare Beobachtung ausgegeben. Zugleich charakterisiert er metafiktional den Gesamttext als das regulär nach einer ›Persönlichen Gleichung‹ zustandegekommene Produkt der Subjektivität eines »Schriftstellers«. Die Großschreibung und die Anführungszeichen weisen den Ausdruck »›Persönliche Gleichung‹« als etablierten Terminus aus und spielen auf den von Schmidt im Zusammenhang seiner theoretischen Konzeption des LGs gebrauchten Begriff an.[90]

Der Text weist aus sich selbst heraus auf seine Struktur als utopische Prosa hin. Eine Anmerkung Stadions zur Äußerung Winers auf der Ebene der Darstellung verstärkt diese Aussagetendenz. Stadion empfiehlt nachdrücklich das von Winer Angesprochene: »Im Falle des Verfassers jedem Leser besonders anzuraten« (S. 18, A 3). Die Subjektivität der Anmerkung hebt die der Darstellung hervor; beide gemeinsam machen die (im LG identische) Subjektivität der Textstruktur aus.

---

[90] S. o., S. 108.

Die Darstellung der subjektiven Realität gibt sich als literarisch-subjektiv chiffrierte und dechiffrierbare Faktenvermittlung aus. Sie selbst und die Elemente, die ihre Edition als Übersetzung begründen, sprechen ihr die Qualität faktizitärer Wahrhaftigkeit zu. Der zentrale Wahrheitserweis wird in der Beziehung der Fiktionsebenen gestiftet: in dem Punkt, der die spezifische Doppelfiktion legitimiert, dem in der editorischen Notiz angeführten »Interworld=Gesetz«. Nur dann, wenn die Subjektivität aufhebbar ist und die Fakten ›objektiv‹ zum Vorschein kommen, ist das Übersetzungsgebot sinnvoll.

Die Wahrhaftigkeit der Darstellung Winers kann sich innerhalb der vorausgesetzten Realität nur im Zusammenhang der insgesamt wahrscheinlichen, d. h. stringent aus der objektiven Realität abgeleiteten und konsistent aufgebauten subjektiven Realität etablieren.

Diese Wahrscheinlichkeit bildet die Voraussetzung für die Akzeptabilität der subjektiven Realität, denn diese bezieht sich nicht auf empirische Erfahrungsmöglichkeiten, sondern kann nur an das Vorstellungsvermögen des Lesers appellieren. Und sie ist nur dann akzeptabel, in ihrer Bauweise nachvollziehbar, wenn sie seinem an logischer Widerspruchsfreiheit orientierten Denken entspricht.

Die Stelle, an der die objektive in die subjektive Realität umschlägt, muß, da die subjektive Realität in eine zukünftige Zeit verlagert ist, die ausdrücklich durch »Entwicklung« in projektiv-historischer Kontinuität mit der objektiven Realität verbunden ist, ebenfalls wahrscheinlich sein.

Die Umschlagstelle besteht in den nuklearen Kriegen, die aus der Perspektive der subjektiven Realität der Vergangenheit angehören, die aber aus der Perspektive der objektiven Realität als zukünftige Ereignisse angenommen werden können, und zwar innerhalb der Zeit, die die objektive von der subjektiven Realität trennt. Diese Zeitspanne gewährt einen gewissen Interpolationsspielraum, der die Wahrscheinlichkeit der angenommenen Ereignisse erhöht.

Zukünftige nukleare Kriege sind als latente Möglichkeiten in der objektiven Realität angelegt. In der ersten Hälfte der 1950er Jahre (1957 erscheint die »Gelehrtenrepublik«) entwickeln die Großmächte USA und UdSSR die ersten Wasserstoffbomben (1952, 1955), taktische Atomgeschütze (1951), werden erste atomare Unterwassersprengköpfe gezündet.[91] Der fingiert-reale Ursprung der subjektiven

[91] Vgl. dazu die Übersicht bei Hermann Kinder u. Werner Hilgemann, dtv-Atlas zur Weltgeschichte. Karten und chronologischer Abriß, Bd. II, Von der Französischen Revolution bis zur Gegenwart, 2. Aufl. München 1967, S. 272f.

Realität verdankt sich somit einer simplen, logisch legitimen Extrapolation. Die subjektive Realität erweckt den Eindruck, als ob sie faktisch wahr sei.

b) Sie will aber keineswegs in diesem Sinne für wahr gehalten werden. Die »Gelehrtenrepublik« bildet keine absolut in sich geschlossene Welt, in die der Leser lediglich hineinschauen oder in die er sich illusionistisch hineinversetzen kann. Indem Wahrscheinlichkeit erzeugt wird, wird sie auch transzendiert – im ironischen Spannungsfeld der beiden Fiktionsebenen. Die subjektive Realität ist so strukturiert, daß sie niemals nur Wahrscheinlichkeit beansprucht, sondern immer auch Verbindlichkeit.

›Verbindlichkeit‹ bezeichnet eine Qualität, die sich aus der Wahrscheinlichkeit in Verbindung mit ihrer Aufhebung ergibt. In ihr zeigt sich, daß der Text keineswegs in der Wiedergabe einer bloß wahrscheinlichen und letztlich beliebigen Welt aufgeht, sondern daß sie von der objektiven Realität ausgeht und auf sie abzielt. Die Verbindlichkeit der subjektiven Realität entsteht in der Verbindung zwischen dem Text und dem Rezipienten. Sie ist eine Qualität, die sich nur im Bewußtsein des Lesers aktualisieren kann – dann, wenn die struktural manifesten Bezüge zur objektiven Realität auf der Basis der Transparenz der Struktur reproduziert werden.[92]

---

[92] Daß immer nicht unerhebliche inkalkulable Faktoren verbleiben, die das faktische Aktualisieren der Verbindlichkeit verhindern können, versteht sich von selbst. Es ist dem literarischen Text grundsätzlich unmöglich, eine bestimmte Rezeption zu erreichen. Er kann zwar optimale Bedingungen für sie schaffen, niemals jedoch den Rezeptionsvorgang bis ins einzelne steuern. Nicht nur die Inkalkulabilität der im Rezeptionsvorgang enthaltenen Faktoren, sondern auch der Text selbst verbietet es. Wie jedes Kunstwerk geht auch der literarische Text nicht in seiner Dinglichkeit, der je bestimmten Kombination sprachlicher Zeichen, auf. Die eindeutig in ihrer Dinglichkeit – nach linguistischen Regeln etwa – beschreibbaren Zeichenkombinationen werden erst zum Kunstwerk, Objekt der ästhetischen Erfahrung, wenn sie, so Adorno grundsätzlich über das Kunstwerk, »die eigene Dinglichkeit [. . .] negieren« (Ästhetische Theorie, S. 262), wenn sie »mehr wurde[n] als nur gemacht« (a. a. O., S. 267): »Kunstwerke werden sie in der Herstellung des Mehr; sie produzieren ihre eigene Transzendenz« (a. a. O., S. 122). Diese aktualisiert sich immer von neuem und durchaus verschieden im rezipierenden Subjekt. Ein literarischer Text ist folglich niemals auf eine bestimmte Bedeutung zu fixieren und kann niemals erreichen, in einer ganz bestimmten Bedeutung gelesen zu werden. Er kann lediglich seinen Rezipienten lenken, ihn gleichsam perspektivisch dirigieren. Eben das beabsichtigt die »Gelehrtenrepublik«. ›Verbindlich‹ ist die subjektive Realität dann, wenn der Rezipient – und d. h. jeder einzelne Leser – ihre Struktur erschließen *kann*, wenn er damit ihre Bezüge zu seiner objektiven Realität aktualisieren *kann*. – Nur als diese potentielle, in der Textstruktur manifeste Qualität kann eine Kategorie wie die der Verbindlichkeit analytisch identifiziert werden.

Die Wahrscheinlichkeit der subjektiven Realität bildet zwar eine Voraussetzung ihrer Verbindlichkeit, da nur das zuvor Akzeptierte auch Verbindlichkeit beanspruchen kann. Wahrscheinlichkeit allein aber kann diese Verbindlichkeit nicht bewirken. Eine lediglich wahrscheinliche Welt könnte nur allzu leicht als zwar denkmögliche, aber rein ›phantastische‹ Welt im Bereich des Unverbindlichen bleiben. Offenkundig positiv gezeichnet, könnte ihr dies den Vorwurf der problemkompensierenden Realitätsflucht eintragen, offenkundig negativ gezeichnet, den der wirklichkeitsapologetischen Funktionalität.[93]

Das Problem der Verbindlichkeit ist keineswegs das der »Antinomie« zwischen der »theoretische[n] Verbindlichkeit der Utopie und ästhetische[n] Verbindlichkeit des Romans«, wie es Hohendahl für die traditionelle Utopie formuliert.[94] Es ist ein spezifisch literarisches, mit literarischen Mitteln zu lösendes Strukturproblem jedes utopischen Textes, das durch die spezifische Subjektivität der ›utopischen‹ Welt bedingt ist. Es stellt sich als Paradoxon: Die subjektive Realität unterliegt dem Diktum der Wahrscheinlichkeit, muß aber, um Verbindlichkeit beanspruchen zu können, die Wahrscheinlichkeit negieren.

Johann Gottfried Schnabel löst das Problem in der Vorrede zum ersten Teil der »Insel Felsenburg«, indem er seinen fiktiven Herausgeber Gisander einen Spielraum zwischen faktizitärer Wahrheit und Fiktionalität eröffnen läßt, um so eine Wahrheit des Exemplarischen für sein Werk in Anspruch zu nehmen.[95] Das Bewußtsein dieser Problematik artikuliert sich jedoch nicht erst bei Schnabel, sondern bereits in der traditionsbegründenden »Insula Utopia«, und zwar auch hier in der Vorrede. Diese behauptet, daß die Wiedergabe des Berichts über »Utopia« ›der Wahrheit entspreche‹.[96] Im Eingehen auf Einzelfragen führt sie die zu erwartende Wahrheit des Als-Ob ad absurdum. So weitet sie die völlig belanglose Frage nach der »Brücke von Amauratum«[97] aus und wirft die gegenstandslose, da in sich beantwortete, Frage nach der geographischen Lage Utopias auf.[98] Indem

---

[93] Vgl. dazu o., S. 143ff.
[94] Hohendahl, S. 85; vgl. zum Problem o., S. 139f.
[95] S. o., S. 127ff.
[96] Morus, S. 13. – Bereits die »Insula Utopia« wird als Edition fingiert. Ähnlich läßt Schnabel die »Insel Felsenburg« von einem »Gisander« herausgeben. – In beiden Fällen ist die editorische Fiktion kein Kennzeichen der utopischen Struktur, sondern erfüllt sie die Funktion, die Wahrheit des Faktizitären als eine Komponente der Verbindlichkeit zu betonen.
[97] Vgl. Morus, S. 14.
[98] Vgl. a. a. O., S. 15.

sie für die Darstellung der subjektiven Realität ›Wahrheit‹ beansprucht, d. h. auch: sie unter das Diktum der Wahrscheinlichkeit stellt,[99] deutet sie zugleich darauf hin, daß diese Wahrheit nicht in der Wahrscheinlichkeit besteht, sondern in der Verbindlichkeit. Die »Insula Utopia« artikuliert nicht nur das Bewußtsein der Problematik, sondern zeichnet zugleich eine – spezifisch literarische – Lösungsmöglichkeit vor: die der Ironie. Sie zieht sich in den ›sprechenden‹ Namen durch die gesamte Darstellung der subjektiven Realität hindurch. Sie negiert die Wahrscheinlichkeit, ohne sie auf der Ebene des Dargestellten anzutasten. Sie kehrt die Subjektivität der Utopia-Darstellung hervor und leitet zu ihrer Objektivierung an. Die ›Gleichungen‹ hierfür ergeben sich aus der Relation der subjektiven zur mit-dargestellten objektiven Realität.

Die in der Ironie enthaltenen Hinweise auf die Objektivierung der subjektiven Realität haben bei Morus im Grunde nur Hilfsfunktion. Sie zeigen aber, daß das Problem der Verbindlichkeit ein in der Subjektivität der ›utopischen‹ Welt begründetes ist (und keineswegs das der hypostasierten Literarisierung einer nicht-literarischen ›Utopie‹).

Folgerichtig stellt sich das Problem der Verbindlichkeit in aller Schärfe erst dann, wenn *ausschließlich* subjektive Realität dargestellt ist.

Die durchgängig funktional-apologetischen Bestimmungen der utopischen Prosa nehmen das Dargestellte als das Wahrscheinliche. Sie verkennen seine Struktur. Auf Grund seiner Wahrscheinlichkeit verstehen sie das Dargestellte als das *noch* nicht Reale, als die im »futurum exaktum«[100] notwendig imaginäre, aber unausweichlich kommende Realität. Daß eine subjektive Realität vorliegt, die in sich die objektive enthält und sich kritisch auf sie zurückbezieht, bleibt zwangsläufig unberücksichtigt. Dies wird der Analyse durch den Begriff des LGs zugänglich. Er gestattet die Identifizierung der subjektiven Realität als nach einer ›Persönlichen Gleichung‹ qua Steigerung ins Subjektive transformierte objektive Realität. Die subjektive Realität erscheint nicht mehr als die nur wahrscheinliche, die eine wahrscheinliche negative Zukunft auf dem Hintergrund der verteidigungs-

---

[99] Inwieweit dies für Morus schon eine ästhetisch fundierte Forderung war, wäre zu untersuchen. Im Sinne logischer Konsistenz aber liegt sie im Vorhaben, einen Staat zu schildern, begründet. Dies kann nur dann überzeugend gelingen, wenn er als funktionsfähiges Ganzes vorgeführt wird, wenn seine einzelnen Teile nicht im Widerspruch zueinander stehen.

[100] Vgl. dazu Schmidt-Henkel, Gelehrtenrepublik, S. 570.

würdigen Gegenwart darstellt, sondern als die verbindliche, die in der Zukunft die Gegenwart darstellt und *sie* kritisiert.[101] Die Geschlossenheit der Wahrscheinlichkeit kann grundsätzlich durchbrochen werden, der Leser kann sie grundsätzlich in die Verbindlichkeit überführen.

So ist beispielsweise in allen Texten der gängigen Paradigma-Triade der utopischen Prosa innerhalb der subjektiven Realität ein Bereich ausgespart, der (noch) nicht den Gesetzen der dargestellten Welt untergeordnet ist: der des Alten Hauses bei Samjatin, der des Reservats bei Huxley, der des um Julia zentrierten des Traumhaften sowie der Brüderschaft bei Orwell. Durch vertraute emotionale Werte gekennzeichnet, erscheinen diese Bereiche als positiv gewertete ›Inseln‹ innerhalb eines negativ gewerteten Kontexts. Diese ›Inseln‹ aber verklären und verteidigen keineswegs die fiktional vergangene objektive Realität, die sie in sich bewahren. Sie stehen in Kontrast zur ›eigentlichen‹ subjektiven Realität und signalisieren u. a. auch, daß der Ursprung des negativ Gewerteten in dieser fiktional-retrospektiv harmlos und unbedrohlich wirkenden objektiven Realität liegt.

Die »Gelehrtenrepublik« löst das Problem der Verbindlichkeit auf eine zugleich traditionelle und paradigmatische Weise. Mit der Ironie

---

[101] Eines der Motti und das Vorwort, das Huxley 1949 seiner ›Schönen neuen Welt‹ voranstellt, scheinen dem zu widersprechen und der These der Wahrscheinlichkeit recht zu geben. Im Vorwort schreibt Huxley: »»Schöne neue Welt« ist ein Buch über die Zukunft, und ein solches Buch [. . .] vermag uns nur zu interessieren, wenn seine Prophezeihungen so aussehen, als könnten sie Wirklichkeit werden.« (S. 9) Im Motto heißt es: »Utopien sind verwirklichbar« (S. 5).
Die Aussage des Vorworts kann eingeschränkt im Sinne der Wahrscheinlichkeit als Voraussetzung der Installation der Verbindlichkeit gedeutet werden. Huxley versteht seinen Text aber als »Buch *über* die Zukunft« und spricht von »*Prophezeiungen*« als Qualitäten des Textes (S. 9). Durch das Motto nimmt er die Verwirklichbarkeit seiner »Prophezeiungen« für sich in Anspruch. Dies betont er, wenn er davon spricht, »daß uns Utopien viel näher sind, als irgend jemand es sich auch nur vor zwanzig Jahren hätte vorstellen können« (S. 16).
Der Autor *deutet* seinen Text und beeinflußt damit die Rezeption im Hinblick auf die Wahrscheinlichkeitsebene. Ob er in diese Deutung auch eine Apologie der objektiven Realität einschließt, bleibt unausgesprochen.
Eine eingehendere Untersuchung von »Schöne neue Welt« auf der Basis des LGs hätte zu klären, was hier nur thetisch behauptet werden kann: daß sich die Autor-Deutung und offensichtlich auch die Autor-Intention nicht mit der Textstruktur und der Text-Intention decken; daß der Text keineswegs nur eine wahrscheinliche, zukünftig mögliche Realität darstellt, sondern die ins Subjektive transformierte gegenwärtige. – Wenn tatsächlich dargestellte Einzelheiten ›in Erfüllung gehen‹, so spricht das nicht für eine immer erst im nachhinein feststellbare ›prophetische‹ Qualität des Textes, sondern für die aus dem Material, der Transformation und der Strukturierung resultierende Treffsicherheit der Darstellung.

verwendet sie dieselbe Technik wie die »Insula Utopia«. Ihr Ausbau zum ironischen Spannungsfeld, das nicht nur die Textstruktur transparent macht, sondern auch selbst innerhalb dieser Textstruktur transparent ist, führt in literarischer Konkretion vor Augen, daß die Verbindlichkeit der Struktur der subjektiven Realität der utopischen Prosa inhärent ist.

3. Die Darstellung zweier separater Sonderwelten

Auf die Eigentümlichkeit der aus der Perspektive Winers dargestellten subjektiven Realität der »Gelehrtenrepublik« weist Schmidt selbst hin. Die »Gelehrtenrepublik«, so Schmidt über seinen Text,

> besteht aus 2, jedoch sehr zusammengehörenden & immer wieder miteinander konfrontierten Hälften;
> a) der Schilderung einer ›reservation«, allwo sich die ›Folgen‹ der doch wohl nicht aufzuhaltenden Atomversuche herumtummeln: scharmante Zentauren; die schon etwas unangenehmeren ›Fliegenden Masken‹; und endlich lugubre ›Never-Nevers‹, die Riesenspinnen. Unter sie alle gerät, ziemlich unversehens, ein armer Reporter; der an sich nur einen Permit für die ›IRAS‹ hat, eben jene schwimmende Stahlinsel der (parodiert-klopstock'schen) ›Gelehrtenrepublik‹.
> b) Die-ihrerseits dampfert genüßlich in den Roßbreiten herum, als ›Internationale Republik für Artisten & Scientisten‹; also eine Art rosig-erhöhtes Pseudo-Worpswede.[102]

Schmidt gibt diesen sehr knappen Überblick im Zusammenhang seiner Explikation der Beziehung seiner »Gelehrtenrepublik« zur »Propellerinsel« Vernes. Der eingestandenen Oberflächlichkeit dieser Beziehung entspricht der Überblick. Er bewegt sich vorwiegend auf der Ebene des von Winer Dargestellten. Wenn Schmidt die IRAS als »eine Art rosig-erhöhtes Pseudo-Worpswede« charakterisiert, gibt er ihre fiktional-offizielle Bewertung wieder. Die Erklärung der Mutationen als »›Folgen‹« atomarer Versuche bzw., in der subjektiven Realität, als Folgen nuklearer Kriege erfaßt auch nur die Ebene des unmittelbar Dargestellten. Die Aussage schließlich, daß Winer »ziemlich unversehens« unter diese Mutationen gerate, da er »nur einen Permit für die ›IRAS‹« habe, widerspricht simpel dem Text. Bereits an seinem Beginn formuliert Winer seine auf eine »Durchreiseerlaubnis« gegründete Erwartung:

---

[102] AS, Dichter & ihre Gesellen, S. 59.

Neugierig bin ich, wie's drinnen im Streifen aussehen wird [. . .]. Ich war immerhin der Erste, der seit 11 Jahren die Durchreiseerlaubnis erhalten hatte! (S. 9)

Von solchen Mißverständlichkeiten abgesehen, spricht Schmidt direkt oder indirekt grundlegende Kennzeichen des Textes auf der primären Fiktionsebene der Reporterdarstellung an:

- die Darstellung ist (ohne eine Kapiteleinteilung aufzuweisen) zweigeteilt in die der Hominiden-Welt und in die der IRAS;
- die Teile gehören zusammen und werden ständig miteinander konfrontiert;
- beide Teile stehen unter dem Aspekt des Besonderen, gar Sensationellen;
- die Darstellung wird von einem Reporter geleistet.

Daß der Titel »Die Gelehrtenrepublik« nicht nur die Darstellung der »eigentliche[n] ›Gelehrtenrepublik‹« unter sich begreift, sondern auch die eines ›Atomkorridors‹, macht vor der Darstellung der Übersetzer in seinem Vorwort deutlich. Er gliedert die Darstellung ausdrücklich in zwei ›Hälften‹ (S. 7). Beide vermitteln exklusive Information, die durch die Übersetzung in die tote Sprache des Deutschen im Text beschlossen bleibt; die Darstellung der Hominiden-Welt liegt überhaupt nur in dieser Form vor, die Darstellung der IRAS unterscheidet sich nach Aussagen Winers, die vom Übersetzer bestätigt werden, gravierend von den von Winer geplanten, dem Übersetzer vorliegenden Artikelserien (S. 67f.).[103]

Die Darstellungen Winers erhalten ihren besonderen Status – auch dies geht bereits aus dem Übersetzer-Vorwort hervor – aus dem der dargestellten Bereiche. Innerhalb der vorausgesetzten subjektiven Realität bilden sie in sich eingegrenzte Sonderwelten, die von der übrigen Welt isoliert sind.

Beide sind vom Menschen produzierte Welten. Die eine resultiert aus nuklearen Strahlungen, die zu einer nahezu hermetischen Eingrenzung des betroffenen Gebietes inmitten der ›normalen‹ Welt führen. Innerhalb dieser Grenzen entsteht die eigene Welt der Hominiden.

Die andere ist ein technisches Gebilde, das sich selbst von der übrigen Welt ausgrenzt, um als weitgehend unabhängige und eigenständige Welt eine »›Internationale Republik für Artisten & Scientisten‹« zu bilden.

---

[103] Vgl. S. 69; S. 100, A. 64 u. 65; S. 127, A.82.

Die Hominiden-Welt ist von außen abgeschlossen, die IRAS schließt sich selbst ab; erstere bietet keine Möglichkeit, sie zu verlassen, letztere bietet kaum eine, in sie hineinzulangen. Die Hominiden-Welt ist eine menschen-ähnliche Welt, die separat *neben*, die IRAS eine menschliche Welt, die isoliert *in* der Menschen-Welt besteht.

Die Hominiden-Welt wird mit allen Mitteln von der Öffentlichkeit abgeschirmt, die IRAS präsentiert sich ihr nur unter affirmativen Aspekten bzw. wird unter diesen Aspekten präsentiert, wobei auch die für die Öffentlichkeit bestimmten Artikel Winers keine Ausnahme bilden.

Das Vorliegen der Darstellung Winers verdankt sich einer nur indirekt vom Übersetzer angedeuteten Entscheidung einer nicht näher bezeichneten »Kommission« (S. 7), die auf diese Weise den Charakter einer etablierten Institution erhält. Sie entscheidet über die Druckwürdigkeit eines Textes wie dem der Darstellung Winers, also wohl allgemein literarischer Texte. Mit dem Übersetzungsgebot, das zwar eine Publikation bedeutungslos werden läßt, sie aber nicht ausdrücklich verbietet, ist also nicht automatisch auch die Publizierbarkeit gesichert. Sie hängt von jener Kommission ab, die offensichtlich auch andere Maßstäbe anlegt, als die, die Stadion ihr unterstellt. Die Darstellung Winers hat »der Kommission« wohl nicht nur, wie Stadion vermutet, wegen des übermittelten Materials »zur Fixierung und Aufbewahrung durch den Druck würdig geschienen« (a. a. O.), sondern auch deshalb, weil sie als literarischer Text eine konforme Abbildung dieser Welten und damit der (subjektiven) Welt insgesamt leistet.

In der Betonung des Materialen übersieht Stadion seinen Zusammenhang mit der Subjektivität der Darstellung. Wenn er von »tendenziöser Form und frivolem Ton« (a. a. O.) spricht, verkennt er, daß der über das bloß Materiale hinausreichende Wert der Darstellung durch diese Subjektivität zustandekommt. Die Darstellung vermittelt ja nicht einfach Daten, wie es jede Statistik, zumal in einer derart positivistisch orientierten Welt übersichtlicher könnte, sondern vom Subjekt aus seiner Sichtweise heraus geordnetes Material. Die Darstellung macht Fakten zugänglich, und zwar so, daß sie dem Leser, der bereit und fähig ist, ihre Sprache, ihre »Form« und ihren »Ton« adäquat zu lesen, in ihrer Relevanz sichtbar werden.

Die nur erwähnte Entscheidung der Kommission zeigt somit an, daß die Darstellung, frei von institutioneller Manipulation, Verdecktes und Verschleiertes aufdeckt und daß diese Qualität auf ihrer Subjektivität beruht: auf der einsichtig nach subjektiven Gesichtspunkten erfolgten Strukturierung vorgegebenen Materials zum (fiktionsimmanenten) literarischen Text.

Die Stelle, an der das Übersetzungsgebot ausgesprochen wird, verweist auf die Relevanz von Winers Beruf. Es erfolgt nämlich nicht auf der Grundlage der vorliegenden, sondern der erwarteten Darstellung. Es wird innerhalb der Darstellung ausgesprochen und ist prophylaktisch intendiert. Es ist dadurch begründet, daß Winer Reporter ist, zu dessen berufsspezifischen Eigenschaften Neugier, Wißbegier und die Respektlosigkeit vor Institutionen zählen.[104] Das Aufspüren außergewöhnlicher, sich der öffentlichen Kenntnis entziehender oder ihr entzogener Fakten, das Aufdecken verschwiegener oder verfälschter Daten gehören ebenso zu diesem Beruf wie die wirksame Publikation dieser Bemühungen. Das vom Reporter Berichtete beruht grundsätzlich auf eigener Erfahrung, es hat die Authentizität des persönlich Erlebten.

Der Darsteller-Typus und der Charakter der dargestellten Bereiche sind einander angemessen. Als Reporter wird das darstellende Subjekt den beiden Aspekten, unter denen die dargestellten Bereiche vor ihrer Darstellung als Bestandteile der (subjektiven) Welt erscheinen, dem des Besonderen und dem des Manipulierten, gerecht.

Winer erhält ausdrücklich »als Reporter« die Erlaubnis zum Besuch der IRAS (vgl. S. 65); der offiziell durch die Eintragung ins »›Goldene Buch ‹« erklärte »Zweck« seines Besuchs ist die »Reportage« (S. 75f.). Winer versteht sich als Reporter, er artikuliert ständig dieses Selbstverständnis und identifiziert sich so mit seinem Beruf (vgl. S. 21, 34, 44 u. ö.).

Wenn die Darstellung deshalb als textimmanent fingierte Reportage verstanden wird,[105] bezeugt das nichts weiter als die Oberflächlichkeit der Lektüre. Wiederum in den Hinweisen von Winer *und* Stadion auf die Diskrepanz zwischen Darstellung und Artikeln ist gesichert, daß die Reportage außerhalb des Textes angesiedelt ist. Aus dem Selbstverständnis und der Absichtserklärung Winers eine formale Klassifizierung gar des gesamten Textes abzuleiten, bedeutet zunächst ein Mißachten der fiktionalen Konstitution des Textes und führt damit zu zusätzlichen Fehlurteilen. Die Neigung zu diesem Vorgehen resultiert zweifellos aus der Schwierigkeit, den Text mit traditionellen Erzähl-

---

[104] Zum Übersetzungsgebot vgl. S. 43f., zu den Eigenschaften vgl. z. B. S. 9.
[105] Vgl. z. B. Waldstein, Rez. Gelehrtenrepublik.

kategorien zu erfassen. So bemerkt Waldstein in einer Rezension zu Recht: »die Bezeichnung »Roman« ist nicht recht zutreffend«;[106] ebenso unzutreffend aber ist die daraufhin von ihm herangezogene Bezeichnung »Reportage«.

Vor allem die permanenten subjektiven Bemerkungen, Assoziationen, Vermutungen, Reflexionen etc. oder auch, in einem bezeichnenden Einzelfall, die Wiedergabe einer nichtssagenden Rede mit »Whallerá, whallerá, whalleráaa!«[107] (S. 73) zeigen eindeutig, daß die Darstellung nicht als Reportage konzipiert und zu verstehen ist.[108]

Eine Reportage ist Gebrauchsliteratur, d. h. ein für den Publikumsgebrauch zubereiteter, auf dessen Bedürfnisse abgestimmter nicht-poetischer Text, in dem trotz seiner Subjektivität und Erlebnishaftigkeit kein Platz für solche allzu subjektiv-privaten Bemerkungen ist.

Winer gibt das von ihm Erlebte in der approximativ synchronen Nachbildung des Erlebnisvorgangs wieder, wobei exakte Datierungen[109] die Authentizität des Gegenwartserlebens unterstreichen. Die Form, in der seine Darstellung dem Übersetzer vorliegt, ist die des Musivischen Daseins, diese Form ist aber nicht die des Textes.

4. Die Welt der Hominiden

a) Die Darstellung beginnt mit der Beschreibung einer Autofahrt. Winer nähert sich dem ›Atomkorridor‹, dem Ziel dieser Fahrt, aber nicht der Reise. Das Ziel der Reise ist die IRAS, der ›Atomkorridor‹ Durchgangsstation. Für die IRAS hat Winer die internationale, »acht-

---

[106] A. a. O.

[107] Der Übersetzer mokiert sich über diese Stelle als einer »Manifestation amerikanisch-journalistischen Leichtsinns« (S. 73, A. 43). Im ironischen Spannungsfeld weist er eben darauf hin, daß diese Äußerung mit Journalismus nichts gemein hat.

[108] Anders auch bliebe Schmidts Eingeständnis, daß er »Handgaukelei & Zungenschlag der Journalisten nicht verstehe (und ihre Mentalität schon gar nicht)« (AS, Sitara, S. 158), unerklärbar. Die Aussage bezieht sich auf das berufsspezifische Produkt des Reporters, das Schmidt als das »blindlings-Aneinanderreihen von Miniaturen und Döntjen« (AS, Tom all alone's, S. 121f.) versteht, als »Gebrauchsliteratur« (a. a. O., S. 122), der die »Nicht-Form« (a. a. O.) zu eigen sei.
Obwohl er sich als Reporter versteht, stellt Winer als ›reporterhaft‹ präzise beobachtender Schriftsteller dar.

[109] Vgl. z. B. die beiden ersten Datierungen AS, Gelehrtenrepublik, S. 9 u. 10: »22.6.2008« u. »17 Uhr 20«, die Winer anführt.

fach (also von sämtlichen Weltmächten) gestempelte Erlaubnis zum Besuch«, für den ›Atomkorridor‹ lediglich einen nationalen »USA-Permit zur Durchquerung« (S. 10).

Der erste Teil der Darstellung steht offenkundig unter dem Aspekt der Reisebeschreibung. Er ist nach dem Verlauf und den Stadien der Reise gegliedert:

- der Autofahrt zum »Hominidenstreifen« (S. 9–10),
- dem Aufenthalt im »Wachthaus« (S. 10–14),
- dem Ballonflug in den Streifen (S. 14–16),
- dem Durchwandern und Durchreiten des Streifens (S. 16–43),
- dem Aufenthalt auf der ›Großen Wallstation‹ (S. 43–61),
- dem Raketenflug zum Hafen von Eureka (S. 61–63),
- dem Aufenthalt im Zollhaus (S. 63–66),
- der Schiffahrt zur IRAS (S. 66–71).

Die Reise ist vom Ziel her motiviert und in ihrem Ablauf vorbestimmt. Von dorther kommt dem zweiten Teil der Darstellung, der diesem Ziel gilt, die in der Titelgebung ausgedrückte Priorität zu. Als Beschreibung der Reise ist der erste Teil dem zweiten untergeordnet, da er teleologisch auf ihn hin ausgerichtet ist. Die Reise hat aber nicht die Funktion, die Darstellung ihres Ziels, sondern die der Hominiden-Welt zu legitimieren.[110] Die Ausnahmeerlaubnis, als Reporter durch die Hominiden-Welt zu reisen – und sie nicht in vorhandenen Tunnels zu unterfahren oder, wie bei der Rückkehr von der IRAS, per Rakete zu überfliegen – macht die Darstellung dieser Welt plausibel; denn ein offiziell gestatteter *Besuch* ist unvereinbar mit dem Bestreben, diese Welt in totaler Isolation zu halten. Die Reise, die den Aufenthalt in den Grenzbereichen zwischen der Hominiden- und der Menschen-Welt einschließt, gewährt Winer darüberhinaus Einsicht in das Verhältnis der Welten zueinander.

Die Reise ist der Modus, in dem der Begegnungsvorgang zwischen Realität und Subjekt stattfindet. Wenn Schmidt-Henkel in diesem Zusammenhang vom »linearen Duktus des Reiseromans«[111] spricht,

---

[110] Diese Funktion der Reise unterscheidet sich von der in der traditionellen Utopie. Dort ist sie ein gebräuchliches Motiv, um die Darstellung der gleichzeitig in einem anderen Raum lokalisierten utopischen Welt plausibel erscheinen zu lassen. Sie stellt die Verbindung zwischen der objektiven und der subjektiven Realitätsebene auf der Ebene der Wahrscheinlichkeit her. Besonders ausgeprägt ist dies in den Biographien der »Insel Felsenburg«, vor allem denen des ›Altvaters‹ Albertus Julius und Leonhard Wolffgangs, bei denen mit der Beschreibung der Reise die Darstellung objektiver Realität erfolgt.

[111] Schmidt-Henkel, Gelehrtenrepublik, S. 568.

so erscheint es, abgesehen von den Vorbehalten gegen die implizierte Klassifizierung der Darstellung als Roman, durchaus gerechtfertigt. Der Begriff des Reiseromans klassifiziert den Text nach Maßgabe der Begegnungsweise zwischen darstellendem Ich und dargestellter Realität und erfaßt die an einem bestimmten ›realen‹ Vorgang orientierte Reihenfolge der dargestellten Schauplätze und Bewegungsabläufe. Er verdeckt jedoch den Stellenwert, den die Reise für die Darstellung und für das Textganze hat, er kann nichts über die Struktur der aus der Reisesituation heraus geschilderten Realität aussagen, die kategoriale Differenz und die strukturalen Zusammenhänge zwischen subjektiver und objektiver Realität bleiben unberücksichtigt. Diese negativen Implikationen des Begriffs dokumentieren sich bei Schmidt-Henkel darin, daß er die Vorstellung der Reise – ausdrücklich gegen Schmidts Aussage über das Verhältnis der Teile gerichtet – zur Bestätigung dafür heranzieht, daß

> die Schilderung der Reservation und die der eigentlichen Gelehrtenrepublik [. . .] keineswegs »immer wieder miteinander konfrontiert«[112]

würden. Er sieht lediglich die teleologisch als »Bewegung auf die Gelehrtenrepublik zu«[113] verstandene Verbindung nach der Art des Reiseromans.

Mit dem Begriff des Reiseromans fixiert Schmidt-Henkel die Darstellung Winers auf der Ebene der Wahrscheinlichkeit. Begrifflich unscharf spricht er von der »Unausweichlichkeit der Utopie«:[114] »der gesamte Roman ist in diesem Sinne der Weg in eine abscheuliche Zukunft«.[115]

Da er die fiktionale Konstitution des Textes lediglich unzulänglich beschreibt,[116] da er somit auch das zwischen den Fiktionsebenen aufgespannte ironische Spannungsfeld mit der in ihm transparent gemachten Struktur des Textes nicht sieht, muß ihm diese Struktur insgesamt verborgen bleiben. Die Wahrscheinlichkeit absolut setzend, identifiziert er die primäre Fiktionsebene mit der Gesamtfiktion[117]

---

[112] A. a. O.
[113] A. a. O., S. 569.
[114] A. a. O., S. 570.
[115] A. a. O., S. 571.
[116] A. a. O., S. 569.
[117] Die Duplizität der Fiktionsebenen ist Schmidt-Henkel lediglich eine »personalistische[.] Doppelfiktion« (a. a. O., S. 569). Die Beobachtung bleibt irrelevant für sein Verständnis des Textes. Er rekurriert auf gängige Vorstellungsweisen der utopischen Prosa, die er im unbestimmt gebrauchten Begriff der negativen Utopie zitiert und mit der Relation der (negativen) »Zukunftsvision« zur (ihr gegenüber positiven) Gegenwart erläuternd referiert (vgl. z. B. a. a. O.).

und bestimmt sie funktional-apologetisch als ›negative Utopie‹, deren »Warncharakter«[118] er betont.

Auch für die Darstellung als dem innerhalb der vorausgesetzten subjektiven Realität fingierten Text hat der Reisevorgang keine strukturprägende Bedeutung. Dies deutet sich darin an, daß Winer die eigentlichen Reisephasen, also die Phasen der Ortsveränderung, buchstäblich verschläft (S. 14, S. 67f.) oder im Gespräch über andere Bereiche verbringt (S. 62f.). Die Reise legitimiert lediglich den Wechsel und die Verschiedenartigkeit der Schauplätze.[119]

b) Wie Stadion im Vorwort und Winer innerhalb der Darstellung andeuten, existieren zwei einander entsprechende Hominiden-Welten: eine amerikanische, die Nordamerika in zwei Hälften trennt und darum ›Korridor‹ oder ›Streifen‹ heißt, und eine russische, die »ganz Europa [. . .] bis hinter [!] zum Ural« (S. 49) umfaßt. Der amerikanischen Hominiden-Welt ähnlich, ist auch die russische in einem Maße isoliert, daß nicht einmal diejenigen, die in die Bedingungen und Grundlagen der amerikanischen eingeweiht sind, Informationen über diese russische Parallel-Welt haben (a. a. O.).

Wenn Winer die amerikanische Hominiden-Welt darstellt, so schildert er also eine besondere, aber keine singuläre Welt.

Ihre Öffnung für Winer erweist sich schon bald als leeres Versprechen. Winer wird vom Kommandanten der Wallstation in einer Weise auf seine Reise durch den Streifen vorbereitet, die seinen Tod bewirken soll. Die Hilfe des Ballonfahrers, mit dem ihn gemeinsame Kriegserinnerungen verbinden, rettet ihn. Er durchschaut die Intrige und stellt fest:

> wollten also nicht, daß irgendwas bekannt würde; und hatten mir den Permit überhaupt nur unter der hinterhältigen Voraussetzung erteilt, daß ich ja doch nicht wiederkommen würde! (S. 23)

Die Hominiden-Welt wird nicht nur manipulativ, sondern ganz konkret aus der menschlichen Welt ausgegrenzt. Die Grenze besteht aus einer »endlos-hellgrauen Betonwand«; sie mißt »zweimal 4.000 Meilen« und dient dem erklärten Zweck, den »amerikanischen Atomkorridor nach beiden Seiten hin abzusperren!« (S. 9) Sie wird mit einem großen Aufgebot an »Militärpolizei« (S. 23) auf ihrer gan-

---

[118] A. a. O., S. 572 u. ö.
[119] Der von Schmidt für den Erinnerungsvorgang theoretisch dargelegte Einfluß der Bewegungsart auf den rhythmischen ›Feinbau‹ wäre gesondert zu untersuchen.

zen Länge bewacht. In regelmäßigen Abständen von »30 Meilen« befinden sich kleine »Wallstationen« mit einer »Besatzung« von »50 Mann« (S. 12). Hinzu kommen nicht näher in ihrer Stärke bezeichnete ›Große Wallstationen‹.

Die derart befestigte und gesicherte Grenze bildet ein nach außen unüberwindbares, nach innen streng kontrolliertes Hindernis, so daß die Voraussetzungen für die Entwicklung einer eigenen Welt neben der menschlichen gegeben sind.

Nachdem Winer den längsten Teil der Strecke durch den Hominidenstreifen nächtlich im Ballon überflogen hat, muß er den letzten Teil allein zu Fuß durchqueren. Seiner Erwartung gemäß, dennoch von der Sensation des persönlichen Augenscheins überrascht, begegnet er einer jungen Zentaurin, die sich ihm als Thalja vorstellt (S. 20f.).[120] Veranlaßt durch die Sorge um seine Sicherheit, bittet Winer die Zentaurin, ihn auf seiner Wanderung zu begleiten. Sie stimmt zu, und Winer kann nahezu vom Beginn an seinen Aufenthalt in der Hominiden-Welt mit einem Lebewesen dieser Welt verbringen.

Thalja gibt Winer die ersten Auskünfte über die Population ihrer Welt, die er für sich auswertet:

> Der Mutationssprung durch zu starke radioaktive Bestrahlung hatte sich, ganz allgemein gesprochen, in Richtung auf Hexapodie hin ausgewirkt. Das heißt: es waren, und vielfache, Kombinationen von Menschenformen einer= sowie Insekten und Huftieren andererseits aufgetreten. Aus all dem ephemeren Wirrwarr hatten sich als leidlich stabil anscheinend hier diese Zentauren ergeben. Sowie eben besagte Never=nevers. [. . .]
> Also die Never=nevers: das waren Riesenspinnen! Der weiche, giftig=graue Leib etwa einen halben Yard im Durchmesser. Vorn dran ein Menschenkopf (mit allen möglichen neuen Knopforganen: Punktaugen zum Beispiel, dafür waren die Ohren entfallen); mit Saugrüssel. An zwei Vorderfüßen Giftklauen; und so stark war die Doppelladung, daß zwei genügten, um den stärksten Zentauren zu betäuben. Viere töteten! (S. 22f.)

Eine dritte »stabile« Hominiden-Art bleibt Winer nach der Schilderung Thaljas unvorstellbar: die der »Fliegenden Köpfe«: »Hexapodie ebenfalls, ja: aber über Schmetterlinge!« (S. 41) Er erblickt sie erst am Ende seines Aufenthalts, lernt sie aber um so gründlicher im nachhinein auf der Großen Wallstation kennen.

Die Fliegenden Köpfe treten innerhalb der Hominiden-Welt nur peripher als obskure Wesen auf, denen die Never-nevers nachstellen,

---

[120] Der Name spielt auf die Muse an; vgl. aber auch AS, Sitara, S. 207.

welche wiederum als abscheuerregende Bestien charakterisiert werden, die u. a. auch von den Zentauren leben (S. 23).

Die eigentlichen Hominiden, ›Menschenähnlichen‹, sind die Zentauren. Eine Verschmelzung von Mensch und Huftier, haben sie nicht nur in ihrer Gestalt die meiste Ähnlichkeit mit dem Menschen bewahrt; sie verfügen vor allem über menschliche Sprache. Individuell nach Namen unterschieden, bilden die Zentauren eine menschenähnliche Gesellschaft.

Nur kurze Zeit nach dem Kennenlernen erwirbt sich Winer das Vertrauen Thaljas durch eine zweckgerichtet von ihm provozierte sexuelle Beziehung (S. 23f.).[121] Er kann sich darüberhinaus das Vertrauen des ganzen Stammes sichern, als er ein von Never-nevers vergiftetes Zentaurenkalb durch Alkohol, der den Zentauren unbekannt ist, rettet und sich aktiv an einer Vernichtungsaktion gegen die Riesenspinnen beteiligt (vgl. S. 26ff.).

Auf dieser Grundlage gewinnt Winer Einblicke in die Lebenswelt der Zentauren, die durch die zufällige Beobachtung von außen nicht möglich wären. Er erlebt die Hominiden-Welt authentisch aus der Perspektive der Zentauren.

---

[121] Winer erlebt die Sexualität der Zentauren als eine Komponente ihres Lebens, die weder Prüderien unterworfen ist noch in Formen der Promiskuität aufgeht. Ihre Geschlechtsmerkmale sind augenfällig – vor allem bei den männlichen Zentauren die von Winer hervorgehobene Größe des Einhorns und der Genitalien (vgl. z. B. S. 28 u. 32) – und werden nicht durch Kleidung verborgen.
Das Ignorieren der Sexualität in der Prüderie und ihre Perversion in der Promiskuität sind spezifisch menschliche Verhaltensweisen. Die erste manifestiert sich im Miß- bzw. Nichtverstehen Stadions (vgl. z. B. S. 25, A. 10 u. S. 32, A. 15) und ist Bestandteil der fiktionalen Konstitution dieser Figur, die zweite manifestiert sich generell im pragmatischen Umgang der Menschen-Welt mit der Sexualität, wie sie besonders eklatant in der sexuellen Nutzung der Fliegenden Köpfe auftritt. Bezeichnenderweise hat auch Winer aktiv hieran teil, mit ebenso bezeichnenden Ausnahmen. Den sexuellen Kontakt mit einem Fliegenden Kopf verweigert Winer (vgl. S. 57f.), im sexuellen Akt mit der Russin versagt er (vgl. S. 136) trotz seines eminent hohen ›Hormondrucks‹ (S. 11) und der von Thalja vollzogenen »Urtikation« (S. 11; S. 39f.) seiner Genitalien. Beide Verhaltensweisen resultieren aus Einsichten Winers in die Grundlagen seiner Realität und betonen sie solcherart: zuerst die in die totale Verobjektivierung der immerhin Menschen-Ähnlichen, sodann die in die totale Verobjektivierung des Menschen selbst (vgl. dazu die folgenden Ausführungen). – Die Frage, ob die Sexualität in der »Gelehrtenrepublik« zu einem konsistenten Lesemodell ausgearbeitet ist (die Gestalt der IRAS etwa, deutlich in ihrer Kartographie, läßt sich durchaus auch als Darstellung einer Vulva deuten), wäre gesondert zu untersuchen. Immerhin verweist Stadion in seinem Vorwort auf die »sehr freimütig und überflüssig weitläufig dargestellten ›sexual intercourse‹ des Verfassers« (S. 7).

Winer vermittelt zunächst ein genaues Bild der äußeren Erscheinung der Zentauren, eine Modifikation der der griechischen Mythologie entlehnten Gestalt. Die wesentlichen Merkmale in der sehr detaillierten Beschreibung Thaljas sind: »Hinten etwa wie eine Grant-Gazelle« und: »Und vorne dran eben ein nacktes Mädchen« (S. 20). Das in der ersten Begegnung mit Thalja gezeichnete Bild wird in der Begegnung mit dem Stamm bestätigt und in wenigen Punkten ergänzt.

Ihrer physischen Konstitution entsprechend wird die Lebensweise der Zentauren teils von der tierischen, teils von der menschlichen Komponente bestimmt.

Die animalische Komponente dominiert in der physischen Dimension ihrer Existenz. Um Erscheinungsbild und körperliche Funktionen wiederzugeben, verwendet Winer Wörter, die primär dem sprachlichen Umfeld der Reiterei entstammen. Neben den in der Beschreibung Thaljas gebrauchten Ausdrücken begegnen solche wie »Kruppe« (S. 36), ›Äpfeln‹ (S. 25) etc. Die Gangarten werden wie in der Reiterei als »Trab« (S. 37 u. ö.), »Paßgang« (S. 25), »Galopp« (S. 32), »Lancade« (S. 38) etc. bezeichnet, den Aufenthaltsort der Zentauren nennt Winer die »Stammesweidegründe« (S. 31).

An dieser Stelle beginnt der Einflußbereich der humanen Komponente. Die Gruppe der Zentauren heißt nicht ›Herde‹, sondern »Stamm«. Das Wort steht für eine im Grunde menschliche Sozietät auf einer frühen Kulturstufe. In eben diesem Sinne zeigt sich Winer die Lebensgemeinschaft der Zentauren. Sie wechseln zwar, den Jahreszeiten folgend, ihren Aufenthaltsort, da sie keine Vorratswirtschaft kennen (vgl. a. a. O.), leben aber außerhalb der Wanderphasen seßhaft in dorfähnlichen Gemeinschaften (vgl. S. 32ff.) und betreiben einfache Formen der Landwirtschaft (vgl. S. 32). Lediglich »die Alten« verfertigen als »Handwerker« einfache Gegenstände und Waffen aus Holz und Hanf (vgl. S. 33). Sie verfügen über einfache kulturelle Techniken.

Die Zentauren werden von einem »Führer« geleitet (vgl. S. 29). Sie bilden einen gesellschaftlich organisierten Verband. Dies zeigt sich nicht nur im gemeinsamen Wohnen und in der Entwicklung kultureller Techniken, sondern auch darin, daß die Möglichkeit des Ausschlusses aus diesem Verband als Bestrafung besteht (vgl. S. 32). Vor allem aber haben die Zentauren die Fähigkeit, gemeinsam komplexe Handlungen zu vollziehen, wie der taktisch überlegt in mehreren Phasen ablaufende Kampf gegen die Never-nevers demonstriert.

Die Lebensform der Zentauren basiert grundsätzlich auf ihrem Sprachvermögen. Sprechen impliziert Bewußtseinsaktivität, setzt die Transformation von Elementen und Beziehungen im Objektbereich in Vorstellungen und Zeichen voraus, die allen Sprechenden gemeinsam sind, so daß gemeinsame, gesellschaftsspezifische Verhaltensweisen und Handlungen möglich sind.

Die Sprache der Zentauren basiert auf der amerikanischen Sprache. Die Gemeinsamkeiten zwischen dem Amerikanischen der Menschen und dem der Zentauren sind so groß, daß eine Kommunikation zwischen Menschen und Zentauren stattfinden kann, die sich nicht allein auf die Vermittlung objektbezogener, demonstrativer oder appellativer Aussagen beschränkt, sondern auch eine ganz normale Konversation zuläßt:

> Wir begaben uns langsam in Richtung der Stammesweidegründe, und erzählten: von ihnen, von mir, von ihnen. (S. 31)

Da immer nur das Sprache werden kann, was der physischen und intellektuellen Konstitution zugänglich ist, d. h. was im Bereich des Erfahrungsmöglichen liegt, unterscheidet sich die Sprache der Zentauren von der der Menschen. In dem, was Sprache wird, dokumentiert sich das jeweilige Weltverhältnis und Weltverständnis, allgemein: das jeweilige Weltbild.

Für dieselben Gegenstände haben sich verschiedene Bezeichnungen herausgebildet, in denen sich die Relevanz dieser Gegenstände für die jeweilige Lebenswelt sowie auch die Struktur dieser Lebenswelt selbst spiegeln. So heißt die Grenze zwischen den Welten in der Sprache der Menschen zumeist lapidar »die Mauer« (S. 9 u. 12),[122] in der Sprache der Zentauren jedoch »World's End« (S. 25 u. ö.). Der Bezeichnung des funktionalen Bauwerks steht die der Begrenzung der Lebenswelt gegenüber.

Winer stellt allgemein die Entwicklung von »Neuworten« (S. 37)[123] fest. Das erste lernt er zu Beginn seiner Begegnung mit Thalja kennen. Sie gibt ihr Alter in »Gow-chrómms« an:

---

[122] Vgl. auch die äquivalenten Bezeichnungen »Betonmauer« (S. 9), »Riesenmauer« (S. 25) u. ä.

[123] Die Bemerkung Schmidt-Henkels zum russischen Maschinenpersonal im zweiten Teil der »Gelehrtenrepublik« dürfte sich aus dem bereits hier stehenden Ausdruck »Neuworte« herleiten: »Hier wird man an die von Orwell in seiner »Kleinen Grammatik« fixierte »Neusprache«, die in Ozeanien eingeführte Amtssprache zur Deckung der ideologischen Bedürfnisse des »Engsoz« erinnert.« (Schmidt-Henkel, Gelehrtenrepublik, S. 577)
Die auf Orwell bezogene Aussage ist eine nahezu wörtliche Übernahme des einleitenden Satzes der ›Kleinen Grammatik‹, der lediglich umgestellt ist (vgl. Orwell,

»›Gow-chrómms‹?«; sie mußte erst umschreiben, was das ist: was nachts krumm leuchtet; immer anders rund. (Also unfehlbar der Mond!). (S. 22)

Winer gibt die Art der sprachlichen Differenz und den Vorgang ihrer Überbrückung wieder. Ein ihm unbekanntes Wort wird durch die Umschreibung verständlich gemacht.

Während Winer die Bedeutung der ihm unbekannten Neubildungen erschließen kann, haben die Zentauren keinen Zugang zu bestimmten Begriffen, die er gebraucht. Als Winer etwa »Andere Gestalt« mit »Larvenform« übersetzt, muß er feststellen: »sie [= Thalja] konnte sich unter meinen hohen Ausdrücken nichts vorstellen.« (S. 42) Die sprachlichen Differenzen sind nur vom Menschen her überbrückbar. Die ›hohen Ausdrücke‹ des Menschen-Amerikanisch bleiben den Zentauren deshalb unverständlich, weil es sich bei ihnen um Bildungen handelt, die auf einen fremd-sprachlichen Ursprung zurückgehen und auf einem hohen Abstraktionsniveau stehen. Die Sprache der Zentauren dagegen orientiert sich an der sinnlichen Wahrnehmung. Neben den Bildungen, die optische Eindrücke verbalisieren, konstatiert Winer auch solche, die akustische Wahrnehmungen direkt in Sprache umsetzen:

Namen wie Erdbeben!: eine Bodenstelle, über die wir kamen, hieß ›Tatarakáll‹ (und die Hufe dröhnten auch genau so hohl drauf!). (S. 32).

Die ›Neuworte‹ des Zentauren-Amerikanisch sind im Grunde keine Neubildungen. Dies wird durch die im nachhinein versuchte Erklärung von »Gow-chrómm« bestätigt. Im Gespräch mit dem Direktor der ›Großen Wallstation‹ heißt es:

›Chromm‹ war das keltische ›krumm‹ – wieso grade das vom Gälischen her, war unbekannt: »Zufall wohl. Scheinbar ein Förster irischer Provenienz dazwischen geraten.« (S. 46)

Der Erklärungsversuch beläßt es beim Konstatieren des Vorhandenen und bleibt auf der Ebene des Synchronen. Er sieht nicht die Möglichkeit der sprachgeschichtlichen Analogie, macht aber gerade auf sie aufmerksam. Das Amerikanische – die einzige noch lebende angel-

---

S. 273). – Die assoziative Verbindung ist zweifellos korrekt, sagt aber in dieser Form nichts aus, weder im Hinblick auf die von Schmidt-Henkel angeführte Stelle noch im Hinblick auf die Sprache der Zentauren. Relevant wird sie erst, wenn erstens dem Hinweis auf Orwell nachgegangen wird und zweitens die Sprache der Zentauren mit der der »Hundertwortigen« (AS, Gelehrtenrepublik, S. 130) konfrontiert wird.

sächsische Sprache – ist sprachgeschichtlich mit dem Gälischen verbunden. Das Zentauren-Amerikanisch weist, indem es auf der Verbalisierung sinnlicher Wahrnehmung basiert, diese Verbindung wieder auf. Die sprachlichen Differenzen beruhen nicht auf prinzipiell andersartigen Bildungsprinzipien, sondern sind quasi historisch begründet. Neben der menschlichen Sprache vorhanden, wiederholen sich in der Sprache der Zentauren die Ansätze der sprachlichen Entwicklung, die ähnlich die menschliche Sprache vollzogen hat. Die Sprache der Zentauren ist menschliche Sprache auf einer frühen Entwicklungsstufe.

Der Art der sprachlichen Differenz entspricht die des Weltbildes. Konstitutive Momente des Weltbildes der Zentauren spiegeln sich in Bildungen wie »World's End« oder »Gow-chrómm«. Ihre Welt ist durch ein konkret anschauliches Ende exakt begrenzt. In dieser Begrenzung ist sie nur plan als Scheibe erfahrbar. Den Mond können sie nicht als Planeten sehen, sondern nur als animistisch-eigenständiges Wesen. Er spielt in ihrem Leben eine besondere Rolle. Sie messen das Alter nach Mondumläufen (S. 22), kult-ähnliche Ereignisse werden als »Vollmondfest« gefeiert (S. 34), der Wechsel der Jahreszeiten wird mit dem Mond in Verbindung gebracht (vgl. S. 38). Mit dem Mond wird die Natur animistisch vorgestellt. Der Häuptling berichtet Winer vom jahreszeitlichen Wechsel des Aufenthaltsortes:

»Das Weiße? Oh, das ist ungut!« / Langsame Begründung: »Da sind besondere Stimmen. Die Bäume werden oben blutig und zittern. Gow=chrómm geht krumm und friert; und liegt auf dem wabigen Rücken. Kein Gras, oder doch nur ganz mühsam auszuscharren – neenee; da wandern wir lieber aus, nach Mittag.« (a. a. O.)

Phänomene ihrer Umwelt, die nicht zum alltäglichen Erfahrungsbereich gehören und ihrem intellektuellen Vermögen unzugänglich sind, werden in animistische Mythen umgesetzt. Einen solchen Mythos beschreiben der Häuptling und Thalja:

»Die Luft ist manchmal voller Musik. Und Stimmen.« (Die ihrigen wurden sogleich abergläubisch leiser). / Und erzählten abwechselnd, eifrig durcheinander [. . .]: einmal hörte der ganze Stamm viele Tage lang aus einer Felsspalte Gesang und herzloses Pfeifen [. . .]. Dann, nach angstvollen Wochen für den Stamm, war es immer leiser geworden: nur wenn man das große Spitzohr ganz dicht hielt, hauchte es noch süß und einförmig gerillt, wie maiden's mouth. (S. 35)

Die aus dem einmaligen gemeinsamen Erlebnis abgeleitete mythische Vorstellung, daß die »Luft« »manchmal« akustisch wahrnehmbar belebt sei, ist von außen provoziert. Aus dem Erzählten schließt Winer, daß ein »Förster«, ein staatlicher Aufsichtsbeamter, »wahrscheinlich [. . .] einen Portable in die Steinritze versteckt« (a. a. O.) hatte. Die Zentauren fügen den oktroyierten Mythos in ihr animistisches Weltbild ein, ja dieses wird auf diese Weise sogar noch bestätigt.

Ähnlich bringen sie eine natürliche Erscheinung mit ihrem Schöpfungsmythos in Verbindung. Winer erlebt, wie der Häuptling und Thalja furchtsam eine Naturerscheinung beobachten, die er als »Irrlichter« identifiziert:

> »Die Seele des Tyrannen Fórmindalls!« (noch ehe ich ihm erklären konnte, was dort brannte). / Und, zu meiner weiteren Information: »Der böse Geist, der uns geschaffen hat.« (S. 36)

In dieser Aussage bekundet sich eine allgemeine eigene Vorstellung der Entstehung der Zentauren. Die Flamme steht für die atomare Explosion, »Fórmindalls« für den in ihr präsenten ›bösen Geist‹ des Menschen, der die Explosion ausgelöst und die Mutationssprünge bewirkt hat. Die Zentauren bewerten den Schöpfungsakt als die Tat eines personifizierten Bösen, das sich in der Flamme in Erinnerung bringt.[124]

In dieser Vorstellung zeigt sich, daß die Zentauren Sprache nicht allein zum Namengeben benutzen; daß vielmehr die Sprache eine tiefergreifende traditionsbildende Funktion einnimmt. Ein Naturphänomen wird nicht mehr bloß benannt und auch nicht mehr allein animistisch belebt, sondern gedeutet und tradiert. Die mythische Deu-

---

[124] Im metafiktionalen Bereich wird ein weiterer, diesem durchaus verwandter Mythos angedeutet, der den Ursprung der Zentauren als spezifische Wesen der dargestellten subjektiven Realität erhellt.
Winer schiebt bei seinem Eintritt ins Zentaurendorf die Bemerkung ein: »(und ich kniff mich doch lieber noch einmal ins Bein: war ich etwa über einem Lehrbuch der Griechischen Mythologie, Preller=Robert, eingeschlafen?)« (S. 32).
Die Zentauren werden ausdrücklich mit der antiken Mythologie in Beziehung gesetzt. Dort gehen sie aus der Verbindung Ixions mit Nephele hervor: Ixion, der erste Verwandtenmörder, wird von Zeus entsühnt, erweist sich aber als undankbar und versucht, Hera zu verführen. Im Glauben, es handle sich um Hera, vollzieht Ixion die Vereinigung mit Nephele, der Wolke. Ixion wird zur Strafe an ein feuriges Rad gebunden, das sich in der Luft (oder im Hades) dreht.
Die Affinitäten zur Entstehung der Zentauren in der subjektiven Realität sowie innerhalb dieser zu ihrem Schöpfungsmythos sind offenkundig: die Zentauren sind die Produkte des seinesgleichen tötenden Menschen und der atomaren ›Wolke‹. Der »böse Geist« des Produzenten – »Fórmindalls« – kehrt im Irrlicht ewig wieder.

tung zieht die Verbindung zwischen dem beobachteten Phänomen, der Gegenwart der Zentauren und ihrem Ursprung. Sie dokumentiert, daß die Zentauren ein Verhältnis zu sich selbst und zu einer nicht selbst erlebten Vergangenheit, daß sie also ein Bild von sich selbst haben, das über das gegenwärtig Erfahrbare hinausgeht und eine, wenn auch noch nicht historische, so doch mythische Dimension aufweist.

Winer lernt die Zentauren somit als menschenähnliche Wesen kennen, deren animalische Komponente sich zunehmend als physisch bedingtes Akzidens bzw. als eine Komponente erweist, die – nur mit anderen Vokabeln zu beschreiben – auch dem Menschen eignet.

Die Zentauren repräsentieren insgesamt ein frühes Stadium der menschlichen Entwicklungsgeschichte.

Dieses Stadium freilich ist nicht rein vorhanden, sondern von Elementen der Gegenwart der Menschen-Welt des Jahres 2008 durchsetzt. Die Zentauren können sich nicht natürlich entwickeln, sondern unterstehen als die Produkte des Menschen seinem Einfluß.

Die Berührungsstelle zwischen Menschen- und Zentauren-Welt, die, der totalen Isolation entsprechend, in die Zentauren-Welt hineinverlegt ist oder sich an deren Grenze befindet, bilden die »Förster«. Sie bestimmen das Menschenbild der Zentauren. Sie versorgen die Zentauren mit einfachen mechanischen Geräten und Waffen, üben aber auch eine dämonische, existenzbedrohende Macht aus:

> Die Gerätschaften wurden periodisch von Förstern verteilt: Lederbandeliere angemessen; die Jungen bekamen ihr Nickelzängelchen: grundsätzlich als Vollmondfest. / Schienen aber durchaus nicht als fabelhaft wohltätige Gottheiten angesehen zu werden, die Herren; denn der Führer deutete, wortkarg=geheimnisvoll an: daß jedesmal unmittelbar danach zahlreiche Todesfälle aufträten (S. 34).

Über die Förster greift der Mensch massiv in das Leben der Zentauren ein. Die »Gerätschaften«, die sie in die Zentauren-Welt bringen, sind Hilfsmittel zur Nahrungsmittelbeschaffung und zum Kampf gegen die Never-nevers, die die Zentauren nicht selbst herstellen können. Indem die Übergabe dieser Gegenstände in einem quasi-rituellen Rahmen erfolgt, provozieren die Förster die sie selbst betreffenden Mythenbildungen. Im Unterschied zum Mythos der akustisch wahrnehmbar belebten Luft, dessen Ursprung Winer in der privaten Eskapade eines Försters vermutet, ist diese Mythisierung der Beziehung des Menschen zu den Zentauren offensichtlich systematisch geplant.

Die mythische Dimension dieser Beziehung manifestiert sich für die Zentauren in der Verbindung zwischen dem Übergaberitus und den regelmäßig folgenden ›Todesfällen‹. Die Zentauren verknüpfen die Ereignisse prä-konditional. Sie können sie nicht kausal erklären, sondern müssen sie als unausweichliche, unheil- und geheimnisvolle Gegebenheit in den Mythos transponieren. Die Zentauren erleben die Menschen als undurchschaubare, teils hilfreiche, teils tödliche, also schicksalhaft-mythische Macht.

c) Ausmaß und Wertigkeit der Beziehung zwischen der Menschen- und der Zentauren-Welt lernt Winer erst aus der Perspektive der Menschen-Welt auf der Großen Wallstation kennen. Nach der Vereidigung auf das Gesetz, das eine »Veröffentlichung nur in toten Sprachen« (S. 43) vorschreibt, werden ihm geheime Informationen zugänglich, die das Verhältnis der Welten offenlegen. Sie machen ihn zum exklusiven ›Mitwisser‹, der die Möglichkeit erhält, das Geheimnisvolle durch das Geheime zu erklären. Seine Darstellung behält auch nach dem Perspektivenwechsel ihre Authentizität, die sich nunmehr aus der uneingeschränkten Teilhabe an der Menschen-Perspektive auf die Zentauren-Welt herleitet: von kompetenter Seite, vom Direktor der Wallstation, erhält Winer »o h n e w e i t e r e s A u s - k u n f t« (S. 44). Winer kann seine aus dem weltimmanenten Erleben der Zentauren-Welt gewonnenen Einblicke mit einem Überblick von außen konfrontieren. Er erhält ein komplettes und doppelt autorisiertes Bild des Verhältnisses der Welten zueinander.

Im Kontakt mit dem Direktor ist Winer bestrebt, den Stellenwert seiner begrenzten Einzelbeobachtungen im Kontext der gesamten Hominiden-Welt zu erkennen, seine Kenntnisse und Vermutungen zu überprüfen. Zunächst geht es ihm dabei um ein Gesamtbild der mutativen Population des Hominidenstreifens. Er erfährt, daß der Generalnenner aller Mutationsformen tatsächlich die Hexapodie ist:

> »[...] Also einerseits mit Insekten; andererseits mit Huftieren: unter Beibehaltung – beziehungsweise entsprechender Transformierung – der Arme, ja.« (Armlose Rückschlagformen wurden »laufend ausgemerzt – ä=schmerzlos natürlich.«: feiner Ausdruck!). (Und ich stellte mir's bedeutend verallgemeinert vor: Hirsche, Tapire, Elefantinnen, Nashörnerinnen, Nilpferde, Zwergböckchen: Oder Giraffiges, ganz oben ein traurig=dummes Menschenhaupt. [...]) (a. a. O.)

Winers in der Phantasie ausgemalte Bildungen nehmen den verallgemeinernden Ausdruck ›Huftiere‹ beim Wort, beziehen sich aber möglicherweise auch auf das nicht näher geschilderte Entstehungsstadium der Mutationen. In den folgenden Gesprächen jedenfalls geht es ausschließlich um die drei bereits bekannten hexapodischen Mischwesen, die sich, wie Winer schon zuvor vermutet hatte, als »leidlich stabil« erwiesen hatten.

Wichtiger als die wissenschaftliche Bestätigung dessen, was Winer durch Thalja erfahren hat, ist die eingeschobene Bemerkung des Direktors, in der das Verhältnis der Menschen- zur Hominiden-Welt anklingt. Die Stabilisierung der Mutationsformen ist hiernach nicht das Resultat eines evolutionären Selektionsprozesses, sondern das Resultat planvoll gesteuerter Züchtung.

Der Mensch behandelt die Zentauren als animalisches Zuchtmaterial und ihre Welt als »Hominidenversuchsfeld« (S. 49). Der einzig ›humane‹ Aspekt, das Zugeständnis der Schmerzlosigkeit beim Töten von Rückentwicklungen, unterstreicht die totale Akzentuierung der animalischen Komponente und damit die Inhumanität des Verhältnisses der Menschen zu den Hominiden.

Emotional einsichtig erscheint dieses Verhältnis den Never-nevers gegenüber. Gerade sie aber will auch der Mensch völlig ausrotten, also nicht etwa züchterisch manipulieren (vgl. S. 52).

Im Zentrum steht zunächst das Verhältnis des Menschen zu den Zentauren als den eigentlich Menschenähnlichen. Der Direktor vermittelt sein menschen-perspektivisches Bild der Hominiden-Welt in einer wissenschaftlich-distanzierten Sprechweise, die mit zahlreichen Ausdrücken aus der Vererbungslehre durchsetzt ist. Er zieht sich auf den anscheinend objektiven, der moralischen Wertung gegenüber unangreifbaren Standort des Wissenschaftlers zurück. Die Zentauren – und ähnlich danach die Fliegenden Köpfe – werden von dorther zwangsläufig ›unmenschlich‹ behandelt: sie werden zu Objekten wissenschaftlicher Interessen. Diese sind mit einer musealen Zielsetzung verbunden: »Wir wollen sie [= die Zentauren] ja doch möglichst uns, dem Menschentum erhalten!« (S. 45)[125]

---

[125] Der vom Direktor angesprochene Reservat-Charakter der Hominiden-Welt, den Schmidt in seinem knappen Überblick über die Darstellung Winers durch die Bezeichnung »›reservation‹« betont, spielt auf die Reservat-Welten an, wie sie in den Werken von Samjatin, Huxley und Orwell vorliegen. Bei diesen ist die vorausgesetzte Entwicklung zur subjektiven Realität in einem ausgegrenzten Bereich nicht mitvollzogen worden, die Hominiden-Welt dagegen ist das genuine Produkt dieser Entwicklung. Die menschlichen Komponenten der Menschenähnlichen haben sich nicht in dieser Welt bewahrt, sondern sind Gegenstand der züchterischen Manipulation.

Die nach dem künstlich hervorgerufenen Mutationssprung einsetzende biogenetische Entwicklung wird nicht nur gesteuert, sondern zudem auf einem bestimmten Niveau angehalten. Der Mensch macht sich zum arroganten, absoluten Herrscher der Menschenähnlichen. Der Mensch negiert dabei keineswegs die partiellen körperlichen und geistigen Affinitäten der Zentauren zu sich selbst. Er macht sie jedoch von seinem wissenschaftlichen Standort aus zu bloßen Größen, die ihn nicht tangieren, er reduziert sie auf züchterisch manipulierbare Eigenschaften.

Paradoxerweise akzeptiert der Mensch die Zentauren in der physischen Dimension, in der die Unterschiede zwischen Menschen und Menschenähnlichen objektiv vorhanden sind, als Partner.

Im Sport treten die Zentauren spielerisch in Konkurrenz zu den Menschen. Im Zusammenhang damit gestattet ihnen der Mensch, Einblicke in seine Welt zu nehmen. Wenn auch nur für jeweils kurze Zeit und nur in dem schmalen Grenzbereich des »Stations=Sportplatzes« (S. 52), verlassen die Zentauren »ihr Gebiet« (S. 54). Sie erfahren die Duchlässigkeit ihres ›Welt-Endes‹ und erleben die Förster in ihrer alltäglichen Lebenswelt. Ungewollt tragen so die Förster zu ihrer eigenen Entmythologisierung bei und leiten damit auch die Entmythologisierung des Weltbildes der Zentauren ein.

Sie übersehen diese gravierenden Implikationen ihres Verhaltens, weil die Zentauren für sie trotz des partnerschaftlichen Akzeptierens Zuchtobjekte bleiben. – Nach den Preisen für die Sieger der Wettkämpfe befragt, antwortet der Direktor:

> »V e r s c h i e d e n . – Meist solche, von denen der ganze Stamm des Siegers was hat: n blanken Aluminiumeimer; 3 stählerne Speerspitzen: wir *züchten* dadurch ja gleichzeitig nicht nur gute körperliche Eigenschaften, sondern auch geistige: Reaktionsgeschwindigkeit; Entschlußkraft; Kampfgeist – der uns dann, beispielsweise gegen die Arachnen, wieder zugute kommt [. . .].« (S. 53f.)

Der Mensch züchtet im Hinblick auf seine Interessen. Was hier wie das Realisieren eines bestimmten Zweckes anmutet, hat seinen Zweck in sich selbst: die Never-nevers sollen vor allem deshalb vernichtet werden, weil sie das andere Zuchtmaterial, die Fliegenden Köpfe, bedrohen. Es geht allein um das Züchten. Daß mit den gezüchteten Eigenschaften unkontrollierte Nebenwirkungen verbunden sind, daß sie eine Verselbständigung der Zentauren fördern, entgeht dem Direktor. Ebenso entgeht ihm die Perversität dieses Verhaltens, die darin besteht, daß letztlich menschliche Eigenschaften gezüchtet werden.

Die Haltung des Menschen den Zentauren gegenüber – sie als Menschenähnliche zu akzeptieren und gleichwohl als Zuchtobjekte zu behandeln – tritt in sämtlichen Bereichen hervor, auf die der Direktor, provoziert durch die Fragen Winers, zu sprechen kommt.

Die Menschenähnlichkeit ist ihm ein biologisches, also positiv verifizierbares Faktum. Sie ergibt sich aus der mutativen genesis der Zentauren, in der sogar bestimmte »Rassen« identifiziert werden, die sich zunächst nach dem Mutationssprung erhalten haben: »Es gab ja ursprünglich d r e i Rassen: Derivate von Weißen, Negern, Indianern.« (S. 44) Sie ist darüberhinaus in der synchronen Beziehung zwischen den Menschen und Zentauren im Bereich der Fortpflanzung bzw. des Sexuellen teil-manifest:

> M e n s c h e n m ä n n c h e n & Z e n t a u r e n w e i b c h e n : sind zusammen unfruchtbar; das ist ausreichend erprobt. A a a b e r !: Z e n t a u r e n m ä n n c h e n & M e n s c h e n w e i b c h e n : da kann durchaus was passieren! (S. 45)

Daß nur eine Partnerkonstellation ›fruchtbar‹ ist, entspricht der physischen Konstitution der Zentauren als Teil-Menschen. Der Mensch akzeptiert, wie ja auch Winer in seiner Beziehung zu Thalja, die Zentauren als sexuelle Partner und darin als menschliche Wesen: der sexuelle Akt ist ausdrücklich » k e i n e Sodomie« (a. a. O.). Zugleich aber sind ihm die Zentauren auch hier Objekte, wie im ›Erproben‹ deutlich ist.

Von den »ursprünglich d r e i Rassen« sind, so der Direktor, »Weiße und Indianer so gut wie verschmolzen« (S. 44), und zwar über die gemeinsame animalische Komponente der Grant-Gazelle. Der als Entwicklungsvorgang begonnene Verschmelzungsprozeß wird rigoros gesteuert. Was das heißt, zeigt die Reaktion des Direktors auf Winers Mitteilung, daß er eine Zebroidin beobachtet habe: »»Was?: Sie haben einen zebroiden Mischling gesehen?: Aber der muß doch sofort weg!«« (a. a. O.) Winers Erschrecken veranlaßt den Direktor zu der weitergehenden Erläuterung:

> »Ach das m ü s s e n Sie einsehen! Wir überwachen sämtliche Trupps ärztlich: brutal Mißratene; bösartige Männchen; allzugroß Gehörnte – was bei der Geburt Schwierigkeiten machen könnte – werden r ü c k = s i c h t s = l o s abgeschossen!« (Vermittelst Blasrohr: ein winziger Glaspfeil, mit Gift gefüllt) (a. a. O.).

Die Rede von der ›ärztlichen‹ Kontrolle führt sich selbst ad absurdum. Sie dient nicht humanitären, sondern züchterischen Zwecken, der Normkorrektur. Die Norm besteht in der Reinrassigkeit der zufällig entstandenen Kombination, ebenso zufällig entstandene und entstehende Neben- oder »Rückschlagformen« werden skrupellos vernichtet, bis tatsächlich die Rasse entsteht, die Winer gesehen hat. Die Züchtungsnorm ist wissenschaftlich unbegründet. Ihre Herkunft drückt sich im Bedauern des Direktors über die Existenz ›negroider Typen‹ aus (vgl. a. a. O.).

Wenn es heißt: »Schärfste Rassentrennung. Zählung und Überwachung« (S. 45), so wird eine Differenzierung, die innerhalb der Menschen-Welt zwischen den menschlichen ›Rassen‹ besteht, auf die Zentauren übertragen. Der Begriff der Rasse wird in seiner ursprünglichen biologischen Bedeutung gebraucht und in den extremen Konsequenzen seiner Verabsolutierung sichtbar.

Innerhalb der dargestellten Realität kündigt sich an, daß das Verhalten der Menschen den Zentauren gegenüber grundsätzlich die Bedeutung eines Verhaltens des Menschen sich selbst gegenüber hat.

Dies wird besonders im Hinblick auf die geistige Komponente der Zentauren sichtbar, die nahezu uneingeschränkt als menschlich akzeptiert wird. Der Direktor erläutert zögernd und unter ausdrücklicher Berufung auf die Vereidigung Winers die Herkunft des mythischen Namens »Fórmindalls«:

> »[. . .] da gab's mal vor 50 Jahren einen Außenminister [= John Foster Dulles], der entscheidend zur Weiterführung der Atomversuche geraten hat . . .« (S. 46)

Nach dieser Information kann Winer die Erklärung fortführen:

> Und ›ich unterbrach schon erleuchtet: »Achsooo!: ›For=Min‹ – das steht reduktiv für ›foreign‹ und ›minister‹?! – : Achsoooo. Ja jetzt wird mir manches klar.« (a. a. O.)

Winer ›wird klar‹, daß der Schöpfungsmythos der Zentauren ins Mythische transponierte Realität ist. Die Aufschlüsselung des Namens »Fórmindalls« impliziert, daß der Mensch den Zentauren den Vollzug dieser Mythenbildung und damit eine Kenntnis ihres eigenen Ursprungs als eigene Leistung zugesteht. Entsprechend werden die Zentauren wie selbstverständlich als ethnische Gruppe behandelt:

> »Ja die Volkskundler haben natürlich ein reiches Arbeitsfeld. Die freuen sich ja diebisch, wenn sie wieder einen neuen Brauch registrieren können [. . .]« (a. a. O.).

Indem die Zentauren in das Forschungsgebiet der Ethnologie einbezogen werden, werden sie als dem Menschen zugehörige Lebewesen betrachtet. Der Mensch sieht mithin in den Zentauren die gegenwärtige Repräsentation einer historisch frühen Stufe seiner eigenen Entwicklung.

Nur im Rahmen dieser Sichtweise kann die Frage nach der Religion der Zentauren gestellt werden und kann, wiederum wie selbstverständlich nebenher, von ihrer »historischen Entwicklung« die Rede sein. Beide Ausdrücke sind nur auf menschliche Sozietäten anwendbar. Gerade in dem Teil des Gesprächs zwischen Winer und dem Direktor, in dem genuin anthropologische Begriffe auf die Zentauren angewendet werden, kommt wieder das massive Eingreifen des Menschen zu Sprache:

> Die ›Religion der Zentauren‹?: [...] »Sie haben keine. Außer dem, in der historischen Entwicklung unvermeidlich auftretenden Animismus. Durchaus sublimiert allerdings: unsre Anwesenheit trägt ja zur Bildung einer Götterlehre enorm bei. Also ganz zwanglos verläuft die Entwicklung nicht: kann es nicht!« (S. 47)

Das Eingeständnis der Zwanghaftigkeit in diesem Zusammenhang zeigt das Bestreben des Menschen, die Entwicklung der Zentauren umfassend zu lenken. Der Lebensraum der Zentauren ist nicht nur vom Menschen umgrenzt, der Mensch bestimmt auch seine inneren Konditionen:

> »Schlangen und stechende Insekten haben wir zerstört; vermittelst Kontaktgiften; auch durch Bestrahlung: wir mußten ja erstmal günstige Entwicklungsbedingungen schaffen. Es ist ohnehin noch schwierig genug.« (S. 46f.)

In der totalen Unterwerfung zeichnen sich die Grundzüge der Entwicklung zur Eigenständigkeit ab. Sie vollzieht sich außerhalb der Kontrolle des Menschen und wird durch die züchterischen Manipulationen eher gefördert als behindert, weil alle züchterischen Eingriffe auf das Herausbilden körperlicher und geistiger Eigenschaften abzielen, die menschlichen Normvorstellungen entsprechen.

Die Menschenähnlichkeit ist dem Menschen keine verpflichtende Qualität, sondern nichts als ein positiv konstatiertes Faktum, das ohne moralische Skrupel zum Gegenstand der Bearbeitung wird. Der Direktor führt es Winer geradezu exemplarisch an der Zucht der Fliegenden Köpfe vor Augen.

Die Fliegenden Köpfe heißen in der Sprache des Menschen »›Fliegende Masken‹« (S. 50). Der Direktor begründet diese Bezeichnung: »»[...] es gibt nämlich da gewisse festbleibende Typenkreise.«« (a. a. O.)

Die unterschiedlichen Bezeichnungen zeigen ein unterschiedliches Verhältnis zum Bezeichneten an. Für die Zentauren sind die Hominiden harmlose Lebewesen, die, nach ihren augenfälligen Merkmalen der äußeren Gestalt bezeichnet, lediglich Eifersucht hervorrufen, die auf ihrer ausgeprägten Sexualität beruht, welche die Zentauren wiederum zu märchenhaft-mythischen Bildungen veranlaßt (vgl. S. 22 u. 42). Der Mensch dagegen macht diese Hominiden, radikaler noch als die Zentauren, zu seinem züchterisch manipulierbaren Produkt. Die Züchtung ist darauf ausgerichtet, »Gesichtsausdrücke« wunschgemäß zu »variieren & fixieren« (S. 50), »einigermaßen konstante[.] Maskentypen« (S. 55) herzustellen. Der Mensch hat in diesem Bereich, so der Direktor, die »absichtliche Züchtung« (a. a. O.) in Perfektion realisiert. Winer stellt etwa fest, daß »Gemälde imitiert« (S. 56) werden. Der Mensch macht die Fliegenden Köpfe zu einer vitalisierten, beliebig produzierbaren und reproduzierbaren Galerie. Darüberhinaus nutzt er die Fliegenden Köpfe ökonomisch und sexuell.

Die Fliegenden Köpfe durchlaufen eine insektenartige Metamorphose und werden im verpuppten Stadium zu Garn verarbeitet, wie Winer bei der Führung durch das »Labor« erfährt (S. 51). Vor seiner Weiterreise erhält er, wie der Direktor kommentiert, »eine - ganz schmucklose - Decke aus ›mask=linen‹«, wozu er, in von ihm unbemerktem Zynismus, anmerkt: »Der Wert liegt ja für den Kenner im Material, nicht in der Arbeit.« (S. 55) Sogar verbal explizit werden die Fliegenden Köpfe als Material betrachtet, über das der Mensch verfügt.

Daß die Fliegenden Köpfe sexuell genutzt werden, erfährt Winer aus Andeutungen. Er hat einen als nächtlichen Gast erhalten. Der Soldat, der ihn per Rakete nach Eureka befördern soll, reagiert auf die Äußerung Winers: »Sie hat sich viel Mühe gegeben - mich ausgezeichnet in Schlaf gesungen - wie?«, indem er »unmerklich=wissend« »lächelt[.]« (S. 60).

Die »partielle Seelenlosigkeit« (S. 51), die Winer bei einer Assistentin während der Vorführung der Zuchtanlage feststellt, gilt für sämtliche Personen, die er im Zusammenhang mit dem Phänomen der Fliegenden Köpfe erlebt und die mit ihm konfrontiert werden. Wie die

Wissenschaftler behandeln sie die Fliegenden Köpfe ›sachlich‹; d. h. sie degradieren das genetisch dem Menschen verwandte Wesen zum verfügbaren Gegenstand.

Diese Haltung drückt sich bezeichnenderweise auch in den Anmerkungen des Übersetzers aus. Stadion äußerst sich dort, wo Winer die Eskalation der Versachlichung in der textilen Verwertung beschreibt. Als Winer von »den neuen milchglasfarbenen Schillerstoffen« (S. 54) spricht, merkt Stadion an:

> Was nichts mit unsrem teuren deutschen Toten zu schaffen hat; sondern im Sinne von ›Irisieren‹ zu verstehen ist. (S. 54, A 27)

Und zu »›mask=linen‹« steht:

> ›Masken-Leinen‹; dies demnach das stehend gewordene Fachwort für Textilien aus den Fäden der Puppe der ›Fliegenden Masken‹. (S. 55, A 28)

In zwei aufeinanderfolgenden Anmerkungen hebt der Übersetzer ohnehin Selbstverständliches hervor. Er übersieht das eigentlich Problematische, er akzeptiert die Versachlichung der Fliegenden Köpfe zu den verwertbaren Fliegenden Masken fraglos als institutionell autorisiertes Verhalten.[126]

Die einzige Ausnahme bildet Winer. Er bezieht zwar nicht dezidiert Stellung gegen das allgemein akzeptierte Verhältnis der Menschen zu den Fliegenden Köpfen, jedoch wertet er das Beobachtete subjektiv-emotional und bekundet darin im Gegensatz zu den übrigen ›Menschlichkeit‹. Dies artikuliert sich in zunehmender Intensität während der Führung durch die Zuchtanlage. Begründet und entschuldigt er die »partielle Seelenlosigkeit« der Assistentin zunächst noch damit, daß sie ›berufsbedingt‹ (S. 50) sei, so reagiert er, als sie das aus der Puppe gewonnene Produkt an ihrer Unterwäsche vorführt, »schaudernd« (S. 51); und als der Direktor ihm von der Decke aus diesem Gewebe berichtet, fügt Winer an:

> (Und grauen tat mir auch vor seinem Präsent; aber ich zwang mich, verbindlich die Zähne zu fletschen, bis er damit zufrieden schien). (S. 55)

Die subjektive Äußerung, die nur dem Leser mitgeteilt wird, hebt kontrastiv die Perversität des Geschenks und des Verweises auf den »Wert« der Decke durch den Direktor hervor. Allein Winer betrachtet hier die Fliegenden Köpfe als Köpfe und nicht als Masken. Er nimmt

---

[126] Vgl. dazu S. 132, A. 85, wo Stadion *Winer* den Vorwurf macht, bestimmte »Gedankengänge« »ohne Rücksicht auf Folgen« auszusprechen.

ihre Menschenähnlichkeit als sichtbares Zeichen einer verwandt-
schaftlichen Beziehung.

Diese Haltung Winers ist nicht ohne weiteres generalisierbar. Er
teilt die Abneigung des Direktors gegen die Never-nevers. Er enga-
giert sich mit ihm gegen diese Hominidenart, wobei beide die animalische Komponente betonen; entsprechend bezeichnet der Direktor
sie als Arachnen, Winer als Riesenspinnen (vgl. S. 51). Die Übereinstimmung ist jedoch unterschiedlich begründet. Für den Direktor
sind sie Störfaktoren, die den Fliegenden Köpfen in allen Stadien der
Metamorphose nachstellen, sie in Konkurrenz zum Menschen ver-
werten und somit seine Verwertungsabsichten behindern. Daß der
Direktor selbst in genau derselben Weise ›Feind‹ der Fliegenden Köpfe ist, wie er es den Never-nevers vorwirft, bleibt ihm verborgen.

Winer hingegen leitet seine Abneigung gegen die Never-nevers aus
seinen »eigenen Erfahrungen« (a. a. O.), aus seiner Begegnung mit
den Never-nevers auf seiten der Zentauren ab. Winer sieht die Never-nevers aus der Perspektive der Zentauren-Welt, der Direktor aus
der der Menschen-Welt.

d) Die eminente Bedeutung des perspektivischen Unterschiedes
manifestiert sich darin, daß Winer von vornherein daran gehindert
werden soll, die Hominiden-Welt lebend zu verlassen, und daß er,
nachdem er sie lebend verlassen hat, mit dem Übersetzungsgebot belegt wird. Es geht der Menschen-Welt gar nicht darum, alle Verhaltensweisen zu den Hominiden zu verbergen; kurz vor der Verabschiedung Winers sagt der Direktor ausdrücklich:

> Die Öffentlichkeit kann getrost einmal erfahren, daß hier bei uns solide
> Arbeit geleistet wird. (S. 56)

Das Verbot der öffentlichkeitswirksamen Publikation betrifft in erster
Linie Winers Erleben der Hominiden-Welt. Seine Gefahr besteht darin, daß die Öffentlichkeit die Möglichkeit erhielte, mit Winer die
menschliche Welt aus der Perspektive der Zentauren zu sehen und das
heißt: das menschliche Verhalten und seine Grundlagen zu erkennen
und zu bewerten.

Aus dieser Perspektive zeigt sich die auf das Menschliche ausgerichtete Sachlichkeit des Menschen als Inhumanität. Demgegenüber
ist ›Humanität‹ nicht von vornherein als moralische Kategorie im
Erleben bzw. in der Beschreibung der Zentauren-Welt sichtbar, sondern enthüllt sich umgekehrt an ihrem Gegensatz.

Die beiden ersten größeren Komplexe der Darstellung, die ihre erste Hälfte ausmachen, stehen so in einem wechselseitigen Bedingungszusammenhang. Weder sind sie gemeinsam bloße Stationen auf der Reise zur IRAS, noch handelt es sich bei der Beschreibung des Wallstation-Aufenthalts lediglich um einen »parodistisch-wissenschaftlichen Epilog«[127] zur Darstellung der Hominiden-Welt, wie Schmidt-Henkel meint. Erst aus der Korrelation der beiden Komplexe ergibt sich die perspektivische Relevanz von Winers Erfahrungen in der Hominiden-Welt und tritt die Inhumanität des Menschen hervor.

Die Grundlagen der Menschen-Welt konzentrieren sich letztlich in einem einzigen Moment. Der Direktor spricht es an und bringt es buchstäblich auf den Begriff. Angeregt durch Winer, der es im Rückblick auf die ›Weltkriege‹ begrüßt, »d a ß d i e J a p a n e r & D e u t -s c h e n weg sind« (S. 49), führt der Direktor aus:

> »G a n z meine Ansicht! – Neinein: diese letzte, Ä=Vereinfachung=ä, war doch im letzten Grunde begrüßenswert: was h a t die nicht zur Ausbreitung der Vernunft in der Restwelt beigetragen!« (S. 49f.)

Indem der Direktor die Ausweitung des Geltungsbereiches der Vernunft mit der Vorstellung der Simplifizierung koppelt, bringt er zwei widersprüchliche Momente zusammen: Er führt geleistete ›Aufklärung‹, Verbreitung und Etablierung komplexer rationaler Verhaltensweisen zur Welt, auf eine zuvor stattgefundene Reduktion realer Komplexität auf Simplizität zurück. Durch diesen Kontext wird der Begriff der Vernunft selbst reduziert. Er steht nicht mehr für das Bemühen, die Zusammenhänge, die die Welt des Menschen ausmachen und in die er inbegriffen ist, in ihrer Komplexität zu verstehen; er steht für das Verhalten des Menschen, das die Reduktion und Simplifizierung der Welt bewirkt hat und das dem entspricht, das er zu dieser vereinfachten Welt einnimmt, wobei er neue Komplexität (etwa in der Artenvielfalt der Hominiden-Mutationen) a priori in der Simplifizierung egalisiert.

Der Übersetzer macht im ironischen Spannungsfeld auf die axiomatische Relevanz der reduzierten Vernunft aufmerksam, indem er

---

[127] Schmidt-Henkel, Gelehrtenrepublik, S. 572, behauptet in diesem Zusammenhang, daß »Winer die kulturelle Überlegenheit des Davongekommenen [. . .] [ausspiele, um] den Animismus der Zentauren von der Warte des Übergottes zu belächeln«, und charakterisiert so das Verhältnis Winers zur Zentauren-Welt. Die Behauptung kann an keiner Stelle des Textes verifiziert werden, und bezeichnenderweise belegt Schmidt-Henkel sie auch nicht, sondern fügt seine Deutung der Wallstation an.

bezeichnenderweise nicht ihren depravierten Begriff kommentiert, sondern seine Anmerkung dort plaziert, wo Winer das Fehlen der Japaner und Deutschen positiv bewertet. Stadion kommentiert eine Äußerung Winers, nicht die ihren Tenor noch verstärkende des Direktors. Er läßt die divergierenden Begründungen der übereinstimmenden Bewertung außer acht und nimmt ausführlich Stellung:

> Ich stehe nicht an, auch diese Stelle wortgetreu zu übertragen: ganz abgesehen von meiner Pflicht als Vereidigter Übersetzer, und meinen persönlichen Gefühlen als Restdeutscher – 1 unter 124 noch! – ist es ja wohl historisch wichtig, daß auch dergleichen, in Nord und Ost gar nicht seltene oder unübliche, Einstellung durch den Druck zur Aufbewahrung gegeben wird. Spätere Jahrhunderte mögen richtigen zwischen Goethe und ›Förmindalls‹! Ich enthalte mich jeden Kommentars, der mir als persönliche Empfindlichkeit ausgelegt werden könnte. (S. 49, A 25)

In karikativer Überzeichnung tut Stadion genau das, was er von sich weist: Er reduziert den Darstellungszusammenhang auf seine »persönliche Empfindlichkeit« »als Restdeutscher«.

Die Analogie der Begriffe »Restdeutscher« und »Restwelt« stellt die Beziehung der Anmerkung zur Äußerung des Direktors her. Stadion versteht sich als Überrest einer Nation, der Direktor die Welt als Überrest der ehemals globalen menschlichen Welt. Stadion müßte sich durch die Begründung des Direktors provoziert fühlen. In ihr, nicht in der Winers, wird plausibel, daß die von Stadion getadelte »Einstellung« ›gar nicht selten oder unüblich‹ ist; denn die Existenz u. a. der Deutschen hat hiernach die »Ausbreitung der Vernunft« behindert. Stadion beugt sich der Autorität des Direktors, akzeptiert stillschweigend das von ihm benannte Axiom als das seiner Welt. Dies ist um so befremdlicher, als Stadion der neuen Weltkonstellation, in polemischer Absicht gegen Winer gerichtet, den mythischen Namen »Förmindalls« zuordnet und ihm den eines kulturellen Repräsentanten seiner zerstörten Welt, Goethe, entgegensetzt.

Aus dem Verhältnis zwischen Anmerkung und Darstellung ergeben sich außerdem, wenn auch nur angedeutet, Hinweise auf mögliche Zukunftsperspektiven der subjektiven Realität. In ›späteren Jahrhunderten‹ könnte »Restwelt« dieselbe Bedeutung wie »Restdeutscher« haben und eine aussterbende Menschheit bezeichnen. Die eigenständige Entwicklung der Zentauren, die Stadion unvermerkt im Namen »Förmindalls« akzeptiert, könnte dazu führen, daß, nachdem sich die Menschheit kraft der ihr eigenen Vernunft selbst vernichtet haben wird, die Welt eine Hominiden-Welt würde und die Entscheidung »zwischen Goethe und ›Fórmindalls‹« in einer ganz anderen Weise fallen würde als Stadion meint.

Das Verhältnis zwischen Anmerkung und Darstellung aber macht vor allem die Beziehung der subjektiven zur objektiven Realität durchsichtig.

In seiner positiven Bewertung der Nicht-Existenz der Japaner und Deutschen zieht Winer eine erste Verbindungslinie der dargestellten zur vergangenen Welt, in der diese Nationen noch Teile der Menschen-Welt waren. Der Direktor verstärkt die Verbindung dadurch, daß er das Axiom seiner (Menschen-)Welt mit speziell diesen beiden Nationen in Verbindung bringt.

Der Übersetzer, der permanent sein ›Deutschtum‹ proklamiert, läßt sich selbstverständlich provozieren. Er verstärkt damit die Verbindung zur ›historischen‹ Vergangenheit der dargestellten Realität und konzentriert sie auf die objektive deutsche Realität, die ja seine Vergangenheit ist. Der Leser wird angeleitet, diese Verbindung zur Vergangenheit als die zu seiner Gegenwart zu sehen. Zunächst macht ihn der Übersetzer einfach dadurch, daß er beim ersten pejorativen Nennen seiner Nation eine apologetische Anmerkung einfügt, hierauf aufmerksam. Der Lesefluß wird unterbrochen, ›die Deutschen‹ treten in den Vordergrund. Der Leser kann erkennen, daß die Begründung Winers für seine positive Bewertung der Nicht-Existenz der (Japaner und) Deutschen – »Die, ohne deren Beteiligung einem jeden Weltkrieg ja gleichsam etwas gefehlt hätte!« (S. 49) – durchaus keine zu vernachlässigende Randbemerkung ist, sondern in Relation zur Begründung des Direktors steht.

Die Begründungen erscheinen unvereinbar, meinen aber dasselbe: die »Beteiligung« an den Weltkriegen entspricht dem indirekten, unfreiwilligen Beitrag zur »Ausbreitung der Vernunft«. Der Vernunftbegriff, der die dargestellte Menschen-Welt bestimmt, wird auf ›die Deutschen‹ übertragen, durch die die Weltkriege ihr hiernach spezifisches Gepräge erhalten haben. Demgemäß wird die zuvor geweckte assoziative Verbindung zwischen der Behandlung der Zentauren durch die Menschen und der Behandlung der Juden durch die Deutschen in der Zeit des Nationalsozialismus reaktiviert: So, wie die Menschen unliebsame Rassen der Zentauren skrupellos vernichten, haben die Deutschen die Juden vernichtet, haben sie von einem entsprechenden, sich wissenschaftlich und moralisch neutral gebenden Standort aus die Juden als Objekte behandelt.

Dadurch, daß der Übersetzer weder direkt diese Verbindung herstellt noch den vom Direktor im Rückbezug auf seine Nation vertretenen Vernunftbegriff kritisiert, sondern sich unmittelbar in seinen »persönlichen Gefühlen als Restdeutscher« angesprochen fühlt, löst er diese Verbindung aus der Fixierung an das für den realen Leser Vergangene und gibt ihr Aktualität.

Die axiomatische Relevanz der vom Direktor repräsentierten und benannten Vernunft für die subjektive Realität bestätigt sich im Rückblick auf die einleitenden Textelemente der Datentabelle und des Übersetzer-Vorworts. Die Tabelle, lapidar »Daten« tituliert, erscheint auf diesem Hintergrund als erster Beleg für die reduktive Verobjektivierung der menschlichen Existenz. Die Persönlichkeiten Winers und Stadions werden nach exakt meßbaren und benennbaren Fakten in Zahlen und Begriffen erfaßt. Und auch die Betonung des materialen Aspekts der Darstellung durch Stadion im Vorwort erweist sich als Signum der fraglos akzeptierten Geltung dieser Art von Vernunft. Das sich vor der Darstellung abzeichnende positivistische Wirklichkeitsverständnis stellt sich als in der depravierten Vernunft gegründetes Kennzeichen der subjektiven Realität heraus.

Die axiomatische Relevanz dieser Art von Vernunft aber zeigt sich vor allem auch in der Darstellung der IRAS.

5. Die IRAS

a) Die IRAS wird zunächst als die besondere, von der menschlichen Welt ausgegrenzte eigene Welt vorgestellt. Ihren außergewöhnlichen Status charakterisiert Winer kurz vor seiner Ankunft und zu Beginn seines Aufenthalts in phrasenhaften Ausdrücken, die das Bild der IRAS im öffentlichen Bewußtsein widerspiegeln. Er spricht von ihr als dem »Allerheiligsten« (S. 69) oder »der Heiligen Stätte der Menschheit« (S. 73). Der außergewöhnliche Status der IRAS ist in ihrem »Zweck« (S. 83 u. 93) oder »Sinn« (S. 92) fundiert. Winer umreißt ihn zu einem Zeitpunkt, wo er die IRAS noch nicht aus eigener Anschauung kennt:

> objektive Auswahl; und entscheidende Förderung großer Künstler! Von der Sicherung bedeutender Kunstwerke mal ganz abgesehen. (S. 83)

Für die Öffentlichkeit ist die IRAS, wie ihr Name sagt, eine »›Internationale Republik für Artisten & Scientisten‹«, der Zweckangabe zufolge in erster Linie für Künstler. Sie wird als eine »von allen Parteien respektierte, geheiligte Freistätte« (S. 84f.) deklariert. Als »Schiff auf großer Fahrt« (S. 69), das so große Ausmaße hat, daß es als Insel bezeichnet wird, bewegt sich die IRAS außerhalb der Hoheitsgebiete einzelner Staaten. Ihre international anerkannte Isolierung ist durch ein weites »Sperrgebiet« gesichert: »um die Hälfte also durfte kein fremdes See= oder Luftfahrzeug dem Allerheiligsten zu nahe kommen!« (a. a. O.) Außerhalb des Bereiches politischer Auseinandersetzungen sich befindend, ist die IRAS ein politisch autarkes Gebilde mit republikanischer Verfassung:

> Sechs täglich wechselnde Inselpräsidenten [...], entsprechend den jetzigen Großreichen: 1 Russe, 1 Chinese, 1 Inder, 1 Araber (für ganz l'Afrique Noire), 1 Spanier (Südamerika); und eben mein Calistus Munbar. (Für alle Entschlüsse war mindestens Zweidrittelmehrheit erforderlich [...]). (S. 83)

Der politischen entspricht die ökonomische Unabhängigkeit, die vor allem auf der literarischen Produktion der IRAS beruht:

> jedes Buch [wird] in Auflagen von 500.000 hergestellt, und von der begierig harrenden Außenwelt prompt aufgekauft (S. 123).

Dazu Winer: »Kein Wunder, daß sie sich ›finanziell selbst trug‹ – wahrscheinlich sogar mehr als das!« (a. a. O.) Außerdem verfügt die IRAS über landwirtschaftliche Produktionsmöglichkeiten, die ihr »im äußersten Notfall« (S. 111) die Selbstversorgung erlauben.

Flugplätze und Häfen, Funk- und Fernsehanstalten sowie auch die eigene Mobilität stellen die Verbindung zur Außenwelt her. Sie steht unter der Verfügungsgewalt der IRAS, so daß Einflußnahmen von außen und ein Eindringen auf die Insel ohne ihre Zustimmung theoretisch unmöglich sind.

Die IRAS bildet also eine eigenständige und potentiell selbständige Welt der Elite innerhalb der ›normalen‹ Welt der Menschen, die sich, global akzeptiert, aus dieser menschlichen Welt ausgrenzt, aber durch verkehrstechnische und mediale Verbindungen in sie inbegriffen ist. Die IRAS erfüllt die Voraussetzungen, innerhalb der subjektiven Realität eine eigene Welt zu konkretisieren, in der das Negative der Realität (der subjektiven und, durch sie vermittelt, der objektiven) im Sinne der traditionellen Utopie negiert ist.[128]

---

[128] Diese Voraussetzungen manifestieren sich im insularen Charakter der IRAS. Er ist in der traditionellen Utopie präfiguriert. Als Begründung führt Horst Brunner zu

Dennoch ist sie kein staatenähnliches Gebilde neben den anderen bestehenden Staaten, sondern ein Konzentrat der gesamten menschlichen Welt. Sie versteht sich selbst von ihrem Ursprung her als das »Bild einer ›Welt im Kleinen‹« (S. 76), das allerdings eingestandenermaßen nicht »bis in Letzte« die Proportionen der Welt wiedergibt (a. a. O.). Das Selbstverständnis bezieht sich unmittelbar auf die Relation zwischen der Gestalt des technischen Konstrukts und der der Erde, gilt aber in dem umfassenden Sinn, den es verbaliter beansprucht: wiewohl proportional leicht verzerrt, repräsentiert die IRAS in der Konzentration auf einen exakt und eng umgrenzten Bereich ›die‹ Welt.

Innerhalb der subjektiven Realität hat die IRAS von ihrer Konzeption und von ihrem Selbstverständnis her also nicht die Qualität einer ›utopischen‹ Welt, die in neuerlicher Steigerung die Grundlagen dieser Welt bloßlegte. Die IRAS versteht sich und hat die Qualität einer »monas monadum«, einer substantiell konkreten »repraesentatio mundi«.[129] In Analogie zum »Grundriß eines Bedenkens von Aufrichtung einer Sozietät in Deutschland zu Aufnehmen der Künste und Wissenschaften« von Gottfried Wilhelm Leibniz, der 1671 abgefaßt worden ist[130] und auf den über Klopstock indirekt der Übersetzer verweist (S. 61, A 35),[131] ist die IRAS ›perzeptiv‹ und ›appetitiv‹ mit dem Weltganzen verflochten und repräsentiert dieses Weltganze.

Wenn Winer die IRAS darstellt, gibt er dieses monadisch-repräsentative »Bild einer ›Welt im Kleinen‹« wieder, so daß die thematische Akzentuierung dieses Teils der Darstellung durchaus zu Recht besteht. Die manipuliert-idealisierenden Vorstellungen von der IRAS, die der Öffentlichkeit vermittelt werden und die auch Winer anfangs

---

Recht an: »Der Raum der Insel mit seinen Raumcharakteren Abschlossenheit, Begrenztheit, der Zeitform der Dauer und seinem antithetischen Verhältnis zum ›Draußen‹ [. . .] vermag ausgezeichnet das Bestehen des utopischen Staates außerhalb der bestehenden geschichtlichen Welt auszudrücken.« (S. 69)
Die natürliche Voraussetzung für die Etablierung einer eigenständigen utopischen Welt innerhalb der bestehenden objektiven Realität wird in der »Gelehrtenrepublik« zu einem mobilen technischen Konstrukt innerhalb der subjektiven Realität. – Dieser ›spielerische‹ Umgang mit einem präfigurierten Motiv ist – ähnlich wie die Herausgeberfiktion, das Reservat und die Reise – durchaus als motivische Parodie zu werten. Er signalisiert, daß eine Beziehung zur utopischen Formtradition vorhanden ist, aber ebenso, daß diese Beziehung nicht durch das Motivische bestimmt ist.
[129] Zu diesen Begriffen der Leibnizischen Monadologie vgl. Hans Heinz Holz, Leibniz, S. 42ff., u. H. H. H., Einleitung zu: Gottfried Wilhelm Leibniz, Politische Schriften II, hrsg. u. eingel. v. H. H. H., Frankfurt a. M. 1967, S. 5–20, S. 12ff.
[130] In: G. W. L., Politische Schriften II, S. 32–47.
[131] Klopstock seinerseits verweist – ähnlich indirekt – auf Leibniz; vgl. z. B. S. 25.

vertritt, werden von offiziellen Vertretern der IRAS sukzessiv korrigiert. Winer nutzt das ihm zugänglich Gemachte und zeichnet aus der Subjektivität seines Erlebens heraus ein intersubjektivierbar-objektives Bild der Insel, also zugleich der menschlichen Welt, das frei von Manipulation ist. Zwischen dem offizielen Bild der IRAS und ihrer Realität, die sich Winer enthüllt, bestehen so eklatante Widersprüche, daß die Korrektur einer Demontage gleichkommt.

Ironisch verzerrt macht der Übersetzer auf die in der Subjektivität Winers verankerte Objektivität seiner Darstellung aufmerksam – bezeichnenderweise wiederum an einer völlig belanglosen Stelle, aber vor den Winer gewährten Informationen über die Grundlagen der IRAS. Er stellt die Frage:

> gehört er [= Winer] zu jener unglücklichen Menschenklasse, die sich Objektivität und Freiheit des Urteils durch beständige Schnoddrigkeiten mühsam erringen muß (weil sie sonst jedem Einfluß erliegen würde)? (S. 85, A 52)

Die kritische Valenz der Darstellung ist außerdem dadurch gesichert, daß Winer weiterhin die Menschen-Welt aus der ›humanen‹ Perspektive der Zentauren-Welt sieht. Seine Darstellung der IRAS wird umrahmt durch Rückverweise auf die Zentauren-Welt und auf das Verhältnis des Menschen zu den Hominiden. Vor der Ankunft auf der IRAS gibt Winer einen Traum wieder:

> Ich war im Traum in ein Landhaus getreten. Anstatt der manchmal noch barbarisch=geläufigen Reh= und Hirschgeweihe gab's im hiesigen Korridor Menschenköpfe an den Wänden! (S. 68)

Die Unmenschlichkeit den Menschenähnlichen gegenüber hat sich in das Unbewußte Winers eingeprägt und prägt von dorther seine Perspektivik. Dies bestätigt sich ihm selbst nach dem IRAS-Aufenthalt, als er sich nach dem eindrucksvollsten Erlebnis befragt:

> Ich kannte mich: ich brauchte nur abzuwarten; dann blitzte es irgendwo ganz hell, ein snapshot, aus dem Bilderreservoir [...]: Da!:
> Der Vorhang geriet ins Wallen: teilte sich: [...]: Über die Sandebene kam eine Reiterin! Ohne zu halten an mir vorbei: nur das Gesicht wandte sie, und sah mich fest durch die eine übergroße Goldähre an:!:
> »Thalja!!« (S. 151)

Das, was Winer von den offizielen Vertretern der IRAS zugänglich gemacht wird und was er aus seiner geschärften Perspektive wahrnimmt, ist so entlarvend, daß er am Ende seines Aufenthaltes erneut vereidigt wird (S. 141). Ohne seine internationale Erlaubnis zum Besuch der IRAS, die mit der Erlaubnis der Reportage gekoppelt ist, antasten zu können, wird ihm verboten, seine internen Kenntnisse publizistisch zu nutzen, so daß die angesprochene Diskrepanz zwischen der kritischen Darstellung und den affirmativen Artikelserien entsteht.

Wie die IRAS ihrer fiktional konkreten Konzeption nach das monadisch-repräsentative »Bild einer ›Welt im Kleinen‹« ist, so ist sie ihrer literarischen Struktur nach das ins Subjektive gesteigerte »Bild einer ›Welt im Kleinen‹«. Wenn Winer in seiner Darstellung der IRAS die Grundlagen der menschlichen Welt zur Anschauung bringt, bringt er zugleich die Grundlagen der objektiven Realität zur Anschauung – die Grundlagen der Realität, aus der heraus die IRAS de facto entstanden ist.

Daß die IRAS ein literarisches Konstrukt ist, dessen Struktur in der objektiven Realität verankert ist und auf sie abzielt, wird innerhalb ihrer Darstellung und zusätzlich in Anmerkungen des Übersetzers deutlich.

Nach der offiziellen Begrüßung durch das »Empfangskomitee« (S. 71) wird Winer die Frage vorgelegt:

Wie sind Sie eigentlich mit diesem alten deutschen Schriftsteller, der immerhin als Erster – wenn auch als bloßen Witz – das Projekt einer solchen Insel, wie wir sie jetzt haben, skizzierte: wie sind Sie mit dem verwandt? (S. 74f.)

Durch Urkunden weist sich Winer als Urgroßneffe Arno Schmidts aus, der dadurch eine besondere Stellung in der »Vorgeschichte« (S. 75) der IRAS einnimmt, daß diese ihren Ursprung auf eine Konzeption von ihm zurückführt. Angesprochen ist eine kurze Passage aus »Faun«, in der Düring während seiner Vorbereitungen auf den unausweichlichen Weltkrieg einen mit dem Datum des 25.8.1939 versehenen »Brief an den Völkerbund« entwirft und in ihm anregt,

unverletzliche von allen Staaten gemeinsam anzulegende, zu unterhaltende und zu verwaltende Kulturfreistätten zu errichten.[132]

Die Beziehung dieser Konzeption, die aus der Bedrohung »der ungeheuren Zerstörungen« durch Kriege »in den Kunst- und Büchersammlungen« entstanden ist,[133] zur fiktional konkreten IRAS ist so

---

[132] AS, Faun, S. 64.
[133] Alle Stellen a. a. O.

eng, daß die »Inselcharta« einzelne Stellen aus ihr zitiert (S. 84) und daß Winer als entfernter Verwandter Schmidts die äußerst seltene Erlaubnis zum Inselbesuch erhält (vgl. S. 75 u. ö.).

Vor der Darstellung der IRAS wird dem Leser ins Bewußtsein gerückt, daß der Darstellende, Winer, seinen Ursprung in Schmidt hat und daß das Dargestellte, die IRAS, in einer literarischen Konzeption Schmidts begründet ist, wobei Ursprung und fiktionale Konkretion selbstverständlich in keinem Fall identisch sind.

Der Übersetzer charakterisiert das Verhältnis der objektiven Realität zur subjektiven in einem indirekten Hinweis als »Verschlüsselung« (S. 76, A 48). Der Ausdruck bezieht sich innerhalb der subjektiven Realität auf die Übersetzung und bedeutet das absichtliche Undurchsichtigmachen des in der Darstellung sichtbar Gemachten. Er impliziert aber im metafiktionalen Bereich das genaue Gegenteil dessen, was er im fiktionalen Bereich meint. Die durch die Strukturierung der subjektiven Realität bedingte Verschlüsselung ist ja prinzipiell in dem zwischen den Fiktionsebenen aufgespannten ironischen Spannungsfeld entschlüsselbar. Mit dem Hinweis auf das »Projekt« Schmidts ist auch ein Hinweis auf die Art der Verschlüsselung gegeben.

Das »Projekt« steht im Kontext dargestellter *objektiver* Realität, die durch die Situation des drohenden Krieges bestimmt ist. Die in »Faun« konkret-gegenwärtige Bedrohung wird aber nicht als der historische Einzelfall, sondern als historisches Paradigma bewertet, in dem sich die den Menschen leitende Un-Vernunft manifestiert. Dieser explizierte Kontext erhellt den implizierten, in dem die IRAS als Konkretion der »Anregung«[134] Schmidts steht: Sinnvoll ist die IRAS nur dann, wenn die Notwendigkeit des Schutzes vor weiteren internationalen Kriegen besteht. Dementsprechend versteht sich die IRAS auch als die »Freistätte« vor »d r o h e n d e r K r i e g s g e f a h r« (S. 84).

Das Verhältnis der subjektiven Realität, in der mit Europa auch Deutschland vernichtet ist, zur objektiven deutschen Realität wird im Rahmen der Beziehung Winers und der IRAS zu Arno Schmidt präzisiert.

Winer besucht eine ihm »zu Ehren« veranstaltete Aufführung von Schmidts »›Massenbach kämpft um Europa‹« (S. 94), das Stadion charakterisiert:

---

[134] A. a. O.

278

Eine tendenziöse Verherrlichung des Landesverräters von 1806; dessen Selbstbiografie, 1809 bei Brockhaus erschienen, dem - überflüssig ausführlich erzählten, gottlob nie vollständig im Druck erschienenen - Stück zugrunde gelegt ist. (S. 96, A 100)

Die Diffamierung des - 1961 doch noch unter dem Titel »Massenbach / Historische Revue« »vollständig im Druck erschienenen« - Textes und der in ihm behandelten historischen Persönlichkeit vom Standpunkt eines bornierten Nationalgefühls bezieht die von Winer dargestellte Realität auf die deutsche Realität, die der Übersetzer vertritt. Im ironischen Spannungsfeld betont die Anmerkung die Relevanz der sehr knappen Skizzierung des »Massenbach« durch Winer. Winer hebt zwei »profetisch=gesalzene Äußerung[en]« (S. 97) hervor:

Wenn der [= Massenbach] das tatsächlich schon vor 1800 gesagt hatte: »Europa wird eine Wüste und Amerika tritt an dessen Stelle.«: »Deutschland wird geteilt, wie Polen geteilt worden ist.« (nämlich zwischen dem Westen und Rußland: wenn der das tatsächlich damals schon gesagt haben sollte ...?!). (a. a. O.)

Die zitierten ›Prophezeiungen‹ betreffen die politische Zukunft Deutschlands und Europas. Sie erhalten von der dargestellten Realität her den Wert exakt kalkulierter Aussagen. Das ›Prophezeite‹ ist politische Gegenwart bzw. historische Vergangenheit des Jahres 2008. Die politische Situation der dargestellten Welt erscheint in diesem Sinne als fiktionale Realisierung einer Extrapolation, die bereits im ausgehenden 18. Jahrhundert aus der Situation Deutschlands abgeleitet werden konnte. Sie erhält nicht nur die Wahrscheinlichkeit des projektiv historisch Möglichen, sondern auch eine Verbindlichkeit, in der der Leser die politische Situation seiner eigenen Realität erkennen kann: das mit Europa vernichtete Deutschland wird von Amerika vertreten.

b) Nach seiner Ankunft verschafft sich Winer »eine erste große Übersicht« über »die Grobeinteilung der Insel« (S. 76 u. 77). Hierzu stehen ihm drei Informationsmittel zur Verfügung: die Autopsie von dem im Zentrum der Insel gelegenen Rathausturm, die Auskünfte des Stadtbaumeisters und »ein genauer Plan der Insel«, der ihm ausgehändigt wird und den er seiner Darstellung beifügt. Der Karte kommt insofern besondere Bedeutung zu, als sie die sprachliche Vergegenwärtigung graphisch untermauert.[135] Die Karte ist Bestandteil des

---

[135] Sicherlich trifft es zu, daß, so Schmidt-Henkel, mit der beigefügten Karte »eine

Textes und der Darstellung zugeordnet. Winer verzichtet in der Regel auf eine Beschreibung der Topographie. Der Leser *muß* die Karte benutzen, um die nur benannten Orte lokalisieren zu können.[136]

Bereits diese Topographie, die Winer kennenlernt, ist nach politischen Kriterien gegliedert. Der vorgegebenen Trennung der IRAS durch die Längsachse in die Steuerbord- und Backbordseite entspricht eine strenge Scheidung der Seiten in, wie es explizit heißt, »die Freie Welt« und »die Ostblockstaaten«, zwischen denen »der sogenannte ›Neutrale Streifen‹« liegt (S. 77f.). Winer faßt die für seine späteren Erlebnisse relevanten Informationen über die Einteilung der IRAS zusammen:

> Die Betreuung der sogenannten ›Hälften‹ hatten die beiden Reichst=Größten übernommen: Steuerbord die Usamerikaner; links die Russen (die auch für die Antriebsmaschinen etc. verantwortlich zeichneten: die ›Insel‹ war ja eine Art ›Doppelschraubendampfer‹, mit 2 voneinander unabhängigen, ziemlich weit seitlich sitzenden, Bewegungsmechanismen.) (S. 83f.)

Unter der Leitung jeweils kompetenter Führer besucht Winer, seine Aufenthaltsdauer annähernd paritätisch drittelnd, die beiden großen Hälften der IRAS und den Neutralen Streifen.

Als erstes lernt er, geführt von einem Inder und einem Araber, den Neutralen Streifen kennen. Der Schwerpunkt liegt auf dem Besuch

---

andere Dimension der Glaubwürdigkeit« (S.-H., Gelehrtenrepublik, S. 574) erreicht wird, daß Schmidt hier ein in der Tradition utopischer Texte vielfach gebrauchtes »anschauliches Mittel zugunsten größerer Wahrscheinlichkeit gewählt« (a. a. O.) hat. Die zusätzliche Veranschaulichung des literarisch Dargestellten in einem anderen Medium erhöht die Wahrscheinlichkeit des Als-Ob.

Fragwürdig allerdings ist es, dieses Verhältnis umzukehren, einen Teil der Darstellung »als die literarische Ergänzung dieses Plans« (a. a. O.) zu sehen, die Verwendung des Plans allgemein und radikal in eine (literaturhistorische) »Tendenz zur realitätsbegründenden Anschauung« (a. a. O., S. 574, A. 26) einzuordnen. Diese stellt Schmidt-Henkel zu Recht für das »Reich der Liebe«, einer 1777 anonym erschienenen Karte (vgl. die Angaben a. a. O.), fest, der er aber als »Unikum« eine Sonderstellung in dieser »Tendenz« einräumt (vgl. a. a. O.).

Die Interpretation von Karten als ›realitätsbegründender‹ Faktoren von Literatur ist allzu pauschal und undifferenziert. So hat der »Grundris«, den Schnabel seiner »Insel Felsenburg« beifügt, mit Sicherheit eine weitaus stärkere wahrscheinlichkeits- bzw. glaubwürdigkeitserzeugende Relevanz als die Karte der IRAS; ›begründet‹ aber wird die in beiden Fällen subjektive Realität zweifelsfrei nicht durch die Karte, sondern sprachlich durch die Darstellung. Die Realität jedenfalls, die Winer vermittelt, ist mitnichten die bloß ergänzende Beschreibung einer graphisch evozierten Realität, sondern eine genuin literarische, mit sprachlichen Mitteln geschaffene.

[136] Vgl. z. B. S. 115, wo Winer lediglich das »Hotel jenseits der Hafenstraße« anführt oder S. 142, wo er nur vom »Grab« spricht.

einer der beiden Bibliotheken. Winer wählt »die ›Rechte‹« (S. 91).
Entgegen seiner Erwartung trifft er einen völlig leeren Lesesaal an.
Vom »Araberscheich« ermuntert, klärt ihn der »Bibliotheksrat« zögernd darüber auf, daß die Bibliothek zwar von Wissenschaftlern,
nicht aber (von einer Ausnahme abgesehen) von »Dichtern« benutzt
werde. In Ergänzung dessen erfährt Winer, daß nicht nur »die Dichter diese einmalige Chance: alle Bücher der Welt zur Verfügung zu
haben« (S. 92), nicht wahrnehmen, sondern auch »Maler & Musiker«
die ihnen zur Verfügung stehenden optimalen Möglichkeiten des
Quellenstudiums als Voraussetzung eigener Arbeit nicht nutzen
(a. a.O.).

Im Inseljargon heißen die Künstler abschätzig »›die Kerls‹«
(a. a. O.), der Winer begleitende Araber apostrophiert sie in demselben Sinne noch als »fette Stubenhocker« (S. 85) oder ›betrunkene
Giaurs‹ (S. 90). Die Aussage des Bibliothekars: »Die Kerls sind
überhaupt keine ernsthafte Arbeit gewöhnt!« (S. 92) wird vom Araber bestätigt:

> »Sie verlottern meist total! Und sind am Ende ihrer ersten 2 Pro-
> bejahre restlos fertig – nur mit einem Buch freilich nicht! – Haben nichts
> gearbeitet; nur genial gefaulenzt . . .« (a. a. O.)

Winer zieht das Resultat aus seinen Beobachtungen und den er-
haltenen Informationen, scheut sich aber, es auszusprechen. Dies
übernimmt wiederum der Araber:

> »Aber das ist doch furchtbar?! Da wäre ja der Zweck der Insel . . .«.
> Pause. Bis der Wüstensohn, Secret of the Sahara, meinen Satz festen Mun-
> des abschloß: »Völlig verfehlt.« – (S. 93)

Und der Bibliothekar ergänzt:

> »Wir werden immer mehr Depot.« [. . .]. »[. . .]: ich sehe darin seit
> langem unsere eigentliche Aufgabe!«. (a. a. O.)

Die Insel ist hiernach nicht, wie geplant, in erster Linie künstlerische
Produktionsstätte, sondern nur noch musealer Aufbewahrungsort.
Die Omnipräsenz der Kulturerzeugnisse der Welt wird ignoriert. Die
Künstler degradieren die Insel zum synthetischen Schlaraffenland, in
dem sie parasitär leben.

Daß ›die‹ Künstler die Bibliotheken nicht zur eigenen Arbeit nut-
zen, trifft nur bedingt für die rechte Inselhälfte zu. Während seines
Besuchs des linken Teils der IRAS erblickt Winer marschierende
Gruppen Uniformierter. Er erhält von seinem dortigen Begleiter die

Erklärung: »Es sind unsere Dichter. Die jeden Morgen, und nach der Mittagsbettruhe geschlossen in die Bibliothek marschieren.« (S. 122)

Winer kommentiert, indem er den Vergleich zu der Situation, die er im Neutralen Streifen beobachtet hat, zieht:

> (Und die westlichen Großbüchereien standen leer: war das hier komisch; so war das unsere traurig!). (a. a. O.)

Die wenigen arbeitenden Künstler der rechten Inselhälfte lernt Winer während seines dortigen Aufenthalts, bei dem er vom Amerikaner Inglefield begleitet wird, persönlich kennen: den Maler Louis Sébastian Mercier, die Bildhauerin Bertie Sutton und den Dichter Bob Singleton. Alle stehen in einer fiktional oder metafiktional aufschlußreichen Beziehung zur dargestellten Realität.

Mercier, von dem wenig mehr als sein vollständiger Name, seine Berühmtheit und zwei Werktitel genannt werden, trägt den Namen des Autors des ersten utopischen Textes, der die subjektive Realität nicht mehr in einem objektiv-irrealen Ort innerhalb der Gegenwart, sondern in der projektiv-historischen Zukunft ansiedelt. Zugleich aber weisen die Werktitel eindeutig auf Eberhard Schlotter.[137] Die nominelle Identität der Figur mit dem Autor von »L'an 2440« wird durch die Affinität zu Schlotter gebrochen.

Der Name und die figurale Vergegenwärtigung Merciers signalisieren eine Verbindung der »Gelehrtenrepublik« zu einem paradigmatischen Text der utopischen Formtradition und deuten die Beschaffenheit dieser Verbindung an. Einer allgemeinen strukturalen Übereinstimmung stehen demzufolge Differenzen in der Struktur der jeweils konkretisierten subjektiven Realität gegenüber. Sie gehen in den Differenzen zwischen dem paradigmatisch bezeichneten Strukturtypus der traditionellen Utopie und der von der »Gelehrtenrepublik« konkretisierten Struktur der utopischen Prosa auf.

Bei dem zweiten, eher zufälligen und privaten Besuch bei der Bildhauerin Bertie Sutton, die Winer zuvor als die Freundin Inglefields kennengelernt hat, steht ein von ihr geschaffenes Werk im Vordergrund. Nach der Vorstellung des »Massenbach« sagt Sutton zu Winer und Inglefield:

> ich habe einige gute Ideen dabei gehabt – zu einer ›Geteilten Europa‹; jede Hälfte reitet in anderer Richtung davon: auf der Halfte eines stilisierten Stiers!:!! (S. 97)

---

[137] Vgl. Jörg Drews, Artikel: Die Gelehrtenrepublik. In: KLL, Bd. 9, S. 3832.

Begeistert schildert Winer den Anblick der ausgeführten Idee:

:?:! - - -: Aber, Teufel,: das war wirklich etwas geworden! / Der
Stier büffelte geballt dahin, ganz Altamira und geiler roter Seitenblick
[...]. Aus seinem Schatten – diesen geschickt nachahmend, fortsetzend, als
eigenen Grundriß benützend – wuchs ein zweiter schwarzer Bulle: schlanker, giftig=geschmeidiger, listiger gekrümmten Gehörns. /: Und auf jedem
›seine‹ Europa: steif und dünn und edelgrau vorn: gebogen, dünn, lakrit-
zenstangig hinten! (S. 107)

Ausdrücklich durch »Massenbach« angeregt, symbolisiert die »Ge-
teilte Europa« mit der politischen Situation der fiktionalen Vergangenheit – also der Gegenwart des Lesers – zugleich die der IRAS.
Wenn Winer und Sutton in der Bemühung, Inglefield den Begriff
»Manichäerinn«, mit dem Winer die Künstlerin auf Grund ihrer Pla-
stik charakterisiert, zu erklären, u. a. das an der Realität der IRAS
orientierte dualistische Begriffspaar »Steuerbord & Backbord«
(a. a. O.) gebrauchen, weisen sie direkt darauf hin, daß das Werk
nicht am Vergangenen fixiert ist, sondern (in doppelter Bedeutung)
Gegenwärtiges symbolisiert.

Die Äquivalenz zwischen der subjektiv und der objektiv aktuellen
politischen Situation, die in der Schilderung der »Massenbach«-Auf-
führung deutlich wurde, wird ebenso wie das grundsätzliche Verhältnis der subjektiven zur objektiven Realität erneut metafiktional dargestellt: im Kunstwerk – der »Gelehrtenrepublik« – weist die Schilderung eines anderen Kunstwerkes – der ›Geteilten Europa‹ – auf die
Struktur des ersten zurück und macht *dieses* transparent. Das Verhältnis des ›zweiten Bullen‹ zum ersten charakterisiert das Verhältnis
der subjektiven zur objektiven Realität. Danach wird der »Schatten«
der objektiven als »Grundriß« der subjektiven verwendet. Abhängig
von der Beleuchtung und dem Blickwinkel, also der Perspektive des
Betrachters, gibt der Schatten in bestimmter Verzerrung die Konturen
der objektiven Realität wieder. Trotz der Verzerrung und der Reduzierung der Dimensionen kann er ein präzises Bild seines Gegenstandes geben, das rückwirkend sogar dieses selbst ›erhellen‹ kann:
dann, wenn die Perspektive des Betrachters so geartet ist, daß der
Schatten die Konturen seines Gegenstandes in scharfem Umriß zeigt.
Die subjektive Realität entsteht in Analogie hierzu als neue Realität
aus dem Schatten der objektiven: »diesen geschickt nachahmend,
fortsetzend, als eigenen Grundriß benützend«. Die neue Realität ist in
der objektiven verankert und entspricht ihr, ist aber zugleich ge-

ändert. Die Charakteristika des zweiten Stiers – »schlanker, giftig=geschmeidiger, listiger gekrümmten Gehörns« – spezifizieren die Änderung als Intensivierung der wesentlichen Merkmale, mithin als Steigerung.

Die Teilung der Europa spiegelt die der IRAS, beide lassen die Spaltung der objektiven Welt in zwei zusammengehörige, aber auseinanderstrebende Hälften eines Ganzen hervortreten (was auf das Ende der Darstellung der IRAS vorausweist, wo die beiden Inselhälften sich in entgegengesetzte Richtungen bewegen).

Der Besuch bei Bob Singleton schließlich, dem einzigen Literaten in dieser Triade, der auch der einzige Künstler der rechten Inselhälfte ist, der die Arbeitsmöglichkeiten der Bibliotheken ausschöpft und dessen Name bereits seine Einzigartigkeit ausdrückt, lenkt die Aufmerksamkeit auf das fiktional konkrete Gebilde der IRAS.

Der Besuch gilt, so Winer, »dem Manne [. . .], der die ganz große Gottheit meiner Jugend gewesen war« (S. 113). Singleton, der unverkennbar Züge Arno Schmidts trägt,[138] wird als ›berüchtigter Atheist und Schreckensmann‹ (S. 110) charakterisiert; er ist jakobinischer Nonkonformist,[139] der nach der Maxime »›Fari quae sentias: Speak what You think‹« (S. 114) seine Ansichten äußert. Dementsprechend lautet sein Urteil über die IRAS, dem er eine Bemerkung über seine eigene Rolle beifügt:

> »Die Insel??!!: Wenn Sie 'n Zelt drüber spannten, wär's das größte Affentheater der Welt!«. (Hierzu auch die spitzige Äußerung: »Ich drück' mich nicht um meine Zeit rum!«; und, als Inglefield unwillig mit der Hand wedelte: »Jaja'ch weeß: 'ch bin ›vereidigt‹: Schweig stille, mein Herze!«). (S. 115)

Die Charakterisierung der IRAS als »Affentheater« spielt auf die sinnbildliche Vorstellung des Gelehrten und Künstlers als Affen an, wie sie in der Darstellung des altägyptischen Mondgottes Thot, der als Gott der Schriften gilt, vorliegt und bis in die Gegenwart hineinreicht.[140] Singleton benutzt sie, um die Realität der IRAS in ihrem

---

[138] Vgl. Drews, Gelehrtenrepublik, S. 3832.

[139] Vgl. AS, Die Schreckensmänner / Karl Philipp Moritz zum 200. Geburtstag. In: AS, Dya Na Sore, S. 356–390, wo der Zusammenhang zwischen ›Schreckensmännern‹ und Jakobinertum expliziert wird. Vgl. innerhalb der »Gelehrtenrepublik« die von Winer angegebenen Titel der Handbibliothek Singletons S. 113 und die Anmerkung 74 (S. 114f.) des Übersetzers. Vgl. dazu Wilfried v. Bredow, Der militante Eremit. Kürbiskern, 4, 1970, S. 598–610.

[140] Vgl. z. B. Michel Butor, Bildnis des Künstlers als junger Affe. Capriccio. A. d. Franz. v. Helmut Scheffel, München 1967. – Der Titel spielt natürlich an auf James Joyce, A Portrait of the Artist as a Young Man, Zürich 1928.

absurden Gegensatz zum offiziell verbreiteten Bild zu kennzeichnen. Winer verstärkt den Gegensatz seinerseits, wenn er den Einzelfall Singleton zu einem positiven Idealbild verallgemeinert:

> das ist ja das Schöne bei diesen Angehörigen der Gelehrtenrepublik, daß die großen Toten behandelt werden, bestritten, befehdet, angegriffen, gerühmt, als zählten sie noch zu den Lebenden! – Was sie ja, in gewissem Sinne, denn auch tun. (S. 113)

Als »Gelehrtenrepublik« bezeichnet Winer nicht das fiktional reale Gebilde der IRAS, sondern die ohne zeitliche und räumliche Fixierung bestehende Gemeinschaft der ›Gelehrten‹. Diese »Gelehrtenrepublik« ist zwar durchaus real, hat aber kein eigenes, in sich eingegrenztes Gebiet in der (subjektiven und objektiven) Realität. Das soll ihr die IRAS geben. Die bisherigen Erfahrungen Winers haben jedoch eher angezeigt, daß die IRAS diese Aufgabe nicht erfüllt, daß sie in diesem Sinne jedenfalls keine »Gelehrtenrepublik« ist.

Und Singleton, der einzige, der in der rechten Inselhälfte dem von Winer inaugurierten Begriff der Gelehrtenrepublik gerecht wird, charakterisiert die IRAS ja auch anders. Drastisch spricht er in der Metapher vom »Affentheater« der IRAS ihren ursprünglichen Zweck ab. Die Bedeutung der Metapher klingt in der angeschlossenen Bemerkung an, bleibt aber an dieser Stelle noch unklar, weil Singleton durch eine Geste Inglefields an seine ›Vereidigung‹ erinnert wird. Singleton, ein geradezu idealtypischer Vertreter des Künstlers, dem zu dienen die IRAS erklärtermaßen existiert, wird also durch eine politische Macht, als deren Repräsentant sich damit Inglefield zu erkennen gibt, am konsequenten Ausüben seiner Maxime des offenen Sprechens gehindert. Die ›Gelehrten‹ im Sinne Winers, also eher die Künstler als die empirisch arbeitenden (Natur-) Wissenschaftler, spielen in diesem »Affentheater« die Rollen. Wer sie ›dressiert‹, ist noch unklar. In Szene gesetzt jedoch wird dieses totale Theater, dessen Bühne die Insel ist, von der politischen Macht.

Der Gegensatz der Inselhälften bestimmt als Gegensatz politischer Machtkonstellationen die ganze Insel. Der Neutrale Streifen ist zu Recht der »sogenannte«, er wird in der Rede von den beiden Hälften der Insel gar nicht als eigenständiger Teil berücksichtigt. Die Spaltung der Insel durchzieht auch ihn: die großen Sammlungen für Kulturgüter, die Bibliotheken und Galerien, sind jeweils doppelt vorhanden, die beiden Komplexe synthetischer Natur, die »Waldeinsamkeit« und »Vor den Toren«, die ebenfalls als neutral gelten (vgl.

S. 78), werden, wie der Informant Winers auf dem Rathausturm andeutet, von den beiden Hälften vereinnahmt (vgl. a. a. O.).

Nachdem Winer – im Neutralen Streifen – die »Massenbach«-Vorstellung besucht und Sutton ihre Idee zur ›Geteilten Europa‹ skizziert hat, sieht er zum Beginn seines Aufenthalts auf der rechten Inselhälfte das andeutungsweise Wahrgenommene bestätigt.

> Aber Einer verleumdete offensichtlich den Andern: über die Backbordseite war mit Inglefield einfach nicht zu reden! (Als wenn es nicht genug wäre, daß draußen die Staaten einander befehden: muß das denn hier auch noch sein?!). (S. 102)

Zunächst sieht Winer die politische Konstellation der Insel als Parallele zu denjenigen Verhältnissen, die er aus seiner Lebenswelt kennt. Er kann so zwar den manipulativen Charakter des offiziellen Bildes der IRAS durchschauen, aber noch nicht seine Grundlagen erkennen. Dies ändert sich, als Winer in die politischen Gegensätze der Insel einbezogen wird.

Inglefield zwingt Winer geradezu durch Drohungen, während seines Besuchs der östlichen Inselhälfte die Partei der Amerikaner zu vertreten:

> »Mister Uainer: ein guter Rat: Hüten Sie sich, die Russen zu bewundern: das könnte Ihnen furchtbar schaden! [...]« (S. 111)[141]

Winer ist zwar Amerikaner und spricht das in diesem Zusammenhang auch an, er ist aber auch Reporter und als dieser bemüht, ein ›objektives‹ Bild der gesamten IRAS zu gewinnen (vgl. S. 112). Dennoch beugt er sich dem Zwang. Inglefield veranlaßt ihn, eine offizielle Mission zu übernehmen. Er betont: »Sie gehen also nicht völlig privat hinüber . . . . .« (S. 121) Von Winer gefragt, weist sich Inglefield als »Chef der Vereinigten Westlichen Inselabwehr« (a. a. O.) aus und legitimiert damit seine Befugnis, Winer einen derart offiziellen Auftrag zu geben. Worum es allerdings geht, wird Winer vorerst nicht mitgeteilt. Er erhält lediglich die – wiederum unverständliche – Anweisung:

> »Falls man Ihnen – und sei es andeutungsweise – irgend ein Angebot machen soll=te –: ›Jawohl!: Wir hätten was zum Tauschen!!‹. [...]« (a. a. O.)

---

[141] Weshalb Winer bereits in diesem Zusammenhang Kenntnis von Coffin als der Autorität, auf die sich die Inglefields bezieht, hat, bleibt ungeklärt. Vorgestellt wird er ihm erst wesentlich später (vgl. S. 141), und die dortige Reaktion Winers schließt auch im Grunde eine frühere Kenntnis aus.

Winers Verständnislosigkeit beruht nur zum Teil darauf, daß ihm noch Informationen vorenthalten werden. Seine Mission dient auch dazu, Phänomene aufzudecken, die sogar Inglefield unerklärlich sind. Inglefield ›ersucht‹ ihn somit »offiziell, drüben – so gut wie nur irgend möglich – die Augen offen zu halten« (S. 119).

Veranlaßt durch eine Beobachtung Winers, schildert Inglefield die betreffenden Fälle. Ein berühmter, äußerst produktiver Literat, Stephan Graham Gregson (dessen Charakterisierung wiederum deutliche Affinitäten zur Biographie Schmidts aufweist [vgl. S.116f.]),[142] habe sich plötzlich in einen untätigen Dummkopf verwandelt; Inglefield: »e r i s t n i c h t m e h r d e r s e l b e !!« (S. 119). Ähnliches gelte für eine Lyrikerin namens Jane Cappelman. Bei beiden sei die Verwandlung nach einem Aufenthalt in der linken Inselhälfte, der durch Liebesbeziehungen motiviert gewesen sei, eingetreten. Ähnlich unerklärlich ist Inglefield die Tatsache, daß ein sibirischer Wolfshund offensichtlich zielgerichtet bestimmte geheime Papiere gestohlen habe und daß »drüben kaum noch Einer« (S. 120) eines natürlichen Todes sterbe.

Inglefield verurteilt nicht etwa die Aggressionen der östlichen gegen die westliche Inselhälfte. Indem er vom »Tauschen« spricht, gesteht er ein, daß die westliche sich der östlichen Hälfte gegenüber gleichgewichtig verhalten hat.

Daß ausgerechnet Winer beauftragt wird, die Unklarheiten aufzuklären, zeigt, daß zwischen den beiden Inselhälften keinerlei kommunikative Verbindung besteht. Mit seinem offiziellen Auftrag ist Winer in eine aktuelle politische Auseinandersetzung geraten, in der er zum unfreiwillig Mitwirkenden, aber auch zum authentisch Mitwissenden wird.

Winer reagiert auf die neuen Erkenntnisse über die IRAS und seine eigene Rolle mit demselben Ausdruck emotionaler Abneigung wie dort, wo er die totale Verobjektivierung der Hominiden erkennt:

Und zu grauen fing mir auch an: welchem Ungeheuer ich hier wieder auf den Schuppenschwanz getreten sein mochte! Hatte gedacht, 's wär'ne harmlose Eidechse, mit der man spielen, über die man entzückende Süße Nichtigkeiten berichten könnte. (S. 121)

Mit dieser Einstellung, die den hochgespannten Erwartungen beim Betreten der IRAS entgegensteht, beginnt Winer seinen Besuch der

---

[142] Vgl. dazu Drews, Gelehrtenrepublik, S. 3832.

östlichen Inselhälfte, der unter der Führung des ›Genossen Uspenskij‹ und der Dolmetscherin Jelena Kowalewna stattfindet. Wie zuvor von Inglefield, erhält Winer hier von Uspenskij, teilweise auch von Jelena interne Informationen. Uspenskij nimmt dieselbe Stellung in der östlichen Inselhälfte ein, die Inglefield im Westen innehat. Er ist der »Leiter der Vereinigten Östlichen Abwehrdienste« (S. 139).

Winer hat bei diesem Besuch von vornherein die Funktion des Mittlers. – Als Uspenskij »ganz freimütig« erklärt, daß im »Maschinenviertel« der Osthälfte, wie an anderer Stelle von Inglefield vermutet, »herkulische[.] Lemuren« arbeiten, deren minimaler Wortschatz ihnen den bezeichnenden Namen der »Hundertwortigen« einträgt (S. 130), stellt Winer sich erstaunt die – rhetorische – Frage:

> galt ich denn tatsächlich als eine Art Zwischenträger? Unterhändler, ohne Wissen und Wollen? Go=between, Makler, Parlamentär, Mittelsmann, Ragnarök? (a. a. O.)

Im direkten Kontakt mit Uspenskij erst erhält Winer eine Vorstellung seiner Rolle. Auch hier wieder artikuliert Winer sein emotionales Verhältnis zum Erlebten mit dem Ausdruck des Grauens: »Hinter mir stand eine Macht! (Und vor mir auch! : Mir fing an zu grausen. [...])« (a. a. O.)

c) Die Art und das Ausmaß der politischen Machtausübung werden vor allem in der Stellung der Künstler offenkundig, die auch hier, dem Selbstverständnis der IRAS entsprechend, die Substanz der Insel bilden, denen auch hier die IRAS, ihrer Zweckbestimmung zufolge, dienen soll.

Eine der ersten Erfahrungen, die Winer ausführlich aus seinem Besuch der linken Inselhälfte mitteilt, betrifft die Literaturproduktion. Anders als im Westteil der IRAS, nutzen die Dichter hier die ihnen zur Verfügung stehenden Arbeitsmittel (vgl. S. 122). Sie produzieren ihre Kunstwerke jedoch nicht im individualistischen Alleingang, sondern im »Kombinat« und stehen unter einem Sollzwang (S. 123).

Die Kunsterzeugung untersteht der Staatsmacht. Ihr Einfluß tritt in einem Gespräch zwischen Winer und Jelena, in dem es um die von Winer gestellte Frage, ob »tatsächlich [...] ein Kunstwerk kollektiv hergestellt werden könnte« (S. 125), geht, offen zu Tage. Winer steht »dem so zusammengesetzten Kunstwerk« (a. a. O.) skeptisch gegenüber. Er sieht seinen potentiellen Mangel im Fehlen seiner »Einheitlichkeit« und der »Geschlossenheit der Gedankenwelt« (a. a. O.).

»Sie meinen ›Die Beschränkheit des Individuums‹?« formulierte sie es sofort andersherum: »Die Begränzung seiner Begabung? – Ein Einzelmensch ist nie vollkommen: wir versuchen seine Lücken zu ergänzen. Durch sorgfältige Auswahl und Kombination verwandter, aber anders begabter Geister: additiv.« (a. a. O.)

Im erläuternden Nachsatz spricht Jelena aus, daß die staatliche Macht, die sie im »wir« zitiert, die Zusammensetzung eines Autorenkollektivs leitet. Der einzelne Autor wird zum Produktionsfaktor, dessen »Lücken« mit anderen Produktionsfaktoren ausgefüllt werden, so daß eine optimale Produktionseinheit für Literatur entsteht. Das Ziel dieser Entindividualisierung des Künstlers ist die Perfektion des künstlerischen Produkts.

Der Staat jedoch dirigiert und manipuliert die Künstler nicht nur in diesem Sinne, sondern negiert ihre menschliche Subjektivität bis in die intimste Sphäre hinein. Winer schildert die weitergehende, von einem Wissenschaftler untermauerte Information Uspenskijs,

> daß sie *selbstverständlich* auch systematisch Zuchtwahl betreiben: Dichter auf Dichtin; Bildhauer auf Hauerin: »In 300 Jahren wird man auf uns herabsehen, wie wir zur Zeit auf Gorillen.« / Mein Zweifel: »Ergibt denn Dichter plus Dichtin auch wirklich Dichter hoch zwei?«. Aber Professor Schukowski fiel ein: »Das Sprachzentrum vergrößert sich jedesmal meßbar.« (Da war ich wieder geschlagen. – »Aber wenn ihm nun die entsprechende günstige Umwelt fehlt, dem Wunderkinde?« – Sie lächelten nur: »Dafür sorgen wir.«). (S. 131)[143]

Die Künstler werden wie funktionale Größen behandelt, deren Wert sich nach ihrer spezifischen Qualität im künstlerischen Produktionsprozeß bemißt. Als diese Größen unterstehen sie zugleich, da sie Lebewesen sind, genetisch-evolutionären Gesetzmäßigkeiten. Auf dieser Grundlage kann die Entwicklung ihrer spezifischen Qualitäten gelenkt werden. Das Ziel der biogenetischen Manipulation besteht in der Optimierung oder Potenzierung der spezifischen Qualitäten der Künstler.

Die Künstler werden hier kaum anders als die Hominiden von den Amerikanern behandelt. Sie unterstehen einem ›Sachzwang‹, der ihnen unter Einsatz der verfügbaren und verwendbaren Erkenntnisse

---

[143] Dieselbe systematische Menschenzucht manifestiert sich unter anderer Zielsetzung im zuvor dargestellten Maschinenpersonal (vgl. S. 103 u. 130). Die züchterische Manipulation entspricht der umfassenden psycho-somatischen Determination und Manipulation, die Huxley in »Schöne neue Welt« beschreibt.

der Wissenschaft von der politischen Macht auferlegt wird. Das geht noch über die erbbiologische Manipulation hinaus bis zum direkten Zugriff auf die körperlich-geistige Existenz: über die Organ- bis zur Gehirntransplantation und ihren weitreichenden Konsequenzen.

Als Uspenskij Winer in diese Verfahren einweiht, werden diesem vorher unerklärliche Erlebnisse erklärlich und wird zugleich das Geheimnis des seltenen natürlichen Todes aufgeklärt.

Daß ein nahezu hundertjähriger Schachspieler – das Schachspiel hat auf der russischen Inselhälfte den Rang einer Kunst – »immer noch in jedem Turnier den Zweiten« »machte« (S. 126), deutet Winer zunächst für sich:

Tatsächlich noch urwüchsiges Volk, diese Russen: breit, mit silbergrauem Bart; ich hätte ihn höchstens auf 60 geschätzt. (a. a. O.)

Ohne Kommentar gibt er den Bericht eines schachspielenden ›Landsmanns‹ wieder, der nicht nur Unerklärliches, sondern auch Unglaubliches enthält:

»Wir werden betrogen!« zischte er: »Ich spiele mit einer Art Zwölfjährigen: das soll Stassjulewitsch sein! Dabei kenne ich ihn doch von früher: er ist es nicht! Spielt allerdings genau wie er [. . .]. Erkannte mich auch sofort wieder; und faselte etwas von einer ›Verjüngungskur‹!« (S. 126f.)

Wenig später möchte Winer den »greisen A. F. Stupin«, einen von ihm verehrten Dichter, sehen. Jelena will ihm den Wunsch erfüllen, Winer erblickt aber »ein langes frisches Mädchen, die Blondfahne fröhlich am Kopf« (S. 127), das er für die Gattin des Dichters hält.

Die Vorführung und Erläuterung der Gehirntransplantationen durch Uspenskij, Jelena und den »Fachmann Schukowski« (S. 133) beseitigt die Mißverständnisse:

wenn ein bedeutender russischer Dichter oder Wissenschaftler alterte, wurde, so um die 60, sein unschätzbares Gehirn einem jungen Athleten von 20 eingesetzt (S. 132).

Das Gehirn kann dabei in einen andersgeschlechtlichen Körper transplantiert werden. Schukowski spricht den von Winer beobachteten Fall Stupins an:

man kann das Gehirn eines Mannes auch in den Leib eines Mädchens überführen. Genosse Stupin brauchte für seine neue Roman=Hexalogie viel ›weibliche Empfindungen‹, und hat sich, nach reiflicher Überlegung, für einen Frauenkörper entschieden. (S. 133)

Die natürliche Einheit von Körper und Geist wird mit der künstlichen Trennung und beliebigen Neukombination beider aufgehoben. Der Mensch hat seine Identität verloren. Ohne ihn erklären zu können, stellt der amerikanische Schachspieler in seiner Aussage über seinen russischen Kontrahenten: »er ist es nicht«, diesen Identitätsverlust fest. Diese Konsequenz der Gehirntransplantation klingt auch in der an Jelena gerichteten Frage Winers an: »Bist Du Du?« (S. 134) Aus der Reaktion Jelenas geht hervor, daß die Frage relevant ist: »Sie verstand mich sofort, nickte ernsthaft, und anwortete: »Ich bin noch ich.«« (a. a. O.) Das eingeschobene »noch« signalisiert das Bewußtsein, daß der Zustand der Identität mit sich selbst jederzeit geändert werden kann, daß der Mensch – hiernach präzise: der menschliche Körper und das menschliche Gehirn – total verfügbar ist. Der Mensch kann, buchstäblich in seine konstitutiven Komponenten zerlegt, den jeweiligen Bedürfnissen der politischen Macht gemäß verwendet werden.

Das Gehirn des Künstlers dient der Selbstdarstellung der politischen Macht[144] nach innen und außen und verhilft ihr in der Perfektion des Produkts zu Prestigegewinn.

Die Radikalität und Kompromißlosigkeit, mit der die Bestandteile des Menschen den Bedürfnissen der politischen Macht untergeordnet werden, wird sichtbar, als Winer erfährt, was »mit den Brägen der ›Jungen Leute‹« geschieht, deren Körper »umgehirnt« (S. 133) worden sind, und als in diesem Zusammenhang die rätselhafte Veränderung der beiden amerikanischen Autoren aufgeklärt wird. Die wenigen wertvollen Gehirne, die von Natur aus mit einem hochwertigen Körper verbunden sind, werden nach ihrer Herauslösung aus den anderweitig benötigten Körpern nicht weggeworfen, wie Winer vermutet, sondern »sibirischen Wolfshunde[n]« eingepflanzt (S. 137). Im animalischen Körper bleiben die menschlichen Gehirnfunktionen erhalten. Winer erkennt: »Das also die Diebe von Inglefields Geheimschreiben!!« (a. a. O.)[145]

---

144 Vgl. den Themenkatalog (S. 124f.), der explizit das »›Parlament‹« (S. 125) ausschließt, die Kriterien für die Zusammensetzung eines Autorenkombinats (S. 125) und die Begründung dafür, daß Stupin für die Transplantation seines Gehirns einen weiblichen Körper gewählt hatte (S. 133): immer wird eine wirklichkeitsaffirmative, systemkonforme Darstellung vorausgesetzt.

145 Als eine Art der totalen Unterwerfung des Einzelnen unter die Interessen des Staates steht die transplantative Manipulation in motivischer Affinität zur Gehirnoperation bei Samjatin und zur ›Gehirnwäsche‹ bei Orwell sowie auch zur psycho-somatischen Manipulation bei Huxley. Die Affinitäten umfassen im Grunde die gesamte Behandlung des Menschen – bzw. auch des Menschlichen in den Menschenähnli-

Auch die Gehirne also, die quasi zu Abfallprodukten werden, werden noch verwertet. Der Mensch schafft künstliche Hominiden. Er hebt die Grenze zwischen sich selbst und dem Animalischen auf, er ›entmenschlicht‹ sich. Er wird zum kalkulierbaren Faktor, der nach seinem funktionalen Wert behandelt wird.

Als solche Faktoren sind auch die beiden amerikanischen Autoren, über deren Veränderung sich Winer informieren soll, behandelt worden. Uspenskij stellt Winer zwei weidende Pferde als »›Dschäin‹« und »›Stäffän‹« vor (a. a. O.). Sie enthalten die Gehirne der Autoren. In ihre Körper sind, wie aus Winers Beschreibung Gregsons zu ersehen ist (vgl. S. 116ff.), Gehirne von Wolfshunden eingesetzt worden. Die Gehirne der Autoren sind den biologischen triebhaften Bedingungen des tierischen Körpers ausgesetzt. Uspenskij formuliert die Folgen: »»Stäffän hat Dschäin gedeckt.« Zahllose Male.« (S. 138) Die Gehirne werden auf diese Weise vor den Amerikanern verborgen und aufbewahrt. Sie sind Gegenstand in einem Angebot, mit dessen Übermittlung an Inglefield Uspenskij Winer beauftragt und das genau dem entspricht, das Winer an Uspenskij zu übermitteln hat:

> »Sagen Sie Ihrem Mister Inglefield: Wir hätten was zum Tauschen! – Denn –« (und nun mit furchtbarem Ernst): »uns fehlen auch die beiden Spitzenspieler im Schach: Weltmeister Rylejew; und Wowejkoj.« (a. a. O.)[146]

Mit dem Auftrag, Inglefield ein Verhandlungsangebot zu unterbreiten, verläßt Winer den östlichen Teil der IRAS, um wieder mit Inglefield zusammenzutreffen. In der kurzen Zwischenzeit zieht er als »Westler« das Fazit seiner Erlebnisse und stellt fest: »da sind wir Westler doch bessere Menschen!« (S. 140)

Die positive Bewertung beruht auf einem Informationsdefizit. Sie ändert sich, als Winer erkennt, was mit den beiden verschwundenen russischen Schachspielern geschehen ist.

Als »wichtiger Mann [. . .]: die Nabelschnur, die 2 Welten zusammenhielt« (S. 137), erhält Winer, nachdem er wiederum vereidigt worden ist, auch Einblicke in die entsprechenden Bereiche der westlichen Inselhälfte.

---

chen – durch den Menschen: bei einer grundsätzlich übereinstimmenden Strukturierung eines grundsätzlich übereinstimmenden materialen Bereiches sind solche motivischen Affinitäten unvermeidlich.

[146] Für »durchtbarem« steht »furchtbarem«.

Er wird vollständig in die politischen Spannungen integriert. Sein Begleiter ist nicht mehr nur Inglefield, sondern der – mit dem bezeichnenden Namen ›Sarg‹ versehene – »General Coffin: unser Hälftenkommandant« (S. 141), wie Inglefield vorstellt. Aufschlußreich ist Winer hierbei der eklatante Widerspruch zwischen dem offenen militärischen Titel des Kommandanten und dem in der Inselcharta festgesetzten Aufenthaltsverbot für Berufssoldaten. Der Widerspruch erfährt eine Pseudoauflösung durch Inglefield:

> General Coffin i s t kein Berufssoldat: bei uns hat auch der gewöhnliche Rekrut den Marschallstab im Tornister! (S. 141)

Mit der zusätzlichen Information, daß auf der östlichen Inselhälfte »'n Pianist« Kommandant sei, wird Winer deutlich: »also d o c h wieder wir, die mit Stänkern anfangen!« (a. a. O.)

Das Verhalten der Amerikaner unterscheidet sich nicht prinzipiell von dem der Russen. Dies zeigt sich, als Winer die Einrichtung kennenlernt, die der östlichen »Klinik« entspricht: das »Grab«. Winer erhält die Erklärung:

> »›G r a b ‹ ist n a t ü r l i c h n u r unsere interne Kurzbezeichnung dafür – Manche sagen auch ›Konservenfabrik‹ – der korrekte Ausdruck wäre, wie auch im amtlichen Schriftverkehr gebräuchlich: ›Versuchsanstalt für Hibernation‹.« (S. 142)

Unter Auswertung der Entdeckung, so ein hinzugezogener Arzt, »daß die Lebensfunktionen sich durch Kälte verlangsamen lassen« (S. 143), werden Menschen durch »Unterkühlung« ›konserviert‹:

> Nach vielen und vielfachen [. . .] Versuchen in dieser Richtung, waren wir um 1980 soweit, daß wir für eine gesicherte zwanzigjährige Hibernation jede Garantie übernehmen konnten – während welcher Zeit der betreffende Organismus um schätzungsweise 15 Wochen altert. (S. 143f.)

Er umreißt das Ziel dieses Verfahrens:

> »W i r p l a n e n [. . .] die ganze Menschheit periodisch in Hibernation zu versenken: daß man also, in naher Zukunft, zwischen einer ›Wachgeneration‹ und einer ›Schlafgeneration‹ unterscheiden wird. Ein kleiner Teil der Wachenden betreut die Schlafenden, die in hundertstöckigen Großbauten untergebrachten. Lebenszeiten von 3 bis 400 Jahren werden zur Norm werden; ganz abgesehen davon, daß – bei entsprechend weiter entwickelter Technik der ›Lagerung‹ – die Freie Welt Platz für die doppelte Bewohnerzahl haben wird.« (S. 144)

Mißverständnisse und Unklarheiten, denen Winer während seines ersten Aufenthaltes auf der westlichen Hälfte der IRAS ausgesetzt war, klären sich damit auf. Die – beispielhaft – unverständliche Äußerung Singletons, er drücke sich nicht um seine Zeit herum, wird verständlich, und Winer erfährt, was mit den beiden Schachspielern geschehen ist, deren ›Lagerstätte‹ er im Vorübergehen sieht (vgl. S. 146).

Der Ausdruck »Freie Welt«, mit dem der Westen in polemischer Abgrenzung gegen den Osten sein Selbstverständnis bezeichnet, erweist sich als leerer Begriff. Die Hälfte der IRAS bzw. der Welt, der Winer angehört, ist ebenso unfrei wie ihr Pendant. Der Mensch untersteht auch hier den Zwängen der politischen Macht. ›Frei‹ ist er auch hier lediglich in der Pervertierung des Wortsinns: in seiner totalen Verfügbarkeit. Unterschiede bestehen in der Art, wie über die Menschen verfügt wird, in der Technik der Machtausübung und der mit ihr verbundenen Modalität der Zielsetzung.

In den internen Bezeichnungen »Grab« und »Konservenfabrik« für die »Versuchsanstalt für Hibernation« schlägt sich die Bedeutung des Hibernationsverfahrens nieder: sie ist auf das rein quantitative Verlängern der organischen Lebensdauer ausgerichtet. Der Mensch befindet sich während der Hibernation in einem todesähnlichen Zustand, er liegt vorübergehend in einem »Grab«.

Das transplantierte Gehirn dagegen lebt immerhin – wenn auch unter teils augenfällig entmenschlichten Bedingungen.

Die Hibernation verletzt zwar äußerlich nicht die Identität des Menschen – er bleibt während der gesamten Hibernation er selbst –, sie schaltet aber sein Bewußtsein in Abständen aus, sie negiert ihn »periodisch« als lebenden, sich seiner selbst bewußten Menschen. Der Mensch wird hier zu einem statistischen Faktor in einer quantitativ bestimmten Zielprojektion. Die Hibernation verlängert im Grunde nicht die *Lebens*dauer, sondern dehnt die Zeit der organischen Existenz durch die zwischengeschalteten todesähnlichen Phasen lediglich aus – mit dem ausdrücklichen Ziel, die Menschheit quantitativ auf das Doppelte zu vergrößern. Die Quantität ist absurder Selbstzweck. Die einzig denkbare Motivation für die Quantifizierung des Menschen ist auch hier das Bedürfnis, eine Überlegenheit über den politischen Gegner zu erlangen. Sie hebt sich aber von vornherein dadurch auf, daß die Hibernierenden lediglich als statistische Größen existieren, die von den jeweils bewußt Lebenden »betreut« werden müssen.

Der unterschiedlichen Technik der Behandlung des Menschen entspricht somit auch eine unterschiedliche Effizienz: die auf der Ostseite entwickelte nutzt den Menschen als qualitativen, die auf der Westseite entwickelte als quantitativen Faktor.

Beide Hälften unterstehen im Widerspruch zur Inselcharta der absoluten Herrschaft der politischen Macht. In beiden Hälften wird der Mensch zum verfügbaren Objekt. Wie systemintern, so verhalten sich die politischen Mächte auch systemextern gleichwertig und befinden sich in einem Zustand des Gleichgewichts.

Diesen Zustand erlebt Winer am Schluß seines Inselaufenthaltes. Der im Verborgenen schwelende politische Konflikt zwischen den Mächten spitzt sich, zunächst unvermerkt, zu und kommt schließlich, als die durch Winers Vermittlung eingeleiteten Verhandlungen scheitern, zum Ausbruch.

Die Verschlechterung des politischen Klimas ist bereits mit der Ankunft Winers in der Verschlechterung des meteorologischen Klimas symbolisch präsent. Von der Ankündigung der »Wetterverschlechterung« im meteorologischen Institut (S. 89) über die Eintrübung (S. 115), die Zunahme der Bewölkungsdichte (S. 127) bis hin zum Schlechtwetter, dem stärker werdenden Regen (S. 137, 142, 150), spannt sich der Bogen parallel zur Entwicklung der politischen Verhältnisse:

In dem den beiden politischen Mächten anfangs unerklärlichen Verschwinden bzw. plötzlich eingetretenen Anderssein von je zwei ihrer Angehörigen, die einen hohen Prestigewert haben, und dem Versuch, über Winer die Aufklärung und den Ausgleich zu erreichen, sind die Verdichtung und das Ausbrechen des Konflikts mit Winers Ankunft auf der IRAS angelegt. Mit Winers Übernehmen der Vermittlerrolle zeigt sich der schwelende Konflikt in zunehmender Deutlichkeit als unheildrohender Gegensatz, der zur Entladung drängt. Er tritt schließlich, ohne daß er zu einer Lösung gebracht worden wäre, offen zu Tage. Nachdem die Verhandlungen zwischen den Kontrahenten ohne Ergebnis geblieben sind, wollen die Amerikaner die Neutralität der IRAS dadurch aufheben, daß sie sie »in Usamerikanische Hoheitsgewässer« zu bringen versuchen (S. 148). Coffin läßt die amerikanischen Maschinen »mit voller Kraft r ü c k w ä r t s laufen« (a. a. O.), die Russen setzen die Vorwärtsrichtung unverändert fort. »D a s E r g e b n i s ? : » W i r d r e h e n U n s ! : Auf der Stelle!«« (S. 149)

Die sich um sich selbst drehende IRAS ist der letzte Eindruck, den Winer vor seiner Abreise erhält. Als sie sich schon in Drehbewegung befindet, wird er noch in einem offiziellen Akt »zum ›Doktor IRAS h. c.‹« ernannt und verläßt danach die Insel (a. a. O.).

Der Ausgang der Drehbewegung bleibt offen. Ein Nachgeben einer der beiden Mächte wird ausgeschlossen. Als Winer den neutralen Inder beim Abschied nach der Zukunft der IRAS fragt, kann dieser nur vermuten: »Welche Maschinen eben länger aushalten; Backbord oder Steuerbord. – Vielleicht zerreißt sie auch der Länge nach« (S. 150).

Die wieder von den Amerikanern initiierte Richtungsänderung, die eine Lösung des Konflikts durch einseitigen Machtzuwachs herbeiführen soll, bleibt ohne Resultat. Aus der gemeinsamen Vorausbewegung, die wenigstens der Öffentlichkeit ein neutrales Miteinander der Mächte signalisierte, ist ein Gegeneinander geworden, das in einer Bewegung ohne Fortkommen erstarrt, weil die gegeneinander wirkenden Kräfte sich im Gleichgewicht befinden. Ob dieses Gleichgewicht sich ändern wird, liegt in der Zukunft und ist daher ebenso offen wie die Folgen einer solchen Veränderung.

Zur empirisch gesicherten Gewißheit wird jedoch die absolute Vorherrschaft politischer Interessen und Auseinandersetzungen: alle Bewohner der IRAS sind der Rotation der Insel ausgesetzt.

Auf dem Hintergrund der in der Konzeption der IRAS als dem »Bild einer ›Welt im Kleinen‹« und auch der ›Geteilten Europa‹ Bertie Suttons enthaltenen Hinweise auf die monadisch-repräsentative Bedeutung der IRAS ist deutlich, daß die Situation, die Winer am Ende seines Aufenthaltes vorfindet, für die politischen Machtverhältnisse der gesamten Welt steht. Ebenso deutlich ist es, daß mit den politischen Verhältnissen der subjektiv-realen die der objektiv-realen Welt dargestellt sind. In der Bewegung der IRAS kulminiert die ins Subjektive gesteigerte Situation des ›Kalten Krieges‹. Die Politik der beiden großen Machtblöcke läuft auf ein zielloses Sich-im-Kreise-Drehen hinaus, dessen immanenter Gefahr sich niemand entziehen kann.

Eine rhetorische Frage des Inders und Winers lapidare Antwort sichern zum Schluß der Darstellung noch einmal ihren verbindlichen Bezug zur objektiven Realität: »»So hat Ihr Urgroßonkel sich das nicht gedacht, wie?« (Das Drehen?: »Nein; bestimmt nicht!«).« (a. a. O.) Die als empirisch wahr dargestellte IRAS weist so wiederum aus sich selbst heraus auf ihre literarische Konstitution hin und betont damit ihren Anspruch auf Verbindlichkeit.

6. Die Konsistenz der subjektiven Realität

a) Mit der fiktionsimmanent monadisch-repräsentativen Welt der IRAS führt der *gesamte* Text die Bedingungen, die das Leben des Menschen in seiner Welt bestimmen, vor Augen.

Als eine Bedingung, der das menschliche Leben in allen Bereichen total unterworfen ist, tritt die omnipräsente Macht des Politischen hervor. Sie prägt im wörtlichen Sinne das Erscheinungsbild der Realität; denn sie ist dafür verantwortlich, daß das Bild der Realität manipuliert wird. Auf diese Weise verdeckt sie sich selbst, indem sie wirkt.

Die Macht des Politischen äußerst sich zuerst in den der Darstellung Winers vorangehenden Textelementen. In der editorischen Notiz bekunden sich – nur dem Anschein nach offen, durch die tote Sprache verborgen – die Präsenz der politischen Macht, ihre absolute Vorrangstellung und ihr praktiziertes Unterdrücken von Kritik. In der Daten-Tabelle spiegelt sich die Auswirkung dieser Macht auf das Subjekt, das auf einen statistisch erfaßbaren Faktor reduziert wird. Das Vorwort Stadions gibt, trotz der moderierten kritischen Ansätze, die Präsenz der politischen Macht im Subjekt wieder, das ihre reduktiven Verhaltensweisen affirmativ übernimmt.

In der Darstellung Winers wird die prädominante Bedeutung der Macht des Politischen, die in diesen Elementen impliziert ist, literarisch expliziert.

Die Macht des Politischen zeigt sich im Zusammenhang der Hominiden-Welt bis hin zur Ankunft auf der IRAS durchaus offen. Neben pedantisch gründlichen Kontrollen und Untersuchungen äußert sie sich darin, daß Winer in jedem Stadium seiner Reise einen offiziellen Begleiter erhält, so daß er unter permanenter Beobachtung steht. Allein gelassen wird er lediglich bei der Durchwanderung der Hominiden-Welt, was jedoch mit der Intention verbunden ist, ihn umzubringen. Der Mordversuch ist hierbei nur ein extremes Mittel der Repression, um die Verbreitung kritischer Information bereits im Ansatz zu verhindern und das offiziell-manipulierte Bild der Realität aufrechzuerhalten. Hinzu kommen noch die gesetzlich fixierten Sanktionen, die bei den Vereidigungen wirksam werden; und die Ehrung Winers bei seinem Verlassen der IRAS erfolgt nicht nur, um seine Mittler-Dienste zu würdigen, sondern auch, um ihn zu bestechen.

Die aktive Manipulation wird von Winer und Stadion lediglich angesprochen oder indirekt erwähnt. Sie erfolgt durch die Massenmedien Rundfunk und Fernsehen sowie durch die Zeitung, für die ja Winer seine affirmative Artikelserie produziert, und das Buch. Ihre Effektivität dokumentiert sich in der faktischen Unangreifbarkeit der affirmativen Haltung Stadions und in der anfänglichen Übernahme des offiziellen Bildes der IRAS auch durch Winer.

Die politische Macht tritt im ersten Teil der Darstellung unverhüllt als Allmacht auf: die Hominiden, auch und gerade die Zentauren, werden als total verfügbare und manipulierbare Objekte behandelt. Diese Behandlungsweise der Menschenähnlichen entspricht exakt dem Umgang beider politischer Machtblöcke mit dem Menschen, den die zweite Hälfte der Darstellung behandelt.

Bedingt durch die Gegenüberstellung von Menschen und Menschenähnlichen, tritt in der ersten Hälfte der Mensch bzw. die von ihm repräsentierte Vernunft als Motor der Versachlichung hervor; die Funktion des Direktors als Repräsentant politischer Macht bleibt im Hintergrund. Das Moment der Inhumanität wird betont. In der zweiten Hälfte hingegen erscheint die jeweilige politische Macht, vertreten durch Inglefield bzw. Coffin und Uspenskij, als Motor derselben Versachlichung, die nunmehr den Menschen selbst betrifft. Die grundsätzliche Äquivalenz des Verhaltens der beiden Mächte, die die Modellwelt beherrschen, signalisiert dabei, daß ideologische Differenzen zwischen den politischen Systemen nur sekundäre Bedeutung haben. Von primärer Bedeutung ist die prinzipiell übereinstimmende Stellung des Menschen innerhalb ihres jeweiligen Machtbereiches.

b) Indem einerseits der Mensch die Menschenähnlichen und andererseits die politische Macht den Menschen verobjektiviert, wird deutlich, daß diese politische Macht keine abstrakte, vom Menschen gesonderte Größe ist, sondern daß er selbst in ihr präsent ist. Damit ist ausgesagt, daß der Mensch sich selbst verobjektiviert, daß er sich selbst entmenschlicht.

Im Bereich des Politischen ist die Macht konzentriert, mit der der Mensch die Aufhebung seiner selbst in organisierter und institutionalisierter Form betreibt. Es ist zugleich die Macht, die die Ziele dieses Vorgangs setzt und den gesamten Vorgang manipulativ verschleiert. Die umfassende Manipulation wird damit grundsätzlich als Selbsttäuschung kenntlich.[147]

---

[147] Vgl. dazu auch die Wirkungslosigkeit der Darstellung auf den Übersetzer und die metafiktional erwartete faktische Wirkungslosigkeit des Textes auf den Leser.

Die Grundlage dieser Entmenschlichung des Menschen liegt ebenso im Menschen selbst: der vom Direktor benannten und repräsentierten reduktiven Vernunft.

Winer sieht ihre axiomatische Relevanz bestätigt, als er von Uspenskij und Inglefield Einblick in die internen Bezirke der IRAS erhält. Die »Klinik« und das »Grab« sind Institute, in denen dieselbe Vernunft praktiziert wird. Terminologische Parallelitäten weisen auf diese Übereinstimmung hin. So gebrauchen beispielsweise sowohl der Direktor als auch Uspenskij den Begriff der »Zuchtwahl« (S. 45 u. 131) und entsprechen sich vor allem die offiziellen Bezeichnungen für die Hominiden-Welt und das »Grab«: die des ›Hominiden*versuchs-feldes*‹, die ausdrücklich auch für das russische Pendant der beschriebenen Welt steht (S. 49), und die der »*Versuchsanstalt* für Hibernation«.

c) Dem monadisch-repräsentativen Status der IRAS entsprechend haben die »Klinik« und das »Grab« repräsentativen Charakter. Ihr Wirkungsbereich erfaßt jeden Menschen – so, wie es die Russen bereits praktizieren und die Amerikaner projektieren.

Das heißt: Wie die Welt der Zentauren ist auch die IRAS und damit die gesamte Welt des Menschen Versuchsfeld. Die Vernunft, die die Lebensbedingungen der Hominiden-Welt bestimmt, bestimmt auch die der Menschen-Welt. Anders als in der Hominiden-Welt, ist die Vernunft in der Menschen-Welt nicht externer, sondern interner Bestimmungsgrund. Sie ist eine spezifisch menschliche Qualität, auf deren Grundlage der Mensch seine eigenen Lebensbedingungen, umfassend: seine Lebenswelt, gestaltet. Sie ist das im Menschen selbst liegende Axiom der menschlichen Welt.

Innerhalb dieser Welt konzentriert und potenziert sich diese Vernunft in der verabsolutierten (Natur-) Wissenschaft. Sie ist im Wissenschaftler inkorporiert und in den beschriebenen wissenschaftlichen Instituten organisiert. Die institutionalisierte Vernunft und die politische Macht sind ineinander verflochten.

Darauf machen zwei an zentraler Stelle stehende Bemerkungen Winers aufmerksam. Er formuliert sie jeweils zu Beginn des Kennenlernens der »Klinik« und des ›Grabes‹ und markiert so im vorhinein ihren Stellenwert. Als Winer mit Uspenskij die »Klinik« betritt, bemerkt er, daß das »Teigstäbchen«, das bei seiner Ankunft auf der IRAS als symbolischer Willkommensgruß gereicht worden war, chemisch analysiert wird. Er merkt an:

> Aber so witzig es war, so bekümmert wurde ich: das also das Leben auf
> der ›Heiligen Insel der Menschheit‹?! (S. 131)

Das für sich genommen belanglose Erlebnis hat symptomatische Be-
deutung. In ihm dokumentiert sich die bis in kleinste Nebensäch-
lichkeiten hineinreichende Präsenz der politischen Macht, die sich der
Wissenschaft bedient, um ihr Verhalten wissenschaftlich zu fundieren.
Die nachfolgenden Aufschlüsse, die Winer erhält, machen aus der
Einzelbeobachtung einen allgemein geltenden Hinweis: die politische
Macht hat die Verfügungsgewalt über die Wissenschaft,[148] diese liefert
ihr aber die Grundlagen, total über den Menschen zu verfügen.

Ähnliches sagt Winer aus, als er sich auf der Fahrt zum »Grab« an
Singletons Metapher vom »Affentheater« erinnert:

> Wie hatte Bob Singleton gesagt?: »Wenn Sie'n Zelt drüber spannen, haben
> Sie das größte Affentheater der Welt!« – Jetzt war ich bald selbst der
> Ansicht! (S. 142)

Winer kann »bald selbst der Ansicht« Singletons sein, weil er nunmehr die Grundlagen und Bedingungen eines Teils der IRAS erkannt
hat und im Begriff steht, Entsprechendes über den anderen Teil zu
erfahren, so daß seine bisherigen Erfahrungen und Erkenntnisse zu
einem Gesamtbild komplettiert werden, in dem offenkundig ist, daß
trotz politischer und technischer Differenzen die Bedingungen des
menschlichen Lebens identisch sind. Winer kann der metaphorischen
Diffamierung der IRAS als »Affentheater« an dieser Stelle bei-
pflichten, weil er in der Lage ist, ihren Sinn und ihre Berechtigung
einzusehen. Sie betrifft das für die IRAS konstitutive Verhältnis zwischen Künstlern, Wissenschaftlern und Politikern.

Winer findet es bestätigt, daß die Künstler die Rolle der Affen spielen und daß die Politiker die Inszenierung leiten. Und ihm ist nunmehr klar, daß die Wissenschaftler die Grundlagen für dieses Theater
schaffen, indem sie Möglichkeiten der ›Dressur‹ entwickeln und bereitstellen.

Die Wissenschaftler arbeiten mit den Künstlern als ihrem Material,
das sie nach wissenschaftlichen Regeln und Gesetzen umformen. Die
Künstler werden von den Politikern nach Maßgabe der politischen
Interessenlage verwendet. Bezogen auf die unmittelbar dargestellte
Realität der IRAS heißt das:

---

[148] Vgl. z. B. a. a. O., wo Uspenskij seinen Einfluß auf Schukowski, einen Repräsentanten der Klinik, geltend macht.

Die IRAS ist nicht die kulturelle Freistätte, als die sie sich der Außenwelt präsentiert. Die »Artisten« stehen zwar im Vordergrund des offiziellen Bildes der IRAS, die IRAS ist aber keineswegs für sie da. In der Sprache der Metapher vom »Affentheater«: die Künstler stehen im Rampenlicht; sie bilden die Szene, die allein das Publikum sehen kann. Von ihm unbemerkt, entfalten sich hinter der Szene Wissenschaftler und Politiker. Analog zu diesen, in denen sich die Vernunft und die Macht des Politischen figural konkretisieren, haben in diesem Zusammenhang die Künstler die Bedeutung figuraler Konkretisierungen individueller Freiheit.[149]

Somit steht die individuelle Freiheit, verstanden als die Freiheit, über sich selbst zu verfügen, im Vordergrund des Bildes, das die subjektive Realität von sich vermittelt. Gerade in der ›Freien Welt‹ versteht sich der Mensch als frei. Dieses Selbstverständnis ist vordergründige Illusion. Es ist das manipulative Produkt politischer Macht, die von ihr aufgebaute Szene, hinter der diese Freiheit pervertiert und negiert wird.[150]

Der Titel als Abbreviatur der fiktionalen Konstitution

Der Titel formuliert das Thema des Textes. Sein Bedeutungsumfang aber wird erst im nachhinein erkennbar, nachdem Winer die Konstitution der IRAS als monadisch-repräsentativer Welt aufgedeckt hat. Dann aber wird deutlich, daß »Die Gelehrtenrepublik« keineswegs in erster Linie so zu verstehen ist, wie es die Anmerkung Stadions nahelegt, in der er die Titelformulierung als patriotisch motivierte eigene Entscheidung reklamiert.[151]

Die Titelformulierung erscheint als sachlich korrekte Bezeichnung der IRAS und benennt sie als Freistätte der als Wissenschaftler verstandenen Gelehrten. Die Begriffskomponente »-republik« weist dabei auf den politischen Kontext, in dem die Wissenschaftler ihre Freiheit entfalten können: für sie *ist* die IRAS die Republik, als die sie sich gibt, weil sie keinerlei Reduktionen durch die politische Macht unterworfen sind, sondern diese allererst in ihrer Wirkungsmächtigkeit begründen.

---

[149] Vgl. hierzu das Credo Singletons S. 114.
[150] Vgl. dazu Schmidt-Henkel, Gelehrtenrepublik, S. 580: »Thalja symbolisiert nichts anderes als die fatalistische Einsicht, daß die wahre Menschlichkeit auf diesen Bezirk der Hominiden beschränkt ist, daß von ihm einzig Rettung zu erwarten ist.«
[151] S. o., S. 234f.

Wie als Übersetzung Stadions akzentuiert der Titel auch in seiner adäquaten Bedeutung den zweiten Teil der Darstellung, den der »eigentliche[n] ›Gelehrtenrepublik‹«. In diesem Fall jedoch thematisiert er nicht das einmalige und besondere, sondern das monadisch-repräsentative Gebilde und schließt so den ersten Teil der Darstellung in den thematisierten Bereich ein, ohne ihn als sekundär zu deklassifizieren.

Der Titel formuliert in diesem Sinne das Extrakt der Erkenntnisse Winers. Mit der IRAS bezeichnet er die *gesamte* subjektive Realität als »Gelehrtenrepublik«.[152]

Ähnlich wie beim Titel sind auch bei seinem Subskript »Kurzroman aus den Roßbreiten« bestimmte Verknüpfungsstellen zur subjektiven Realität vorhanden, die seine Bedeutung präzisieren.

Der Text verifiziert jeweils zuerst das Naheliegende: beim Titel den unmittelbar erkennbaren Zitatcharakter, beim Titelsubskript die unmittelbar erkennbare geographisch-klimatologische Angabe. Im Rahmen seines ersten Überblicks über die IRAS erhält Winer die Information:

Wir meiden nach Kräften Sturmgebiete, und bevorzugen die Roßbreiten: Sargassomeere & Kalmen (S. 79).

»Roßbreiten« bezeichnet also das Aufenthaltsgebiet der IRAS. Damit wird wiederum der zweite Teil der Darstellung akzentuiert.

Die für sich recht belanglose, immerhin verfremdende Herkunftsbezeichnung ist mit einer symbolischen Bedeutung verbunden. Sie re-

---

[152] Ähnlich wie Schmidt-Henkel fixiert auch Josef Huerkamp, Hoho, wer errät's? Bemerkungen zum Titelfundus Arno Schmidts. BB, Lfg. 31, Mai 1978, S. 3–21, den Titel »Die Gelehrtenrepublik« auf den parodistischen Bezug zu Klopstock (vgl. S. 8). Er schreibt weiter: »Zudem bezieht sich die Titel-Parodie nur auf den zweiten, auf der IRAS [...] lokalisierten Teil des Romans, der von vielen Motiven der Verne'schen »L'île à hélice« (1894) gespeist wird. Die doppelte Determination des zweiten läßt den ersten Teil, das Kapitel über die Hominiden-Zone, unwichtig erscheinen. Willkür? Wenn nicht, so doch auch kaum durchreflektierte Intention.« (S. 8)
Neben Ungenauigkeiten – die »Gelehrtenrepublik« weist keine Kapitel-Einteilung auf, ihre unreflektierte Prädizierung als ›Roman‹ ist, eben durch den Titel, mindestens frag-würdig – demonstriert diese Äußerung mit ihrer schulmeisterlichen ›Kritik‹ beispielhaft die Problematik einer Betrachtung, die lediglich die oberflächlich identifizierbaren etymaren oder offenen Anspielungen und Zitate auf der Ebene des Motivischen ernst nimmt. Es ist nicht möglich, dem Titel ohne seine explizite Verankerung in der Ebene der Übersetzungsfiktion und ohne seine Beziehungen zur Struktur der subjektiven Realität, die durch die wissenschaftlich verabsolutierte und politisch prostituierte Vernunft fundiert ist, gerecht zu werden. Und dies erfordert nicht zuletzt auch die Berücksichtigung des *gesamten* Titels.

sultiert aus den klimatischen Bedingungen der Roßbreiten, die Winer charakterisiert: »überall still und gelbgrün; [. . .] weder Strömungen noch Windhosen« (a. a. O.). Die Roßbreiten sind mithin das Gebiet, in dem ein moderiertes Klima vorherrscht. Die klimatischen Verhältnisse symbolisieren das von der politischen Macht bestimmte Erscheinungsbild der IRAS als eines äußerlich harmonischen Gebildes (denen die sich anbahnende, ebenso symbolische, tatsächliche Wetterverschlechterung widerspricht).

Zwei weitere Verknüpfungsstellen, die im Kontext der Drehbewegung der IRAS stehen, betonen die symbolische Bedeutung der Bezeichnung.

An einer Stelle begründet Coffin seinen Befehl, die Fahrtrichtung der amerikanischen Maschinen umzukehren:

wir müssen zurück in Usamerikanische Hoheitsgewässer! Raus aus diesen verrückten Roßbreiten: dann werden wir's den Bolshies schon zeigen! (S. 148)

Die neutralen Roßbreiten setzen der äußersten Machtanwendung der politischen Systeme gegeneinander gewisse Grenzen. Innerhalb dieser Grenzen kommt es nicht zum ›Sturm‹, die gegeneinander wirkenden Kräfte gleichen sich aus. Das heißt auch: obwohl sie jeden Menschen mittreffen und obwohl die ganze – monadisch-repräsentative – Welt durch sie zerstört werden kann, bleibt die Oberfläche des Bildes unverändert ruhig.

»Roßbreiten« steht nicht nur für das manipulierte Bild der IRAS, das harmonische Ausgeglichenheit vorspiegelt, sondern auch für das gleichgewichtige Verhältnis der politischen Kräfte, das die totale Konfrontation verhindert, und für die Effizienz von Manipulation.

Entsprechendes gilt für die zweite Stelle. Winer bringt die symbolische Drehbewegung der IRAS ausdrücklich noch einmal mit dem symbolischen Ort dieser Bewegung in Verbindung (vgl. S. 149) und konstatiert kurz nach seinem Abflug, als er die Insel aus der Vogelperspektive, also wieder aus der (in diesem Falle augenfällig Kritik verhindernden) Distanz des Außenstehenden erblickt: »von hier oben sah's leidlich friedlich aus.« (S. 151)

Wie der Titel, so zieht auch sein Subskript die Verbindung zwischen den beiden Teilen der Darstellung und weist auf die Beziehung zwischen Vernunft und politischer Macht für den Menschen hin. »Roßbreiten« erhält in dem Zusammenhang, in dem Winer das Ausmaß der von den Russen vorgenommenen Gehirntransplantationen erkennt, eine zusätzliche metaphorische Bedeutung, die auf den Ursprung des Begriffes aus der Zeit der Segelschiffahrt anspielt, als bei Pferdetransporten nach Südamerika wegen der Flauten viele Tiere durch Futter- und Wassermangel zugrundegingen. Als Uspenskij Winer die Pferde vorführt, die die Gehirne der beiden amerikanischen Dichter enthalten, kommentiert Winer zynisch: »halb Pferd, halb Mensch: Roßbreiten!« (S. 138)

»Roßbreiten« wird geradezu als sprechender Name für das Gebiet gebraucht, in dem sich die Reduktion des Menschen auf das Objekt präsentiert. Winer zieht mit dieser Bedeutung von »Roßbreiten« die Verbindung zwischen der IRAS und der Zentauren-Welt, er stellt die Äquivalenz zwischen dem Verhältnis des Menschen zu den Zentauren und zu seinesgleichen fest. Auf seine Frage nach der Art der Nachkommen, die aus der sexuellen Verbindung der beiden mit menschlichen Gehirnen versehenen Pferde entstünden, antwortet Uspenskij: »Vielleicht Zentauren.« (a. a. O.)

»Roßbreiten« steht also, ähnlich wie »Gelehrtenrepublik«, für die gesamte subjektive Realität.

Der Titel und sein Subskript bilden einen polyvalenten Zusammenhang, der so konstruiert ist, daß er auf die konstitutiven Dimensionen des Textes hinweist. Zwar kann sich sein volles Aussagespektrum natürlich erst in Relation zum Textganzen erschließen, er erfüllt jedoch eine wesentliche Funktion: Er ist die thetische Abbreviatur des Textes und schafft als diese einen werkspezifischen Erwartungshorizont.[153]

Ohne seine Beziehungen zum Text im vorab bestimmen zu können, ist der Obertitel, auch in seiner zitathaften Anspielung, unproblematisch. Das Titelsubskript problematisiert ihn, es macht auf die in ihm komprimierte Spannung aufmerksam, indem es seinerseits eine neuerliche Problematisierung, ein neuerliches Spannungsverhältnis konstituiert.

Das Titelsubskript ordnet den Text, der den Titel »Die Gelehrtenrepublik« trägt, mit dem Begriff »Kurzroman« der Prosaliteratur zu.

---

[153] Der Begriff des Erwartungshorizonts ist die zentrale Kategorie der von Hans Robert Jauß (Literaturgeschichte als Provokation der Literaturwissenschaft) neubegründeten wirkungsgeschichtlich orientierten Literaturwissenschaft. Karl Robert Mandelkow, Probleme der Wirkungsgeschichte. Jb.f. Intern. Germ., II, 1970, H. 1, S. 71–84, diskutiert die Kategorie und fächert sie auf, wobei er u. a. vom »Horizont« der »Werkerwartung« (S. 79) spricht. Mit diesem Begriff bezeichnet er das »Phänomen der Fixierung eines Autors auf ein Werk, das zum Maßstab aller folgenden wird« (a. a. O.). Im Unterschied hierzu meint ›werkspezifischer Erwartungshorizont‹ die Haltung des Rezipienten, die das Werk selbst durch seinen Titel provoziert.

Ähnliche Zuordnungen sind üblich, aber auch unverbindlich und normalerweise irrelevant. Die nachfolgende adverbiale Bestimmung, die sich unmittelbar auf den Begriff des Kurzromans und mittelbar auf den Obertitel bezieht, problematisiert mit dem Begriff des Kurzromans auch den Obertitel und den Text, der so bezeichnet wird.

Zunächst wird der in seinem Zitatcharakter kenntliche Obertitel frag-würdig, indem die - »deutsche« - »Gelehrtenrepublik« in exotischen Gewässern lokalisiert wird.

Aus dem Titelkomplex ergibt sich so, daß der Text nicht in der Darstellung einer wahrscheinlichen Welt aufgeht, sondern daß er auf die Struktur hin zu befragen ist, in der sich diese Welt konkretisiert, und daß sich der Anspruch des Textes in seiner Struktur aktualisiert. Der vom Titel gegebene Hinweis auf die Struktur des Textes ist ein Hinweis auf eine transparente Struktur.

Der Widerspruch zwischen dem Zitatcharakter und der Lokalisierung der »Gelehrtenrepublik« signalisiert, daß der Text eine imaginäre - subjektive - Realität konkretisiert, die außerhalb der empirisch erfahrbaren - objektiven - Realität angesiedelt ist, sich jedoch auf diese bezieht: Der Titelkomplex stellt den Text als literarisches Gebilde vor, das, der zitierten ›deutschen Gelehrtenrepublik‹ ähnlich, in der deutschen Realität verankert ist, die »Gelehrtenrepublik« jedoch in ein fernes Meeresgebiet ohne Land verlagert, das äußerlich nichts mit einer ›deutschen Gelehrtenrepublik‹ gemein hat und ihr so den Modus des ›οὔ-τοπος‹, der Utopie, im vorhinein zuschreibt.

Die Konstruktion des Titelkomplexes deutet dabei exemplarisch an, daß die Textstruktur durch die fiktionale Konstitution und das sich daraus ergebende ironische Spannungsfeld, in dem die Übersetzung ins Deutsche des realen Lesers die Rück-Übersetzung des in den subjektiven ›Nicht-Ort‹ Transformierten provoziert, transparent wird. Der Titelkomplex demonstriert, daß die Transparenz der Struktur die ›Objektivierbarkeit‹ der subjektiven Realität und damit die Transzendierbarkeit ihrer Wahrscheinlichkeit auf die Verbindlichkeit hin impliziert.

Der Titel bereitet auf diese Weise umfassend auf das adäquate Verständnis des Textes vor.

Das gilt entsprechend auch für die begriffliche Bestimmung. Sie zielt auf die Neubestimmung des in Frage gestellten Roman-Begriffes bzw. die Bestimmung eines Prosa-Begriffes ab, der sich am Text selbst orientiert, mithin auf eine Kategorie, die die strukturadäquate Beschreibung und Bestimmung des Textes gestattet.

Die Anforderungen werden durch den Begriff der subjektiven Realität erfüllt. Er fungiert als analytischer Leitbegriff, der die »Gelehrtenrepublik« als formal unvollständiges LG erkennbar und behandelbar macht. Er bestimmt sie als utopischen Prosatext, der paradigmatische Relevanz beansprucht.

Die »Gelehrtenrepublik« konkretisiert ausschließlich subjektive Realität, die sich auch nicht – wie in »Schwarze Spiegel« – auf textextern dargestellte objektive Realität bezieht. In der Struktur der »Gelehrtenrepublik« wird beispielhaft deutlich, daß die utopische Prosa auch und gerade dann, wenn sie allein aus subjektiver Realität besteht, deren Wahrscheinlichkeit fiktionstranszendental aufhebt, ohne sie fiktionsimmanent zu verletzen, um ihre Verbindlichkeit zu installieren. Es wird deutlich, daß sich die subjektive Realität in ihrer Verbindlichkeit auf die (nicht ohne weiteres sichtbaren) Grundlagen und Bedingungen der menschlichen Lebenswelt, d. h. immer auch: des menschlichen Lebens in einer bestimmten historisch-politischen Situation bezieht, die sie ins Subjektive steigert, um sie darin zur Anschauung zu bringen.

Die gesamte subjektive Realität der »Gelehrtenrepublik« ist so eine Darstellung der objektiven Realität des Lesers, die sich beständig im metafiktionalen bzw. fiktionstranszendentalen Bereich als diese in Erinnerung bringt. Dem Leser bleibt durchgängig bewußt, daß die westdeutsche Realität, wie sie sich seit den 1950er Jahren im Kontext weltpolitischer Konstellationen entwickelt, in der subjektiven Realität vergegenwärtigt wird. Als die Grundlagen des Lebens in dieser Realität und der aktuellen Bedingungen, denen es unterworfen ist, identifiziert die »Gelehrtenrepublik« die depravierte Vernunft und die omnipräsente Macht des Politischen. Diese Vernunft tritt als das Moment hervor, das die grundsätzlichen Lebensbedingungen des Menschen bestimmt: Sie bewirkt die Versachlichung und Entmenschlichung des Menschen durch sich selbst, und sie begründet die Macht des Politischen, die sich ihrer bedient, um sich zu entfalten. Dies ist durch ein manipuliertes, in Selbsttäuschung akzeptiertes harmonisches Bild der Realität verborgen – und wird in der subjektiven Realität der »Gelehrtenrepublik« in der literarischen Konkretion sichtbar gemacht.

Der an der Struktur der »Gelehrtenrepublik« orientierte, ihr angemessene Begriff der utopischen Prosa bzw. der subjektiven Realität zeigt paradigmatisch, daß die Verbindlichkeit strukturinhärent ist, daß sie struktural bedingtes Konstitutivum der zumeist allein wiedergegebenen subjektiven Realität der utopischen Prosa ist.

306

Das bedeutet, daß die Bestimmungen der utopischen Prosa, die auf den Gegensatz zu ›Utopie‹ einerseits und auf die wirklichkeits-affirmative bzw. -apologetische Funktion andererseits abheben, gegenstandslos sind. Obwohl in einem Text wie etwa Orwells »1984« Elemente traditioneller Erzählprosa die Subjektivität der Textstruktur überlagern, damit die Geschlossenheit der als wahrscheinlich fingierten subjektiven Realität verstärken und die Einsicht in ihre Beziehung zur objektiven Realität erschweren, wird es durch diesen Begriff der utopischen Prosa möglich, seine Verbindlichkeit zu erkennen. Ein solcher Text wird als genuin utopischer Prosatext, der in der utopischen Formtradition steht, identifizierbar und damit positiv verstehbar und bestimmbar.

III. »Kaff auch Mare Crisium«:
Die metaliterarisch explizierte literarische Produktion der subjektiven innerhalb der objektiven Realitätsebene

»Kaff auch Mare Crisium« als formal vollständiges Längeres Gedankenspiel

»Kaff« nimmt, auch in Beziehung zu Schmidts eigenen Texten »Schwarze Spiegel« und »Die Gelehrtenrepublik«, eine Sonderstellung im Kontext der utopischen Prosa ein. Der Text stellt nicht mehr allein oder in erster Linie subjektive Realität dar, sondern gleichgewichtig auch die sie bedingende objektive Realität. Er stellt sich damit deutlicher als gemeinhin die utopische Prosa und auch die beiden anderen Texte Schmidts in den Zusammenhang der utopischen Formtradition. Die beiden Realitätsebenen sind jedoch nicht, wie paradigmatisch in der »Insula Utopia«, jeweils im Zusammenhang dargestellt oder, wie paradigmatisch in der »Insel Felsenburg«, konsekutiv aufeinander bezogen. Die subjektive Realität wird nicht als das fertige Produkt – wie bei Morus im Zusammenhang oder wie bei Schnabel phasenweise – mitgeteilt.

»Kaff« stellt die beiden Realitätsebenen in ihrem genetischen und strukturalen Zusammenhang dar. Der Text ist an den Bewußtseinsvorgängen des in eine bestimmte objektive Realität inbegriffenen, figural-konkreten Ich Karl Richter orientiert, die innerhalb dieser objektiven Realität auf den Entwurf einer subjektiven konzentriert sind. Der Text gibt den Entstehungsprozeß der subjektiven Realität wieder.

Die Interdependenzen der aufeinander bezogenen Realitätsebenen sind in der Textstruktur expliziert und in ihr ablesbar.

Der Zusammenhang der Realitätsebenen wird optisch durch das Druckbild veranschaulicht. Der Text ist in zwei sich ablösenden, gegeneinander versetzten, an den jeweiligen Rand gerückten und sich in der Mitte überschneidenden Kolumnen gedruckt, wobei die linke die objektive, die rechte die subjektive Realität enthält.[154]

»Kaff« ist ein Paradigma des formal vollständigen LGs, der formal vollständigen utopischen Prosa.[155]

Die publizistischen und wissenschaftlichen Arbeiten, in denen der Text behandelt wird, greifen in der Regel auf die »Berechnungen« Schmidts zurück, um seine optisch offenkundige Unterschiedlichkeit zu Mustern traditioneller Erzählprosa zu erfassen. »Kaff« wird so etwa als »Modell«,[156] »Beispiel«[157] oder ›Verwirklichung‹[158] der theoretischen Konzeption des LGs bezeichnet. Mit diesen Bezeichnungen ist jedoch kaum mehr als ein zitathaftes Etikettieren verbunden. Eine adäquate Bestimmung der Textstruktur findet nicht statt, die Unvereinbarkeit traditioneller Erzählkategorien mit dem Begriff des LGs wird nicht gesehen. Nach wie vor ist unreflektiert von ›Handlung‹[159] und ›Erzählen‹[160] die Rede und wird der Text, meist ebenso unreflektiert, als Roman klassifiziert.[161] Ohne den von Schmidt theo-

---

[154] Zur Druckanordnung bemerkt Huerkamp, »Daten & Namen«, S. 341: »Die Aufspaltung von »Kaff« in zwei Kolumnen gewinnt nur bei Unterstellung von getrennter (unsprachlicher) Realität und darüber generierter Phantasie einige Evidenz.«
Die Äußerung verkennt, daß selbstverständlich in beiden Kolumnen Realität in Sprache konkretisiert ist, aber ebenso, daß in ihnen – und genau darauf verweist ihre »Aufspaltung« – zwei kategorial verschiedene Realitätsebenen dargestellt sind.

[155] Wenn Nobert Nicolaus schreibt, daß erst »Kaff« »erstmals konsequent das im zweiten Teil der »Berechnungen« theoretisch vorformulierte Längere Gedankenspiel« »konkretisiert« (S. 97), so trifft das nur eingeschränkt im Sinne des formal vollständigen LGs zu.

[156] Langenfeld, Rez. »Kaff«.

[157] Jörg Drews, Es lebe Jean Paul (Marat & Richter)! Thesen und Notizen zu »KAFF«. Text + Kritik 20/20 a, Arno Schmidt, 3. [gegenüber d. 1. u. 2. Aufl. stark veränderte] Aufl. Mai 1977, S. 27–32, S. 28.

[158] Schauder, S. 46.

[159] Vgl. z. B. Suhrbier, S. 19, der sogar die beiden Realitätsebenen, die Schmidt als Erlebnisebenen bezeichnet und als »E I« und »E II« abkürzt, in »Handlung I« (Suhrbier, S. 19) und »Handlung II« (S. 20) umwandelt. Ein weiteres eklatantes Beispiel für dieses übliche Verfahren findet sich bei Schmidt-Henkel, Arno Schmidt, S. 271.

[160] Vgl. z. B. Drews, Jean Paul, S. 27; Langenfeld, Rez. »Kaff«; Heißenbüttel, S. 64.

[161] Eine Ausnahme bildet Helmut Heißenbüttel, Der Solipsist in der Heide. In: Jörg Drews u. Hans-Michael Bock (Hrsgg.), Solipsist, S. 47–51. Heißenbüttel will »ge-

retisch explizierten strukturalen Zusammenhang der Realitätsebenen im Bewußtseinsvorgang des LGs zu berücksichtigen, wird der Text mit dem Begriff des ›Inneren Monologs‹ zu erfassen gesucht,[162] was wiederum wenig mehr als eine bloße Etikettierung ist.

Dieser Rezeptionshaltung, die das unübersehbar Neue zwar registriert, es aber in vertrauten Kategorien nivelliert, entspricht es, daß die subjektive Realität unpräzise als »Stegreifdichtung«,[163] »Tagtraum«,[164] »Märchenwelt«,[165] ›makabre Zukunftsgeschichte‹[166] oder auch ›Utopie‹[167] tituliert und daß das Verhältnis der beiden Realitätsebenen zueinander auf den Gegensatz fixiert wird. Er wird pauschal mit den allzu weiten und nicht eingeengt-präzisierten Begriffen ›Utopie‹ und ›Idylle‹ ausgedrückt. Jörg Drews spricht von ›ländlicher Idylle und lunarer Utopie‹,[168] Gerhard Schmidt-Henkel in einer bonmothaften Umkehrung von »ländliche[r] Idylle und Mondutopie, Utopie des einfachen Landlebens und lunare[r] Fluchtidylle«.[169] In einer weiteren terminologischen Varation schließlich bezeichnet Drews den gesamten Text als »eine negative Idylle«, die »zugleich [. . .] eine negative Utopie«[170] sei, womit er den Gegensatz der Realitätsebenen zu einem Paradoxon der Textstruktur erhebt, ohne diese dadurch freilich zu erklären.

All diesen Versuchen, den Text zu erfassen, ist gemein, daß sie den zitierten theoretischen Hintergrund, auf den sie erst auf Grund der ungewöhnlichen Textstruktur zurückgreifen, ignorieren. Sie widersprechen zudem den bereits im Titel und in der Vorrede des Textes gegebenen Hinweisen auf die Eigentümlichkeit dieser Struktur.

Der Titel besteht aus zwei Substantiven, die durch eine Konjunktion miteinander verbunden werden: »Kaff« und »Mare Crisium« heißen die beiden Realitätsebenen, die im »auch« aufeinander bezo-

---

rade dieses Buch als das Muster eines Romans aus dem Jahre 1960 vorstellen« (S. 48) und schafft damit einen für den Text offenen Roman-Begriff. – Zur unreflektierten Klassifizierung des Textes als Roman vgl. z. B. Schauder, S. 46.

[162] Vgl. z. B. Schauder, S. 52; Langenfeld, Rez. »Kaff«, der zudem vom »inneren Monolog des einen Erzählers Karl« spricht.

[163] Schauder, S. 51.

[164] A. a. O., S. 52.

[165] A. a. O., S. 51.

[166] Anonym, Arno Schmidt: Unterganks=Schtimmunk (Rez. »Kaff«). Der Spiegel, 8.3.1961.

[167] A. a. O.

[168] Drews, Jean Paul, S. 27.

[169] Schmidt-Henkel, Arno Schmidt, S. 266.

[170] Drews, Jean Paul, S. 28; vgl. dazu auch Schmidt-Henkel, Arno Schmidt, S. 266.

gen sind. Das »auch« verbindet einen polyvalenten, primär umgangs-sprachlich bestimmten Ausdruck mit einer präzisen Angabe der Mondtopographie. Zwischen den divergenten Substantiven wird eine Beziehung der Äquivalenz hergestellt. Ihre Bedeutungen gelten, ohne ihre Bindungen an das originäre Substantiv zu verlieren, »auch« für das jeweils andere. Der Titel drückt so das Ineinandergreifen der äquivalenten, voneinander abgegrenzten Realitätsebenen des Textes aus.[171]

Die Vorrede spezifiziert diese Aussage des Titels. In ihr ist davon die Rede, daß der Text »in seinen entscheidenden Partien im Jahre 1980 auf dem Monde« spielt und daß die

> eingestreuten irdischen Szenen [...] in ein Gebiet nördlich der unteren Weser verlegt [worden sind], westlich der Linie Scheeßel=Groß Sittensen=Hollenbeck=Kutenholz=Himmelpforten=Assel. (S. 7)

»Kaff« wird, »Mare Crisium« entsprechend, als topographische Angabe präzisiert, die für das – so der Klappentext – »Heidenest« Giffendorf steht. Die Formulierung der »*eingestreuten* irdischen Szenen« deutet an, daß die Realitätsebenen von einem »autonomen Bewußtsein«,[172] so Helmut Heißenbüttel, dargestellt und ineinandergefügt sind und daß sie in einer anderen Beziehung als der der kontrastiven Entgegensetzung zueinanderstehen sowie daß die Darstellung offensichtlich nicht einem herkömmlichen Handlungsschema folgt. Ob und in welchem Sinne die lunaren »Partien« die »entscheidenden« sind, kann erst der Text selbst erweisen. Die Vorrede nämlich gibt keine eindeutigen, sondern in ironischer Brechung verschlüsselte Interpretationshilfen.

Sie ist gezeichnet mit »D. Martin Ochs«, einem auch andernorts gebrauchten[173] Anagramm des Namens Arno Schmidt, das etymar »D. Martin Luther« assoziieren läßt und so eine abschätzige Haltung zum (protestantischen) Christentum signalisiert. Die Vorrede trägt das mögliche Datum ihrer Abfassung, »den 10. März 1960«, und gibt mit »BARGFELD« den Wohnort des Autors an. In der Vorrede spricht mithin, ironisch verzerrt, Arno Schmidt.

Neben den beiden Realitätsebenen und ihrem Verhältnis zueinander werden, in Punkte untergliedert, drei weitere Momente angesprochen. In der Art juristischer Vorschriften wird dem Leser unter sich

---

[171] Zum Titel vgl. genauer u., S. 411ff.
[172] Heißenbüttel, Solipsist, S. 49.
[173] Vgl. AS, Auf Arno Schmidt's ›Rosen & Porree‹. In: AS, Trommler, S. 360.

steigernden Strafandrohungen[174] verboten, diese Momente im Text zu sehen. Das geringste Vergehen besteht darin, »›Ähnlichkeiten mit Personen und Ortschaften‹« feststellen zu wollen; es betrifft die präzise Identifizierbarkeit des Dargestellten. Das nächstschwere Vergehen besteht darin, »›Beleidigungen, Lästerungen, o. ä.‹ hineinzukonstruieren«; es betrifft die dezidiert subjektive Perspektive der Darstellung. Das schwerste Vergehen schließlich besteht darin, »nach ›Handlung‹ und ›tieferem Sinn‹ schnüffeln, oder gar ein ›Kunstwerk‹ darin zu erblicken versuchen«; es betrifft umfassend die Struktur des literarischen Werkes.

Die Vorrede schafft die Offenheit für ein adäquates Verständnis des Textes.[175]

Radikaler noch als in »Schwarze Spiegel« und der »Gelehrtenrepublik« wird in »Kaff« die Handlung auch in der materialen Dimension auf ein Minimum reduziert. Der Bereich der gegenständlichen Realität, in den das Ich figural konkret inbegriffen ist und den es als objektive, von ihm erlebte Realität vermittelt, wird geradezu durch die Negation von Handlung bestimmt. Sein ausdrücklich benanntes Merkmal ist die Langeweile. Sie wird zu Beginn der Darstellung mehrfach angeführt (S. 10, 11, 12) und auf die subjektive Realitätsebene übertragen (S. 13). Anstelle von geschehnisreicher Handlung, die im traditionellen Sinne ›erzählt‹ werden könnte, bildet ein normaler Tagesverlauf den Rahmen, in dem die Darstellung der objektiven und subjektiven Realität entfaltet wird. Die Darstellung setzt mit dem Spätnachmittag des 28.10.1959 ein und schließt mit dem frühen Abend des darauffolgenden Tages. Diese Zeitspanne, ein vollständiger 24-stündiger Tagesablauf, umfaßt den Besuch Karls, der von seiner Freundin Hertha Theunert begleitet wird, bei seiner Tante Heete - »TH« - in Giffendorf. Karl vermittelt ein komplettes, konsequent dem Rhythmus des Tagesablaufs folgendes und kompromißlos auch die banalen Verrichtungen des Alltags wiedergebendes Bild seines bewußt registrierten Lebens und seiner eigenen Bewußtseins-

---

[174] Vgl. dazu BB, Lfg. 4, Sept. 1973, o. S., wo Jörg Drews die Anspielung auf den »Vorspruch zur ersten Ausgabe von Mark Twains »Huckleberry Finn«, 1885«, verifiziert: »NOTICE: Persons attempting to find a motive in this narrative will be prosecuted; persons attempting to find a moral in it will be banished; persons attempting to find a plot in it will be shot. BY ORDER OF THE AUTHOR, per G. G., CHIEF OF ORDONANCE.« (Zit. a. a. O.)

[175] Vgl. dazu Heißenbüttel, Solipsist, S. 47f.: »In jenem Vorspruch wehrt Arno Schmidt sich offenbar dagegen, einen landes- und handelsüblichen oder gar zeitgemäßen Roman geschrieben zu haben.«

tätigkeiten innerhalb dieser objektiv-realen zeitlichen, räumlichen und auch figuralen Begrenzung.

Mit seinen gewöhnlichen Fixpunkten wie den Mahlzeiten, dem Schlafengehen, Aufstehen etc., den mit ihnen verbundenen und um sie gruppierten normalen Tätigkeiten und Verrichtungen und den zwischen ihnen liegenden offenen Zeitspannen beeinflußt der Tagesablauf die Darstellung. Er bestimmt die jeweilige äußere Situation Karls, damit den materialen Bereich seiner Darstellung, seine Tätigkeiten, sein Verhalten und seine je spezifischen Bewußtseinstätigkeiten.

In diesen Tagesablauf eingebettet ist die Darstellung der subjektiven, »im Jahre 1980 auf dem Monde« angesiedelten Realität, die Karl in den offenen Zwischenphasen im an Hertha gerichteten Vortrag primär dann expliziert, wenn er ungestört mit ihr allein ist. Dem von ihm in der objektiven Realitätsebene erlebten Tagesablauf gegenüber verschoben, schildert Karl die subjektive Mond-Realität, wie sie sich im bewußt registrierten Leben und den Bewußtseinsaktivitäten des von ihm imaginierten Ich Charles Hampden im Verlauf von etwa 24 Stunden spiegelt. Karl gestaltet das Leben von Charles während dieser Zeitspanne zwar ereignisreicher als sein eigenes Erleben, im Vordergrund der Darstellung aber stehen die lunaren Lebensbedingungen.

Der Text weist keine Kapiteleinteilung auf, ist aber in 16 Abschnitte gegliedert, die nur leicht durch Sternchen voneinander abgetrennt (und nicht, wie es hier der besseren Übersicht wegen geschieht, numeriert) sind:

1. Spaziergang mit Hertha vor dem Abendessen; in der Werkstatthöhle (mit George), Weg zur Kantine und gemeinsames Mittagessen, Kongreßsitzung im ›Weißen Haus‹ (S. 9–46);
2. im Haus TH's: gemeinsames Abendessen mit Hertha und TH, in der Dachkammer: Vorbereitung auf den Laienspielbesuch; im Wohnraum (mit George) (S. 46–63);
3. Spaziergang mit Hertha vor der Aufführung, Besuch der Aufführung; auf dem Weg zum Gemeinschaftsraum (mit George) (S. 63–79);
4. Spaziergang mit Hertha nach der Aufführung; auf dem Weg zum Gemeinschaftsraum (mit George), im Gemeinschaftshaus (S. 79–105);
5. im Haus TH's: gemeinsame Hausbesichtigung mit Hertha und TH, gemeinsam verbrachter später Abend bis zur Nachtruhe (S. 105–139);

6. im Haus TH's: Übernachten mit Hertha in der Dachkammer; im Gemeinschaftshaus: Bibliotheksdienst, Heimweg, im Wohnraum: Nachtmahl (mit George), Schlafengehen (S. 139–162);

7. im Haus TH's: frühmorgendliches Aufwachen mit Hertha in der Dachkammer; Aufwachen Charles', Vorbereitungen zur Botenreise ins Mare Crisium, Flug ins Mare Crisium (S. 162–186);

8. im Haus TH's: Morgentoilette und gemeinsames Frühstück mit Hertha und TH (S. 186–202);

9. Fahrt mit Hertha nach Hankensbüttel, Aufenthalt in Hankensbüttel, Rückfahrt nach Giffendorf; Landung, im amerikanischen Stützpunkt, Wanderung, Sturz, Aufenthalt im russischen Verpflegungslager, Mahlzeit (S. 203–246);

10. vor dem Haus TH's: Abfahrt Herthas und TH's nach Celle (S. 246–250);

11. im Haus TH's: Karl allein (S. 250–264);

12. im Haus TH's: Rückkehr Herthas und TH's aus Celle (S. 264–272);

13. Spaziergang mit Hertha vor dem Mittagessen; im Lager: Ankunft des russischen Boten, Weg zur Mondoberfläche, an der Oberfläche: Austausch der Kulturprodukte (S. 273–312);

14. im Haus TH's: Mittagessen in Gesellschaft von Hertha und TH (S. 312–326);

15. im Haus TH's: Mittagsruhe mit Hertha in der Dachkammer, Abschied von TH und Aufbruch mit Hertha nach Nordhorn; an der Mondoberfläche (mit dem russischen Boten) (S. 326–339);

16. Rückfahrt nach Nordhorn; (thetischer Entwurf Karls der weiteren Konzeption der Mond-Realität) (S. 339–346).

In der objektiven Realitätsebene gibt Abschnitt 1 die spätnachmittägliche Zeit vor dem Abendessen wieder, Abschnitt 2–6 den Abend bis zur Nachtruhe, Abschnitt 7–11 die Zeitspanne vom frühmorgendlichen Aufstehen bis zur Mittagszeit, Abschnitt 12–15 die Mittagszeit und den frühen Nachmittag, Abschnitt 16 den Spätnachmittag bis zum frühen Abend. In der subjektiven Realitätsebene umfaßt Abschnitt 1 den Vormittag bis zum Spätnachmittag, Abschnitt 2–6 den Abend bis zur Nachtruhe, Abschnitt 6–9 die Zeitspanne zwischen dem Aufstehen und der Mittagszeit; die folgenden Abschnitte, die subjektive Realität enthalten, also 13, 15 und 16, folgen dem weiteren Verlauf des Nachmittags, werden aber nicht mehr ausdrücklich tageszeitlich identifiziert; der letzte Abschnitt fällt völlig aus der tageszeitlichen Aufeinanderfolge des Dargestellten heraus: Karl führt die subjektive Realität nicht mehr als die von einem anderen Ich erlebte vor, sondern entwirft Themenkreise für ihre mögliche Fortführung.

Die Abschnitte gliedern den Text auf der objektiven Realitätsebene. Am Beginn und am Schluß geben sie in jedem Fall objektive Realität wieder. Mit Ausnahme der Übergänge von 6 zu 7 und von 11 zu 12, wo Karl Schlafphasen andeutet, während derer er seine Bewußtseinsaktivitäten nicht registriert, leitet ein Abschnitt in den anderen über, indem er in dessen Eingangssituation einführt. Es gibt keine der Spannungserzeugung oder -intensivierung dienenden Aussparungen im Tagesablauf, wie sie den handlungsorientierten Roman kennzeichnen.

Die einzelnen Abschnitte umfassen in den Situationszusammenhängen der beiden Realitätsebenen völlig unterschiedliche Elemente, die wiederum miteinander die unterschiedlichsten Zusammenhänge bilden. Ob es sich um die abbreviatorische Wiedergabe von Beobachtungen der Umwelt oder des eigenen Verhaltens handelt, um die Wiedergabe von Erinnerungen, ›kürzeren‹ Gedankenspielen oder Träumen des jeweiligen Ich oder einer der Figuren, um die Skizzierung eines ganzen Laienspiels, die Umarbeitung des Nibelungenliedes und des Cid und die Beschreibung eines kirchlichen Deckengemäldes, um Bemerkungen und Erörterungen zur politischen Situation, zu Bibelstellen und zur Kirche, zu literarischen Werken, Autoren und zu Literatur und Kunst, um kürzere oder längere Reflexionen des Ich zu einem dieser Elemente oder Komplexe oder zu sich selbst etc.; ob die Vermittlung in der situativ konkreten Rede oder in der Wiedergabe der verschiedenen Bewußtseinsaktivitäten des jeweiligen Ich – von denen die, die nicht die subjektive Realität erschaffen, nur dem Leser mitgeteilt werden – erfolgt: sämtliche einzelnen Elemente des Textes sind in die durch die Sequenzen des Tagesablaufs bestimmten Situationszusammenhänge eingeordnet, sind eindeutig tageszeitlich-situativ fixiert und identifizierbar, die der subjektiven Realität[176] sogar in zweifacher Weise.

Diese elementare rhythmische Angemessenheit signalisiert in der materialen Dimension des Textes den – im Sinne Schmidts – radikalen Realismus und distanziert den Text damit wiederum von Prosaformen, die nach Mustern von Handlung gegliedert und strukturiert sind.

---

[176] Die Aussagen zur subjektiven Realität betreffen grundsätzlich ihre fiktional-konkrete Gestalt. Sie klammern den letzten, thetisch-entwerfenden Abschnitt aus.

Mit der neutralen Aussage der tageszeitlichen Gliederung ist jedoch keine Aussage über die dem Text eigene Struktur verbunden, wie Bull es nahelegt und indirekt auch ausspricht.[177] Die Gliederung erfaßt lediglich die Grundzüge des situativen Baus, die Anordnung der Elemente in der linearen Abfolge des Darstellens. Sie gibt keine Auskunft über das Verhältnis der beiden Realitätsebenen zueinander, über das Beziehungsgefüge der Elemente innerhalb dieser Ebenen und im Ganzen des Textes.

1. Karl als literarisch kompetentes strukturbildendes Zentrum des Textes

Das Bewußtsein Karls ist – ebenso absolut wie das des Ich in »Schwarze Spiegel« – das strukturbildende Zentrum des Textes. Die beiden Realitätsebenen und die disparaten Einzelelemente, aus denen sie bestehen, bilden kein Konglomerat des unvereint und uneinheitlich Partikularen, wie es von der Kritik behauptet wurde.[178]

Die verschiedenen Bewußtseinsaktivitäten des darstellenden Ich Karl Richter und auch die des von ihm konzipierten Ich Charles Hampden stehen sämtlich in einem Beziehungszusammenhang, der von dem einen Bewußtseinsvorgang des LGs gebildet wird. Als der von Karl vollzogene und in seinem prozessualen Vollzug wiedergegebene Akt der Herstellung der subjektiven Realität ist das LG ein dargestellter Bewußtseinsvorgang. Anders als die Bewußtseinsvorgänge, die objektive Realität reflektieren, schafft dieser Bewußtseinsvorgang eine Welt sui generis, die sich, innerhalb der objektiven Realitätsebene allein im Medium der Sprache konkret, kategorial von dieser unterscheidet. Diese ›andere‹ Welt ist aber untrennbar mit der objektiven Realitätsebene verbunden. Keine der Ebenen kann für sich allein stehen. Für die objektive Realitätsebene signalisiert dies bereits die Gliederung: das Fehlen der Zeitspannen, in denen Karl Hertha seine subjektive Realität entwickelt, würde nicht zu schließende Lücken ergeben; außerdem wäre die Darstellung – etwa in den metafik-

---

[177] Vgl. Bull, S. 22.
[178] Vgl. Helmut Günther, Schmidt, Arno: Kaff, auch Mare Crisium (Rez.). Welt und Wort, 16., 1961, H. 10, S. 318–319, S. 318: »zu einer Einheit gelangt dieses Buch nicht«; vgl. auch K. H. Kramberg, Arno Schmidts vertrackte Prosa (Rez. »Kaff«). Süddeutsche Zeitung, 4./5.3.1961, wo von »Kaff« als einem »schizoiden Dichtwerk[.]« die Rede ist.

tionalen Passagen zur Struktur des Textes – völlig überdeterminiert. Für die subjektive Realität wäre der konstitutive Bezug zur objektiven Realität nur sehr schwer herzustellen; denn er ist nicht, wie in »Schwarze Spiegel« und der »Gelehrtenrepublik«, der subjektiven Realität immanent, sondern wird vom gesamten Text struktural expliziert.

Als der dargestellte Produktionsvorgang, in dem sich das Produkt sukzessiv konkretisiert, umfaßt das LG auch die objektive Realität, in die das produzierende Ich inbegriffen ist.[179] Die beiden Realitätsebenen sind komplementäre Komponenten des LGs.

Weil Karl als die Figur, die die durch ihr Bewußtsein reflektierte objektive Realität und die durch ihr Bewußtsein produzierte subjektive Realität mitteilt, in diese objektive Realität inbegriffen ist, ist der Vermittlungsmodus der beiden Realitätsebenen ständig präsent, so daß die Struktur des Textes konsistent innerhalb ihrer selbst, also im Verlauf der durch Karl vollzogenen Strukturierung, transparent wird.

Die medial-strukturbildende Funktion Karls bedingt die spezifische Konstitution seines Bewußtseins – und damit auch seiner Biographie – aus Elementen des Autor-Bewußtseins – und entsprechend auch der Autor-Biographie. Als das die objektive Realität vermittelnde Ich, das eine weitere, sehr komplexe Realität sprachlich konkretisiert, ist Karl mit literarischen Kompetenzen ausgestattet, die mit der subjektiven Realität den gesamten Text als sein authentisches Produkt, als die literarische Rekonstruktion *seines* LGs erscheinen lassen.

Die strukturbedingte Affinität des figuralen zum Autor-Ich impliziert eine autobiographische Lesemöglichkeit des Textes. Auf sie weist

---

[179] Horst Denkler, Die Reise des Künstlers ins Innere, S. 150, führt an, daß »das 1960 gedruckte Großexperiment K A F F auch M a r e C r i s i u m löcherig-poröse Schnappschüsse aus der Gegenwart mit dem bruchstückhaften Gedankenspiel zukünftiger Mondexistenz verknüpft«.
Diese Aussage ist in ihrer Oberflächlichkeit einmal mehr bezeichnend für die literaturwissenschaftliche Rezeption der Werke Arno Schmidts. Zunächst paraphrasiert sie unzulänglich aus den »Berechnungen«: sie vermischt eine Anspielung auf das Musivische Dasein – »löcherig-poröse« (vgl. AS, Berechnungen I, S. 291) – mit einer Anspielung auf die Erinnerung – »Schnappschüsse« (vgl. Berechnungen I, S. 285). Sodann ignoriert sie die Ausführungen Schmidts über das LG, in denen er eindeutig darlegt, daß das LG durch den *Zusammenhang* von subjektiver und objektiver Realitätsebene konstituiert wird. – Welcher Art die angesprochene und ja wohl auch entscheidende ›Verknüpfung‹ ist, muß auf diese Weise offen bleiben. Außerdem verrät die Aussage Denklers ungenaue Textlektüre. Nur so ist erklärbar, daß nicht wenigstens das Bewußtsein Karls als ›Verknüpfungsfaktor‹ der beiden Realitätsebenen und ihrer Bestandteile identifiziert wird.

316

Karl indirekt hin, wenn er zum »›HAUSSCHATZ‹« Karl Mays ausführt, »daß man 1 Buch in gans verschiedenen ›Beleuchtungen‹ lesen kann«, und als eine dieser Lesemöglichkeiten »die Fixierunk eines autobiografisch=literaturgeschichtlichen Zeitpunktes« (S. 120) nennt. Auch dann, wenn diese Lesemöglichkeit, wie Karl weiter hypostasiert, »ein autonomes, in sich widerschpruchsfreies, Gebilde« (a. a. O.)[180] ergibt, ist sie in diesem Fall von sekundärer Bedeutung: das Autobiographische ist durch die Struktur des LGs *bedingt* und nicht selbst strukturbegründend.

Karl ist ein figurales Konstrukt, das dem Autor-Ich ähnlich, aber keineswegs eine getreue literarische Konkretion seiner selbst ist.

Seine gegenwärtige berufliche und finanzielle Situation und körperlich-gesundheitliche Verfassung skizziert Karl TH gegenüber mit den Worten:

> »[. . .] Was binn ich denn?« [. . .]: »Beruflich?: ne Null: n Scheiß=Lagerbuchhalter bei FALK; mit 420 Mark=brutto im Monat, – Nein. Er=Schpaarnisse keine.« [. . .]
> »[. . .] ich bin 46. [. . .]: Herz: bei sogenanntem ›Schönem Wetter‹; also bei Hochdruck; krieg ich manchma schon schwer Luft.« (S. 193)

Illusionslos und distanziert beschreibt Karl seine erfolglose, durch seinen Gesundheitszustand gefährdete kleinbürgerliche Existenz. Sie vereint biographische Daten der Vergangenheit und der Gegenwart Schmidts: das Alter und der Gesundheitszustand entsprechen der Zeit der Arbeit an »Kaff«,[181] die berufliche Situation der Zeit zwischen 1934 und 1940,[182] wobei die finanziellen Angaben der Situation von 1959 angepaßt sind.[183]

Soweit Karl seine Vergangenheit anspricht, stimmt sie mit Stationen der Biographie Schmidts überein. Karl führt an, daß er Flüchtling sei (S. 330),[184] erwähnt seine Militärzeit (S. 123 u. ö),[185] die »Gefangnschafft« (S. 345), seine Arbeit als »Doll=metscher [. . .]; für Englisch« (S. 319), sein langjähriges Wohnen »›beim Bauern‹« (S. 222).

---

[180] Ob es sich so verhält, wäre in einer Analyse des Textes unter dem Aspekt des Autobiographischen zu klären.
[181] Arno Schmidt wurde 1914 geboren, befand sich also 1959 im 46. Lebensjahr; zu seinem Gesundheitszustand vgl. AS, Häher, S. 124.
[182] Vgl. Drews, Vita Arno Schmidt, S. 57.
[183] Vgl. BB, Lfg. 20, April 1977, S. 13f.
[184] Vgl. dazu Drews, Vita Arno Schmidt, S. 57.
[185] Vgl. hierzu und zu den weiteren biographischen Daten, a. a. O.

Karl lebt in der mittelgroßen Provinzstadt Nordhorn, hält sich aber während der Zeitspanne, die er darstellt, in Giffendorf auf. Der zentrale Aufenthaltsort, von dem die Spaziergänge und Ausflüge in die Umgebung ausgehen, ist das Haus TH's. Schmidt verbrachte verschiedene Phasen seines Lebens in ähnlichen Städten, lebt aber während der Arbeit an »Kaff« in Bargfeld, einem Heidedorf, das die Vorrede anführt; der Bargfelder Bote weist darauf hin, daß »die Schilderung des Hauses und des Anwesens [TH's] die getreue Wiedergabe seines [= Arno Schmidts] eigenen Grundstückes«[186] sei.

Die ausdrückliche Angabe solcher äußeren Umstände hat die Funktion, die individuellen Determinanten des vermittelnden Bewußtseins zu benennen. Ähnliches gilt für den intellektuellen Bereich.

Wie Schmidt ist Karl »Auto=die=dackt[.]« (S. 183), der über ein außergewöhnlich gutes Gedächtnis verfügt (S. 173f.), das ihm einen »aufreizenden Überfluß an wahnwitzichst=entleegensten Mienuziejin« (S. 331) gibt. Wie Schmidt besitzt Karl, zum Teil eben solche entlegenen, Kenntnisse der Astronomie und Mathematik (S. 182f.). Wie Schmidt schließlich verfügt Karl über eine umfassende literarische Bildung, die sich ebenfalls auf sehr entlegene Gebiete erstreckt (S. 120ff. u. 256).

Daß Karl als Autodidakt, in der Charakterisierung Herthas: »Affe plus Genius durch 3« (S. 183), sein Wissen nach eigenen Prinzipien und Vorstellungen auf der Grundlage von Lektüre erworben hat, macht die Kenntnisse, die den vom etablierten Wissenschaftsbetrieb vernachlässigten Randgebieten entstammen, plausibel. Sein »Wundergedächtnis« (S. 174), das ihm gestattet, dieses Wissen beliebig abzurufen, legitimiert das ständige reflektierende Aktivieren solcher Wissenselemente und läßt schließlich die Produktionsweise der subjektiven Realität durch den mündlichen, ad hoc erfolgenden Vortrag als möglich erscheinen. Die mathematischen und vor allem die astronomischen Ausführungen, die innerhalb der subjektiven Realitätsebene stehen, haben die Funktion, Karl als gutinformierten Laien auszuweisen.[187]

Besondere Bedeutung kommt der literarischen Bildung Karls zu. Sie dokumentiert sich auf vielfältige Weise. Aus einer zumeist klar umrissenen Position heraus bzw. mit der Intention, seine eigene Po-

---

[186] BB, Lfg. 4, Sept. 1973, o. S.
[187] Vgl. S. 181, wo sich Charles durch »ein paar kurz=schwerwiegende Andeutungen« vor den Berufsastronomen legitimieren will, und S. 182, wo er bemerkt: »Man kann sich ja informiern, wenn man schonn ins MARE CRISIUM verschickt wird, wie?«

sition zu verdeutlichen, führt er einzelne Autorennamen und Werktitel an (z. B. S. 256), umreißt er seine Verstehensweise bestimmter Werke (z. B. S. 120ff.), spielt er auf literarische Gattungen an (z. B. S. 258), zitiert er offen aus literarischen Werken, wobei er das Zitierte dezidiert wertet und für seine Produktion der subjektiven Realität auswertet (S. 126ff.). Er arbeitet im Rahmen der subjektiven Realität literarische Werke, auf die er deutlich hinweist, um (S. 36 u. 38f., 95ff., 308ff.) und arbeitet in den gesamten Text etymar Elemente der literarischen Tradition ein.[188]

Karl spricht sein literarisches Wissen nicht nur an, sondern setzt es auch produktiv um. Die Explikation dieses Wissens erklärt sich keineswegs mit »eigenwilliger Bibliomanie und Exzerptomanie«,[189] wie Gerhard Schmidt-Henkel, der unreflektiert das autobiographische Lesemodell anwendet, formuliert, sondern ist funktional durch ihren Stellenwert innerhalb der Textstruktur bestimmt.

So zitiert Karl – als Charles in der subjektiven Realitätsebene – den Beginn eines »Longfellow'schen Gedicht[es]«, das er »für Schulzwekke« »zeitgemäß umdichten« (S. 36 u. 38) läßt, weil für Kinder kein Bezug seiner Aussage zur veränderten (subjektiven) Realität mehr herstellbar ist. Aus

›Under the spreading chestnut=tree
the village=smithy stands.
The smith, a mighty man ist he,
with large & sinewy hands . . . . .‹ (S. 36)

wird, in der Übertragung Karls ins Deutsche, die er in der objektiven Realitätsebene vornimmt:

›Unter'm Gewölb' aus Plexi=Glas
die Schiefertafler schtehn.
Wie rüstich pinkt ihr Hammerschlag:
es sind der Männer zween.‹ (S. 39)

Karl demonstriert, wie er eine literarische Vorlage transformiert, sie den Bedingungen der von ihm produzierten Realität anpaßt, in ihren Kontext integriert.

---

[188] Vgl. z. B. den in BB, Lfg. 20, April 1977, S. 5 u. ö. verifizierten Komplex der Verarbeitung von »Zeltleben in Sibirien und Abenteuer unter den Korjäken und anderen Stämmen in Kamtschatka und Nordasien von George Kennan. Deutsch von E. Kirchner, Berlin [. . .] 1890«.
[189] Schmidt-Henkel, Arno Schmidt, S. 262.

Karl erweist seine sprachliche und formale Kompetenz. Er weist auch direkt auf seine umfassende Befähigung hin, neben sprachlich-literarisch vorgeformten Elementen jedes Material adäquat wiederzu-geben. Er erklärt Hertha:

Ich mache mich anheischich, jeglichen literarischen oder wissenschaftli-chen Befund so einfach=präzise und dabei eindringlich darzuschtellen, daß jedem Hörer die Haut=ä-:gänst. (S. 82)

Die eigene Aussage wird von Hertha durch die Charakterisierung eines exemplarischen Einzelfalls in bezug auf die gegenständliche Realität präzisiert und erweitert:

anne glännzde Beobachtunk - aber blitzkallt & schnell & gans vom Ver=Schtande her: das geht bei Dir Alles so ficks & bunt & gelenkich durchannander, wie der Großschtattverkehr an'ner Schtraßenkreuzunk. (S. 212)

Das Durcheinander des »Großschtattverkehr[s] an'ner Schtraßen-kreuzunk« ist selbstverständlich Regeln unterworfen und kann nur in der Befolgung dieser Regeln entstehen, da der Verkehr anders zum Erliegen käme. Als das Durcheinander erscheint der Straßenverkehr lediglich dem naiven Beobachter.

In Analogie hierzu ist das Durcheinander, als das die sprachliche Wiedergabe der intellektuell reflektierten Beobachtungen Karls Her-tha erscheint und das sie ihm zum Vorwurf macht, lediglich das äu-ßere Erscheinungsbild, das der naive Leser bzw. Hörer gewinnt, der nicht seine ihm zugrundeliegenden und es bewirkenden Regeln er-kennt. Die Kenntnis der Regeln macht das Durcheinander als streng organisierten Zusammenhang transparent.

Die Regeln sind in der Subjektivität Karls begründet und drücken sich in der protokollarischen Wiedergabe seiner Bewußtseinsaktivi-täten aus. Ihre adäquate Wiedergabe betrifft nicht nur allgemein die sprachliche Formulierung, sondern ausdrücklich auch ganz speziell ihre schriftsprachliche Fixierung.

Ihre Grundsätze führt Karl vor, als er »Hell=Seher, Ann-troppo=, Theo= & sonnstije =Soofn« und deren Behauptung tele-pathischer Fähigkeiten verspottet:

ich bin'n einfacher Mann; ich geh lieber in de Telefohn=Zelle. (›Zelle‹: da war'n DIE [= TH und Hertha] jetz. - ›Thrän'n‹ mit ›Th‹ am Anfang zu schreibm, und das ›e‹ vermittelst 1 Appo=Stroffs zu eliminieren - ich finde, es sieht so viel schweermüthijer aus; also richtijer - : das könnte man sich dann auch alles leistn, wenn man ›selb=schtändich‹ wäre.). (S. 257)

Es geht Karl um eine ›richtige‹ Schreibweise. Ihr Kriterium ist die Aussagefähigkeit. Sie kann - wie bei seinem Beispiel - die lexikalische Bedeutung eines Wortes betreffen, und sie kann, durchaus auch zugleich, eine zusätzliche Bedeutung ausdrücken, wie die in »Telefohn=Zelle« enthaltene Assoziation Karls an den derzeitigen Aufenthaltsort von TH und Hertha. Karl rekurriert auf die phonetische Gestalt des Wortes. Diese grundsätzlich bewahrend, schreibt er das Wort so, wie es in seinem Bewußtsein besteht. Maßgeblich für die jeweilige Schreibung, die bei demselben Wort unterschiedlich ausfallen kann, sind die Bedeutungen, die es für Karl hat bzw. die er mit ihm verbindet. Die Schreibweise hat die Funktion, diese Bedeutungen zu transportieren.[190] »Duden's nicht achtend« (S. 288), negiert er die Regeln der normativen Orthographie und setzt an ihre Stelle etymare Kriterien, um seine jeweiligen Bewußtseinsaktivitäten adäquat mitzuteilen.

Das von Karl vorgetragene Beispiel korrespondiert mit Bemerkungen über Orthographie, die er in die subjektive Realitätsebene verlagert. Im einen Fall referiert Charles zustimmend die Forderung eines amerikanischen Mondbewohners, »die Ortograffie radikahl zu ändern« (S. 211), im anderen Fall berichtet er über die erfolgte Änderung der Orthographie bei den Russen:

(Allein daß Die sich die Ettümologgie vom Halse geschafft hattn, und ergo die ganze ferkorxde Orrto=Graffie: war ja nicht un=beneidenswert. Und er [= der russische Bote] nickte): »Wier schalltänn - rasch & sichärr - auf fonetische Schreibunk=umm. [. . .]« (S. 298).

Die Kompetenzen Karls basieren auf seinem Verhältnis zu Sprache. Er betont Hertha gegenüber nachdrücklich, daß er sich »erst mühsam Alles in Worte ›übersetzen‹ muß: »HörsDu: ALLES! [. . .]««. Und er fügt hinzu:

Vielleicht bin ich von Mutter Natur ausdrücklich als 1 Gefäß für Worte angelegt, in dem es schtändich probiert & rührt & komm=bieniert? (S. 179)

---

[190] Schmidt schreibt in »Sitara«, S. 146: »ich habe in meinem ›Kaff auch Mare Crisium‹ reichlichen Gebrauch von der Möglichkeit gemacht, die Gewinnung der beim Leser gewünschten Assoziationen durch fonetische Schreibung zu erleichtern, zu beschleunigen, ja, sie zuweilen überhaupt erst zu ermöglichen«.
Die Bemerkung von Jörg Drews, Jean Paul, S. 29, die Schreibweise in »Kaff« könne »nicht, wie von der Kritik bisher getan, unter den Oberbegriff phonetische Schreibung subsumiert werden«, betrifft die »phonetische Transskription«.

Für Karl ist Sprache nicht bloßes Instrument, sondern eine eigenwertige Instanz, die in einer reversiblen Beziehung sein Bewußtsein bestimmt: Insofern, als Karl »ALLES« in Sprache transformieren muß, ist diese das Medium, in dem allein das Bewußtsein aktiv wird; insofern, als sich Karl als »1 Gefäß für Worte« charakterisiert, ist sein Bewußtsein das Medium der Sprache. Wenn Karl schreibt, daß »es« in ihm »schtändich probiert & rührt & komm=bieniert«, so bedeutet das, daß er nicht willkürlich mit der Sprache verfährt und sie artfremden Zwängen unterwirft, sondern die der Sprache eigenen Potenzen nutzt.

Die phonetische Schreibung ist der Versuch, die eo ipso sprachlichen Bewußtseinsaktivitäten konsequent bis in alle Einzelheiten hinein adäquat zu externalisieren und zu vermitteln.[191]

Das Verhältnis Karls zu Sprache impliziert eine ausgeprägte Phantasietätigkeit. Es prädestiniert ihn zum Durchführen »längere[r] Gedankn=Schpiele« (S. 240), zur Produktion einer Realität, die nur in Sprache konkret ist. In einer durch das Druckbild hervorgehobenen Selbstreflexion bemerkt er:

> das muß'n armer Mann sein, der, im Lauf seines Lebens, sich nich mindestns 3, 4 kommplette ›Wellten‹, inclusiewe ›Mühtollogie‹ aufbaut! (a. a. O.)

Die Äußerung Karls zielt auf eine Realität ab, die ein funktionierendes Ganzes, eine hypothetisch mögliche menschliche Lebenswelt bildet, in der die Grundbedingungen menschlichen Lebens – »inclusiewe ›Mühtollogie‹« – vorhanden sind. Im Tenor seiner Aussage setzt Karl seine Fähigkeit, derartige »komplette ›Wellten‹« zu produzieren, voraus. Daß seine Sprachbegabung nicht nur auf die sprachliche Apperzeption der objektiven Realität beschränkt ist, sondern Phantasietätigkeit einschließt, ja daß Sprach- und Phantasiebegabung nahezu identisch sind, betont TH, wenn sie ein familiencharakteristisches Merkmal an Karl identifiziert: »Bei Dier iss'ass auf'e Worte geschlaagn': auf'e Fann=Tasie.« (S. 326)[192]

---

[191] Die Eigentümlichkeit der Sprache von »Kaff«, die von einem Teil der Kritik zum Anlaß heftiger Invektiven gegen das Werk genommen wurde (vgl. Hans Habe, Das ist Talmi, kein Humor. Welt am Sonntag, 23.4.1961; Barbara Klie, Die Vivisektion der Sprache; beides Rez. »Kaff«), ist eben darin begründet, daß sie die adäquat wiedergegebene Sprache der Bewußtseinsaktivitäten Karls ist.

[192] Vgl. auch S. 248, wo TH Karl Hertha gegenüber charakterisiert: »Dass'ss'n Selbst=Redner; schon ass Junge: der kann sich s=tunn'lang mit sich sääps unnerhaltn.«

Die durch Phantasietätigkeit entstehende Realität bezeichnet Karl als »Wortall« (S. 176) und verwendet damit denselben Ausdruck, mit dem er auch »Joyce's ODYSSEUS oder Däublers NORDLICHT« (S. 256) kennzeichnet, für sein LG. Er stellt sich und sein Produkt auf dieselbe Stufe wie diese Autoren und ihre Produkte.

Die Figur also, als deren Produkt die subjektive Realität erscheint, versteht sich als ihr *Autor*, der sie *literarisch* konkretisiert.

2. Die ländliche Welt TH's: Die objektive Realitätsebene

a) Die objektive Realitätsebene schafft die situativ-konkrete Basis für die Entwicklung der subjektiven Realität. Der befristete Besuch auf dem Land, das durchaus außergewöhnliche und auch nur vorübergehende Verlassen der alltäglichen städtischen Arbeitswelt, gewährt Karl einen begrenzten Freiraum mit einer genau abgezirkelten Maximal-Zeitspanne der Muße. Weil die Freisetzung von den Belastungen der Arbeitswelt nicht durch neuerliche Umweltzwänge, durch die Konzentration auf außergewöhnliche Ereignisse oder auf eine außergewöhnliche Umwelt aufgefangen wird – d. h. auch: weil Karl das Landleben aus früheren Besuchen bei TH und aus eigener Erfahrung kennt –, weil sich Karl somit in den Rhythmus des gewöhnlichen Tagesablaufs einordnen kann, kann er die freie Zeit der Muße dazu nutzen, eine eigene Realität aufzubauen und vorzutragen.

Der Freiraum Karls ist nahezu durchgängig – eine Ausnahme bildet lediglich der 11. Abschnitt, der Karl allein zeigt – mit den Komplementärfiguren besetzt: entweder mit Hertha oder mit Hertha und TH, nur sehr selten mit TH allein.

Dort, wo TH gegenwärtig ist, wird der Freiraum durch sie ausgefüllt. Für sie ist er die durch die Verrichtungen des Alltags bestimmte normale Lebenswelt. Sie macht Karl ihre Welt als Freiraum zugänglich, indem sie ihn gemeinsam mit Hertha, zumeist ausdrücklich, aus dem von ihr ausgefüllten Bereich entläßt. *Sie* veranlaßt den Besuch des Laienspiels, direkt auch die Mehrzahl der Spaziergänge und schließlich die Fahrt nach Hankensbüttel.

Dort, wo Karl und Hertha gemeinsam auftreten, wird der Freiraum Karls zunächst zum Leerraum Herthas. Sie kennzeichnet ihn als diesen Leerraum, wenn sie die vorgefundene ländliche Realität anfangs wiederholt als »lankweilich« (S. 10) charakterisiert.

Innerhalb der Lebenswelt TH's von TH ermöglicht, wird der Bau der subjektiven Realität von Hertha initiiert und motiviert. Die an Hertha gerichtete situationskontingente Bemerkung Karls:

> erst hasDu noch zu erfahren, wozu 1, von seinen dicken Keimdrüsn ge-kwäählter, gehnialer Kopf in Wortn fähich iss: lausche=DU der Harr-monnie der Sfären, mein kalter Lieplink . . . . . (S. 238)

drückt exemplarisch sowohl die Eigenart der Beziehung der beiden Figuren als auch ihre Auswirkung auf den Bau der subjektiven Realität aus. Zwischen Karl und Hertha besteht eine starke erotisch-sexuelle Spannung. Sie ist während der gesamten dargestellten Zeit-spanne präsent und gleicht sich auch im sexuellen Akt nicht aus. Sie manifestiert sich darin, daß Karl Hertha permanent umwirbt und auch handgreifliche Annäherungsversuche unternimmt, die in der Regel, bedingt durch die Biographie Herthas, zurückgewiesen wer-den. Karl kompensiert die ausdrücklich vom Sexualtrieb bestimmte Spannung seiner Natur gemäß »in Wortn«.

Karl entwirft die subjektive Realität, um den Leerraum Herthas positiv auszufüllen. Er beseitigt die folglich auch nur zu Beginn des gemeinsamen Landaufenthaltes bestehende Langeweile. Nachdem er einen Teil der subjektiven Realität entwickelt hat, gesteht Hertha ihm: »Lankweiln würd ma sich bei Dir nie. [. . .] Sogaa uff'm Monde nie« (S. 155).

Für Hertha erhält die *subjektive* Realität den Charakter eines Frei-raums; denn erst in ihr kann sie sich von den auch in der ländlichen Umgebung bestehenden Arbeitszwängen – die Karl karikiert: »IRMA denkt immer an die FIRMA« (S. 9) – befreien. In seiner Frage: »Gefällt Dir Dein ›Erhohlunx=Urlaup‹ auf dem Monde, Hohnich?« (S. 158) spricht Karl dies an.

Der Funktion der objektiven Realitätsebene, durch den Freiraum für Karl, der als der Leerraum Herthas gezielt auszufüllen ist, die situativ-konkreten Voraussetzungen für den Bau der subjektiven Rea-lität zu schaffen, entspricht es, daß Hertha die weitere Darstellung der subjektiven Realität durch Karl abbricht, als sich die Besuchszeit dem Ende nähert und andere Probleme in den Vordergrund treten. Einen Versuch Karls, seine Realität weiter vorzutragen, wehrt Hertha bereits im Ansatz ab: » Sei ammall da=fonn ruhich jetze. : Jetz sinnt andere Sachn uff'm Tappeet . . . .« (S. 326). Das Verlassen der Welt TH's schließt das Aufgeben der subjektiven Realität ein. An die Stelle dieser Welt tritt wieder die Welt, in die Karl und Hertha zu-rückkehren. Und mit der Rückkehr endet der Text.

b) Die räumlich um das Haus TH's zentrierte, figural an sie gebundene und von ihr beherrschte objektive Realität bildet »'ne kuriose Welt für sich« (S. 48). Karl prädiziert die von ihm dargestellte objektive Realität damit ausdrücklich als einen eigenständigen Bereich.

Das »für sich« zeigt an, daß diese Welt in sich eingegrenzt und aus einem umfassenden Kontext ausgegrenzt ist, auf den sie jedoch bezogen bleibt.

Die objektive Realitätsebene entspricht kategorial der Darstellung der IRAS innerhalb der subjektiven Realität der »Gelehrtenrepublik«. Sie hat die Valenz einer monadisch-repräsentativen Welt. Sie spiegelt die politisch-historische Realität, in die sie inbegriffen ist.

Karl und Hertha bringen im Gespräch, in der Reflexion und in ihrem Verhalten ihre alltäglichen Lebenswelten in die Welt TH's ein, so daß die von Karl dargestellte »Welt für sich« aus einer Synthese der Lebenswelten aller drei Figuren besteht. Diese Synthese kommt dadurch zustande, daß das Bewußtsein Karls als das strukturbildende Zentrum des Textes auch das perspektivische Zentrum der von ihm dargestellten objektiven Realität ist.

Die monadisch-repräsentative Bedeutung der Welt TH's wird auf der Ebene der objektiv-realen Topographie durch ihre Lage fundiert, in der die deutsche Zweistaatigkeit von BRD und DDR, die die politische Situation Deutschlands zur Zeit der dargestellten Gegenwart kennzeichnet, eine ständig in ihren faktischen und potentiellen Auswirkungen präsente Gegebenheit ist. Karl formuliert während seines letzten Spaziergangs mit Hertha:

Die nahe ›Zoon'n=Grenze‹? / Und schtelltn uns - ›Kinder des 20. Jahrhunderz‹ - 1 ›Flucht‹ vor; ›bereit=sein ist Alles‹ (S. 297).

Hier klingt an, daß die jüngste Geschichte für Karl, Hertha und TH Teil ihrer Biographie ist und deren Lebenswelt prägt. Dies geschieht in unterschiedlicher Weise, wie sich in den unterschiedlichen Reaktionen auf den für alle Figuren möglichen neuerlichen Krieg zeigt. TH spricht diese Erwartung direkt aus:»Gifft doch bald wedder Kriech, nich?« (S. 117) Dem Motto Karls und Herthas: »›bereit=sein ist Alles‹« entsprechend hat sie hierfür vorgesorgt. Ihre Sorge ist jedoch anderer Art als die der beiden anderen Figuren. Seit 35 Jahren in Giffendorf ansässig, ist sie in ihrer Welt kaum direkt vom Zweiten Weltkrieg tangiert worden, wenigstens sagt sie nichts darüber aus. So gilt ihre Sorge nicht einer Flucht, sondern der Vorbereitung auf einen

Zustand, der dem der »Belagerunk« (S. 107) gleichkommt. Die von Karl und Hertha geäußerte Befürchtung vor einer neuerlich notwendigen Flucht resultiert daraus, daß beide Flüchtlinge sind. Hertha hat in ihrer Jugend die Besetzung ihres schlesischen Heimatortes durch die Polen und die Flucht in den Westen erlebt, während Karl als Kriegsteilnehmer indirekt aus seiner Heimat vertrieben worden ist. Hertha hat die aus diesen Erlebnissen entstandenen Ängste nicht überwunden und überträgt sie unmittelbar auf die gegenwärtige Realität. In der Lebenswelt Herthas ist ein wesentlicher Abschnitt der deutschen Geschichte enthalten, der unverändert transportiert wird. Allein an Hertha gebunden, ginge seine historische Relevanz im Bereich des nur privat für sie selbst Bedeutsamen auf.

Karl teilt Herthas - und auch TH's - Mißtrauen in die Stabilität der politischen Situation, er *begründet* es jedoch aus der erlebten Vergangenheit heraus. Er zieht die Verbindung zwischen Vergangenheit und Gegenwart, so daß die Gegenwart als Konsequenz der Vergangenheit, die Vergangenheit als präsente historische Dimension der Gegenwart sichtbar wird.

Die Bedeutung der authentischen Erfahrung der Vergangenheit auch und gerade für die sachlich kompetente literarische Vermittlung der Gegenwart betont Karl in einer polemischen Verurteilung Schweizer Literatur:

> Also Littertur=allgemein: »Die Schweizer?: Sind geistich keine Nazjohn; sondern 1 deutsche Prowintz. Und habm folklich Prowintzial=Geschmack. - Zudem nicht am deutschen Schicksal teil genomm': Ich war 68 Monate lank Soldat & Kriegsgefangener: Die solltn fein den Munt=halten, und die Ohren=aufmachn; wenn wir Deutsche zu reden anhebm.« (S. 123)

Trotz des allgemeinen Tenors führt Karl hier eine oratio pro domo, die dem Nachweis seiner Urteilsfähigkeit dient. Ihre Berechtigung wird ihm schon zuvor von TH, die sich an Hertha wendet, zugesprochen. Als Karl eine Nachrichtensendung kommentiert und Hertha ihn offensichtlich unterbrechen will, fügt Karl ein:

> (Und Tanndte Heete, ehrerbietich; eingedenk des Faktums, daß ich sieben Jahre lank Soldat & Kriexgefangener gewesen war: »Laß ihn. - Hör zu.«). (S. 54)

Obwohl TH die politische Situation genauso einschätzt wie Karl und auch Hertha, gesteht sie ihm allein die Kompetenz ihrer fundierten Beurteilung zu: Ihr fehlt die relevante Erfahrung der Vergangenheit,

Hertha die Fähigkeit, ihren Erfahrungsbereich aus dem Bereich des nur subjektiv-privat Gültigen zu lösen und perspektivisch auf die Gegenwart zu beziehen.

Derart ausgewiesen, skizziert Karl die Grundzüge der politischen Situation Deutschlands:

> Und selten vergeht 1 Tag, an dem ich von unserer Regierung nicht gezwungen würde, mich der Existenz der DDR zu freuen: nicht weil die 'n ›Hort der Meinunxfreiheit‹ wäre – im Gegenteil; die Schriftschteller=drübn sind ganz arme Würstchn! – aber als schtändich zu berücksichtijende Gegengewichte gegeneinander sind die beiden großen Teil=Schtaaten unschätzbar: n u r d a s verhindert den perfidesten Terror auf beiden Seiten: die=drübn könn' nich voll auf ›kommunistisch‹ drehen: ›Unsere‹ nich auf voll ›katholisch plus nazistisch‹ (S. 55f.)

Karl macht deutlich, daß die politische Situation nicht außerhalb der »Welt für sich«, die er beschreibt, angesiedelt ist, sondern in ihr gegenwärtig ist und die fundamentalen Bedingungen des Lebens in ihr festlegt. In apodiktischer Schärfe, die sprachlich durch das ausnahmehafte Hochdeutsche unterstrichen wird, kennzeichnet Karl diese Bedingungen absolut negativ durch das latente Vorhandensein des ›perfidesten Terrors‹, dessen volle Ausbildung nur durch das Äquivalent der DDR – und vice versa – verhindert werde. Die Attribute »›katholisch plus nazistisch‹«, mit denen er die Realität der BRD charakterisiert, stehen als Chiffren für die mögliche gemeinsame totalitäre Machtausübung von Kirche und Staat. Das Zugeständnis, das Karl unmittelbar an diese Ausführung anschließt: »so seh'ich's: so sag ich's« (S. 56), mildert diese Schärfe keineswegs ab, sondern treibt sie durch den Hinweis auf die offene Wiedergabe der eigenen Perspektivik noch heraus.

Karl selbst kennzeichnet seine Perspektivik als die des historisch fundierten Pessimismus. Er weist bereits zu Beginn seiner Darstellung expressis verbis darauf hin: »BRD & Pessimismus?: das gehört'och zusamm', wie Potz Sand & Kotzebue!« (S. 18) In den Namen Sand und Kotzebue, die Karl als zusammengehöriges »Begriffs=P a a r [.]« (S. 164) zitiert, komprimiert sich das komplexe Gebiet der deutschen Geschichte, das einerseits durch die restaurative Politik Metternichs und andererseits durch die nationalliberalen und -konservativen Bewegungen, wie sie sich in der 1815 gegründeten Deutschen Burschenschaft manifestieren, bestimmt ist. Sand und Kotzebue nehmen insofern eine Schlüsselstellung ein, als die Ermordung Kotzebues, der als

Verfechter des Metternich-Systems galt, durch den fanatischen An-
hänger der Deutschen Burschenschaft Sand (1819) die Karlsbader
Beschlüsse (1820) nach sich zog, die durch strenge Zensur-
maßnahmen und die sog. Demagogenverfolgungen jegliche Opposition gegen die Restauration im Ansatz unterdrückten.

Als Erläuterung für das Begriffspaar »BRD & Pessimismus« bedeutet das, daß die liberalen Ansätze der BRD ebensowenig Bestand
haben werden wie die des frühen 19. Jahrhunderts. Die Realität der
BRD ist hiernach notwendig mit der Einstellung des Pessimismus verbunden.

Der Pessimismus ist also weder eine individuelle Haltung Karls,
noch auch entstammt er allein der von ihm erlebten Vergangenheit; er
ist in der deutschen Geschichte angelegt.

Als deren grundlegendes Merkmal tritt die latente oder aktuelle
Gegenwärtigkeit des ›perfidesten Terrors‹ hervor. Karl verdeutlicht es
im Anschluß an seine Ausführungen über Silberschlag, den er seinerseits als historisches Beispiel für religiöse Intoleranz und kirchlichen
Terror anführt: er habe aus religiöser »›Überzeugunk‹« »die Leute gezwieblt« (S. 137). Karl führt das ›berüchtigte Wöllnersche Religionsedikt‹ von 1788 an,[193] auf das sich Silberschlag stützt und das
sich gegen liberale Tendenzen der Aufklärung wendet.

Veranlaßt durch die Meinung Herthas, die Überzeugung bilde eine
Handlungslegitimation, diskutiert Karl dieses Moment – wiederum
orientiert an der deutschen Geschichte:

> Hittler war ooch der ›Überzeugunk‹, my Dear, daß die Judn oder
> Slaawn minderwertije Geschöpfe seien. Und hat se – immer aus ›Überzeu-
> gunk‹, gelt ja?! – milljohn'weise weck geputzt. (S. 137)

Mit dem extremen historischen Beispiel argumentiert Karl gegen Herthas Ansicht. Er wendet seine Argumentation sodann ins Allgemeine
und bezieht sie auf die Gegenwart, in der er den historischen Fall
fortbestehen sieht. Mit einer Verbindung von katechetischer und juristischer Sprache einsetzend, spricht Karl mit Hertha im geradezu
nomothetischen Imperativ ›den‹ Menschen an:

> Du sollst Deinen, mit Recht so beliebtn, ›Nächstn‹, weegn seiner
> ›Überzeugunk‹ – womit er übrijens ooch bloß meist ›Glaubm‹ meint – nich
> an Leib & Leebm verfolgn. Also ihn auch beruflich nich ›um sein Brot‹
> bringn: das iss für die Meistn, Famieljenväter und so, ja nur ne andre

---

[193] Vgl. dazu BB, Lfg. 17–18, Okt. 1976, S. 18.

Form des ›Ums=Leebm=Bringens‹. Wenn wir erst ma s o weit wären, daß man den Andersdenkendn bloß l a u f n ließe: dann schtünde's schon verdammt besser um die Welt!: Wer seine eigene Ansicht für ›allein=seelichmachend‹ hält, diffamiert damit von vornherein Jeden Anderen: ob Rom ob Mekka, op Bonn op Pankow: wir ha'm nischt wie Gesinnunxterror! (S. 137f.)

Die polemische Apologie von Liberalität und Toleranz enthält eine scharfsichtige Kritik an den vom Staat gesetzten Existenzbedingungen, deren Treffsicherheit sich in vollem Umfang erst ein volles Jahrzehnt nach dem Erscheinen von »Kaff« in den ›Berufsverboten‹ zeigt. Die Anlage des ›perfidesten Terrors‹, die sich im ›Gesinnungsterror‹ äußert, kann deshalb in dieser Deutlichkeit identifiziert werden, weil Karl seine Gegenwart aus der historisch fundierten pessimistischen Perspektive erblickt. Sie läßt ihn die Gegenwart nicht kontextuell isoliert in einer Art aspektueller Daraufsicht sehen, sondern auf ihre Grundlagen hin durchschauen, so daß er auch das erst latent Vorhandene oder Verdeckte erkennen kann. Karl zeigt eine Tradition des Terrors in der deutschen Geschichte auf, die in die Gegenwart einmündet.

Das besagt, wie in der Formel »BRD & Pessimismus« und ihrer historischen Erläuterung deutlich wurde, daß Karl in der Geschichte der BRD keinen Neubeginn, sondern die Fortführung dieser Tradition sieht. Für diese historische Kontinuität ist das Verhältnis der BRD zur letzten historischen Phase vor ihrer Konstitution, der des authentisch von Karl erlebten Nationalsozialismus, maßgeblich.

Karl zeigt dieses Verhältnis an, indem er eine Beobachtung, die sein Unterbewußtsein aktiviert, reflektiert:

(Und wieso machte mich der Anblick dieser Holzschuhe so fertich? – Achso: Walter Wellkamp, mein Schulfreund. Den sie nachher im KZ fertich gemacht hatten. Daß er die Zwecken aus seinen Holzschuhen grub, und sie vorn in die Kappe tat; hinein urinierte, bis sich der Eisenrost auflöste; dann die ganze Jauche verschluckte. Und binnen 2 Tagen, ›unter heftijen Kremmfn‹, geschtorben war. (Und die gleichen Gannowen hatten sich bereiz wieder auf die Hälfte aller ›führenden Posizjohnen‹ geschlängelt. Die andere Hälfte hatten Kristen inne. Es ist eine Lust zu leebm.) (S. 190)

Die Erinnerung an das Einzelschicksal hat exemplarische Bedeutung. Sie vergegenwärtigt die historische Realität des im »KZ« institutionalisierten und industriell organisierten staatlichen Terrors. Die angeschlossene Bemerkung löst das Skizzierte aus der (relativen) Unverbindlichkeit des Vergangenen und stellt eine direkte Verbindung zur

Gegenwart her. Karl behauptet, daß ›die gleichen Ganoven‹, die kraft ihrer Positionen am Tod seines Freundes mitschuldig sind, kraft derselben Positionen das politische System der BRD mitverantworten. Er belegt dies mit der Affinität zum Franco-Spanien, wobei er das weitgehende Ignorieren der historischen Parallele moniert:

> Und der schpanische Außenminister Castiella wurde in Bonn fêtiert: »Sind die Ammies denn taubschtummblind?«. (Die Tommies, gottlob, erwachten lanxam. Und ›Legion Condor‹ klang freilich lieb & traut in einem Lande, wo die ›Deutsche Reichspartei‹ demnächst die zweit=höchste Schtimmenzahl haben würde. (Und den Andern, Vergeßlichen, war's so lange her, als wenn die betreffenden Ereignisse unter den Merowingern schtattgefundn hättn.) (S. 56)

Indem Karl die »Kristen« als gleichbeteiligte Partner der »Gannowen« in die Verantwortung für die Gegenwart einbezieht, charakterisiert er sie unausgesprochen auch als gleichwertige Partner in der Tradition des Terrors. Hier ist es die des auf religiöse Überzeugung gegründeten inquisitorischen Terrors, auf den Karl mit dem Namen Silberschlag in seiner Verbindung zur deutschen Geschichte hingewiesen hat. Er zieht ausdrücklich die Verbindung zur Gegenwart, wenn er während der gemeinsam mit Hertha und TH gehörten Nachrichtensendung die ironische Frage stellt: »Schtehen uns nicht demnächst Glaubens= und Ketzer=Gerichte bevor?!« (S. 55) – In Analogie zur Formel »›katholisch plus nazistisch‹« ist der repräsentative »Bürger der Bundes=Republik« für Karl der »aufrechte[.] Katholik & Nazi« (S. 261).

Die Tendenz, die historisch tradierte Herrschaft des Terrors in vollem Umfang zu re-institutionalisieren, sieht Karl in der »›Wiederaufrüstunk‹« (S. 343) und der allgemeinen Wehrpflicht. Daß auch in diesem Bereich die Kirche präsent ist, deutet Karl an, wenn er die Phrase vom »›Großn Ganzn‹«, dem jeder Bürger durch seine Steuerzahlungen diene, in »Alte Pantzer & Neue Bischoffs=Schtühle« (S. 262) auflöst.

Karl schildert das Militär aus den Erfahrungen zweier Generationen und stellt so auch hier historische Kontinuität fest:

> »[. . .]zumindest für die Zeit meines Vaters & meine=eigene darf ich es behauptn: es gab keinen größeren Sauschtall auf Erdn; keine größere Drillanschtallt für Brutalität & Rohheit, keinen breiteren Tummelplatz für hürnene Beschrennktheit & infantile Grausamkeitn: als das deutsche Militeer. – Heute ist'as freilich, ich las es erst neulich in einem SPD=Organ,

330

gans=gans anders.«, fügte ich höflich hinzu; (man konnte ja nie wissen; vielleicht wurde unser Geschpräch abgehört. Wir lebtn schließlich in 1 freien Lande.) (S. 220f.)

Das Militär wird als Institution von Zwängen charakterisiert. Die ohnehin ironische Zurücknahme dieser Charakterisierung für das »Heute« wird in der angefügten Bemerkung wieder aufgehoben und noch ausgeweitet. Sie verbindet mit der Remilitarisierung polizeistaatliche Methoden des Bespitzelns, der Kontrolle des Individuums,[194] wodurch der Begriff der Freiheit, den der Staat für sich reklamiert, als manipulativ gebrauchte Phrase hingestellt wird.

Die in der Remilitarisierung offenkundige Wiederanknüpfung an die historische deutsche Tradition der totalitären Machtausübung führt dazu, die Teilnahme am politischen Geschehen abzulehnen. Stellvertretend auch für Karl und Hertha führt TH aus:

> »Wähln geh'ich auch nich mehr,« sagte Tanndte Heete ablehnend: »Ich fühl' mich da nich mehr zu=s=tändich: wie leichd könnde meine S=timme 1 Zwanzich=Jährijen – der gar nich will! – zu'n Milliteer verdamm'?« (S. 56f.)

Aus der Formulierung geht hervor, daß sich TH zuvor an Wahlen beteiligt hat, daß sie also auf dieser elementaren Ebene der Demokratie an der politischen Entwicklung der BRD teilgenommen hat. Sie verweigert die weitere Teilnahme, weil sie nunmehr im demokratischen Neubeginn die historische Kontinuität totalitärer Herrschaftsstrukturen sieht und diese nicht mehr mitverantworten will. Karl begründet diese Haltung mit der Nivellierung parteipolitischer Differenzen – und d. h. auch: mit der Nivellierung des durch die Wahl gegebenen Votums. Karl führt an, daß »selbst die SPD, die sogenannte ›Opposizjohn‹, ›für die Landesverteidijunk‹ schtimmt«, und verallgemeinert: »(›Koalizjohn & Opposizjohn‹?: das ist wie ›Nichts & Gegen=Nichts‹!).« (S. 55)

Sowohl Karl als auch Hertha und TH distanzieren sich vom politischen System. Sie lehnen eine Identifikation ab. Es ist wieder TH, die dies während der Nachrichtensendung ausdrückt:

> als der Kanzler wieder einmal mehr behauptete, ›im Namen aller Deutschen geschprochen‹ zu haben.: »In mein'n nich.« s=tellte sie fest fest; (und auch Hertha & ich nickten: in unserm ooch nich!) (S. 56)

---

[194] Vgl. auch S. 343, wo Karl im gleichen Zusammenhang erneut das Abhören anführt.

Daß gerade TH die Konsequenzen aus der sich abzeichnenden historischen Kontinuität zieht und sie derart nachdrücklich formuliert, ist im besonderen Status ihrer Welt als der »Welt für sich« begründet. Wie die Vergegenwärtigung der bundesrepublikanischen Gegenwart zeigt, repräsentiert diese »Welt für sich« den Kontext, in den sie inbegriffen ist. Zugleich aber gewährt sie die von TH angesprochene Möglichkeit der Distanzierung, d. h. der Eingrenzung auf ihren eigenen Bereich. Dies wird beispielhaft in der Bevorratung als TH's Reaktion auf einen möglichen Krieg deutlich: den kontextuellen Bedingungen, in denen die Möglichkeit eines solchen Krieges angelegt ist, unterworfen, kann ihre Welt sich dennoch von ihnen abgrenzen[195] und einen – begrenzten – Freiraum einnehmen, der »für sich« bestehen kann.

c) Die Möglichkeit der Abgrenzung vom politisch-historischen Kontext auf einen eigenen Bereich bildet die Ursache dafür, diese »Welt für sich«, also die objektive Realitätsebene des Textes, als Idylle zu klassifizieren, wie es etwa Jörg Drews und Gerhard Schmidt-Henkel unternommen haben.[196] Weil der Begriff der Idylle jedoch bei beiden unpräzise und ohne interpretatorische Verifikation steht, bleibt er interpretatorische Hypothese, die eher unkontrollierte Antizipationen weckt.

Einen fundierten Begriff der Idylle entwickelt Renate Böschenstein.[197] Grundlage der Begriffsbestimmung sind ihr die »am antiken

---

[195] Vgl. dazu S. 324, wo Karl eine empirische Grenzsicherung anführt: »Übrijens iss die Landschaft nahezu ›panzersicher‹: die großn Moore.«

[196] S. o., S. 309f. Günter Häntzschel meint, Arno Schmidt sei generell, bis zu seiner »intensiven Lektüre von Joyce und Freud« (S. 317), die Häntzschel »Mitte der sechziger Jahre« (a. a. O.) ansiedelt, »ein verkannter Idylliker« – so im Titel seines Aufsatzes (Arno Schmidt, ein verkannter Idylliker. GRM, N. F. 26, 1976, S. 307–321). In seiner überaus großzügigen Verhandlung der einzelnen Werke unter dem Thema der Idylle spricht er auch »Kaff« an. Er ordnet es damit ausdrücklich einer »anderen Gattung« (S. 312) als der »Gelehrtenrepublik« zu, die er als Utopie etikettiert (S. 312). Der »Gattungscharakter« aber ist ihm auch »sekundär« (S. 313), da »die Idylle [. . .] als Erscheinungsweise des Idyllischen ein Urphänomen bleiben kann« (S. 314). Wenn nun Häntzschel die »indirekte Verfahrensweise der Gegenwartsschilderung« (S. 315) als Charakteristikum für »Kaff« (und zugleich für »Seelandschaft mit Pocahontas«!) anführt und darunter versteht, »in Einzelbildern eine idyllische, das heißt vorbildliche Gegenwelt zur allgemeinen Misere zu schaffen« (S. 315), so sagt das weder etwas über die Idylle noch über »Kaff« aus. Häntzschels Vorstellung von Idylle als »Urphänomen« ist zu pauschal. Wo sie, wie in der ›Gegenweltlichkeit‹, genauer wird, wären Abgrenzungen – zumindest zur Utopie – vonnöten. Die Subsumierung von »Kaff« unter eine solche Vorstellung von Idylle bleibt auch hier im Bereich des Hypothetischen.

[197] Renate Böschenstein-Schäfer, Idylle, Stuttgart 1967 (= Sammlg. Metzler 63).

Modell abgelesenen, in der Tradition der Gattung wirksamen Merkmale«.[198] Diese faßt sie darin zusammen,

> daß diese Gattung einen abgegrenzten Raum beschreibt, in dem sich Grundformen menschlicher Existenz verwirklichen [. . .] [, die] nur in einem beschränkten, aus den Bewegungen der Geschichte ausgesparten Raum als möglich gedacht werden.[199]

Weil ihr die Bestimmung der Idylle als Gattung problematisch erscheint,[200] spricht Böschenstein von der »Idee der Idylle«, die sie in die »literarische Gattung ›Idylle‹« als der autonomen Realisierung dieser »Idee« und die »partielle oder relativierte Idylle«[201] unterteilt.

Die Welt TH's erfüllt weder totaliter noch partiell die »Idee der Idylle«, die durch den aus der historischen Realität »ausgesparten Raum« als ihrem zentralen Kriterium bestimmt ist. Sie bildet innerhalb des politisch-historischen Kontextes, dessen Bedingungen sie unterworfen ist und den sie repräsentiert, eine »Welt für sich«. Sie kann sich von den »Bewegungen der Geschichte« distanzieren, aber nicht isolieren.

Dieser Befund, der die positive Zuordnung der objektiven Realitätsebene zur Idylle verbietet, verbietet es zugleich, sie mit Drews als »negative Idylle« zu klassifizieren. Auf der Basis der an der spezifischen Gestaltung des Raumes orientierten Bestimmung des Begriffs der Idylle zeigt sich »negative Idylle« ohnehin als Oxymoron, das kaum am konkreten Text zur Synthese gebracht werden kann:[202] Wenn der Raum der Idylle, in welcher Form auch immer, negiert wird, erhält er keineswegs seine negative Gestalt, sondern geht in einen anderen über. Er verliert seinen spezifisch ›idyllischen‹ Charakter, da er sich nicht im Negativen negativ bewahren kann. Wenn Karl in der »Welt für sich« ihre historischen Konditionen als virulente Dimensionen dieser Welt darstellt, zeichnet er nicht das Bild einer im

---

[198] A. a. O., S. 12.

[199] A. a. O.

[200] Vgl. a. a. O., S. 2.

[201] Alle Stellen a. a. O., S. 13.

[202] Das Vorgehen von Drews, der seine Vorstellung der ›negativen Idylle‹ mit dem lapidaren Hinweis auf »Peter Weiss' »Der Schatten des Körpers des Kutschers«« (Drews, Jean Paul, S. 28) zu erkennen gibt, mag im Rahmen von »Thesen und Notizen zu »KAFF««, wie es im Untertitel seines Aufsatzes heißt, vertretbar sein. Eine begriffliche Explikation oder eine Exemplifizierung am konkreten literarischen Fall findet damit aber nicht statt. Die Begriffsbildung wird von der Interpretation des auf den Begriff bezogenen Textes abhängig gemacht, beide bleiben damit in der Schwebe.

Ansatz durch die historische Realität verhinderten Idylle, sondern das der monadisch-repräsentativen, somit per se historisch dimensionierten Welt.

Trotz dieser grundsätzlichen Unvereinbarkeit der objektiven Realitätsebene mit der »Idee der Idylle« sind *innerhalb* dieses Darstellungsbereiches Affinitäten vorhanden.

In einer Äußerung während seines Alleinseins im Hause TH's formuliert Karl als »Selbst=Redner« (S. 248):

> (Und wie unrealistisch diese=meine ganzn Gedanknschpielereien von Landleebm & Zurruhesetzn – naja das Motief hat ja ein' eigenen Themenkreis in der Literatur ergebm; [. . .].) (S. 258)

Er präzisiert den durch das »Motief« »von Landleebm & Zurruhesetzn« bestimmten »eigenen Themenkreis«, indem er kurz zuvor im Zusammenhang einer solchen ›Gedankenspielerei‹ den Geruch von »Katzendreck« als »memento mori« wertet – »daß man, trotz aller bukolisch=georgischen Seelichkeit, noch im Fleische wandele« (S. 257f.).

Karl vermeidet die Verwendung von ›Idylle‹ oder ›idyllisch‹. Die Ausdrücke kommen an keiner Stelle vor. Um den motivisch bezeichneten »eigenen Themenkreis« von diesem selbst her zu präzisieren, zieht Karl die »Bucolica« und die »Georgica« des Vergil als paradigmatische Konkretisierungen dieser Thematik heran. Er koppelt sie attributiv in der Wendung der »bukolisch=georgischen Seelichkeit« zusammen und bezieht sie auf die – subjektive – Realität seiner ›Gedankenspielereien‹, die er wiederum durch die kontextuelle ironische Trivialisierung mit der Redesituation kontrastiert.

Die von den paradigmatischen Werken Vergils abgeleiteten Attribute deuten auf zwei unterschiedliche, aber verwandte literarische Traditionen hin: auf die ›bukolische‹ Literatur als ›Schäfer-‹ oder ›Hirtendichtung‹ und auf die ›georgische‹ Literatur im engeren Sinne als ›Landlebendichtung‹.[203] Beide Traditionszusammenhänge werden im folgenden noch einmal separat von Karl angesprochen. Mit Sigmund von Birken, auf den er allerdings als Sprachexperimentator hinweist, zitiert er einen barocken Vertreter der bukolischen Dichtung; mit dem »Oikonomikos« des Xenophon, dessen lateinischen

---

[203] In diesem zweiten Fall ist also nicht die Georgik gemeint, die auf die zweite Epode des Horaz zurückgeht. – Vgl. hierzu Klaus Garber, Vorwort zu: K. G. (Hrsg.), Europäische Bukolik und Georgik, Darmstadt 1976 (= Wege d. Forsch. 355), S. VII-XXII, S. XIII.

Titel er angibt, und mit Columella, dessen kleineres Werk »Liber de arboribus« er gemeinsam mit der »Georgica« nennt (S. 317), zitiert er Texte der georgischen Literatur aus dem Umkreis der römischen Antike. Bezeichnenderweise führt Karl die georgischen Texte dort an, wo TH die Möglichkeit der Realisierung der zuvor als »unrealistisch« gekennzeichneten »Gedanknschpielereien von Landleebm & Zurruhesetzn« eröffnet. ›Georgisch‹ steht somit für die realistische Ausprägung dieses Motivs.

Hans-Joachim Mähl stellt im Zusammenhang seiner Untersuchungen der »ideengeschichtlichen Voraussetzungen« »der frühromantischen Utopie«[204] den Unterschied und die Gemeinsamkeit der beiden Traditionen heraus, indem er ihre Paradigmata vergleicht:

> Die Welt der ›Georgica‹ [. . .] ist nicht mehr raum- und zeitlos wie die Welt der ›Bucolica‹, ist kein von der Phantasie geschaffenes Arkadien mehr – in welchem sich freilich schon der Hintergrund der römischen Geschichte bedeutungsvoll abgezeichnet hatte –, sondern ist der wirkliche Lebensraum des italischen Volkes, der Schauplatz auch der römischen Zeitgeschichte. Und dennoch ist er dem Arkadien der Hirtengedichte verwandt, ist wie dieser eine Zuflucht [. . .]. Aber dieser schützende Bereich liegt nun mitten in der Wirklichkeit, in der die Geschichte ihren Gang geht.[205]

Bestimmungs- und Differenzierungskriterium ist die jeweils dargestellte Welt in ihrem Verhältnis zum historischen Kontext. Die bukolische Welt steht hiernach außerhalb der historischen Realität, vorhandene Beziehungen haben im wesentlichen periphere Bedeutung. Dagegen ist die georgische Welt historisch konditioniert und spiegelt somit die Bedingungen des historischen Kontextes.

Die Gemeinsamkeit der beiden Welten entspricht dem von Böschenstein als Bestimmungsgrund der Idylle identifizierten »aus den Bewegungen der Geschichte ausgesparten Raum«. Auf dieser allgemeinen Ebene ist offen, ob der Raum oder die Welt ahistorisch oder historisch ist. Böschenstein nimmt die Offenheit in die Bestimmung der idyllischen Welt auf, indem sie vom »schwebende[n] Realitätscharakter der arkadischen Welt«[206] spricht, womit sie wiederum die – paradigmatisch in der »Bucolica« fundierte – Gemeinsamkeit von idyllischer und bukolischer Welt andeutet.[207]

---

[204] Hans-Joachim Mähl, Die Idee des goldenen Zeitalters im Werk des Novalis. Studien zur Wesensbestimmung der frühromantischen Utopie und zu ihren ideengeschichtlichen Voraussetzungen, Heidelberg 1965 (= Probleme d. Dichtg. 7).
[205] A. a. O., S. 84f.
[206] Böschenstein, S. 12.
[207] Vgl. dazu auch a. a. O., S. 4f.

Das von Karl gebrauchte ›bukolisch-georgisch‹ ist mithin differenzierter und präziser als es ein ›idyllisch‹ wäre. Es artikuliert die grundlegenden Gemeinsamkeiten der beiden Welten, die sie mit der idyllischen teilen: den aus der historischen Realität ausgegrenzten, von den – städtischen – Zentren politisch-historischer Entscheidungen und Ereignisse abgegrenzten Raum, der in ländlicher Abgeschiedenheit eine eigene Welt bildet. Es nivelliert dabei jedoch nicht die von Mähl bezeichneten Differenzen, sondern kombiniert sie. Es verweist auf den Ursprung dieser Welt in den ›Gedankenspielereien‹ Karls und auf ihren ›unrealistischen‹ Bezug zum historischen Kontext und drückt zugleich aus, daß sie der Möglichkeit nach die Bedingungen des historischen Kontextes reflektieren kann.

Die bukolische, georgische und idyllische Welt haben mit der utopischen Welt ihren gemeinsamen Ursprung im Bewußtsein des Subjekts, sie alle stehen im Modus der Subjektivität.

Daß die Forschung dies registriert, ohne es freilich präzise zu benennen, zeigt sich bei Böschenstein darin, daß sie die Idylle als »Ausdrucksform der menschlichen Seele«[208] oder »Organ der Seele«[209] bezeichnet. Der grundsätzlich übereinstimmende Ursprung und Modus dieser Welten führt zu begrifflich unscharfen Abgrenzungsversuchen. So schreibt Böschenstein: »In ihren bedeutendsten Ausprägungen aber neigt die Idylle dazu, in Utopie überzugehen.«[210] Böschenstein nimmt einen fließenden, qualitativ bestimmten Übergang zwischen zwei literarischen Bereichen an, ohne dabei zu explizieren, worin der Maßstab dieser Qualität bestehe und was ›Utopie‹ sei. Demgegenüber hypostasiert Klaus Garber[211] eine funktionale Beziehung zwischen »literarischer Utopie« und der »Schäfer- und Landlebendichtung« als ihrem »Medium« – wobei sich die Fragen stellen, was das Literarische einer ›Utopie‹ sei, die eines literarischen Mediums bedarf, und wie die beiden Bereiche im konkreten Text voneinander geschieden werden können –:

> Die Schäfer- und Landlebendichtung ist seit ihren Anfängen in der Antike eines der zentralen Medien literarischer Utopie in Europa.[212]

---

[208] A. a. O., S. 7.
[209] A. a. O., S. 11.
[210] A. a. O., S. 5.
[211] Klaus Garber, Forschungen zur deutschen Schäfer- und Landlebendichtung des 17. und 18. Jahrhunderts. Jahrbuch f. intern. Germ., 3, 1971, S. 226–242.
[212] A. a. O., S. 239; vgl. a. a. O., S. 240, wo er gar den Ausdruck der »arkadischen Utopie« bildet.

Die Bezeichnung der beiden Darstellungsebenen von »Kaff« als »ländliche[r] Idylle und Mondutopie, Utopie des einfachen Landlebens und lunare[r] Fluchtidylle«[213] durch Schmidt-Henkel ist symptomatisch für diese Unsicherheiten der Forschung.

Die offenkundige Schwierigkeit, nicht nur die utopische von der bukolischen, georgischen oder idyllischen Welt abzugrenzen, sondern auch innerhalb der Thematisierungen des Motivs »von Landleebm & Zurruhesetzn« sachgerechte begriffliche Differenzierungen vorzunehmen,[214] beruht darin, daß die auf der paradigmatischen Ebene vorhandenen Gemeinsamkeiten nicht in entsprechender Relevanz in die Begriffsbestimmungen eingehen, so daß die ebenfalls auf der paradigmatischen Ebene bestehenden Differenzen nicht in hinreichender Schärfe erkannt werden können.[215] Die Klärung des je spezifischen subjektiven Modus der dargestellten Welt und ihres damit zusammenhängenden Verhältnisses zur objektiven Realität ermöglicht eine solche sachgerechte Differenzierung. Und eben dies provoziert, bezogen auf ihren Kontext »Kaff«, Karls motivische Identifizierung seiner ›Gedankenspielereien‹ und ihre Präzisierung durch die paradigmatisch zitierten Formtraditionen.

Diese Äußerungen Karls haben die metafiktionale Funktion, die verschiedenen Ebenen des Textes voneinander abzugrenzen und – auch auf der von Karl angeschnittenen begrifflichen Ebene – zu ihrem adäquaten Verständnis beizutragen.

Die Ausgangsbasis für die anderen Weltdarstellungen bzw. -entwürfe bildet die Welt TH's. Als in sich eingegrenzte, abgeschiedene ländliche Welt ist sie geradezu prädestiniert für die thematische Entfaltung des Motivs »von Landleebm & Zurruhesetzn«, die aber innerhalb ihrer Grenzen gerade *nicht* stattfindet. Zur ›bukolisch-georgischen‹ oder auch idyllischen Welt wird die Welt TH's nur in dem sehr schmalen Bereich, den die ›Gedankenspielereien‹ Karls einnehmen. Er führt nicht aus, wie diese Welt gestaltet ist, sondern beschränkt sich auf Andeutungen;[216] d. h. er stellt sie nicht dar, sondern

---

[213] S. o., S. 309.

[214] Böschenstein thematisiert diese Schwierigkeiten S. 4ff.

[215] Sowohl der gegen die Forschung erhobene Vorwurf als auch die ihm zugrundeliegende These können in diesem Zusammenhang nur hypothetischen Charakter haben. Gerade weil aber die »Schwierigkeiten der Abgrenzung« (Böschenstein, S. 4) offenkundig sind, zumeist aber nur registriert und nicht analysiert werden, erscheint es bedenkenswert, die Konstitutiva der jeweils dargestellten Welt auf ihre struktur- (und traditions-) bildende, d. h. zugleich: strukturdifferenzierende, Valenz hin genauer zu überprüfen.

[216] Vgl. die in die Situationsschilderung eingestreuten Hinweise S. 254ff.

gibt nur zu erkennen, daß er sie in Affinität zu den zitierten Paradigmata aus der Welt TH's abgeleitet und zu seiner subjektiven Realität gemacht hat. Befreit von den Bedingungen des politisch-historischen Kontextes, stellt er sich selbst in ihr Zentrum. Diese Welt ist im wesentlichen ahistorisch-›unrealistisch‹, sie steht in einem kontrastiven Verhältnis zur objektiven Realität. Ihre Merkmale entsprechen denen der subjektiven Realität des ersten LG-Typs. Allein diese Welt ist eine bukolische oder auch idyllische, die, wie Karl in der Kombination ›bukolisch-georgisch‹ signalisiert, motivisch mit der georgischen Welt verwandt ist und ihrer Anlage nach auch eine georgische Welt ist.

Die Welt TH's wird zur georgischen Welt, als TH Karl und Hertha den präzise durchdachten »VORSCHLACK« (S. 315) unterbreitet, ihre Welt dauerhaft mit Karl und Hertha zu teilen.[217] Damit entsteht wiederum eine andere Welt, die sich sowohl von der kontrastiv-subjektiven Karls als auch von ihrer Ausgangsbasis unterscheidet. Ihre Eigentümlichkeit besteht darin, daß sie in der exakten Planung als mögliche objektive Realität entstanden ist und vorgeführt wird. TH hat sie nach festen und für alle einsichtigen Kriterien aus ihrer eigenen Welt entwickelt. Ihre Konzeption hält sich streng an die Bedingungen der objektiven Realität, weil sie auf ihre Realisierbarkeit hin ausgerichtet ist. Im Vordergrund steht die Absicherung der materiellen Existenzgrundlage der drei Figuren und die Verteilung ihrer Rollen. Dabei zeigt sich die Relevanz der kontextuellen Bezüge auch darin, daß sie das sofortige Akzeptieren des Vorschlags von Karl und Hertha verhindern[218] – denen

> prackdisch 1 sorg'nfreies, gesunndes Leebm an=getraagn [wird]; 1, das die Seen=Sucht Hunndert=Tausennder darschtellt (S. 328).

Indem Karl und Hertha die Implikationen der von TH vorgetragenen Konzeption bedenken und diskutieren, d. h. indem sie versuchen, ihre Lebenswelten mit dieser Konzeption in Einklang zu bringen, ohne dabei eine Entscheidung zu fällen, wird einerseits die Subjektivität dieser Welt, andererseits aber auch ihre potentielle Realisierbarkeit betont. Als subjektive Welt, die unter den objektiv-realen kontextuellen Bedingungen konzipiert worden ist, steht sie in einem parallelen Verhältnis zur Welt TH's. Sie entspricht der subjektiven Realität des

---

[217] Vgl. die in diesem Zusammenhang gegebenen Hinweise auf Paradigmata der Georgik S. 317.
[218] Vgl. z. B. die Vorbehalte Herthas S. 324 und ihre Diskussion mit Karl S. 327.

zweiten LG-Typs. Die nicht nur durch die zitierten Paradigmata, sondern auch durch motivische Hinweise (vgl. S. 319, 328, 334) als georgische gekennzeichnete parallel-subjektive Welt ist weder ›unrealistisch‹ wie die kontrastiv-subjektive Welt noch ›real‹ wie die Welt TH's. Sie ist ›realistisch‹, indem sie eine Zwischenstellung einnimmt, in der der Modus des ›Irrealis‹ zu dem des ›Potentialis‹[219] wird.

Die beiden subjektiven Weltentwürfe sind nicht, wie die Darstellung der ebenfalls subjektiven lunaren Welt, durch eine eigene Darstellungsebene von der Darstellung der Welt TH's abgehoben, sondern in sie einbezogen. Jeweils eine »Welt für sich« bildend, sind sie Bestandteile der »Welt für sich«, die durch das Bewußtsein Karls vermittelt und literarisch konkretisiert wird. In ihnen expliziert Karl die subjektiven Dimensionen, die der Welt TH's immanent sind. Indem er sie als Subjektivierungen der Welt TH's kenntlich macht, deren übereinstimmende Motivik und differierende Formbildung in Beziehung zu den paradigmatisch bezeichneten Formtraditionen stehen, grenzt er diese in bestimmte Bereiche der Darstellung ein, denen er die traditionell präfigurierte Begrifflichkeit zuordnet.

Die Zuordnung der Attribute ›bukolisch‹ – bzw. auch ›idyllisch‹ – und ›georgisch‹ zu den präzise eingegrenzten, motivisch gebundenen Subjektivierungen der Welt TH's sichert so zugleich die Valenz der Darstellung dieser Welt als die der monadisch-repräsentativen Welt.

Die eindeutige Abgrenzung der Welt TH's von diesen beiden traditionell präfigurierten Subjektivierungen macht es möglich, ihr Verhältnis zur lunaren Welt adäquat im Zusammenhang mit der objektiven Realitätsebene zu erfassen. Sie ist ebenfalls eine Subjektivierung objektiver Realität, ihr Verhältnis zu dieser ist jedoch – dem dritten LG-Typ entsprechend – durch die Steigerung bestimmt. Diese Welt ist weder eine ›unrealistische‹ noch eine ›reale‹ noch eine ›realisierbar-realistische‹, sondern eine ›gesteigert-realistische‹ Welt. Die Steigerung ist keine motivisch gebundene Subjektivierung, in der der historische Kontext (weitgehend) negiert oder im Hinblick auf die mögliche Realisierbarkeit in sie eingebracht ist, sondern eine nach Maßgabe des Subjekts erfolgende Transformation, die sich auf das totum der objektiven Realität bezieht. Die utopische Welt ist also weder selbst bukolisch, idyllisch oder georgisch, noch kann sie von der Darstellung einer Welt ausgehen, die ihrerseits so zu bezeichnen wäre,

---

[219] Vgl. hierzu Albrecht Schöne, Zum Gebrauch des Konjunktivs bei Robert Musil. In: Rudolf Villgradter u. Friedrich Krey (Hrsgg.), Der utopische Roman, S. 355–388, S. 358 u. ö.

die also bereits eine Subjektivierung objektiver Realität wäre. Sie ist eine Welt, die von der Darstellung der Welt TH's als der monadisch-repräsentativen Welt ausgeht und *sie* transformiert.

d) Trotz ihrer Eingrenzung stehen die beiden motivisch gebundenen Subjektivierungen der Welt TH's nicht isoliert in der objektiven Realitätsebene, sondern bilden mit ihr einen komplexen Beziehungszusammenhang, der die gesamte objektive Realitätsebene umfaßt. Dadurch, daß das Motiv »von Landleebm & Zurruhesetzn« der Welt TH's eo ipso immanent ist und dadurch unterstrichen wird, daß Karl und Hertha sie als den aus ihrer Arbeitswelt ausgesparten Bereich erleben, ist die Tendenz, sie in der einen oder anderen Art zu subjektivieren, ständig gegenwärtig.

Der in den erlebten Tagesablauf eingebettete Situationszusammenhang der »A b m d u n t e r h a l l t u n k« (S. 125), in dem es um »L i t t e r - t u r = a l l g e m e i n« und die ausführliche Vorstellung Silberschlags speziell geht, vergegenwärtigt zunächst ein konkretes, einmaliges Ereignis. TH verallgemeinert es jedoch, indem sie ihm seine Stelle in ihrer Welt zuweist: »Wer hat auf'n Lannd woh zum Selpst=Leesn Zeit?: Dafür seit doch Ihr Klug=Schnacker gut.« (S. 122f.)

In der ›Abendunterhaltung‹ wird der Freiraum, den die Welt TH's Karl gewährt und den er zur Produktion und Vermittlung seiner lunaren Welt nutzt, funktional in diese – als Arbeitswelt gekennzeichnete – Welt eingebunden und wird seine Rolle, die er Hertha gegenüber einnimmt, fixiert: Karl hat zum Zwecke der Unterhaltung Literatur zu vermitteln.

Dieser Situationszusammenhang steht in Affinität zur Idylle. Böschenstein führt »die B e s c h r e i b u n g v o n K u n s t w e r k e n« als »ein [. . .] konstitutives Element der Idylle«[220] an. In diesem Sinne zitiert Karl den in extenso dargestellten Situationszusammenhang im Rahmen seiner Andeutungen über die kontrastiv-subjektive Welt:

> Abmz den Frauen vorleesn; GULLIVERS REISEN würde Tanndte Heete beschtimmt intressiern; man würde sich natürlich 1 Liste der infrage-kommndn Sachen anzuleegn habm. (S. 257)

Abgestimmt auf das Interesse der Adressaten, spricht Karl in dem der bukolischen Welt eigenen Modus des Irrealis die Etablierung des beschriebenen Einzelereignisses in der bukolischen Welt an.

---

[220] Böschenstein, S. 9.

Seine eigene Rolle akzentuierend, führt Karl die ›Abendunterhaltung‹ erneut an, als TH ihren ›Vorschlag‹ unterbreitet. Er schildert sie als ein Konstitutivum der von TH konzipierten parallel-subjektiven georgischen Welt. Hertha und vor allem TH gegenüber sieht er sich als

»[. . .] 1 Haus=Klaun für Euch=Beide. Wenn Ihr des Aabenz=dann, ehr=baar ermüdet vom Neßtl=Knüpfm - beziehunxweise vom Geegnteil - um den Tisch ruht. -: Dafür haßDu mich ins große Auge gefaßt?.« (Die rüstije Lantfrau, der arbeitsame Weise, Beide erheebm sich gegen 4 Uhr 30: war das die richtije Einschätzunk meiner=selpst?) (S. 316)

Indem sich Karl - in Analogie zum von TH gebrauchten »Klug=Schnacker« - als »der arbeitsame Weise« bezeichnet und die Beziehung zur ›rüstigen Landfrau‹ herstellt, bestimmt er die Tätigkeit, die in der gegenwärtig erlebten Welt TH's den Charakter der Muße trägt, in der geplanten Welt als Arbeit. Der nur vorübergehend während des Besuchs geöffnete Freiraum Karls bleibt in dieser georgischen Welt offen. Sie gibt ihm die Möglichkeit, sich der nur rhetorisch in Frage gestellten ›richtigen Einschätzung‹ seiner Fähigkeiten gemäß zu betätigen, die Rezeption und die Produktion von ›Wortwelten‹ (S. 316) selbständig als Arbeit zu betreiben.

Die Eigencharakterisierung Karls als »Haus=Klaun«, dem die Aufgabe der abendlichen Unterhaltung zukommt, bezieht die Resultate dieser Arbeit funktional auf die imaginierte Realität. Die Rolle Karls wird institutionalisiert, und zwar in einer für die parallel-subjektive georgische Welt konstitutiven Weise: in ihr verbindet sich die Welt TH's als die mögliche Arbeitswelt des ›Weisen‹ mit dieser Welt als der alltäglichen Lebenswelt der »Lantfrau« zu der für beide potentiell realisierbaren Welt.

Die durchgehende Präsenz der Subjektivierungstendenzen manifestiert sich figural im Verhältnis zwischen Hertha und TH. Dieses Verhältnis ist durch den traditionell vorgeformten Gegensatz zwischen Stadt und Land[221] bestimmt.

Hertha ist die »tüüpische Groß=Schtädterinn« (S. 165), die berufstätig und berufsbedingt hypernervös ist. Karl charakterisiert die Situation des Aufenthalts in der Welt TH's für sie als die »1 Schtädterinn auf dem platten Lande« (S. 17). Die ländliche Welt ist ihr fremd, sie nimmt sie - im Unterschied zu Karl - nur aspektuell in

---

[221] Vgl. Böschenstein, S. 5. Vgl. Friedrich Sengle, Wunschbild Land und Schreckbild Stadt. Studium generale, 16, 1963, S. 616-631.

ihrem visuellen Erscheinungsbild wahr. Bezeichnenderweise ist sie ihr materialer Fundus für die Ausübung ihres Berufes, das Entwerfen von Stoffmustern. Sie erlebt diese Welt dementsprechend oberflächlich als tendenziell bukolische Welt. In diesem Sinne karikiert Karl die Haltung Herthas: »gans ›willsdu nich das Lämmlein hütn?‹« (S. 108) Die »rüstije Lantfrau« TH bezieht ausdrücklich gegen Hertha als Städterin Stellung, indem sie etwa, wie Karl lediglich vermerkt, »1 kleine, leidenschaftliche Rede gegen das ungesunde Schtadtleben« (S. 106f.) hält oder allgemein moniert: »Dascha Waansinn, was die Leute inner S=tadt so treibm!« (S. 110f.)

Wenn TH Karl bereits während des Hausrundgangs fragt: »Wie gefällt Ihr [= Hertha] das eigntlich hier=so? Was denkt sie da so über?« (S. 58) so deutet sie an, daß die engagierte positive Bewertung ihrer ländlichen Welt der städtischen Welt Herthas gegenüber intentional im Hinblick auf ihren am folgenden Tag unterbreiteten ›Vorschlag‹ erfolgt. Sie bindet den Gegensatz von Stadt und Land somit, seiner paradigmatischen Präfiguration entsprechend, an die georgische Welt. Die mögliche Aufhebung dieses Gegensatzes in der geplanten Welt findet nicht statt, da Karl und Hertha ihre Entscheidung offen lassen.

Der Gegensatz bleibt mit seinen Implikationen in der erlebten Welt bestehen, er wird jedoch durch die Vermittlung Karls überbrückt, der wie Hertha in der Stadt lebt und dort berufstätig ist, aber das ›Landleben‹ aus eigener Erfahrung kennt. Ohne den Gegensatz aufzuheben, teilt Karl Hertha seine Sichtweise mit, so daß ein zum Teil sehr krasses realistisches Bild der ländlichen Welt entsteht.

Bereits am Abend nach ihrer Ankunft zeigt Hertha die durch den Einfluß Karls gewonnene Fähigkeit der realistischen Beobachtung. Das naive Erstaunen beim Anblick zweier Rehe während des ersten Spaziergangs: »»Och«. Ihr Mund; ungläubich; Schtädterinn=ebn. Und wieder, immer gläubijer: »Och [. . .]«« (S. 21) wiederholt sich zunächst, als sie Karl unmittelbar vor dem Laienspiel auf »ein altes Pärchen« aufmerksam mach: »Och kuckamma . . .« (S. 65). Diese Haltung erfährt eine Wandlung, die Karl ausdrücklich vermerkt:

(Und Hertha wollte grade wieder, ergriffen, ihr ›Kuckma‹ anbringen, als Jene plötzlich ausreichend Kraft & Geschicklichkeit entwickelte, ihren Gatten mit schpitzlosem Schtock in den Hintern zu schtechen: als sie die Reihe erreicht hatte, die sie sich einbildete. –: »Kuckamma!«; (aber jetzt wesentlich realistischer: nüchterner.) (a. a. O.)

342

Während der Beobachtung des Hochzeitszuges vor der Kirche von Hankensbüttel stellt Hertha ihre Fähigkeit der realistischen Beobachtung unter Beweis. In diesem Fall nimmt Karl die naiv subjektivierende Sichtweise Herthas vorweg, indem er ein ironisch-positives Bild des Bräutigams skizziert, womit er die Gegenreaktion Herthas provoziert:

> !: Der BREUTIJAMM; hochschlank & in der kleidsamen Uniform der Bundes=Wehr, 1 Kriex=GOtt anzuschaun: »Sache, wa Hertha?!«. – Aber sie mißbillichte mit Wakkelkopf und Mund: »Ich finnd, er sieht a bissel s e h r dumm aus.« (S. 219)

Die Beobachtung des Hochzeitszuges veranlaßt Karl zu einer Schilderung bäuerlichen ›Landlebens‹, die so drastisch ausfällt, daß er eigens betont:

> Ich schpreche keine Sattiere: ich hab's wort=wörtlich erlebt! Ich: Moa=Mäme. Ich habe 1 Jahrzehnt meines unschätzbaren Lebens ›beim Bauern‹ wohnen müssen. (S. 222)

Karl extrapoliert die beobachtete Situation, wobei er den hypothetischen, aber auch wahrscheinlichen Modus seiner Extrapolation durch das vorangestellte »Wahrscheinlich« kennzeichnet:

> »Wahrscheinlich komm' 2 große Bauernhöfe zusamm': er 324 Morgn; sie nur 278: da muß sie – es ist ländlicher Brauch – in der Ehe fein den Munt halten. Unt kricktz dennoch jeden Tack vorgeschmissn. In 10 Jahrn hat se 11 Kinder & 12 Fehlgeburtn. Dafür Krammfadern, Vorfall aller Artn, n krumm' Rückn, und keene Zeene mehr: Plattfüße besitzt se jetzt schonn.« – (S. 219f.)

Nachdem das Brautpaar und seine nicht näher beschriebene Begleitung die Kirche betreten haben, wird Karl von Hertha dazu angehalten, das entworfene Bild von seinem dominierenden Faktor her weiter auszuzeichnen: »Und Er, der Breutjamm?« (S. 220) Karl charakterisiert ihn erneut, wobei er das zuvor ironisch-positiv Formulierte nunmehr negativ überzeichnet. »O x e w a r e r s c h o n n v o r - h e r. B e i m M i l l i t e e r lernt'er aus« (a. a. O.). Er führt den bäuerlichen Bräutigam sodann in den Bereichen der Arbeit, der Freizeit und der häuslichen Umwelt vor. Nach seinem Verhalten in ihnen kennzeichnet Karl ihn konsequent negativ durch die Momente der Dummheit, der Triebhaftigkeit, der Brutalität, der Gerissenheit und des Geizes, denen das des Fleißes als einziges Positivum gegenübersteht.

Dieses negative Bild gipfelt in der Darstellung der sozial-ethischen und politischen Haltung des Bauern. Karl schildert die Heimkehr vom sonntäglichen Gasthausbesuch:

> Geht in den Schtall, und kickt unterweex die schwangere Hauskatze 10 Meter weit: wenn se Schwein hat, überleebt se's; wenn nich, dann ›Es lebe das Kristntum!‹. Schlägt noch dem Feerd, das unruhich um sich kuckt, rasch 1 Auge aus . . . . . (S. 222)

Dadurch, daß Karl die Anrufung des Christentums in diese Szene sinnloser Gewalt hineinstellt, deutet er sie als die Pervertierung eines biblischen Gebotes, das in Gen. 1, 28 ausgesprochen ist: »herrschet [. . .] über alles Getier«. Das Verhalten des Bauern ist ihm Beleg dafür, daß die ethische Verpflichtung der christlichen Nächstenliebe de facto durch Gewaltausübung eingelöst wird. Die Anrufung des Christentums macht den Einzelfall zu einer Exemplifizierung der Ausübung von Gewalt im Namen des Christentums.

Ähnlich verfährt Karl auch bei der Darstellung der politischen Haltung des Bauern. Er charakterisiert ihn an dieser Stelle als ein mechanisch und animalisch handelndes Wesen ohne Bewußtsein und fährt fort:

> Schreitet dann, Septembers, ›zur Urrne‹; und wählt so weit ›Rechz‹ wie möglich – worauf ihm dann, am nächstn Tage, die ›Heimatzeitung‹ seine ›politische Reife‹ bescheinicht. (a. a. O.)

Der Hinweis auf die »›Heimatzeitung‹« enthält die Verallgemeinerung des Geschilderten. Die politische Haltung des Bauern exemplifiziert die mechanisch-unreflektierte, aber willentliche Anlehnung an faschistoide Tendenzen, an die nationalsozialistische Vergangenheit. Ihre öffentliche Bezeichnung als »›politische Reife‹« wird damit zu einer geradezu offiziellen positiven Bewertung der sich abzeichnenden Kontinuität der deutschen Geschichte. Die repräsentative Bedeutung des von Karl entworfenen Bildes wird im anschließenden Gespräch zwischen ihm und Hertha unterstrichen.

Karl spricht von der »Adenauer=Republik« (a. a. O.) und der – hier protestantischen – christlichen Kirche und wendet sich gegen die Gründung ihres Machtanspruches auf quantitative Verhältnisse. Er geht von der »5=%=Klausel« aus und demonstriert ihre Problematik, indem er dieses quantifizierende Verfahren der Machtbeanspruchung von Staat und Kirche in Relation zur »Weltbevölkerung« (a. a. O.) anwendet. Er stellt fest, daß die BRD »bei einem künftijen Welt=Par-

lament« an jener Klausel scheitern und daß »›die Protestanten‹« mit
»nich gans 8«% eine unbedeutende Minderheit bilden würden
(a. a. O.).

Hertha, in diesem Falle »noch pessimistischer« (a. a. O.) als Karl,
also seine Perspektive noch verschärfend, konzentriert die Kritik auf
den Absolutheitsanspruch staatlicher und kirchlicher Macht. Direkt
auf »›die Protestanten‹« bezogen, indirekt aber ebenso auf den Staat,
formuliert sie: »Die sind bloß für ›Mehrheit‹, wenn sie=se habm.«
(S. 223)

Obwohl das von Karl skizzierte Bild der bäuerlichen Welt als hypothetische Extrapolation zustandekommt, stellt es objektive Realität
dar. Karl mißt ihm einen Grad von ›Wahrscheinlichkeit‹ zu, der ihn
im Indikativ, im Modus des ›Realis‹ sprechen läßt. Dieser Entwurf
zeigt exemplarisch für die objektive Realitätsebene, daß das ›Landleben‹ – in Kontrast vor allem zur bukolischen oder idyllischen Explikation dieses Motivs – die objektive Realität spiegelt. Die ›realistische‹ Aussagekraft des Bildes beruht darauf, daß Karl sich gerade
nicht auf die Wiedergabe des visuell Wahrgenommenen beschränkt,
sondern das einzelne, für sich genommen belanglose Ereignis der
bäuerlichen Hochzeit in seinen kontextuellen Bezügen sieht. Das
heißt: Karl macht aus seiner Perspektive heraus den Zusammenhang
sichtbar, der in dem einzelnen Ereignis angelegt ist, das so wiederum
die Bedingungen der objektiven Realität, in die es inbegriffen ist,
repräsentiert.

Er vermittelt auf diese Weise ein rhythmisch adäquates Bild der
Realität, das durch die bloß aspektuelle Daraufsicht nicht zu erkennen ist.

3. Das metaliterarisch explizierte Selbstverständnis des Textes

a) Karl verdichtet die in der Schilderung der bäuerlichen Welt praktizierte Art der Darstellung im Anschluß an sie zum Prinzip. Er formuliert den explizit als solchen klassifizierten »Satz«, d. h. eine Aussage von axiomatischer Gültigkeit:

> ›Wer die Nacktheit‹ – ›Nacktheit‹ in jedem Sinne: in Bezug auf jeden
> Gegen= und Nicht=Gegenschtant – also: ›Wer die Nacktheit nicht ertragen
> kann: der hat auch kein Intresse an der Wahrheit!‹ (S. 223)

Diesem »Satz« liegt ein Verständnis von Wahrheit zugrunde, das Martin Heidegger artikuliert:

> Wahrheit meint Wesen des Wahren. Wir denken es aus der Erinnerung an das Wort der Griechen. Ἀλήθεια heißt die Unverborgenheit des Seienden.[222]

Die von der Etymologie des griechischen Begriffes ausgehende Bestimmung von Wahrheit[223] wird von Karl in eine konditionale Relation aufgelöst, ohne diese Bestimmung zu verändern. Der philosophische Begriff der »Unverborgenheit« wird sensualisiert, durch den poetisch-anschaulichen Ausdruck der »Nacktheit«, dem erklärtermaßen ein unbeschränkter Aussagebereich zugesprochen wird, ersetzt. Beide meinen dasselbe: die durch keinerlei Scheinhaftigkeiten oder ›Verkleidungen‹ verdeckte Offenheit.

Das Schaffen der »Nacktheit« oder »Unverborgenheit« erfaßt Heidegger mit dem Begriff der »ποίησις«,[224] den er umfassend als »das Her-vor-bringen« versteht: »Das Her-vor-bringen bringt aus der Verborgenheit in die Unverborgenheit vor.«[225] Die »ποίησις«, die keineswegs im Begriff der Poetik aufgeht, bewirkt »Wahrheit«, und eine »Weise« des Bewirkens von Wahrheit ist die Kunst: »Die Kunst ist das Sich-ins-Werk-Setzen der Wahrheit.«[226]

Die Aussage Karls enthält keine solche explizite Spezifizierung der Vermittlungsinstanz von Wahrheit, sie ist jedoch in der konditionalen Relation an das Subjekt gebunden und wird durch die Redesituation bestimmt. Demzufolge ist Wahrheit niemals per se mit Nacktheit gegeben, sondern immer auch von der Fähigkeit oder Bereitschaft des Subjekts, diese zu »ertragen«, abhängig.

Karl adressiert seinen »Satz« an Hertha, die ihn, wohl weil sie in ihm eine Anspielung auf ihre eigene Prüderie erblickt, »verbindlich« (S. 223) ablehnt. Seine Einbindung in die Redesituation, die ja durch die Schilderung der bäuerlichen Welt und die sich daran anschließende direkte Kritik an Staat und Kirche geprägt ist, bezieht den »Satz« auf die Tätigkeit Karls.

---

[222] Martin Heidegger, Der Ursprung des Kunstwerks, m. e. Einfg. v. Hans-Georg Gadamer, Stuttgart 1960, S. 53.

[223] Vgl. auch Martin Heidegger, Vom Wesen der Wahrheit, Frankfurt a. M. 1943, S. 15.

[224] Vgl. Martin Heidegger, Die Technik und die Kehre, 2. Aufl. Pfullingen 1962 (= Opuscula 1), S. 11.

[225] A. a. O.

[226] Heidegger, Ursprung, S. 38.

Im Rahmen des ihm zugrundeliegenden Verständnisses von Wahrheit impliziert der »Satz« eine prinzipiell mit der Heideggerschen übereinstimmende Spezifizierung der Vermittlungsinstanz. Mit dem Entwurf der um den Bauern zentrierten ländlichen Welt verbindet Karl den Anspruch, Hertha diese nur in ihrem Erscheinungsbild sichtbare Welt allererst offengelegt zu haben. Karl versteht seine Tätigkeit ästhetisch als die Vermittlung von Wahrheit.

Dies gilt, gemäß der Klassifizierung der Aussage als »Satz« und ihrer Einbindung in die literarisch-konkrete Situation, grundsätzlich. Karl kennzeichnet seine gesamte Tätigkeit als Produktion von Literatur, der der Anspruch der Wahrheitsvermittlung inhärent ist, also mit seiner fiktionsimmanenten Rolle Hertha gegenüber, in der er vor allem die lunare Welt konkretisiert, auch die fiktionstranszendentale dem Leser gegenüber, in der er den gesamten Text konkretisiert.

Der »Satz« Karls steht in Beziehung zu ähnlich grundsätzlichen metafiktionalen Äußerungen, die ihn modifizieren und präzisieren. In dem durch sie gebildeten Beziehungszusammenhang konturiert sich das Selbstverständnis des Textes in seinem Verhältnis zum rezipierenden Subjekt. Dieses Verhältnis ist metafiktional im Verhältnis zwischen Karl, dem teils TH zugeordnet ist, und Hertha dargestellt. Karl erläutert Hertha seine Ansichten über die Funktion von Literatur, um ihr die Funktion seiner Literaturproduktion und damit dem Leser die des Textes transparent zu machen.

Einen breiten Raum nehmen die Ausführungen über den Gegenstandsbereich, über die materiale Dimension ein. So formuliert Karl innerhalb des Situationszusammenhangs der ›Abendunterhaltung‹, wo er über Literatur spricht: »das Alltägliche issd so klaa noch nichd, wie jene Herrn uns glaubm machn wolln: ja nich h a l l p so klaa!« (S. 123)

Mit ›jenen Herren‹ schafft sich Karl eine Kontrastfolie, auf deren Hintergrund seine Feststellung desto deutlicher als Forderung hervortreten kann. Karl apostrophiert diese ›Herren‹ als »die romantischn Heinies« (a. a. O.). An anderer Stelle, als TH den Ausdruck ›Heinie‹ in derselben Bedeutung verwendet, erläutert er:

Du begreifst demnach unter ›Heinie‹ 1 ebenso verantwortunx= wie basislosen Geist, ja? 1 Schönfärber & Schaumbold; der, selbst völlig verkrammft, mit einem nicht minder armseligen als ›edlen‹ Wort=Schätzchen kupplerisch hausiert. Enfin: 1 Feiklink & Lügner? (S. 323)[227]

---

[227] Mit dem Ausdruck der »romantischen Heinies« nimmt Karl also keine epochale

Das Kriterium für diese pauschale Disqualifizierung von Literatur liefert die objektive Realität als die alltägliche Lebenswelt des Menschen, »das Alltägliche«. Der ästhetische Anspruch der Wahrheitsvermittlung wird darin als Anforderung, dieses »Alltägliche« »klaa« zu machen, d. h. ›aufzuklären‹, identifiziert.

Dies verdeutlicht und begründet TH im Zusammenhang des Gesprächs über Literatur im Rahmen der ›Abendunterhaltung‹:

> »Ich wär sche auch dafür, daß n Schrifßßdeller ehrlich iss. Unn nix beschönicht – wenn sein Hellt in'n Kuhpladder tritt: das kommt auf'n Lant eebm öfders vor –«. [. . .]
> »Oder so die Hell=dinnen: soche die nie ihre Sache kriegn. Oder das Wort ›Kloh‹ nicht hörn könn'. – Oder wie die Liebe von s=taddn geht: ich finn'as nu ma schön. Der soll mir das getroos beschreibm: man kann ja – laider! – nich Alles in'n Leebm anfassn; und schmeckn & riechn: [. . .] Der soll'as man genau beschreibm: wie das, meintweegn, inne Wüste aussieht. So daß ich da gans inn=binn. Unt mir nich mit irgenwä'chn romanntischn ›Beeduihn‹ ankomm': sinn ja furchbaa dreckije Kreatuhrn, nich?« (S. 123f.)

In ihren Beispielen veranschaulicht TH den radikalen materialen Realismus, der Bestandteil von Schmidts theoretischer Konzeption der Modernen Literatur ist. Der materiale Bereich, den TH auf diese Weise kennzeichnet, besteht aus den Selbstverständlichkeiten, die eine Lebenswelt und das Leben in ihr ausmachen. Diesen Bereich »soll« der Autor »genau beschreibm«, d. h. ohne Auslassungen oder Purifizierungen, die durch Tabuisierungen verschiedener Art bedingt sind, rhythmisch adäquat wiedergeben, d. h. »klaa« machen.

Das »genau beschreibm« meint vor jeder formalen Spezifizierung, die auch nicht im Kompetenzbereich TH's liegt, grundsätzlich die der Literatur eigene Art der Realitätsvermittlung: die sprachliche Darstellung, die die Totalität einer Welt so zur Anschauung bringt, daß sie eine optimale sensuelle Präsenz erhält. Die damit verbundene Anforderung TH's, ›in‹ einer solchen Welt sein zu können, kann so erfüllt werden.

TH begründet ihre Forderungen mit den konstitutionellen Grenzen authentischer Erfahrungsmöglichkeiten, die medienvermittelte Erfahrungsmöglichkeiten notwendig machen, um die Welt in toto ken-

---

Identifizierung der von ihm abgelehnten Literatur vor, sondern kennzeichnet er allgemein diese sich im Werk niederschlagende Haltung zur Realität; vgl. auch den Wortgebrauch in der nachfolgend angeführten Äußerung TH's.

nenlernen zu können – und zwar die eigene alltägliche Lebenswelt, durchaus nicht nur exotische Randgebiete wie die angeführte Beduinen-Welt.

In der Ablehnung der Bibellektüre faßt TH ihre realitätsbezogene Haltung gegenüber der Literatur zusammen:

> Nöö; inne Biebl lesn tu ich sogutwienie: ich finn'a nix in, wie ich mich inne heudijen Wellt verhalltn soll. Nich daß ich was g e e g n die Leude hädde; obber ... (S. 136f.)

Dadurch, daß TH ausdrücklich vermerkt, daß ihre Ablehnung nicht durch Abneigungen motiviert ist, hebt sie den pragmatischen Charakter ihrer Haltung hervor. Die Erwartung TH's entspricht der Absicht Karls. Er beschreibt eine mimische und gestische Demonstration TH's und stellt ihr dann die Frage: »Dudarfichdas, zur Belehrunk des Volxgantzn, in Worten wiederzugebm versuchn?« (S. 197) TH lehnt ab.

Karl nimmt eine didaktische Intention für sich in Anspruch. Die ironische Widersprüchlichkeit zwischen der Realität der vergegenwärtigten Situation und ihrer literarischen Präsentation – unbeschadet des von TH ausgesprochenen Verbots gibt Karl ihre Mimik und Gestik »in Worten« wieder – und die Unangemessenheit des Belehrungsgegenstandes, der freilich die Figur TH charakterisiert, wirken fiktionstranszendierend. Karl gibt sich als derjenige, der die Welt TH's ›in Worten wiederzugeben versucht‹ und damit als der figural konkrete Autor des Textes zu erkennen.

Dieselbe Problematik wird noch einmal verschärft in einem Gespräch zwischen Karl und Hertha dargelegt. Ohne den Anspruch auf allgemeine Gültigkeit zu vermindern, haben die Ausführungen Karls in diesem Fall größere Verbindlichkeit für den Text selbst, weil er dezidiert aus der Position des Autors der subjektiven Realität spricht, der sein Selbstverständnis expliziert und Grundzüge seines eigenen literarischen Produkts rechtfertigt.

Hertha nimmt hierbei die Position des unmittelbar angesprochenen Rezipienten ein, der jedoch, weil literarische Produktion und Rezeption in der Gesprächssituation stattfinden, eingreifen und seine Position zum Ausdruck bringen kann. Diese Position ist – im Unterschied zur pragmatischen Haltung TH's –, ähnlich wie ihr Erleben der Welt TH's, durch die Tendenz zur kontrastiven Subjektivierung gekennzeichnet.

Den Anlaß des Gespräches bildet die anschauliche Schilderung eines beginnenden Erbrechens in der subjektiven Realitätsebene. Karl gelingt eine solch intensive Vergegenwärtigung, daß Hertha in Tränen ausbricht und eine Frage stellt, die Karl als »1 ›Grundsatzfrage‹« klassifiziert:

> »Iss es denn nie schonn schlimm genuck, wenn Ei'm so was passiert? – Es kommt vor, mehrfach=im=Leebm, zugegeebm.: Aber muß der Künstler denn sowas=derart schilldern?!–«. (S. 205)

Hertha verlangt im Grunde genau das, was TH und Karl ablehnen: die affirmative, mit etablierten Normvorstellungen übereinstimmende Darstellung der Realität, die das Negative, auch in einem derart banalen Bereich, eliminiert oder purifiziert.

Bevor Karl Stellung zu dieser ›grundsätzlich‹ relevanten Frage bezieht, korrigiert er in einer eingeschobenen, nur dem Leser mitgeteilten Bemerkung seine Prädikation als »Künstler« und umreißt damit sein Selbstverständnis als Autor:

> Dank=Dir für den ›Künstler‹, mein Lieb; wenn ich Einer wär', würd'ich mich henngn! Bei ›Dichter‹ wird mir regelmäßich schlecht: wie ehrlich=arbeitsam ist dagegen ›Schrift=Schteller‹. Man müßte noch weiter gehen, und ganz rüstich=derbe Ausdrücke für den fleißijen Literaturwerker einführen: ›Wort=Metz‹ oderso; (Anna=log zu ›Schtein=Metz‹). (a. a. O.)

Bei seiner emotional aufgeladenen Invektive gegen die Bezeichnungen »›Künstler‹« und »›Dichter‹« hebt Karl auf das Moment der ›künstlerischen‹ oder ›dichterischen‹ Freiheit ab, die er pejorativ als Freiheit gegenüber dem materialen Bereich der Realität auffaßt.

Demgegenüber versteht sich Karl als »Literaturwerker«. Er erläutert dieses Selbstverständnis durch »›Wort=Metz‹«, das er als Verstärkung von »›Schrift=Schteller‹« ausweist und durch die expressis verbis hergestellte Analogie zum handwerklichen »›Schtein=Metz‹«, verbunden mit den Attributen für handwerkliche Tugenden »ehrlich=arbeitsam«, ›rüstig-derb‹, ›fleißig‹ bestimmt. Er betont den Arbeitscharakter seiner Literaturproduktion und den Werkcharakter seines Produkts sowie die Verpflichtung dem Material gegenüber: Wie dem ›Stein-Metz‹ geht es Karl als »Wort=Metz« darum, vorgegebenes Material systematisch zu bearbeiten, aus ihm eine Gestalt plastisch herauszuarbeiten. Das Gelingen der Arbeit setzt die intime Kenntnis des Materials und des Werkzeugs voraus. Und in seiner vollendeten Gestalt schließlich gibt das Werk die Eigenheiten seines Materials wieder.

Die Verpflichtung gegenüber dem Material bildet die Grundlage für Karls Klärung der Frage Herthas. Wie der Ansatz einer Gliederung unterstreicht, beabsichtigt Karl, Hertha durch sachliche Argumentation von der Legitimität, ja Notwendigkeit seiner Art der Literaturproduktion zu überzeugen:

:»Liebehertha. –: a!) – « [...]: »Sind wir schuld an dem biologischen Irrsinn dieser Welt? [...]« / »Bee!)...« [...]: »BrauchsDu das bewußte=Wissn dessen, wie's in der Welt aussieht, nicht zu ihrer Bewältijunk? Sollte man nicht – auf solche ja immerhin noch=schonende Weise! – erfahren müssen,: Was Ein'n im Leben so Alles erwartn kann; und wie das dann gegebenenfalls riecht? Ich fürchte, Du schtehst manchma immer noch vor Monaazbindn, Klos & männlichstn Gliedern; und heulst & erschtarrst & erzeuxt Dir n Schock=uff=eewich: da gieptz gans andere Dinge noch=Du! – Man möchte manchma drüber unsinnich werdn; das brauchsDe mier=wahrlich=nich zu sagn; das ›iss drinn‹.«
»Neenee, Hertha: wenn dergleichen Informazjohn noch reelatief humorich – also behutsam – geschieht: Du da kannsDe ausgeschprochn dankbar sein! –: Es giebt, verlaß Dich drauf, noch Zee=Eee=und=Dee [...] (S. 206).

Den Anlaß von Herthas Reaktion und ihrer »›Grundsatzfrage‹« aufgreifend, geht Karl in seiner – entsprechend ›grundsätzlichen‹ – Gedankenführung von den biologischen Gegebenheiten aus, deren Unausweichlichkeit für den Menschen er durch die Beispiele aus der Fäkal- und Genitalsphäre belegt. Er betont, daß deren »Irrsinn« außerhalb menschlicher Verantwortung liegt.

Gemäß ihrer Tendenz, die Welt TH's kontrastiv zu subjektivieren, hat Hertha auch die Tendenz, sich von ihr abzukapseln und ihre negativen Momente zu verdrängen oder zu ignorieren. Sie ist nicht bereit, sie zu verarbeiten, sie geht der Bewältigung der Welt aus dem Wege.

Die Bewältigung der Welt bildet die Grundlage der Argumentation Karls. Als Voraussetzung führt er das »bewußte=Wissn« und die »Informazjohn« an, und zwar darüber: »Was Ein'n im Leben so Alles erwartn kann«. Die Erfüllung dieser Voraussetzung, d. h. die Vermittlung solchen ›Wissens‹ und solcher ›Information‹, ist gleichbedeutend mit der didaktisch intendierten Aufklärung der alltäglichen Lebenswelt.

Mit der existentiellen Notwendigkeit dieser Vermittlung bzw. Aufklärung legitimiert Karl speziell den radikalen Realismus seiner subjektiven Realität und prinzipiell die Identifizierung der ästhetischen Funktion der Wahrheitsvermittlung als Aufklärung des Alltäglichen.

Wenn Karl anführt, daß diese Aufklärung »auf solche ja immerhin noch=schonende Weise« oder »noch reelatif humorich – also behutsam – geschieht«, so charakterisiert er mit der von ihm in seinem Produkt geleisteten auch allgemein die genuin literarische Art, Aufklärung zu betreiben. Die literarische Aufklärung ist ›schonend‹ und »behutsam«, weil sie Realität transformiert und sie, wie Karl in seinen Hinweisen auf Aussehen und Geruch signalisiert, sinnlich vergegenwärtigt. Die sinnlich vergegenwärtigte Realität appelliert an die Vorstellungs- oder Einbildungskraft des rezipierenden Subjekts. Sie gibt Erfahrungsmöglichkeiten. Sie erweitert den Erfahrungshorizont und bereitet auf die ›reale‹ Erfahrung vor, d. h. sie vermittelt auf diese Weise rational verwertbare Kenntnisse, die zur Bewältigung der Welt erforderlich sind.

b) Die für die Literatur im allgemeinen und somit auch für »Kaff« und für die subjektive Realität Karls im besonderen geltende Aufklärungsfunktion ist mit der Unterhaltungsfunktion verbunden. Sie wird nicht metafiktional begründet, sondern fiktionsimmanent praktiziert. Karl weist allerdings ausdrücklich auf sie hin, indem er die Bedeutung der subjektiven Realität für Hertha innerhalb der Welt TH's charakterisiert, indem er den Situationszusammenhang, in dessen Rahmen auch die theoretischen Erörterungen über »Littertur=allgemein« stehen, als ›Abendunterhaltung‹ bezeichnet, und indem er seine Rolle in der kontrastiven und parallelen Subjektivierung der Welt TH's durch die Funktion der Unterhaltung bestimmt.[228]
Die Unterhaltungsfunktion ist, wie die Praxis Karls vorführt, kein bloß sekundäres Phänomen, sondern ein Konstitutivum für das Verhältnis zwischen Text und Rezipient.
In der Unterhaltung wird der Kontakt zwischen beiden hergestellt, wird der Rezeptionsvorgang eingeleitet. Das – beispielhaft in Hertha und TH offenkundige – Bedürfnis nach Unterhaltung schafft die Bereitschaft, sich auf einen Text einzulassen und bildet somit die Voraussetzung für die Aktualisierung der Aufklärungsfunktion.
In der Aufklärungsfunktion des literarischen Werkes jedoch sind zugleich auch die Schranken seiner adäquaten Rezeption und damit seiner Erfüllung angelegt.

---

[228] Vgl. dazu auch u., S. 408ff.

Das Extrembeispiel »Finnegans Wake« anführend, macht TH dies, bezeichnenderweise im Zusammenhang der ›Abendunterhaltung‹, deutlich:

> die bestn & größdn Sachn sinn nich für uns=einfache Leude ge-
> schriebm: ich red kain' Uhrmacher rein, der'n ganßn geschlagn'n Tack,
> midde Luupe in'n Auge, in seine Wärk=statt hockt.: Unn Einer, der'n
> ganßn Tack n u r s=tudiert, unn Worte zusamm'bastlt –: tja Der kann na-
> türlich leichd Sachn=machn, die'n Annern einfach nich begreifd. (S. 125)

Die von TH gewählte Analogie des Uhrmachers entspricht Karls Selbstverständnis als »Literaturwerker« oder »›Wort=Metz‹«: der komplizierte literarische Text ist das Werk des monistisch arbeiten-den, hochspezialisierten Fachmanns, das eine äußerst komplexe Struktur aufweist. In der Entstehungsweise des Werkes ist die Mög-lichkeit angelegt, daß der Nicht-Fachmann sein ›Inneres‹, seine Struktur, »einfach nich begreifd« – obwohl er den Text, ebenso wie die Zeit bei der Uhr, oberflächlich ›ablesen‹ kann. Der Nicht-Fach-mann aber ist, wie TH und Hertha als Adressaten von Karls Litera-turvermittlung und Hertha als Adressatin seiner Litaraturproduktion, in der Regel der Rezipient. Und dessen Interesse ist nicht das einer ›kollegialen‹ oder wissenschaftlichen Analyse, sondern ist durch die Unterhaltung motiviert.

TH spricht das Strukturgefüge des literarischen Werkes an, das auf der Grundlage des ›Studierens‹ zustandekommt. Sie führt dieses Strukturgefüge also auf die nach rationalen Prinzipien erfolgende Konstruktion zurück, das somit grundsätzlich auch rational einsich-tig, dem ›Begreifen‹ zugänglich ist. Eine adäquate und umfassende Rezeption des Werkes ist zumal dann möglich, wenn der Leser nicht die bloße Unterhaltung will, sondern sich – als der nach Schmidts theoretischer Konzeption für die Moderne Literatur erforderliche ›intelligente Leser‹ – seinerseits ›studierend‹ um das Werk bemüht. Das ›Begreifen‹ zielt auf das Strukturgefüge ab. Es ist vor allem dann erforderlich, wenn neue Strukturen vorliegen, die ein vom Gewohnten abweichendes Werk entstehen lassen, bei dem nicht mehr ohne wei-teres die erwartete Information abgelesen werden kann.

Im Sinne der Analogie zum Werk des Uhrmachers werden einzelne Elemente so zusammengefügt, daß sie ein Ganzes bilden, in dem alle Teile ineinandergreifen, in dem jedes Teil direkt oder indirekt auf die anderen Teile bezogen und für das Ganze relevant ist. Das fehlerfrei hergestellte Werk ›funktioniert‹, d. h. es erfüllt im Beziehungszusammenhang seiner Bestandteile die ihm gemäßen Funktionen: zu unterhalten und aufzuklären.

Das so hergestellte und funktionierende Ganze ist von seinem Ursprung her konsistent: das Werk wird, wie wiederum die Analogie zum Uhrmacher verdeutlicht, von einem Autor produziert, der sämtliche Kenntnisse und Fähigkeiten, das heterogene Material zu einem funktionsfähigen Ganzen zusammenzufügen, in sich vereint und beherrscht.

Wie alle allgemeinen oder grundsätzlichen Aussagen über Literatur und alle speziellen Ausführungen zur subjektiven Realität, bezieht sich auch diese auf den vorliegenden Text insgesamt. Innerhalb der einen Darstellungsebene macht sie deutlich, daß diese mit der anderen das Ganze des Textes bildet, das durch das Bewußtsein Karls seine Konsistenz erhält, d. h. auch: daß es hierdurch einheitlich konstruiert ist, wobei Karl als das figural konkrete strukturbildende Zentrum des Textes sein zentraler Konstruktionsfaktor ist. Und als diese konsistente strukturale Ganzheit erfüllt der Text seine Unterhaltungs- und Aufklärungsfunktion.

c) Die Intensität und Ausführlichkeit, mit der der Text sein eigenes ›Begriffen-Werden‹ betreibt, ist in der Eigentümlichkeit seiner Struktur, vor allem der Duplizität der Realitätsebenen begründet.

Karl weist auf die Stellung des Textes innerhalb des literarischen Kontextes und die sich daraus ergebene Problematik hin, wenn er anführt, daß durch kirchliche Förderung

die ›avantgardistische Kunst‹ in unbegreiflich=absurde Bayous abgeleitet wird, und Keiner sie mehr ernst nimmt – nicht ernst nehmen k a n n. Gefährlich ist ja nur Der, der gleichzeitig modern u n d verschtändlich ist (S. 41).

Die »›avantgardistische Kunst‹«, die Karl ablehnt, ist die der »Abstracktn« (S. 177) oder »›Experimentelle[n]‹« (S. 89), die er im Bereich der Literatur durch einen kurzen Text Heißenbüttels, den er in der subjektiven Realitätsebene ins Englische überträgt, zitiert. Er lehnt sie ab, weil sie von der objektiven Realität abstrahiert und damit buchstäblich ›gegenstandslos‹ wird, weil sie keine Aufklärungsfunktion hat und nicht haben kann.

Die hiervon abgegrenzte Literatur (bzw. auch allgemein Kunst), die »gleichzeitig modern u n d verschtändlich ist«, ist die, der auch der von Karl vermittelte Text angehört. »Kaff« ist insofern wie die

Literatur der ›Abstrakten‹ und ›Experimentellen‹ »modern«, als der Text wie sie eine Struktur aufweist, die von den traditionellen Strukturen abweicht. *Weil* er »modern« ist – im Schmidtschen Sinne als Reine Literatur »experimentierend« die vorhandenen Sprach- und Formmöglichkeiten erweitert –, muß er in besonderem Maße auf seine ›Verständlichkeit‹ bedacht sein, wenn er ›gefährlich‹ sein will, d. h. wenn er den Leser über seine Lebenswelt, also auch über die in ihr wirksamen etbalierten Mächte aufklären will. Das setzt voraus, daß die objektive Realität die materiale Basis des Textes bildet, die in Sprache transformiert und nach einsichtigen Regeln und Gesetzen zum Text strukturiert wird, so daß auch und gerade seiner ›modernen‹ Form die *Trans*formation zugrundeliegt.

»Kaff« macht sich umfassend selbst »verschtändlich«, indem der Text die Voraussetzungen und Faktoren seiner Konstruktion und somit sämtliche für seine Struktur relevanten Momente in die Realitätsdarstellung einbezieht. Das kann deshalb ohne eine Verletzung seiner fiktionalen Konsistenz geschehen, weil Karl fiktionsimmanent als Autor auftritt, so daß die Herstellung des strukturbestimmenden Verhältnisses zwischen der von ihm reflektierten objektiven und der von ihm produzierten subjektiven Realität Bestandteil der objektiven Realitätsebene ist.

Zu den Momenten, die für die Struktur des Textes und für sein adäquates Verständnis relevant sind, gehören
- die Ausführungen über die ästhetischen Funktionen der Unterhaltung und der Aufklärung des Alltäglichen;
- die Ausführungen über die Verpflichtung auf die alltägliche Lebenswelt als materialer Basis;
- die Darlegung des Selbstverständnisses des Autors als »Literaturwerker«;
- die Explikation der individuellen Konstitution Karls, seiner sprachlichen und literarischen Kompetenzen, der Fundierung seiner Perspektivik;
- die Abgrenzung und Identifizierung der beiden Realitätsebenen durch die Entwürfe der kontrastiven und parallelen, traditionell präfigurierten und motivisch gebundenen Subjektivierungen der Welt TH's.

Schließlich gibt der Text auch Hinweise, die auf das strukturbestimmende Verhältnis der beiden Realitätsebenen selbst abzielen. Karl spricht es indirekt an, als er die spontane Idee, Hertha nackt am Steuer ihrer Isetta zu sehen – wobei die Nacktheit auch auf die Ausführungen zur Wahrheit zurückweist –, legitimiert:

es war nichts weenijer als Perr=Werr=Sie=tät: es hätte irgendwie die Scurrilität dieser Welt schteigernd ad absurr=dumm geführt; so geschteigert, daß sie wieder erträglicher gewordn wäre. (S. 213)

›Steigerung‹ bezeichnet die intensivierende, verstärkende Änderung einer gewohnten Gegebenheit, die ihre Verfremdung bewirkt und sie in ihrer ›wahren‹ Beschaffenheit vorführt. Ohne es ›erträglich‹ machen zu können, d. h. ohne es objektiv zum Positiven bessern zu können, macht die Steigerung das Gegebene »erträglicher«, schafft sie eine Möglichkeit, es zu verarbeiten.

Dieser eher vage Hinweis auf das Verhältnis der Realitätsebenen wird erst im Beziehungszusammenhang mit Hinweisen, die geradezu die begriffliche Bestimmung der Struktur betreffen, virulent.

Innerhalb der subjektiven Realitätsebene referiert Charles eine Äußerung des russischen Boten:

Bei den altn, ›irrdischn Roman'n‹ handele es sich leedicklich um ›Längere Gedankn=Schpiele‹ der Verfasser: das dicke Geschtirrn=dort, fordere ja geradezu heraus, es mit Faabl=Weesn aller Art zu ›bevölkern‹ . . . . . (S. 305)

Der als solcher gekennzeichnete Begriff des LGs benennt allgemein den psychologischen Erklärungsgrund einer thematisch umrissenen Gruppe literarischer Texte. In diesem Sinne bezeichnet er auch das literarische Produkt Karls, das durch die Aufforderung Herthas, den Mond »zu ›bevölkern‹« angeregt worden ist (S. 11). Das ›Gestirn‹ wird im LG zu einer belebten ›kompletten Welt‹.

Für die Beschaffenheit einer solchen ›kompletten Welt‹ ist nicht nur die Bauweise, sondern sind auch die »Fundamente«, die den Bau tragen, entscheidend. Karl betont ihre Bedeutung in einer verallgemeinernden Kritik an Silberschlag:

all diese Wortweltenerbauer haben ja, [. . .] wenn man ihnen nur 2, 3 einleitende Kleinichkeitn zugibt, durchaus ›Recht‹; ihr ›Lehrgebäude‹ ist ›wunderbar einheitlich‹ und ›vollkomm' in sich geschlossn‹. – Daß die Fundamente schtinkn, iss ihn' nich so wichtig. (S. 131)

In seiner architektonischen Metaphorik macht Karl deutlich, daß von der Qualität der »Fundamente« die Qualität des gesamten Bauwerks, das er hier als »›Lehrgebäude‹« bezeichnet, abhängt. Diese »Fundamente« sind die »›Voraussetzungn‹« (S. 136), die Axiome, die den Status einer solchen Welt buchstäblich begründen.

Die Kritik Karls geht davon aus, daß diese Axiome, ähnlich wie der Bau selbst, in Analogie zur objektiven Realität die Bedingungen einer lebensfähigen menschlichen Welt schaffen müssen. Axiomatik und Konstruktion einer subjektiven Welt müssen einsichtig sein und einer rationalen Überprüfung standhalten, sie müssen – gemäß den Bedingungen der objektiv-realen Lebenswelt – ›wahrscheinlich‹ sein; anders ist eine solche Welt nur für sich selbst gültig. Sie kann, wie im Rahmen der ›Abendunterhaltung‹, Unterhaltungsfunktion, aber keine Aufklärungsfunktion haben.

Der Begriff des LGs bezeichnet innerhalb der objektiven Realitätsebene die von Karl produzierte lunare Welt nach Maßgabe ihrer Produktionsweise durch das Bewußtsein Karls. Er umfaßt somit den Kontext der Entstehung dieser Welt, also mit der vom Bewußtsein Karls produzierten auch die von ihm reproduzierte Welt.

Die lunare Welt gibt ein ›gesteigertes‹ Bild der monadisch-repräsentativen Welt, dessen Unterhaltungs- und Aufklärungsfunktion für die monadisch-repräsentative Welt TH's nachdrücklich artikuliert werden. Die beiden Realitätsebenen, die jeweils eine »Welt für sich« konkretisieren, stehen nicht unverbunden nebeneinander, sondern sind als Dimensionen eines Bildes ›der‹ Welt aufeinander bezogen.

4. Die subjektive Realität der Glass Town: Die durchsichtige
   Kleinstwelt als aufklärendes Produkt der objektiven Realität

a) Angeregt durch Hertha, die während des ersten Spaziergangs ihre Langeweile betont, beginnt Karl, eine lunare Welt darzustellen. Im Gegensatz zu den Erwartungen Herthas leitet Karl seine Darstellung mit einer »Sseene« (S. 13) ein, die durch dieselbe Langeweile gekennzeichnet ist: ». . . . . l a n g w e i l i c h ; l a n g w e i l i c h : so l a n g w e i l i c h ist es doch auf Erden nie gweesn?!« (a. a. O.)

Karl setzt eine bereits bestehende Mond-Welt voraus, die, wie der Vergleich mit der Vergangenheit »auf Erden« zeigt, in die nahe Zukunft projiziert und aus der objektiv-realen Welt entstanden ist. Indem er aus der Immanenz dieser Welt in eine Situation einführt, die im Grunde nur in ihrem Kontext verständlich ist, konfrontiert er Hertha – und natürlich den Leser – mit einer völlig fremden Realität. Dies löst gezielte Fragen Herthas aus. Karl klärt sie zum Teil auch außerhalb der eigentlichen Darstellung der lunaren Welt in der objektiven Realitätsebene. Die gesamte Einführungsphase in die Mond-

Welt steht im Rahmen eines Gespräches, in dem die ersten Bauelemente der subjektiven Realität reflektiert werden. Das anfänglich Unverständliche und kaum Vorstellbare – Hertha formuliert: »Das fass'ich noch nie« (a. a. O.). – wird so durch zusätzliche Erläuterungen und Hinweise frühestmöglich der Vorstellungskraft und dem Verständnis zugänglich gemacht.

Die Situation, die Karl umreißt, indem er sie als das Gegenwartserleben eines zunächst anonymen, später als Charles Hampden identifizierten Ich schildert, zeigt dieses Ich mit – dem auch erst später namentlich identifizierten – George Harris bei der Bearbeitung von Schiefer.

Um Hertha die Vorstellung dieser Situation zu erleichtern, fügt er in der objektiven Realitätsebene einen Überblick über die räumlichen Verhältnisse hinzu, den er als Charles schwerlich an dieser Stelle geben kann, ohne die Konsistenz der Situation zu gefährden:

> »Kannstu Dir 1 Klein=Krater vorschtellen, mein Leben? – 500 Meter Durchmesser? – So sorgfältig ausgesucht=ä: daß er in der Mitte 1 hohen Zentral-Schpitzberg hat: von dem aus, laufen zu den Kesselwänden 5 bis 7 hohe Aluminium=Konstruktionen; als Träger der Plexiglas=Kuppel, die über dem Ganzen flachliegt: ›GLASS TOWN‹! – Kannstu Dir das vorschtellen, Hertha?«
> [. . .]
> »In der Innenwand des Berges Werkschtatt=Höhlen, ja?«
> (S. 13f.)

Karl skizziert einen Ort, der in seiner engen räumlichen Begrenzung der Welt TH's ähnlich ist. Es handelt sich um eine geplante, mit technischen Mitteln realisierte ›Stadt‹, deren Bewohner buchstäblich ›unter einem Dach‹ leben. Der Name Glass Town hat programmatischen Charakter. Er bezeichnet metafiktional die in ihrem Aufbau, d. h. in ihrer Vergegenwärtigung durch Charles und in ihrer literarischen Konkretisierung durch Karl, in sich selbst und in ihrem Verhältnis zur objektiven Realität ›durchsichtige‹ Welt.[229] Der Name artikuliert

---

[229] Der Name ›Glass Town‹ leitet sich einerseits aus dem Material – nicht nur – der Bedachung ab (vgl. z. B. S. 58f. u. 62) und kennzeichnet diesen Ort andererseits durch den Zitatcharakter als subjektive Realität des LGs (vgl. S. 84): »GLASS TOWN ist die Hauptstadt des ›Heiligen Landes‹« Angria der Geschwister Bronte, so Schmidt in »Angria & Gondal«, S. 24.
– Mit der Doppelbedeutung des Namens stellt sich die Glass Town ›nominell‹ in den literarischen Kontext der utopischen Prosa.
In Samjatins »Wir«, das erstmals die prolongierend-intensivierende Steigerung aufweist, ist bereits in der zweiten ›Eintragung‹ vom »unzerbrechlichen Glas [. . .], aus

den Anspruch dieser Welt, mit der eigenen ›Durchsichtigkeit‹ ihren materialen Entstehungsgrund, die monadisch-repräsentative Welt TH's, ›durchsichtig‹ zu machen, d. h. aufzuklären.

Der hermetisch von seiner Umwelt abgeriegelte Ort bildet die Lebenswelt Charles'. In der weiteren Darstellung kann sich Karl als Charles unausgesprochen auf den Überblick beziehen, wenn er andere Schauplätze beschreibt. Hierbei entsteht ein komplettes Bild dieser Welt: die durch ihre Anlage in einem Krater kreisförmige Welt wird gleichsam in ihren konstitutiven Segmenten vorgeführt.

Das erste dieser Segmente ist die »Werkschtatthöhle« (S. 15), in der Charles und George, die Karl als »2 fast=nackte Schiefertafelmacher« (a. a. O.) vorstellt, ihrer Arbeit nachgehen. – Die spärliche Bekleidung der beiden trotz der extremen Kälte auf dem Mond erläutert sich Hertha selbst durch die »›Treibhauswirkung‹« (S. 14) unter der Glaskuppel. Karl deutet einen weiteren Grund an, der auch die Arbeit von Charles und George verursacht hat: den Mangel an Ge- und Verbrauchsgegenständen des täglichen Lebens; die Schiefertafeln sollen fehlendes Papier ersetzen.

In dieser ersten subjektiv-realen Situation schildert Karl in einem Gespräch zwischen Charles und George den fiktional-konkreten Ursprung der lunaren aus der irdischen Welt und Grundbedingungen der lunaren Gegenwart, wobei das Gespräch zwischen Karl und Hertha die Beziehungen zur monadisch-repräsentativen Welt TH's verdeutlicht.

---

dem die Grüne Mauer und alle unsere Gebäude bestehen«, (S. 6) die Rede. – In ähnlicher Weise, der Konstitution seiner subjektiven Realität gemäß jedoch in einer von vornherein ›abstrakteren‹ Bedeutung, verwendet auch Werfel die Durchsichtigkeit. Im »Stern der Ungeborenen« ist der auf der Erdoberfläche gelegene »Überbau [der Häuser] aus durchscheinendem Material« (S. 52) und ist der Djebel »aus einer zum Teil völlig durchsichtigen, zum Teil höchst durchscheinenden glasflußartigen oder kristallinischen Masse errichtet« (S. 305). Das Ich präzisiert: »Der Djebel bot sich mir überhaupt weit mehr als ein optisches Gebilde dar als wie eine überwältigende Baulichkeit aus festem Material. Mit den Worten »optisches Gebilde« will ich etwas bezeichnen, was eher aus Licht, Lichtflächen, Schlagschatten, Strahlen, Strahlenbrechungen, Spektralphänomenen, Farbreihen und =rückungen besteht als aus etwas anderem.« (a. a. O.).

Die Durchsichtigkeit steht bei Samjatin fiktionsimmanent für die totale Kontrolle des auf eine Nummer reduzierten Individuums durch den »Einzigen Staat« und den »Wohltäter« (S. 5. u. ö.). Sie bezeichnet bei Werfel – zugleich auch metafiktional – die »mentale« (S. 30 u. ö.) Seinsweise und die Entstehung dieser Welt aus der objektiven Realität, die ausdrücklich »›Transparenz‹« (S. 40) benannt wird. In beiden Fällen wird die in der Struktur des Materials der subjektiven Realität begründete Durchsichtigkeit artikuliert, die Durchsichtigkeit vermitteln will.

Als Charles nebenher erwähnt, daß »der Präsident« (S. 16) einige Schiefertafeln bekommen solle, deutet Hertha dies korrekt – und demonstriert damit, wie die literarisch vergegenwärtigte Realität zu ›lesen‹ ist –: »Es schteht also doch ein wohlgeordnetes Schtaatswesn dahinter.« (S. 17)

Die angelsächsischen Namen der beiden Männer (und der Stadt) sowie die Hinweise auf ihre irdische Vergangenheit und den Mangel deuten an, daß dieser Staat aus Angelsachsen besteht, die von der Erde stammen, aber keinen Kontakt mehr zu ihr haben.

George betont die totale und offensichtlich endgültige Isolierung von der Erde, indem er auf die sprachliche Situation hinweist: »Mensch, ich weiß schon manche Worte nich mehr.« (a. a. O.) Indem er rassische Vorurteile artikuliert, gibt er sich als Amerikaner zu erkennen: »1 Glück wenichstn, daß wir die Neger los sind!« (a. a. O.), wobei Charles die Entstehung der Mond-Welt durch die Besiedlung von der Erde aus anspricht: »Gewiß; wir hatten n i e Neger mitgenomm'« (S. 18). Und als George klagt: »Wenn man bloß nich immer diese Erde vor Augn hätte!« (a. a. O.) verdichten sich die Andeutungen für Hertha zur Gewißheit. Ihr wird klar, daß die Mondbewohner »nich mehr zurück« »k ö n n'« (a. a. O.), daß der lunare Staat definitiv von der Erde isoliert und somit erzwungenermaßen auf sich selbst angewiesen ist, »für sich« bestehen muß.

Dieser Staat besteht, von einem »›Versuchs=Gelände‹« (S. 176) und Stützpunkten der »A u ß n t r u p p s« (S. 206) abgesehen, ausschließlich aus der Glass Town. Er hat den Charakter einer antiken polis, den Charles in der Bezeichnung »Pollys=Höhle« (S. 26) ausdrückt. Der räumlichen Begrenzung entspricht eine minimale Bevölkerung, die Karl auf exakt 994 beziffert (S. 18). Die Glass Town repräsentiert also nicht wie die IRAS in der »Gelehrtenrepublik« die subjektive Realität, sondern *ist* sie (ergänzt durch Bezüge zum russischen Pendant).

Charles verweist auf die Entstehung dieser eigenstaatlichen Miniaturwelt aus der fiktionalen irdischen Vergangenheit, als er von der ›dunkelroten‹ Färbung der Erde spricht, die er durch »die Oberflächenlava der Wasserschtoffbombenprodukte« (S. 19) erläutert. Er führt aus:

Auf der Erde ist doch aber auch platterdinx A l l e s kaputt! Brennt & fließt; und von Leben iss überhaupt keene Rede mehr. (S. 19f.)

Ähnlich wie in »Schwarze Spiegel« und der »Gelehrtenrepublik« liegt der Ursprung der subjektiv-realen Welt in einem globalen nuklearen Krieg, der vor der dargestellten Gegenwart stattgefunden hat.

Karl nimmt den Krieg für die nahe Zukunft an: »Im Jahrzehnt zwischen 1960 und 70.« (S. 20) Er greift die Anregung Herthas zum Bau der lunaren Welt: »Schtell Dir amall vor: KRIEG; und 3 Nächte da=druff« (S. 11), auf. Indem er dieser Aufforderung nachkommt, extrapoliert er ein Ereignis, das er mit Hertha und TH als in der Realität der BRD angelegte Möglichkeit erwartet. Karl stellt diese Verbindung zur Realität der BRD dadurch her, daß er in dem Zusammenhang, in dem er als Charles beginnt, auf die totale Zerstörung der Erde hinzuweisen, seine pessimistische Perspektivik, aus der heraus er die Realität der BRD sieht, historisch begründet.

Die lunare Welt, die den Krieg voraussetzt, steigert diese pessimistische Perspektivik in der fiktionalen Konkretisierung. Diese Welt, die ausdrücklich den »Vergleich zu Giffendorf=hier« (S. 12) provoziert, steht damit von ihrem Ursprung her in der – extrapolierten – historischen Kontinuität zur objektiven Realität, die in der Welt TH's als der monadisch-repräsentativen Welt dargestellt ist. Die amerikanische Welt Charles' weist so, ähnlich verbindlich wie »Schwarze Spiegel« und die »Gelehrtenrepublik«, auf die deutsche Realität als ihren Ursprung zurück.

Die technische Möglichkeit der Mondbesiedlung bleibt ebenso wie die technische Möglichkeit, die Erde durch das Aufsprengen ihrer Kruste unbewohnbar zu machen, im Bereich des Vorausgesetzten. Sie sind für die Darstellung der lunaren Welt irrelevant, und für die Plausibilität ihrer Entstehung reicht es aus, *daß* diese Möglichkeiten vorhanden sind.

Der Krieg wird als historisches Ereignis, das die Isolation und Eigenstaatlichkeit der Glass Town begründet, aus der lunaren Welt heraus geschildert:

: »Das war 1 Unheilstag!« flüsterte George entgeistert: »Dieser 10. September 19 Hundert=Mumm=unn=Sechzich . . . . .«: »An dem die Russen sich nicht widerschtanzlos mit H=Bomben zudecken ließen, sondern rüstich zurück=warfen,« ergänzte ich bissich: »Habt Ihr=Republikaner gedacht, Euer greiser Führer=General ›würde's schon machen‹?« – (S. 20)

In der Fortsetzung des Gesprächs wird das deutlich, was in der Fragestellung Charles' anklingt: daß das politische System, das für den

Krieg verantwortlich ist, in der Glass Town weiterbesteht. Auf die provozierende Feststellung Charles': »Tja; die Erde habt Ihr auf'm Gewissn« (S. 21), reagiert George mit Empörung und fügt hinzu: »Ihr habt bloß Schwein gehabt, daß Ihr nich grade an der Regierunk wart! – Und noch lange nich sein werdet.« (S. 21f.)

Die systemimmanente Verantwortung für den Krieg ist unerheblich. Wesentlich ist, daß ihn die USA als Aggression gegen »die Russen« begonnen haben. Er hat zwischen den Repräsentanten der beiden beherrschenden politischen Systeme stattgefunden, denen in der Welt TH's BRD und DDR entsprechen.

Daß auch das Verhältnis der Systeme zueinander fortbesteht, daß also neben dem amerikanischen auch ein russisches Staatswesen auf dem Mond vorhanden ist, deutet Karl erstmals an, als er von den Amerikanern als »*dieser Gruppe* der Mondbewohner« (S. 19) spricht. Charles erwähnt den russischen Mondstaat erstmals, als er zur Sehnsucht Georges' nach einer erdähnlichen Witterung bemerkt: »Bei den Russn soll manchmal schon Nebl sein« (S. 22). Ganz ähnlich heißt es wenig später: »Bei den Russen soll's erst neulich wieder ›Frische Leber‹ gegeben haben . . . . .« (S. 30)

Die Art der Hinweise zeigt, daß die Glass Town derart vom russischen Staat abgegrenzt ist, daß nicht einmal präzise Informationen über ihn vorliegen. Wie in der Welt TH's, so ist auch in der lunaren Welt der Glass Town das andere politische System präsent – mit dem Unterschied allerdings, daß offensichtlich nicht mehr der Westen, sondern der Osten eine ›Überflußgesellschaft‹ ist.

b) Mit der Kontinuität der politischen Verhältnisse liegt, wie Hertha formuliert, »anne radikal veränderte soziale Schtrucktur« (S. 28) vor, die sie begründet: »Eigentlich klaa: fast gaa keene Arbeiter & Bauern. Dafür lauter Techniker & Wisser . . . . .« (a. a. O.)

Die sich daraus ergebenden Konsequenzen stehen im Zusammenhang mit konstitutiven Bedingungen des Lebens in dieser Welt. Charles macht dies im zweiten Situationszusammenhang, auf dem Weg von der Werkstatt zum Speisesaal deutlich. Er vergegenwärtigt die Situation:

durch die reinlich gemeißelten ›Schtraßen‹ der Pollys=Höhle: überall kamen sie aus ihren Werk=Schtätten (S. 26).

Als geschlossene Hohl-Welt, die nur durch eine massive Sperre, das »›Eiserne Thor‹« (S. 28), mit der Außenwelt verbunden ist, muß diese Welt die Möglichkeiten ihres Fortbestehens aus sich selbst heraus schaffen. Dies geschieht in den ›Werkstätten‹, in denen offensichtlich ein Großteil der 994 Bewohner ›werk-tätig‹ ist. Charles erwähnt hier die »Sanduhr=Macher« (S. 26) und - auf derselben Ebene, somit Karls Selbstverständnis als »Literaturwerker« entsprechend - den »›Dichter & Benenner‹« (a. a. O.) sowie die »›Papiermacher‹« (S. 28). Ihre Tätigkeit ist grundsätzlich denselben Bedingungen unterworfen, unter denen die von Charles beschriebene der Schiefertafelherstellung steht: Aus den wenigen Rohstoffen, die auf dem Mond vorhanden sind, werden mit einfachem Werkzeug und unzureichenden Anleitungen auf dilettantische Weise Gegenstände hergestellt bzw. herzustellen versucht, die wenigstens die elementaren Bedürfnisse der von ihrem irdischen Ursprung her hochindustrialisierten Überflußgesellschaft befriedigen sollen. Die Ursache für den umfassenden Dilettantismus der Fertigungsverfahren bzw. -versuche, der mit der mangelhaften Qualität der Produkte in nahezu allen Bereichen einhergeht,[230] besteht in der Inkompetenz der Produzenten. Abgesehen etwa vom »›Dichter & Benenner‹« Lawrence, der auch auf dem Mond seinen Beruf ausüben kann, dessen Inkompetenz Charles allerdings besonders hervorhebt, sind die ›Werktätigen‹ Laien. Sie sind »Techniker & Wisser«, die durch die Umstände zu Tätigkeiten gezwungen werden, die weit unter ihrem Niveau liegen, die sie aber gerade deshalb nicht beherrschen. Charles verdeutlicht dies später, als er das Problem, mondgeborene Kinder durch geeignete Personen zu unterrichten, anschneidet:

Die Mathematik=Schtunde?: Unsere einschlägigen Herren wußten allenfalls die Tensor=rechnung zu handhaben; aber die einfacheren Sachen hatten sie ratzekahl vergessen. (S. 37)

Die hochspezialisierten Fachleute haben sich von den elementaren Grundlagen ihres Wissens entfernt. Das Resultat, das sich aus einer solchen hohen Entwicklungsstufe bei fehlender Basis ergibt, ist »wesentlich schlechter« (S. 63) als das, das sich aus einer niedrigen Entwicklungsstufe, die jedoch die Basis in sich selbst trägt, ergibt. Charles weist beispielhaft darauf hin, als er sich - in einem wiederum anderen Situationszusammenhang - beim Anblick von auf dem Mond entstandenen Bildern fragt: »war d a s das Ergebnis, daß die vor 100.000 Jahren bessere Bilder hatten, als wir›hier?!« (a. a. O.)

---

[230] Vgl. z. B. den Hinweis auf die Sanduhr, S. 24, vgl. aber auch die Kritik an den Erzeugnissen des ›Dichters und Benenners‹, S. 25.

Die Formel »lauter Techniker & Wisser«, auf die Hertha die soziale Struktur der Glass Town bringt, schließt den Widerspruch zwischen dem ursprünglichen sozialen Status der Mondbewohner und ihrer ausgeübten Tätigkeit ein. Die »Techniker & Wisser« können größtenteils, ausgenommen die Astronomen, nicht mehr technisch oder wissenschaftlich arbeiten, sondern müssen die elementaren Grundlagen ihrer Existenz produzieren.

Dies ist durch den umfassenden Mangel bedingt, der nicht nur die Gegenstände des täglichen Lebens betrifft, sondern die lunaren Lebensbedingungen generell bestimmt. Er kommt folglich in nahezu allen Situationszusammenhängen, die Karl als Charles konkretisiert, zur Sprache.[231]

Die durch den Mangel bestimmte Realität des Lebens auf dem Mond bildet den Schwerpunkt des dritten Situationszusammenhangs, in dem Charles die Kongreßsitzung im ›Weißen Haus‹ (S. 30) beschreibt und dem Karl für Hertha titularisch voranstellt:

> Du kennst die ›Vorratslage‹ eben nich. Bei der Sitzunk des Kongresses=jetz wirstu schon ein’ klein’ Einblick bekomm’ (a. a. O.).

Wie bereits während des einleitenden Werkstattgespräches angedeutet, gehört Charles als Mitglied der Opposition dem Kongreß an. Dieser weist, so Karl in der Beantwortung einer nicht eigens wiedergegebenen Frage Herthas, folgende Zusammensetzung auf: » : » 1 Präsident; 8 Minister; 10 Abgeordnete. – [...]: 6 Republikaner; 4 Demokraten in der Opposition!«« (S. 32) Seine eigene Rolle charakterisiert Charles: »Ich war ja schließlich von meiner Partei verpflichtet, bei jeder Gelegenheit den Schtänkerer zu machen.« (S. 33)

Die internen Kenntnisse, über die er als Kongreßmitglied verfügt, werden nicht nur mit der Authentizität des Beteiligten, sondern zugleich aus der Perspektive des Kritisch-Distanzierten vermittelt.

Der Größe der Glass Town entsprechend ist der Staatsapparat keine anonyme Macht, sondern mit seinen personalen Funktionsträgern

---

[231] In den beiden ersten Situationen erwähnt Charles bzw. George den Mangel an Papier (vgl. S. 15), Zahncreme (vgl. S. 22), Toilettenpapier (vgl. a. a. O.), Kaffee (vgl. S. 24), Fleisch- und Obstkonserven (vgl. S. 25 u. 29), wird die mangelhafte Arbeitsanleitung angeführt (vgl. S. 15) und deutet Karl den Textilmangel an (vgl. S. 14). Ebenso werden Mangelerscheinungen in gänzlich anderen Bereichen festgestellt: in dem der Sprache (vgl. S. 17), dem der Atmosphäre – des Wetters (vgl. S. 22) und der Atemluft (vgl. a. a. O.) – und sogar in dem der Bevölkerung selbst, in der geringen Anzahl der Frauen (vgl. S. 25).

identisch. Das Verhältnis der Kongreßmitglieder untereinander ist durch die intime Bekanntschaft bestimmt. Die vorherrschende Anrede ist das ›Du‹, die parteipolitischen Attacken und die Rivalitäten der Minister sind personenorientiert. Die Bemühung, die jeweils vertretene staatliche Institution hervorzuheben, wird meist zur Farce. Als etwa Charles den Minster für »Polizei & Justiz«, der den ›sprechenden‹ Namen John Steele trägt, um eine Information bittet, droht er ihm: »Bring's raus, Dschonn. Sonst laß ich Dich heut Abdn [!] im Schach ma nich gewinn'.« (a. a. O.) Daraufhin erwidert dieser »giftich«: »Du so'ss nich immer so in=team werden, wenn wir Sitzung habm!« (a. a. O.)

Das solcherart in personalen Beziehungen und Identifikationen vergegenwärtigte politische System, dessen Anknüpfung an die westliche Demokratie amerikanischen Musters sich in Bezeichnungen wie denen des »›Weißen Hauses‹«, des Kongresses oder der Opposition manifestiert, dem aber ein Bürgermeister und ein Gemeindeparlament weit angemessener wären, wird zu einer Kopie, in der das Vorbild – gemäß der Formulierung Karls in anderem Zusammenhang – »schteigernd ad absurr=dumm geführt« ist.

Die Regierungsmitglieder werden, von einer Ausnahme abgesehen, namentlich vorgestellt und in der Ausübung ihrer Ämter vorgeführt.[232] Lediglich der Außenminister wird nur indirekt angesprochen und nicht mit Namen erwähnt, ausschließlich er tritt nicht in Erscheinung – auch dann nicht, als Charles zu seiner Mission ins Mare Crisium entlassen wird. Es gibt folglich keine Beziehung des amerikanischen Mondstaates nach außen zum russischen, die allein den Außenminister erfordert, auf der politischen Ebene. Und die auf der kulturellen Ebene bestehende Beziehung des amerikanischen Mondstaates zu seinem russischen Pendant wird auch weniger zur Annäherung, als vielmehr zur propagandistischen Selbstdarstellung genutzt.[233]

Die Bedeutung der »›Vorratslage‹« zeigt sich bereits vor der Sitzung des Kongresses im Verhältnis zwischen dem Präsidenten und dem Wirtschaftsminister. Die beiden genießen vor den anderen Re-

---

[232] Charles benennt und beschreibt den Präsidenten Mumford, den Wirtschaftsminister Air, den Kultusminister Hoyce, den Kriegsminister O'Stritch, die Ministerin für Volksgesundheit Rowland, den Minister für Polizei und Justiz Steele, den Schatzminister Conway, den Minister für Astronomie und Fragen des Weltalls O'Dwyer (vgl. S. 30–46).

[233] Vgl. etwa die Aromatisierung des Seils, S. 176.

gierungsmitgliedern das Privileg, »1 Zigarette« zu rauchen, deren »Kippen« noch so kostbar sind, daß sie als Gunsterweis weitergegeben werden (S. 30). Die Wertschätzung der einen Zigarette und die an sie gebundene Demonstration der Gleichrangigkeit von Wirtschaftsminister und Präsident veranschaulichen den Stellenwert der mit Mangel identischen »Wirtschaft« in der lunaren Welt. Der - wiederum ›sprechende‹ - Name des Ministers, »Air«, und die später erfolgende ausdrückliche Gleichsetzung »Wirtschafts= gleich Vorraz=Minister« (S. 172) besagen, daß der Staat keine ernst zu nehmende produktive Wirtschaft aufweist, sondern in erster Linie auf einen sich verringernden Vorrat angewiesen ist, daß er sich also mit seinem Fortbestehen zunehmend die Basis für das Fortbestehen entzieht.

Die quantitativen Mängel prägen im Zusammenhang mit qualitativen Mangelerscheinungen die Welt der Glass Town,[234] und zwar im Verhältnis zur Erde einerseits und zum »sowjetischen Machtbereich« (S. 33) andererseits.

So beantragt der »Minister für Astronomie und ›Fragen des Weltalls‹« (S. 40) eine »fotografische Platte«, um die »Bildung eines neuen ›weißen Fleckes‹« auf der Erde zu fixieren (a. a. O.). Charles kommentiert:

> Also ein *neues* ›Schtrahlungshoch‹ zu erwarten. Auch »Mutationsschprünge in den nächsten Tagen möglich«. - Demnach mußten wieder die dicken Aluminiumfolien übers Dach gebreitet werden; und wir konnten bei Neon's hocken. (Und d a f ü r dann noch fotografische Platten freigeben?: Nee, mein Lieber! Und wenn sich 6 Dutzend extra=galaktische Nebel für immer aus unserm Gesichtskreis verlieren! [. . .]) (a. a. O.)

Charles betont die Irrelevanz des Strahlungsherdes als astronomisches Ereignis. Seine Relevanz besteht negativ allein darin, daß die üblichen lebensnotwendigen Schutzvorkehrungen getroffen werden müssen.

Die vom Menschen zerstörte Erde ist als Faktor, der die eigene Existenz gefährden kann, präsent. Die Notwendigkeit, sie zu beob-

---

[234] Die Reduktionen und die - wie das Beispiel der Wirtschaft zeigt - mit ihnen einhergehende Diskrepanz zwischen Begriff und Realität stellen eine, wenn auch nur vage assoziative Beziehung zu Orwells »1984« her. Die vier Ministerien von Ozeanien heißen, allerdings eine radikale Bedeutungsumkehrung implizierend, »Minitrue, Minipax, Miniluv, and Miniplenty« (Orwell, engl. Ausg., S. 7). Und ähnlich wie in der Lebenswelt Charles' sind auch in der Welt Winstons die Lebensbedingungen auf ein absolutes Minimum reduziert.

achten, rechtfertigt die Arbeit der Astronomen; denn das, was nicht der Sicherung der lunaren Lebensbedingungen dient, ist, wie Charles' Nachsatz andeutet und wie der Aufriß der sozialen Struktur verdeutlicht, nutzlos und deshalb auch gefährlich. Die Notwendigkeit der Sicherung schließt also die dem eigenen Ursprung gegenüber ein. Und sie impliziert in einem erweiterten Sinne auch die Notwendigkeit, die lunare Welt als eigenständiges Staatswesen zu sichern.

Dieses Problem tritt in einer Frage des Ministers für ›Polizei und Justiz‹ als Fundierungsproblem hervor:

> ».....sollten wir unsere Gesetzessammlungen nicht durch 1 Novelle bezüglich ›Beleidigungen‹ ergänzen? Unser Grundgesetz ist wahrlich noch arg lückenhaft.....«; (und zeigte zum Beweis sein Kästchen mit den paar Zetteln herum:!). (S. 33)

Das »Grundgesetz« der Glass Town, dessen qualitative und quantitative Mangelhaftigkeit der Minister demonstriert, wird zum sinnentleerten Etikett. Es besteht nicht, wie sein Name beansprucht, aus einem Kanon von Gesetzen, der in einer für alle verbindlichen Weise die *grund*sätzlichen Beziehungen des Gemeinwesens, die es als Staat konstituieren, regelt, sondern aus einer zufälligen Ansammlung, die den Einfällen oder Bedürfnissen des Augenblicks entspringt. Dieses unsystematisch ad hoc entstehende »Grundgesetz« hat keine Leitlinie.

Eine anschließende Frage Charles' setzt diesen Zustand in Beziehung zu dem entsprechenden des russischen Mondstaates und verstärkt dadurch seine Absurdität:

> »Hat das Kabinett - nicht zur Übernahme; wohl aber zu anregendem Vergleich - sich erkundigt: wonach man sich, bezüglich Jurisdiktion & Legislatur, im sowjetischen Machtbereich richtet?«. (a. a. O.)

Charles erhält zur Antwort, daß dies geschehen sei und daß sich die Russen an zwei historischen Vorbildern orientierten; darüberhinaus, so der Minister,

> hat [man] sie uns, zur leihweisen Überlassung, angeboten: die sogenannte ›Russkaja Prawda‹, das Gesetzbuch eines gewissen Jaroslaw von Nowgorod.....(S. 34)

Und weiter: ».....Wir könnten aber auch das ›SOBORNOJE ULOSCHENJE ZAKONN‹ von 1649 haben.« (a. a. O.) Auf eine weitere Frage Charles' zur erstgenannten Gesetzessammlung fügt er hinzu: »Von Ein=Tausend; und Siebzehn.« (a. a. O.) - Es bleibt unausgesprochen, daß das Angebot der Russen abgelehnt worden ist.

367

Obwohl die Glass Town in historischer Kontinuität mit der objektiven Realität verbunden ist, besitzt sie keine historische Fundierung, hat sie keine eigene Geschichte und kein Bewußtsein ihrer Vergangenheit als Geschichte.

Eine Verwendung der historischen Vorbilder der Russen auch für ihre eigene »Jurisdiktion & Legislatur« bedeutete jedoch die Fundierung in einer gar nicht so fremden historischen Tradition, wie es den Anschein hat; denn ähnlich weit zurückdatiert wie bei den Russen, reichte die historische Tradition der Amerikaner in die abendländische Geschichte zurück. Und vor allem die »»Russkaja Prawda‹« ist über ihren ausdrücklich angeführten Urheber Jaroslav von Novgorod (978–1054) fest mit der europäisch-abendländischen Geschichte verbunden.[235]

Das Zurückweisen des russischen Angebots kommt somit dem bornierten Verzicht auf die vorhandene Möglichkeit der historischen Orientierung gleich. Die Glass Town befindet sich in einem geschichtslosen Raum. Ihre ›Geschichte‹ reicht lediglich bis zur Zerstörung der Erde und ihren politischen Ursachen, also bis zur erlebten Vergangenheit der Mondbewohner zurück.[236]

Die Isolierung vom historischen Ursprung und vom anderen politischen System ist in der lunaren Welt mit Mängeln verbunden, die vor einer Fundierung des Gemeinwesens durch Gesetze seine Glieder betreffen, die diese Fundierung leisten und auf die sie ausgerichtet ist: die Menschen.

Die geringe Bevölkerungszahl von 994, die während der geschilderten Zeitspanne »die unverächtliche Zahl von 995« (S. 87) erreicht, und die ungünstige Relation der Geschlechter – 741 unverheirateten Männern stehen nur 129 Frauen, von denen 62 verheiratet sind, gegenüber, wie Karl ausführt (S. 34) – lassen die Sorge um die Fortpflanzung zu einer Sorge um das Fortbestehen der Glass Town werden.

---

[235] Seine Regentschaft wird BB, Lfg. 4, Sept. 1973, o. S., charakterisiert: »Rege kulturelle Tätigkeit, vor allem Übersetzungen griechischer Literatur, Klostergründungen, Kirchenbauten.«
Zur zweiten Gesetzessammlung vgl. a. a. O. Auch sie steht in Verbindung zur abendländischen Geschichte und damit auch zur historischen Tradition der Amerikaner, indem sie »die feudalistische Gesellschaftstruktur des 17. Jahrhunderts wieder[spiegelt]«.
[236] Vgl. dazu die Benennung der irdischen Strahlungsherde nach den Namen der Politiker, die für sie verantwortlich sind, S. 88.

Die Intimsphäre wird zu einem ›nationalen‹ Anliegen, das der Präsident selbst verhandelt. Möglichst alle der »zur Zeit [. . .] geschlechtsreifen Frauen« (S. 35) haben möglichst oft schwanger zu sein. Die Gesundheitsministerin legt dar, daß die 36 Frauen, die nicht »mit Sicherheit als geschwängert zu betrachten« seien, »natürlich laufend untersucht. Und bearbeitet« (a. a. O.) würden.

Hertha zieht in diesem Fall die Verbindung zur objektiven Realitätsebene, indem sie Karl auf arbeitende Frauen aufmerksam macht:

Kuckmadu: ich gloob, Affrodite selbst würd' zum Zerrbild, wenn se – und noch dazu in so anner Tracht – Mist tragen müßte. (a. a. O.)

Herthas Beobachtung steht in einer assoziativen Beziehung zur Schilderung Charles', durch die sie angeregt und in ihrer Bewertung präfiguriert wird, so daß diese Bewertung umgekehrt eine intuitive Bewertung der Schilderung Charles' beinhaltet. Sie ist als »Zerrbild« der gesellschaftlichen Rolle der Frau zu verstehen – das dem entspricht, das Karl in seiner Skizzierung der bäuerlichen Welt zeichnet. Das Anführen der griechischen Liebesgöttin Aphrodite verweist auf das Ausmaß und die Art der Verzerrung. Im Verhältnis der Geschlechter wird die Frau auf ihren aktuellen Funktionswert reduziert.

In der Glass Town richtet sich das ›nationale‹ Interesse nicht auf die Frau, sondern auf das von ihr ausgetragene Kind, wobei dieses Austragen von Kindern Produktionscharakter hat. Die Frau ist unverzichtbarer Produktionsfaktor.

Der Stellenwert der Kinder für das Gemeinwesen zeigt sich in dem Antrag, die beiden »hölzernen Kruzifixe« (S. 42), letzte Symbole des Christentums, als »Rahmen für die Schiefertafeln der Allerkleinsten« zu verwenden, weil sie sich »um keinen Preis an etwaijn scharfen Rändern verletzen durften!« (a. a. O.)

c) Die Kinder aber bilden auch ein zentrales Problem des Gemeinwesens, und zwar *für* sein Fortbestehen:

»Tja unsere Kinder!«. (Womit wir wieder mal bei der scheußlichen Schulfrage gelandet waren: diese ›Mondgeborenen‹ waren ja unleugbar das vordringlichste aller Probleme. / Wir hatten wenichstns noch ›Erinnerungen‹; und die Begabten unter uns also die Möglichkeit zu irgendwelchen ›Gedankenschpielen‹. . . . . aber gleich winkte Hoyce [der Kultusminister] schwermütich ab: »Wieviel Amerikaner können das schon.« (S. 35f.)

Das Problem betrifft das Auseinanderklaffen von Sprache und Wirklichkeit. Für die »›Mondgeborenen‹« wird die Sprache, die sich in der irdischen Realität entwickelt hat, leer. Weil die Anschauungen fehlen, kann sie keine Vorstellungen mehr evozieren. Hertha charakterisiert dieses Problem durch simple Beispiele:

> Schtell Dir amma vor: wenn solche Kinder das Wort ›Baum‹ läsen – die hätten ja keene Ahnung, was das sein möchte. Oder ›Hund‹. – Oder ›Katze‹. (S. 37)

Das, was Hertha als Forderung formuliert, erfüllt Karl: »Wir sind ja eben d a b e i , Herzchen, uns das intensief vorzuschtelln . . . . .« (a. a. O.) Er bezieht sich auf das in der subjektiven Realitätsebene zitierte Gedicht Longfellows, dessen ›zeitgemäße Umdichtung‹ durch Lawrence er Hertha in der objektiven Realitätsebene übersetzt.[237] Innerhalb der subjektiven Realität erfolgt die ›Umdichtung‹ während der Kongreßsitzung aus dem Stegreif.

Das Original spiegelt eine Welt, die natürlich nicht die Welt ist, die die »Techniker & Wisser« aus ihrer Erinnerung kennen, sondern eine vergangene Welt, deren Zitation die Bedeutung einer »bukolisch=georgischen« Verklärung hat. Es ist deshalb relativ einfach der Realität des Mondes anzugleichen, weil diese Welt im Grunde genau der Kulturstufe – der der handwerklichen Fertigung – entspricht, auf die die Glass Town zurückgefallen ist.

Das aufgeworfene Problem des Rückgriffs auf »›Erinnerungen‹« als Voraussetzung für das Durchführen von »›Gedankenschpielen‹« bezieht sich ›vordringlich‹, aber nicht allein auf die mondgeborenen Kinder, sondern auf alle Mondbewohner. Es hat seinen Ursprung in

---

[237] Jörg Drews weist im BB, Lfg. 17–18, Okt. 1976, S. 7f., darauf hin (wobei er einmal mehr unreflektiert den Begriff der ›negativen Utopie‹ verwendet), daß das umgearbeitete Zitat »indirekt auch eine Anspielung auf eine andere zeitgenössische negative Utopie, nämlich auf George Orwells »Nineteen Eighty Four«« (S. 8), enthalte.
Orwell zitiert dieselben Verse in einer ebenfalls »bezeichnenden Umdichtung« (a. a. O.), d. h. in einer »bezeichnenden« Angleichung an die subjektive Realität. Demgemäß heißt es bei Orwell: »Under the spreading chestnut tree/ I sold you and you sold me:/ There lie they, and here lie we/ Under the spreading chestnut tree« (zit. bei Drews, a. a. O.).
Zur bezeichnenden Valenz der »Umdichtung« gehört, was Drews nicht erwähnt, sein Autor bzw. Sprecher. Auch bei Orwell wird die ›offzielle‹ Version zitiert. Sie wird eingeleitet: »and then a voice from the telescreen was singing:« (Orwell, engl. Ausg., S. 65). Die Anfangsverse werden noch einmal am Schluß des Textes zitiert; sie werden hier, nach der erzwungenen Angleichung Winstons an die Gesetze seiner Welt, eingeleitet: »And then – perhaps it was not happening, perhaps it was only a memory taking on the semblance of sound – a voice was singing:« (a. a. O., S. 236).

den Grenzen der lunaren Welt: sie sind identisch mit den Grenzen des Erfahrungsmöglichen. Das ursprüngliche Sprachpotential der Mondbewohner ist dieser Welt nicht angemessen, weil es ein unvergleichlich größeres und vielfältigeres Spektrum von Erfahrungsmöglichkeiten abdeckt, auf eine wesentlich komplexere und höher entwickelte Welt ausgerichtet ist.

In der lunaren Welt bestehen zwei komplementäre sprachliche Entwicklungslinien: die der Reduzierung dieses hohen sprachlichen Niveaus auf die aktuelle Erfahrungswirklichkeit und die der – teils aktiv betriebenen – Angleichung dieses Sprachniveaus an die Erfahrungswirklichkeit. Der Niveau-Ausgleich führt zu einer Reduzierung der Sprache, deren Ausmaß – nach der anfänglichen Bemerkung von George über sein sinkendes Sprachpotential[238] – darin zum Ausdruck kommt, daß ein zufällig während der Kongreßsitzung fallendes vergessenes Wort in einer parlamentarischen Aktion im »›Lexikon‹« (S. 33) fixiert wird, das fraglos ebenso fragmentarisch wie das »Grundgesetz« ist. Der Mangel an Wörtern entspricht dem Mangel an ›Wortwelten‹, an Literatur.

Charles übt neben der Tätigkeit des Schiefertafelmachers und des Abgeordneten als »einer der wenigen Männer im Lande, die 'n bißchen=was von Büchern verschtandn« (S. 24), wie er sich selbst charakterisiert, zusätzlich die des Bibliothekars aus. Die Motivation für seine zusätzliche Arbeit: »was hätte man in der Zeit schließlich anschtellen sollen? – ›templum‹ deklinieren?« (S. 145) enthält zugleich die Begründung für die Bedeutung, die der Literatur in der lunaren Welt zukommt. Charles geht direkt auf sie ein, indem er sich an die Reaktion auf das durch öffentliche Propaganda inszenierte Bemühen einiger Mondbewohner, »ann=allfabeetisch=weise sein [zu] wollen« (S. 145), erinnert:

Waren jedoch binnen kürzester Frißt vor Langweile wie raasend gewordn; und hatten sich zu der, ›menschlicheren‹, Dewiese bekannt: ›LIEBER FÜR DOOF GELTN; ABER WAS ZU LEESN!‹ (a. a. O.)

Die Literatur bzw. das Lesen ist von ›menschlich‹-lebenswichtiger Bedeutung für die lunare Gesellschaft: sie bewahrt sie vor den psychischen Folgen der Langeweile, deren Symptome Charles in dem »wie raasend« andeutet.

---

[238] S. o., S. 360.

Die Langeweile, die Charles anspricht, kennzeichnet ebenso wie die Herthas in der Welt TH's einen Zustand des Subjekts: die jeweilige Welt schafft einen Leerraum, den das Subjekt nicht aus eigenem Antrieb ausfüllen kann. Anders als Hertha, der es frei steht, die Welt TH's wieder zu verlassen, sind die Mondbewohner dieser Langeweile permanent zwangsweise ausgesetzt.

Die Literatur kann die Langeweile durch Unterhaltung beseitigen. Indem sie dies bewerkstelligt, erweitert sie die Grenzen der Erfahrungsmöglichkeiten ins Subjektive.

Dieselbe Bedeutung haben die im Situationszusammenhang der Kongreßsitzung von Karl genannten ›Gedankenspiele‹. Der Kreis derjenigen, die sich aus eigener Kraft subjektive Erfahrungsmöglichkeiten schaffen können, ist jedoch beschränkt und engt sich zunehmend ein. Denn Charles nennt als Voraussetzung für die »Möglichkeit« solcher Gedankenspiele die Erinnerung und die individuelle Begabung, d. h. die Verfügbarkeit von Spiel-Material und die Fähigkeit, das Material nach bestimmten Spiel-Regeln in die subjektive Ebene des Spiels zu transformieren und zu einer eigenen subjektiven Welt zusammenzufügen. Von denjenigen, die über die Voraussetzung der Erinnerung verfügen, sind nach einer Schätzung des Kultusministers nur 10% auch befähigt, sie so zu nutzen. Die »›Mondgeborenen‹« scheiden ohnehin aus, da sie kein Spiel-Material aus der Erinnerung reproduzieren können und ihre an ›objektiven‹ Erfahrungsmöglichkeiten arme Lebenswelt nur wenig Material bieten kann.

Wenn Charles an anderer Stelle überspitzt formuliert:

> ..... uns fehlten ja schließlich nichts, als Ideen=Milljonäre: Leute, die fähich waren, Gedankn=Schpiele durch Wochen & Mohnate hindurchzuführen (S. 84),

so betont er die Relevanz *Längerer* Gedankenspiele für die Mondbevölkerung. Er beklagt damit indirekt das Fehlen mitgeteilter, öffentlich vorgetragener oder schriftlich fixierter LG, die allen zugänglich sind und allen die subjektiven Erfahrungsmöglichkeiten erschließen, die sie sich selbst nicht schaffen können.

In diesem Zusammenhang erhält das lexikalische Sammeln und Aufbewahren von Wörtern einen ambivalenten Charakter. Im Aufbauen und Bereitstellen eines Wort-Schatzes schafft es die Grundlage für die Durchführung von LG und somit auch für die Herstellung von Literatur. Diese Literatur aber ist per definitionem nur so lange LG, wie sie die aktuelle Lebenswelt betrifft, d. h. auch: wie die Wörter ihre semantische Dimension nicht verlieren. Wenn die Sprache ohne Anschauung bleibt und sich eine solche Literatur von ihrem realen Kontext abwendet, bleiben beide unverständlich. Diese Literatur verliert ihre ästhetische Aufklärungsfunktion und erhält eine museal-konservierende Funktion oder aber wird ›abstrakt‹.

Das von Karl beklagte Fehlen der »Ideen=Milljonäre« ist deshalb um so eklatanter, als die lunare Welt nur über einen minimalen Bücherbestand verfügt. Während der Beschreibung seines Bibliothekardienstes merkt Charles an:

> ..... dabei waren wir, ›in Wirklichkeit‹, 4 Bibliothekare; für insgesammt 16 verschiedene Bücher!. / Die ›Gesamtzahl‹ betrug – wir erwähnten es bei jeder Gelegenheit – ›numero rotundo‹ Ein=Tausnt. (S. 147)

Die ›Bibliothek‹, die mit großem Aufwand betrieben wird, ist eine Karikatur ihrer selbst. Die Mondbevölkerung jedoch macht sich dies nicht bewußt; denn die Eröffnung der Bücherausgabe beschreibt Charles: »...... und Alle kam'se angeschtröhmt, die ganze Natzjohn« (a. a. O.). Der mit allen Mitteln erweckte Anschein, daß immerhin eine kleine Bibliothek vorhanden sei, wird allgemein akzeptiert.

d) Der Grund des Büchermangels ist zugleich der Grund für sämtliche anderen Mangelerscheinungen, er ist das die lunare Welt der Glass Town begründende Axiom.

Im Anschluß an die Offenlegung des Bücherbestandes und des scheinhaften Aufwandes, der mit ihm betrieben wird, fügt Charles hinzu:

> : das waren die Folgen ›Westlicher Freiheit‹. Beziehunxweise der ›Freiheit des In=die=wie=Du=ums‹; oder eebm der ›Freiheit=überhaupt‹ ..... (S. 147f.)

Charles gibt als Grund des Büchermangels das Selbstverständnis der Welt an, der die lunare Welt entstammt und die sie kontinuierlich fortführt. Er zitiert dieses Selbstverständnis in seinem ihm inhärenten polemischen Gegensatz zum Verständnis des politischen Gegners, das implizit durch Formen der Un-Freiheit gekennzeichnet wird. Die nachfolgenden Identifikationen der ›Westlichen Freiheit‹ mit der ›Freiheit des Individuums‹ und der ›Freiheit überhaupt‹ tragen ebenfalls Zitatcharakter. Der politisch gebundene Freiheitsbegriff wird einerseits mit einem Freiheitsbegriff gleichgesetzt, der individualisiert ist, andererseits aber auch mit dem allgemeinen Begriff von Freiheit.

Der allgemeine Begriff, der bereits in seinen beiden Spezifizierungen depraviert wird, führt sich in seinem Resultat selbst ad absurdum. Bezogen auf das Bücherbeispiel, aber bezeichnenderweise allgemein formulierend, stellt Charles die Verbindung zwischen der ›Freiheit‹ des Ursprungs und ihrem Resultat her:

> Beschtraaft werdn hätten die Waahnwitzijen müssen! Die das nich in die Hant genomm' & gereegelt hattn: dämlicher als Noah=seinerzeit! / [. . .] Meingott=meingott: wenn das damals vernümmftich ›gelenkt‹ wordn wäre! . . . . . (S. 148)

Unter Anspielung auf den biblischen ›Parallelfall‹ der Vernichtung der menschlichen Lebenswelt und des Neubeginns aus den Mitteln der vernichteten Welt kritisiert Charles eben diese Freiheit von ihrem Resultat her. Das ist deshalb so buchstäblich ›mangelhaft‹, weil der Neubeginn nicht, wie bei »Noah=seinerzeit«, planmäßig organisiert worden ist, sondern durch »das ›indiwieduelle Vorgehen‹« (S. 148) der Irrationalität und Inkalkulabilität des Zufalls überlasssn worden ist. Diese praktizierte Unvernunft ist die dieser Welt zugrundeliegende Freiheit.[239]

Daß dies nicht nur von ihrem Ursprung her gilt, sondern auch für die Gegenwart der Glass Town, wird wiederum im Zusammenhang der Kongreßsitzung deutlich.

Die nebenher von Hertha in der objektiven Realitätsebene gestellte Frage nach »Kleengeld« (S. 43) aufgreifend und in die subjektive Realitätsebene transponierend, läßt Karl als Charles den hierfür kompetenten Mann, den »Schazzminister Conway«, ›dozieren‹:

> Da wir die Abschaffung des Geldes – a la Sowjets womöglich! – als verhängnisvollsten Schlag gegen die Mentalität der Völker der Freien Welt längst und nachdrücklichst abgelehnt haben . . . . . (a. a. O.)

In einer Anfügung macht Charles deutlich, daß damit, der Bibliothek ähnlich, ein bloßer Anschein aufrechterhalten wird, der den Bedürfnissen der Bevölkerung entspricht und deshalb allgemein akzeptiert wird:

---

[239] Diese Art von Freiheit verweist in ihren Folgen wiederum auf Orwells »1984«. Einer der »three slogans of the Party« (S. 7) lautet: »FREEDOM IS SLAVERY« (a. a. O.). Die Freiheit der Glass Town *ist* ›Sklaverei‹, ist die unabdingbare Unterwerfung des Einzelnen unter die – im Namen der Freiheit – selbstverschuldeten reduzierten Lebensbedingungen.

(Das war richtig; so ein Schock wäre bei den Meisten nicht mehr zu reparieren gewesen. Obwohl die ›bucks‹ längst eine bedeutungslose Farce geworden waren – es gab ja nischt zu koofn! – wurden eisern ›Gehälter‹ gezahlt; ›Ladenpreise‹ fingiert; zum ›Schparen‹ aufgerufen: und Allealle verschlossen sich der Realität, und machten den Zirkus mit.) (a. a. O.)

Die »bedeutungslose Farce«, als die Charles den Geldumlauf angesichts einer Volkswirtschaft charakterisiert, die im Grunde gar nicht vorhanden ist, dient dazu, die Realität zu verschleiern. Die Erfahrungswirklichkeit der Mondbewohner wird ignoriert, die lunare Welt wird von ihren eigenen Mitgliedern – in einer extremen Konsequenz ihrer literarischen Strukturierung – als »Zirkus«, d. h. als Spiel-Welt erlebt.[240] Die axiomatische Freiheit der lunaren Welt ist die der objektiven Realität, die Karl auch innerhalb der objektiven Realitätsebene anspricht. Die lunare Welt macht sie in ihrer Beschaffenheit und Relevanz für die objektive Realität transparent. Als Charles auf die problematische Schulsituation eingeht, merkt er an: »Es war ja ›urschprünglich‹ eben nichts dergleichen vorgesehen; und jetzt ging uns die SAAT DER GEWALT auf« (S. 37).[241]

---

[240] Vgl. auch die Idee des Kongresses, nach der Entdeckung eines ›mächtigen Goldvorkommens‹ »einen gold=rush [zu] *inszenieren*« (S. 43), die daneben eine weitere Andeutung des kulturellen Status der Glass Town enthält, indem sie eine assoziative Verbindung zum ›Wilden Westen‹ herstellt.
Die Schein-Welt, in der die Realität mit ihrer Problematik ignoriert wird, steht in enger motivischer Beziehung zum Kontext der utopischen Prosa. Die Welt Huxleys wird so durch systematisch betriebenen, staatlich propagierten Drogenkonsum zur Schein-Welt, die »astromentale Panopolis« (Werfel, S. 506) Werfels geht expressis verbis »jedem Konflikt, jeder Anstrengung, jeder Auseinandersetzung, jeder Entscheidung, jeder ernsten Mühsal aus dem Wege« (S. 59), das offizielle Bild der monadisch-repräsentativen IRAS ist das einer intakten Ideal-Welt. Die hier verdeckten Differenzen zwischen Realität und Schein-Welt werden in Orwells »1984« radikal aufgehoben. Was Realität ist, entscheidet jeweils neu die Partei in der »›Reality controll‹« (Orwell, S. 31), die in der Newspeak »doublethink‹« (a. a. O.) heißt. Die motivischen Übereinstimmungen, die die Schein-Welt geradezu als ein Merkmal der utopischen Prosa ausweisen, signalisieren wiederum, daß ein grundsätzlich übereinstimmender materialer Bereich auf grundsätzlich ähnliche Weise strukturiert ist und in dieser Strukturierung transparent wird.
[241] Karl zitiert den Titel der deutschen Übersetzung von Evan Hunter, The Blackboard Jungle, New York 1954, um seine metaphorische Aussage zu nutzen. Er führt den Titel in Originalform erneut mit anderen Titeln Hunters an, als er während seines Bibliothekardienstes Anfragen von Lesern nach den Büchern jeweils negativ beantwortet (vgl. S. 147). Mit Ausnahme von »The Blackboard Jungle« handelt es sich um Texte, die Arno Schmidt übersetzt hat (vgl. BB, Lfg. 17–18, Okt. 1976, S. 19). Als »›Pocket=Buck[s]‹« (S. 147) klassifiziert, kennzeichnen diese Titel das auf den Konsum massenhaft hergestellter Literatur abzielende Leseinteresse und damit das kulturelle Niveau der Glass Town.

Die lunare Welt ist demnach von ihrem Ursprung her nicht auf eine mögliche Eigenversorgung hin angelegt worden, sondern hatte, wie die aus ›lauter Technikern und Wissern‹ bestehende Bevölkerung signalisiert, wissenschaftlich-experimentelle, möglicherweise militärische Aufgaben zu erfüllen. Sie war Bestandteil der »Freien Welt« und ökonomisch und politisch in sie integriert. Die Vernichtung der Erde trifft die Glass Town völlig unerwartet. In diesem Sinne zitiert Charles eine lunare Zeitungsnotiz, »d a s k l e i n e R ä h m c h e n mit den verschollenen Ereignissen: ›Vor 10 Jahren?‹: letzte dringende Anforderung von Kernseife –: DIE ERDE ANTWORTET NICHT MEHR!‹« (S. 85)

Aus dem ›ursprünglichen‹ Verhältnis der lunaren Siedlung zur Erde und dem unerwarteten Eintreten der Katastrophe geht hervor, daß die Welt, der die lunare Welt entstammt, ebensowenig bereit oder fähig war, die Realität ohne Subjektivierungen adäquat zu sehen, wie es die lunare Welt ist. Wenn Charles in seinem metaphorischen Zitat vom Aufgehen der »SAAT DER GEWALT« spricht, so drückt er aus, daß die Realität der Glass Town lediglich die im Resultat identische Aktualisierung dessen ist, was in der Realität des Ursprungs – als »SAAT« – angelegt ist. Der Krieg, der die Erde vernichtet hat, gehört als die »GEWALT« in diesen Bereich des in der objektiven Realität Angelegten, dem die Kriegserwartung in der Welt TH's entspricht. Deutlicher formuliert es Charles, als er in einer ähnlichen Metapher an anderer Stelle anders akzentuiert: »Wer Wasserschtoffbombm sät, wird Schtrahlunk erntn!« (S. 86)

Verantwortlich für diesen Vorgang ist die ›Freie Welt‹, d. h. ist auch jeder Einzelne kraft seiner ›individuellen Freiheit‹. Charles stellt die allgemeine rhetorische Frage und konstatiert damit dieses Faktum: »W a r u m m h a b t I h r = E u c h die Rüstunx=Pollieticker gewählt?!« (S. 88)

Als Mitglieder der »Freien Welt« haben die Mondbewohner ihre Lage mitverschuldet, ohne sich, weil sie in der Kontinuität der jüngsten Vergangenheit stehen, dieser Schuld bewußt zu sein. Dies kommt auch darin zum Ausdruck, daß die Glass Town trotz ihrer geringen Größe und trotz der eklatanten Notwendigkeit, die Grundlagen ihres Fortbestehens zu sichern, über einen eigenen »Kriexminister« verfügt, der den Namen O'Stritch (Strauß) trägt und »5 Mann Kerntruppen« (S. 44) hat.

In der subjektiven Realitätsebene ist die depravierte Freiheit von vornherein dadurch mit der objektiven Realitätsebene verbunden, daß sie als das die lunare Welt von ihrem Ursprung her konstituierende

376

Moment ausgewiesen ist. Innerhalb der objektiven Realitätsebene unterstreicht Karl diese Verbindung in begrifflich eindeutiger Weise, als er etwa ironisch vom Leben in »1 freien Lande« (S. 221) spricht.

Dieser axiomatischen Beziehung der Ebenen ist der gesamte Komplex des Historisch-Politischen zugeordnet. Neben den im einzelnen hergestellten Verbindungen wird dies in Karls Schilderung der Nachrichtensendung deutlich, die der Darstellung der Kongreßsitzung folgt. Hier wird angeführt: das Regierungssystem, das gegensätzliche Verhältnis zur DDR, die borniert Beschränkung auf das eigene politische System, das Ignorieren der jüngsten Vergangenheit bzw. ihre kontinuierliche Fortführung, ohne sie als Geschichte zu erkennen, und – im Zusammenhang mit der nachfolgenden Vermutung Karls, »daß R u ß l a n d einer der beiden überlebenden Schtaaten sein soll« (S. 57) – das ›individuelle Freiheit‹ suggerierende Wahlsystem (S. 55f.).

Die in der subjektiven Realitätsebene metaphorisch ausgedrückte Relation zwischen Saat, Aufgehen der Saat und Ernte, die der in der objektiven Realitätsebene mit der Steigerung ins Absurde ausgedrückten entspricht, charakterisiert die Beziehung der Realitätsebenen: die objektive Realitätsebene zeigt die bestehende Realität und das in ihr Angelegte, die subjektive Realitätsebene veranschaulicht die qualitative Beschaffenheit dieser Anlagen.

e) Das Bild der Glass Town wird vor allem durch eine ausführliche Schilderung der Kultur, zu der auch der Bibliothekardienst Charles' gehört, komplettiert und differenzierend ausgestaltet, womit zugleich seine Beziehungen zur objektiven Realitätsebene vertieft und das Spektrum seiner Aufklärungswirkung erweitert werden.

Den Ort dieser Schilderung bildet das »Gemeinschaftsgebäude« bzw. der »Gemeinschaftsraum« (S. 63) mit seiner Umgebung. Charles formuliert das Thema, indem er ein wesentliches Kriterium anführt: »unsere Kulltour i s s nu ma einheitlich=kristlich=abmdlenndisch« (S. 155). Elemente der so apostrophierten Kultur sind das »›KUNSTGEWERBE‹« (S. 63f.), das »Croquet« (S. 81), Karten- und Würfelspiel, die aus »1 arme[n] Blättchen DIN A 4« bestehende »Z e i t u n g« (S. 85), das »Rahdijoh« (S. 91), in dem das »R o m a n = E p o s« (S. 93) von Lawrence übertragen wird, die Bibliothek und schließlich das Christentum.

Das Epos nimmt eine Sonderstellung ein. Sie kommt in diesem Zuzusammenhang in Charles' Wandlung der Beurteilung des Autors durch das Werk zum Ausdruck. Er spricht Lawrence zunächst jede Qualifikation ab, was Karl, seiner und TH's Ablehnung der Literatur der ›romantischen Heinies‹ entsprechend, begründet:

> »Weil die Ammies den F a l s c h e n raufgeschickt haben! Ein' romantischen Schwätzer und Fohltjeh.« (Dies unser, zweisam=gebräuchliches ›Faultier‹; lediglich französisch prononciert.) (S. 38)

Nachdem Charles das Epos gehört hat, revidiert er (vorerst) dieses negative Urteil: »Hatte ich dem Kerl, dem Lawrence, d o c h Unrecht getan« (S. 98).

Die übrigen Elemente der Glass Town-Kultur hingegen beschreibt Charles so, daß von vornherein ihr niedriges Niveau hervortritt.

Sämtliche Elemente der Kultur haben die Funktion, nach dem Vorbild der Bibliothek oder des Geldumlaufs die Schein-Welt zu erhalten. Sie dienen den Mondbewohnern dazu, sich »wie in irdisch=alter Zeit« (S. 84) zu fühlen, d. h. sich eine Welt vorzuspiegeln, die die persönlich erlebte Vergangenheit unreflektiert fortführt. Diese Schein-Welt ignoriert die Realität der Glass Town, ihr Erleben geht in der sinnentleerten Beschäftigung, im reinen Zeitvertreib auf. Sie *ist* aber die Welt, die die Mondbewohner als ihre Welt erleben, die Welt, in der sie sich als ›Nation‹ fühlen.

Charles weist zunächst dadurch auf das Ersetzen der Realität durch eine kollektiv erlebte Schein-Welt hin, daß er im sinnlosen Spiel Einzelner eine symptomatische Erscheinung der Glass Town erblickt: »irgendwas mit Uns Amerikanern schtimmte nich!« (S. 83) Ex negativo präzisiert er dies an anderer Stelle, als er einen ›realistischen‹ Gedanken kommentiert: »Es war natürlich unpatriotisch, die Realität vorzuziehen« (S. 92).

Der grundsätzlich durch den Mangel gekennzeichneten Realität der Glass Town gemäß ist auch die Kultur dem zunehmenden Mangel unterworfen. Charles charakterisiert sie:

> . . . . . k o n n t e i c h e t w a d a f ü r, daß unsere Kultur derart einschrummfte? (Und es würde noch wesentlich dicker kommen [. . .]) (S. 90).

Die zunehmende Reduktion wiederum hängt unmittelbar mit dem Axiom der Glass Town zusammen. Auf den irdischen Ursprung der Mond-Welt verweisend, führt Charles während seines Bibliothekardienstes an:

> Und was das ›indiwieduelle Vorgehen‹ nich geschafft hatte, leistete ergänzend unsere ›Lumbeck=Kulltur‹ – (wie man früher von

378

›Schnur-Kerramickern‹ gefaselt hatte; oder ›Aunjetitzer Kulltuhr‹) (S. 148).

Die vorgehenden Schilderungen und die nachfolgenden Erläuterungen machen deutlich, daß Charles unter »›Lumbeck=Kulltur‹« die Kultur der »›Pocket=Buck[s]‹« (S. 147) versteht. Er benennt sie nach dem Mann, der durch die Erfindung eines ›vollautomatischen Klebebindeverfahrens in der Buchbinderei‹[242] die Massenproduktion von Texten ermöglichte. Ihrer Herstellungsweise wegen sind die Taschenbücher nicht für den wiederholten *Gebrauch*, sondern nur für den – die literarische Qualität beeinträchtigenden massenhaften[243] – *Ver*brauch geeignet.

Charles benutzt den Ausdruck der »›Lumbeck=Kulltur‹« einerseits »ergänzend« als Begründung für die fortschreitende Reduzierung der lunaren Kultur, gebraucht ihn andererseits aber auch für ihre namentliche Identifizierung, wie aus den vergleichend und erläuternd zitierten Namen vorgeschichtlicher kultureller Epochen hervorgeht. Die Reihung signalisiert mit der Äquivalenz der Bezeichnungen auch eine generelle Äquivalenz des Bezeichneten: nach einem typischen Merkmal benannt, wird die lunare Kultur auf eine Stufe mit vorgeschichtlichen Kulturen gestellt.[244]

Das Bild dieser Kultur trägt ausgesprochen amerikanische Züge. Dies gilt nicht nur für das »Pocket=Buck«, sondern auch für andere Momente: so für das »Croquet«-Spiel, für das trotz der äußerst beengten räumlichen Verhältnisse in der Glass Town ein Feld erübrigt wird, für die Titel der von der Bevölkerung verlangten Bücher oder die Auseinandersetzung eines Mormonen mit Anglikanern.

Dieses Bild ist jedoch fest in der monadisch-repräsentativen Welt TH's verankert, so daß die subjektive Realität auch in diesem Bereich ihre Verbindlichkeit für den Rezipienten bewahrt. Der in der temporalen Projektion angelegte und in der Steigerung überzeichnete Amerikanismus besagt lediglich, daß die Realität, auf die diese Darstellung abzielt, nicht nur den reduktiven, desorientierenden Tendenzen der eigenen Kultur ausgesetzt ist, sondern daß diese noch durch amerikanische Einflüsse verstärkt werden.

---

[242] BB, Lfg. 17–18, Okt. 1976, S. 20.
[243] Vgl. die S. 147 u. 148 angeführten Titel der Bibliothek; vgl. auch den Hinweis von TH auf die Grenzen des Verständnisses hochwertiger Literatur, S. 125.
[244] Vgl. auch S. 63, wo Charles bildhafte Darstellungen mit »›Höhlenmalerei‹« vergleicht.

Das durch die hier virulente axiomatische Beziehung prinzipiell festgelegte Verhältnis der Realitätsebenen wird durch Korrespondenzen einzelner Momente untermauert. So entspricht beispielsweise das Kartenspiel in der lunaren Welt dem »mit Recht so genannte[n], ›Schaaf=Kopp‹« (S. 221) in Karls Skizzierung der bäuerlichen Welt, wobei die Beziehung durch die in beiden Fällen erwähnte ›eiförmige Gestalt‹ der abgenutzten Spielkarten geradezu explizit hergestellt wird.

Ähnlich entspricht dem kommentierend referierten Vorlesen der Zeitung die von Karl vermittelte Nachrichtensendung. In dieser Korrespondenz der Informationsmedien wird vor allem die Beziehung zwischen der politischen Konstitution der lunaren Vergangenheit, die ihre Gegenwart fundiert, und der Gegenwart der Welt TH's geknüpft.

Hierbei tritt auch die politische Affinität zwischen BRD und USA hervor, die die Repräsentation des deutschen durch das amerikanische Staatswesen in der Steigerung legitimiert. Dem Bericht und Kommentar Karls über Kontakte zwischen dem Franco-Spanien und der BRD ist in der subjektiven Realität die Zeitungsnotiz »›Vor 20 Jahren?‹: Eisenhower besucht General Franco.‹« (S. 86) zugeordnet. Karl bzw. Charles weist damit auf die Verbindung der »Freien Welt«, als die sich ja die BRD wie die USA verstehen, zum Faschismus hin. Dies signalisiert die als Zeitungsnotiz von Charles angeführte und nicht aufgeschlüsselte Namenkombination »Konrad Hitler« (a. a. O.).

Die Rolle speziell der BRD und ihrer Verbindung zum Faschismus Spaniens für die Entstehung der lunaren Welt wird im Zusammenhang mit der anderer politischer Mächte, die für die Zerstörung mitverantwortlich sind, in einem weiteren Moment veranschaulicht. Charles zitiert die Benennung des neuen Strahlungsherdes mit dem Namen des amerikanischen Außenministers »›HERTER‹« und erläutert:

Andere, andernorz, trugen die Namen anderer, an ihrer Entschtehunk entscheidend beteilichter Pollieticker: da gaap es, beiderseiz des Ural, den mächtijen ›Kruschtschoff‹. Den kleinen (aber sehr hellen) ›Adenauer‹; (der langsam mit dem ›Franco‹ zu verschmelzen schien). Schtill glomm der ›de Gaulle‹ in der Sahara. (S. 88)

In diesem Zusammenhang spricht Charles auch die Mitverschuldung bzw. – verantwortung des Einzelnen durch die ›freie Wahl‹ der »Rü-

stunx=Pollieticker« an und führt so den gesamten Komplex der Entstehung der lunaren Welt aus der objektiven Realität auf das gleichermaßen die subjektive wie die objektive Realität axiomatisch bestimmende Moment der - depravierten - Freiheit zurück. Diese Rückführung auf die Grundlage des politischen Systems korrespondiert mit
der dezidierten Weigerung TH's, angesichts der Anknüpfung der
BRD an die nationalsozialistische Vergangenheit an einer solchen
›freien Wahl‹ teilzunehmen. Wenn Charles die Mitverantwortung des
Einzelnen auf der Grundlage der Wahl betont und Karl die Verweigerung der Wahl als Möglichkeit, die Verantwortung für eine vom
kritischen Einzelnen nicht mehr beeinflußbare Entwicklung abzulehnen, wiedergibt, so wird damit kein Widerspruch zwischen den Darstellungsebenen hergestellt, sondern in aller Schärfe die Beschaffenheit dieser ›Freiheit‹ herausgestellt.

Hiernach ist die Depravation der Freiheit im Wahlsystem angelegt.
Es ist so beschaffen, daß allein die Masse Einfluß auf das politische
System nehmen kann.

Indem Charles den Mondbewohnern generell die Verantwortung
für ihre Welt zuspricht, ordnet er den Einzelnen in die Masse ein. Er
hebt damit aber keineswegs seine eigene Verantwortlichkeit in der
Anonymität der Masse auf, sondern fixiert sie in der ›Freiheit des
Individuums‹ und deckt den Widerspruch, der diesem Begriff a priori
immanent ist, auf.

Die Folgen zeigen, daß die ›Freiheit des Individuums‹ nicht gegeben ist. Charles hat keine Möglichkeit, sich der Realität der lunaren
Welt, die durch diese ›Freiheit‹ entstanden ist, zu entziehen. Das Individuum geht in der Masse auf, die sich systemkonform verhält und
systemstabilisierend wirkt.

In diesem Sinne formuliert Charles ähnlich wie Karl in der Skizzierung der bäuerlichen Welt:

> jedes Arschloch fühlt sich ja als ›Statesman‹, wenn's wieder ›konserwatief‹
> gewählt hat, und sein ›Heimatblatt‹ ihm prommt ›politische Reife‹ be-
> scheinicht. (S. 85)

Sämtliche Elemente der Glass Town-Kultur sind auf diese Weise mit
der Konstitution des lunaren Staates und so auch mit der objektiven
Realität verknüpft. Sie reflektieren diese Konstitution, an der sie teilhaben, indem sie weltimmanent die Funktion erfüllen, die realitäts-
verdeckende, ›antiaufklärerische‹ Schein-Welt zu erhalten.

Dasselbe gilt auch für das Moment des Christentums, das Charles ausführlich als »das übliche Bibel=Geforsche« (S. 151) beschreibt.

Die Apostrophierung signalisiert, daß es ebenso institutionalisierter Bestandteil der Glass Town-Kultur ist wie die Zeitung oder die Bibliothek, und charakterisiert die pseudowissenschaftliche, sporadischunsystematische Art der Auseinandersetzung mit dem Quellentext des Christentums. Das »Bibel=Geforsche« vergegenwärtigt das zentrale Moment der lunaren Kultur, die Charles als »einheitlich=kristlich=abmdlenndisch« bezeichnet.

Es konzentriert sich auf das *Alte*, das historisch *vor*christliche Testament, wobei es jeweils darum geht, mehr oder weniger abstruse Thesen durch den biblischen Quellentext zu verifizieren, was schwerlich theologische, geschweige denn christologische Relevanz beanspruchen kann. So geht es beispielsweise um die Thesen: »›Op es vor der Sündfluth schon Reegenbogen gegeebm?‹« (S. 151), ob »Adam, vor Erschaffung des Weibes, sich mit Sodomie beholfen habe« (a. a. O.), ob, auf die eigene Lebenswelt anspielend, »der Mont urschprünglich als ›Hölle‹ ›angelegt‹ worden sei« (S. 152), oder es geht, immerhin einen alttestamentlichen Gottesbegriff betreffend, um die Auslegung von »Jaqobs Ringkampf mit der Gottheit« (a. a. O.).[245]

In keinem der Bereiche, die Charles anführt, drückt sich spezifisch Christliches aus oder tritt Christentum als kulturbegründender oder auch nur kulturell relevanter Faktor hervor. ›Christentum‹ als Konstituens ›christlicher‹ Kultur ist auf irrelevante Pseudoexegesen reduziert. Die ›einheitlich-christlich-abendländische‹ Kultur ist ohne Basis. Sie ist die »›Lumbeck=Kulltur‹«, die egalisierte – und darin ›einheitliche‹ –, auf ein vorgeschichtliches Niveau ›eingeschrumpfte‹ Kultur, für die der auf das leere Attribut reduzierte Begriff des Christentums bezeichnend ist.[246]

Die Darstellung dieses reduzierten Christentums korrespondiert mit der Lektüre des »›Johann Esaias Silberschlag‹« (S. 125) und Karls erläuternden Kommentaren innerhalb der kurz zuvor stattfindenden ›Abendunterhaltung‹.

---

[245] Vgl. dazu BB, Lfg. 23, Aug. 1977, S. 8f.

[246] Vgl. S. 154, wo Charles vermutet, daß »man aus diesem Alten Testament ja diereckt die Technik des Ausschmelzens und Schmiedens und Legierens [von Gold] erlernen« könne, aus welchem Grunde er gegen das »Geleßter: das Kristentum wäre ›veraltet‹, oder ›weltfremd‹ und so« (a. a. O.) votiert.

Karl leitet seine Lektüre mit einer Charakterisierung des Autors ein, die ebenso für das Niveau des lunaren Christentums stehen könnte:

Er ist das absurdeste Gemisch von früh=technisch=kleiner Gelehrsamkeit; und bibelforscherischem Wahnwitz (S. 126).

Er belegt dies ausführlich durch Textbeispiele, die allgemein die »›SÜNDFLUTH‹« (a. a. O.) und speziell die »Konstruxions=Beschreibung der Arche-Silberschlack« (S. 132) betreffen. Hierbei zitiert er u. a. auch

die intressante Frage: ›Op es vor der Sündfluth schon Regenbogen gegeben?‹ – (a. a. O.),

die im neuerlichen Zitieren innerhalb der subjektiven Realität sogleich von Hertha identifiziert wird (S. 151) und die zwischen dem »Bibel=Geforsche« und der Charakterisierung Silberschlags hergestellte Beziehung festigt. Die ›Abendunterhaltung‹ über Silberschlag wird als die in »bibelforscherischem Wahnwitz« gebrochene Schilderung des biblischen Präzedenzfalls der lunaren Welt, den Charles ja auch als diesen erwähnt (wobei er sich implizit auf diesen zuvor dargestellten Komplex zurückbezieht, ihn also zitierend für die subjektive Realität aktualisiert), auf die Darstellung des lunaren ›Bibel-Geforsches‹ bezogen.

Die Relevanz der Lektüre und der Ausführungen Karls für die Schilderungen Charles', die wiederum auf die objektive Realitätsebene zurückweisen, konzentriert sich jedoch in diesem Zusammenhang weniger auf die bei Silberschlag zu Tage tretende Spielart der ›Bibelforschung‹, als vielmehr auf die Person Silberschlags. Sie beinhaltet die Fundierung des reduzierten Christentums der lunaren Welt in der deutschen Geschichte und damit in der historisch dimensionierten Gegenwart der BRD.

Diese explizite historische Fundierung wird durch eine Frage TH's zur Person Silberschlags angeregt:

»War'as ansonnßn n s e h r frommer Mann? – So r i c h t i c h fromm, mein'ich; Du weiß' schon.« (Ich weiß: ›tollerannt; huhmahn‹; und sie nickte): »Nicht nur d i e s e s n i c h t, Tanndte: sondern eines der biegottestn & fannatischstn Mistviecher, die je auf Rinz=Leeder einherging'n [...].« (S. 137)

Es folgt der Hinweis auf das ›Wöllnersche Religionsedikt‹ mit der anschließend hergestellten Verbindung zu den Judenmorden Hitlers und zum ›Gesinnungsterror‹, deren Basis das Absolutsetzen der eigenen »›Überzeugunk‹« (S. 137) ist.

Nicht nur der ›Gesinnungsterror‹ und der Terror des Nationalsozialismus, sondern auch der Terror eines Silberschlags, der im Namen des Christentums die Freiheiten bekämpft, die die Aufklärung propagiert, haben nichts mit christlicher Ethik gemein. Das Christentum, das Charles mit seiner Beschreibung des ›Bibel-Geforsches‹ charakterisiert, ist, die von Karl aufgerissene Tradition fortführend, ein ethisch unverbindliches Attribut, das die lunare Welt zur Artikulierung ihres eigenen Selbstverständnisses verwendet.

Dieses Attribut ist ebenso dem Begriff der »Freien Welt« immanent, wie es diesen reflektiert.

Das heißt: historisch-traditionell in Allianz mit der Staatsmacht gegen Freiheit und Aufklärung und für die Systemstabilisierung, hat das Christentum, dessen Begriff ebenso wie der der Freiheit entleert ist, teil an der lunaren Welt. Es ist mitverantwortlich für ihre Entstehung und für ihre Konstitution, für die Stabilisierung der systemkonformen Schein-Welt, die die Realität ignoriert. Dabei ist es selbst, wie die Freiheit, bloßer Schein, der nur dem Namen nach präsent ist.[247]

5. Die subjektive Realität des Mare Crisium: Die Glass Town in Relation zur ›aufgeklärten‹ russischen Mond-Welt

a) Am zweiten – und, der Zeitspanne in der Welt TH's entsprechend, letzten – Tag schildert Charles seine dem kulturellen Austausch die-

---

[247] Wie in »Schwarze Spiegel« und der »Gelehrtenrepublik« einzelne Motive, so steht in »Kaff« im Grunde die gesamte reduzierte Welt der Glass Town in einer als parodistisch zu wertenden Beziehung zur subjektiven Realität der traditionellen Utopie. Die quantitativen Reduktionen, die in der »Insula Utopia« oder auch der »Insel Felsenburg« (vgl. Kaff, S. 268, wo Karl die »Insel Felsenburg« direkt anspricht) ein aufgeklärtes Gemeinwesen begründen, das sich durch seine Abgrenzung von der europäischen Realität historisch orientiert und als Staatswesen fundiert und das sich selbst reproduziert, sind in der Glass Town zugleich auch qualitative Reduktionen. Die parodistische Beziehung betrifft auch hier, wo sie die gesamte subjektive Realität umfaßt, die motivische Ebene; jede einzelne Reduktionsform hat ihre Entsprechung in der traditionellen Utopie, vgl. z. B. neben dem Moment der Wertschätzung des Materiellen (Morus, S. 65f. und 85f.) die wissenschaftlich orientierte Sozialstruktur, die bei den Utopiern »technische Erfindungen, die zur Erleichterung und Bequemlichkeit des Lebens beitragen« (a. a. O., S. 79), begünstigt.
Die ›aufgeklärte‹ Welt der traditionellen Utopie wird motivisch, nicht strukturell durch die ›unaufgeklärte‹ Welt der Glass Town parodiert.

nende Botentätigkeit, seinen Weg ins Mare Crisium und dort vor allem seine Begegnung mit den Russen. Durch die authentische Begegnung mit dem zweiten Mondstaat und die Distanz zum eigenen Staatswesen, die sich aus der Konfrontation mit der russischen Sichtweise der Amerikaner ergibt, wird das weltimmanent ausgestaltete Bild der Glass Town weltextern ›verobjektiviert‹.

Auf seinem Weg ins Mare Crisium beschreibt Charles zunächst den außerhalb der Glass Town gelegenen Bezirk des ›Versuchsgeländes‹, der »durch Eisen=Thür & Eisen=Gang« (S. 176) massiv von der Glass Town abgeschlossen ist. Buchstäblich im Vorübergehen schildert Charles die Ansätze, durch die Herstellung erdähnlicher Umweltbedingungen eine eigene Landwirtschaft aufzubauen, die die in naher Zukunft notwendige Eigenversorgung sichern soll. – Die hierin angedeutete Zukunftsperspektive der Glass Town als einer ökonomisch autarken Welt, die einzige, die sie hat, bleibt im Bereich der Latenz, wie Charles resigniert vermerkt: »wir konnten die Schtaubschicht des Mondes verarbeiten und tracktieren, wie wir wollten . . . . .« (S. 177)

Nach der Durchquerung dieses Gebietes wird Charles mit einer Rakete ins Mare Crisium geschossen, und zwar zum »Schtützpunkt« der Glass Town, einer

hausgroße[n] Kunst=Schtoff=Glocke, (die für die Außntrupps) gleichzeitich Heim, Schtütz=Punkt, Ersatzteillager, Luftreserwoahr, war. (S. 206)

Das Mare Crisium, ein Gebiet, »immerhin so groß wie Missouri; 330 mal 250 Meiln« (S. 208), gehört zur ›verdünnten Zone‹ (S. 183). Charles erläutert den Ausdruck als das Resultat einer amerikanischen Initiative:

Wir hatten – in endlos=zähen Verhandlungen, (›Yes=Njätt: Njet: Yäss‹), eine ›millitärisch=verdünnte Zone‹ geschaffen, die, unter anderem, auch kweer durchs MARE CRISIUM führte. Eben waren Vermessunxtrupps an der Arbeit, den betreffenden ›Schtreifen‹, in dem ›keine Truppn schtatzjoniert werdn dürftn‹, genau fest zu legen, und zu vermarken. (S. 183f.)

Eine Anmerkung Charles': »Wir mit unsern 3–5 Mann!: Was'n Tee=ater!« (S. 184) verweist wieder auf die Schein-Welt. Sie nennt die Absurdität der amerikanischen Initiative beim Namen und führt damit die Absurdität der einseitig betriebenen Abkapselung der Glass Town vor Augen. Obwohl sie nur über eine Miniaturarmee verfügt, gibt sie sich militärisch-aggressiv und erweckt den Anschein militärischer Stärke.

Indem die Glass Town ihre Grenzen derart verstärkt und sichert, verhindert sie jede Begegnung der Staaten über den Bereich der Kultur hinaus, weil diese die Konfrontation mit der Realität und damit die Zerstörung der Schein-Welt impliziert. Das während der Kongreßsitzung angesprochene Angebot der Russen, ihre historischen Gesetzestexte zur Verfügung zu stellen, und die Ablehnung der Amerikaner zeigen in diesem Zusammenhang, daß auch die kulturellen Beziehungen absolut wirkungslos sind. Die Kontaktbereitschaft der Russen wird abgewiesen, *weil* ein Kontakt den Status der Schein-Welt gefährden könnte.

In der ›militärisch-verdünnten Zone‹ des Mare Crisium ist diese Haltung der Amerikaner topographisch konkret.

Die durch den Ausdruck der ›Zonen‹-Grenze hergestellte assoziative Verbindung zur politischen Topographie der Welt TH's[248] wird in einem kurzen Dialog zwischen Karl und Hertha verifiziert. Er zerstreut Herthas Bedenken gegen den Vorschlag TH's, nach Giffendorf zu ziehen, die sich aus der Nähe zur DDR ergeben:

> »Da hasDe desto eher Aussicht, in'ne ettwaije ›ent=millie=tarie=sierte Zohne‹ rein zu komm',« tröstete ich (S. 324).

Das Mare Crisium entspricht dieser politischen Topographie der Welt TH's: wie in Giffendorf die Nähe zum benachbarten, politisch konträren Staat aktuelle Realität ist, so auch im Mare Crisium.

Der Name des Mare, das kartographisch identifizierbar ist, bezeichnet etymar seinen Status als ›Krisengebiet‹, der aus dem des Zonen-Grenz-Gebietes resultiert. Er bezeichnet, auf dem Hintergrund seiner lateinischen bzw. griechischen Herkunft, das Gebiet der ›entscheidenden Wendung‹.

Im Mare Crisium vollzieht sich eine solche Wendung als Wendung der Sichtweise, aus der heraus Charles die Glass Town im Verhältnis zum russischen Staat beurteilt, und in ihm kann sich eine Wendung als eine Wendung des bestehenden Verhältnisses der politischen Mächte vollziehen.

Das eigentliche Ziel Charles', an dem die Begegnung mit dem russischen Boten stattfinden soll, bilden die »Vermessunx=Trupps« (S. 278). Der Kommandant des Stützpunktes jedoch veranlaßt Char-

---

[248] Vgl. S. 297, wo Karl von der »nahe[n] ›Zoon'n=Grenze‹« spricht.

les zu einer »›an sich‹ natürlich verbootn[en]« (S. 207) Abänderung des Ziels, um eine Spionageaufgabe zu erfüllen. Er soll »ein gewisses Schtück in diese ›Verdünnte Zone‹ eindringn« (a. a. O.), um durch Autopsie zu überprüfen, ob die Russen diese Zone respektieren. Charles formuliert seine Aufgabe: »also Kleinstkrater mit Zentralberk gesucht; da ewwentuell boll=schewiesiert« (a. a. O.).

Charles legt diesen Teil seines Weges zu Fuß zurück. Bedingt durch die reduzierte Schwerkraft des Mondes, hat er sich in » 3 S c h t u n d n [. . .] i m m e r h i n 60 bis 70 Mails« (S. 223)[249] auf sein angegebenes Zielgebiet zubewegt.

b) Eine »total versunkene[.] ›Zirr=Zelle‹« (S. 223), die den Beschreibungen des Kommandanten entspricht und somit ein mögliches Untersuchungsobjekt für Charles bildet, wird auch zum Ziel seiner Reise. Als er sich an ihrem Rand ausruht, stürzt er plötzlich einen verborgenen Schacht hinab. Er findet sich nach einem tiefen, abenteuerlich-gefahrvollen Fall, bei dem er von Rieseneulen angegriffen wird, in einem großen Vorratslager, das von vier Russen verwaltet wird, die sich in einem separaten Raum aufhalten. Sie befreien Charles von den Eulen, geben ihm Wodka - »Seit mehr denn 100 Wochn nich mehr« (S. 234f.) - zur Erholung von den Strapazen seines Abenteuers und lassen ihn an ihrer Mahlzeit - »(Und 1 Düftelchen, wie es unsern US=Crater seit langem nich durchzogn hatte!)« (S. 245) - teilnehmen. Dies alles findet bei eisiger Kälte, aber »genügnd« »Luft« (S. 237) statt, deren ausgezeichnete Qualität Charles hervorhebt.

Dieser erste authentische Einblick in die andere Welt der Russen, die ein Mitglied der Glass Town teils auftraggemäß, teils unfreiwillig erhält, bestätigt unmittelbar die Gerüchte vom Überfluß der Russen und falsifiziert ebenso unmittelbar die Vermutungen über ihre aggressive Haltung. Schon während seiner Vorbereitung auf die letzte Wegstrecke hatte Charles über sein Sprechfunkgerät festgestellt, daß die Russen »Amerikanisch=Unterricht« (S. 208) abhielten, daß sie also nicht nur die Bereitschaft einer Annäherung der Staaten zeigen, sondern auch die Voraussetzungen einer Verständigung schaffen. Ohne

---

[249] Wenn Jörg Drews im BB, Lfg. 17–18, Okt. 1976, S. 13, schreibt, daß »in der Glasstown des Mondes nie etwas über die praktisch=alltäglichen Folgen der dort auf ein Sechstel reduzierten Schwerkraft gesagt wird«, so dokumentiert er lediglich einmal mehr die Ungenauigkeit der Textlektüre, die die Qualität analytisch-interpretatorischer Aussagen mitbestimmt.

es direkt formulieren zu müssen, stellt Charles fest, daß die ›verdünnte Zone‹ keineswegs abkommenswidrig militarisiert worden ist.

Charles macht die Erfahrung, daß die russische Mond-Welt durchaus im Gegensatz zu seiner eigenen Lebenswelt steht, daß dieser Gegensatz aber nicht der der Aggression ist, sondern in der Verständigungsbereitschaft und dem Überfluß besteht. Dieser Überfluß bekundet sich vor allem in dem Umstand, daß die Russen die ›verdünnte Zone‹, die auch für sie, die sich auf der der Erde abgewandten Seite des Mondes angesiedelt haben, entferntes Grenzland ist, zur Lagerhaltung nutzen, während sie für die Amerikaner gar nicht nutzbar ist.

Die Absicht Charles', den positiven Gegensatz noch dadurch zu verstärken, daß er bei der Mitteilung seiner Erfahrungen in der Glass Town »natürlich [...] grausam aufschneidn« (S. 237) würde, wird von der Realität der russischen Mond-Welt eingeholt – allerdings in einem ambivalenten Sinn.

Diese Realität erlebt er nicht selbst. Er erfährt von ihr durch die Vermittlung des russischen »Geegänn=Kuhrier[s]« (S. 277).

Das erste Zusammentreffen findet in dem Raum statt, in dem Charles nach seinem Sturz Aufnahme gefunden hat. Der russische Bote und ein Begleiter, der keinen »Raumanzuck« (a. a. O.) trägt, sind auf einem unter der Mondoberfläche gelegenen Weg dorthingekommen. Das Vorratslager steht folglich in direkter Verbindung mit der russischen Welt, es gehört einer wesentlich größeren Welt an. – Der eigentliche »Austausch von ›Kulturgütern‹« (S. 46) jedoch und der Großteil des Gespräches finden planmäßig auf der Mondoberfläche statt.

Charles erhält die seine Übertreibungsabsichten noch übertreffenden Informationen, die ganz offensichtlich neu sind, wohl deshalb, weil er sich als Kongreßmitglied vorstellt: »»Kong Gräß? Mit Glied?«. Und sahen sich kurz, aber nicht un=nachdenklich an . . . . .« (S. 278)

Im Gespräch zwischen den beiden Boten, an dem zuerst noch der Begleiter des russischen teilnimmt, geht es um die Grundbedingungen der russischen lunaren Welt. Sie werden teils explizit durch Anmerkungen Charles', teils implizit durch die Art seiner Schilderung mit denen der Glass Town in Beziehung gesetzt.

Der Überfluß, den er in der Bevorratung mit Nahrungsmitteln selbst gesehen hat, gilt ebenso umfassend für alle Bereiche der russischen Welt wie der Mangel für die amerikanische.

Charles erfährt etwa, »daß Die 16 1/2 Tausend Einwohner hattn [...]! (Davonn fast 13.000 Frauen [...]).« (S. 297) oder daß die russische Bibliothek »Sechzich=Tausend« Bände umfaßt und »so=gut=wie=keinä Duh=blättänn« (S. 302) aufweist.

Der Komplex der Bibliothek bzw. des Buchbestandes hat, ähnlich wie in der Darstellung der Glass Town, exemplarische Bedeutung. Sie wird durch die Kompetenz des russischen Boten unterstrichen, der wie Charles Bibliothekar ist. Auf die Frage, wie das Problem der Schulbücher gelöst werde, antwortet der Russe: »So lange sie hal=tänn. Wenn sie kein Neu=Einbindn mehr vertragen: dann drukkänn wier neu.« (S. 302) Charles interpretiert die Antwort:

> Falls das schtimmte, hattn die also schlechthin Alles: denn an der 1 Auskummft hingn ja Setz=Maschien'n drann, Druckerei, Binnderei, Pap-pier=Mühle, Alles. (a. a. O.)

Charles zieht den in seiner umfassenden und grundsätzlichen Gültig-keit gekennzeichneten Schluß, daß die Verfügbarkeit über »Alles« auf *eigener* Produktion beruht, die dem technischen Standard der irdischen Herkunft adäquat ist. Der russische Staat erweist sich als ökonomisch autark. Er reproduziert sich aus sich selbst.

Die Eigenständigkeit des russischen Gemeinwesens basiert auf eben dem, was auch Charles, der hier die Glass Town repräsentiert, im Gegensatz zum »Freien Westn« (S. 289) als zwanghafte »Ural=Met-toodn« (a. a. O.) deklassifiziert. Der russische Bote gesteht dies ohne weiteres ein, als er auf die Ursache des weitgehend dublettenfreien Bücherbestandes hinweist. Er formuliert positiv: »Es iesd'och sork=fälltich gä=längt wordn: ›Plahn=Wirrtschafft‹.« (S. 302) Den Einwand Charles': »Ja und wo bleibt bei solcher Ver=Mas-sunk die Freiheit? Wo das Individuum?« (a. a. O.) weist der Russe »unerschütterlich« zurück: »Nix=Inn=die=wie=Du=umm: schpäh=tärr In=die=wie=Du=umm.« (a. a. O.)

Die streng rationale Planung impliziert den Ausschluß der indivi-duellen Freiheit und setzt sich damit in Gegensatz zum Selbstver-ständnis und zur Konstitution der Glass Town. Die individuelle Frei-heit allerdings wird nicht prinzipiell abgelehnt. Die Ablehnung be-schränkt sich auf die gegenwärtige Aufbauphase, für sie jedoch gilt sie rigoros. ›Westliche Freiheit‹ und ›östliche Planwirtschaft‹ sind in diesem Stadium unvereinbare Gegensätze.

Die unreflektiert-selbstverständliche, irrationale Verabsolutierung der Freiheit, die ja Charles bereits innerhalb seiner Welt von ihrem Resultat her massiv kritisiert hatte, wird durch das gegensätzliche Resultat ihres Gegensatzes vollends in Frage gestellt. Charles bleibt

lediglich die Möglichkeit, dieses Resultat unter Berufung auf die
›Grundwerte‹ der Glass Town zu ignorieren:

> Aber es konnte ja nich schtimm'!: Wir hattn doch die Westliche Frei-
> heit?! Die Aabmdlendisch=kristliche Kulltour!« (a. a. O.)[250]

Ähnlich wie die Freiheit der Glass Town, liegt der realitätsorientierte
Rationalismus der Planung der russischen Mond-Welt von ihrem in
der irdischen Vergangenheit liegenden Ursprung her zugrunde.
Charles referiert die »tolldreist=sachlich[e]« Schilderung des russischen Boten:

> Die hatten – immer ›an=geeplich‹; wohlgemerkt! – auf Erdn sorkfälltich
> die Töchter ausgesucht, die, laut Ahnen=Paß, für Zwillinx= und Dril-
> linx=Geburrtn anfällig waren. Diese nach Möglichkeit zu ›Schpe-
> zia=Listinnen‹ ausgebildet. Sie nach dem Abschluß=Eckßaam schwer ge-
> schwängert. –: Und dann hoch geschossn!..... (S. 295f.)

Anders als die Glass Town ist die russische Mondbesiedlung somit
von vornherein unter dem Aspekt der Eigenständigkeit geplant worden, was eine realitätsadäquate Beurteilung der politischen Situation
in der irdischen Vergangenheit einschließt.

Die Art der Besiedlung sichert das Fortbestehen des Gemeinwesens
bereits mit seiner Anlage, wobei verschiedene Probleme zusammen
gelöst werden: die einzelnen Frauen multiplizieren sich gleichsam
nach ihrer Ankunft, gehen aber, anders als die Amerikanerinnen,
nicht in der Funktion der ›Menschenproduktion‹ auf. Sie haben zugleich die notwendigen Sachkenntnisse, sich in der Realität des Mondes einzurichten.[251] Die russischen Mondbewohner müssen nicht als
»Techniker & Wisser« dilettieren. Sie haben weder Schwierigkeiten
mit komplizierten Technologien, wie das Beispiel des Buchdrucks mit
den zugehörigen Produktionszweigen oder das des mit Atemluft ge-
füllten Kraters zeigt, noch mit »›reduziertn Techniken‹« (S. 301), auf
denen die gesamten Produktionsversuche der Glass Town beruhen,
für die eigens »1 älteres Conversations=Lexicon mitgenomm'«
(a. a. O.) worden ist. Auf Grund der geplanten Selbständigkeit sind
die Russen in der Lage, systematisch eine Vegetation aufzubauen,
Getreide zu züchten und über eine reiche Fauna zu verfügen, von der

---

[250] Vgl. S. 291, wo Charles seinem Gesprächspartner implizit unterstellt, ebenso wie er
selbst ›aufzuschneiden‹.
[251] Vgl. dazu das hypertrophierte, aber instruktive Beispiel der »Wodka=Herschtellunk
aus Bimms=Schtein« (S. 282), ein Problem, das »*schon=auf=Erdn=noch, voraus
schauend*, vorbildlich gelöst wordn« (a. a. O.) war.

Charles die Rieseneulen unmittelbar erlebt und eine weitere Species in einer »Gesichtsmaske aus Eichhörnchenfell« (S. 277) mittelbar sieht. Die Glaubwürdigkeit seines Gegenüber anzweifelnd, schildert Charles weiter, wie

> Er von ›Eier=Kratern‹ schwinndelte, wo sich nicht=mehr & nicht=weenijer, als schlechthinn Alles befindn sollte, was sich nur ›in dieser Form‹ aufbewahren ließ.: Vomm Ei der Riesneule ann; bis zu dem=des Siebm=Punkz. (S. 291)

Der realitätsorientierte Rationalismus hat, der ›Freiheit‹ der Glass Town entsprechend, axiomatische Bedeutung für die russische Mond-Welt. Der russische Kurier identifiziert ihn im Selbstverständnis seiner Welt als »Auf=Klärunk« (S. 298). Charles merkt an:

> Aber sollten uns diese; diese=Magermilch=Ratzjohnalistn; tatsächlich überleegn sein? Oder gar die Weltraum=Verantwortlicheren? Während wir, unter kristlichn Tarn=Gebärdn, nur kwääktn kwättschtn fuschtn drootn? – Aber daran darf man ja gar nich denkn! (S. 298f.)

Charles zieht den Vergleich zu seiner Welt. Die hypothetisch formulierten Befürchtungen enthalten das Eingeständnis, daß sie zutreffen. Charles hat die Wendung des Blickwinkels vollzogen, er ›durchschaut‹ die Fragilität der Grundlagen seiner Welt. Das hier in seiner bloß fassadenhaften Relevanz gekennzeichnete Christentum ist ein Moment, in dem sich die grundsätzliche Verbindung zwischen Rationalismus und Realismus der Russen offenbart.

Das Christentum ist den Russen nutzloser »Ballast« (S. 298), das sie auch seiner historisch belegbaren erkenntisverdeckenden Tendenzen wegen ablehnen. Der russische Bote schildert seine Bewertung:

> Wier [. . .] sehen es als Känn=Zeichänn eines gesunndänn Kopfes an: wenn Einer sich nicht mit der Bie=bäll befaßt. (S. 283)

Der Begriff ›Christentum‹ ist durch den der »›Ameerikanischn Müh=tollogie‹« (a. a. O.) ersetzt worden. Als diese ›amerikanische Mythologie‹ gehört das Christentum zur Realität des Mondes. Der russische Bote erwähnt, eine Frage von Charles beantwortend, daß auch Bibeln zum Bestand ihrer Bibliothek gehören: »Um die Denk=Weise der Ammärriekannskij zu begreifänn.« (S. 301)

Die dem Rationalismus der Russen fremde Denkweise wird indirekt als irrational disqualifiziert. Aus ›realistischen‹ Gründen aber, weil eine Verständigung mit den Amerikanern ›vernünftig‹ ist, befassen sich die Russen auch mit dem für sie selbst irrelevanten Christentum.

Das Verhalten der Russen ist auf die »Moont=Reh=alien« (S. 298) ausgerichtet. Die Konsequenz und Kompromißlosigkeit, mit der diese Realität akzeptiert wird, zeigt sich an zahlreichen Einzelmomenten. So spricht Charles bereits in der weltimmanenten Darstellung der Glass Town die nach dem ›Mond-Tag‹ – »das heißt, die 14 ›alten Tage‹, während deren die Sonne über unserm Scheiß=Horizont schtand« (S. 91) – orientierte Zeitrechnung an, wobei er ausdrücklich auf ihren Realismus hinweist. Dazu referiert er die Aussage seines Partners, daß die Russen

> g a r nich neidisch [waren], daß wir damals die der Erde zu=gekehrte Mondseite ›erzwungen‹ hatten.: »Wier sint gäschützt. Vor Erd=Weh: vor ätt=waijär Attohm=Schtrahlunk.« (S. 297)

Der Rationalismus der Russen ist pragmatisch orientiert, er bezieht sich auf »Prack=tie=schäß« (S. 298).[252] Dies geht so weit, daß sich der Mensch selbst zum verwertbaren Material macht.

c) Im Vorratslager bereits hatte Charles angemerkt, daß der Begleiter des russischen Kuriers »die Bärte der Jakuten auf ›Schnittreife‹« »prüfte« (S. 281), daß, wie sich später bestätigt, das menschliche Haar zu »Geweebe« (S. 334) verarbeitet wird.

Und der russische Bote nimmt den Begriff der Aufklärung gerade dort für die Kennzeichnung des eigenen Selbstverständnisses in Anspruch, wo er von einer Marsexpedition spricht, die von ihrer Basis abgeschnitten ist. Charles referiert die Technik des Überlebens: »fraßen sich, diszieplieniert, geegnseitich auf« (S. 298).

Nur zufällig, als das Gespräch bereits eine Wendung ins Persönliche genommen hat und es um »Familiejn=Verhältnisse« (S. 332) geht, wird die Verwertung des Menschen eigens thematisiert. Charles glaubt einen Brauch zu registrieren, als sich sein Begleiter bei der Erwähnung einer Tante »jeedesmal die Schtiefl=Scheffde« (a. a. O.) klopft. Bei dem Versuch, in diesem Zusammenhang mit der Frage nach dem postmortalen Zustand des Menschen erneut das Christentum in die Diskussion einzubringen, verweist der russische Bote, »erschtaunt« über diese Frage, auf eben diese Stiefelschäfte. Durch Fragen, die teils nur bestätigt, teils gleichmütig beantwortet werden, erlangt Charles Gewißheit:

---

[252] Vgl. auch z. B. die Erwähnung des russischen Boten, daß die Russen, im Gegensatz zum irrationalen Rassenpurismus der Amerikaner, »auch Neeger=und=alles=mögliche mit rauf genomm hättn, ›um das Blut beweglicher zu haltn‹.« (S. 283)

›Pro patria mori‹ also? – Er beschtätichte mit Kopf & Zunge. –
: »Die unnütz=Alltn also?« –. (Und Kopf & Zunge.) –
[. . .]
: Also die Ärzte schtelltn den ›genauen Zeitpunkt‹ fest;
schpritztn den Betreffndn schmertzlos weck – so daß Alles verwertbar
bliep; [. . .] : »Ja, und Sie verweertn was Alles?« – Jee nun; Alles:
»Bra=tänn, Schinnkänn, Wurrßd: Gä=Hirrn.« (S. 333)

Die weitere Auflistung von Verwertungsweisen umfaßt den gesamten
Körper bis zu den »Knochn & Knorrpl[n]« (S. 334).

Der Zufall als Thematisierungsursache, das Erstaunen darüber,
ethische Wertvorstellungen mit dem Tod verbinden zu wollen, und die
gleichmütige Haltung des Russen diesem Thema gegenüber signalisieren, daß die Verwertung des Menschen durch den Menschen eine
allgemein akzeptierte Selbstverständlichkeit ist. Sie gehört zur alltäglichen Lebenswelt der Russen.

Die nicht mehr überbietbare Konsequenz und Kompromißlosigkeit
der rationalen Einstellung auf die Realität des Mondes führt die ›Aufklärung‹, die der russische Mondstaat für sich reklamiert, in ihrer
Praktizierung ad absurdum, ja hebt sie in der Aporie auf: der
Mensch, der sich als das rationale, ›aufgeklärte‹ Wesen versteht,
macht sich zum Verwertungsobjekt seiner selbst.

Karls Darstellung der lunaren Welt mündet so in eine Satire, die an
Schärfe der Schrift Jonathan Swifts: »A Modest Proposal for Preven-
ting the Children of Poor People from being a Burden to their Parents
or Country and for making them Beneficial to the Publick«,[253] deren
Thematik sie teilt, kaum nachsteht.

Die russische Mond-Welt ist also nicht die positive Gegen-Welt zur
Glass Town, als die sie zuerst erscheint, ihr Selbstverständnis der
›Aufklärung‹ steht nicht in positivem Gegensatz zu dem der ›Freiheit‹. Der russische Rationalismus vielmehr entspricht in seiner Ausrichtung auf die Realität der amerikanischen ›Freiheit‹ und dem ihr
inhärenten Christentum.[254]

---

[253] (Erstdr.: Dublin 1729) A. d. Engl. v. Paul Greve. In: J. S., Ein bescheidener Vorschlag, wie man verhindern kann, daß die Kinder der Armen ihren Eltern oder dem
Lande zur Last fallen und andere Satiren. M. e. Essay v. Martin Walser, Die notwendigen Schritte, Frankfurt a. M. 1975, S. 53–64.

[254] Dieser Entsprechung gemäß steht der russische Mondstaat mit der für sich rekla-
mierten und in Perversion praktizierten ›Aufklärung‹ in einer Beziehung zur subjektiven Realität der traditionellen Utopie, die der der Glass Town entspricht: er
parodiert das Motiv der aufgeklärten Welt, beiden ist aber die übereinstimmende, in
der gemeinsamen Grundstruktur begründete ästhetische Aufklärungsfunktion immanent.

Die Begriffe von Freiheit und Aufklärung, die einander ursprünglich entsprechen – Freiheit ist Voraussetzung und Ziel der Aufklärung[255] – treten in einen ideologisch fixierten Gegensatz und entsprechen einander schließlich in der Perversion ihrer Praktizierung.

Die Darstellung der russischen Mond-Welt ist funktional auf die der Glass Town und damit auf die der monadisch-repräsentativen Welt TH's bezogen; die satirische Überspitzung ist Teil der ›utopischen‹ Steigerung.[256]

Diese Beziehung wird durch eine direkte motivische Verbindung zur Realität der BRD verstärkt. Indem Charles darauf abhebt, daß die »u n n ü t z = A l l t n« verwertet und damit nutzbar gemacht werden, spricht er das ethnologisch verifizierbare Phänomen der Altentötung bei nomadisierenden Volksgruppen an, das der als Quelle für die Darstellung der Besatzung des Vorratslagers und auch des Begleiters des russischen Boten indirekt zitierte George Kennan[257] für sibirische Volksgruppen beschreibt:

> Wir fanden die Aussage der Russen und Kamtschadalen bestätigt, daß die Korjäken alle bejahrten Leute, welche durch Krankheit oder Altersschwäche untauglich geworden, die Beschwerden des Nomadenlebens zu ertragen, ermordeten.[258]

Charles zieht die Verbindung zur germanischen Mythologie. Er spricht von den

---

[255] Vgl. Immanuel Kant, Beantwortung der Frage: Was ist Aufklärung? In: Immanuel Kants kleinere Schriften zur Logik und Metaphysik, hrsg. v. Karl Vorländer. 2. Abt. Die Schriften von 1766–86, 2. Aufl. Leipzig 1905, S. 133–143, S. 137.

[256] Die ›aufgeklärte‹ russische Welt bezieht sich – ähnlich wie die Glass Town über ihren Namen, die Reduktionen und die sie bestimmende ›Freiheit‹ – auf den engeren Kontext der utopischen Prosa. Der a-moralische pragmatische Realismus, der den Menschen zum Verwertungsobjekt seiner selbst macht, steht in Affinität zum Zweckrationalismus, der in »Schöne neue Welt« den Menschen dadurch verobjektiviert, daß er ihn nach seiner sozialen Rolle vorprogrammiert. Dieser Rationalismus verweist zugleich auf die Verobjektivierung des Menschen durch die staatlich gelenkte, wissenschaftlich verabsolutierte Vernunft in der »Gelehrtenrepublik« Schmidts. – Die im Unterschied zu diesen Texten, die die objektive Realitätsebene ausklammern, indirekte Verankerung der ›aufgeklärten‹ Welt in der dargestellten objektiven Realität betont die Äquivalenz der praktischen Pervertierung von Freiheit und Aufklärung als Konstitutiva der objektiven Realität: in beiden Fällen, d. h. auch: in beiden politischen Systemen, macht sich der Mensch zum Objekt seiner selbst. – Die Ansicht von F. Peter Ott, Gedankenspiel als (Selbst-) Porträt. Arno Schmidts »kaff [!] auch Mare Crisium«. Protokolle, 1982, H. 1, S. 35–48, daß »die sowjetische Kolonie« »eine positive Utopie« sei (S. 36), ist folglich falsch.

[257] Schmidt weist mehrfach – durch erinnerndes Zitieren Charles' (vgl. z. B. S. 237, 285) – auf »Kennan« als Quelle dieses Motiv-Komplexes hin.

[258] Zit. nach BB, Lfg. 20, April 1977, S. 19.

auch in Germaan'n=Kreisn wohlbekanntn & belieptn [.] Trink-
schalen für Andersdenkende (S. 334),

die aus den Schädeln der Getöteten hergestellt würden, was Karl
dann in der objektiven Realitätsebene Hertha gegenüber präzisiert
und auf die Gegenwart bezieht:

> Auch ›Wieland der Schmiet‹ verschtant sich ausgezeichnet auf deren An-
> fertijunk, Herzchn! [...] Und sei überzeukt: diewerrse Pollieticker des
> ›Freien Westns‹ würden sich arg gern aus echtn ›Krusch=tschoffs‹ und
> ›Ullbrichz‹ zu=proostn: ›Bonn‹ und ›Neander=Thal‹ liegen verdammt dicht
> beisamm (S. 334f.).

In der Verbindung zwischen subjektiver und objektiver Realitätsebene deutet Karl zweierlei an: zum einen, daß die ›Aufklärung‹ prinzipiell dasselbe vorgeschichtlich-primitive Niveau wie die ›Freiheit‹
der Amerikaner bewirkt; zum anderen, daß sich die Abgrenzung des
Westens vom Osten auch in der objektiven Realität auf eben diesem
Niveau bewegt.

Karl konstruiert die lunare Welt so, daß eine fundamentale Äquivalenz der politischen Mächte hervortritt. Seine Kritik richtet sich
dabei nicht gegen die Aufklärung, die er selbst betreibt, und ebensowenig gegen die Freiheit, deren Umkehrung im Terror er beklagt,
sondern gegen die Realität, die diese Begriffe für sich reklamiert und
pervertiert. Er maßt sich nicht an, die Problematik dieser Realität in
irgendeiner Weise zu lösen – etwa dadurch, daß er das Axiom des
russischen Mondstaates gegen das des amerikanischen ausspielte, was
er ja gerade nicht tut. Er bleibt mit seiner für Hertha literarisch konkretisierten Welt genau in den – ›realistischen‹ – Leistungsgrenzen,
die er in der objektiven Darstellungsebene fest umrissen hat: unter-
haltend die alltägliche Lebenswelt »klaa« zu machen, um so zu ihrer
»Bewältijunk« beizutragen.

6. Der Beziehungszusammenhang der von Karl aktualisierten
   präfigurierten Weltdarstellungen

Das literarische Produkt Karls enthält selbst wiederum ›Literatur‹:
die beiden ›Nationalepen‹, deren »›Umtauschen‹« (S. 307) die Begegnung zwischen Charles und dem russischen Boten dient. Innerhalb
der von Karl konkretisierten Welt kommt den beiden Epen dadurch
eine besondere Bedeutung zu, daß sie eigene Welten bilden. Die im

»›Umtauschen‹« aufeinander bezogenen Weltdarstellungen stehen wiederum in Beziehung zu einem ähnlichen ›kulturellen‹ Komplex innerhalb der objektiven Realitätsebene, dem eine ähnlich besondere Bedeutung zukommt. Seine Komponenten sind das dörfliche Laienspiel, die Silberschlag-Lektüre und die Deckenmalereien in der Kirche von Hankensbüttel. Auch sie repräsentieren je eigene Welten, die durch thematische Gemeinsamkeiten miteinander verbunden sind. Die beiden Komplexe bilden einen eigenen Beziehungszusammenhang, dessen Besonderheit darin besteht, daß er aus Welten – mit Ausnahme der Deckenmalereien: aus ›Wort-Welten‹ – zusammengesetzt ist, die *nicht* von Karl strukturiert worden sind. Karl *aktualisiert* sie. Er vermittelt sie durch sein Bewußtsein und integriert sie in den nach Maßgabe dieses seines Bewußtseins strukturierten Text. Dem unterschiedlichen Modus der Realitätsebenen entspricht dabei die unterschiedliche Aktualisierungsweise der Welten. In der Welt TH's beschreibt Karl Welten, die er gemeinsam mit Hertha bzw. auch TH anschaut. – Dies gilt auch für die primär in Sprache konkretisierte Welt Silberschlags, die durch »Kupferschtichblätter« (S. 133) gemeinsam anschaubar ist. Indem Karl beschreibt, akzentuiert und interpretiert er, nimmt er klare Wertungen vor: er aktualisiert diese Welten aus seiner Perspektive, ohne die Originale zu verfälschen.

Anders in der lunaren Welt. Wie ihr Kontext, sind auch die beiden Welten innerhalb der lunaren Welt ausschließlich im Wort gegenwärtig. Sie sind in Epen dargestellt, die als originäre literarische Produkte der beiden Mondstaaten vorgestellt werden. Dem Vermittlungsverfahren Karls ähnlich, referiert Charles diese Darstellungen und zitiert kurze Ausschnitte, kommentiert und bewertet sie. Ihrem Status entsprechend handelt es sich bei den Epen um eigenständige literarische Werke. Ihrem Kontext entsprechend entstammen sie ›im Original‹ der objektiven Realität und sind wie sie transformiert worden. Das Original des amerikanischen Epos ist das »Nibelungenlied«, das des russischen die Herdersche Fassung des »Cid«. Als »nationale« (S. 93) Epen sind sie dem jeweiligen ›Nationalbewußtsein‹ angemessen. Und ihren Originalen gemäß stellen die Epen die ›heldenhafte‹ Vergangenheit dar, die sie – das dem »Nibelungenlied« folgende amerikanische Epos stärker als das dem »Cid« folgende russische – sagenhaft-mythisch verklären. Die Originale werden nach den Gesetzmäßigkeiten, die dem Bau der gesamten lunaren Welt zugrundeliegen, abgeändert. Ohne dadurch ihre Struktureigentümlichkeiten zu verlieren, treten sie damit in eine wesentlich engere Beziehung zu ihrem Kontext als die Darstellungen innerhalb der objektiven Realitätsebene.

a) Die in der objektiven Realitätsebene ›angeschauten‹ Welten behandeln das Thema des Weltuntergangs unter jeweils anders ausgeprägtem ›christlichen‹ Aspekt.

Das Laienspiel – Ifflands Posse »Der Komet«[259] – hat volkstümlichen Charakter. Im Konflikt des ›glaubenden‹ Balder mit seiner skeptischen Familie und ebenso skeptischen Repräsentanten einer dörflichen Welt vergegenwärtigt es die aktuelle Erwartung des Weltuntergangs durch einen Kometen und das Ausbleiben der Katastrophe. Das Christentum tritt lediglich in der Haltung Balders auf, so daß es mit dem Irrationalismus seiner Weltuntergangserwartung zusammenfällt.

Die Darstellung Silberschlags hat pseudorationalen Charakter. Sie greift den biblischen Mythos der »›SÜNDFLUTH‹« (S. 126) auf. Mit pseudowissenschaftlichen Erklärungen und pseudostatistischer Exaktheit stellt Silberschlag den mythischen Weltuntergang und das Überleben der Menschheit durch Noah als reales Ereignis der ›Weltgeschichte‹ dar.

Die Gewölbemalerei hat sakralen Charakter. Sie behandelt das Thema unter dem christlichen Aspekt der Eschatologie, der der ratio unzugänglich ist. In einer Kombination aus apokalyptischer Vision und ›ländlichem Behagen‹ (S. 217)[260] stellt sie den Zustand nach dem erwarteten Weltuntergang dar. Die Ausgestaltung von »HÖLLE« und »PARADIES« (S. 215 u. 217) veranschaulicht naiv den Glauben an die ewige Verdammnis der Sünder und die Auferstehung der Sündenfreien. Das Paradies, dessen hervorragende bildnerische Qualität Karl besonders hervorhebt (S. 218), ist »archenoahmäßich« (S. 217) gestaltet, es stellt die Auferstehung als Überleben der Menschheit dar.

Neben der Thematik ist diesen Darstellungen ihre situationsimmanente Funktion gemeinsam: sie dienen der Unterhaltung. In der Unterhaltung sind sie ebenfalls gemeinsam situationstranszendental auf den extrapolativ projizierten bzw. subjektiv realen Ursprung der lunaren Welt bezogen: auf die Zerstörung der Erde und das Fortbe-

---

[259] August Wilhelm Iffland, Der Komet. Eine Posse in Einem Aufzuge. In: A. W. Ifflands theatralische Werke in einer Auswahl, Leipzig 1859, 4. Bd., S. 241–272. – Vgl. Lenz Prütting, »Weltunterganks-Schtimmunk«. Einige Anmerkungen zur Theateraufführung KAFF 68ff. BB, Lfg. 77–78, April 1984, S. 3–16.

[260] Vgl. die – abgeschwächte – Parallele zu Hieronymus Bosch, S. 215.

stehen der Menschheit. Eben dieser Ursprung wird in den beiden Epen dargestellt.

b) Das amerikanische Epos nimmt die dominierende Stellung ein. Das russische ist eine Parallelkonstruktion, die deshalb auch weniger vollständig wiedergegeben wird.[261]

Das amerikanische Epos erfüllt zuerst die für die lunare Welt notwendige Unterhaltungsfunktion, wobei deren basale Bedeutung als Verbindungsinstanz zwischen Werk und Leser, die die Voraussetzung für die Erfüllung jedes weitergehenden Anspruchs bildet, deutlich wird. Indem es das ausgeprägte Bedürfnis nach Unterhaltung befriedigt, wird es von jedem Bewohner der Glass Town rezipiert.

Die allgemeine Rezeption wird dem Werk, wie Charles es wiedergibt, durchaus gerecht. Sie manifestiert sich zum einen in seiner offiziellen Bewertung und zum anderen in der Wiedergabe durch Charles, die eo ipso Rezeption ist und darüberhinaus die Hörsituation mit den Reaktionen des Auditoriums reflektiert.

Die offizielle Bewertung des Werkes enthält zugleich seine begriffliche Bestimmung.

Sie umrahmt seine Wiedergabe. In der ›Ansage‹ heißt es: »Das neue, umfassend=nationale Roman=Epos unseres Dichters, Herrn Frederick T. Lawrence.« (S. 93) Und im nachhinein spricht der Präsident Mumford ausführlicher vom

> großen, natz=jonalen Eh=Poss [...], das wie in einem Rink [...] alle Juh=Eß=Äi=Tugenden zusammenfasse: ebenso zukumftweisend; wie der großen Vergangenheit amerikanischer Siegeszüge übervoll. [...] »Zumal in der Figur des ›Dillert‹«, sei ihm 1 echte, blutvoll=Nazi=onahle Heldengeschtallt gelung'n. (S. 171)[262]

Im Begriff des ›Epos‹ bzw. »Roman=Epos« hebt die Bestimmung auf die strukturale Eigentümlichkeit des Werkes ab, die sie attributiv durch das »umfassend=nationale« spezifiziert, womit sie das Verhältnis der literarisch konkretisierten zur aktuellen lunaren Realität anspricht.

---

[261] Vgl. die ausdrücklich von Charles geforderten Auslassungen, S. 309.
[262] Zur Herkunft des Namens »Alabama=Dillert« vgl. BB, Lfg. 4, Sept. 1973, o. S.; bei der Figur handelt es sich selbstverständlich um eine kontextuelle Transformierung der Siegfried-Gestalt. – Vgl. Jürgen Koepp, »Kaff auch Mare Crisium« und das Epos eines Unbekannten von »Der Nibelunge Nôt«. BB, Lfg. 77–78, April 1984, S. 17–35.

Diese Bestimmung des Werkes enthält bereits seine konstitutiven Merkmale, die in der Vermittlung durch Charles in extenso verifiziert, lediglich in Teilbereichen noch komplettiert werden.

Der Doppelbegriff »R o m a n = E p o s« umfaßt in der Komponente ›Epos‹ die Gliederung des Werkes in ›Gesänge‹, deren Anzahl Charles mit 38 angibt (S. 94), und den Aufbau der Gesänge aus metrisch regelmäßig gebildeten Strophen, deren Regularität Charles durch das Zitieren der ersten beiden Strophen vorführt (S. 95). Die Bestimmung von ›Epos‹ durch ein weiteres Merkmal ergänzend, weist Charles auf die Anlage des Textes für den mündlichen Vortrag hin: er registriert die formelhafte Charakterisierung der Figuren und erklärt sie sich als Mittel, »sich die vielen Gannohwn [. . .] [zu] merken.« (S. 97)

In der Komponente ›Roman‹ umfaßt der Doppelbegriff zugleich das Konstruktionsprinzip des Werkes: die Handlung. Das »I'll tell You in my tale« (S. 95) der Eingangsstrophe hat programmatischen Aussagewert für die handlungsorientierte *Erzähl*struktur des Epos. Dementsprechend kann Charles das Epos, ohne seine Gliederung in Gesänge und deren Aufbau berücksichtigen zu müssen, *nacherzählen*. Das Prinzip der Sukzession als Ordnungsprinzip der Elemente zum Epos schlägt sich in der gehäuften Verwendung der Konjunktionen »und« sowie »dann« nieder.[263] Daß Charles eine Ausnahme eigens formal interpretiert –»a) Verzögerung; b) Kontrast« (S. 103) –, unterstreicht die strukturprägende Relevanz der Handlung.[264]

Bereits diese formalen Merkmale lassen das »Nibelungenlied« als Ursprung des amerikanischen Epos erkennen: Es weist, von der Mitteilung Charles nur geringfügig abweichend, 39 Aventiuren auf, die aus eben den von Charles zitierten speziellen ›Nibelungenstrophen‹[265] bestehen; eines seiner Merkmale ist das durch den Vortrag bedingte »formelhaft-typische« »Charakterisierungsmittel«;[266] und sein Strukturprinzip schließlich ist das der Handlung.[267]

---

[263] Vgl. z. B. S. 98, wo das »und«, einmal nur das »dann«, *jedes* Einzelelement, das nicht subjektive Anmerkung ist, einleitet.

[264] Vgl. auch S. 309, wo Charles im impliziten Rückverweis auf seine Kenntnisse des amerikanischen Epos auf die »Kammf=*Handlungn*«, aus denen zu einem großen Teil das ihm bekannte Epos besteht, verzichten will.

[265] Vgl. Helmut Brackert, Anhang zu: Das Nibelungenlied. Mhd. Text u. Übertragung, hrsg., übers. u. m. e. Anhang vers. v. H. B., Frankfurt a. M. 1970, 1. Teil, S. 265-290, S. 290.

[266] Peter Wapnewski, Deutsche Literatur des Mittelalters. Ein Abriß von den Anfängen bis zum Ende der Blütezeit, 2., erg. Aufl. Göttingen o. J., S. 69.

[267] Vgl. Helmut Brackert, Nachwort zu: Das Nibelungenlied, 2. Teil, S. 266-282, S. 266.

Zu dieser Übereinstimmung der allgemeinen Formbestimmung tritt die in der Spezifizierung des Formbegriffs. Das ›Roman-Epos‹ wird als das ›umfassend-nationale‹ bezeichnet, im »Drahtfunk« wird es als »Heldengedicht« (S. 27) angekündigt; und das »Nibelungenlied« gilt als Paradigma des ›Heldenepos‹.[268]

›Nationalepos‹ und ›Heldenepos‹ bzw. »Heldengedicht« sind bedeutungsgleiche Termini, sie setzen lediglich unterschiedliche Akzente. Die offizielle Bewertung und Bestimmung des Epos umfaßt beide Akzentuierungen: Sie betont die Gestaltung des Nationalen – nationaler »Tugenden« und nationaler »Vergangenheit« –, das im Helden figural inkorporiert ist. Mumford bestimmt das amerikanische Epos korrekt als ›Heldenepos‹, für das Peter Wapnewski anführt, daß es

> das Geschichtliche meint, das sich am Schicksal des Einzelhelden vollzieht. Denn gattungsdefinierend ist die Herkunft des Stoffes aus der heimischen Geschichtstradition.[269]

Allzu bildhaft, aber deutlich umschreibt Wapnewski den Begriff des Geschichtlichen mit dem »dumpfen Erinnern an das Verbluten ganzer Völker«,[270] das genau dem Geschichtsbewußtsein der Amerikaner, das ihr Epos spiegelt, entspricht.

Die grundsätzliche strukturale Übereinstimmung zwischen dem Original und seiner Änderung wird durch die Identifizierbarkeit der Figuren etwa auf Grund der etymaren Schreibung[271] und Affinitäten im Handlungsverlauf im einzelnen gefestigt.

Die Gesamtheit der Übereinstimmungen signalisiert, daß das amerikanische Epos weder Parodie noch Travestie des »Nibelungenliedes«,[272] sondern eine dem Original gemäße Bildung ist. Das »Nibelungenlied« wird ohne formale Änderung auf die Bedürfnisse der amerikanischen Mondbewohner bezogen.

---

[268] Vgl. z. B. Wapnewski, S. 71.

[269] A. a. O., S. 70.

[270] A. a. O., S. 71.

[271] Vgl. etwa das »›Cream=hilled‹« (S. 95) -Beispiel; s. o., S. 55; vgl. auch die Schreibung »General Grünther« (S. 97), die sowohl auf Gunther als auch auf den amerikanischen General Gruenther hinweist, der »1939–1945 (stellvertretender) Stabschef beim Oberkommando der Alliierten Streitkräfte in Europa (SHAPE), 1953–1956 Oberkommandierender der NATO-Streitkräfte in Europa« (BB, Lfg. 17–18, Okt. 1976, S. 14) war. Der Name steht nicht nur für eine Hauptfigur des Nibelungenliedes, sondern ist zugleich ›historisch‹ in der Zeit, in der das Epos von Lawrence angesiedelt wird, identifizierbar.

[272] Diese Kategorien könnten nur dann an es herangetragen werden, wenn es isoliert stünde, wobei dann für seine Bestimmung entscheidend wäre, ob die Form, in der Charles es vermittelt, oder aber eine zu rekonstruierende ›Originalform‹ (d. h. die Form, in der Lawrence es vorträgt) zugrundegelegt würde.

Das Epos wird in die Zeit »um 1948 [...], kurz nach dem Great Old War« (S. 94) versetzt, die Zentren seiner Handlung in die Gegend um Heidelberg und Berlin verlagert, wobei der Zug ins Hunnenland als Zug nach Berlin, der durch die DDR führt, dargestellt wird. Die Nibelungen werden zur »alten Army of the Rhine« (S. 95), die, in »›THE REVENGE OF CREAM=HILLED‹« (S. 101) dargestellt, von den Russen, die zudem »immer schlankweck ›HUNNEN‹« (a. a. O.) heißen, vernichtet werden.

Im Epos wird die Geschichte zu »tales«, zu sagenhaft-überlieferten Geschichten. Sie wird zum heroisch-nationalen Mythos, in dem sich die Glass Town als Nation identifizieren kann.

Das Epos erfüllt die Funktion, das nationale Selbstbewußtsein zu fundieren. Es ist in diesem Sinne »zukumftweisend«; denn indem es dieses nationale Selbstbewußtsein fundiert, ermöglicht es eine Zukunft der Glass Town als Nation.

Zugleich aber hebt das Epos die historische Verantwortung für die Gegenwart im Mythos auf. Im Epos wird das unreflektierte Verhältnis zur Vergangenheit zu dem von Wapnewski angeführten »dumpfen Erinnern«. Es dient der Stabilisierung der Schein-Welt.

Das Epos ist aber auch in einer ganz elementaren Bedeutung »zukumftweisend«: es schildert die Vorgeschichte des Krieges, der zum Weltuntergang geführt hat. Charles schließt seine Wiedergabe des Epos mit der Anmerkung:

(Und so hatte dann der letzte Krieg angefangn; allegorisch genuck also: daß wegen 1 ›Miss Germany‹ die ganze Welt in Flammen aufgehen mußte!) (S. 104)

Charles formuliert den Ansatz einer ›realistischen‹ Interpretation des Epos. Mit seinem »allegorisch genuck« macht er das Bild, das die »›Natzjonnahle Poesie‹« (S. 102) entwirft und dessen Wirkung auch er ausgesetzt ist, im Hinblick auf die objektive Realität der BRD transparent: diese Realität ist es, die das Epos im Kontext derselben ins Subjektive gesteigerten Realität nationalisiert und heroisiert und die auf den – in ihr angelegten und möglichen – zukünftigen Krieg weist.

In der Gestalt der »Cream=hilled«, die die beiden Großmächte gegeneinander ausspielt, ›allegorisiert‹, wird diese Realität somit durch den von der BRD provozierten Gegensatz zwischen Amerikanern und Russen bestimmt. In diesem Sinne ist metaphorisch von dem an der »Zonengrenze« gelegenen »›Calton Creek‹«, einer phonetisch deutlichen Bildung, die Rede: »'ne Brücke über diesen Calton Creek gab's natürlich ooch nich« (a. a. O.). Und eine nebensächliche Bemerkung zur Jagdszene, in der der Tod Dillerts dargestellt wird, erhält so ihr Gewicht. Charles referiert: »und der Schrot rasselte im Gebüsch« (S. 101). Er fügt hinzu:

(und in den Gesäßn der deutschn Treiber, wenn sie im Wege schtandn: sehr richtich: Die waren an Allem schuld!). (a. a. O.)

Kaum noch metaphorisch verkleidet, wird den Deutschen Schuld zugesprochen: als die Kriegs-»Treiber« haben sie ihn auch ohne direkte militärische Aggression[273] verursacht.

Der gesamte Aussagekomplex des amerikanischen Epos gilt modifiziert auch für sein russisches Pendant, das Herders Fassung des »Cid« in die lunare Realität überträgt.[274] Die historische Vergangenheit, die ›objektiv‹ dieselbe wie die der Amerikaner ist, wird nunmehr als die der Russen heroisiert und nationalisiert. Die Funktion des Epos als Nationalpoesie ist dieselbe wie die des amerikanischen Epos, womit die fundamentale Äquivalenz der beiden lunaren Staaten unterstrichen wird.

Der leichteren Identifizierbarkeit der dargestellten historischen Ereignisse im Original entsprechend ist auch in der ›Übertragung‹ die historische Vergangenheit leichter zu erkennen. Das Epos behandelt den »›Großen Vaterländischen Krieg[.]‹ von 41-45« (S. 307), den »Great Old War« der Amerikaner. Sein Held ist, dem »Cid« Don

---

[273] Vgl. S. 100, wo Charles anführt, daß die Deutschen »damals noch keine Waffen tragen durften«. Er kommentiert dieses Faktum mit derselben einleitenden Formel wie die Schuldzuweisung, wobei er die Verbindung zur Remilitarisierung zieht: »sehr richtich!: hätten wir an dem Grundsatz nur eewich festgehalten, wir=Affen!« (a. a. O.)

[274] Die Hinweise auf das Original, dessen Beginn hier nicht in der ›Übertragung‹ zitiert wird, gibt Charles zum Schluß der Vermittlung dieses Epos, indem er metrische Eigenheiten betont. Zum »kümmerlichn, klein=gehacktn Vers=Maaß« (S. 312) tritt das Fehlen von Endreimen (vgl. a. a. O.) und die im Zitieren sichtbare Unregelmäßigkeit der Strophenfüllung. – Charles macht auf den reimlosen vierhebigen Trochäus, den sog. spanischen Trochäus, aufmerksam, den Herder mit dem »Cid« in die deutsche Literatur eingebracht hat. – Vgl. z. B. Otto Paul u. Ingeborg Glier, Deutsche Metrik, 6. Aufl. München 1966, S. 149.
Diese ›Übertragbarkeit‹ spiegelt sich in der Geschichte der verschiedenen Bearbeitungen des »Cid«-Stoffes. Heiner Höfener, Nachwort zu: Der Cid nach spanischen Romanzen besungen durch Johann Gottfried von Herder, 3. Aufl. Stuttgart 1859. Reprograf. Nachdr. Darmstadt 1978, S. 1-9, merkt an: »Auffallend ist, daß sich in den verschiedenen Dichtungen der Charakter des Cid - ganz wie es sich für einen Nationalhelden geziemt - je den politischen Erfordernissen der erstarkenden königlichen Macht gemäß veränderte.« (S. 3)

Rodrigo de Bivar entsprechend, die historische Gestalt des »Marschall Schukoff« (S. 308), und auch der im folgenden gleichwertig genannte Name »Ssowjettmarschall Konjew« (S. 310) ist historisch.[275] Dieselbe Historizität gilt für die Ereignisse: den Kampf um Stalingrad (S. 308) und die Potsdamer Konferenz (S. 310), die freilich in dem insgesamt nur sehr knapp skizzierten Epos im Grunde nur erwähnt werden.

Der Kampf mit und der Sieg über Deutschland werden als nationale Heldentat gestaltet, zum nationalen Mythos stilisiert.

Die Aussagevalenz des russischen Epos liegt weniger in ihm selbst, als vielmehr in der Vermittlung Charles', der das in ihm ausgedrückte Nationalbewußtsein der Russen auf das der Amerikaner bezieht. Das Epos ist damit funktionaler Bestandteil der Mare Crisium-Darstellung, es dient wie diese in erster Linie der Verschärfung der Konturen der Glass Town.

Die Amerikaner, die an der historischen Phase, die das russische Epos behandelt, nicht als Gegner, sondern als Verbündete teilhatten, fallen unter das Diktum der Nationalisierung bzw. Heroisierung der Vergangenheit, werden also der dominierenden Rolle der Russen untergeordnet. Auf diese Weise fühlt sich Charles als Repräsentant der Amerikaner provoziert und reagiert emotional ablehnend auf entsprechende Passagen des Epos.

Die negative Darstellung der Amerikaner konzentriert sich auf ihre totale Traditionslosigkeit im Gegensatz zur ›tausendjährigen Kultur‹ der Russen:

(widerlich! / Die Amerikaner [. . .] Alle in einer Art Packpapier=Kleidung; meist mit Coca=Cola Flaschen in den traditionslosen Händn; ungeschlachtne Gebärden & Holzfäller=Mannieren. Die Russen nahmen sich ihrer aber gutmütich an; mit Nachsicht, weil es sich ja schließlich um 1

---

[275] Indem das Epos Shukow als den ›Helden‹ im Kampf um Stalingrad darstellt (vgl. S. 308) und Konjew zum »Sie=gärr« (S. 310) von Berlin erklärt, spiegelt es die historische Rivalität der beiden sowjetischen Marschälle.
Shukow, der mit Beginn des Krieges nach Stalin stellvertretender Oberbefehlshaber der Streitkräfte wurde, galt offiziell als der Sieger von Berlin. 1957 griff Konjew, der im Krieg mit Shukow zusammengearbeitet hatte und seit 1955 (bis 1960) Oberkommandierender des Warschauer Pakts war, Shukow, der zu dieser Zeit Verteidigungsminister war, im Zentralkomitee an. Er warf ihm u. a. vor, daß sein Anspruch auf den Sieg um Stalingrad ungerechtfertigt sei und daß er nicht der alleinige Sieger von Berlin sei. Dies führte dazu, daß Shukow aus allen Ämtern entlassen wurde. – Vgl. dazu Zbigniew K. Brzezinski u. Samuel P. Huntington, Politische Macht USA – UdSSR. Ein Vergleich. A. d. Amerikan. v. Franz Becker, Köln 1966, S. 358ff.

noch nicht 200=Jahre=altes Völkchen handelte. Zeigten ihnen, was eine tausendjährije Kultur sei; hielten den Armen Lichtbild=Vorträge, nischt wie ›Kiew‹ und ›Korßunsche Fortn‹. Verlasen ihnen irgend ein ›Igorr=Liet‹; entschtandn zu einer Zeit, als die US=Amerikaner: ja WAS waren? –: Männsch, schnarrrr bloß nich so!) (S. 309)

Daß sich die kulturelle Traditionslosigkeit der Amerikaner und die kulturelle Tradition der Russen in der aktuellen lunaren Realität fortsetzen, wird beispielhaft im Gegensatz der »›Lumbeck=Kulltur‹« etwa zu der »sogenannte[n] ›RUSSKAJA PRAWDA‹« deutlich – einer Gesetzessammlung, die aus der Zeit stammt und von dem Fürsten angeregt wurde, deren bzw. dessen Niedergang das »Igor-Lied« beschreibt.[276]

Die Passage enthält zugleich einen Hinweis darauf, daß die Wurzeln einer amerikanischen Kulturtradition (ebenso wie die einer amerikanischen Geschichte) in Europa liegen: zur Entstehungszeit des »Igor-Liedes« – in der zweiten Hälfte des 12. Jahrhunderts – waren die Amerikaner noch Europäer. Diese Verwurzelung spricht Charles an, als er wenig später die Amerikaner als »die Angel=Saxn« (S. 311) apostrophiert, und sie dokumentiert sich darin, daß die Glass Town das »Nibelungenlied«, das etwa zur gleichen Zeit und, so Helmut Graßhoff, »unter ähnlichen gesellschaftlichen Bedingungen«[277] wie das »Igor-Lied« entstanden ist, für die Fundierung ihres Nationalbewußtseins nutzen kann.

Die dem russischen Epos immanente Beziehung zur deutschen Geschichte wird, der Diktion der Vermittlung Charles’ angemessen, im Sinne des amerikanischen Epos national umgedeutet:

die Deutschen waren damals gans schön sachde gegangn. Unsere Beus, so Dillert & Trunnion, hatten die anschtändich fertich gemacht. (S. 311)[278]

Charles reklamiert den Sieg der Russen für die Amerikaner. Hieran anschließend, zieht er die Verbindung von den angedeuteten historischen Verhältnissen zur Rolle der Deutschen beim Vernichtungskrieg:

---

[276] Vgl. Das Igor-Lied. Eine Heldendichtung. D. altruss. Text m. d. Übertragung von Rainer Maria Rilke u. d. neuruss. Prosafassg. v. D. S. Lichatschow, 2. Aufl. Leipzig 1978, z. B. S. 37 u. 41.

[277] Helmut Graßhoff, Nachwort zu: Das Igor-Lied, S. 65–77, S. 70f.

[278] Vgl. auch S. 310, wo Charles mit den »verantwortunxbewußt[en]« Überlegungen der USA über die Zukunft des besiegten Deutschland auf den Morgenthau-Plan anspielt.

Unt die doown Nüsse hattn sich dann, kaum 20 Jahre schpäter, derart von uns geegn die Russn verheizn lassn – die Beschränktheit der Kerls war ja wirklich über=natürlich geweesn! (S. 311).

Charles attackiert nicht nur die Deutschen, sondern charakterisiert, situationsimmanent unbemerkt, auch die Amerikaner und die Glass Town. Wie im Zusammenhang des amerikanischen Epos deutlich wird, erliegen die Amerikaner der schuldhaften Provokation der Deutschen, haben also sie sich »verheizn lassn«. Und die »Beschränktheit« der Deutschen ist ja – als die Beschränkung auf sich selbst, die jede Möglichkeit ihrer Aufhebung borniert zurückweist – zu einem wesentlichen Charakteristikum der Glass Town geworden.

Die literarische Konstitution des amerikanischen Epos wird vom russischen Boten dadurch ›entlarvt‹, daß er auf Ungenauigkeiten in der ›Übertragung‹ hinweist (S. 304). Die Hinweise haben aber nur für Charles entlarvenden Charakter, weil er den Anspruch des dem russischen Boten überreichten Textes auf Originalität nicht ausgesprochen hat.

Bezeichnend ist die Art der Aufdeckung. Der russische Bote belegt die Ungenauigkeiten mit Hinweisen auf das Original, das Charles im Rahmen des Austausches mitgeführt hat. Es gehört zum äußerst kärglichen Bestand der Bibliothek der Glass Town, »kein Mensch« jedoch ist hier imstande, es zu »entziffern« (S. 149) – mit offenkundiger Ausnahme von Lawrence, einschließlich des ›bücherkundigen‹ Charles. Für Charles wird Lawrence damit zum »Wort=Betrüger« (S. 307f.), und sein ursprünglich negatives Urteil über ihn wird wieder gültig. Die ›mangelnde‹ Originalität wird zum Disqualifizierungsgrund, eine Bewertung des Werkes als Übertragung zieht Charles nicht in Betracht. Das literarische Werk wird der grundsätzlichen Mangelhaftigkeit der gesamten Glass Town zugeordnet, wobei allerdings offen bleibt, ob Lawrence die Originalität seiner Arbeit ›betrügerisch‹ vorgibt oder ob sie lediglich auf Grund mangelnder Kenntnisse der Amerikaner als ein allgemeines Fehlurteil entstanden ist. In beiden Fällen dokumentiert die Verborgenheit der literarischen Konstitution des Werkes das kulturelle Niveau der Amerikaner.

Demgegenüber erscheint das russische Epos, dessen Übertragungscharakter sowohl Charles als auch der russische Bote nicht bemerken, als originales Werk, das Charles deshalb ungleich höher bewertet.

Gemeinsam mit den metafiktional relevanten Hinweisen Charles' auf den »Cid« Herders stellen Hertha und Karl indirekt die Äquivalenz der literarischen Konstitution der Epen fest; Hertha richtet die

Frage an Karl: »Was iss'nn das, was Der vor=geleesn hat? – Da schtimmt'och oo was nie, Du.« (S. 312) Ohne die Frage direkt zu beantworten, bestätigt Karl die im »oo« angedeutete Vermutung: »Und ich, bitter: »Das heißt man ›Bill=Dung‹ in der Bundes=Reh-puhblick«.« (a. a. O.)

Die Hinweise von Charles ergänzend, macht Karl auf den Ur-sprung des russischen Epos in der deutschen literarischen Tradition aufmerksam, wobei sein Beklagen des Bildungsniveaus in der BRD verdeutlicht, daß es sich hierbei nicht um einen entlegenen Text han-delt, wie er etwa in dem Silberschlags vorliegt, sondern um ein Werk, das zum Bestand der deutschen Kultur gehört. Karl bezieht auf diese Weise mit dem russischen Epos auch das bei beiden Mondstaaten vorhandene Unvermögen, die jeweils eigenen literarischen Produkte in ihrer Konstitution zu erkennen, auf die objektive Realität. Das der Glass Town adäquate Unvermögen der Russen, das trotz der ekla-tanten Beweise kultureller Tradition besteht, untermauert die funda-mentale Äquivalenz der beiden lunaren Welten. Es signalisiert, daß die *gesamte* subjektive Realität, die *insgesamt* von Karl als Charles vermittelt wird, auf die objektive Realität bezogen ist.

Nachdem Charles die Arbeit von Lawrence als Betrug gewertet hat, differenziert er seine eigene Wertung:

(engschtirnije Gemüter, ›narrow minds‹, faseltn wohl manchmal von ›Ka-rackter=Losichkeit‹; flache Köpfe, fanntasie=lose, verschtiegen sich bis zur ›Lüge‹) (S. 304).

Karl präzisiert dies, indem er auf eine Anspielung Herthas eingeht, die seine Phantasietätigkeit eben als Lüge bewertet:

KönntesDU [. . .] nicht [. . .] unterscheiden, zwischn betrügerischn Lüügn: wiesiedie diewersn ›Regierung'n‹ prinnziepjell in Umlauf setzn. Und=ä [. . .] geh=nial=unschädlichn Erfindung'n [. . .]? (S. 305)

Karl, der diese Unterscheidung für seine Tätigkeit fordert, koppelt die Begriffe des Betrugs und der Lüge zusammen und füllt sie dadurch, daß er sie mit der staatlichen Manipulation in Verbindung bringt. Wenn er die »geh=nial=unschädlichn Erfindung'n« hiervon abgrenzt, so spielt er auf die Funktionsweisen von Literatur, also auch seines eigenen literarischen Produkts an: mit der Unterhaltung ist per de-finitionem Aufklärung verbunden, keinesfalls Manipulation.

Für die Epen treffen beide Charakterisierungen zu. Innerhalb der subjektiven Realität sind sie, freilich nicht im Sinne Charles', Betrug, da sie in der nationalisierenden bzw. heroisierenden Gestaltung von Geschichte manipulativ wirken. Als Produkte Karls sind sie die »geh=nial=unschädlichn Erfindung'n«, die Hertha unterhalten und dabei an der Wahrheitsvermittlung durch die subjektive Realität teilhaben, indem sie Tendenzen, Geschichte national zu manipulieren und damit zur Etablierung einer Schein-Welt beizutragen, literarisch explizieren.

c) Das Gemeinsame der beiden Epen gegenüber den von Karl in der objektiven Realitätsebene aktualisierten Welten deutet Charles an, indem er nachträglich zum amerikanischen Epos anmerkt: »Vom Kristentum war verdammt weenich die Rede darin!« (S. 155)

Diese Feststellung steht am Ende der Darstellung des ›Bibel-Geforsches‹ und ist auf diese Weise auf den Silberschlag-Komplex bezogen, dessen Darstellung des Weltuntergangs unter christlichem Aspekt wiederum thematisch mit dem Laienspiel und der Gewölbemalerei verbunden ist.

Die gemeinsame Thematik des gesamten Beziehungszusammenhangs dieser Weltdarstellungen formuliert Hertha, als sie sich während des Laienspiels an Karl wendet: »Du. Dieselbe Weltunterganks=Schtimmunk wie da=obm! – Die Ähnlichkeit ...« (S. 74) Die allgemeine Affinität zwischen dem Laienspiel und der lunaren Welt umfaßt einerseits auch den nachfolgenden Silberschlag-Komplex sowie die Gewölbemalerei, andererseits auch die Epen. Sie alle sind Gestaltungen der »Weltunterganks=Schtimmunk« und beziehen sich so aufeinander und auf die lunare Welt.

Im einen Fall wird das christlich-mythische Ereignis des Weltuntergangs, das in der fernen Vergangenheit , der nahen und unbestimmt-fernen Zukunft angesiedelt ist, als vergangene, erwartete und zukünftige Realität dargestellt. Im anderen Fall werden historische Verhältnisse (so im amerikanischen Epos) und historische Ereignisse (so im russischen Epos), die die Vorgeschichte des aus der subjektiven Realität heraus stattgefundenen Weltuntergangs bilden, als nationale Mythen dargestellt. Die lunare Welt selbst schließlich setzt den Weltuntergang als historisches Ereignis voraus.

Im Unterschied zur Darstellung der lunaren Welt besteht die über die allgemeine thematische Affinität hinausreichende Gemeinsamkeit dieser ›realisierenden‹ Gestaltungen von Mythischem und mythisierenden Gestaltungen von Realem in ihrer affirmativen Funktion. Wie die Epen Ausdruck des nationalen Selbstverständnisses sind, so sind der Silberschlag-Komplex, das Laienspiel und die Gewölbemalerei Ausdruck christlichen Selbstverständnisses. Diese Darstellungen wollen nicht über die Realität aufklären, sondern dieses Selbstverständnis wirksam verbreiten und festigen (wobei das Laienspiel insofern eine Ausnahme bildet, als die Weltuntergangserwartung des Balder durch die Realität enttäuscht wird).

Dies spiegelt sich in der Rolle der Autoren, wie sie Karl am Beispiel von Lawrence anreißt. Karl führt die Repressionen Silberschlags gegen Andersdenkende an, Charles führt an, daß Lawrence vom Kongreß durch »'ne Gedenktafel« (S. 171) geehrt werden soll. Beide Autoren sind in das System christlich-kirchlicher und staatlicher Macht integriert, sie partizipieren an ihr.

Der Zusammenhang der Realitätsebenen in der Darstellung der aktuellen Realität und ihres ontologischen Kontextes

a) Der systemkonformen Rolle dieser beiden Autoren steht die Rolle Karls gegenüber, die er Hertha in der Explikation seines Selbstverständnisses als Autor der subjektiven Realitätsebene erläutert und die er durch die Funktionen der Unterhaltung und der Aufklärung, erfüllt im handwerksähnlich hergestellten Werk, bestimmt. Die politische Dimension dieser Rolle, d. h. ihr Verhältnis zu staatlicher und christlich-kirchlicher Macht, vergegenwärtigt Karl in der Rolle Charles'.

Diese Rolle drückt sich in der Bezeichnung des »slater« (S. 38) aus. Das Wort ist doppeldeutig; es bedeutet neben ›Schieferdecker‹, das in der Glass Town zu »Schiefertafelmacher« (S. 15) geworden ist, ›scharfer Kritiker‹.[279] Diese zweite Wortbedeutung benennt nicht nur einen Teilbereich von Charles' lunarer Existenz, sondern bestimmt seine Stellung in der lunaren Welt, die die Relevanz seiner Mitteilungen begründet. Die kritische Distanz zu seiner Welt, verbunden mit ihrer intimen Kenntnis, die er als Abgeordneter von innen und als Bote von außen gewinnt, gestattet ihre differenzierte Darstellung. So entsteht ein Bild, das zwischen der Schein-Welt und ihrer ›Realität‹ differenziert, indem es die Fundamente dieser Welt in der objektiven Realität bloßlegt, um über *sie* aufzuklären.

---

[279] Hermann Naber, Wenn einem die Sprache im Munde brennt. Eine Lanze für Arno Schmidt und seinen neuen Roman »Kaff – auch Mare Crisium« (Rez.). Frankfurter Rundschau, 16.6.1961, weist zu Recht auf diese Doppelbedeutung des Wortes hin.

Charles spielt im LG Karls dessen Rolle. Karl verweist auf die Identität der Rollen, als er nebenher seine »mächtijen (slater=) Knie« (S. 202) anführt. Deutlicher faßbar wird dieses Verhältnis der Rollen, als Charles seine Rolle in der Einbindung in das politische System beschreibt:

> man war nicht nur gewöhnt, daß ich épatante Äußerungen tat; sondern forderte sie geradezu von mier: in 1 wohlgeordneten Schtaaz=Wesn wird ein weiser Regennt sich prinn=ziep=jell 1 klug=witziejen Narren haltn; je klüger & witziejer, desto besser – am allerbestn n Geh=Niejuß: desto Weenijere verschtehen ihn. Und Regennt & Schtaat habm immer ihr ›Alibi‹ hinsichtlich Meinunx= und Rede=Freiheit. (S. 238)

Die kritische Einstellung zur Realität wird in der Rolle des Narren staatlich institutionalisiert, aber damit zugleich neutralisiert. Charles versteht den Narren als den Intellektuellen, der seine Kritik ›klug und witzig‹ vorträgt, wobei diese Form der Kritik mit ihrer Verständlichkeit gekoppelt ist. Seine potentiell systemgefährdende Relevanz wird aufgefangen, wenn sie durch die Reduktion auf die Unterhaltung oder durch die Transformation ins Unverständliche wirkungslos wird. In der Rolle des Narren institutionalisiert, kann die vom Kritiker ausgehende Systemgefährdung zum systemstabilisierenden Faktor werden: der offiziell akzeptierte Narr spiegelt eine Freiheit vor, die faktisch nicht vorhanden ist.

Im Sinne dieser Rollenbestimmung Charles' bezeichnet sich Karl als »Scharrlattahn« (S. 220), apostrophiert ihn TH als »Klohn« (S. 314) und identifiziert Karl seine Rolle in der von TH konzipierten parallel-subjektiven Welt als die des »Haus=Klaun[s]«.[280] Die Rolle Karls ist grundsätzlich durch die seines Produkts Charles geprägt. Sie wird in der objektiven Realitätsebene durch die Explikation der Tätigkeit und des Selbstverständnisses von Karl bestimmt, durch die intellektuelle ›Werk-Tätigkeit‹ der Literaturproduktion, die der Unterhaltung und der Aufklärung des Alltäglichen dient. Die potentiell systemgefährdende Relevanz dieser Tätigkeit besteht in der Aufklärung, die Karl innerhalb der Welt TH's mit der subjektiven Realitätsebene für Hertha und die der Text mit beiden Realitätsebenen für den Leser leistet.

Die Rolle des Clowns signalisiert dementsprechend auch das mit der – ›modernen‹ literarischen – Form verbundene Problem, die Aufklärungsfunktion zu erfüllen. Dies ist nur dann möglich, wenn sie

---

[280] S. o., S. 341.

einerseits nicht in der Unterhaltung aufgeht, die aber zugleich die notwendige Beziehung zum Leser herstellt, und wenn sie andererseits nicht wegen einer komplizierten Form im Bereich des Unverständlichen verbleibt.

Der Umstand, daß Karl seine Rolle in der monadisch-repräsentativen Welt TH's auf diese Weise definiert, zeigt an, daß sie im Sinne von Charles' Rollenverständnis eine Freiheit vorspiegelt, die Karl weltimmanent als die Tradition des von Staat und Kirche ausgeübten Terrors beschreibt und deren Beschaffenheit und Bedeutung er in der subjektiven Realität sichtbar macht.

Die Rollen von Karl und Charles durchdringen sich in ihrer Ausübung: auch und gerade dann, wenn Karl als Charles die lunare Welt konkretisiert, d. h. wenn er seine Rolle ins Subjektive verlagert, wenn so Charles innerhalb seiner Welt seine Rolle erfüllt,[281] erfüllt Karl die seine innerhalb seiner Welt.

In dieser Durchdringung der Rollen manifestieren sich die Einheit des den Text vermittelnden Subjekts und die strukturale Einheit des Textes selbst.

Indem Karl seine ›Doppelrolle‹ spielt, strukturiert er den literarischen Text zum - formal vollständigen und formal reinen - utopischen Prosatext. Er protokolliert gleichsam seine wirklichkeitsreproduzierenden und -produzierenden Bewußtseinsaktivitäten, zu denen wesentlich auch die gehören, die die so entstehende Struktur des Textes transparent machen. Die verschiedenen Bewußtseinsaktivitäten des einen Bewußtseins sind in dem einen Bewußtseinsvorgang des LGs geeint. Selbstverständlich ist dieses LG das, nach dem der Autor Arno Schmidt seinen Text strukturiert hat. Wie Charles eine Emanation Karls ist, so ist Karl mit Charles eine Emanation des Autors. Karl ist die Figur, die buchstäblich die Rolle des Autors spielt. Karl spielt das LG Schmidts vor, und zwar so, daß es - dem ›intelligenten Leser‹, der bereit und fähig ist, den metaliterarischen Hinweisen zu folgen - prinzipiell nach- bzw. mitspielbar ist. Da die Struktur des Textes durch die Wiedergabe des Bewußtseins*vorgangs* entsteht, liegt sie als ›Strukturierung‹, im prozessualen Vollzug ihrer Entstehung vor. Der in diesem LG, im konstitutiven Steigerungsverhältnis der Ebenen, begründete Anspruch, die alltägliche Lebenswelt »klaa« zu machen, ist somit aktualisierbar.

---

[281] Weltimmanent spielt Charles seine Rolle primär für sich selbst. Außer im Kongreß und in den Gesprächen mit George bleiben seine kritischen Darstellungen im Bereich seines Bewußtseins.

In ihrem Zusammenhang leisten die beiden Ebenen eine ›konforme Abbildung der Welt‹, in der die lunare Welt die monadisch-repräsentative Welt TH's ins Subjektive steigert, um die perspektivisch fundierte Darstellung der objektiven Realität perspektivisch zu ›durchleuchten‹.

b) Die Struktureigentümlichkeit des Textes artikuliert sich in seinem Titel »Kaff auch Mare Crisium«. Seine Aussagekraft beruht vor allem auf der etymaren Polyvalenz von »Kaff«, das durch das »auch« in eine polyvalente Beziehung zu »Mare Crisium« tritt und den Text polyvalent thematisiert.

Die erste Bedeutung von »Kaff« aktualisiert sich in der Relation zur nomenklatorisch korrekten Bezeichnung »Mare Crisium«. »Kaff« ist die aus der Zigeunersprache abgeleitete umgangssprachliche Bezeichnung für das abgelegene kleine Dorf. In dieser Lesart kennzeichnet der Titel die Lokalisierung der beiden Ebenen auf der Erde und auf dem Mond; zugleich gibt er einen Hinweis auf die ›konstruierende‹ Konkretisierung dieser Ebenen: die in ihren alltäglichen Dimensionen gestaltete Ebene des Dörflichen bezieht sich auf die nach Kriterien wissenschaftlicher Exaktheit gestaltete Ebene des Lunaren. Das Alltägliche und das Wissenschaftlich-Exakte gelten im »auch« wechselseitig für beide Ebenen und bezeichnen ihre gleichermaßen realistische und gesetzmäßig-reguläre Strukturierung.

In einer zweiten Bedeutungsebene steht »Kaff« als »Kaf« für das Ringgebirge, das nach orientalischen Mythen die – als Scheibe vorgestellte – Erde vom Nichts abgrenzt. Durch eine unpassierbare Region von der menschenbewohnten Erde getrennt, ist »Kaf« ein von Dämonen bewohntes Zwischenreich.[282] Modifiziert bezieht sich diese Bedeutung von »Kaff« »auch« auf »Mare Crisium«. Das Mare Crisium ist hiernach ein solches Zwischenreich, das zwischen der erfahrbaren objektiven Realität und dem Nichts angesiedelt ist. Es ist ein Bereich, der, als Realität gegeben, dennoch außerhalb empirischer Erfahrungsmöglichkeiten liegt, der also nur der Phantasie, der Einbildungskraft zugänglich ist. Das Mare Crisium ist als das Gebiet auf dem Mond phantastisch-, subjektiv-real.

---

[282] Vgl. M. Streck, Artikel: Kâf. In: Enzyklopädie des Islam, 1927, S. 658–660. Vgl. dazu auch AS, Enthymesis oder W. I. E. H. In: AS, Leviathan, S. 83–127, einen frühen Versuch, einen Prosatext nach Bewußtseinsvorgängen zu strukturieren, bei dem er das Tagebuch (vgl. S. 127) verwendet. In diesem Text thematisiert Schmidt eine in die Antike verlagerte Expedition »zu den Welträndern ins Menschenlose« (S. 125).

In der Darstellung verifiziert sich die durch »Kaf« evozierte Bedeutung von »Mare Crisium«. Das Mare Crisium entspricht dem in »Kaf« enthaltenen Weltbild, wie aus einer Erläuterung des Modells vom Mare Crisium hervorgeht:

> »[. . .] ne große goldene Platte -«: »- rund, owahl oder auch irgend'n Polly=gohn.« (Und darauf dann ebm, en miniature, ein zierliches Ringgebirge abgebildet): »Schön=getriebener zerklüfteter Wall. 1 Zentralkegel.« (S. 118)

Karl beschreibt das Mare Crisium als subjektiv reales, von Charles erlebtes Zwischenreich, das im Grenzgebiet der beiden lunaren Staaten liegt. Durch seinen subjektiven Modus bedingt, ist dieser Bereich eo ipso von Phantasiewesen bevölkert. Charles vermittelt zusätzlich den Eindruck des Dämonischen, als er seinen Sturz in das russische Vorratslager schildert. Der Sturz erscheint ihm zunächst als Einbruch in ein unwirkliches, unter der Oberfläche verborgenes Geisterreich. Im Ruf der ihn bedrohenden Rieseneulen: »:»SCHEOL!: SCHEOL!!«« (S. 227), einer alttestamentlichen Bezeichnung für ein solches Geisterreich,[283] wird dieses buchstäblich beim Namen genannt. Und die Rieseneulen erscheinen ihm als »grausije« oder »böse Engel« (S. 228 u. 230), als »Weißteufel« (S. 230) oder allgemein als »Böse Geister« (S. 234).

In einer dritten Bedeutungsebene steht »Kaff« norddeutsch-umgangssprachlich für Spreu, d. i. der Abfall, der beim Dreschen entsteht. Diese Bedeutung enthält auf Grund ihres metaphorischen Charakters, der bereits in der Bibel genutzt wird,[284] zwei weitere Bedeutungen. In diesem Sinne bezeichnet »Kaff« das Wertlose, allgemein das Negative und speziell das leere Geschwätz, was jeweils »auch« für »Mare Crisium« gilt.

Die titulare Apostrophierung des Textes als leeres Geschwätz, die durch die Vorrede noch unterstrichen wird,[285] spielt auf seine Struktur bzw. seine Strukturierung durch Karl an, der ja als ›Schwätzer‹ (S. 308) angesprochen wird.[286] Die Bezeichnung berührt seine litera-

---

[283] Vgl. dazu BB, Lfg. 4, Sept. 1973, o. S.

[284] Hiob 21, 17–18; vor allem Matthäus 3, 12, wo der metaphorische Gebrauch von ›Spreu‹ im Kontext des Dreschvorgangs steht.

[285] S. o., S. 310f.

[286] Vgl. S. 261. – Die Rollenbezeichnung des Schwätzers stellt wiederum die Beziehung zur utopischen Formtradition her. Sie spielt auf die Figur an, die in dem die utopische Formtradition begründenden Text – über den ›Herausgeber‹ Morus – die beiden Realitätsebenen vermittelt: Hythlodeus in der »Insula Utopia«. Wie ›Kaff‹ in einer Bedeutungsebene, ist »ὗθλος« das leere Geschwätz, und »Hythlodeus« ist, in

turproduzierende Tätigkeit und sein Rollenverständnis des Narren. Das Produkt des ›Schwätzers‹ bleibt so lange leeres Geschwätz, d. h. unverbindliche Unterhaltung, wie es seinem Adressaten unverständlich ist. Sein ›Wert‹ ist relativ, er erfüllt sich in der Aktualisierung des Aufklärungsanspruchs im Rezipienten. Diese in der metaphorischen Bedeutung von »Kaff« als ›Spreu‹ enthaltene spezielle negative Aussage des Titels mithin hebt sich im strukturadäquaten Verständnis des Textes auf.

Auf dem Hintergrund des Matthäus 3, 12 präfigurierten metaphorischen Gebrauchs von ›Spreu‹ bezeichnet »Kaff« die für ihre Vernichtung (durch das Feuer) prädestinierte (gottlose) Menschheit. Die allgemeine negative Aussage, die der Titel in der Bedeutung von »Kaff« als ›Spreu‹ enthält, betrifft die Menschheit, die die Negation ihrer selbst in sich birgt. Sie verdichtet sich zu einer Thematisierung des Negativen oder der Negation, die insofern zentrale Bedeutung hat, als sie auch die in den anderen Lesemöglichkeiten des Titels ausgedrückten Thematisierungen umfaßt.

Diese Lesart des Titels wiederholt sich in erweiterter und zugleich präzisierter Form unmittelbar mit dem Beginn der Darstellungen Karls:

Nichts Niemand Nirgends Nie!: Nichts Niemand Nirgens Nie!: (die Dreschmaschine rüttelte schtändig dazwischen, wir konnten sagen & denken was wir wollten. Also lieber bloß zukukken.) (S. 9)[287]

Karl führt hier in eine konkrete Situation ein, die für die Welt, die er gemeinsam mit Hertha erlebt, in dieser Jahreszeit bezeichnend ist: die des herbstlichen Dreschens. Die Situation wird vom Takt der Dreschmaschine beherrscht, so daß Karl und Hertha dem Dreschvorgang »bloß zukukken« können.

---

der Bedeutung von »ὅσιος« als ›kundig‹, ›erfahren‹, als ›Schwätzer‹ zu lesen. In beiden Fällen beanspruchen die ›Schwätzer‹ mit ihrem ›Geschwätz‹, d. h. mit ihrer Reproduktion und Produktion von Realität in Sprache, positiv die verbindliche Vermittlung von Wahrheit.

[287] Zur motivischen Verflechtung der vier Negationen mit dem literarischen Kontext vgl. BB, Lfg. 4, Sept. 1973, o. S.; BB, Lfg. 17-18, Okt. 1976, S. 3; BB, Lfg. 23, Aug. 1977, S. 3.
Dieser Begriff der Negation hat selbstverständlich nichts mit den Vorstellungen der Negation oder Negativität gemein, die die Begriffsbildungen negativer Utopie bestimmen. Die subjektive Realität negiert in keiner Weise eine Realität, die – auch nur relativ – positiv gewertet würde. Als fundamentale ontologische Kategorie, die der Text thematisiert, gilt der Begriff gleichermaßen für beide Realitätsebenen.

Karl veranschaulicht die Grundbedeutung von »Kaff« als ›Spreu‹ im situativen Kontext der Entstehung solchen Kaffs, er verwendet sie jedoch von vornherein zugleich in ihrer allgemeinen metaphorischen Bedeutung als das Wertlose, das Negative. Sowohl das Kaff als auch das Dreschen erhalten a priori mit ihrer gegenständlichen eine prädominante symbolische Bedeutung, die Karl dem von ihm vermittelten Text voranstellt. Die vier Negationen »Nichts Niemand Nirgends Nie« betreffen das Ding (als das nichtmenschliche Seiende), das menschliche Subjekt, den Ort und die Zeit, d. h. die Totalität des Seienden und die Dimensionen, in denen es ist, also die Totalität des Seins. Der Takt der Dreschmaschine symbolisiert den Negationsvorgang und benennt zugleich das Negierte, das zusammenfassend »Kaff« symbolisiert. Der Negationsvorgang wird als Scheidungsvorgang veranschaulicht, der die Konsistenz des Seins auflöst, indem er das ihm zugehörige Negative abtrennt. In ihm wird sichtbar, daß im Sein die Negation seiner selbst enthalten ist. Er hat auf diese Weise erkenntniserschließende Valenz.

Der Negationsvorgang wird in dieser Symbolik als Vorgang vorgestellt, der sich mechanisch vollzieht und der beherrschend auf den Menschen, der in ihn inbegriffen ist, einwirkt. Der Vorgang vollzieht sich nicht unabhängig vom Menschen, sondern wird von ihm selbst betrieben. Der Mensch hat jedoch, wie das Verhalten von Karl und Hertha demonstriert, keine Möglichkeit, sich ihm gegenüber durchzusetzen. Er ist ihm in seinen genuin menschlichen Fähigkeiten, die Karl mit »sagen & denken«, die vom ›Wollen‹ geleitet werden, anspricht, ausgesetzt. Als sinnvolles Verhalten in diesem Kontext bleibt allein das Beobachten, das Registrieren.

Die Situation symbolisiert den fundamentalen ontologischen Kontext, in den Karl inbegriffen ist, und seine definitiv durch ihn bestimmten Verhaltensmöglichkeiten, d. h. auch: seine Rolle in diesem ontologischen Kontext.

Obwohl Karl in ihn inbegriffen ist, ist er für ihn offen. Er kann ihn immerhin beobachten und seine Beobachtung vermitteln, so daß die Aufklärungsfunktion, die dem Negationsvorgang immanent ist, die aber in der affirmativ erlebten Schein-Welt verborgen ist, durch ihn – dadurch, daß er seine Verhaltensmöglichkeiten nutzt und *seinen* Aufklärungsanspruch erfüllt – wahrgenommen wird.

Die vier Negationen, deren exponierte Stellung durch die Wiederholung unterstrichen wird, leiten nicht nur die Darstellungen Karls ein, sondern durchziehen als Leitmotiv[288] den gesamten Text auf bei-

---

[288] Vgl. Suhrbier, S. 21.

den Realitätsebenen[289] bis kurz vor seinem Ende, wobei sie zum Schluß ebenfalls durch Reduplikation betont werden. Die vier Negationen variieren in der Schreibweise und selbstverständlich in ihrer jeweiligen situativen Bindung, sie verändern aber in keinem Falle die Bedeutung, die sie in der einleitenden Situation erhalten haben. Die leitmotivische Präsenz der Negationen weist insistierend darauf hin, daß der gesamte Text unter dem Thema der Negation des Seins steht.

Die einzelnen Thematisierungen ergeben sich aus der Aufschlüsselung des *einen* polyvalenten Titels »Kaff auch Mare Crisium«. Das heißt: die Thematisierungen bilden eine polyvalente Einheit. Sie sind Akzentuierungen des *einen* Bildes, das Karl auf zwei Ebenen vermittelt, um »das Alltägliche« »klaa« zu machen.

Wenn Karl dieses Bild ontologisch fundiert, so drückt er damit aus, daß die alltägliche menschliche Lebenswelt in ihrer historisch-politischen Dimensionierung in den Kontext der Negation des Seins inbegriffen ist, daß sich der Negationsvorgang in dieser Lebenswelt des Menschen vollzieht.

Karl handelt nicht und fordert nicht zum Handeln auf, sondern nimmt eine eher fatalistische Haltung ein, die er, wie die einleitende Situation veranschaulicht, ›objektiv‹ durch diesen Kontext begründet. Er will ausschließlich in der Unterhaltung aufklären und damit Orientierungshilfen für eine »Bewältijunk« »der Welt« geben. Er erfüllt diesen Anspruch aus der Position heraus, die er zu Beginn seiner Darstellung im »bloß zukukken« andeutet. Zum Schluß der Darstellung, als Karl mit Hertha die Welt TH's verläßt, greift er auf das Angedeutete zurück, indem er das Bild eines Zuschauers skizziert, der ohnmächtig die Vorführung der Negation des Seins beobachtet, an der er selbst teilhat:

(›Nichtsniemandnirgendsnie‹ - ganns haßdich; Hertha ließ schon den Motor an - ›Nichtsniemandnirgendsnie‹: Die Uhwertüre ist Wein'n; Röcheln das Fienale; dazwischn Possn & höllische Dissonantzn!). (S. 338)

---

[289] Vgl. S. 10, 91, 175, 210, 233, 264, 338, 346.

Schluß

In seinem Versuch, einen Überblick über das Werk von »Arno Schmidt vor »Zettels Traum«« zu geben, schreibt Jörg Drews, »Kaff« sei

> das erste [Buch], das von politischer Resignation und erneut von der Flucht in ein ländliches Refugium, in einen politikfreien Raum[1]

spreche, wobei sich das »erneut« vermutlich auf »Schwarze Spiegel«[2] und »Faun«[3] bezieht. Mit dieser Aussage, die sich als konstatierende Beobachtung ausgibt, verbindet Drews die apodiktische Behauptung:

> Damit verschwindet das Element von Aufklärertum und politischem Engagement in Schmidts Werk.[4]

Drews hypostasiert mit »Kaff« einen Bruch in der literarischen Produktion Schmidts, für den er keinen Nachweis erbringt und wohl auch kaum erbringen kann, da die Texte gegen einen solchen sprechen.

Gerade »Kaff« betreibt die Aufklärungsabsicht in metaliterarisch explizierter Weise, so daß sie nur schwer übersehen werden kann. Und gerade »Kaff« auch macht – ebenfalls metaliterarisch expliziert – deutlich, daß ›Aufklärung‹ im Rahmen von Literatur selbstverständlich eine ästhetische Funktion ist. Der literarische Text erfüllt sie nicht durch die Argumentation, sondern, zusammen mit der der Unterhaltung, durch das Errichten von ›Wortwelten‹. Diese schaffen subjektive Erfahrungsmöglichkeiten und vermitteln eine relevante Perspektive auf die objektive Realität: die ›Wortwelten‹ sind so gebaut, daß sie eine verbindliche Darstellung der objektiven Realität leisten. Weil »Kaff« mit der Welt TH's eine ›Wortwelt‹ konkretisiert, innerhalb derer eine zweite ›Wortwelt‹ dezidiert literarisch produziert wird, geht wiederum gerade aus diesem Text besonders deutlich hervor, daß

---

[1] Drews, Arno Schmidt vor »Zettels Traum«, S. 176.
[2] Vgl. a. a. O., S. 165.
[3] Vgl. a. a. O., S. 175.
[4] A. a. O., S. 176f.

»Aufklärertum« kein hinzufügbares akzidentelles »Element« ist, sondern daß der Leistungsanspruch der Aufklärung der Struktur dieser ›Wortwelten‹ - und d. h. des Textes - inhärent ist. Er ist darin begründet, daß die als die alltägliche Lebenswelt des Menschen identifizierte objektive Realität das Material bildet, das rhythmisch adäquat transformiert und so konform abgebildet wird.

Das dem Text abgesprochene ›politische Engagement‹ ist Bestandteil dieser Aufklärungsfunktion; denn die alltägliche Lebenswelt ist politisch dimensioniert, und der Text bringt diese politischen Dimensionen - in beiden Realitätsebenen - zur Anschauung. Drews stellt durchaus zu Recht ›politische Resignation‹ in »Kaff« fest, er führt sie aber zu Unrecht als eine Ursache für das - ja ebenfalls zu Unrecht - von ihm vermißte ›Aufklärertum und politische Engagement‹ an. Die ›politische Resignation‹ artikuliert oder propagiert nicht etwa eine »Flucht« ins Apolitische, sondern ist im Gegenteil Ausdruck von »Aufklärertum und politischem Engagement«. Sie ist eine in der Motivation ausgeführte Reaktion der Figuren auf das politische System und die politische Konstellation ihrer Welt, und sie ist auch insofern ein wesentlicher Faktor der subjektiven Realität, als diese nicht von einer Wende zum Positiven ausgeht, sondern in eine extrapolierte historische Kontinuität zur objektiven Realität gestellt wird. Die ›politische Resignation‹ ist ein eminent politisches Moment innerhalb der auf beiden Darstellungsebenen geleisteten Realitätsdarstellung. Sie macht darauf aufmerksam, daß der Mensch in einer politisch dimensionierten Welt lebt und daß sich letztlich niemand den existentiellen Implikationen des Politischen entziehen kann.

Als Bestandteil der ästhetischen Aufklärungsfunktion ist das ›politische Engagement‹ nicht auf tagespolitische Aktualität fixiert, wiewohl der Text die politische Situation seiner Zeit präzise reflektiert. Die politischen Dimensionen der alltäglichen Lebenswelt sind wiederum historisch (vor allem durch die Zeit des Nationalsozialismus) dimensioniert und auf die existentielle Situation des Menschen in seinem ontologischen Kontext bezogen. Deshalb kann »Kaff« eine über das hic et nunc hinausreichende, allgemein gültige Darstellung geben: im Zusammenhang der monadisch-repräsentativen mit der ins Subjektive gesteigerten Welt werden die Grundlagen und Bedingungen des menschlichen Lebens in der exakt identifizierten bundesrepublikanischen Realität von 1959 »klaa« gemacht.

Die Rede von der ›politischen Resignation‹ und dem Rückzug in ein »ländliches« - wohl als ›idyllisch‹, jedenfalls als apolitisch verstandenes – »Refugium« mit der Konsequenz des Beklagens einer fehlenden Aufklärungsabsicht und fehlenden ›politischen Engagements‹ hat symptomatischen Charakter: die Struktur des Textes wird trotz der metaliterarischen Explikationen verkannt.

Auf diese Weise kann nicht erkannt werden, daß »Kaff« mit »Schwarze Spiegel« und der »Gelehrtenrepublik« in Beziehung steht und daß diese Beziehung auf der den drei Texten gemeinsamen Struktur des LGs beruht. Sie sind Glieder *einer* (›Versuchs‹-) Reihe, und »Kaff« vollzieht keinen Bruch innerhalb dieser Reihe. Das von Drews angeführte vordringliche Indiz eines solchen Bruchs, die ›politische Resignation‹, liegt ähnlich auch in »Schwarze Spiegel« und der »Gelehrtenrepublik« vor. In »Schwarze Spiegel« akzeptiert das Ich die menschenleere, sich renaturierende Welt und bewertet sie dezidiert positiv. In der »Gelehrtenrepublik« äußert sich die ›politische Resignation‹ nicht nur im affirmativen Verhalten Winers, das mit dem Hinweis auf seine Artikelserien angedeutet wird, sondern vor allem in der fiktionsimmanent – in der Haltung des Übersetzers – vorhandenen und in der fiktionstranszendental – in der fiktionalen Konstitution des Textes – erwarteten Wirkungslosigkeit der kritischen Darstellungen Winers, die mit der subjektiven die objektive Realität betreffen.

Für »Schwarze Spiegel« und die »Gelehrtenrepublik« gilt grundsätzlich dasselbe wie für »Kaff«: in allen drei Texten ist die ›politische Resignation‹ übereinstimmend mit einer präzisen Vergegenwärtigung der aktuellen politischen Situation verbunden. Diese reicht in allen drei Fällen übereinstimmend über das hinaus, was ausschließlich für den Kontext, aus dem heraus der jeweilige Text entstanden ist, gültig ist; denn die (objektive) Realität, die die Texte (mit der subjektiven Realitätsebene bzw. im Zusammenhang von subjektiver und objektiver Realitätsebene) darstellen, ist historisch dimensioniert und auf die konstitutionelle Beschaffenheit und Bedingtheit des Menschen bezogen.

Die Bestimmung von »Kaff« und entsprechend von »Schwarze Spiegel« und der »Gelehrtenrepublik« durch den Begriff des LGs impliziert die Identifikation der Texte als Bestandteile des literarischen Kontexts der utopischen Prosa. Der Begriff des LGs betrifft die – durch die »Insula Utopia« begründete – utopische Formtradition und bietet zugleich die Möglichkeit für eine Bestimmung der utopischen Prosa.

Der Vorteil dieser Bestimmungsmöglichkeit gegenüber herkömmlichen Verstehensweisen besteht darin, daß sie die utopische Prosa als

418

genuin utopische, konsistente literarische Struktur behandelt. Die durch den Begriff des LGs bestimmte utopische Prosa wird nicht mehr apodiktisch auf den Gegensatz zur traditionellen Utopie bzw. auch allgemein auf Gegensätzlichkeit fixiert. Die wirklichkeitsapologetische Funktion, die ihr in diesem Zusammenhang zugesprochen wird und die bezeichnenderweise in den Aussagen von Drews über »Kaff« wiederkehrt, erweist sich damit als Fehldeutung. Stattdessen wird deutlich, daß die utopische Prosa ebenso wie die traditionelle Utopie kritisch-deiktisch auf die Realität ausgerichtet ist, in deren Kontext sie entstanden ist, daß diese wie jene über sie aufklärt. Dabei wird sowohl die Differenzierung zwischen einer ›utopischen Aussage‹ oder ›Intention‹ und deren ›Literarisierung‹ , als auch die Hypothese von einer mit der utopischen Prosa vollzogenen ›Fiktionalisierung‹ von ›Utopie‹ hinfällig. Die damit verbundene unreflektierte Gleichsetzung von Literarizität bzw. Fiktionalität mit Handlung und der – z. T. wiederum hiermit verbundene – Rückgriff auf (zumeist ihrerseits bestimmungsbedürftige) Satire-Begriffe zeigen sich als inadäquate Mittel zur Beschreibung der literarischen Konstitution der utopischen Prosa.

Die utopische Prosa – und mit ihr grundsätzlich die utopische Formtradition, in der sie steht und die sie fortführt[5] – wird nicht mehr negativ durch Begriffe und Erklärungsmodelle bestimmt, die für die sozialentsprechenden Formen der Älteren Literatur gebildet worden sind und die auch, mehr oder weniger deutlich, in der Mehrzahl der Satire-Begriffe enthalten sind. Das LG ist als Strukturbegriff der von der Älteren unterschiedenen Modernen Literatur, deren Formen als Nachbildung von Bewußtseinsvorgängen verstanden werden, definiert. Es hat die Valenz einer literarischen Beschreibungskategorie, die eine positive, strukturadäquate Erklärung und Bestimmung der utopischen Prosa gewährleistet.

Der Begriff ist von seiner Konzeption her, die einerseits auf die theoretische Fundierung und Explikation einer neuen Prosaform abzielt, aber andererseits den Begriff und damit die durch ihn bezeichnete Form auf die utopische Formtradition bezieht, dafür prädestiniert. Diese Form liegt mit »Schwarze Spiegel«, der »Gelehrtenrepublik« und »Kaff« in literarischer Konkretion vor. Die drei Texte, der Reinen im Unterschied zur Angewandten Literatur zugeordnet, sind Paradigmata des LGs und zugleich der utopischen Prosa.

---

[5] Eine weiterführende Untersuchung hätte den Begriff des LGs – über die Unterscheidung zwischen negierender und prolongierender Steigerung hinaus – historisch zu differenzieren.

In der fiktionstranszendentalen bzw. metaliterarischen Transparenz der dargestellten Welten wird mit der übereinstimmenden Struktur der drei Texte das strukturbildende Konstitutivum der utopischen Prosa erkennbar: die als Steigerung spezifizierte Transformierung der auf das kontextuell Relevante konzentrierten materialen objektiven Realität – die bei formaler Vollständigkeit, wie exemplarisch in »Kaff« die monadisch-repräsentative Welt TH's, in der objektiven Realitätsebene dargestellt ist – in eine subjektive Realität. Die Intentionalität der utopischen Prosa, der kritisch-deiktische Realitätsbezug, in dem sich die Aufklärungsfunktion erfüllt, erweist sich damit als ein in der Struktur des LGs angelegter Faktor.

Im Rahmen der übereinstimmenden Struktur sind in den drei Texten jeweils bestimmte Komponenten dieser Struktur akzentuiert. In der literarischen Konkretion wird paradigmatisch ihre Relevanz für die Struktur des LGs bzw. für die durch das LG bestimmte utopische Prosa sichtbar. So wird in »Schwarze Spiegel« deutlich, daß die utopische Prosa eine kategorial von der objektiven unterschiedene subjektive Realität darstellt, die von einem subjektiven Bewußtsein nach Maßgabe seiner Konzeption aus dem – von seiner Konstitution her relevanten und dieser Konzeption entsprechend bearbeiteten – Material der objektiven Realität zu einer konsistenten Welt erbaut ist. In der »Gelehrtenrepublik« zeigt sich, daß die subjektive Realität der utopischen Prosa auch und gerade dann, wenn sie allein verzeichnet ist, mit der Wahrscheinlichkeit, der in sich und in Relation zur objektiven Realität schlüssigen Bauweise, auch Verbindlichkeit, die grundsätzliche Identifizierbarkeit und Aktualisierbarkeit ihrer struktural manifesten Beziehungen zur objektiven Realität erfordert und auf Grund ihrer Struktur gewährleistet. Und »Kaff« schließlich weist darauf hin, daß die utopische Prosa, bedingt durch ihre Struktur, mit der Erfüllung der Unterhaltungsfunktion Wahrheitsvermittlung als Aufklärung der alltäglichen Lebenswelt betreibt.

Literaturverzeichnis

1. Quellen

1. Arno Schmidt

Philologisch zuverlässig werden die Texte Schmidts wohl erst mit der »Bargfelder Ausgabe« (Zürich 1986ff.) vorliegen. Die meisten Texte sind mehrfach gedruckt und weisen – teils durchaus erhebliche – Abweichungen auf. Zitiert werden deshalb die jeweils verfügbaren Texte. Sie sind chronologisch nach dem Datum ihres Erstdrucks geordnet. Es wird dann, wenn es von der zitierten Ausgabe abweicht, in Klammern hinzugefügt. Weitere Ausgaben sind ohne Schwierigkeiten in der Bibliographie von Hans-Michael Bock (s. u.) ausfindig zu machen.

- Enthymesis oder W. I. E. H. In: AS, Leviathan, Frankfurt a. M. 1963, S. 83–127 (49)
- Gadir oder Erkenne dich selbst. In: AS, Leviathan, a. a. O., S. 5–41 (49)
- Leviathan oder Die Beste der Welten. In: AS, Leviathan, a. a. O., S. 43–81 (49)
- Brand's Haide. In: AS, Nobodaddy's Kinder. Trilogie. Aus dem Leben eines Fauns. Brand's Haide. Schwarze Spiegel, o. O. [Reinbek] 1963, S. 91–168 (51)
- Schwarze Spiegel. In: AS, Nobodaddy's Kinder, a. a. O., S. 169–226 (51)
- Aus dem Leben eines Fauns. In: AS, Nobodaddy's Kinder, a. a. O., S. 7–89 (53)
- die umsiedler. In: AS, die umsiedler. 2 prosastudien (kurzformen zur wiedergabe mehrfacher räumlicher verschiebung der handelnden bei festgehaltener einheit der zeit), Frankfurt a. M. 1953, S. 11–39
- Die aussterbende Erzählung. Texte und Zeichen, 1, 1955, H. 2, S. 266–269
- Kosmas oder Vom Berge des Nordens, Krefeld, Baden-Baden 1955 (= Augenblick-Supplementband 1)
- Seelandschaft mit Pocahontas. Texte und Zeichen, 1, 1955, H. 1, S. 9–53
- Berechnungen I u. II. In: AS, Rosen & Porree, Karlsruhe 1959, S. 283–292 u. S. 293–308 (55 u. 56)

- Dichter und ihre Gesellen. Augenblick, 2, 1956, H. 2, S. 4–8
- Die Handlungsreisenden. Texte und Zeichen, 7, 1956, H. 3, S. 296–299
- Das steinerne Herz. Historischer Roman aus dem Jahre 1954, Karlsruhe 1956
- Die Gelehrtenrepublik. Kurzroman aus den Roßbreiten, Frankfurt a. M. u. Hamburg 1965 (57)

Rezensionen zur »Gelehrtenrepublik«:

a, In Manier erstarrtes Experiment. National-Zeitung, 19.7.1958

anonym, Die Gelehrtenrepublik. Die Zukunft, April/Mai 1958

Beckelmann, Jürgen, Von Thomas Morus bis Arno Schmidt. Oder auch: Das Ende der Utopie. Panorama, April 1958

Dittmar, Heinrich, Zu Oma [!] Schmidts »Gelehrtenrepublik«. Die Zentaurin mit der Sonnenbrille. Utopischer Roman – skurril und ausgeglüht wie Schlacke. Neue Ruhr-Zeitung, 11.1.1958

Hühnerfeld, Paul, Deutsch als tote Sprache. Über einen Autor, der viel versprochen und wenig gehalten hat. Die Zeit, 22.8.1958

K., K. H. [= Karl Heinz Kramberg], Utopia – Gefährliches Neuland. Das Schönste, März 1958

Korn, Karl, Literarisches Klebebild. Frankfurter Allgemeine Zeitung, 21.12.1957

M., H., Arno Schmidts atomare Sozialutopie. Die Rheinpfalz, 30.12.1958

Marti, Kurt, Arno Schmidt: Die Gelehrtenrepublik. Kirchenblatt für die reformierte Schweiz, 6.3.1958

Michalski, John, Arno Schmidt: Die Gelehrtenrepublik. Books Abroad, Summer 1958

Waldstein, Wilhelm, Arno Schmidt: Die Gelehrtenrepublik. Neue Volksbildung, Sept. 1958

- Dichtung ist kein Nebenberuf. Der Tagesspiegel, 2.4.1958
- Dya Na Sore / blondeste der Bestien. In: AS, Dya Na Sore. Gespräche in einer Bibliothek, Karlsruhe 1958, S. 14–53
- Das Klagelied von der aussterbenden Erzählung [Rez. von: Fritz Lockemann, Gestalt und Wandlungen der deutschen Novelle. Geschichte einer literarischen Gattung im 19. und 20. Jahrhundert, München 1957]. Süddeutsche Zeitung, 25.1.1958
- Herrn Schnabels Spur. Vom Gesetz der Tristaniten. In: AS, Nachrichten von Büchern und Menschen. Bd. 1. Zur Literatur des 18. Jahrhunderts, Frankfurt a. M. u. Hamburg 1971, S. 28–55 (58)
- Die Schreckensmänner / Karl Philipp Moritz zum 200. Geburtstag. In: AS, Dya Na Sore, a. a. O., S. 356–390
- Wieland / oder die Prosaformen. In: AS, Dya Na Sore, a. a. O., S. 230–275
- Begegnung mit Fouqué. In: AS, Trommler beim Zaren, Karlsruhe 1966, S. 348–359 (59)

- Der Dichter und die Mathematik. Die Zeit, 9.9.1960
- Fouqué und einige seiner Zeitgenossen. Biographischer Versuch, 2., verb. u. betr. verm. Aufl. Darmstadt 1960
- Das Geheimnis von Finnegans Wake. Eine neue Interpretation des Alterswerkes von James Joyce. Die Zeit, 2.12.1960
- Kaff auch Mare Crisium, Karlsruhe 1960

Rezensionen zu »Kaff«:

anonym, Arno Schmidt: Unterganks=Schtimmung. Der Spiegel, 8.3.1961

Günther, Helmut, Schmidt, Arno: Kaff, auch Mare Crisium. Welt und Wort, 16, 1961, H. 10, S. 318f.

Habe, Hans, Das ist Talmi, kein Humor. Welt am Sonntag, 23.4.1961

Hahnl, Hans Heinz, Arno Schmidt: Kaff oder Mare Crisium. Wort in der Zeit, 8, 1962, H. 5, S. 54f.

Klie, Barbara, Die Vivisektion der Sprache. Christ und Welt, 2.6.1961

Kramberg, K. H., Arno Schmidts vertrackte Prosa. Süddeutsche Zeitung, 4./5.3.1961

Langenfeld, Ludwin, Verspielt. Bücherei und Bildung, 13, 1961, H. A5, S. 213f.

Michaelis, Rolf, Schprachschprudl. Der Wort-Metz Arno Schmidt und sein neues Buch. Stuttgarter Zeitung, 10.1.1961

Naber, Hermann, Wenn einem die Sprache im Munde brennt. Eine Lanze für Arno Schmidt und seinen neuen Roman »Kaff - auch Mare Crisium«. Frankfurter Rundschau, 16.6.1961

- Auf Arno Schmidts ›Rosen & Porree‹. In: AS, Trommler beim Zaren, a. a. O., S. 360 (60)
- Kaleidoskopische Kollidier-Eskapaden. In: AS, Der Triton mit dem Sonnenschirm. Großbritannische Gemütsergetzungen, Karlsruhe 1969, S. 292-320 (61)
- Massenbach / Historische Revue. In: AS, Belphegor. Nachrichten von Büchern und Menschen, Karlsruhe 1961, S. 310-448
- Schwänze. In: AS, Schwänze. Fünf Erzählungen, Frankfurt a. M. 1976, S. 67-92 (61)
- Das Buch Mormon. In: AS, Trommler beim Zaren, a. a. O., S. 243-252 (62)
- Nachwort zu Coopers »Conanchet«. In: AS, Der Triton mit dem Sonnenschirm, a. a. O., S. 330-391 (62)
- Nebenmond und rosa Augen (Nr. 24 aus der Faust-Serie des Verfassers). In: AS, Trommler beim Zaren, a. a. O.., S. 85-93 (62)
- Ein unerledigter Fall / Zum 100. Geburtstage von Gustav Frenssen. In: AS, Die Ritter vom Geist. Von vergessenen Kollegen, Karlsruhe 1965, S. 90-165 (63)
- Nobodaddy's Kinder. Trilogie. Aus dem Leben eines Fauns. Brand's Haide. Schwarze Spiegel, o. O. [Reinbek] 1963

- (ohne Titel). In: Heinz Friedrich (Hrsg.), Schwierigkeiten heute die Wahrheit zu schreiben. Eine Frage und einundzwanzig Autoren, München 1964, S. 142–153 (63)
- Sitara und der Weg dorthin. Eine Studie über Wesen, Werk & Wirkung Karl Mays, Frankfurt a. M. u. Hamburg 1969 (63)
- Caliban über Setebos. In: AS, Orpheus. Fünf Erzählungen, Frankfurt a. M. 1970, S. 7–65 (64)
- Der Fall Ascher. In: AS, Der Triton mit dem Sonnenschirm, a. a. O., S. 410–426 (64)
- Die moderne Literatur und das deutsche Publikum. In: Gert Kalow (Hrsg.), Sind wir noch das Volk der Dichter und Denker? 14 Antworten, Reinbek 1964 (= rororo aktuell 681), S. 96–106
- Der Mimus von Mir, Dir & den Mädies. In: AS, Der Triton mit dem Sonnenschirm, a. a. O., S. 208–281
- Meine Bibliothek. Die Zeit, 4.6.1965
- ›Funfzehn‹ / Vom Wunderkind der Sinnlosigkeit. In: AS, Die Ritter vom Geist, a. a. O., S. 208–281
- Eines Hähers: »TUÉ!« und 1014 fallend. In: Uwe Schultz (Hrsg.), Das Tagebuch und der moderne Autor, München 1965 (= prosa viva 20), S. 110–126
- Nichts ist mir zu klein. In: AS, Die Ritter vom Geist, a. a. O., S. 253–282
- Der Ritter vom Geist. In: AS, Die Ritter vom Geist, a. a. O., S. 6–54
- Sylvie & Bruno. Dem Vater der modernen Literatur ein Gruß! In: AS, Trommler beim Zaren, a. a. O., S. 253–282
- Dichter & ihre Gesellen: Jules Verne. In: Uwe Schultz (Hrsg.), Fünfzehn Autoren suchen sich selbst. Modell und Provokation, München 1967, S. 48–63
- Die Großhauswelten. Robinson in New York [Rez. von: Robinson, New York, Berlin 1962]. Text + Kritik, H. 20: Arno Schmidt, 2. [stark veränderte u. erw.] Aufl. Mai 1971, S. 22–28 (67)
- Eberhard Schlotter, Das zweite Programm. Akzente, 14, 1967, H. 6, S. 110–134
- Amerika, du hast es besser . . . In: AS, Der Triton mit dem Sonnenschirm, a. a. O., S. 392–409
- Angria & Gondal / Der Traum der taubengrauen Schwestern. In: AS, Der Triton mit dem Sonnenschirm, a. a. O., S. 254–291
- Das Buch Jedermann / James Joyce zum 25. Todestage. In: AS, Der Triton mit dem Sonnenschirm, a. a. O., S. 254–291
- »Der Titel aller Titel!« In: AS, Der Triton mit dem Sonnenschirm, a. a. O., S. 154–192
- Tom all alone's / Bericht vom Nicht-Mörder. In: AS, Der Triton mit dem Sonnenschirm, a. a. O., S. 100–152
- Der Triton mit dem Sonnenschirm / Überlegungen zu einer Lesbarmachung von »Finnegans Wake«. In: AS, Der Triton mit dem Sonnenschirm, a. a. O., S. 194–253

- Zettels Traum, Stuttgart 1970
- Die Schule der Atheisten. Novellen=Comödie in 6 Aufzügen, Frankfurt a. M. 1972
- (ohne Titel; Rede zur Verleihung des Goethe-Preises). In: Verleihung des Goethepreises der Stadt Frankfurt am Main an Arno Schmidt am 28. August 1973 in der Paulskirche, hrsg. v. Kulturdezernat der Stadt Frankfurt a. M., 1973, S. 11-13
- Abend mit Goldrand. Eine MärchenPosse. 55 Bilder aus der Ländlichkeit für Gönner der VerschreibKunst, Frankfurt a. M. 1975

2. Weitere literarische Quellentexte

Andreae, Johann Valentin, Christianopolis. A. d. Latein. übers., komm. u. m. e. Nachw. hrsg. v. Wolfgang Biesterfeld, Stuttgart 1975
Bradbury, Ray, Fahrenheit 451. A. d. Amerik. v. Fritz Güttinger, 3. Aufl. München 1971
Butor, Michel, Bildnis des Künstlers als junger Affe. Capriccio. A. d. Franz. v. Helmut Scheffel, München 1967
Cooper, James F., Conanchet oder die Beweinte von Wish-Ton-Wish. A. d. Amerik. v. Arno Schmidt, Stuttgart 1962
Defoe, Daniel, Robinson Crusoe. Erster und zweiter Teil. A. d. Engl. v. Hannelore Novak. In: D. D., Robinson Crusoe. Erster und zweiter Teil, Kapitän Singleton, Die Pest in London. Romane, 1. Bd., hrsg. v. Norbert Miller, München 1968, S. 33-501
Gutzkow, Karl, Die Ritter vom Geiste. Roman in neun Büchern, 2. Aufl. Leipzig 1852
Hebbel, Friedrich , Die alten Naturdichter und die neuen u. An die Realisten. In: Hebbels Werke. Erster Teil. Gedichte - Mutter und Kind, hrsg. u. m. e. Lebensbild vers. v. Theodor Poppe, Berlin u. Leipzig o. J., S. 182 u. 190
Huxley, Aldous, Brave New World, London, Toronto, Sidney, New York 1977; dt. Ausg.: Schöne neue Welt. A. d. Engl. v. Herberth E. Herlitschka, Frankfurt a. M. 1953
Iffland, August Wilhelm, Der Komet. Eine Posse in Einem Aufzuge. In: A. W. Ifflands theatralische Werke in einer Auswahl, Leipzig 1859, 4. Bd., S. 242-272
Das Igor-Lied. Eine Heldendichtung. D. altruss. Text m. d. Übertragung v. Rainer Maria Rilke u. d. neuruss. Prosafassg. v. D. S. Lichatschow, 2. Aufl. Leipzig 1978
Jens, Walter, Nein. Die Welt der Angeklagten, München 1977
Klopstock, F. G., Die Deutsche Gelehrten=Republik, ihre Einrichtung, ihre Gesetze, Geschichte des letzten Landtags, Carlsruhe 1821 (= F. G. Klopstocks sämmtliche Werke. Zwölfter Theil)

Mercier, Louis Sébastien, L'an deux mille quatre cént quarante, rêve s'il fut jamais, Amsterdam 1770

Morus, Thomas, Utopia. In: Der utopische Staat. Morus, Utopia. Campanella, Sonnenstaat. Bacon, Neu-Atlantis. Übers. u. m. e. Essay ›Zum Verständnis der Werke‹, Bibliographie u. Kommentar hrsg. v. Klaus J. Heinisch, 41.-45. Tsd. Reinbek b. Hamburg 1970 (= Rowohlts Klassiker 68/69), S. 7-110

Orwell, George, Nineteen Eighty-Four, Harmondsworth 1954; dt. Ausg.: Neunzehnhundertvierundachtzig. A. d. Engl. v. Kurt Wagenseil, 13. Aufl. Konstanz u. Stuttgart 1964

Samjatin, Jewgenij, Wir. A. d. Russ. v. Gisela Drohla, 2. Aufl. München 1972

Schnabel, Johann Gottfried, Insel Felsenburg, hrsg. v. Wilhelm Voßkamp, Reinbek b. Hamburg 1969 (= Rowohlts Klassiker 522/523)

Sinold von Schütz, Philipp Balthasar, Die glückseeligste Insul auf der gantzen Welt, oder Das Land der Zufriedenheit, Dessen Regierungs-Art / Beschaffenheit / Fruchtbarkeit / Sitten derer Einwohner, Religion, Kirchen-Verfassung und dergleichen, Samt der Gelegenheit, wie solches Land entdecket worden, ausführlich erzehlet wird, von Ludwig Ernst von Faramund, Franckfurt u. Leipzig 1728

Stifter, Adalbert, Vorrede zu: Bunte Steine. In: A. S., Bunte Steine. Späte Erzählungen, hrsg. v. Max Stefl, Augsburg 1960 (= Werke, Bd. 9), S. 5-12

Stolberg, Friedrich Leopold Graf zu, Die Insel. Faks.-dr. n. d. Ausg. v. 1788. M. e. Nachw. v. Siegfried Sudhof, Heidelberg 1966 (= Dt. Neudrucke. Reihe Goethezeit)

Swift, Jonathan, Ein bescheidener Vorschlag, wie man verhindern kann, daß die Kinder der Armen ihren Eltern oder dem Lande zur Last fallen. In: J. S., Ein bescheidener Vorschlag... und andere Satiren. A. d. Engl. v. Felix Paul Greve. M. e. Essay v. Martin Walser, Die notwendigen Schritte, Frankfurt a. M. 1975, S. 53-64

Werfel, Franz, Stern der Ungeborenen. Ein Reiseroman, 20.-22. Tsd. Frankfurt a. M. 1967

Wieland, Christoph Martin, Der goldne Spiegel oder die Könige von Scheschian. Eine wahre Geschichte aus dem Scheschianischen übersetzt. 2 Bde, Leipzig 1853 u. 1854 (= C. M. Wieland's sämmtliche Werke, 7. u. 8. Bd.)

– Geschichte des weisen Danischmend, Leipzig 1854 (= C. M. Wieland's sämmtliche Werke, 9. Bd.)

II. Forschungsliteratur

1. Literatur zum Werk Arno Schmidts

Bock, Hans-Michael, Bibliografie Arno Schmidt 1949–1978, 2., verb. u. erg. Aufl. München 1979

Bargfelder Bote. Materialien zum Werk Arno Schmidts, hrsg. v. Jörg Drews i. Zus.arb. m. d. Arno-Schmidt-Dechiffriersyndikat, Lfg. 1ff., München 1972ff.

Andersch, Alfred, Düsterhenns Dunkelstunde oder Ein längeres Gedankenspiel. Merkur, 26, 1972, H. 2, S. 133–144

anonym, Tagebuch-Bericht. Mensch nach der Katastrophe. Der Spiegel, 6.2.1952

Blumenthal, Bert, Der Weg Arno Schmidts. Vom Prosaprotest zur Privatprosa, München 1980 (= Diss. Bremen 1976)

Boenicke, Otfried, Mythos und Psychoanalyse in »Abend mit Goldrand«, München 1980

Braem, Helmut M., Das Experiment Mensch. Arno Schmidt und die Freiheit. Stuttgarter Zeitung, 8.3.1952

Bredow, Wilfried von, Der militante Eremit. Kürbiskern, 4, 1970, S. 598–610

Bull, Reimer, Bauformen des Erzählens bei Arno Schmidt. Ein Beitrag zur Poetik der Erzählkunst, Bonn 1970 (= Lit. u. Wirklichkeit 7)

Clausen, Lars, Rede auf Arno Schmidt. Frankfurter Hefte, 28, 1973, H. 10, S. 736–747

Degener, Brigitte, Arno Schmidt: Die Wasserstraße. BB, Lfg. 10, Jan. 1975, o. S.

Denkler, Horst, Die Reise des Künstlers ins Innere. Randbemerkungen über Arno Schmidt und einige seiner Bücher anläßlich der Lektüre von »Zettels Traum«. In: Wolfgang Paulsen (Hrsg.), Revolte und Experiment. Die Literatur der sechziger Jahre in Ost und West. Fünftes Amherster Kolloquium zur modernen deutschen Literatur, Heidelberg 1972, S. 144–164

Drews, Jörg, Vita Arno Schmidt. Text + Kritik, H. 20: Arno Schmidt, 2. [stark veränderte u. erw.] Aufl. Mai 1971, S. 57f.

– Nobodaddy's Kinder. Art. in: Kindlers Literatur Lexikon im dtv in 25 Bden, München 1974, Bd. 16, S. 6769f.

– Die Gelehrtenrepublik. Art. in: KLL, Bd. 9, S. 2832

– Es lebe Jean Paul (Marat & Richter)! Thesen und Notizen zu »KAFF«. Text + Kritik, H. 20/20a: Arno Schmidt, 3. [gegenüber d. 1. u. 2. Aufl. stark veränderte] Aufl. Mai 1977, S. 27–32

– Arno Schmidt vor »Zettels Traum«. In: J. D. u. Hans-Michael Bock (Hrsgg.), Der Solipsist in der Heide. Materialien zum Werk Arno Schmidts, München 1974, S. 163–182

Eggers, Werner, Arno Schmidt. In: Dietrich Weber (Hrsg.), Deutsche Literatur seit 1945 in Einzeldarstellungen, 2., überarb. Aufl. Stuttgart 1970, S. 155–180

Finke, Reinhard, Marcel Proust bei Arno Schmidt. BB, Lfg. 15, Feb. 1975, o.S.

Flemming, Günther, Elsie & Arno oder: Grüßt man so einen Vater? BB, Lfg. 38–39, Juni 1979, S. 9–31

Gnüg, Hiltrud, Warnutopie und Idylle in den fünfziger Jahren. Am Beispiel Arno Schmidts. In: H. G. (Hrsg.), Literarische Utopie-Entwürfe, Frankfurt a. M. 1982, S. 277–290

Grass, Günter, Kleine Rede für Arno Schmidt. In:G. G., Über meinen Lehrer Döblin und andere Vorträge, Berlin 1968, S. 73–77

Häntzschel, Günter, Arno Schmidt, ein verkannter Idylliker. GRM, N. F. 26, 1976, S. 307–321

Haffmans, Gerd, Von A. Sch. zu A. Sch. Prolegomena zur Chronik einer Schopenhauer'schen Linken. In: Jörg Drews u. Hans-Michael Bock (Hrsgg.), Der Solipsist in der Heide, a. a. O., S. 120–129

Heißenbüttel, Helmut, Annäherung an Arno Schmidt. In: H. H., Über Literatur. Aufsätze und Frankfurter Vorlesungen, München 1970, S. 51–65

- Der Solipsist in der Heide. In: Jörg Drews u. Hans-Michael Bock (Hrsgg.), Der Solipsist in der Heide, a. a. O., S. 47–51

Herzog, Reinhart, Glaucus adest. Antike-Identifizierungen im Werk Arno Schmidts. BB, Lfg. 14, Dez. 1975, o. S.

Huerkamp, Josef, Hoho, wer errät's? Bemerkungen zum Titelfundus Arno Schmidts. BB, Lfg. 31, Mai 1978, S. 3–21

- »Gekettet an Daten & Namen«. Drei Studien zum ›authentischen‹ Erzählen in der Prosa Arno Schmidts, München 1981

Kaiser, Joachim, Des Sengers Phall. Assoziationen, Dissoziationen, Wortspiel, Spannung und Tendenz in Arno Schmidts Orpheus-Erzählung »Caliban über Setebos« – Eine Nachprüfung –. BB, Lfg. 5–6, Nov. 1973, o. S.

Koepp, Jürgen, »Kaff auch Mare Crisium« und das Epos eines Unbekannten von »Der Nibelunge Nôt«. BB, Lfg. 77–78, April 1984, S. 17–35

Manthey, Jürgen, Arno Schmidt und seine Kritiker. Bemerkungen zur Artistik in der Zeit. Frankfurter Hefte, 17, 1962, H. 6, S. 408–416

Minden, M. R., Arno Schmidt. A critical study of his prose, Cambridge University Press 1982

Mueller, Hugo J., Arno Schmidts Etymtheorie. Wirkendes Wort, 1975, H. 1, S. 37–44

Nicolaus, Norbert, Die literarische Vermittlung des Leseprozesses im Werk Arno Schmidts, Frankfurt a. M., Bern, Cirencester/U. K. 1980 (= Europ. Hochschulschriften, R. I., Dt. Lit. u. Germ. 341)

Ortlepp, Gunar, APROPOS: AH; PROE=POE. Der Spiegel, 20.4.1970

Ott, F. Peter, Tradition and Innovation: An Introduction to the Prose Theory and Practice of Arno Schmidt. The German Quarterly, 51, 1978, H. 1, S. 19–38

– Gedankenspiel als (Selbst-) Porträt. Arno Schmidts »kaff [!] auch Mare Crisium«. Protokolle, 1982, H. 1, S. 35–48

Podak, Klaus, Arno Schmidt: Weltanschauung und Sprache. Text + Kritik, H. 20: Arno Schmidt, Mai 1968, S. 20–25

Postma, Heiko, Aufarbeitung und Vermittlung literarischer Tradition. Arno Schmidt und seine Arbeiten zur Literatur. Diss. phil. (als Typoskript gedruckt) Hannover 1975

Proß, Wolfgang, Arno Schmidt, München 1980 (= Autorenbücher 15)

Prütting, Lenz, Arno Schmidt. Art. in: Kritisches Lexikon zur deutschsprachigen Gegenwartsliteratur, hrsg. v. Heinz Ludwig Arnold, München 1978ff.

– »Weltunterganks-Schtimmunk«. Einige Anmerkungen zur Theateraufführung KAFF 68ff. BB, Lfg. 77–78, April 1984, S. 3–16

Reich-Ranicki, Marcel, Arno Schmidts Werk oder Eine Selfmadeworld in Halbtrauer. In: M. R.-R., Literatur der kleinen Schritte. Deutsche Schriftsteller heute, Frankfurt a. M., Berlin, Wien o. J. (F. d. Tb.ausg. v. Autor durchges. u. neu einger.), S. 214–234

Schauder, Karlheinz, Arno Schmidts experimentelle Prosa. Neue Deutsche Hefte, 99, Mai/Juni 1964, S. 39–62

Schmidt-Henkel, Gerhard, Arno Schmidt. In: Benno von Wiese (Hrsg.), Deutsche Dichter der Gegenwart. Ihr Leben und Werk, Berlin 1973, S. 261–276

– Arno Schmidt und seine »Gelehrtenrepublik«. Zschrft. f. dt. Philologie, 87, 1968, H. 4, S. 563–591

Schütte, Wolfram, Ärgernisse – und ein Harakiri. Frankfurter Rundschau, 18.10.1967

– Bargfelder Ich. Das Spätwerk und sein Vorgelände. In: Jörg Drews u. Hans-Michael Bock (Hrsgg.), Der Solipsist in der Heide, a. a. O., S. 28–42

Schumann, Karl, Dichtung oder Bluff. Arno Schmidt in der deutschen Gegenwartsliteratur. In: Jörg Drews u. Hans-Michael Bock (Hrsgg.), Der Solipsist in der Heide, a. a. O., S. 28–42

Suhrbier, Hartwig Franz Heinrich, Zur Prosatheorie von Arno Schmidt, München 1980

Thomé, Horst, Natur und Geschichte im Frühwerk Arno Schmidts, München 1981

Vormweg, Heinrich, Der Fall Arno Schmidt. In: Dieter Lattmann (Hrsg.), Die Literatur der Bundesrepublik Deutschland, München, Zürich 1973 (= Kindlers Lit.-gesch. d. Gegenwart), S. 270–279

Walser, Martin, Arno Schmidts Sprache. In: Jörg Drews u. Hans-Michael Bock (Hrsgg.), Der Solipsist in der Heide, a. a. O., S. 16–21

Wohlleben, Robert, Götter und Helden in Niedersachsen. Über das mythologische Substrat des Personals in »Caliban über Setebos«. BB, Lfg. 3, Juni 1973, o. S.

- Übersicht: Rilkes »Sonette an Orpheus« im Zitat bei Arno Schmidt (Caliban über Setebos). BB, Lfg. 5-6, Nov. 1973, o. S.

2. Literatur zur Utopie-Problematik

Adorno, Theodor W., Aldous Huxley und die Utopie. In: Rudolf Villgradter
u. Friedrich Krey (Hrsgg.), Der utopische Roman, Darmstadt 1973,
S. 298-320

Biesterfeld, Wolfgang, Die literarische Utopie, Stuttgart 1974; 2., neubearb.
Aufl. 1982 (= Sammlg. Metzler 127)

Bloch, Ernst, Antizipierte Realität – Wie geschieht und was leistet utopisches
Denken? In: Rudolf Villgradter u. Friedrich Krey (Hrsgg.), Der utopische
Roman, a. a. O., S. 18-29

Brüggemann, Fritz, Utopie und Robinsonade. Untersuchungen zu Schnabels
Insel Felsenburg, Weimar 1914 (= Forschungen z. neueren Lit.-gesch. 46)

Brunner, Horst, Die poetische Insel. Inseln und Inselvorstellungen in der
deutschen Literatur, Stuttgart 1967 (= Germanist. Abhandlungen 21)

Doren, Alfred, Wunschträume und Wunschzeiten. In: Arnhelm Neusüss
(Hrsg.), Utopie. Begriff und Phänomen des Utopischen, 2. Aufl. Neuwied
u. Berlin 1972 (= Soziolog. Texte 44), S. 123-177

Flechtheim, Ossip K., Ideologie, Utopie und Futurologie. In: O. K. F., Futurologie. Der Kampf um die Zukunft, Frankfurt a. M. 1972, S. 154-192

- Utopie und Gegenutopie. Art. in: Wörterbuch der Soziologie, hrsg. v. W.
Bernsdorff, 2. Auflg. Stuttgart 1969, S. 1216-1219

Freyer, Hans, Das Problem der Utopie. Deutsche Rundschau, 183, 1920,
S. 321-345

- Die politische Insel. Eine Geschichte der Utopien von Platon bis zur Gegenwart, Leipzig 1936

Friedrich, Gerhard, Utopie und Reich Gottes. Zur Motivation politischen
Verhaltens, Göttingen o. J.

Frye, Northrop, Varieties of Literary Utopias. Daedalus, 94, 1965, S. 323-
347

Garrett, J. C., Dilemmata in Utopien des zwanzigsten Jahrhunderts. A. d.
Engl. v. Wolfgang Thrun. In: Rudolf Villgradter u. Friedrich Krey
(Hrsgg.), Der utopische Roman, a. a. O., S. 241-258

Gnüg, Hiltrud, Der utopische Roman. Eine Einführung, München u. Zürich
1983 (= Artemis Einfg. 6)

Hienger, Jörg, Literarische Zukunftsphantastik. Eine Studie über Science
Fiction, Göttingen 1972

Hillegas, Mark S., The Future as Nightmare. H. G. Wells and the Anti-
utopians, New York 1967

Hönig, Christoph, Die Dialektik von Ironie und Utopie und ihre Entwicklung in Robert Musils Reflexionen. Ein Beitrag zur Deutung des Romans ›Der Mann ohne Eigenschaften‹, Diss. Berlin 1970

Hohendahl, Peter Uwe, Zum Erzählproblem des utopischen Romans im 18. Jahrhundert. In: Helmut Kreuzer u. Käte Hamburger (Hrsgg.), Gestaltungsgeschichte und Gesellschaftsgeschichte. Literatur- Kunst- und Musikwissenschaftliche Studien, Stuttgart 1969, S. 79–114

Horkheimer, Max, Anfänge der bürgerlichen Geschichtsphilosophie. Hegel und das Problem der Metaphysik, Montaigne und die Funktion der Skepsis. M. e. Einleit. v. Alfred Schmidt, Frankfurt a. M. 1971, S. 9–83

Howe, Irving, Der antiutopische Roman. A. d. Amerikan. v. Klaus Peter Steiger. In: Rudolf Villgradter u. Friedrich Krey (Hrsgg.), Der utopische Roman, a. a. O., S. 344–354

Huntemann, Georg H., Utopisches Menschenbild und utopistisches Bewußtsein im 19. und 20. Jahrhundert. Geschichte der Utopien von Etienne Cabet bis George Orwell als Geschichte utopistischen Selbstverständnisses, Diss. Erlangen 1953

Krysmanski, Hans-Jürgen, Die utopische Methode. Eine literatur- und wissenssoziologische Untersuchung deutscher utopischer Romane des 20. Jahrhunderts, Köln u. Opladen 1963 (= Dortmunder Schriften z. Sozialforschg. 21)

Kytzler, Bernhard, Utopisches Denken und Handeln in der klassischen Antike. In: Rudolf Villgradter u. Friedrich Krey (Hrsgg.), Der utopische Roman, a. a. O., S. 45–68

Lautenthaler, Rudolf, Begriff und Geschichte utopischen Denkens. Sozialistische Zeitschrift f. Kunst u. Gesellschaft, 18/19, 1973, S. 15–59

Mähl, Hans-Joachim, Die Republik des Diogenes. Utopische Fiktion und Fiktionsironie am Beispiel Wielands. In: Wilhelm Voßkamp (Hrsg.), Utopieforschung. Interdisziplinäre Studien zur neuzeitlichen Utopie. 3 Bde, Stuttgart 1982, Bd. 3, S. 50–85

– Der poetische Staat. Utopie und Utopiereflexion bei den Frühromantikern. In: Wilhelm Voßkamp (Hrsg.), Utopieforschung, a. a. O., Bd. 3, S. 273–302

Mannheim, Karl, Ideologie und Utopie, 4. Aufl. Frankfurt a. M. 1965

– Utopie. In: Arnhelm Neusüss (Hrsg.), Utopie, a. a. O., S. 113–119

Mohl, Robert von, Die Geschichte und Literatur der Staatswissenschaften. 3 Bde, Erlangen 1855–1858

– Die Staatsromane. Ein Beitrag zur Literaturgeschichte der Staatswissenschaften. Zeitschrift f. d. ges. Staatswissenschaft, 2, 1845, S. 24–74

Mumford, Lewis, The Story of Utopias. Ideal Commonwealths and Social Myths, London 1923

Neusüss, Arnhelm, Schwierigkeiten einer Soziologie des utopischen Denkens. Einfg. in: A. N. (Hrsg.), Utopie, a. a. O., S. 13–112

Pehlke, Michael u. Norbert Lingenfeld, Roboter und Gartenlaube. Ideologie und Unterhaltung in der Science-Fiction-Literatur, München 1970

Popper, Karl, Utopie und Gewalt. A. d. Engl. v. Arnhelm Neusüss i. Zus.-arb. m. R. F. Schorling. In: Arnhelm Neusüss (Hrsg.), Utopie, a. a. O., S. 313–326

Reichert, Karl, Utopie und Staatsroman. Ein Forschungsbericht. DVJS, 39, 1965, S. 259-287

Rötzer, Hans Georg, Utopie und Gegenutopie. Stimmen der Zeit, 174, 1964, S. 356-365

Ruyer, Raymond, L'Utopie et les utopies, Paris 1950.

Schulte-Herbrüggen, Hubertus, Utopie und Anti-Utopie. Von der Struktur-analyse zur Strukturtypologie, Bochum-Langendreer 1960 (= Beiträge zur englischen Philologie 43)

Schwonke, Martin, Vom Staatsroman zur Science Fiction. Eine Un-tersuchung über Geschichte und Funktion der naturwissenschaftlich-tech-nischen Utopie, Stuttgart 1957 (= Göttinger Abhandlungen zur Soziolo-gie 2)

Seeber, Hans Ulrich, Wandlungen der Form in der literarischen Utopie. Stu-dien zur Entfaltung des utopischen Romans in England, Göppingen 1970 (= Göppinger Akademische Beiträge 13)

- Gegenutopie und Roman: Bulwer-Lyttons ›The Coming Race‹ (1871). DVJS, 45, 1971, S. 150-180

Stockinger, Ludwig, Ficta Respublica. Gattungsgeschichtliche Untersuchun-gen zur utopischen Erzählung in der deutschen Literatur des frühen 18. Jahrhunderts, Tübingen 1981 (= Hermaea, N. F. 45)

- Aspekte und Probleme der neueren Utopiediskussion in der deutschen Li-teraturwissenschaft. In: Wilhelm Voßkamp (Hrsg.), Utopieforschung, a. a. O., Bd. 1, S. 120-142

Sühnel, Rudolf, Utopie. Art. in: Wolf-Hartmut Friedrich u. Walter Killy (Hrsgg.), Literatur II. Zweiter Teil, Frankfurt a. M. 1965 (= Das Fischer Lexikon 35/2), S. 587-601

Swoboda, Helmut, Utopia. Geschichte der Sehnsucht nach einer besseren Welt, Wien 1972

Tillich, Paul, Kairos und Utopie. In: P. T., Der Widerstreit von Raum und Zeit. Schriften zur Geschichtsphilosophie, Stuttgart 1963 (= Ges. Werke, Bd. VI), S. 149-156

- Politische Bedeutung der Utopie im Leben der Völker. In: P. T., Der Wi-derstreit von Raum und Zeit, a. a. O., S. 157-210

Voßkamp, Wilhelm, Theorie und Praxis der literarischen Fiktion in Johann Gottfried Schnabels Roman ›Die Insel Felsenburg‹. Germ.-Roman. Mo-natsschrift, 49, NF 18, 1968, S. 131-152

Winter, Michael, Compendium Utopiarum. Typologie und Bibliographie li-terarischer Utopien. Erster Teilbd. Von der Antike bis zur deutschen Frühaufklärung, Stuttgart 1978 (= Repert. z. dt. Lit.-gesch. 8)

3. Weitere Literatur

Adorno, Theodor W., Der Standort des Erzählers im zeitgenössischen Roman. In: Th. W. A., Noten zur Literatur I, Frankfurt a. M. 1958, S. 61–72

- Erpreßte Versöhnung. Zu Georg Lukács, ›Wider den mißverstandenen Realismus‹. In: Th. W. A., Noten zur Literatur II, Frankfurt a. M. 1961, S. 152–187

- Ästhetische Theorie, hrsg. v. Gretel Adorno u. Rolf Tiedemann, Frankfurt a. M. 1973

Allemann, Beda, Experiment und Erfahrung in der Gegenwartsliteratur. In: Walter Strolz (Hrsg.), Experiment und Erfahrung in Wissenschaft und Kunst, Freiburg u. München 1963, S. 266–296

anonym, Mathematik. Art. in: Brockhaus Enzyklopädie in 20 Bänden, 17., völlig neubearb. Aufl. d. Gr. Brockhaus, 12. Bd., Wiesbaden 1971, S. 252–254

Arntzen, Helmut, Satirischer Stil. Zur Satire Robert Musils im »Mann ohne Eigenschaften«, Bonn 1960 (= Abhandlungen z. Kunst-, Musik- u. Lit.-wiss. 9)

Auerbach, Erich, Mimesis. Dargestellte Wirklichkeit in der abendländischen Literatur, 5. Aufl. Bern u. München 1972

Batt, Kurt, Die Exekution des Erzählers. Westdeutsche Romane zwischen 1968 und 1972, Frankfurt a. M. 1974

Bloch, Ernst, Das Prinzip Hoffnung, Frankfurt a. M. 1974

Blumenberg, Hans, Die kopernikanische Wende, Frankfurt a. M. 1965

- Wirklichkeitsbegriff und Möglichkeit des Romans. In: Hans Robert Jauß (Hrsg.), Nachahmung und Illusion, München 1964 (= Poetik und Hermeneutik I), S. 9–27

Bölsche, Wilhelm, Die naturwissenschaftlichen Grundlagen der Poesie. Prolegomena einer realistischen Ästhetik, Leipzig 1887. – Zit. nach E. Ruprecht (Hrsg.), Literarische Manifeste des Naturalismus 1880–1892, Stuttgart 1962 (= Epochen d. dt. Lit., Mat.-bd.), S. 85–102

Böschenstein-Schäfer, Renate, Idylle, Stuttgart 1967 (= Sammlg. Metzler 63)

Boetius, Henning, Poetik. In: Heinz Ludwig Arnold u. Volker Sinemus (Hrsgg.), Grundzüge der Literatur- und Sprachwissenschaft. Bd. 1: Literaturwissenschaft, Frankfurt a. M. 1973, S. 115–133

Brackert, Helmut, Anhang u. Nachwort zu: Das Nibelungenlied. Mhd. Text u. Übertragung, hrsg., übers. u. m. e. Anhang vers. v. H. B., Frankfurt a. M. 1970, 1. Teil, S. 265–290 (Anhang), 2. Teil, S. 266–282 (Nachwort)

Brinkmann, Richard, Wirklichkeit und Illusion. Studien über Gehalt und Grenzen des Begriffs Realismus für die erzählende Dichtung des neunzehnten Jahrhunderts, 2. Aufl. Tübingen 1966

- Zum Begriff des Realismus für die erzählende Dichtung des neunzehnten Jahrhunderts. In: R. B. (Hrsg.), Begriffsbestimmung des literarischen Realismus, 2. Aufl. Darmstadt 1974 (= Wege d. Forschg. 212), S. 222–235

Broch, Hermann, (Brief an Willa Muir) 3. August 1931. In: Eberhard Lämmert u. a. (Hrsgg.), Romantheorie. Dokumentation ihrer Geschichte in Deutschland seit 1880, Köln 1975 (= Neue Wiss. Bibliothek 80), S. 166f.

Brummack, Jürgen, Zu Begriff und Theorie der Satire. DVJS, 45, 1971, Sonderheft Forschungsreferate, S. 275–377

Brzezinski, Zbigniew K. u. Samuel P. Huntington, Politische Macht USA – UdSSR. Ein Vergleich. A. d. Amerik. v. Franz Becker, Köln 1966

Eichenbaum, Boris, Die Theorie der formalen Methode. A. d. Russ. v. Alexander Kaempfe. In: B. E., Aufsätze zur Theorie und Geschichte der Literatur, Frankfurt a. M. 1965, S. 7–52

Erben, Johannes, Deutsche Grammatik. Ein Leitfaden, 2. Aufl. Frankfurt a. M. 1969

Freyer, Hans, Theorie des gegenwärtigen Zeitalters, Stuttgart 1955

Frye, Northrop, Analyse der Literaturkritik. A. d. Amerikan. v. Edgar Lohner u. Henning Clewing, Stuttgart 1964

Gadamer, Hans-Georg, Wahrheit und Methode. Grundzüge einer philosophischen Hermeneutik, 3., erw. Aufl. Tübingen 1972

Garber, Klaus, Forschungen zur deutschen Schäfer- und Landlebendichtung des 17. und 18. Jahrhunderts. Jb. f. Internat. Germ., 3, 1971, S. 226–242

– Vorwort zu: K. G. (Hrsg.), Europäische Bukolik und Georgik, Darmstadt 1976 (= Wege d. Forschg. 355), S. VII–XXII

Gauger, Hans-Martin, Die Wörter und ihr Kontext. Ein Beitrag zu den Synonymen. Neue Rundschau, 83, 1972, S. 432–450

Graßhoff, Helmut, Nachwort zu: Das Igor-Lied, a. a. O., S. 65–77

Grimm, Reinhold u. Jost Hermand, Einleitung zu: R. G. u. J. H. (Hrsgg.), Realismustheorien in Literatur, Malerei, Musik und Politik, Stuttgart, Berlin, Köln, Mainz 1975, S. 7–15

Grimm, Reinhold, Romane des Phänotyp. In: Heinz Ludwig Arnold u. Theo Buck (Hrsgg.), Positionen des Erzählens. Analysen und Theorien zur Literatur der Bundesrepublik, München 1976, S. 15–29

Hamburger, Käte, Die Logik der Dichtung, 2., stark verländt. Aufl. Stuttgart 1968

Hantsch, Ingrid, Zur semantischen Strategie der Werbung. Sprache im technischen Zeitalter, 42, 1972, S. 93–114

Hart, Julius, Phantasie und Wirklichkeit. In: Th. Meyer (Hrsg.), Theorie des Naturalismus, Stuttgart 1973, S. 142–145

Heidegger, Martin, Vom Wesen der Wahrheit, Frankfurt a. M. 1943

– Der Ursprung des Kunstwerks. M. e. Einfg. v. Hans-Georg Gadamer, Stuttgart 1960

– Die Technik und die Kehre, 2. Aufl. Pfullingen 1962 (= Opuscula 1)

Heimann, Bodo, Experimentelle Prosa. In: Manfred Durzak (Hrsg.), Die deutsche Literatur der Gegenwart. Aspekte und Tendenzen, Stuttgart 1971, S. 230–256

Heissler, Viktor, Kartographie, 2. Aufl. Berlin 1966

Hempfer, Klaus W., Gattungstheorie, München 1973 (= Information und Synthese 1)

Hobbes, Thomas, Leviathan oder Wesen, Form und Gestalt des kirchlichen und bürgerlichen Staates. I. d. Übersetzg. v. Dorothee Tidow m. e. Essay ›Zum Verständnis des Werkes‹, e. biograph. Grundriß u. e. Bibliographie hrsg. v. Peter Cornelius Mayer-Tasch, 14.-18. Tsd. o. O. [Reinbek] 1969

Höfener, Heiner, Nachwort zu: Der Cid nach spanischen Romanzen besungen durch Johann Gottfried von Herder, 3. Aufl. Stuttgart 1859. Reprograf. Nachdr. Darmstadt 1978, S. 1-9

Holz, Arno, Die befreite deutsche Wortkunst. In: A. H., Die befreite deutsche Wortkunst, Wien u. Leipzig 1921, S. 9-23

- Idee und Gestaltung des Phantasus. In: A. H., Die befreite deutsche Wortkunst, a. a. O., S. 25-60

Holz, Hans Heinz, Leibniz, Stuttgart 1958

- Einleitung zu: Gottfried Wilhelm Leibniz, Politische Schriften II, hrsg. u. eingel. v. H. H. H., Frankfurt a. M. 1967, S. 5-20

Hübner, Kurt, Kritik der wissenschaftlichen Vernunft, 2., unverändt. Aufl. Freiburg u. München 1979

Husserl, Edmund, Die Krisis der europäischen Wissenschaften und die transzendentale Phänomenologie. Eine Einleitung in die phänomenologische Philosophie, hrsg. v. Walter Biemel, 2. Aufl. Haag 1962 (= Husserliana, Bd. VI)

Jauß, Hans Robert, Literaturgeschichte als Provokation der Literaturwissenschaft. In: H. R. J., Literaturgeschichte als Provokation, 3. Aufl. Frankfurt a. M. 1973, S. 144-207

- Literarische Tradition und gegenwärtiges Bewußtsein der Modernität. Wortgeschichtliche Betrachtungen. In: Hans Steffen (Hrsg.), Aspekte der Modernität, Göttingen 1965, S. 150-197

- Paradigmawechsel in der Literaturwissenschaft. Linguistische Berichte, 3, 1969, S. 44-56

- Racines und Goethes Iphigenie. Mit einem Nachwort über die Partialität der rezeptionsästhetischen Methode. Neue Hefte f. Philosophie, H. 4: Theorie literarischer Texte, Göttingen 1974, S. 1-46

Kahler, Erich von, Untergang und Übergang der epischen Kunstform. In: E. v. K., Untergang und Übergang. Essays, München 1970, S. 7-51

Kant, Immanuel, Beantwortung der Frage: Was ist Aufklärung? In: Immanuel Kants kleinere Schriften zur Logik und Metaphysik, hrsg. v. Karl Vorländer. 2. Abt. Die Schriften von 1766-86, 2. Aufl. Leipzig 1905, S. 133-143

- Kritik der reinen Vernunft. N. d. erst. u. zw. Original-Ausg. neu hrsg. v. Raymund Schmidt, Hamburg 1952 (= Unverändt. Nachdr. d. 2. Aufl. 1930 d. Ausg.)

- Erste Einleitung in die Kritik der Urteilskraft. N. d. Hdschrft. hrsg. v. Gerhard Lehmann, 2., durchges. u. erw. Aufl. Hamburg 1970
- Kritik der Urteilskraft, hrsg. v. Karl Vorländer, 6. Aufl. Hamburg 1924

Katzenberger, Hedwig, Der Tagtraum. Eine phänomenologische und experimentelle Studie, München u. Basel 1969 (= Erziehg. u. Psychologie 52)

Kayser, Wolfgang, Entstehung und Krise des modernen Romans, 3. Aufl. Stuttgart 1960

Kinder, Hermann u. Werner Hilgemann, dtv-Atlas zur Weltgeschichte. Karten und chronologischer Abriß. Bd. II. Von der Französischen Revolution zur Gegenwart, 2. Aufl. München 1967

Kolb, Josef, Erfahrung im Experiment und in der Theorie der Physik. In: Walter Strolz (Hrsg.), Experiment und Erfahrung in Wissenschaft und Kunst, a. a. O., S. 9–39

Kuhn, Thomas S., Die Struktur wissenschaftlicher Revolutionen. A. d. Amerikan. v. Kurt Simon, Frankfurt a. M. 1967 (= Theorie 2)

Lämmert, Eberhard, Bauformen des Erzählens, 5., unveränd. Aufl. Stuttgart 1972

Lotman, Jurij M., Die Struktur des künstlerischen Textes, hrsg. m. e. Nachw. u. e. Reg. v. Rainer Grübel. A. d. Russ. v. Rainer Grübel, Walter Kroll u. Hans-Eberhard Seidel, Frankfurt a. M. 1973

Leibniz, Gottfried Wilhelm, Grundriß eines Bedenkens von Aufrichtung einer Sozietät in Deutschland zu Aufnehmen der Künste und Wissenschaften. In: G. W. L., Politische Schriften II, a. a. O., S. 32–47

Lublinski, Samuel, Kritik meiner »Bilanz der Moderne«. In: Die literarische Moderne. Dokumente zum Selbstverständnis der Literatur um die Jahrhundertwende. Ausgew. u. m. e. Nachw. hrsg. v. Gotthart Wunberg, Frankfurt a. M. 1971 (= Athenäum Paperbacks Germanistik 8), S. 230–236

Lukács, Georg, Erzählen oder Beschreiben? Zur Diskussion über Naturalismus und Formalismus. In: Richard Brinkmann (Hrsg.), Begriffsbestimmung des literarischen Realismus, a. a. O., S. 33–85

Maatje, Frank C., Der Doppelroman. Eine literatursystematische Studie über duplikative Erzählstrukturen, m. e. Nachw. z. 2. Aufl. Groningen 1968 (= Studia Litteraria Rheno-Traiectina VII)

Mähl, Hans-Joachim, Die Idee des goldenen Zeitalters im Werk des Novalis. Studien zur Wesensbestimmung der frühromantischen Utopie und zu ihren ideengeschichtlichen Voraussetzungen, Heidelberg 1965 (= Probleme d. Dichtg. 7)

Mandelkow, Karl Robert, Probleme der Wirkungsgeschichte. Jb. f. Internat. Germ., 2, 1970, S. 71–84

Marcuse, Herbert. Der eindimensionale Mensch. A. d. Amerikan. v. Alfred Schmidt, 49.–59. Tsd. Neuwied u. Berlin 1972

Mayer, Hans, Zur aktuellen literarischen Situation. In: Manfred Durzak (Hrsg.), Die deutsche Literatur der Gegenwart, a. a. O., S. 63–75

Meyer, Herman, Das Zitat in der Erzählkunst. Zur Geschichte und Poetik des europäischen Romans, 2., durchges. Aufl. Stuttgart 1967

Motekat, Helmut, Experiment und Tradition. Vom Wesen der Dichtung im 20. Jahrhundert, Frankfurt a. M. u. Bonn 1962

Müller, Günther, Aufbauformen des Romans, dargelegt an den Entwicklungsromanen G. Kellers und A. Stifters. In: G. M., Morphologische Poetik. Gesammelte Aufsätze. I. Verbindg. m. Helga Egner hrsg. v. Elena Müller, Darmstadt 1968, S. 556–569

– Die Gestaltfrage in der Literaturwissenschaft und Goethes Morphologie. In: G. M., Morphologische Poetik, a. a. O., S. 146–224

– Über das Zeitgerüst des Erzählens (Am Beispiel des Jürg Jenatsch). In: G. M., Morphologische Poetik, a. a. O., S. 388–418

Mukařovský, Jan, Der Strukturalismus in der Ästhetik und in der Literaturwissenschaft. In: J. M., Kapitel aus der Poetik. A. d. Tschech. v. Walter Schamschula, Frankfurt a. M. 1967, S. 7–33

Paul, Otto u. Ingeborg Glier, Deutsche Metrik, 6. Aufl. München 1966

Pfau, Ludwig, Emile Zola. In: Eberhard Lämmert u. a. (Hrsgg.), Romantheorie, a. a. O., S. 5–11

Pott, Hans-Georg, Alltäglichkeit als Kategorie der Ästhetik. Studie zur philosophischen Ästhetik im 20. Jahrhundert, Frankfurt a. M. 1974

Robbe-Grillet, Alain, Natur, Humanismus, Tragödie. A. d. Franz. v. Elmar Tophoven. In: A. R.-G., Argumente für einen neuen Roman. Essays, München 1965 (= prosa viva 18), S. 51–80

– Was Theorien nützen. A. d. Franz. v. Helmut Scheffel. In: A. R.-G., Argumente für einen neuen Roman, a. a. O., S. 5–14

Schiller, Friedrich, Über naive und sentimentalische Dichtung. In: F. Sch., Theoretische Schriften. Dritter Teil, hrsg. v. Gerhard Fricke u. Herbert G. Göpfert, München 1966 (= dtv. Gesamtausg. Bd. 19), S. 118–196

– Über die ästhetische Erziehung des Menschen in einer Reihe von Briefen. In: F. Sch., Theoretische Schriften. Dritter Teil, a. a. O., S. 5–95

Schöne, Albrecht, Zum Gebrauch des Konjunktivs bei Robert Musil. In: Rudolf Villgradter u. Friedrich Krey (Hrsgg.), Der utopische Roman, a. a. O., S. 355–388

Schönert, Jörg, Roman und Satire im 18. Jahrhundert. Ein Beitrag zur Poetik. M. e. Geleitwort v. Walter Müller-Seidel, Stuttgart 1969 (= Germ. Abhandlungen 27)

Schopenhauer, Arthur, Die Welt als Wille und Vorstellung. N. d. 1., v. Julius Frauenstädt bes. Ges.-ausg. neu bearb. u. hrsg. v. Arthur Hübscher, 2. Aufl. Wiesbaden 1969 (= Sämtl. Werke, Bd. 2)

Sengle, Friedrich, Der Umfang als ein Problem der Dichtungswissenschaft. In: Richard Alewyn u. a. (Hrsgg.), Gestaltungsprobleme der Dichtung. Günther Müller zum 65. Geburtstag, Bonn 1957, S. 299ff.

- Wunschbild Land und Schreckbild Stadt. Studium generale, 16, 1963, S. 619–631

Šklovskij, Viktor, Der Zusammenhang zwischen den Verfahren der Sujetfügung und den allgemeinen Stilverfahren. A. d. Russ. v. Rolf Fieguth. In: Russischer Formalismus. Texte zur allgemeinen Literaturtheorie und zur Theorie der Prosa, hrsg. u. eingel. v. Jurij Striedter, München 1971 [= Sonderausg. d. einleitd. Abhandl. u. aller dt. Übersetzungen samt Registern aus Bd. 1 »Texte zur allgem. Lit.-theorie u. z. Theorie d. Prosa« (München 1969) d. zweibändg. russ.-dt. Ausg. »Texte d. russ. Formalisten« (innerhalb d. Reihe »Theorie u. Gesch. d. Lit. u. d. Schönen Künste«)], S. 37–121

Spielhagen, Friedrich, Beiträge zur Theorie und Technik des Romans. Faks.-dr. n. d. 1. Aufl. 1883, m. e. Nachw. v. Hellmut Himmel, Göttingen 1967 (= Dt. Neudrucke. Reihe Texte d. 19. Jhdts.)

Stanzel, Franz K., Typische Formen des Romans, 3. Aufl. Göttingen 1967

- Zur Konstituierung der typischen Erzählsituationen. In: Bruno Hillebrand (Hrsg.), Zur Struktur des Romans, Darmstadt 1978 (= Wege d. Forschg. 488), S. 558–576

Streck, M., Käf. Art. in: Enzyklopädie des Islam, 1927, S. 658–660

Striedter, Jurij, Zur formalistischen Theorie der Prosa und der literarischen Evolution. Einleitung zu: J. S. (Hrsg.), Russischer Formalismus, a. a. O., S. IX–LXXXIII

- Einleitung zu: Felix Vodička, Die Struktur der literarischen Entwicklung, hrsg. v. d. Forschungsgruppe f. strukt. Methoden i. d. Sprach- u. Lit.-wiss. a. d. Univ. Konstanz. M. e. einleitd. Abhandlg. v. J. S., München 1976 (= Theorie u. Gesch. d. Lit. u. d. Schönen Künste 34), S. VII–CIII

Strohschneider-Kohrs, Ingrid, Die romantische Ironie in Theorie und Gestaltung, Tübingen 1960 (= Hermaea, N. F. 6)

Sudhof, Siegfried, Zur Druckgeschichte von Klopstocks »Deutscher Gelehrtenrepublik« (1774). Philobiblion, 12, 1968, S. 182–187

Thurnher, Eugen, Stifters Sanftes Gesetz. In: Unterscheidung und Bewahrung. Festschrift f. Hermann Kunisch zum 60. Geburtstag, Berlin 1961, S. 381–397

Tynjanov, Jurij, Dostoevskij und Gogol' (Zur Theorie der Parodie). A. d. Russ. v. Helene Imendörffer. In: Jurij Striedter (Hrsg.), Russischer Formalismus, a. a. O., S. 433–461

- Über die literarische Evolution. A. d. Russ. v. Helene Imendörffer. In: Jurij Striedter (Hrsg.), Russischer Formalismus, a. a. O., S. 433–461

- Das literarische Faktum. A. d. Russ. v. Helene Imendörffer. In: Jurij Striedter (Hrsg.), Russischer Formalismus, a. a. O., S. 393–431

Valéry, Paul, Poésie pure (Notizen für einen Vortrag, 1927). A. d. Franz. v. Kurt Leonhard. In: Beda Allemann (Hrsg.), Ars poetica. Texte von Dichtern des 20. Jahrhunderts zur Poetik, 2., durchges., ber. u. erw. Aufl. Darmstadt 1971

Verwey, Albert, Rhythmus und Metrum. A. d. Niederländ. v. Antoinette Eggink. In: Beda Allemann (Hrsg.), Ars poetica, a. a. O., S. 167-176

Verweyen, Theodor, Eine Theorie der Parodie. Am Beispiel Peter Rühmkorfs, München 1973 (= Krit. Inform. 6)

Vodička, Felix, Die Konkretisation des literarischen Werkes. Zur Problematik der Rezeption von Nerudas Werk. A. d. Tschech. v. Frank Boldt. In: F. V., Die Struktur der literarischen Entwicklung, a. a. O., S. 87-125

- Zum Streit um die Romantik, besonders Máchas Romantizität. A. d. Tschech. v. Christian Tuschinsky. In: F. V., Die Struktur der literarischen Entwicklung, a. a. O., S. 162-181

Vogt, Jochen, Bauelemente erzählender Texte. In: Heinz Ludwig Arnold u. Volker Sinemus (Hrsgg.), Grundzüge der Literatur- und Sprachwissenschaft, a. a. O., S. 227-242

Vormweg. Heinrich, Material und Form. In: H. V., Die Wörter und die Welt. Über neue Literatur, Neuwied u. Berlin 1908, S. 8-25

- Die Vernunft der Sprache. In: H. V., Die Wörter und die Welt, a. a. O., S. 39-58

- Zur Vorbereitung einer kritischen Theorie der Literatur. In: H. V., Die Wörter und die Welt, a. a. O., S. 56-69

- Die Wörter und die Welt. In: H. V., Die Wörter und die Welt, a. a. O., S. 26-38

Wapnewski, Peter, Deutsche Literatur des Mittelalters. Ein Abriß von den Anfängen bis zum Ende der Blütezeit, 2., erg. Aufl. Göttingen o. J.

Watt, Ian, Der bürgerliche Roman. Aufstieg einer Gattung. Defoe - Richardson - Fielding. A. d. Engl. v. Kurt Wölfel, Frankfurt a. M. 1974

Welte, Werner, Polysemie (-Relation). Art. in: W. W., moderne linguistik: terminologie / bibliographie. ein handbuch und nachschlagewerk auf der basis der generativ-transformationellen sprachtheorie. 2 Bde., München 1974. Bd. II, S. 506-508

Wilpert, Gero von, Experiment. Art. in: G. v. W., Sachwörterbuch der Literatur, 4., verb. u. erw. Aufl. Stuttgart 1964, S. 198

Wunberg, Gotthart, Nachwort zu: G. W. (Hrsg.), Die literarische Moderne, a. a. O., S. 245-251